叢書・ウニベルシタス　156

ユダヤ神秘主義　その主潮流

ゲルショム・ショーレム
山下 肇／石丸昭二／井ノ川 清／西脇征嘉 訳

法政大学出版局

形而上家の深さと、批評家の透徹力と、豊かな学殖とが相会したる天与の創造的精神の人にして、自由への道なかばスペインのポル・ボウに惜しくもみまかりし友

ヴァルター・ベンヤミン

(一八九二―一九四〇)

を偲びて・

目次

ヘブライ語の字母の転写表 xii
ドイツ語版への序 1
英語版第一版への序より 3

第一章 ユダヤ神秘主義の一般的特質 7
本書の意図。神秘主義とは何か。神秘的経験のパラドックスな性質。歴史的現象としての神秘主義。神話、宗教、神秘主義。宗教的価値の神秘主義的解釈。ユダヤ教のポジティブな内容によるユダヤ神秘主義の感化。隠れたる神とその性質に関するカバリストの理論。セフィロース。トーラー。カバラーと言語。神秘主義と歴史世界。宇宙創造説と終末論。ユダヤの哲学とカバラー。寓意《アレゴリー》と象徴《シンボル》。ハーラーハーとアッガーダーの哲学的ならびに神秘主義的解釈。カバラーと祈禱。カバリストの思考における神秘主義的要素。

ユダヤ教の中心部における神秘主義の復活。ユダヤ神秘主義における女性的要素の欠如。

第二章　メルカーバー神秘主義とユダヤのグノーシス　56

ユダヤ神秘主義の第一期。著作の匿名性。ミシュナー教師の秘教。玉座神秘主義。黙示録と神秘主義。ヘハロース書の文学。ヨルデ・メルカーバーとその機構。伝授の条件。魂の忘我的な上昇とそのテクニック。魔術的要素。上昇の危険。聖なる王としての神。メルカーバー神秘家の讃歌。シウール・コーマー。エノク、メータトローン、ヤーホーエル。宇宙の帷。グノーシスのアイオーン思弁の残滓。『創造の書』。妖術。メルカーバーの道徳的再解釈。

第三章　中世におけるドイツのハシディズム　107

ドイツにおけるハシディズムの台頭。神秘主義の伝統とドイツのユダヤ民族。『敬虔者の書』。ハーシード・ユダとその弟子。ハシディズムの終末論的性格。ハーシードの新しい思想、禁欲、不動心《アタラクシア》、利他主義。神の愛。修道僧的キニク主義のユダヤ的表現。ハーシードの魔術的力。ゴーレム伝説。祈禱の秘密。オカルト的実践。ハーシード的贖罪観。ハーシード的神表象。神の内在。カーボード、神の栄光。フィロのロゴス説の痕跡。玉座に坐したケルービーム。神の聖性と偉大さ。祈禱の目的。宇宙的原型（祖型）。

第四章　アブラハム・アブーラーフィアと預言者的カバラー　156

カバラーの出現。カバリストの自制と自己検閲。幻視と忘我。神秘的合一のユダヤ的形態デベクースの概念。アブラハム・アブーラーフィアの生涯と作品。忘我的な知に関する彼の理論。「組合せの学問」。純粋思考の音楽。預言の神秘的性質。預言者的カバラー。忘我の本質としての神秘的変容。神秘主義的プラグマティズム。「実践的カバラー」と魔術。アブーラーフィアの教義とその後の発展。アブーラーフィアの一弟子の自伝の翻訳。

第五章　ゾーハル　その一　書物とその著者　205

ゾーハルの問題。ゾーハルの文学的性格と構成。ゾーハル「文学」の全体は二つの部分、主要部とラヤー・メヘムナーとから成る。ゾーハルの主要部は一人の著者の作である。統一性の証明。ゾーハルの言語と文体。本書の舞台。文学的構成の原理。ゾーハルの本当の典拠とにせの典拠。典拠の扱い方。一定のカバラーの教義に対する著者の特別の好みと、他の教義の拒否。シェミットースないし宇宙の発展の統一に関する教義の欠如。作品におけるいろいろな発展段階。ゾーハルの最も古い構成部分であるミドラーシュ・ハ＝ネエラーム。ミドラーシュ・ハ＝ネエラームが書かれたのは一二七五年と一二八一年のあいだで、主要部は一二八一年と一二八六年のあいだ、そしてラヤー・メヘムナーとティックーニームは一三〇〇年頃である。著者の人物の問題。モーセス・ベン・シェムトーブ・デ・レオン。彼が著者であることを示す古い証言。モーセス・デ・レオンとヨセフ・ギカティラ。モーセス・デ・レオンのヘブライ語の著作とゾーハル主要部との比較。これらすべての著作の

著者は同一人物である。モーセス・デ・レオンのその他のカバラー的偽書。モーセス・デ・レオンのヘブライ語の著作中に見られる、ゾーハルの著者が彼であることの隠れた示唆。モーセス・デ・レオンの精神的発展とゾーハル起草の動機。偽書は宗教文学の正当なカテゴリー。

第六章　ゾーハル　その二　ゾーハルの神智学的教義　270

メルカーバー神秘主義とスペインのカバラーとの相違。隠れた神ないしはエン・ソーフ。セフィロース、神性の王国。トーラーの神秘主義的解釈。セフィロースの象徴的理解。カバリスト的象徴表現の若干の見本。神秘的有機体としての神。無と存在。セフィロースの最初の三つの発展段階。創造と、その神との関係。神統系譜と宇宙創造説。ゾーハルの著者の汎神論的傾向。創造の本来の性質。カバリストの思考における神秘的な諸形象。性的象徴表現の問題。シェキーナーを神における女性的要素ならびに神秘主義的な「イスラエル共同体」としてとらえる新しい考え方。人間とその堕罪。カバリストの倫理。悪の本性。ゾーハルとヤーコプ・ベーメ。ゾーハルの霊魂論。神智学と宇宙創造説と霊魂論の統一。

第七章 イサアク・ルーリアとその学派

スペインからの追放とその宗教的な結果。メシア主義に至る途上のカバラー。カバリストの黙示録的宣伝。新しいカバラーの性格と機能。その中心地、パレスチナのサーフェード。モーセス・コルドヴェロとイサアク・ルーリア。彼らの人格。ルーリア派のカバラーの伝播。イスラエル・ザールーク。ルーリア派の教義の特性。ツィムツームとシェビーラーとティックーン。創造の二重の過程。創造の出発点たる、神の自己自身の内への退却。この教義の意味。原初の破局ないしは「容器の破裂」。悪の起源。ティックーンすなわち調和の回復の理論の二つの様相、人格神の神秘主義的誕生と人間の神秘主義的行為。神智論的世界と神に対するその関係。ルーリアの体系における人格神論と汎神論。メシア主義の神秘主義的再解釈。神秘主義的祈禱に関する教義。カッヴァーナー。宇宙における人間の役割。ル

の問題。サバタイ主義の穏健な形式と過激な形式。神秘主義的ニヒリズムと、罪の聖性の教義。新しい神観、第一原因すなわち理性の神と第一結果すなわち啓示の神。

第九章　ポーランドのハシディズム、ユダヤ神秘主義の終局　430

十八世紀のポーランドとウクライナのハシディズム、ならびにその問題性。カバリストとハシディズムの文学。カバラーの大衆運動への変化。サバタイ主義崩壊後のカバリストの発展の二者択一。神秘主義の異教的形式への回帰、ラビ・シャーローム・シャルアビー。その大衆的側面の深化、ハシディズム。カバラーのメシア的要素の排除。サバタイ主義とハシディズム。ラビ・アダム・バアル＝シェーム――隠れサバタイ主義の預言者。サバタイ主義とハシディズムにおける新しい型の指導者。神秘主義的な覚醒運動。ハシディズムの新しさは何か。ハシディズムの本来の独自性と関係があるのは神秘主義的神智論ではなくて神秘主義的倫理である。ハシディズムの本来の性質から生み出されたツァッディーク主義の人物崇拝。教義に代る人格。ツァ

ヘブライ語の字母の転写表

ʼ	א	m	מ
b	ב, בּ	n	נ
g	ג	s	(語の中間では ss) ס
d	ד	ʻ	ע
h	(語末では無表示) ה	p	פּ
w	ו	f	פ
s	ז	z	צ
ch	ח	k	ק
t	ט	r	ר
j	י	sch	שׁ
k	כּ	s	שׂ
ch	כ	th	ת
l	ל	t	תּ

本文と注においては，ヘブライ文字の使用を極力避けた．技術的な理由から，ヘブライ語の転写の際には発音異同符号を避け，転写を簡単にすることを第一義とした．ヘブライ語に明るい読者なら，元の綴り方を復元するのは難しいことではないだろう．聖書の名はおおむねドイツ語訳聖書のかたちで挙げた．

ドイツ語版への序

本書の土台になっている最初の講義ノートを作成してからほぼ二十年を経て、このたびチューリヒのライン出版社ならびにフランクフルトのアルフレート・メッツラー出版社の勧めにより、その間に英語版で三版を重ねていた本書のドイツ語版を用意する運びとなった。この版を作るにあたっては、膨大なドイツ語の草稿——その一部は英語版の土台にもなった——を利用することができた。だが、本文は全般的に英語版第三版（ニューヨーク、ショッケン社）によって補正されている。幾つかの箇所ではさらに変改を行い、書き変えたところも若干ある。しかし、その後に現れた私自身や他の人たちの研究はとくに注のなかで引用した。それらは巻末の参考文献にも掲げられている。一一五〇年から一二五〇年間のカバラーの発生の問題は、できればこの連関で扱いたかったのだが、残念ながらこの研究の枠内には組み込むことができなかった。その問題は別して、一九四八年に出版されたヘブライ語の著作でとりあげた。目下その英語版が準備中である。

これらの古い原稿を手直しし、英文の決定版と照応するにあたっては、ネッティー・カッツェンシュタイン＝ストロー女史（チューリヒ）の助力がこのうえもなくありがたかった。私は他にも非常にたくさんの学問的仕事に忙殺されており、もしひとりであったら、いろいろな草稿や断片を整理する仕事などまず引き受けはしなかっただろう。したがって、この数年間処々方々から待望されていたドイツ語版をここに呈示できるとすれば、それはひとえに女史の助力と配慮によるものである。

大惨事と鏖《みな》殺しの年月を経て、ドイツ民族とユダヤ民族とのあいだにはひとつの深淵が生じた。言葉の真の意味で血なまぐさいその事態の深刻さに目を向けまいとしても、それは無駄であろう。本書が今になってドイツ語で出版されるのもこの事態と関係がある。この深淵に橋渡しをするために何かをなすことが科学的認識や歴史的洞察に許されるものかどうか、測り難いところである。にもかかわらず、私は本書に試みられているような、ユダヤの歴史と宗教の諸問題の徹底的な論議が、まさにこの状況にも重要な意味をもちうるものと信じている。この状況を変えるためにひとりのユダヤ人著作家がなしうることは多くはないであろうが、しかし材料や道具を、いやそれどころかまた、いつか再び発言の機会が生じたときに重要になりうるかもしれない洞察を、提供することはできるだろう。

ゲルショム・ショーレム

一九五七年　八月一日
エルサレム、ヘブライ大学

英語版第一版への序より

二十年以上も前に私がユダヤの神秘主義、とくにカバラーの研究に専念し始めたとき、それはいろいろな点でひとつの開始であった。というのは、私が当面していた課題は、体系的な構築物の建設作業を進めるためにまず発掘されねばならない一面の廃墟における広範な準備作業を必要としたからである。歴史的事実の領域においても、文献学的分析の領域においても、しばしば初歩的、基礎的な性質の開拓作業がまずなされねばならなかった。あまりにも軽率な仮説に基づいた性急な綜合や冗漫な思弁は、有効な、普遍的な洞察の出発点となりうる確固とした基礎を拵えようという慎ましい課題にたいして道を譲らねばならないだろう。余人は、拒絶するか排撃する以外に相手にしなかったひとつの運動の文献にいちいちかかずらうことを拒むか、あるいは現実遊離の思弁の空中楼閣を築くことに着手したのに、私はこの問題に愛着を覚えるがゆえに、さらにはまた事情のしからしむるところから、まず一度廃墟を片付け、それによってユダヤ宗教史の大規模な重要な章の輪郭を掘り起す、というささやかな課題を引き受けざるをえなかった。いうまでもないことであろうが、これらの準備作業からしだいに対象の明白な概念が全体的に明らかになったのである。無数の、しばしば面倒な個別研究がその目的に近づくにつれて、徐々に全体的な輪郭も多かれ少なかれ明瞭に現れた。そして、頭が混乱するような事実や捏造の錯綜のなかからとりもなおさず、すべての点で十分とは言い難いがかなりはっきりと、ユダヤ神秘主義、その本来の意味、その特別な問題性、ユダヤ民族の歴史にたいするその意味、の発展史の像が形づくられた。徐々に獲得されたこの概念は、これまでに公にされたこのテーマに関する文献に広く行きわたっている見解とは根本的に相違していた。私は初め、この分野における先達の足跡を辿った。その点では彼らに恩義を感じているものの、私の後の見解は多くの点で彼らの見解とはほとんど共通するところがないということを、正直に付言しておかねばならない。

私の研究作業がこの段階に到達した折も折、ニューヨークのユダヤ宗教学研究所から一九三八年のヒルダ・ストルーク記念講義を行うべく招聘を受けたことは、私にとっては何にもまして好都合であった。この巻に収められている九つの講義は私の研究の重要な成果をまとめようとしたものであるが、このうち七つはその折になされたもので、六つは英語、一つはヘブライ語である。残りの二つの講義、すなわち第二章と第三章とは別の機会になされた。

ほとんど変わりのない文言で再録されている最後の章を除いて、この巻に含まれているすべての講義は大幅に増補されている。ここで述べられているハシディズムの講義を特殊な諸現象のさらに綿密な調査によって拡大しようとすれば、まったく新しい一巻が書かれねばならないだろう(1)。本書ではこの対象に関する私の一般的な見解を説明するにとどめた。そもそも強調しておかねばならないことは、ユダヤ神秘主義の完全な歴史を提示することが本書の課題ではないということである。本書の目的はユダヤ神秘主義の発展の主段階を分析するというかたちでその主特徴の概略を示すことに限られている。カバリスト運動の内部に起ったさまざまな潮流や反対の動きをとくに顧慮したうえでユダヤ神秘主義の詳しい批判的な歴史を書くとなると、何巻にも及ぶだろう。これらの講義はこの分野における研究者のみならず、もっとずっと広い範囲の、ユダヤの歴史や宗教の問題に関心を抱いている人たちのことも顧慮しているので、私はいろいろな体系間の歴史的な繋がりよりも、むしろ神秘主義的思考そのものの分析と解釈に重点を置いた。しかしながら、さほど文献学的詳細に立ち入らなくともそれが可能であったばあいには、歴史的関係をおおざっぱに記した。ただ、ゾーハル書とその著者に関する章ではこの原則を譲って、かなり詳細な文献学的分析を試みた。それをした理由は、一般に認められている、この対象がユダヤ教の歴史にたいしてもつ重要性にあり、かつまた従来の討議のお粗末な状況にもある。文献学的歴史的批判の問題にあまり関心のない読者は第五章を飛ばして読んでも、さほどゆるがせにはならないだろう。私自身にはこの分析の結果は重要に思われるけれども。

本書はその主要命題の幾つかにおいて、ユダヤ人や非ユダヤ人のあいだで多かれ少なかれ広くなされている、ユダヤの歴史と宗教についての考え方に反するものである。現代におけるユダヤ学の大きな課題は、宗教的、政治的、社会的要因の相互作用にたいする深い理解からユダヤの歴史を新たに書くことである。この課題を首尾よく解こうと思うなら、ユダヤの神秘主義がこの歴史のなかでいろいろな時代に果たした機能を新たに定め、その理想と、ユダヤ教のその時どきの状況から生じた問題にたいするその姿勢を、正しく解釈することが不可欠である。私はこの対象に関する自分の見解をできるだけ簡潔明瞭、かつ正確に叙述しようと試みた。これによって、どうしても欠かせない重要な討議に、ひとつの真摯な貢献がなしうれば幸いである。いずれにせよ私は、私たちの過去のこのような討議が私たちの未来となんらかのかかわりをもっていることを確信している。

エルサレムにて
一九四一年　五月

(1) ハシディズムの開始と、イスラエル・バアル＝シェームの歴史的人物像ならびに彼のものとされている教説に関する私の見解は、別の英語の講義に収められている。これは一九四九年にニューヨークの同研究所でなされたもので、適当な時機に公刊されるはずである。

第一章　ユダヤ神秘主義の一般的特質

1

これから以下に述べる稿の課題とするところは、ユダヤ神秘主義の主要な方向と潮流の幾つかを記述し、分析することにある。ユダヤ教の歴史がカバラーおよびハシディズムという名で知っている運動にみちあふれる、あの大洋のような、しばしば怒濤のような神秘的生命の海の、とてつもない、しかも至難というべきテーマを、この僅かな数章で十分に論じつくせようとは望むべくもない。ユダヤの学者たちのあいだでその価値が多くの討論の対象となってきたこのユダヤ文化の成果について、毀誉褒貶さまざまなことを耳にしたことのない人はあるまい。研究者や著述家たちの判断はしばしば変化した。それは拒否と批判から熱狂的な賞讃やあらんかぎりのかたちをとった弁護論にいたるまでゆれ動く。だが、そうしたすべてにもかかわらず、この神秘主義教説の内容の即物的な評価、つまり、ユダヤ史の経過におけるそれの役割やユダヤ精神全体にとってのその意義に関する非党派的な判断というものは、ほとんどめったに見出されないのである。

ユダヤ神秘主義の歴史は、これまで公に論及されているかぎり、その実態、事実関係——その解明こそがここで問題とされる――の誤解、誤認のなかをあまりにしばしば動いているにすぎぬといわねばならない。そのユダヤ史把握が今日もなお支配的である前世紀の偉大なユダヤ学者たち、グレッツ[*1]、ツンツ[*2]、ガイガー[*3]、ルッツァット[*4]、シュタインシュナイダー[*5]のような人びとは、非常に節度のある表現を心がけるため、カバラーにたいしてはあまり共感をもっていなかった。カバラーは異質なものであり同時に受け入れがたいもので、この人びと自身の、近代ユダヤ精神において支配的たらしめようとのぞんでいた理念やとらえ方とは矛盾するいっさいがカバラーのなかに集約されているようにみえた。カバラーは彼らの行手に暗雲をひろげるものであり、ある種のユダヤ人層がその排斥を誇りとし、シュタインシュナイダーの言葉を利用すれば、ユダヤ精神に、あるもっともらしい墓所を用意することを主要課題とみなしている、諸権力、諸傾向の同盟者なのであった。この事実は、ユダヤ史における神秘主義の役割に関するかぎり、これら学者たちのネガティブな見解を明らかにしてくれるかもしれない。彼らの態度が、純研究者のそれから遠く離れて、まだ十分な力とバイタリティを貯えている危険な敵との対決においてみられる闘争者のそれをむしろ示していることは、ほとんど疑いをいれない。しかし、この敵とは、当時の時流のなかでは、まさにハシディズムの運動にほかならなかった。敵視というものは非常に力のあるものである。われわれはあのかつてのカバラーの情熱的な批判者たちに感謝をもち続けるべきであろう。彼らの憎しみは、たとえそれが彼らの判断や評価にも影響を及ぼし、偏見によってそれを歪めたとしても、それでもなお彼らの目を開いて、はっきりとある本質的な因子を見ることを教えてくれたからである。彼らは往々にして正しかった。必ずしもつねに彼ら自身のあげる根拠からではなかったにしても。いや、本当のことをいうと、彼らの書いたものを読むものの目につく最も驚くべきことは、まさに彼らがしばしばあえて不遜にも軽蔑的判断を下した原典や実態について、およそ適切な知識を欠いていたことなのである。

ユダヤ学のために名誉にならないことであるが、この領域の深い知識を実際に自在に駆使することのできた少数の著述者の著作はついぞ公刊されることがなく、それどころかあるばあいには保存すらされないでしまった。この種の研究にたいして実際にその深さまでの関心を有する人が皆無だったからである。というのも、カバラーの世界は十九世紀のユダヤ啓蒙期のために事実上閉鎖されてしまっていたからなのである。したがってこの世界にたいする実際の理解を示す理念なり見解なりの大半が、たとえば最近世代の英人アーサー・エドワード・ウェイト(1)とか百年前のドイツ人フランツ・ヨーゼフ・モリター(2)のように、キリスト教徒の学者から発しているということを、ともあれわれわれが誇りとするには当たらない。これら学者たちの往々にして壮大な直観力や自然な理解もしばしばその目標に達しえなかったことはまことに残念である。彼らには、この分野の歴史的な文献学的諸事実が問題となるばあい、ほとんどあらゆる批判的センスが欠けており、したがってこうした事実を重視する諸問題に立ち向うとき、完全に無能無力だったがゆえである。

ユダヤ学を建設した偉大なユダヤ人学者たちがこのように敵意を抱いたことの当然の結果としてあまりにも明白になったことは、権限をもった番人がその持ち分をなおざりにすれば、あらんかぎりの妄想家や山師どもが輩出して、勝手に徴発や差押えをほしいままにするという事実であった。エリファス・レーヴィという仮名で有名になったアルフォンス・ルイ・コンスタンのしばしば大げさな誤解と偽造から、思わせぶりなアレイスター・クロウレイとその一党のいかさま妄想にいたるまで、カバラーの正統的な解釈を求めるいかにも突拍子もない絵空事のような主張が行われた(3)。このなおざりにされた分野に改めて手をつけて、史的研究の揺るぎない尺度を適用するときがやってきたといえよう。これが私のみずからに課した課題である。これからの数章にわたる叙述において、私は、自分がこの暗黒の領域に光をあてようと企てて以来たどりついた幾つかの成果を明らかにできたらと望んでいる。
　ことさら言うまでもないであろうが、ここに述べることのできるものは、事の性質上、ユダヤ神秘主義の幾人かの古典家たちにおいて表現されている神秘な思考の本質的な構造の簡単な輪郭以上のものではありえまい。――またあまりにもしばしばこの古典家たちは、神秘的思考の奥義にまで立ち入ることが近代的思考にはおよそ容易でないような形式と不可解な偽装にのみ包まれているのである。そしてまた、この対象の概要《レジュメ》を略述することも、少なくとも同時的にその意味まで解釈しようと試みることなしには、明らかにまったく不可能である。事実、多年の世紀にわたってくりひろげられた宗教運動をわずか数章で述べようとするのは、おそらく危険な企てというべきであろう。カバラーのそれのように錯雑した実態を解明しようとする歴史家も、「さてこの解明を今度はだれが解明するのか？」というバイロンの皮肉な問いがわれとわが身にふりかからぬよう自戒しなければならない。そして結局、それ自身の選択と要約すら一種の注釈を表すことになり、ある程度までは、対象自体についての価値判断さえも示すのだといってよい。換言すれば、私が以下に述べようとするものは、ある哲学的な観点から発し、今日でもなお私がその根本において有効であり生命をもつと考えているユダヤ史の生きた関連に適用させたところの、ある批判的な評価にほかならない。

2

　ここでユダヤ神秘主義について語ろうとするとき、それはそもそも何なのかという問いが私にたいして発せられることを期待しなければならない。大ざっぱなかたちにもせよ、この問いに答えるためには、およそ神秘主義一般とは何であるかについての若干の感想を記憶によびおこすことが必要であろう。最近五十年間はてしないまでに論議されたこの問題について改めて本質的に新しい何かを言うように求めるわけにはいかない。私はただこのテーマを説明するために重要と思われるものだけを歴史的形而上学的討論の混乱したがらくたから拾いだしてみよう。そのばあいイーブリン・アンダーヒル[*6]とラファス・ジョーンズ博士[*7]のすぐれた著作にここで言及せずにはいられない。哲学や歴史が「神秘的」と名づける現象において根本的に問題とされる対象はほとんど疑問の余地のないものだけれども、神秘主義という定義の数はこれについて書いた著作家の数とまさに近似的なほどに多いということは注目に値しよう。往々にしてこれらの定義がその対象を明らかにするよりもむしろ暗い不可解なものにするのにふさわしいこともちろんである。このことは、著名なイギリスの著者イング博士[*8]がそのキリスト教神秘主義講義に付録としてつけた神秘主義の定義と神秘主義神学という、あのすぐれた並置から最もよく看取することができる。

　ある種の権威を主張できそうなこうした定義の一つ二つを思い浮べてみるとしよう。われわれの研究自身が批判的な性質のものであるにもせよ、この研究のために、それは出発点として十分であるだろう。ラファス・ジョーンズ博士は神秘主義宗教についてのその優秀な研究のなかでこう言っている、「私は神秘主義という言葉を、神にたいするある直接知覚しうる関係、神の実在を直接にほとんど把握しうる体験、に基礎をおく種類の宗教にたいして用いるであろう。これは最も内面的な、奥深い、しかも生きいきとしたかたちにおける宗教である。」[(4)] トマス・アクイナスはさらに手短に、神秘主義のことを、コグニチオ・デイ・エクスペリメンタリス、[(5)] すなわち神について生きた経験を通して得られた、ある実験的な知、と定義した。その際彼は、多くの神秘家と同様、詩篇作家の言葉を暗示している（詩篇三四、八）。「おお、味わい、そして見よ、主の恩恵《めぐみ》ふかきを。」この味わいかつ見ること、これこそ、たとえ精神化した陶酔的なものであるにもせよ、神秘家が立ち向かおうとする地点であり、神との、ないしは、神秘家の態度を規定する形而上的なリアリティとの、ある直接的な触れあいのなかへ踏みこんでいく自己みずからの一定の基本的経験なのである。もちろんこの直接的な関係が何であり、それがどのように適切に記述されうるかは、神秘主義について書いた著述家たちが当の神秘家たち自身に劣らず当惑におちこんだ大きな謎である。

思うにこの、思弁的神秘主義が取りまとめと解釈に従おうとする神秘体験という行為こそは、きわめて逆説的な、矛盾にみちた性格をもつものなのである。この体験を記述しようとする試みには、そしてまたおそらく、いっさいの言葉の彼岸において、そもそも体験それ自身に、ともあれ終始この性格がつきまとう。はたして創造者と被造物のあいだに、有限なものと無限なもののあいだに、どのような直接的関係がなりたちうるだろうか、そしてまた、言葉の生まれてくる世界にはおよそ適切な比喩が存在しないような経験をどうやって言葉で表現できるだろうか！　ところで、神秘的経験におのずから内在しているこの矛盾からして、その経験の不条理性を推論しようとすることは、まさに表面的にすぎるといわねばなるまい。むしろわれわれがここで、これからの叙述においてさらにしばしば用いる機会があると思われる原則を念頭においておくことのほうが妥当であろう。私の言いたいのは、神秘家の宗教的現実は、合理的認識のためには、ただ逆説《パラドックス》によってしか表現できない、という命題である。心理学者のG・ストラットンもその『宗教生活の心理学』（*Psychology of Religious Life*, 1911）においてこのことをとくに力を入れて指摘し、彼なりの立場から、事実、神秘主義ではないばあいでも生じてくる宗教的生活と思考のあいだの本質的に重要な葛藤について強調している。神秘家たちの体験、および彼らが沈潜する神性の世界についての彼らの記述があらゆる種類の逆説で充満していることは一般に知られている。ユダヤの神秘家もキリスト教の神秘家も同じように利用した一例だけをあげるとすれば、神が神秘的な無と表示されることは、けっしてこうした逆説の軽んずべき最たるものではない。今ここではこの命題の解釈をするつもりはなく、さらにまた後でこれに戻ることにする。ただ私は、神秘家がそれに参入する眼識をもち、あるいは一種の好みを有しているところの現実《リアリティ》がきわめて異常な種類のものであることを明言しておこう。

一般宗教史はこの基本ー体験を、ウニオ・ミスティカ、神との神秘的合一という名において知っている。しかし、これもまたひとつの言葉にすぎない。けだし、ユダヤ人にしろキリスト者にしろ、彼らの忘我《エクスタシー》の経験、魂の最高段階への無限の飛翔を、けっして神との合一とは表現しなかった多くの神秘家たちがいるからである。一例をあげよう。タルムードの時代とその後に組織的な一グループをなした最古のユダヤ神秘家たちは彼らの観想の範囲に相応した形象でその経験を描いている。彼らはそこに、ある忘我の直観によって至高の神の尊厳と天の玉座の秘密に媒介されるところの、神の御前《みまえ》にまでいたる魂の高揚を見る。この古きユダヤ・グノーシス派の人びとからはるかな一筋の道がハシディズムの神秘家たちにまで通じている。この後者について「多くの人はその人間的知性をもって神に仕えるが、しかしその人びとは無をみつめているのだ……ところで、この経験に値すると認められるような人の人間的知性はリアリティを失っている。しかるにその人がこうした観想から知性の実質的存在に立ち戻るとき、彼は神的な光輝のさんさんたる流動にみちあふれるのだ[6]」とさる人が言っているが、結局のところ、この両者は、異なった仕方で表現しようとしている同じ経験なのである。

さてここでもうひとつの別個の吟味をしてみなければならない。われわれが神秘主義とよんでいる領域の全部が、忘我ないし観想において得られるあの個人的な経験でみたされているというわけではない。神秘主義という歴史的現象は、あの経験が中心をなしているにもせよ、もっとはるかに包括的なものである。「神秘主義《ミスティーク》」という概念をあまりに純思弁的な定義に限定してしまわないことが重要である。私はむしろここで、基本的には宗教史においておよそ神秘主義そのものは、他から独立してそれ自体として存在する現象ないし観想としては、まったく存在しないのだということに力点をおきたい。存在するのは、神秘主義それ自身ではなくて、何かの神秘主義、一定の宗教的なかたちをもった神秘主義、すなわちキリスト教の神秘主義、イスラム教の神秘主義、ユダヤ教の神秘主義といったものなのである。たしかにこれら多様な歴史的現象のなかにはある統一的なものがひそんでいる。この統一的なもの、すべての神秘主義というこの「客体」は、まさしくあの神秘家たちの個人的経験の分析のなかに現れてくる。しかしながら神秘主義一般というある抽象的な宗教のようなものを虚構することは近代という時代のために留保され続けてきた。それは、最近百年のあいだに宗教的対象に関する思考をそれまでの時代よりもはるかに強く規定している汎神論への傾向と関連しているかもしれない。人は既成宗教の一定の固着したかたちから一種の普遍宗教へと進み出ようとし、したがってまた、一定の宗教の神秘主義という歴史的に固定したかたちのなかにも、特定の宗教とは結びつかない、いわば化学的に純粋な神秘主義がみずから脱ぎすてた殻《から》か屑のようなものしか見ない。しかし、ここでわれわれが神秘主義の一定のかたち、すなわちユダヤ神秘主義の本性や現れ方を解明しようとするならば、一般的抽象化にとどまることは実りがない。さらにいうならば、すでにイーブリン・アンダーヒルさえが、神秘家はそもそも信仰形式の枠をうち破る宗教的アナーキストであるという一般に広まった見解はほとんど歴史のなかの確証を得ることができない、と主張していて、私にはもっとものことと思われる。歴史はむしろ偉大な神秘家たちをつねに大きな宗教の忠実な息子として示しているのである。

ユダヤ神秘主義とは、ギリシャの神秘主義やキリスト教神秘主義とも異なることなく、一定の具体的な歴史現象の一総体である。神秘主義を宗教史のなかに成立させ、とくに一神教的大宗教のなかに成立させてきた諸条件を手短に想起してみればよかろう。さきほど私が実例をあげたような、「神秘主義」概念のさまざまな定義は、とかく容易に、すべての宗教はつづまるところ神秘主義であるという、実際にもすでに見たとおりラファス・ジョーンズがはっきり引きだしてみせた結論に通じやすい。宗教というものは結局ある「直接的な神との結合の内在化」なしではおよそ考えられないからである。しかし、抽象化について論争するのは無益なことだ。なんびとも偉大な啓示宗教のかずかずの古典的形式を本気で神秘的とよぼうとはしないだろうし、またたとえば聖書宗教の偉大な人びと、神の男モーセや預言者たちのことを、単に彼らの宗教的経験の直接性のために、神秘家だと主張しようとはすまい。いずれにせよ私は、歴史的境界を抹消してそれで問題をぼかしてしまうこうした用語法《テルミノロギー》をとりあげる気にはならないのである。

3

私がまず説明したいと思う点は次のこと、すなわち、神秘主義は宗教史の一定段階において初めて登場するということである。それは宗教意識の一定段階と結びついており、現実の宗教史のなかでもつ意味において、神秘主義は二つの時期にはありえない。

その第一期はというと、まだ世界そのものが神的であり、神々にみちているあいだのことである。人はいたるところで神々に逢い、神々をとらえることができ、忘我を必要とせずに神と自己を混同している。すなわち、神的なものと人間的なものとのあいだの割れ目がまだ現実の、魂をつかむ事実としてひらかれていないかぎり、神秘主義は存在しえないのである。だがそれは神話の世界、民族の青春期の世界である。すべてがすべてと結合して、まだ分離以前にあり、分離についてまだ根本的に何も知らない結合という直接的な意識、純正な一元的コスモス、は神秘主義に逆らうものである。そして同時に、この万物一体という意識の、ある傾向が神秘主義のなかに別の次元で形を変えて再び立ち戻ってくることは理解できることである。この段階では、自然が人間と神の関係の真の舞台である。

神秘主義を知らない第二期は、宗教が発現するあの創造的な時代である。宗教が人間をあの神、人、世界一体の夢想的段階からひきずり出すのは、まさに宗教の最も偉大な行為である。最も古典的な形態における宗教は、ほかならぬあの、無限の人格にして先験的存在なる神が有限の被造物にして有限なる人格に向きあうところの、絶対的にして途方もない割れ目の深淵を引き裂きひらく。宗教史の古典的段階である天啓宗教の誕生はこのようにして神秘主義の可能性から最も遠くかけ離れている。ここで人間は二元性を、ある深淵を意識させられる。この深淵を越えて進むものは声だけである。すなわち、導きと立法を行う神の声と祈りをささげる人間の声である。偉大な一神教的宗教はこの両極性とこの永遠に越えることのできない深淵という意識のなかに生きている。これらの宗教は、宗教の舞台を大自然から人間および宗教的共同体の倫理的・宗教的行為へと移しさってしまった。いまやある意味でこれら宗教は人間と神の関係の新しい舞台としての歴史を示してくれているのである。

ところで宗教が一定の信仰生活と共同生活において歴史のなかにその古典的表現を維持してきたばあいにこそ、神秘主義は可能となり、おそらくその宗教のロマン主義時代とよびうるもののなかに現れてくる。その宗教は大いなる深淵を見て、さらにその経験からおよそよいきっかけをつかみ、この割れ目を完全に意識しつつ割れ目を閉じてくれる道となる秘密を求める。宗教から絶たれてしまった統一を再び、神話の世界と啓示の世界が人間の魂において出会う新しい次元にうちたてようとする。したがってその舞台は本質的にはまさに魂にほかならず、その対象は魂が多様の深淵をのりこえて、今や万物の根源的な統一として現れる神的な現実の経験にいたる道である。つまり神秘主義はある程度において神話的経験の再受容なのであり、その際もちろん看過してならないことは、あらゆる二分化以前にある統一と、意識の新しい高揚のうちに再度うちたてられる統一とのあいだには、ある本質的な差異があるということである。

歴史的にいえば、この神秘主義の登場はさらにもうひとつの別個のファクターと関連する。宗教的意識は偉大な古典的宗教形式の創造をもって消滅しはしない。その創造力は持続する。たしかに一定の宗教の形成力は長きにわたって、いっさいの生きた宗教感情をその信徒たちの輪のなかで支配し、そのうちたてた価値の経験をつねに新たに信徒のなかに再生せしめるだけ十分に大きなものであるだろう。しかし、歴史的宗教の伝承された価値との矛盾におちいりかねない新たな純正種の宗教的脈動が生まれてくることもなしではすみえない。神秘主義は何よりもまずこうした新たな脈動と新たな宗教的力とが古き宗教の枠を破砕することなく、その枠をぶちやぶってまったく新たな建築物をつくりだすのではなくて、古き宗教の内部にとどまって自己主張をしようとするときにこそ成立する。そのとき、新たな宗教経験に相応した宗教的価値への新たな欲求が、古き価値の新たな解釈、解釈の仕直しに表現される。古き価値はいま往々にしてはるかに深く個人的に理解されるのである。それと同時にもちろん古き価値は同様にしばしばそこに注がれる新たな生命によって、深い仕方で本質的に変えられてしまう。われわれの宗教のほんの幾つかの偉大な語をあげるとすれば、創造、啓示、救済といった語を神秘家はもはやそれが本来意味したと同じものには解しない。それらの語は神秘家のためにある新たな生命と新たな内容を得て、そこに個人が神とじかに触れ合うという神秘的経験の特殊性が反映する。

たとえば啓示とは神秘家にとっては、神の人類との直接的なコンタクトを歴史の一定の時点に確定する一回的な歴史的事実ではない。歴史的な啓示の事実を否定することなくして神秘家のためには、彼自身の心臓から生まれる宗教的認識と経験の源泉こそ同じ正当化された認識源泉として啓示と並列する。あるいは別の表現をすれば、啓示は一回的な行為からたえず繰り返される行為になる。神秘家は彼自身ないし彼の師にあたえられたこの新しい啓示を、古き啓示の源泉と結びつけようとする。かくして偉大な宗教の規準的教典の神秘主義的な解釈の仕直しが成立する。共同体にあたえられた本来の啓示、たとえばあのいわば公認のシナイの啓示は、神秘家の感官には、隠されて開かれることのない啓示のように映る。彼にとっては秘密な啓示であって初めて本来的に開かれた決定的なものなのである。つまりこれら規準的教典は、根本において他のすべての宗教的価値と同様、神秘感情の流れのなかで融けあわされ、形成される。神秘家がこの過程において、どんなにその宗教の境界内にとどまろうと努めるにせよ、しばしば意識的無意識的をとわずその限界点にまでのめりこんでいくことは怪しむに足りない。

神秘家をこのようにしばしば異端者にしてしまった理由について、これ以上何も言う必要はあるまい。こうした異端は必ずしも本来の宗教共同体の火と剣で克服されるには当たらない。それどころか、異端が異端としてはまったく認識されないこともまま生じていよう。とりわけ神秘家がいわば正統派の用語法《テルミノロギー》を利用して大いに成功し、彼自身の宗教的関心事をたくみに表現することができるばあいにそうである。多くのカバリストたちが実際にこのことをやっている。比較的大きな外的権力手段や国家組織などを駆使することのできたキリスト教やイスラム教が神秘主義運動のよりラディカルなかたちをしばしば思いきった手段で弾圧したのにたいして、ユダヤ神秘主義の歴史においてはそうした現象は稀にしか見られない。もちろん、サバタイ主義やハシディズムの章で見るように、その種のものが全然ないわけではけっしてない。

4

神秘主義宗教は、それが内部で発展しつつある共同体の特別な宗教的観念のなかで神秘主義とは対立する神を、知と教義の客体としての存在から、ある新しい生きた経験につくりあげようとする。さらにそれを越えて、この経験を新たな仕方で解釈しようとする。神の現実化と内在化および神への道についての教義というそれの実際的側面は、したがってとくに神秘意識の発展的なかたちのなかで、しばしばあるイデオロギーと密接に結びつく。このイデオロギー、神秘主義の理論、は同様にまた神の神秘的認識と神の啓示の理論であり、神に通じるあの道程の理論でもある。

したがって、こうしたすべてから結果するのは、一定の宗教圏における神秘主義のかたちは、その宗教において承認され栄光化される既成の内実と価値によって本質的に規定されるということである。それゆえユダヤ神秘主義の相貌がカトリシズムや再洗礼派やイスラム教のスーフィズムのそれと同じものであるとは期待できない。たとえばキリスト教において神と人とのあいだの救済者かつ媒介者というかたちに結びつけられる特別種の神秘主義、すべての個人の神秘的道程において繰り返されるキリスト教創始者の受難という神秘的解釈——これらすべては本質上当然ユダヤ教とその神秘家たちには無縁である。彼らの観念はユダヤ教の特殊な諸価値から、すなわち何よりもまず神と、聖なる律法トーラーのなかに収められたその神の啓示の意味とのあいだの統一という問題から出発するのである。

ユダヤ神秘主義はそのさまざまなかたちにおいて、ユダヤ教そのものの宗教的価値を神秘的価値として理解しようとする試みを表している。この神秘主義は、創造と啓示と救済に自己顕現する生きた神のイメージに沈潜し、この生きた神の領域から、すべての存在のなかにひそかに生きてはたらいている神的生命の世界全体がよみがえるほどにまでその沈潜を遠くへかりたてる。これがカバリストたちの「セフィロースの世界」とよぶものの意味である。これをさらに手短に説明すれば、次のようなことになろう。

生きた神のもつ属性はここである特別な変化を経験する。この発展は、マイモニデース[*9]のような古典家がその『迷える者の手引き』のなかで、たとえば次のように論証するという結果を生んだ。すなわち、神が生きているということはどのように言えるだろうか。それは、神の本質の無限な豊かさを制限することにならないだろうか。したがって、神が生きているという命題は、単に、神は死んでいない、つまり、神はすべての否定的なものの反対である、という意味しかもちえない。神は否定の否定なのである、と。カバリストのばあいはそうではない。いうまでもなくカバリストにとっては、生きた神と隠れた神とのあいだの分離、いや葛藤が、ユダヤ哲学のいっさい知ろうとしないある特別な意味をもつことになっているのだから。

未知の隠れた神に照準をあわせることは誰にもできない。すべて生きとし生けるものの神認識は、神とその生存のあいだに生まれた関係、つまり神が他者にたいして存在を告知する関係に基礎をおいているのであり、神の自己自身にたいする関係に基づくものではない。デウス・アブスコンディトゥス、自己自身における神、と姿をみせた神とのあいだの差異はカバラーにかかわりのないものであることが論証されているが(7)、私にはこれは事実の誤った解釈であるようにみえる。あべこべに、神学的にみて一方の神は観察することができるという、二つの相をもったこの神の二元論に、ユダヤの神秘家たちは深くかかわりをもち、時にはそれを定式化したものであって、このことが一神教の宗教意識に及ぼす危険は、カバラーの後期発展において初めて完全に明らかとなった。カバリストたちはたいてい、この両面の相の関係を、できるだけ哲学者の思考にも抵抗を感じさせないような表現で表すことにつとめ、この両者間の葛藤は必ずしも、たとえばあの一三〇〇年頃の一無名者の有名な定式化ほどにはっきりあからさまなものとなるわけではない。その定式化とはこうである。絶対的な存在としての、自己自身における神は、その本性上、他者への伝達の対象ではありえないのだから、啓示についての古文書にも、聖書やラビ伝承の正規な文典類にも、まったく暗示されてはいない(8)、と。かかる神はここには現れないし、これら古文書群から証明できる名称も何ひとつない。というのも、これら聖なる古文書のどこをみても、すべての言葉は天地創造の諸章にむかって神の表白をつづる一ページを示すばかりだからである。したがって、そうした古文書の証言する生きた神、宗教上の神が、人間の慣習上からはふさわしくなくとも、カバリストのとらえ方からすればごく自然のものである無数の多くの名前を有しているのにたいして、それ自身の本質において隠れた神、デウス・アブスコンディトゥスのほうは、ごく方便上の術語、神秘家の感覚からは本来の名前という性格にまったくそぐわない言葉、でもってよばれうるにすぎない。そこで初期スペインのカバリストたちはなんとか思弁的な言い換え方をして、「すべての根のなかの根」とか「大現実」とか「無関心の統一」(9)とか、とりわけまずエン・ソーフといった名称の助けをかりている。このエン・ソーフこそ隠れたる神――人間の側からして――の相にふさわしい非人格的なものの性格を、他の名称に劣らず、いやおそらくさらに一層はっきりと浮び上がらせている。つまり、このエン・ソーフは、しばしば誤解して訳されているような「無限者」をではなく、「無限なもの」[*10]を意味しているからである。われわれが人格としてとらえることのできる最初のカバリスト、盲人イサアクこそは、まさしくこのデウス・アブスコンディトゥスを、けっして人格的な色あいをともなう「とらえがたき者」とはよばずに「とらえがたきもの」(10)とよんでいるのである。神はまさにその天地創造と啓示において初めて人格となり、あるいは人格として現れるのだが、その神の非人格的な根元という神智学的設定によって、カバリストの思考は聖書的神概念の人格主義的な基礎を放棄する。そして、だからこそ上に掲げたあの神秘的アフォリズムの作者が、エン・ソーフのこと（ないしこの語でいわんとしているもののこと）は聖書やタルムードでは言及されていないと語ったとき、彼は正しかったのだ、ということができる。カバラー思想の最も重要な流れがこうした設定のもつ問題性とどのように妥協したかは、以下の数章で説きあかすことができよう。つまり、この非人格的なエン・ソーフが一転して聖書の本来の人格神に変じてしまうことから始まって、ついに隠れたる神エン・ソーフと宗教的古文書の人格的創造神とのあいだの真の二元論という異端的な分裂にいたるまで、考えられるあらゆる段階がそこで辿られたのである。しかし、当面の観察のためには、神性のもつ第二の相のほうがより重要である。この相こそ、現実の宗教にとり決定的なものとして、カバリストの神智学的思弁やせんさくの主たる関心事となるのだから。

　神秘家は、聖書の生きた神、すなわちあの善にして賢にして正義にして慈悲にみち、その他いっさいのポジティブな属性をもつ神を、本当に所有しようと求める。しかし同時にまた彼は、カバリストが大胆にも「その虚無の深みに[11]」と表現するような、その本質の深みに永遠にきわめがたく休らっている、あの隠れたる神をも放棄しようとはしない。この隠れた神には特別な属性はないかもしれない――啓示がものがたり、すべての宗教が引きあいに出すところの、生きた神はさまざまな属性をもつ。そしてまたこの属性は、別の面でいえば、神秘家の実現する宗教生活の最高の諸価値を表している。神は善であり、神は厳格であり、神は慈悲にみち、正義である等々。それどころか神秘家たちは、さらに後で触れる機会があろうと思うが、より高次な意味において、悪の根元は神自体のなかにすら存在するという論理的帰結にたいしても、ひるむことがない。したがってここでは、神の善良さは悪の否定であるばかりではない。それは、神的な光明にみちた、欠けるところのない国であり、この国においてこそ神は、カバリストの観想にたいして、そのみずからの特殊な相貌を告げ知らせるのである。

　こうした国々は、よく神秘的な画像に描かれたり、神性界の神秘的トポグラフィーとして書くことを許し、まさしく神の創造力の啓示における諸段階・諸留《りゅう》にほかならない。すべての属性はこうしたひとつひとつの段階・留なのであり、神秘的思弁に、神から生まれる悪の根源をひきあわせた、厳格な神の法廷という属性さえもそうなのである。だから神秘家がその観想において、神の絶対的統一性の秘密をつかもうとこころみるとき、彼はまず最初に、カバリストの書物が記述する内面の世界と留《りゅう》の無限な豊かさの前に立つ。この世界の観察からまず彼は、ありとある矛盾のなかの統一、窮極の根、としての神を経験するために、上昇を開始する。この神秘家の道程について、彼がとらえる神とは、純粋存在《ザイン》でもなければ純粋生《ヴェル》成《デン》でもなく、われわれの手の届かない隠れたる神と、宗教的経験と啓示による生きた神とがまさに一つの神なのだという、両者の統一にほかならないのだ、と言って差支えないであろう。カバリストはたしかに二元論者ではない。歴史的にみて、彼らの思想がグノーシス派のそれ――隠れたる神と創造神とがまさに対照をなしている――と関連があるにしても、正統派カバリストの思弁のすべてのエネルギーは、この二元論的帰結を避けることにこそ向けられていた。そうでなかったら、彼らはユダヤ共同体の内部にとどまることさえできなかったであろう。

　たしかに、いわゆるセフィロース理論における神の属性と統一の教説についての神秘的解釈が課題とするところは、カバラーの成立以来すべてのユダヤ神秘家たちにとって、よしんばこの問題の答えがさまざまな学派によってしばしば非常にちがった結果となったにもせよ、共通のものであると言うことができる。同様にトーラーの神秘的把握もまた、すべてのユダヤ神秘家やカバリストたちや、アレクサンドリアのフィロがその教説を書いた[12]あの治療者たちのグループ、最後代のハーシードにいたるまで、すべてに共通している。彼らにとってトーラーはひとつの生きた有機体である。言葉の表皮下の内部の無限な諸層にわたって、あるひそやかな生命が脈打っている。そしてこれらの層のひとつひとつがトーラーの新たな深い意味に照応している。だから、トーラーは単に章節や文や語句から成っているだけではなく、むしろ神的な叡知の生きた体現なのであり、そこから永遠に尽きることのない照射が洩れつづけるのである。トーラーはもちろん、神の民の歴史的律法でもあるが、それだけにとどまらない。むしろ神的叡知から生まれた三千世界すべてを律する宇宙的なおきてなのである。トーラーにおける文字の配列のすべてはみな、人間の言葉の内部では意味をもつもたぬにかかわらず、宇宙にはたらく神の力のひとつひとつのシンボルである。神の思想は、人間のそれとちがって、無限の深みを有するが、それと同じく、トーラーの個々の解釈も、どれひとつとして人間の言葉でその生きた豊かさをとらえ直すことはできない、と断言してはばかりないが、トーラーを研究するこうした方法では、聖書を実質的に理解するのにほとんど実りは生まれまい、と断言してはばかりないが、しかし、このようにして聖書の数々が、すべての個々人みずからの生と神の秘密を照らしだし、かかる個々人のために予期しない個人的な魅力をもつようになったことも否定できない。たしかに聖書がその著者たちの志向からまったく独立した生命をもち続けていることは、そもそも聖書の本性に基づくものである。後生ともよばれる、後世の世代が聖書から発見した諸相は、往々にして聖書の根源的な意味よりも一層効力をもつ。そして、本当のところをいえば、聖書の根源的な意味を誰が知っているというのであろうか!?

5

ユダヤの神秘家たちは、縁続きのようなキリスト教徒、回教徒とも似て、そもそも神秘的意識というものが精神生活の基本的な諸事実とはきわめてパラドックスな関係にあるという事実に目をふさぐことができない。しかしこの神秘的思考の逆説は、彼らのばあいしばしばとくに独自なかたちをとって現れる。たとえば彼ら自身が古来とりくんできた根本問題のひとつである、言葉にたいする関係を見てみよう。神秘的な認識は、それが表情や言葉では不可能な次元のことに属するばあい、いったいどのようにして言葉で表現できるであろうか。きわめて内面的な出来事、人間的なものと神的なものとの触れあいは、そもそもいかにして言葉を通じて適切な書き換えを行うことができるだろうか。だが、それにもかかわらず、心中を吐露しようとする神秘家のおさえがたい衝動については、一般によく知られている。

彼らはみずからの真情を伝えるためにあまりに不完全な道具である言葉のことを、繰り返し痛切に歎じているが、しかも言葉に凝《こ》り、言葉に溺れて、いわく言い難いことを言葉で語ろうとする。神秘主義に関する文献はつねに再三この問題に立ち戻る。(13) ユダヤの神秘主義もその例外ではないが、しかしほとんどどのばあいにも二つの現象が見出され、ここでは簡単な暗示にとどめるが、一般の状況からはとくにきわ立ってみえる現象である。しかもこの二つの点はたがいに深い関連をもちあっているといえるかもしれない。私がいわんとしているのは、カバリストたちがその窮極的体験を語ろうとするときに目立つ著しく控えめな態度と、神的な道具としての言葉にたいする彼らの形而上的でポジティブな評価のことである。

ユダヤ神秘家の文書を他の宗教のそれと比べてみると、両者のあいだに大きな違いがあることに気づくだろう。この違いは古来カバラーのもつ一段と深い性格の探究をおよそ著しく妨げてきたものである。すでに述べたように、いつどんなところでも神秘家の経験を決定してきたいっさいについて、カバラーの宗教経験がおよそ何も知らなかったなどということはけっしてありはしない。忘我の経験、あの神秘的憧憬の目標がどのような名でよばれるにせよ、みずからの魂の奥底における絶対的な存在との出会いは、人間の根元経験としてラビ的ユダヤ教においても他のばあいとまったく同じように実在した。人間の根源的基本的関心事のひとつとして、それがどうして別のものでありえたろうか。にもかかわらずこのユダヤ教のばあい、きわめて厳密な意味で神秘的なこの事象のことをあえてあからさまに行動したり報告するのを嫌う傾向がひどく幅をきかせている。こうした経験を表現するばあいの形式がユダヤ教ではある違った性格をもっているばかりではない。表現への意志そのもの、こうした経験一般を文学で伝えようとする意志自体が、問題にされたり、他のことの考量によって排除されてしまうのである。

神秘主義文献の圧巻は、偉大な神秘家たちがみずからの内面生活の一部始終を直接的主観的なかたちで報告しようとした自伝類であることは大方の周知のことである。これら神秘家たちの告白は、どんなに辻つまのあわぬ矛盾に耽溺していようと、神秘的事象の認識のためには最重要な原典に属するのみならず、往々にしてそれは文学の貴重な真珠でもある。それでもカバリストたちは神秘的自伝の味方ではない。彼らはいわば自分個人を神性の世界に導いてくれた架橋を背後に焼きすててしまうことによって、その世界およびその他彼らの観想にひらかれたものを、ある非個人的なかたちで記述しようとする。彼らは客観化を好み、自己顕示的なみせびらかしをすべて憎む。彼らの選んだ次元での言葉の豊かさは同僚たる自伝作者たちのそれにけっして劣るものではない。しかし、何かしら羞恥感めいた宗教的純潔が彼らを抑制しているかのようである。もちろんここにも個人的な内輪話めいた性格の記録がまったくないわけではない。だが、これらの記録はほとんど例外なしに手書きのものであり、いずれにしろカバリストの側からはおよそ印刷に付されたことのないのが特徴的である。明らかにカバリストたちの自己検閲のようなものがあって、あまり個人的すぎる性格の部分を手稿から削除したり、他のばあいと同じく、こうした稿が少なくとも印刷に付されてしまわないよう配慮したもののようである。[14] この種の自己検閲の、二、三のすぐれた実例も、後に私は立ち返って、第四章で提供できるであろう。過度に個人的な伝達を嫌うこの傾向は、創造者・王・立法者というモメントがとくに重点的に強調された神概念と神秘的経験とのあいだのコントラストに、ユダヤの環境のなかでは特別鋭敏な感覚が生きていたという点にも理由があろうかと推測される。こうした自伝的要素の欠如がユダヤ神秘主義の心理学的理解を本質的に困難なものにしたことは明らかで、とにかく神秘主義の心理学は何よりもまず自伝的素材の研究から汲みとらねばならないものなのだからでである。

さらにまったく一般的なこととして、カバラーの長い歴史に比して、その教説や文書がとくに強い個人的な特徴をあわせもつカバリストの数がおどろくほど少ないことに注目しなければならない。この通則にたいして、一七五〇年以降のハシディズム運動の指導者たちだけが例外をなしている。このことは、すべてのユダヤ神秘家に共通な——既述したとおり——個人的な口の堅さ、守秘性とも部分的には関連している。同じように重要なのは、原典類といえども多くのカバリストたちの生涯の伝記的細部にたいしてまったく効力をもたないという事実である。大きな影響力をもち、その生涯がこうした伝記的素材の光のなかでさらに精密に研究されるに値する人物たちの報告類もほとんど存在しなかった。同時代の記録が彼らの名前にさえ言及していないことも結構よくある。往々にして神秘的な論文や小著のたぐいが、その著者たちによって伝承されているすべてであって、この人たちについて個人としてのイメージがつくられることは、不可能でないにしても、きわめて難しい。ごく少数の例外だけが上記の通則を保証してくれるにすぎない。われわれがその書きのこしたものを知っている数百のカバリストのなかで、不確かな事実の収集よりはましといえそうな伝記のための材料を提供してくれるのは、ほとんど十指にみたないといえよう。と同時に内面生活をのぞきこむことを可能にしてくれそうなものはほとんど皆無にひとしい。こうした例外者としては、たとえばアブラハム・アブーラーフィア(十三世紀)、イサアク・ルーリア(十六世紀)、それからまた、ずっと後世に属するが、パードヴァの偉大な神秘家モーセス・ハッイーム(モーセの再来の意)・ルッツァット——彼は一七四七年に死んだ——がいる。この人物のばあいは、上に述べたことの例としても甚だ特徴的である。彼の神秘的、倫理的ないし詩的な著作は数巻に達するに十分で、その多くは公刊されたけれども、彼の人物については皆目わからないままで、彼の師および友人たちとの往復書簡がシモン・ギンツブルク博士(15)によって発見され公刊されてこの重要な現象に明るい光を投じるようになるまでは、ひとつの名前以上のものではなかったのである。われわれが今日まだほとんど知るにいたっていない他の偉大なユダヤ神秘家たちのためにも、同じような仕事が徐々に加えられていくであろうという希望をもってよいであろう。

ところで、このように著しい抑制の姿勢と対照的なのが、まったく異常なほどポジティブな、言葉にたいする評価である。あらゆる流派と動向のカバリストたちが、言葉というものを単に人間同士の相互理解のための不完全な手段と見るだけではないという点で、たがいに一致している。聖なる言葉ヘブライ語は、ちょうどたとえば中世にとくに愛好された言語理論にも似て、彼らにとっては、慣習のなかから生まれ因襲的性格をもつ言語ではない。まさにヘブライ語が彼らにとってそうであるように、最も純粋な本質としての言葉は、世界の最も深い精神的本質とつながりあい、別の言葉でいえば、ある神秘的な価値を有している。言葉は、神から発したものであるゆえに、神に到達する。ともあれ一見《プリマ・ファキエ》してはただ認識的性格をもつだけである人間の言葉のなかに、神の創造的な言葉が反映される。すべての創造は――これがすべてのカバリストにとって一大原理である――神からみれば、神の隠れた本質の表現にほかならず、その隠れた本質は、神の深み自体から湧き出る神自身の命名、すなわち神の聖なる御名のうちにその至高の完成を見出すのである。すべての生きとし生けるものはつづまるところ神の言葉を通して存立する。啓示とは結局、神の御名よりほかの何を啓示することができよう。もっと後で私はまたこの点に立ち戻ることだろうが、ここで強調しておきたいのは、この特別な解釈、この熱狂的な価値づけのことであり、言葉とその神秘的分析のなかに創造と創造者の最も深い秘密にいたる道を見ようとする点なのである。

その他の価値や現象にたいする神秘家の関係にまでも、たとえば認識にたいする彼らの立場、とくに合理的世界認識とか個人の実存の問題にたいする彼らの立場のごときにも、一層身近にその逆説的な性格を論究するのは、誘惑的なことであろう。思うに、神秘主義こそは、個人の宗教から発するが、より大いなる統一における自我の止揚へとおもむくものだからである。新プラトン主義者のとくに愛好する言い回しを用いるなら、自己自身の認識は、ここでは同時に、自己の深みにおいて啓示される神に通じる最も確実な道のひとつとして教えられるからである。その本性上非社会的なものである神秘的諸傾向は、にもかかわらず現実の歴史のなかで十分にしばしば、そしてユダヤ教のなかでも、共同社会のための形成力を示したのである——われわれは本書の最後でこの問題に立ちかえるであろう。

神秘主義の探究者のひとりヨーゼフ・ベルンハルトが次のように言っているのは正しい。「歴史的に不動なものを求めかつ告知する人びとほどに、歴史的な運動を生みだしたものがいるであろうか？」(16)

6

この歴史という問題こそ、われわれの出発点であった問題、ユダヤ神秘主義とは何ぞや、という問いかけにわれわれを立ち戻らせることになった。いまわれわれはたまたまユダヤの神秘主義、つまりユダヤ伝承という特殊枠における神秘主義の一般的な性格論といってよいものを理解しようとしているのだからである。カバラーとはけっして一定の教義体系の名ではなく、ひとつの宗教運動全体をそれ自身に含んでいる。私が幾つかの段階と流派を明らかにしようとしているこの運動は、タルムードの時代から今日まで、変化に富んでしばしばドラマティックであるにしろ、中断することなく一貫した歴史を耐えぬいてきた。それは、かのラビ・アキバ*11、神秘的思弁の楽園にめでたく足をふみ入れ、めでたくそこを去りぬ、とタルムードが語るところの——事実、およそこんなことはどのカバリストにも言えることではない——そのラビ・アキバに発して、一九三五年に死去した、パレスチナ・ユダヤ共同体の宗教的指導者にして真のユダヤ神秘家というべき同時代最大の例証(17)たるラビ・アブラハム・イツハーク・コオクにまでおよぶ歴史である。この機会にここで述べておかねばならないのは、われわれの手に神秘主義原典の包括的な印刷文献が残されていることで、私はおよそ二、三千点におよぶ(18)と見積っている。それと並んで、さらに大きな未公刊の手稿文献も残っているのである。

このカバリストの運動の内部にも——ウィリアム・ジェイムズ*12の言葉でいえば——きわめて多種多様な宗教経験が存在する。およそさまざまに異なった傾向がそのなかで有効性をもち、およそさまざまな教義体系や思弁がそのなかにうちたてられた。タルムード時代およびタルムード以後の時代のユダヤ神秘家たちの最古の現存する文書相互のあいだにも、古きスペイン・カバリストの諸著作のあいだにも、そしてまた十六世紀のカバラーの聖都サーフェードの近世カバリストのそれのあいだや近代ハシディズムのラビたちのそれのあいだにも、ほとんど類似性は見られないであろう。にもかかわらずこれらばらばらの四肢《ディスイエクタ・メンブラ》をつなぎあわせるなんらかの内的紐帯はないものかどうかが問われねばならない。この紐帯は純歴史的な関連を超え出て、同時にまた、ユダヤ教内部のこの神秘主義運動がはたして非ユダヤ的神秘主義とどこで区別されるものなのかを示してくれるものであるべきなのだ。ユダヤ神秘主義のさまざまな流派間のこのような共通点は、神と創造およびこの世界における人間の位置と役割についての一定不変な根本観念に求められるかもしれない。しかしまたできれば、この二千年のユダヤ教の精神生活を規定し形成してきた大きな影響力、たとえばトーラー、ハーラーハーやアッガーダー、ないし祈禱生活とかユダヤ哲学にたいするこれらユダヤ神秘家たちの特別な姿勢にも表現されるかもしれない。この問題にたいして、ほんの概括的にもせよ、答えることが、本章に残された仕事であると思う。

歴史および歴史的カテゴリーにたいする態度の問題がこのばあいのわれわれにとって有益であり、出発点として役立ちうることはすでに述べた。神秘主義の世界が歴史的生活の世界にたいして、敵対とまではいわぬにせよ、疎遠な関係にあることは一般に認められている。宗教における史的モメントこそ、神秘家にとって本質的には、そのモメントのなかに人間の魂につねに繰り返される永遠な事象の象徴を見ることによって価値を得るのである。ユダヤ史の基本的事実であるエジプトからの脱出行は、ただ一度だけ当時あの場所で起ったことではありえない。そこで初めて出エジプトは単なる研究対象であることをやめ、ある直接的宗教的な現実となる。キリスト教の神秘家たちにとって、「われらのうちなるキリスト」の教義こそ重要であるために、しばしば彼らの意識では歴史的イエス・キリストが決定的に背景にしりぞいてしまうことも、たしかに別のことではない。しかしながら、神秘家の求める絶対的なものが歴史過程の変化のなかにはありえないとすれば、論理のおもむくところ、絶対的なものとはその過程の前か後かにあることになる。別の言い方をすれば、あらゆる創造のそもそもの原初を知ることも、創造の結末、つまり終末論的な至福の境を知ることも、ともに神秘的な意味を得ることができるのである。

チャールズ・ベネットは、ある深く徹底したエッセー(19)のなかで言っている、「神秘家は終末の時代を味わって、それを自身の生活に投影することによって、歴史の経過を先どりする」と。この神秘的認識の終末論的本性は、初期ヘハロース・トラクトの無名の著者たちにはじまってブラッラフのラビ・ナハマン*13にまで及ぶ多くのユダヤ神秘家の文書において卓越した意義をもっている。神秘的認識にとって宇宙創造《コスモゴニー》説の意味がいかに大きいかを、まさにこのユダヤ神秘主義が特別はっきりと示している。神にいたる神秘的な道を、われわれが神から出てきたあの道への回帰とみなしている点で、カバリストたちは一致している。創造を成就せしめた道の諸段階を知っているものは、それとともに、すべての存在の根に帰る道の諸段階も知る。この意味で、マアッセ・ベレーシース、すなわち天地創造の秘義的教義は、古来ユダヤ神秘家の観念において中心的な一章をなしている。ここでカバラーは新プラトン主義の思想に最も近づく。この新プラトン主義では、前進と帰還とがあわさってただひとつの運動、すなわち宇宙の生命をなす拡《ディアストレー》散・集《シュ》中《ストレー》を意味すると言われ、首肯すべきものがある(20)が、これこそまさしくカバリストたちの考え方でもある。

しかし、私が定義しようとしたカバリストの思弁の宇宙創造説《コスモゴニー》と終末論《エスカトロジー》の二つの道は、いまの論点からすれば、歴史的理解のための補助手段として、むしろ歴史から逸脱しようとする試みである。つまり、この道は歴史の本来の意味を測るには役立たない、ということであろう。

だが、ユダヤ神秘主義には、歴史的世界の諸概念とのつながりがもっと強く生まれてくる。ユダヤ神秘主義はたいていカバラーという名で有名になったが、この「カバラー」こそ歴史的なカテゴリーから出てきたものである。カバラーとは言葉としては伝統を意味するのである。つまり、ここで、神との直接個人的な触れあいを対象とする教義、したがって一見まったく個人的な内密の知が、まさに伝承された知として理解されているということは、すでに述べた神秘家たちの宗教意識の逆説のために恰好の例証となる。事実、ユダヤ神秘主義においては最初から、ことの本質上すぐには表現しえず、したがって秘密なものである知というイデーが、さらにまた伝承の実情からしても秘密なものである知というイデーと結びついている。だからユダヤ神秘主義は言葉の二重の意味で秘教というべきものであり、このことはけっして宗教史上のすべての神秘主義にあてはまりはしない。秘教は人間生活の最も秘密な奥深い対象を取り扱うゆえにこそ秘教なのであるが、またその内部に限って伝承される達人たちの一定の範囲が限定されることによっても秘教なのである。この最後の点については、もちろん、カバラーの現実の歴史においてそれが長いあいだどこまでも理論たるにとどまったといわねばならない。理論的には、あらゆる精神的人間的条件にふさわしい少数者にしか語らないということが要求されているが、これにたいして——少なくともある時代には——カバリストたち自身広範な範囲、いや民衆全体をさえつかんでみずからの精神的影響下にひき入れようとつとめたという事実が一方にある。このばあい、古代ヘレニズム期の秘教崇拝とある種の類似があることを見逃すわけにはいくまい。事実後者においても本質的に神秘的性格をもった秘教の数々がますます広い範囲の大衆をとらえようとしたのである。

すなわちカバリストのセンスでは、神秘的な知とはけっして自分個人の経験内で初めて得られる私的な知ではない。むしろその知は、純粋で完全なものであるだけ、一層人類一般の根源的な知に近いのである。あるいはまた、カバリスト自身の言葉でいえば、最初の人間たるアダムの、神と人間のことに関する知は、あらゆる時代の神秘家の知である。さればこそユダヤ神秘主義は、アダムにおけるこの根源的な神の啓示、この根源的なる知を伝承し、達人たちの生命をみたすべし、との要求と仮説をもって登場した。(21) この要求が歴史的には根拠の乏しいもので、それどころか多くのカバリスト自身さえ本気でまともには受けとらなかったにもせよ、私は、こうした要求の事実は、要求自体の正当性のまったく彼岸にあって、ユダヤ神秘主義の諸現象のために特徴的なことであると思う。伝統にたいする感覚はユダヤ教においてつねに特別深く生き続けていた。実際にはこの伝統を明らかに打破した神秘家でさえ、その感覚は大切に守り、それを通じて、真の直観と真の伝統との相互深化の理論をうちたてるにいたったのである。この理論がルーリアのカバラーのような逆説的現象や後期カバラーの極度に影響力の強いかつ難解でもある体系までも可能にした。ルーリアの体系におけるほとんどすべての重要点や主教義は新種の——刺激的なほど新種だとさえいえよう——ものだったけれども、にもかかわらずそれはまったく真正なカバラー、すなわち「伝承された叡知」としてひろく承認され、誰ひとりそこに矛盾を見出したものはいなかった。

7

ところで、私の信じるところでは、われわれのユダヤ神秘主義の問題のなかへ、さらに深くもうひとつ別個の知覚がはいりこんでくる。既述したように、神秘主義では、原初の世界と展開された世界、神話の世界と啓示の世界とが相会するのである。カバラーを説くにあたってこの点を等閑視するわけにはいかない。カバリストのイデーをより深く理解しようとするものは、護教論への関心は抜きにして、誰しもここに、宗教生活の美しいニュアンスにたいする深い洞察と感情が、しばしば完全に神秘的段階にとどまっている思考と手を組みあっていることに気づくだろう。カバリストの多くの思想が神話の世界と親縁性をもつことは疑いをいれないし、ユダヤ教のなかにある神話の世界というイメージがわれわれには逆説的にみえるからといって、ひた隠しにしたりぼやかしたりすべきではなかろう。というのも、ユダヤの一神教は神話との関係を決定的に断ち切った宗教の古典的な実例と思われるからである。事実、ユダヤ教の最奥の心中には、その最も深い解釈として、いうなれば神話意識のぶりかえし、またいうなればルネサンスを表すような数々のイデーが浮び、その存在が主張されているのをみて驚くのである。このことは何よりもまずゾーハルの世界とルーリアのカバラー、つまりはユダヤ神秘主義のなかで歴史的に最も大きな影響を及ぼし、数世紀にわたって生きた民衆感情がユダヤ教に関する最も深い窮極の言葉としてとらえてきた二つの形式にあてはまることなのである。

たとえばユダヤの大歴史家グレッツのように、こうした事実について憤激するにはあたらない。これらの事実はむしろわれわれをして考えさせるべきものであった。このことの意味するところはユダヤ民衆の生活にとってあまりにも大きく、とりわけ最近四百年のあいだにおいてこそ、これを単なる迷妄として一笑に付してはなるまい。おそらく一神教の神話ぎらいという俗説をめぐってどこかおかしなことになっているのだろう。もっと深く見てみれば、たしかに神話的な思考の世界も活動して自己主張できる層があるのにちがいない。あの信仰心の篤いばかりか深い精神の持ち主たち、実際にはアシュケナージとセファルディ[*14]のユダヤ人の大多数の人びとが、彼らの信仰がユダヤ教に関する多くの近代理論と誰の目にも公然としたかたちで矛盾しているからといって、その理由だけで、スペインからの追放以来、宗教的な意味でもユダヤ人であることを止めてしまった、とは私は信じない。だからこそ私はみずからに問う、ユダヤ神秘主義がこのようにユダヤ民衆のなかで途方もない成功をかちえた秘密はいったいなんだろう、と。一方で神秘主義に平行する合理的ユダヤ哲学の運動が支配権を民衆に貫徹することに成功しなかったのにたいして、神秘主義がユダヤ史の決定的な史的ファクターとなり、数世紀にわたって広い範囲の層の生活を根本から規定することに成功したのはなぜだろうか。この問いに答えることは、緊急を要するように思われる。それはもっぱら外的な歴史的事実のためであり、迫害と内的荒廃が人の心をいわば消耗させ無力化して、その結果彼らはもはや理性《ラチオ》の明澄に耐えられず、神秘主義の闇のなかに逃げこんだのだ、という説明では私は満足できない。問題はもっと深いところにあるようである。このことについて私の考えを手短に述べてみたい。

カバラーの成功の秘密は、ラビ的ユダヤ教の精神的遺産にたいするカバラーの関係が哲学のそれとは異なったもので、しかも、ラビ的ユダヤ教のなかにはたらくさまざまな力と、もっと深く積極的につながりあった関係だということであった。

たしかに哲学者とカバリストの両者は共に古きユダヤ教を根本から変えてしまう。両者のユダヤ教にたいする関係に素朴なものはなくなった。私がいうのは、古典的ユダヤ教がその現実について反省することなしに語っているラビ文献古典類のあの素朴さのことである。哲学とカバラーにおいては、宗教的発展の或る新しい段階でユダヤ教が問題となったが、両者はもはやみずからを直接には表現せず、ある種のイデオロギーを供給する。それは古く存続するものを解釈によって変えてしまうことで救おうと企てるイデオロギーなのである。ユダヤ哲学とユダヤ神秘主義はけっして相前後して成立したものではなく、カバラーはまた、とくにグレッツが見ているような、けっしてあの啓蒙思想の合理主義のとめどもなく広がっていく波にたいする反動ではない。むしろ両者は、こう言ってよければ、たがいにがんじがらめに交叉しあい、相互に限定している。二つの方向は、あまりにしばしば見過されがちなことだが、初めのうちは一目でわかるような葛藤関係すらたがいにもちあってはいない。あべこべに、多くの「啓蒙家」たちの合理主義のほうがまだしばしば神秘主義的な注釈をつけていて、マイモニデースのばあいでさえそれが無いわけではない。そして神秘家はまだ自分自身の言葉をマスターできないで、とつとつと哲学の言葉で話している。ようやっと徐々にまずカバリストたちが、理性《ラチオ》から生まれる純粋な哲学的世界観と、合理的なものを超えた瞑想的観照の道で得られる世界認識とのあいだに存在する、ある葛藤に目覚めるようになったのである。

ブルゴス出のラビ・モーセス(十三世紀末)の言ったという言葉は、多くのユダヤ神秘家の気分を伝えるのに特徴的である。人びとが彼以前の哲学者たちのことを賞讃すると、彼はいつも憤然としてこう語った、「あんた方はあの哲学者たちの学問を賞めるがね、あの連中はわれわれが始める処で止めちまっているんだってことを知らにゃいかんよ。」(22) この言葉は二重の意味をもっている。ひとつには、大部分のカバリストはユダヤ哲学者の関心とははっきりかけはなれた宗教的リアリティの世界を探究しているのだという意味である。彼らは宗教意識の新しい層にむかって突進しようとしているのだ。もうひとつには、ブルゴスのラビ・モーセスはおそらくあまりこのことを言うつもりはなかったようだが、彼らは実際によく哲学者の肩の上に乗って、それで哲学者よりももっと遠くが見えやすくするのである。

すでに述べたように、カバラーはけっして哲学的啓蒙(23)にたいする反撃として成立したのではないけれども、啓蒙にたいする反撃として役立ち、作用したことも正しい。だがそこで哲学運動とのあいだにカバラーの積極的な闘争が生まれ、それがカバラーに深い痕跡をのこした。[*15]私の考えでは、そのために――すべてのユダヤ哲学者のなかでも最もユダヤ的な――ユダ・ハーレーヴィーとカバラーとのあいだに直接の結びつきができたのである。なぜなら、後世のユダヤ哲学者ではなく、神秘家たちこそ彼の精神的遺産の正統な管理人なのだから。

カバリストは正統派神学者の諸概念を自家薬籠中のものとするが、その魔法のような手によって多くのスコラ的な概念や抽象の中枢に新しい生命の隠れた源泉が湧き出てくる。哲学者は自分の感覚からすれば哲学的概念の誤解にすぎないものを小馬鹿にするのだが、哲学的悟性では概念上の汚点《しみ》にみえるものが、宗教的感覚からすると、カバリストの尊厳と偉大さを授けてくれるのである。神秘家にとっては、しばしばこうした誤解によってこそ自身の最もオリジナルな思考が発揮されるのだ。誤解とは往々にしてオリジナルな思考過程の逆説的な略称にすぎない。

「無からの創造」という概念を例にとってみよう。ユダヤ哲学者の教義上の討論において、はたしてユダヤ教はこの無からの創造を教えるのか、そうだとしても、どのような意味で教えるのか、という問題は重要な役割を演じてきた。私は、正統派の神学者たちがこの無からの創造を言葉の最も単純な意味で――その意味とは次のようなことである。神は神自身ではないところのもの、非存在《ニヒト・ザイン》、から自由に、世界を呼び出したものうたのであり、けっしてなんらかの種類の存在からではない――堅持しようとしたばあい、実に大きな困難にぶつかったことをここで繰り返すつもりはない。神秘家たちも無からの創造について語る。

それどころか、まさにこの教義を強調することに耽溺する。しかし、正統派の公式文章は、それの根源の意味から遠くかけ離れたある内容を隠している。いっさいがそこから生まれてきたところのこの「無」とは、けっして単なる負《ネガチオン》ではない。ただわれわれの側からすれば、それは、知的認識から離れているがゆえに、すべての規定を免れているにすぎない。しかし、現実には、この無は、カバリストのひとりが表現したように、世界の他のすべての存在よりも無限に高次な存在をもっている。[24] 魂がすべての限界存在から解脱するところ、神秘家の言葉でいえば、「無の深み」におりていったところでこそ、魂は神と出会う。すなわちこの「無」は、人間的な規定ではとらえられないにせよ、神秘的な豊かさにみちあふれた無なのである。ある聡明なフランス人が言ったように、「定義される神などというものは、もう用済みの神なのだ。」別の言葉でいえば、無とは最も隠された相をした神性そのものである。そして事実、多くの神秘家は無からの創造を口にするとき、創造は神自体において発現し生起した、ということをさして言っている。したがって無からの創造は流出《エマナチオン》の象徴、すなわち、哲学と神学の歴史において創造とは最も対立した観念の象徴になるのである。

8

ところでわれわれがそもそも本来問題としているところに帰ることにしよう。すでに見たとおり、哲学者と神秘家の両者は共に古きユダヤ教を新しい次元で生命あるものにしようとしたのである。しかし、それにもかかわらず両者間の違いは非常なものである。たとえばシスレー・トーラー、「トーラーの秘密」という概念について説明したい。両者ともこの秘密をひらこうという意欲を語っている。哲学者はこうした秘義的な用語の使用において、けっして実際の秘教徒やカバリストに比べて浪費的でないことはない。しかし、この秘密とは哲学者のいう意味からすればいったい何なのか。哲学の真理もあれば形而上学の真理もあり、アリストテレスの倫理学もあればアルファラビ[*16]やアヴィケンナ[*17]の倫理学もある。したがって、宗教的次元の彼岸でも認識されえた真理、寓意的類型論的な解釈を通して昔の典籍にもちこまれた真理もある。宗教の古文書はここではもはや宗教的現実の特別な層を表すのではなく、哲学の諸概念のあいだに生まれるさまざまな関連を通俗的な言葉で表出したものである。アブラハムとサラの物語、ロトとその妻、あるいは四人の太祖母等々の物語は、資料と形式、精神と物質、あるいは四大元素のあいだの関係を描出したものにほかならない。寓意化がこうした仕方であまり馬鹿げたところまで進まぬばあいでも、トーラーはやはり深遠な哲学的真理のための乗り物——おそらくは特別壮大で完全な乗り物であるにせよ——として現れることと変わりはなかった。

換言すれば、哲学者はまったく具体的なユダヤ教の現実を普遍的なものにまで融解させることができたばあいに初めて彼本来の生命を見出したのである。個は彼にとって特殊哲学的な沈思の対象ではない。ところが、寓意は多くのカバリストの文書でも大きな役割を演じてはいるが、カバリストはそもそも現実を寓意的に解読することからは出発しない。カバリストの世界のとらえ方は、私が含蓄をこめた意味で象徴的とよびたいところのものである。

これをさらに手近に解明するのが妥当であろう。寓意においては、意味と相関性の無限の網のなかで、すべてがすべてのための符号として役立ちうるが、しかしそのばあいすべては表現と言葉の世界の内部にとどまる。この意味で寓意の内在性ということがいわれる。だが寓意となる符号のなかでひらめくものは、それ自体の世界から出てきたものである。それが寓意となると、それの適用されている対象は、乗り物として役立っているもうひとつの存在のために、それ自体の固有な存在を失ってしまう。寓意の生命は、この形式の意味のあいだにひらかれる深淵から生まれる。形式と意味の両者はもはや絶対的に結ばれあった不可分のものではないので、意味はただこの一定の形式の意味であるにすぎず、形式は単にあの意味あの内実のための形式でしかなくなるであろう。どんな符号にも、寓意としてひらかれる無限の意味の深淵がある。上述した「トーラーの秘密」は哲学者のばあいこの寓意の世界に該当する。この寓意の数々はまさに中世的意識の独自な新しい世界を表すものであり、同時にまた古き世界にたいする婉曲な批判を意味している。

カバリストもまた——既述のとおり——さかんに寓意化を行う。しかし、これで彼らの世界が哲学者の世界と隔てられるのではない。むしろ彼らの最も独自なものを示すのは、寓意的な意味の世界をはるかにこえて高められる象徴である。神秘的な象徴においては、人間から見てそれ自体何の表現ももたない現実が、もうひとつ別の現実として直接的に透明なものとなる。現実はこの別の現実から初めて表現を手に入れる。とりわけそれが、たとえばキリスト教の十字架とかユダヤ教の七枝の燭台のように、ある形をとった、目にも見える内容を具備したときにそうである。象徴となった対象はそのときその対象本来の形、本来の内実のまま存続しつづける。対象はいわば別個の内実を受け入れるために空洞化されるのではなく、対象それ自体のまま、それ自身の実在から、対象に即して、それ以外にはまったく伝達されえない、もうひとつ別の現実が現れてくる。したがって寓意のばあいには、表現しうるものがもうひとつ別の表現しうるもののためにあるのだが、神秘的象徴のばあいは、表現しうるものが、表現と伝達の世界から遠ざけられているもののためにあることになる。つまり、その顔をわれわれからそむけて内側へ向ける層からこそ生まれてその層固有となるもの、のためにある、とでも言ってみたい。表現をもたない隠れた生命は、象徴にこそ表現を見出す。このようにして象徴はたしかに符号でもあるが、しかし符号であるだけではない。

カバリストのセンスもまた、どんな対象にもあらゆる創造に向けての無限の関連と結びつきを発見する。カバリストにとっても、すべてはすべてのなかに反映される。しかし、それをのりこえて彼は対象からさらに、意味と寓意の計算には浮ばない、秘密にみちたもの、すなわち現実の超越性の微光を発見する。象徴は何ものも「意味」しはしないし、何ものも伝えることなく、あらゆる意味の彼岸にある何ものかを目に見えるようにさせる。けだし、創造者と創造の生命がそこで重なりあうところの象徴とは、クロイツァーの言をかりていえば、[25]「存在と思考の闇底から直接われわれの眼に落ちてきて、われわれの全存在をつらぬき通っていく光」であり、直観において、象徴にふさわしい時空としての神秘的な瞬間をとらえられる「一瞬の総体」であるからである。

カバラーの世界はこうした象徴にみちみちている。いやそれどころか、実をいえば、カバラーにとっては全世界がこうした象徴体《コルプス・シンボリクム》なのである。いうなれば、創造がその存在を否定したり無効宣告することなく、創造のリアリティそのものから、名状しがたい神性の秘密が可視的となる。トーラーが規定している宗教的行為ミツヴォースは、カバリストのために象徴となる。現実のより深い隠れた次元がその行為によって透明なものとなるからである。無限なものが有限なものによって明らかとなり、有限のものを一層豊かにし、少なからず現実的なものたらしめる。このことは、哲学者の寓意的宗教把握と神秘家の象徴的把握とのあいだの深い差異をはっきりさせる。十三世紀の偉大なカバリストのひとり、モーセス・ナハマニデースの包括的なトーラー注解には多くの象徴的説明が見出されるが、寓意の説明はただのひとつもないと明言できることは興味深い。

9

哲学とカバラーとが、古きユダヤの精神生活の最も重要な二つの形成力、すなわちハーラーハー(律法)とアッガーダー(聖者伝説)にたいしてどのような態度をとっているかを見ると、如上のことがとくにわれわれに明瞭になる。ユダヤ教におけるこの二つの根本的な創造力にたいして哲学がなんら密接な根源的関係を見出さなかったことは、注目に値する。つまり哲学は、ユダヤ教の心臓部のハーラーハーとアッガーダーに生まれている本質的なものを創造的な方法でつかみ、さらにつくりかえる可能性をもたなかったのである。

まずハーラーハーをとってみよう。この宗教律法の世界は、過去のユダヤ人の本来の実生活にとって根本的に格別最重要な生命力であった。アレクサンダー・アルトマンが、古典的ユダヤ哲学の最も決定的な弱点を、それがハーラーハーを問題としなかった点に認めているのは正しい(26)。ハーラーハーはこの哲学でははるか遠い田舎のような存在のままで、哲学者の問題提起にも、そしてもちろん彼らの批評からも遠くかけ離れていた。ユダヤ哲学者はこの世界を否定したのではない。反対に、彼もこの世界に生き、これに服していたが、この世界は彼の思考の特殊関心事にたいして何も語りかけるところがなかったのである。彼は刺激と問題をこの世界の外に求めている。そのことが一番はっきりするのは、両者の流れが相会する——マイモニデース[*18]とサアドヤーのばあいのような——地点においてである。すでにサムエル・ダヴィド・ルッツァットが正しく断定しているように、二つの要素はまさにこの地点でこそ合流するにいたらない。たとえばマイモニデースはハーラーハーの成文化である彼の偉大な著作『ミシュネー・トーラー』の序文として哲学的な一章を巻頭においているが、ハーラーハーの本来の実体はこの著作の問題としてはそれ以上まったく触れられもせず、解明もされていない。二つの世界はついにおたがいに実りあうことがなく、この人物が両者をよく包括してひとつのものと告示することのできた偉大さは、その両者間の異質性と内在的な分裂をとりつくろうことができていない。

たしかに、宗教の歴史は把握という視点では、マイモニデースの十戒の根拠についての論究（『迷える者の手引き』第三部）は大きな意味をもっているが[27]、ここに提供されたイデオロギーが十戒の実行のための感動、その直接的な生命力を高めるのにふさわしいものであったとは、誰も主張できない。子山羊をその母の乳で煮ることとの禁止、その他同類の多くの非合理的なトーラーの戒律が、とうに忘れられた異教的典礼にたいする論難攻撃から由来したものであるとされ、犠牲礼拝は原始的な心理状態の特認であって民衆教育的な配慮からひきだされるとか、その他の戒律も倫理的哲学的なイデーを具体化したものとされるとき——共同社会がいつまでもこうした行為を続けるなどとどうして期待できようか？　行為の前提条件はもうとっくに崩れてしまっており、行為の目的はもっと直接的な哲学流の考え方で達成できるのである。ハーラーハーは哲学のための地盤をもたず、あるいは哲学を新しい光明でみたすどころか哲学の価値を失わしめるのに適したような地盤しかもたなかった。

その点でカバラーの立場はまったく異なる。ハーラーハーはカバラーにとって遠く離れた田舎《プロヴィンツ》をなすものではなかった。むしろ最初からカバラーは、はじめはためらいがちに、やがて一段と急進的に、ハーラーハーの世界全体を、その細部のすべてに及んで、わがものにしようとした。もともとこのばあいは、ハーラーハーのイデオロギーの共にめざすところでもあった。しかし、神秘家たちが持ち出すことのできた戒律の根拠は、多かれ少なかれ深い意味をもつさまざまなイデーの寓意を表すのでもなければ教育的対策を示すのでもない。一口でいって、むしろ彼らは戒律の慣習を内密な秘義的行為と見るのである[28]。

ハーラーハーがこのようにある種のサクラメントに逆転変化することは、ユダヤ教自身の心臓部の神話的反動だとして驚きあきれる人もあろう。本当のところ、これこそまさしく神秘家たちのハーラーハーに思いもよらぬ光彩をあたえ、広範な人びとに新たな生命力を授けたものだった。ひとつひとつの行為がどれもみなここでは宇宙的《コスミック》な実現、つまり、内的な世界事象とじかにかかわり、しっかり嚙みあって、内的事象のために意味をもつ行為、とみなされたのである。敬虔なユダヤ教徒はかくして世界舞台の立て役者となり、秘教的演劇をあやつる糸を手中におさめる。このことはもっと乾いた形象で表現することもできる。全宇宙が巨大な錯雑した機械だとすれば、人間はほんの数滴の油を正しい位置にさすことで機械を機能させ続けることのできる達人的工匠である。人間の行為の倫理的実質がこの「油」を供給する。

かくしてユダヤ人の生活は無限の背景と思いもうけぬ力を得るのである。もちろん、「神智学的図式論」(29)あるいは魔術的機械論の危険——百年前にすでにサムソン・ラファエル・ヒルシュが定式化したように——はトーラーの律法のこうした把握のばあいにはっきりしており、カバリストの運動の歴史において一度ならず作用した。それは、魔術的機械論というものはひとつひとつのあらゆる行為に有効に考えられ、そのために行為の自発性が損なわれるという危険なのである。しかしこのごたつきはどんな宗教的義務行為においても隠蔽され、法に定められたものは、同時におのずからなる直接の自由な発動から湧き出るということになっている。それどころか、有名なタルムードの逆説をかりていえば、「命ぜられたことをなす者のほうが、命を受けずになす者よりも偉い」のである。この二律背反はつねに生きた宗教感情によってのみ克服される。後者がたるめば、たちまち前者が破壊的な暴力をもってまかり通る。

ところで、すべての宗教的行為を、その根拠が明々白々なもので、文書にしろ口述にしろトーラーにはっきり示されているばあいですら、ひとつの秘義とみなしたこういう考え方は、カバラーをまったく内部からハーラーハーと結びつけずにはいなかった。これが、長い数世紀にわたる意識としてカバラーの勝利に少なからず寄与したことは、私の疑わないところである。

アッガーダーにたいする態度に関しては、もう少し事情が異なる。ここでもカバラーの立場は最初から中世のユダヤ哲学のそれと本質的にちがっていないわけではない。アッガーダーはラビ的ユダヤ教において、ほとばしる宗教的生命の不屈な直接的表現である。ユダヤ人をつき動かすどんな深いものにも具体的な表現をあたえる、どこまでもオリジナルで本物のアッガーダーである。それこそこの宗教の、最も本質的なものに立ち向かう真の通路をなしているが、しかし、この真の通路という性格こそ、アッガーダーがユダヤ哲学者のためにはるか遠くへ失ってしまったものなのである。彼ら哲学者はこのアッガーダーの世界の数多くの表現を前にして、しどろもどろに当惑して立ちつくす。たしかに彼らがそこに見たのは、貴重な遺産分ないしある秘密の啓示であるよりも、躓きの石ばかりであった。哲学においては、アッガーダーを寓意的に解釈し直すことは、哲学と類縁の精神からは生まれてこない。寓意とはほとんどつねに覆いをかぶった批判にほかならないのだから。

カバリストたちはまったくちがう。彼らもアッガーダーの読み変えをするが、彼らのためにはアッガーダーは生命力と魅力を失っていない。彼らはその連続体のなかに生き、神秘的な精神からであるにせよ、アッガーダーをさらに生々発展させ、変化転成させることができる。アッガーダー的な生産性はカバラーの著作全体のなかでけっして途絶えることがない。そして、アッガーダーがユダヤ教のなかで死にはてるときこそ、カバラーもまた死の宣告を受けるであろう。

アッガーダーは全体としてユダヤ世界の民族的神話とみることができる。アッガーダー全体に深いわだちの跡をつけているこの神話的要素は、古きアッガーダーの場合とカバラーにおいてとでは異なったはたらきをもつ。この相違は簡単にあげつらうことはできないが、カバリストのアッガーダーではすべてがはるかに広い舞台で演ぜられており、宇宙的な地平をもった舞台なのである。古きアッガーダーにおいてもすでに天と地は相会しているが、今度は天国的要素に一段と大きなアクセントが加えられ、ますます前面におし出される。すべての事件が一段と次元を拡大し、一層深い意味をもつ。主人公たちの歩みは、カバリストのアッガーダーでは、神秘的領域から発した潜勢力によって舵をとられ、同時にその領域へと結びつけられている。こう見れば、現に包括的代表的な二つの大きなアッガーダー集成、すなわちファルクティーム(ファルクートの複数)――そのいずれもが二つの見解を代表している――のあいだの比較くらい教訓的なものはない。『ファルクート・シムオーニ』の編者は十三世紀にこの聖書原典を付録とした古い物語の類――ミドラーシュ文献によって保存されてきた――を集成した。これにたいして、『ファルクート・レウベーニ』としてわれわれの所有している集録は、五世紀間にわたるカバリストのアッガーダー的産物を集めたものである。十七世紀後半のあいだに成立した後者のきわめて興味深い作品は、神話的要素の力が増大し根をはやした成長ぶりを示す例証であり、また聖書的歴史の解釈に関してアッガーダーとカバラーとのあいだの大きな差異を証するあかしでもある。同時にまた、古いほうのアッガーダーと比べて、新しいほうには、ユダヤ人の生活の閉鎖化の結果としてリアリスティックな要素がより小さくなっていることがわかる。こう断定することはさまざまな世代の歴史的経験と一致している。古きアッガーダーは包括的な深い経験にみちあふれていて、そこに反映されている生活はまだ無色にはなっていず、その高揚を失っていない。それに反しカバリストのアッガーダーは狭く限定された実生活を反映し、ゲットーの世界の現実が想像力を涸らしているために、隠れた世界からインスピレーションをひきだそうとせざるをえないようにみえる。『ファルクート・レウベーニ』のアッガーダー的神話は十字軍以後のユダヤ民族の歴史的諸経験を表現しており、そのことはおよそそれに直接言及されていないことによってそれだけ一層強いアクセントを付されている、と言ってよい。この集成のどこを見ても出くわす隠れた世界への深い侵入は、その世界経験の沈潜する範囲のひろがりと直接関連している。したがって——すでに言及したように——アッガーダーの二つのタイプのあいだには重要な差異が生まれているが、両者の最も深い本質においては何の差異もないのである。

もうひとつ言及しておくに値する点がある。古きアッガーダーを恥と感じるカバリストはひとりもいないということである。たしかに「啓蒙された」宗教意識にひどい躓きの石ともなったアッガーダーの類は、カバリストのためには、彼らの世界観が熱狂して迎えた象徴となった。擬人論的なアッガーダー類がこの種のものである——あるいはたとえば、神この世を創りたまいし前に、他のもろもろの世を創りて再び破壊せるは、神の心に染まざりしなればなり、というラビ・アッバーフーの文句などがそうである。(30) アリストテレスに学んだ哲学者たちはミドラーシュの考え方に内的に馴染まなかった。しかし、こうしたアッガーダー類が彼らの目に奇妙な矛盾にみちたものに映れば映るほど、カバリストにとっては、それが神秘的世界のそれだけ一層深いリアリティを表現しているように思われたのである。カバリストの言語と形象の世界はたしかに彼らの聖書的基礎をこえ出て、グノーシス的、哲学的、アッガーダー的な要素の味わいまでも同じようにもっている。

10

典礼《リトゥルギー》、つまり祈禱の世界は、聖書以後の時代のユダヤ教の宗教的起動力が、ハーラーハーやアッガーダーの領域とまったく同じように古典的な仕方で定着しており、上記二つの世界と事情はたいして変わらない。ここでも哲学者たちは祈禱の世界にたいしてほとんど独自な言うべきものをもたなかったということが言える。哲学者の著述にかかる完全な祈禱というものは、ほとんどのばあい、まるでわれわれの思いあたるものがないし、あってもそれにはいささか密度の稀薄な、弱い空気の漂うものが多く、とくにその著作者が、たとえばサーロモー・イブン・ガービロールとかユダ・ハーレーヴィーのように、結局は自身が神秘家ではなく、神秘的な気分から書いたのではないばあいにそうである。そこには宗教的情熱と経験の根源性が感じられない。このばあいでもまたカバラーの祈禱にたいする態度はまったく事情が異なっている。カバラーの態度はおそらく他のすべてのことよりも、それが哲学的・思索的な動機ではなくて宗教的なそれによって決定的に動かされている運動であるということで一層はっきりと示されている。祈禱にたいするこのカバラーの態度の新しさは、次の二つの相の下に現れる。ひとつは、神秘家自身があらゆる世代にわたって著わしたおそろしく多数の祈禱書に、もうひとつは、ユダヤ教の祈禱生活の背骨をつくりだした古い古典的な教区民祈禱の神秘的理解に、である。

　天地創造における神性とその作用の秘密に沈思参入するときにカバリストにひらかれ、古き祈禱にはいかなる表現も見出したことのない、新しい宗教的世界が、当初からすでに彼らの祈禱生活までも規定し、その祈禱生活のなかに表現を求めたということは理解できる。ひとつの豊かな伝統が、あのプロヴァンスとカタロニアのカバリストのサークルからわれわれの手に残されている神秘的性格をもった最初の祈禱[31]から、ブラツラフのラビ・ナハマンの弟子、ネミーロフのナータンが一八二〇年頃ハーシードのツァッディーク主義[*19]の世界に有効な表現をあたえた祈禱[32]にいたるまで、つながっている。古き祈禱の形式、とりわけ当然ながら教区民祈禱の古典的形式を木端微塵にはねとばすこの神秘家たちの祈りは、カバリストの誇るに足る新しい宗教経験からわきおこる。しばしばこの祈禱は直接的な単純さをもっていて、いつどこでも同じ神秘的祈禱者の心にかかる願いを一般にわかりやすいかたちで語り出る。しかしまたしばしば象徴の高次な言葉のなかへ晦渋に迷いこんだり、また神霊をよびだす秘義的魔術的な情熱《パトス》を示したりする。この情熱は詩篇第一三〇篇第一節の句の意味深い解釈「われ深き淵より汝を呼べり」を古典的表現とされているが、ゾーハルではさらにそれを説明して、「それは、『〔われのいる〕深みよりおんみに向って呼ぶ』という意味ではなく、『〔おんみのいます〕深みよりわれおんみを呼び出す』ことを意味している」としている。(33)

ところで、このカバリストの祈りの独特なかたちで表現される生産性とならんで、もうひとつ、そもそも歴史の光のなかに最初に登場したときから現代にいたるまで現れてくることのある、古典的な教区民典礼における神秘的溶発《アウフシュメルツング》である。これは典礼のなかでは神秘的道および世界過程の象徴として同時に現れる。カバリストの真の生命にとって非常に多くの意味をもつこの溶発は、それの証文であるカッヴァーナー、すなわち神秘的志向あるいは集中という概念に定着している。(34) 祈禱の語句のなかで、古きアッガーダー類とまったく同じく、秘密な世界と全存在の根源への道とがカバリストにひらかれる。公衆向きの、条文できちんと型にはまった教区用祈禱を神秘的な祈禱に変えることのできる、いわば一方から他方をひきだす、瞑想の技術ともいうべきものが発達している。この場合の祈禱は自由な魂の流露ではなく、現実に厳格な悟性によって、内面の世界事象と直接につながるひとつの神秘的なアクションと理解されたものであり、このことはこうした祈禱の考え方に或る厳粛なものをあたえている。祈禱はしばしば魔術的なものの境界にまで達し、さらにその限界をこえて外へつれだしていくのだから、考えさせられることだが、カバリストの思想と行動のあらゆる多様なあらわれのなかで、ひとりこのカッヴァーナーという瞑想的な祈禱神秘主義ばかりが今日までまかり通ってきて、異常発達したように他のカバラーのすべての流れをほとんど完全に駆逐してしまった。逆説的に聞えるにもせよ、カバラーが歴史形成力を示した長い発展の後に、今日カバラーはその終局において再びその最初あったとおりのもの、すなわち、生活に支配力も影響力ももたない小グループの秘義的叡知となったのである。

11

ユダヤ神秘主義の思考がある仕方で神話的着想の再受容を示していることは、さきに述べた。ここで登場するのは、最後のきわめて厳粛な問題であり、少なくとも私はこれに触れないで済ますわけにはいかない。ユダヤ神秘家はある世界にたいする反乱のなかで生きかつ行動しているが、その世界を肯定しているようにみえる。これは深い両義性につながるもので、ユダヤ神秘家の多くの象徴や形象のなかには矛盾があるらしいことをはっきり示している。カバリストの大きな象徴はたしかに真正で生産的なユダヤ的・宗教的感情の深みから生まれているが、しかし、それらの象徴にはつねに神話的性格の異質な世界が真剣に関係しており、そのことを私はゾーハルとルーリア的カバラーについての章でとくに性格を明らかにすべく例証するであろう。この異質の世界なしでは、あの古きユダヤ神秘家たちに生まれたものがこれほど明白な表現を得ることはなかったであろう。グノーシス派という、宗教的思考における神話というものを大きく顕示して、まさにその神話の一神論的克服者に抗する戦いのさなかでそれに着想した最後の一派、がユダヤ神秘家に言語表徴を授けてくれたのである。

この逆説の意義はいくら高く評価してもしきれないものである。というのも、グノーシス派の人びとが『バーヒール』[35]の書の編者たちひいてはカバラー全体のために遺産として残してくれたあの古い神秘的形象の数々のめざすところは、そもそもつづまるところ神秘的な秩序をその原点において打ち破ってしまった律法を破壊することだったからである。そこでカバラーの広い領域にわたって、征服者たちにたいする神話の報復が歴然と現れ、それとともにさまざまな象徴のなかに内的矛盾のふくれあがるのが手にとるように見えてくる。カバリスト神学の体系的な試みには、神話を抜きにした思考を手段として、なにがしかの神話がまた復活している世界を構成し記述することがなされるべきだ、という特別の注釈がある。しかし、これこそまさに、ユダヤ史におけるカバラー成功の秘密を問題とするために本質的な一点なのである。

神秘家も哲学者も共に、いうなれば思考の貴族である。にもかかわらずカバラーこそが民衆信仰の或る根元的なインパルスとの結合をつくりだすことに成功した。合理的哲学が何ひとつ賢明な答えを用意することのできなかった素朴な人びとの生の不安・死の不安という決定的な層、人間生活のあの原始的な層を、カバラーはないがしろにしなかった。哲学は、幾多の神話がそのために創りだされるあの不安の数々を問題にしなかった。そこでユダヤの哲学は、人間生活の素朴な層に背を向けたこの貴族性のために、高い代価を支払うことになった。なぜなら、きわめて現実的な苦痛や不安に直面して、これらすべては見せかけの仮象にすぎない、という説明でよしとする者は、不安にさいなまれる人にろくな慰めをおくることはできないのである。

この世における悪の存在は、この哲学者とカバリストの異なる態度にたいする試金石である。悪の問題はユダヤ哲学者によって本質的にその正体は仮象の問題であるとしてあばかれる。彼らのうちの何人かはやたらにこの悪の否定を誇示して、合理的ユダヤ教の基礎杭《ぐい》のひとつとみなしていた。ヘルマン・コーヘンが「悪は非実在的なもので、自由の概念から派生した一概念にほかならない。悪の力は神話のなかにしか存在しない」(36)と言っているのは、断固とした確信的な表現である。この主張の哲学的真理に疑問をもつ人もあろうが、これを認めようとするばあい、哲学と戦う神話を弁護する側にまわると、若干の申し立てができるであろう。すべてのばあいに悪の実在は、大半のカバリストにとって——神話的世界の真の国璽尚書として——繰り返し彼らを問題の解決へとつき動かす最も主要な思想の動力のひとつなのである。悪のリアリティと、すべての生きとし生けるものにつきまとう暗い恐怖とにたいする感覚こそ、彼らの性格をつくりだす。彼らは哲学者のようにある定式によって悪をかわそうとはしない。彼らは悪の深淵にみずからおりて行こうとし、そのことによって彼らの努力は民衆信仰——人は迷信というかもしれないが——の関心と、中心の一点で相むすばれ、さらにこうしたさまざまな不安の表現となっているユダヤの生活の具体的なあらゆる形象とも結びあうのである。まさにカバリストが、多くの宗教的行為や慣習の根拠づけをするなかで、彼らがもともとはまったく持っていなかったにせよ、一般の民衆意識のなかで得るようになった感覚を再びひらいてみせたということは、逆説的な真理である。ユダヤの民俗学は、ちょうどヤーコプ・ラウターーバハ教授の業績が有名な実例を示したように、[37]上述のことの生きた例証となっている。

カバリストの思考が、神智学的思弁の高みから民衆的思想と行動——ここでは両者は密に結合している——の低地へおりていったとき、その光彩の多くを失わねばならなかったことは否定できない。神秘家の宗教意識も含めて、神話と魔法のなかで宗教意識をおびやかす危険は、ユダヤ宗教史にとってカバラーの発展のなかでもう一度きわめて重大なかたちではっきり現れてくる。偉大なカバリストの思想に深くはいっていこうとするものは、あるときは感心しあるときは嫌悪するその感情の分裂をめったに振りきることができない。きわめて価値ゆたかな神秘主義の財宝を、無批判に表面的に拒否した時代に代わって、同じように無批判で反啓蒙主義的カバラー礼賛がはじまろうとしている時に、公然とこのことをここで表明しておくことは適切であろう。すでに述べたように、ユダヤ哲学は現実生活の切迫した諸問題を回避したがゆえに、高価な代償を支払わねばならなかった。しかしカバラーもまた勝利のために支払わねばならなかったものがある。哲学は生きた神を失う危険におちこんだが、神をまもることをめざし、ユダヤ人の宗教的経験にいたる道を新しい光彩で包もうとした神秘主義は、その途上で再び神話とめぐりあい、その神話の迷路のなかへ迷いこみそうになったのである。

12

神秘主義一般とカバラーの関係、およびカバラーの特殊ユダヤ的本質に限定された特徴について語るとき、最後にもうひとつ重要な点を指摘することが必要である。それは、歴史的にも形而上的にも、ユダヤ神秘主義が男性の手で男性のためにつくられているという、男性的性格のことである。カバラーの長い歴史は女性のカバリストをひとりも知らない。カバラーの歴史家はその道程で、イスラム初期神秘主義におけるひとりのラビアー[*21]にも、キリスト教神秘主義におけるメヒティルト・フォン・マグデブルク[*20]、ノーリッジのジュリアーナ[*22]、聖女テレサその他のすべての代表的女性たちにも出あうことがない[(38)]。かくしてついにカバラーにとって、女性的本質表現の豊かさは現れずにしまった。非ユダヤ的神秘主義の歴史にとってはあれほど大きな意味をもったものだったのだが――しかし、同時にまたカバラーは、感じでよくわかることながら、ヒステリックなとてつもない行為への危険な傾向にも比較的無縁のままで終っている。もっともこのことはつづまるところ神秘主義内部の女性的要素のせいではない。

このことはけっしてユダヤ教における女性の特殊な位置とか、あるいは学問的教養から女性が排除されていたとかいうことで説明されるべきではない。女性が、まったく稀な例外は別として、タルムードの学識を得ることができなかったのと同じように、女性のスコラ哲学者もいないのである。それにしてもイスラム教や中世キリスト教における女性の類似した社会的地位は、女性を神秘主義運動の重要な担い手（理論家ではないにしても）の一部とすることを妨げなかったし、それどころか、カトリック神秘主義は女性なしにはほとんど考えられないのである。しかしカバラーはこの女性的なものの断念をも高価に支払った。おそらくこれは宇宙《コスモス》においてまさに女性的要素が魔神《デーモン》化しがちであるというとくに強く現れる傾向と関連しているのであろう。

　ともあれカバリストの象徴主義にとって、女性的なものが、ふつう期待したがるような優美なものを意味するのではなく、厳格な、人を裁く性質を意味していることは、その最も本質的な特徴のひとつなのである。この象徴解釈はメルカーバーのユダヤ神秘家たちも、中世ドイツのハーシードたちも、知らなかったことであるが、最初からカバリストの文書を支配している考え方で、まぎれもなくカバリストの世界観の根幹的要素に通じている。カバリストの意味においては、魔神的《デモーニッシュ》なものは女性的なものの世界から生まれている。だからといって、ここに女性的なもの自体の拒否や価値切下げが含まれていた、とはいえない――というのも、女性的なものの本源が神自体にあるという、正統派ユダヤ教の思想にとってたしかにきわめて逆説的なイデーは、シェキーナーというカバリストの着想と結びついているからである。いずれにせよ神話におけるこの女性的なものの位置は、心理学者も宗教史家もひとしく問題にするところである。すでに述べたカバリストが、神秘的体験の文学的見せびらかしや神秘的ショーの客観化傾向を嫌うことも、このユダヤ神秘主義の特殊男性的特徴と関係があるのかもしれない。通常、文学のなかで女性は、宗教的主観主義や神秘的自伝文学の特殊な担い手なのだから。

　最後に、私がユダヤ神秘主義の価値をどこに見るのか、と訊かれるのなら、私はそれを次のように定義づけるだろう。サアドヤーやマイモニデースやヘルマン・コーヘンに表現されているような、中世と近代の古典的ユダヤ神学は、汎神論や神話にたいするアンチテーゼをたてること、いやその反証を行うことを課題とした。しかしながら、重要なのは、一神論の基礎をすてることなしに、なおかつその基礎に関して何かがあることを理解し、この何かをさらに精密に規定することである。これがカバリストの見た問題であって、これを見たことこそ彼らの歴史的功績である。その時どきの積極的なこの問題の解決はいつも相変わらず不完全なものであったかもしれない。私はその際彼らが深淵や危険におちこんだことを隠しておくつもりはない。しかしこの課題の認識そのもの、他の人びとは回避したが、生きたユダヤ神学にとって決定的であるひとつの認識、これが彼らの努力に価値をあたえているのだ、と。

カバラーの表現となった象徴的思考の特別な形式は、われわれにとってほとんど、あるいはまったく、意味のないものかもしれないが、今日でもわれわれはその強力な呼びかけを時として避けることができない。とはいえ、あらゆる現実の背後に隠れた生命を発見し、あらゆる存在するものの象徴的本性が啓示されるあの深淵の覆いをはぐ試み——この試みこそわれわれ今日の人間にとって、あの古き神秘家たちにとってと同じように重要である。なぜなら、自然と人類を神の創造ととらえるかぎり——これがすべての高度に発展した宗教的生活のかけがえのない前提である——この創造における超越的なものの隠れた生命にたいする問いかけは、どこまでも人間の思想の最も重要な問題のひとつであり続けるであろう。

第二章　メルカーバー神秘主義とユダヤのグノーシス

1

中世のカバラーへ結晶する以前のユダヤ神秘主義の最初の時代は同時にその最も長い時代でもある。その文学的記念碑と重要な剰余は紀元前一世紀から十世紀までのほぼ一千年間にわたっている。それでもこの初期のユダヤ神秘主義の統一性は、ひとつひとつの発展や多様性にもかかわらず、非常に著しいものである。その相貌は中世のカバラーの相貌とは明らかに、紛うかたなく対照的である。第二神殿の時代に始まって消滅するまでのこの神秘主義運動の発展段階をひとつひとつここで分析するつもりはない。それには無数の歴史的、文献学的個別調査や考察が必要であろうが、それらの基礎は従来の研究ではまだけっして十分に明らかにされていない。また死海のほとりで発見された新しい手稿本は、これらの古文書の分析が現下の性急で無検証な仮説の段階をひとたび卒業すれば、この分野における今後の研究にとって重要なものであることが判明する可能性もけっしてないわけではない。私の狙いはむしろ、この運動の重要な記録文学のなかに現れている宗教的世界を分析することにある。だが、ユダヤ神秘主義のそもそもの発端にあった困難な問題や、ユダヤ神秘主義とヘレニズム・オリエントの諸説融合の宗教的世界との関係について、仮説を立てるつもりはない。この問題設定は非常に興味深いものであるが。また私は、エチオピアのエノク書や、第四エズラ記、その他の数多くの偽書や黙示録のように、疑いなくユダヤ神秘宗教の本質的な要素を含んでいる、あの偽書的書物について論ずるつもりもない。

むろんここから後年のユダヤ神秘主義の発展へ通じる線を強調することはどうしても必要であろうが、この説明の中心になるのはあくまで従来ユダヤ宗教史の文献で扱われることのあまりにも少なかった著作である。

いうまでもないことだが、匿名という、われわれにはほとんど見通しがたいとばりのなかにこそ、今日きわめて啓発的な記録文学が伝えられているタルムードとそれ以後の時代の、最も古い組織的なユダヤ神秘主義運動の本来の担い手たちが隠されているのである。彼らもまた、聖書以後の聖書外典や偽書の作者たちと同じように、過去の偉大な名の陰に隠れることを好んだのであった。ユダヤ教に神秘の王冠をかぶせるという、今日なお広範にとらえ叙述できる試みを最初になした人たちは現に誰であったのか、いつの日かそれを識ることのできる希望はほとんどない。

僅かにこの運動の後期から、それもまったく偶然に、個々の名前を耳にするだけである。たとえば、八一四年頃プムベディタ・ラビ学院の院長で、神秘主義に心服していたといわれるヨセフ・ベン・アッバー。[1]さらにバグダッド出のアアロン・ベン・サムエル、「秘義の父」。この人物は伝説の雲に包まれているが、彼こそ九世紀の中葉に、当時パレスチナやバビロニアで発達、増殖していた神秘主義を南イタリアやそれとともにヨーロッパのユダヤ教にもたらしたひとであったことは疑いを容れない。[2]しかしこれらは九世紀の人たち、つまりこの神秘主義がつとに十分発展し、それどころか多くの点ですでに成熟しきっていた時代の人たちである。ところが、まさに神秘主義の本来の開花と結晶に相当する時期、すなわち三世紀から六世紀までの時期からは、ひとりの名前も伝えられていない。もとよりわれわれは三世紀と四世紀の、秘教に従事していた二、三のタルムードの権威の名——たとえばイサアク・ナプハ、ラーバー・ベン・ヨセフとその同時代人であるアハ・ベン・ヤコブなど——を知っているが、彼らが今日著作の残されているユダヤのグノーシス派の人びととかかわりがあったかどうかは定かではない。

ユダヤの神秘主義はパレスチナに始まった。われわれは紀元一世紀の変わり目頃の、ヨハナン・ベン・ザッカイ[*1]の弟子たちのサークルから出たミシュナー教師のなかに、神秘的、神智学的思弁の最も重要な担い手たちの名も知っている。秘教的秘密集会に受け継がれている彼らの精神的遺産の多くの重要な部分はさらに、タルムード時代の終焉に及んで新しい宗教的世界像の要約を自己の著作で、いやそれどころか全文学のなかで試みたあのサークルのなかにまで保存されていた、と推定すべき十分な根拠がある。それらの著者たちは、前述のように、もはやみずから名乗ることはせず、ヨハナン・ベン・ザッカイやエリーエゼル・ベン・ヒュルカーノス[*2]、アキバ・ベン・ヨセフやイスマエル「大司祭」(3)を、彼らの著作の語り手として、神秘的行為の「主人公」、秘密の叡知の担い手ならびに伝達者として、登場させる。

すでに述べたように、ここにおけるすべてが単なる演出や文学的粉飾だというわけではないが、しかしどれもみな「真正」である度合いはずっと少ない。多くは古いモチーフが変化したか、それ独自の方法で発展した、ずっとのちの発展に属するものに相違ない。古くへ遡及するものも多いかも知れないが、しかしそれはあのラビ的・正統的ミシュナー教師のサークルとはまったく別のサークルに達するのである。あの後世の神秘家たちを紀元前後一世紀の偽書や黙示録の大部分が由来しているサークルと結びつける、地下の、といっても少なからず有効な、多くのばあい今なお掘り起すことのできる水脈がある。タルムード教師の学校や学院から離れて、まさにそこからのちの世代への道を見出した者が少なくないように思われる。

まだ第二神殿が存在していたあいだに秘教的な宗紀がパリサイ人のサークルでも涵養されていたことは知られている。ここではとくに創世記の第一章、創造の歴史マアッセ・ベレーシースと、エゼキエルの第一章、神の御召車すなわち「メルカーバー」の幻視が論究の対象とされたが、とにかく、この論究を公に知らせることは甚だ得策ならざることと思われていた。もともとこれらの宗紀は当該の聖書の章の説明にほかならなかった。(4) 聖ヒエロニスム*3も彼の書簡のひとつで、満三十歳以前にエゼキエル書の始めと終りを研究することを禁ずるユダヤの伝統について語っているが、ここではおそらく、聖書本文の注釈にそれ以上の思弁が結びつけられたものと思われる。(5) たとえばハーヨース「生きている被造物」や、エゼキエルの幻視にあるその他の生き物は、天の宮廷国家の天使職階制を形づくる天使と理解された。このうちどれくらいが本来の意味で神秘的、神智学的思想であったのか。手もとにあるのがタルムードやミドラーシムに散在する僅かばかりの断片的資料であるかぎり、それを知ることは恐らくないだろう。ミシュナーの編纂者である族長ユダ「聖人」が、かくれもない合理主義者として、メルカーバーや天使論やそれに類したものに関する資料を可能なかぎり締め出したことは周知の事実である。いずれにせよその後になって、そういう資料の若干が第二のミシュナー集成、いわゆるトッセフターに保存されたのである。それやその他の断章から、われわれはこの思弁の内容に関して二、三の帰納的推論を引き出すことができる。

われわれが推論を下すにあたって、似たような主題を扱っている多くの聖書外典、(6)*4 たとえば（最もすぐれたもののうち二、三だけ名をあげるならば）エノク書とかアブラハムの黙示録などがあのミシュナー教師の秘教的宗紀の内容を表していることが確かなら、私たちはもっと大胆であることができよう。ところが、まさにそれこそ非常に疑わしいのである。これらの聖書外典については際限なくたくさん書かれているが、それらがどの程度ミシュナーの権威者によって共有された意見を表現しているかということについて根本的にはっきり理解しているものは皆無である。しかしそれがどうであれ、かつまたこれらの著作の多くに名高いエッセ派信徒[*5]の文学の残滓が見出されようとされまいと、とにかく実際に確かなのは次のことである。すなわち、後期のメルカーバー神秘主義の根本的な対象は実のところすでに、エノク書に最もよく代表されるような、これらユダヤ秘教の最も古い文学の中心になっていたのである。黙示論と神智学や宇宙創造説との結びつきは、保存されている文献によってはっきりと、うんざりするくらい実証されている。「窺うひとが目撃したのは天の軍団や天使国家ばかりではない。この黙示録や偽書の文学全体は、〈大帝〉の隠れた栄光や大帝の玉座、王宮、……幾重にも層をなした天上空間、楽園、地獄や魂の器に関する新しい啓示のようなものにつらぬかれているのである。」(7) このことはまったく真実であり、まさしくメルカーバーに関する思弁がその三つの段階のすべてに、すなわち古い黙示論者の匿名の秘密集会にも、名前のわかっているミシュナー教師たちのメルカーバー思弁にも、また今日伝えられている文献に現れているような、後期タルムードとタルムード以後の時代のメルカーバー神秘主義にも、連綿と続いていることを証明している。ここにはひとつの本質的に同質な宗教運動が現れており、それは、黙示論はキリスト教の勃興とともに自己の生産的な宗教的諸力をことごとくキリスト教に譲り渡したという、今日にいたっても文献のなかに出没する古い偏見をきっぱりとしりぞける。

2

ユダヤ教のサークルにおける、あの最も古い神秘主義的理念の本来の対象はなんであったのか、それについては疑問の余地はない。最も古いユダヤの神秘主義は玉座神秘主義なのである。ここで問題になっているのは神の本来の存在へ沈潜することではなく、エゼキエルが語っている、玉座に顕現する神の直観、この天上の玉座世界そのものの神秘を認識することである。ユダヤの神秘家にとって玉座世界が意味するものは、宗教史ではグノーシス派とか錬金術師として知られている、この時代のヘレニズム的、初期キリスト教の神秘家にとってプレローマ（充溢）、すなわち潜勢力やアイオーンや支配力をそなえた神性の光の世界、であるものと同じである。ユダヤの神秘家は同じような原動力によって導かれているけれども、自分に適した宗教的概念世界から自己の言語を汲みとっている。いっさいの創造形式を典型的なかたちで含んでいる神の先在的玉座(8)が神秘的忘我と神秘的直観の目的であり、対象なのである。

この文学のなかで最も古い玉座の描写を今日に伝えているエチオピアのエノク書の第十四章から、ここで扱うつもりの、メルカーバー夢想家のトラクトにおける玉座世界の陶酔的な描写にいたるまで、きわめて多様な性格(9)の証言がたくさんある。この古い神秘家たちの大多数の教本や関心領域は、玉座世界をいっさいの神秘的省察のそもそもの中心とする考え方に遡ることができる。この章では、この考え方から出発している一連のさまざまな見解の一種の断面を示してみるつもりである。

この運動の最初の生命が不断に主張されている最も重要な記録は、その現存している校訂では遅くとも五世紀および六世紀に遡及する。年代は個々にはなかなか確認しがたいが、ここではすべてが徹頭徹尾イスラム教の伸張以前の時代を指し示している。(10)ここに反映している世界が多くの研究者たちにビザンチンの状況を想定させたのもいわれのないことではない。とはいえもちろん、ここに見出される天上の玉座と神の宮廷国家の世界の描写がビザンチン帝国、あるいはまたササン朝王国の現実的状況を反映していると仮定する正当性はない——そう仮定するにはまさにこれらの観念の最も本質的な部分はあまりに古すぎるのである。しかしながら、これらの著作の雰囲気と同時代の四世紀の歴史的状況とのあいだには疑いもない調和が存在している。

われわれの主要な典拠をなしているのはあくまで小さなトラクト、いやそれどころかしばしば文学的になお未形成の生の資料、ならびにもとはずっと包括的であったと思われる離散した大小の断章である。そのうち今日にいたるまでなお印刷に付されていないものが少なくない。[11] そしてこれらのテキストの伝承の歴史はなお多くの解明を必要とする。その著作はたいていのばあい『ヘハロースの書』とよばれている。つまりヘハロースの描写である。ヘハロースとは観る者が足を踏み入れる天上の殿堂ないし宮殿のことで、その最後の七番目の宮殿に神の栄光の玉座がそびえている。これらの著作のひとつは、ずっと後年に付けられたものである『エノク書』という表題のもとに、一九二八年にスウェーデンの学者フーゴー・オーデベルク*6によって改訂された。[12] さらに重要なのは『大ヘハロース』と『小ヘハロース』の名で伝えられているトラクトであるが、そのヘブライ語の原文は従来残念ながら途方もなく歪曲された刊行本で存在するのみであり、[13] 批判的改訂と注釈、ならびにオーデベルクがあの『エノク書』に負いつつ英訳を試みたような翻訳を必要とする。それによって古代後期のグノーシスの歴史にまことに思いがけない貢献がひとつなされ、その分だけ宗教史は豊かになるだろう。ここではとりわけこのヘハロース神秘家の見解に私たちの関心があるのであって、したがってこれらのテキストの発生と構成が提供する、まことにこみいった文献史的、批判的問題をここで論究することはできない。私はこれらの問題において、オーデベルクの非常に該博な論述とは根本的に異なった結論に達している。

オーデベルクによって論じられたいわゆる『第三のエノク書』は、彼は三世紀に置いているけれども、[14] 私にはあくまで『大ヘハロース』よりもあとのものであるように思われる。[15] そもそもわれわれがもっている最古の原典はラビ・アキバが主たる語り手として登場する『小ヘハロース』である。それに続くものが種々雑多な資料から構成された『大ヘハロース』で、これはわけても第十七章から第二十三章において、二世紀にまで及ぶ諸資料の纏まりのある編集となっているが、ラビ・イスマエルを主な語り手とする現存の形式では、まず四世紀ないし五世紀以前に編纂されたものではありえない。今日伝えられている記録文書は、相前後して、しかしなかにはまた並行して生じたと思われる、さまざまな発展段階を反映している。この流れのなかにはたくさんの貴重な古い財産が流れている。このサークルに通用していた観念を指す多くの暗示はわれわれには理解できない。しかしながら、ここで問題になっていること、すなわち、これらのグループの精神的相貌と宗教的姿勢は、われわれにもはっきり認識できる。

ところで、そのばあい注目に値するのは次の点である。すなわち、「大」「小」の『ヘハロース』のような、まさに最も重要な古いトラクトや編纂書にまったくといっていいくらい聖書解釈的要素が欠けているのである。これらの著作はミドラーシムではない。それらは聖書の詩句を解釈しようとはせず、それ自身で満足している。それらは真の宗教的体験に直接あたえられた内容の、その体験から得られた独創的な叙述なのである。この体験を合法化するために聖書に依拠するようなことはしない。それらはしたがってそのことによっても、ミドラーシュの伝統よりはむしろ聖書外典や黙示録文学の伝統に属している。いうまでもなく、玉座世界や神的なものを直観することは、元来、聖書の言葉に暗示されていることを自己の体験の対象にしようとする努力から出発している。それはまた、メルカーバーの世界を記述する際に用いるその基本的な概念をそこから引き出してくるが、ここにはたらいているのはあくまで独自の自律的な生であり、新しい宗教感情である。もっと後の、むしろこの運動の消滅と結びつけることができると思われる段階になって初めて、テキストのなかに聖書解釈的要素が再び、より強く、それどころか支配的に現れるのである。

ここにある多くの概念は幾世紀を経るうちに神の「栄光」と玉座世界へ直観しつつ沈潜することを表すようになる。ミシュナー時代にはまだ神智学的「栄光についての研究」とか「栄光の理解」[16]が語られている。いやそれどころか「栄光の利用」についても語られ、ラビ・アキバがそれにふさわしい人物とみなされる。[17] だが後になると、ヘハロース・トラクトではたいてい「メルカーバー直観」が語られる。[18] 玉座世界、「メルカーバー」は、エゼキエルや他のもっと古い文学のなかではまだ語られていないが、メルカーバー神秘家のあいだでは「王の居間」[19]を、後にはさらに「王宮」を、もっている。四世紀のハッガーダー[*7]の伝統にはすでに、アブラハムがモリアのためにイサアク[*8]を犠牲にしようとした瞬間にイサアクが魂の忘我状態のなかで「メルカーバーの居間」[20]を見たことが現れている幻視的な経験はさまざまな時代にさまざまに解釈された。古い時代では、われわれにはそれが当然だと思われるのだが、玉座世界は登って行くところであった。『小ヘハロース』[21]ははっきりと「メルカーバーへの上昇」を語っている。このイメージは『大ヘハロース』[22]やエノク書の緒言の目立たない箇所にもなお維持されている。ところがこの術語は、われわれにはもはやまったく理解のつかない理由であべこべになってしまったのだ——いつからとは正確にいいがたいが、察するに三世紀頃であろう。殊の外重要な『大ヘハロース』や、それ以後のほとんどすべての著作では、魂の幻視的な上昇が論じられる場所で「メルカーバーへの降下」ということが語られている。この術語の逆説性は、(明らかにもっとずっと古い)細部記述がつねに上昇を描いて、降下を描いていないだけに、いっそう目立っている。それどころかこれらの神秘家たちは以後みずからヨルデ・メルカーバー、つまり「メルカーバーへ登りゆく者」(誤訳されているように、車の同乗者、ではない)[23]という固定した名前を名のっているのである。この名は彼らの呼び名として、その後後期にいたるまで文献に残っている。『大ヘハロース』のトラクトは、明らかになんらかの方法で組織されたその時代の神秘家のグループである、このヨルデ・メルカーバーの存在を前提としている。それはまた彼らの存在をすでに伝説的なかたちでヨハナン・ベン・ザッカイとその弟子たちのサークルとも同一視している。『大ヘハロース』にはパレスチナと同様バビロニアの要素も指摘できるし、とくにこの書の最も古い章は言語の点でも、事象の点でも、なお明らかにパレスチナの追憶を含んでいるのだから、このグループの編成が実際すでに後のタルムード時代に、したがって三世紀から五世紀にパレスチナで行われたという可能性もある。むろん、そのようなグループの存在はバビロニアだけであったと確信もって主張することもできる。この傾向のトラクトはすべてといっていいくらいバビロニアからイタリアやドイツへ達し、それによって後年の手稿本で今日に伝えられているのであるから。だが、さらに深く分析してみるならば、このグループの存在はすでにもっと以前の時代のパレスチナにもあったことを証明できるだろうということも、あながちありえないことではないように思われる。

すでに述べたように、ここにかかわりがあるのは、特定の伝統を伝承し育成する組織されたグループ、すなわち己れの秘密の知識、己れの「グノーシス」を誰にでも授けあたえようとはしない観想的な性格の神秘家の学派である。ユダヤ教やキリスト教のなかで異端が栄えたこの時代には、自身の宗教的体験に基づいた神秘的思弁が折しも最も鮮明に結晶しつつあった「ラビ的」ユダヤ教と衝突する恐れはあまりにも大きかった。[24] ここにはたらいている本来の宗教的原動力の多くは他のサークルに求められると推定せざるをえないとはいえ、『大ヘハロース』の匿名の著者たちにとって何よりも重要だったのはそのグノーシスを標準的なハーラーハーのユダヤ教のなかに植え付けることであったということを、『大ヘハロース』は多くの、部分的にきわめて興味深い詳細によって証明している。[25]

こういうことすべての帰結がメルカーバー神秘家のサークルへの採用条件の呈示であった。すでにタルムードの原典では、もとより非常に一般的なかたちでではあるが、神智学の諸原則に通暁する資格は倫理的、性格的特質によるとされている。「裁判長」とか、イザヤ書三の三にいわれている範疇の人びとにのみ、メルカーバー神秘主義の伝授が許されるという。『大ヘハロース』の第十三章でも、入会資格の道徳的前提条件が八つあげられている。ところがいまそれと並んで、修行者の道徳的ないし社会的地位とは全然関係のない、まったく身体的・物質的な規準がこのサークルに現れる。観相学的、観掌術的規準によって新参者の資格が判定されたのである。紀元二世紀におけるヘレニズムの観相学の復興がこの発展に関与したと思われる。

ヘハロース神秘主義は二様の意味で観相学と観掌術を心得ている。すなわち、修行者自身のあいだで研究される秘密の知の対象として、ならびに新参者を許可する規準として。(26) それゆえ、いわば他のすべてのことにたいする手引きとして、観掌術的傾向の一断章が多くの手稿本で今日に伝えられているのもなんら不思議ではない。(27) 奇妙なことに、これは同時に、観掌術や額の皺に関して残存している、そもそもこれまでに知られた最高の原典なのである。というのは、アッシリアのこの種の原典もギリシャ・ローマのも今日伝えられていないからである。(28) 他の『ヘハロース』書の前奏曲たるこの書は占星術とは全然関係なしに、人間の手に現れた吉凶の線をときあかしているが、その際ここに用いられている定まった術語の詳細は多く今なお不明である。この新しい規準がメルカーバー神秘主義のサークルに浸透したことは、多分三世紀と四世紀のオリエントにおける新プラトン主義的神秘主義の台頭と関係づけられよう。ヤンブリコス*10でさえ自著のピタゴラス伝——もちろんピタゴラスの時代よりもヤンブリコスの時代にたいしてはるかに大きな証言価値をもった作品——で、ピタゴラスの学校へ入学を許可するのは観相学的規準によっていたと主張しているのだから。(29) 天使スリヤが私たちのヘハロース・トラクトに登場する主要人物のひとりイスマエルに、観学術と観相学の秘密を天から啓示している前述の断章は、イザヤ書三の九からとった術語でハッカーラート・パーニーム、すなわち人相の認識と名づけられており、事実このイザヤの詩句は最初三世紀に、タルムードの記述が証明しているように、観相学的に解釈されたのである。(30)

3

このようにして資格があるとみなされたものはメルカーバーへの「降下」を目ざして励むことが許された。この降下は天上の七つの宮殿と、その前におそらく七つの天界そのものを通り抜ける危険にみちた遍歴を経て、彼らを神の玉座の前へ導いた。メルカーバー神秘主義の著作をみたしているのはこの天の遍歴やそのための準備、その技術、遍歴の際に観察したもの、の描写である。

元来ここにあるのは、二世紀と三世紀のグノーシス派の人や錬金術師によって彼らの神秘主義の最大目標のひとつとして目ざされた、地上から宇宙の敵対的な惑星天使や支配者の領域を抜けて神の光の世界の「充溢」の内にあるその神的故郷に帰りつく魂の上昇が、ユダヤ風に変質したものである。あまつさえこの上昇理念は二、三の研究者によってグノーシスの中心的教義とみなされた。(31) とりわけ『大へハロース』(32)が第二の主要部(第十五章から第二十三章まで)できわめて印象深いかたちで残しているこの遍歴の描写は、すみずみにグノーシス的性格をおびている。

そのような天路遍歴のすべての試みに先立って禁欲行があり、ある者のばあいはそれが十二日間、ある者のばあいは十四日間行われる。バビロニアのガーオーン・ハイ・ベン・シェリラ(一〇〇〇年頃)は古来のしきたりであるメルカーバー直観の準備について、このように報告している。「多くの学者たちがいうには、著作のなかにあげられている多くの資質によってすぐれたものは、メルカーバーを感得し、天つ天使の宮殿を見たいと思うなら、一定の手続きを厳守しなければならない。その者はある日数食を断ち、己れの頭を膝のあいだに埋めて、歌詞が伝えられている多くの讃美歌や頌歌をとなえなければならない。そうすると、宮殿の内部と部屋部屋が、さながらわれとわが目で七つの宮殿を覗き見るように見えてくる。そして彼はまるで宮殿から宮殿へと歩み入るように感得し、そこにあるものを見るだろう(33)」この手続きに独特の姿勢は、預言者エリヤ*11がカルメル山上で祈りを捧げたときの姿勢でもある。それは深い自己沈潜の姿勢でもあり、風俗学の相似現象から推察すれば、催眠術的自己暗示を惹き起すのに恰好の姿勢である。デニス*12の描いている、支那の巫女が祖先の霊を呼び出すときの手続きがまったくこれと似通っている。「彼女は低い椅子に腰をかけ、頭が膝にのっかるような恰好で前へ身体を折り曲げる。そうして低い、重重しい調子で、三度呪文をとなえる。すると彼女の身体ににわかにある変化が起るように思われる(34)」この姿勢はタルムードでも、たとえばハニナー・ベン・ドッサ*13の深く沈潜した祈禱者の姿勢とか、神に身をゆだねる贖罪者の姿勢として記述される(35)。

こうして修行者はこのような準備のもとに、夢見るような精神状態でその遍歴に歩み出すのである。『大ヘハロース』が描写しているのは七つの天界を行く彼の上昇の細部ではなく、最高天にある七つの宮殿を行く遍歴の細部であろうと思われる。非ユダヤのグノーシスでは、このばあい、七つの惑星界の支配者たち(執政官)が重要な役割を果たしている。この支配者たちは魂を俗世のきずなから解放することに反感をもっており、救いを求める魂は彼らの抵抗にあって挫折する羽目になる。このユダヤ化されて一神論へ転じた——あるいはひょっとすると一神論にとどまっている、二元論以前の?——グノーシスの形式においては、「門番」の群れがこの機能を果たしている。この門番は天の殿堂の門の左右に陣取っていて、上昇の際にはそこを通過しなくてはならない。前者においても後者においても、魂はその天の旅路を恙なく続けるためには通行証を必要とする。これはひとつの秘密の名でできた魔術的封印で、悪魔や執政官や悪い天使を遁走させる。上昇の新しい留《りゅう》ごとに別の封印が必要で、遍歴者は、ある断章が伝えているように、「汝、恐しき者よ、崇高なる者よ、汝をとりまく火と焔に、渦と暴風に巻き込まれないように」「自分を封印する。」[36]『大ヘハロース』にはさらに、天の門番のもとにおけるこの通行手続きのきわめてペダンティックな描写が残されている。[37] これらの封印や秘密の名はすべてメルカーバーそのものから出てくるのであって、「創造主の座している焔の玉座のまわりに、さながら火の柱の如く立っている。[38]」

ほかでもない、遍歴の途上で魂を庇護する必要性が、魂の甲冑として、同時にまた悪魔祓いの力をもった攻撃武器として、この封印をもたらしたのであった。こうした庇護も初めはまだひとつの封印名でこと足りたのかも知れないが、上昇をなしとげる際の精神的障害と抵抗は、多くの秘義の修行者たちにおいて時とともにますます強くなる。自己に沈潜した忘我者に道を拓くには、もはや単純な短い封印では用をなさなくなる。そこで、飛翔を試みる際に生ずる感情のもろもろの障害ゆえに、もっと長いまじないの言葉が挿入される。その言葉は、彼が先へ進むのを妨げる閉ざされた門にますます深く穴をうがつことを表すものである。心的力が衰えるとともに魔術的緊張がますます強くなり、悪魔を祓う力がますます強大になって、修行者はついには何ページにもわたる、われわれにとっては意味のない魔術的符号を手がかりに、閉ざされた門へ手さぐりで近づこうとする。

多くのヘハロース・テキストに魔術的要素が甚だしく浸透しているのはこのことに起因する。そのような神秘な声《ヴオケス・ミュステイカエ》はことに未編纂のテキストにしばしばまだ非常に支配的に見られる。最古のテキスト『小ヘハロース』はすでにそういうものにみちみちている。それというのも、まさにこれらの謎めいた要素は、ヘレニズムの諸説融合の宗教史が教えているように、現代の評者が信じがちな、後代になってつけ加わったものでも、純然たる衰微の産物でもなく、本当にこれらの運動の純粋な所有財産のひとつにほかならないからである。ここではそもそも、深く宗教的な情熱と神秘的な飛翔とが、ローマ帝国時代のエジプトの、ギリシャ語とコプト語で書かれた魔術のパピルスで今日に伝わっている魔術と、解きがたく結びついているのである。もっぱらこれらの事柄が実際に行われたところでは、そのあいだ、これらの魔術的な挿入文章はテキストのなかに自然な場所を占めていた。秘密の名はどれも悪魔を防ぎ止めるひとつの拠りどころになっているように思われたが――やがてしまいには、現実にメルカーバーへの接近を促すには緊張の力ではそもそももう間に合わなくなってしまった。むろんこのことがやがてこの運動の死滅の要因となり、そのときから、かつては生きいきと感得されたその内容が単なる文献に変わってしまう。

したがって、今日に伝わっているヘハロース・トラクトのいろいろな本文批評にこの点で明瞭に二つの層がきわ立っていることは別段不思議ではない。古いほうはいまだ衰えぬ運動の最盛期を反映しており、それゆえそこではこの封印や秘密の名が重要な地位を占めている。第二の層では趣きが異なっている。ここではこの運動はすでに衰微状態で現れており、原文はわれわれにとって「読みやすく」、わかりやすくなっている。魔術的な内容はもはや現実的な感情的価値をもたず、ただの邪魔物としてますます排除される。こうしてしだいに、メルカーバー神秘主義の諸要素を文学的に利用する、熱狂的、儀式的な色合いをおびた教化文学が発生する。わけても「大」「小」の『ヘハロース』が第一の層に入るとすれば、第二の層には『十人の殉教者のミドラーシュ』のいろいろな校訂や『ラビ・アキバのアルファベット』など、とくに中世のユダヤ教に広く流布した著作が属する。(39)

メルカーバー世界の宮殿を通り抜けるこの上昇はとくに、心がまえのできていない不適格な人柄の者がその試みを始めると、非常に危険が大きい。観る者が先へ進めば進むほど、危険はますます大きくなる。

天使や執政官がよってたかって「彼を突き落とそうとする。[40]」彼自身の身体から発する炎が彼を焼きつくそうとする。[41] ヘブライの『エノク書』には、族長が天使メータトローンへの己れの変容をラビ・イスマエルにものがたるさま、己れの肉体が「燃える炬火」へと変ずるさまが語られている。この変容の過程は、『大ヘハロース』によれば、要するにどの神秘家にも繰り返されるが、ただ彼はエノクそのものよりも位の低い者であるから、これらの燃える炬火は彼を焼き殺そうとする。だが、ここでひとりひとりに繰り返されるのはまさに神秘的な変容の始まりみたいなものである。別の断章によれば、彼は直観の際に両手足を焼かれてしまい、「手も足もなしに」立つことができなくてはならないのだ![42] このように地のないところに両足なしで立つことは、他にも多くの忘我者の特徴的な体験として知られており、アブラハムの黙示録にもそれに類したことが述べられている。[43]

これと関係のあるすべての箇所で最も注目に値するのは、すでに『小ヘハロース』のなかで――すでにトッセフターに載っている――有名なタルムードの物語についてなされているひとつの解釈である。タルムードがハギガー・トラクトのなかで秘教に費やしている僅かな紙数のなかにも、昔から解釈者の難題となっていたこの断章が見出される。「四人が〈天国〉に入った。ベン・アサイと、ベン・ソマと、アヘルとラビ・アキバである。ラビ・アキバは彼らに語った。『輝く大理石の場所に来たら、水だ、水だ! といってはならない。なぜならこう書かれているからだ。嘘をつく者はわが面の前に立つべからず、と[44]』。」「天国[45]」へ昇る際に実在する危険の要素がきわめて鮮明に描かれているこの有名な箇所の現代の解釈は、まことに苦しまぎれで、その合理性において甚だしく非理性的である。ここで問題になっているのは原素材に関する思弁、すなわちまさしく宇宙論的理論にほかならないというが、[46] 連関はしかしはっきりとそれを否定している。真実なのは、後世のメルカーバー神秘家たちもなおこの箇所の意味をあくまで正しく理解していたということであり、彼らの解釈は、たとえ細部は種々の点において後の改作であろうとも、彼らが本当に非ユダヤのグノーシスの最盛期とタンナイート[*14]の神秘主義と神智学の時代である紀元二世紀の良き伝統を自家薬籠中のものとしていたことを、きわめて的確に証明している。ヘハロース・テキストのミュンヘン手稿本には、上昇の危険の描写がこう記されている。「だが、王の麗しい御姿を見るに値しない者は、門のところで天使たちによって意識を狂わせられた。そうして天使たちがその者に向かって『入るがよい』というと、彼は本当に足を踏み入れた。するとたちまち天使たちが彼に詰め寄って、燃える溶岩の流れのなかへ彼を投げ込んだ。そして第六の門では、まるではかり知れない量の大水が彼に向かって押し寄せるように思われたが、しかしそこにはただの一滴の水もなく、光り輝くエーテルと、宮殿に張りつめられた透きとおった大理石があるばかりだった。だが彼の前には天使が立っている。そこで彼が、この水は何を意味するのですかと尋ねると、天使たちは彼に石を投げ始めて、こう叫んだのだ。『この面汚しめ、お前の目にはあれが見えないのか。さてはお前は黄金の牛に接吻した連中の子孫のひとりなのだな。お前は王の御姿を見るにふさわしくない者なのだな』……彼はそこから先へは進むことはできず、天使たちは鉄の棒で彼の頭に傷を負わせた。これをもってなべての時代への注意のしるしとなす。なんぴともみずから危険に陥ることのないよう、第六の宮殿の門前で思い誤って、石のような輝きを見てその意味を尋ね、石を水とかんちがいしてはならない(47)。」

この物語における決定的な点、すなわち忘我の状態における水の幻視は、疑いなく信憑性のあることで、あたかもこれがタルムードの箇所をあとから説明したものであるかのように実情をことさら逆にしようとすると、まったく誤りになるだろう。天へのぼる上昇の危険に関するこの神秘的な体験が(48)、すでにトッセフターのなかに保存されているあの報告の平明な語義にほかならないことを疑うべき理由は何もない。パリの大きな魔術のパピルス文書に保存されている、いわゆるミトラス祈禱文にも[49]、同様の危険が描かれているが、秘義に通暁した者の上昇に関するその描写は、全体の印象や種々の細部において『大ヘハロース』の描写と密接に関連している。

『大ヘハロース』はまさに第六と第七の天国の門における上昇の段階を殊の外生きいきと描写している。だが、これらの描写はけっして統一的ではなく、明らかに、メルカーバー神秘家がそこで遭遇するものに関するいろいろな幻想的報告や伝承をまとめたものである。ここでは遍歴者と第六の宮殿の扉の番人である執政官、ドミエルとカツピエルとの対決が重要な役割を果たしており、そのなかに表現されている思想はかなり古いものであることが窺い知れる。そのばあい予想外のことがひとつある。ここの多くの箇所には、もはやバビロニアの編纂者には理解されず魔術的な神の名とみなされていた、ギリシャ語の固定した呪文の残滓が見られるのだ[50]! パレスチナの最初のメルカーバー神秘主義が一定の状況を描写する際にギリシャ語の呪文を用いたことは、たしかに特別の注目に値する。それはヘレニズムの宗教との特殊な関係を示すものなのか、それともアラム語で語る神秘家のユダヤ人サークルにおけるギリシャ語の使用は、エジプトの魔法のパピルスの所持者であったギリシャ語を語るサークルのあいだでヘブライ語ないしは擬ヘブライ語が好んで用いられたことと同じように説明されるのか、なんともいいがたい。

死後であれ、なお存命中の忘我の内にであれ、己れの原故郷へと昇ってゆく魂が通過する七つの天の理念は、たしかに古いものである。なにしろそれは一部分人目につかない偽装されたかたちで、古い聖書外典、たとえば第四エズラ記とか、ユダヤの底本を利用しているイザヤの昇天にも、すでに現れているのだから[51]。タルムードが或る古いバライサーのなかで七つの天とその名、その内容を描いている描写も、無論もっぱら宇宙論的であるように思われるが、やはり最高天にある玉座の前へ魂が昇ってゆくことを前提としているようである。(52) ミシュナー以後の時代のメルカーバー神秘家のサークルからも、そのような七つの天の描写が、その前にいる執政官の名とともに今なお存在している。まさしくここでもこの教義はまだまったく秘教的なものとして現れている。たとえば、ゲニザ出土物によって知られるようになった「エゼキエルの幻視」(53) のなかで、エゼキエルの目にそれぞれのメルカーバーをもった七つの天がことごとくヘバル川の水面に映って見える例などがそうである。七つの天に相当する七つのメルカーバーに関するこの思弁の形式は、ヘハロースやメルカーバーの居間のことはまだ何も知らない。この二つの思想はいろいろなサークルのなかに同時に存在していたのかも知れない。いずれにせよ、後者の、天を通過する上昇の留《りゅう》の変形が、やがて一般に支配的になったのである。

4

この七つのヘハロースの表象は——昇天の際に体験される——世界の構造の宇宙論的なモチーフを、神の宮廷国家のヒエラルヒーの描写に変じさせる。神を求めるものは、宮廷におけるように、かぎりなく豪華な部屋や広間を通り抜けていかねばならない。こうした重点の転移は、この神秘主義の他の多くの主要点と同様に、これらの神秘家の宗教的体験の中心、すなわち神を王としてとらえる解釈が彼らにたいしてもっていた決定的な優位、と関係があるように思われる。ここに現れるのはユダヤ的形態をとった宇宙支配者《コスモクラトーレン》神秘主義《ミスティーク》である。皇帝神秘主義は宇宙論的神秘主義を第二位へ押しのけるが、もとより創造の業《わざ》にささげられた記述、すなわちマアッセ・ベレーシースに関するテキストでは、皇帝神秘主義は第二位を保持していたのである。グレッツがメルカーバー神秘主義の宗教的内容を「神の擬王観《バジレオモルフィスムス》」と呼んだのはゆえなきことではない。

なぜならこのことは、このまったくユダヤ化したエノク・グノーシスの独特な色合いを理解し、ヘレニズム神秘家の解釈との差異を示すための、最も根本的な要因だからである。グノーシス派とメルカーバー神秘家の見解のあいだには多くの対応が認められるけれども、彼らの神意識はまったく異なっている。『ヘハロース』では、神はわけても王である。もっと正確に言えば、聖なる王であるが、こうした宗教感情の変化はユダヤ神秘家のサークル外でも、同時代のユダヤの祈禱文の中心的な諸篇に現れている。このサークルの宗教生活に実際に直接訴えかけるのはほとんどもっぱら、神にそなわる威風、気高い君主の風格といかめしさなのである。

ここには神の内在の意識に基づいた神との関係のモチーフがまったく欠けている。J・アベルソン[*15]は「ラビ文学における神の内在」に、詳細な（惜しいことにしばしば護教論によって歪められているけれども）価値ある研究をささげたが、そのなかで彼はとくにシェキーナー、世界における神の「内在」または「宿り」に関するアッガーダー文学の表象をも精密に分析している。彼がそのような表象と、神秘主義的な思考過程やユダヤ神秘主義の後の発展との関係を指摘したことは正しい[(54)]。だがまさにメルカーバー神秘主義では、シェキーナーの理念は何の役割も果たしていないといっていいのである。人びとが『大ヘハロース』のなかで神の内在の指摘を見出そうとした唯一の箇所は改悪に基づいたもので、もっと良い手稿本では異解によって脱落している[(55)]。メルカーバー遍歴者の生きいきした感情はそのような内在を全然知らない。彼にとって神は果てしない遠方に君臨する王であり、魂の飛翔の忘我のなかでも俗世へひきずり込まれることはない。

だが、ここに欠けているのは神の内在のモチーフばかりではない。同様に神への愛も欠落しているのである。宗教感情と神との関係におけるエロティックなモチーフは、ユダヤの神秘主義においては概してずっと後になって現れるのであって、ここではまったく締め出されている。たしかに、忘我が中心にあり、それはこのサークルの所属者にとって真の宗教的体験の確かな源泉となっていたに相違ない。だがそれにもかかわらず、ここには神と魂のあいだの神秘的合一のかけらも見つからないのである。神の「人格」、神の他性の意識がつねにはっきりと維持されている。いやそれどころか、その意識はむしろ誇張されるのである。だが神秘家の人格もその輪郭を失わず、たとえ忘我の絶頂においてすらそれを失うことはない。創造者と被造物とは混じり合うことなく対峙している。隔たりをとび越えようとか、感情のなかで融合しようという試みは、けっして行われない。忘我のなかですべての門を通り抜け、あらゆる危険をのりこえた者は、玉座の前に立って見つめ、聞くけれども――しかしそれ以上のことはしないのだ！　あまつさえ、ここではさらに神の王位が神の創造性よりもずっと強く強調される。この創造性はもちろん王者であることと関係があり、この神秘主義の一定のパースペクティブ――これについてはもっとあとで立ち戻るつもりであるが――においては、中心にすらなっている。たしかに、創造の秘義と、世界組織におけるあらゆる事物のひそかな連関とは、ヘハロース・トラクトの著者にとってつとめて認識する価値があるように思える主題のひとつである。メルカーバー直観では何度もそれが仄めかされる。こうして『大ヘハロース』は「世界の完成と世界の進路が基づいている組織の秘義や驚くべき秘密の」啓示を、「そして万有のすべての翼と天なる高みの翼とが結ばれ、縫合され、固められ、掛けられている天と地の鎖(56)」を約束する。だが、それはこの約束された啓示の内容をつまびらかにはしない。それにひきかえ、神の支配権力と尊厳、メルカーバー神秘家の圧倒的な、他のいっさいを不分明にする体験は、われわれにただ告げ知らされるだけではなくて、綿々と、冗長なまでに描写されるのである。

ここでは神、己れの栄光に包まれて君臨する王は、奇妙な、部分的にはまったく意味のわからない表示法や秘密の名で語りかけられる。ゾハラリエルとかアディリロン、アハタリエル、[57]あるいはトトロッシヤ（またテトラッシヤ。テトラス、つまり神の名の文字が四つであること？）[58]などの名が見出されるが、これらの名のもとに神秘家たちはおそらく神の栄光のいろいろな側面ないし現象形式を理解したのであろう。まさしくこの神にそなわる君主的風格を強調する目立った要素こそ、この神秘主義が巫術へ変質したことと何よりもよく一致している。いまや秘密の「名」の大家自身が、この文学のなかに数多く残っているいろいろな巫術的、魔術的方法が描いているような、支配者的力を行使するようになる。巫術師の言葉とメルカーバー神秘家のそれとはまったく一致している。両者を支配するのは権力の属性、崇高なるものの属性であって、柔和な、優しさあふれる者のそれではない。ここでは巫術師が「神の風格をもった君主」を魔法で呼び出す際に、執政官にむかって「いと高き、畏れかしこい、身もふるえる君王[59]」と呼びかけるが、これはこのサークルの人びとの態度に非常に特徴的である。気高さと畏怖と身ぶるいとは、実際にこの世界における宗教感情の鍵ともなる言葉なのである。

5

私たちがこのサークルの神表象を知る最も重要な典拠は、疑いなく、ヘハロース・トラクトに保存されている数多くの祈禱や讃歌である。[60]それらは霊験あらたかなものと考えられている。なにしろそれらは天使が、いやそれどころか玉座そのものが、その支配者にうたってきかせる讃歌にほかならないからである。『大ヘハロース』ではこれらの讃歌が大きな場所を占めているが、その第四章で、メルカーバー遍歴者の典型であるラビ・アキバが栄光の玉座を前にした歓喜の絶頂でこの歌を聞いたことが語られている。この歌を詠唱することはそれ自体忘我の境地をもたらすのに役立ち、その歌は門から門へ、行く先々まで遍歴者につき従う。それはあるものは簡単な神への呼びかけであり、あるものはメルカーバー世界の存在者と神とのあいだにかわされる対話であり、そこで起る事柄の描写である。シナゴーグの詩歌《ポエジー》、いわゆるピーユートの最も古い産物のひとつであるこれらの讃歌のなかに、一定の宗教的教義とか、いわんや神秘的象徴をさがし出そうとしても無駄である。それらは往々にして奇妙なほど内容にとぼしい。しかしこの空疎さにもかかわらず、きわめて印象深い性質のものである。

ルードルフ・オットー[*16]は「聖なるもの《ダス・ハイリゲ》」に関するその高名な著書で、すべてが明晰で明確で、わかりやすく、熟知されている神性のもっぱら合理的な賛美と、非合理性、オットーのいう「神聖《ダス・ヌミノーゼ》」の感じをあたえる賛美とのあいだの相違を強調した。このような神の賞讃は恐ろしい神秘、神の威厳の周囲に漂う空恐ろしい秘密を、言葉で表現しようとする。それがオットーの名づける、いわゆる「聖なる讃歌[61]」であり、神秘主義のみにとどまらないユダヤの典礼にはそういうものがふんだんにある。オットー自身、彼がかかげているこの範疇の典型的な例の幾つかをユダヤの祈禱から取っているのだから。私たちはいまヘハロース・トラクトのなかに、そのような聖なる讃歌の宝庫とでもいいたいものをもっている。

その言葉のかぎりなく荘重なドラペリー、いやそれどころか望みとあらば、雄大な詩句の誇大な粉飾といってもよいが、そのなかにはこの讃歌の内容の真の逆説が表現されている。このことはおそらく次のように言い表せるだろう。神秘家の観想が最大の内容を籠めることに成功した、このうえなく崇高な、贅をつくした表現は、同時に空疎きわまりない表現でもあるのである。最初、この讃歌の現象に深く驚嘆したフィリップ・ブロッホ[*17]は、その「同じ意味の、あるいは同じように響く言葉の、度を越えた、純粋に重語反復的な繰り返し」について語り、「思考の進展はそれによって少しも促進されず、ただ熱狂的な欲求が必死になって充足を求めているにすぎない[62]」という。だが同時に、これらの歌の極端な、高邁であると同時に空虚な熱情《パトス》は、たとえば贖罪の日などに、これらの著作からとった讃歌や、この著作と同じ精神で詩作されている讃歌が詠唱されるとき、祈る者の気分にほとんど魔術的な刺激すら及ぼすことに彼は当然気づいた[63]。おそらくこのような讃歌形式の最も有名な例を提供しているのが、（むろん豊富な異本をもつ）『大ヘハロース』のなかから最大の祝祭日の典礼に転用された連禱、*Haʾadereth weha-ʾemuna lechajʿolamim*（栄光と不変の真実とこしなえ彼にあれ）であろう。これは中世の祈禱書の注釈家によって「天使の歌」と名づけられ[64]、祈禱者の側に最高の帰依と精神統一を要求することができた。しかし、そのような要請はこのばあいほとんど必要なかった。なぜなら、このかぎりなく内容のとぼしい讃歌がもつ比類のない荘重さに、つまりまさにその讃歌の神聖《ダス・ヌミノーゼ》さにくまなく浸透し、その地位を揺るぎないものにしている力は、今日にいたってもなおすべてのシナゴーグで体験できるからである。今日まで、ハシディズム的ユダヤ教の多くのサークルでこの讃歌が安息日の度に朝の祈禱で詠唱されているのは、少しも驚くにあたらないのである。神のそなえる特性と「永遠に生ある神」にふさわしい賞讃とが区別なく入れ替わるこのテキストは、こんな内容である[65]。

万能と至誠は永遠なる生者のもと
明察と至福は永遠なる生者のもと
高貴と偉大は永遠なる生者のもと
知識と弁舌は永遠なる生者のもと
美観と偉観は永遠なる生者のもと
助言と顕正は永遠なる生者のもと

光輝と光芒は永遠なる生者のもと
慈愛と恩寵は永遠なる生者のもと
至純と厚誼は永遠なる生者のもと
統一と名誉は永遠なる生者のもと
王冠と栄光は永遠なる生者のもと
教えと愛は永遠なる生者のもと
御国と統治は永遠なる生者のもと
栄華と不易は永遠なる生者のもと
秘密と叡知は永遠なる生者のもと
綺羅と奇蹟は永遠なる生者のもと
正義と誉れは永遠なる生者のもと
祈念と崇高は永遠なる生者のもと
歓喜と顕貴は永遠なる生者のもと
詠歌と讃歌は永遠なる生者のもと
賞讃と英名は永遠なる生者のもと

ここは原文ではアルファベット順の連禱の古典的な形式である。その帰依者の想像力には光彩陸離たる崇高な言葉が滲み込んでいる。そのばあい、個々の言葉がどうであるかは全然重要ではない。ブロッホが次のように述べたのは正しいのである。「ここでは、神の摂理の善意と叡知をきわ立たせるために創造の奇蹟を描いたり、イスラエルの種族史における神の加護を浮き彫りにしたりする詩篇作者の流儀で神の賛美が行われるのではない。それはむしろ、まるで［神の］しかるべき名誉称号を忘れまいとするかのように積み重ねられる直接の誉め言葉によって行われるのである。」[66]『大ヘハロース』[67]に見られる「ゾハラリエル、アドナイ、イスラエルの神」に寄せた讃歌の別の一節はこう述べる。

「神の玉座は御前に燦然と輝き、その宮殿は絢爛豪華である。尊厳は神に似つかわしく、その栄光は神にとって誉れである。しもべたちは神の御前で合唱し、神の奇蹟の力を告げる。神は王者のなかの王者、君主のなかの君主。王冠の列に取り巻かれ、居並ぶ光輝の諸侯に囲まれている。神はその光の瞬きで空を包み、神の威光は高みより輝きわたる。深淵が神の口から垣間見え、その御姿から蒼穹が迸る。」

ヘハロース・トラクトのほとんどすべての讃歌、とりわけそのトラクトの本文のなかに無傷のまま保存されているものは、巨大なはずみ車を動かす機械仕掛にも比せられる、ひとつの奥深い機構を現出させる。讃歌が循環をなしてつぎつぎに続き、その内部では、ひとつひとつの言葉の感覚的力を極度に高めてゆく絢爛たる神への呼びかけが、たえず新たな王者の修飾語を冠して続く。そのリズムの単調さと――讃歌はほとんど一貫して四語ずつの詩句で構成されている――いやましに高まっていく呪文の繰り返しのなかに、祈禱者の忘我の境が用意されている。そのことに根本的に必要なのは、たえず同じ鍵、ケドゥーシャー、イザヤ書六の三のトリスハギオンの反復で、これをもって忘我者の飛翔は頂点に達する。「聖なるかな、聖なるかな、聖なるかな、天の軍勢の主は。」神の玉座についての意識がなんという抗いがたい力でこれらの神秘家たちを支配していることか、それを証するこれ以上雄大な証左はおよそ考えられない。彼らが手をかえ品をかえて言い表そうとする神の「聖性」はここではあくまで、その因習的な解釈を越えて、純粋に支配者の崇高さとして現れている。このように、それは一般的なユダヤの祈禱文における、ケドゥーシャーとして知られた祈禱のさまざまな形式のなかにも、非常に印象深く入り込んでいるのである。[68]

もちろん、神の尊厳の反照を讃歌に表出しようとする神秘家たちのこうした饒舌は、すでにタルムードにおいて戒律の偉大な教師たちの祈禱を規定している諸々の傾向とあからさまに矛盾するものである。それは戒律の教師から異質なものと感じられずにはいなかった。このようにタルムードにもすでに早くから、感情がほとんど抑制されぬまま無制限に蔓延した、祈禱におけるこのようなくどくどしい言葉を忌避する傾向が見られるのである。事実、多弁、祈禱における「異教徒たちの饒舌」は、すでに山上の垂訓でも非難されている。次のようなタルムードの一節は、ヘハロース・トラクトで優勢になった傾向にたいする非難であるように聞える。「神の讃辞をつらねすぎるものは世界から引きずり出される。」あるいはまた、「ラビ・ハニナーの面前で或る者が祈禱の先唱台に歩み寄って、こう唱えた。『神よ、偉大なる者、強き者、畏れ多き者、強大なる者、恐れられし者、力強き者、権勢豊かな者、実在する者、尊き者よ！』ラビはかの者が言い終るまで待ったのち、彼にむかって言った。『お前の神の賞讃はそれでおしまいか？　それはみんな何のためなのじゃ？　それはまるで一個の銀貨が欲しさに、何百万の金貨を所有する世俗の王を褒めそやすようなものじゃ[69]』。」

だが、十八の祈りなどの古典的な簡素さや合理性と著しい対照をなした多弁や冗長さにたいするこうした抵抗は、何の役にも立たなかった。メルカーバー神秘家の祈禱や讃歌ばかりでなく、ヨルデ・メルカーバーのサークルに源をもつ本来の祈禱書の或る重要な節も、そのことを証明している。ユダヤの教団祈禱が、後期タルムードとタルムード以後の時代に維持していたその特性において、これら二つの対立した傾向間の妥協に基づいていることを説明したのは、ブロッホが最初である。これらの節のあるものは、ブロッホが看過したエルサレムのタルムードの数節から明らかなように、この研究者が推定したよりもむろんずっと古いものである。彼はメルカーバーの天使について語られているこれらすべての祈禱をタルムード以後の時代に移した。[70] だが、ヨルデ・メルカーバーの神秘主義は概してツンツやグレッツやブロッホが推定したよりもずっと古いものであり、すでに四世紀にはパレスチナに存在していたに相違ないのだから、このばあいわれわれの解釈になんら支障はない。

今日伝えられているヘブライのメルカーバー神秘家の讃歌の年代は不明であり、今後の調査に待たねばならない。いずれにせよそれは、ミシュナー時代の古い玉座神秘主義や黙示文学がつとに知っていた讃歌の伝統の真正な存続を表すものにほかならない。すでにアブラハム黙示録のなかでは――その英語の改訂者であるG・H・ボックス[*18]もそれとメルカーバー神秘主義との関連に正しく気づいていたが――この族長が玉座への上昇の際に、栄光の焔から彼にむかって「大水の流れのごとく、どよもす海鳴りのごとく」鳴り響いてくる声を聞いている。ちょうどそれと同じように、さらに『大ヘハロース』も栄光の玉座が誉むべき王にむかって歌う讃歌の響きを、「せせらぎの水音のごとく、南風《はえ》が吹き渡る大海原《わたつみ》の浪のごとく」と描写している。それどころか、この黙示録はそのうえさらに、アブラハムを天へ導く天使が彼に教える歌も伝えている――この歌は玉座の前に立って彼を護っている天使自身の歌にほかならない。[71] すでにどの節にも、ここに記述されているような聖なる讃歌がひとつはある。むろん、ここに使用されている規定詞のあるものはギリシャと初期キリスト教の祈禱のものである。[72] このばあいも神はのっけから聖者ならびに最高の支配者として讃えられる。これらの讃歌の本来の意義は、天使の口で唱えられるにせよ、イスラエルの口で唱えられるにせよ、神を王者として認識することなのだから。この讃歌のなかではしばしば、詳しく語る身振りが自分の支配者に王冠を戴かせる身振りと結びついている。神に王冠を渡すこと、それはつねにこの世界で人間の真の宗教的力と品位を表す、ほとんど唯一の権利であった。

ヘブライの頌歌でさらに注目すべきことは、この方面でけっして貧しいとはいえないヘブライ語の伝統的な語彙が神の尊厳のできるだけ高められた表現を求める忘我者の欲求をもはや満足させるにはいたらなかった、ということである。私たちはここでたくさんの、しばしば独特な言い回しに、いやそれどころか、讃歌の言葉を神聖な性格をもつ言葉で豊かにしようとする新造語[73]にすら、遭遇する。この新造語がおそらく、紀元六世紀以来パレスチナのシナゴーグ詩歌の最も古い古典詩人に見出される、あの豊かな言語改革へのきっかけとなったのであろう。ことに、この詩人一派の傑出した頭であるエリーエゼル・カーリール[*19]にたいするメルカーバー神秘主義の影響は紛れもない事実なのであるから。

これらのサークルでは讃歌が神に語りかける被造物の最初の言葉と考えられ、救済された世界ではすべての生き物は讃歌で語るという預言者の思想がここに浸透していることを、小著ペレク・シーラー、すなわち『被造物の歌の章』[74]も示している。ここでは、もっぱら聖書の言葉で己れの創造主を誉めそやすために、すべての生き物に言葉があたえられている。讃歌はもともと神秘家たちによって広められ、ひどい——動機の不明な[75]——矛盾にもかかわらず、さらに日々の祈禱の祈禱文に道を切り拓いていったのである。

要約すれば、たぶんこういうことができるだろう。メルカーバー神秘家はその全資性に押されて神秘主義的な祈禱へと向かったけれども、ここには理論的に基礎づけられた祈禱の神秘主義のようなものは見当たらない。玉座世界でもイスラエルの祈禱により高い意味合いが付与されている特徴的な事実は、そのような理論の準備とみなすことができるかも知れない。まずイスラエルが誉めたたえ、そのあとようやく天の位階の天使たちも歌うことが許される。この天使たちのひとり、「大執政官」のシェムイエルが、下から昇ってくるイスラエルの祈禱の仲立ちとして天の窓辺に立ち、それをさらに第七の天の住人たちに伝える。(76)イスラエルという名の天使が天の中央に立って、「神は王なり、神は王なりき、神はとこしえに王ならん」(77)という呼びかけで天使の群れの礼拝を導入する。だが、祈禱の意味は非常に大きいけれども、讃歌のなかで忘我へと高まった意識から自由に感情が流出するメルカーバー遍歴者は、祈禱の言葉の背後にいまだ秘蹟を求めてはいない。魂と祈禱者自身の上昇にかわって、いまだ言葉の上昇が現れていないのである。純粋な言葉、不断の呼びかけが、なおそれ自身の重みをもってその地位を保っている——それが意味するのはそれ自身以外の何ものでもない。だが、ひとたびこの神秘的な祈禱の生まれ出る火が消えたとき、途方もない空虚な言葉の廃墟がまず必然的に神秘的な熟慮の場所とならざるをえなかったことは、不思議ではない。

6

われわれはメルカーバー神秘家の神が、未知の世界から「九五五の天」(78)を通って降《くだ》ってきて栄光の玉座の上に坐している聖なる王であることを知った。世界の創造主として現れたこの神の秘密は、上昇の際に神秘家の魂に啓示される、あの最も重要な秘教的知の対象のひとつである。神の玉座国家とか、天使の讃美歌とか、メルカーバーの構造とかの知識と並んで、この知が中心的地位を占めている。おまけに『大ヘハロース』の報告——第四エズラ記の終りにこれと似た証言があって、相互に関係づけたい誘惑にかられる——によれば、恍惚としてメルカーバーへ降っていく者の左右には書記や速記者が配置されていて、彼が忘我のさなかに玉座や玉座に棲んでいる者の秘密について語ったり報告したりすることを書き留めていたのである。[79] それどころか、メルカーバー神秘家は飛翔しつつ、天使自身よりももっと奥へ突き進む。ある所では呼びかけで、「被造物の目に届かぬ、お側に仕える天使たちにも秘せられた、しかしメルカーバー直観のなかでラビ・アキバに示現された神」[80] といわれている。

これらの著作の、シウール・コーマー――逐語的には「身体の寸法」、つまり神性の容積の規定――というタイトルで知られている、[81] きわめて逆説的な章から立ち現れる奇妙な耳慣れないものが、この新しい示現である。『シウール・コーマー』から伝わっている断章のひときわ目立つ、挑発的ともいいたいほどの擬人観は、昔からユダヤ教の神秘主義的傾向をもたないすべてのサークルにきわめて強い反発と憤りを惹き起していた。[82] しかし同様に、のちの神秘家やカバリストたちはみな、不可解きわまりない神に関するこの話を最後の精神的直観の象徴としてはぐくんでいた。以前からユダヤ教の内部では、擬人観の正当化をめぐって理性的な神学と神秘主義の道が分かれていたのである。

いろいろなテキストで現存している『シウール・コーマー』の断章[83]は、雅歌の第五章における愛する者の姿と体格の描写にならって、世界の創造主の「身体」を叙述しているが、その際各手足の長さにとてつもなく大きな数字をあげている。それと同時に、意味の不明な文字と組み合わせて、各肢の秘密の呼び名があげられている。この「われらが創造主の寸法の算定と、聖者の――彼に誉れあれ――被造物に秘せられている栄光を知っている者は、未来の世界への関与を保証されている。」メルカーバー神秘主義の英雄、ラビ・イスマエルとラビ・アキバが、そのような遠大な約束の保証人として登場する――「人びとがこのミシュナーを日々繰り返し唱えることを前提として。[84]」

ところで、これら四肢の怪物じみた数と長さにどんな意味があるのか、それについては信頼に足る伝承は何もない。この巨大な数字はなんらかのはっきりした内容をもっているわけではなく、このように叙述されている「シェキーナーの肉体」を実際に想像することはとうてい不可能である。それどころか、それらの数字は、むしろそのような観照の試みがすべて不合理であることを証明するのにふさわしいように思われる。[85] これらの数字は天文学的な尺度で数える。創造主の身の丈は二十三万六千パラザンゲある。[86] 別の伝承によれば、彼の足裏の高さだけで三億パラザンゲである。だが「神の一パラザンゲの寸法は三マイルである。一マイルは一万エレで、一エレは彼の指尺の三倍である。そして、彼の指尺で天を測る、と書かれているように[87]、彼の指尺は全世界を包括する。」ここからはっきり見てとれるように、ここにあがっている数字であたえられているのは、実際の具体的な寸法では全然なかった。今日ではいろんなテキストでどうしようもないほど混乱している本来の数値の比は、ことによるとかつてはなんらかの内的関係と調和《ハーモニー》を表していたのであろうか。このことは知るよしもない。超世俗的聖なるものという感情は、これらの冒瀆的な感じすらあたえる数字や、秘密の名の巨大な群れにも現れている。

　神の尊厳・聖性は巨大な数比において肉体的かたちをとる。そのような象徴のなかには「神は精神である」という認識よりも、むしろ「神は王である」という認識が実現されている。神の存在の精神性ではなく、神の王国と神の顕現にたいする無上の喜びこそが、何よりもこれらの人間に訴え、彼らを感動させたものなのである。むろん、時にはここでも逆説的に霊性へ話が転換している。『シウール・コーマー』の断章の中心に次のような一節が見える。「顔の外見は頬骨のそれのようで、そのどちらも精神の形姿と魂の形態のようである。いかなる被造物にもそれは認識できない。彼の肉体はさながら貴橄欖石でできているようである。彼の光彩は煌々と暗闇から発し、雲と霧が彼を包んでいる。天使長もセラーフィームもみな彼の前では空っぽのかめのようである。それゆえ、われわれには何ひとつ寸法はあたえられておらず、ただ秘密の名が啓示されているだけである。[88]」二世紀と三世紀のグノーシス派の著作で、しばしば神秘主義的な降神術を信奉している、ギリシャ語とコプト語で書かれたテキストにも、「父の肉体」とか「叡知の身体[89]」に関する、まったく似たような神秘主義的擬人観が見られる。つとにガスター[*20]も、多くの研究者が好んで「カバリスト的」と形容した、二世紀のグノーシス派の人マルコスの同様の思弁を正しく指摘しているが、たしかにそれは『シウール・コーマー』の思弁に負けず劣らず異常で不可解である[90]。

　実際に、この『シウール・コーマー』の思弁の源泉は、ラビ的ユダヤ教の周辺にあった、そのような神秘主義的な異教徒の集団から遠くないところにあるのかも知れない。その思弁は遅かれ早かれメルカーバー直観の「ラビ的」グノーシスと混じりあったか、それとも「ラビ的」グノーシスによって、つまりハーラーハー的ユダヤ教に足がかりを得ようと熱心につとめていたユダヤ的グノーシスの形式によって吸収されたかしたのであろう。ともかくここでは何よりも、元来この幻想的な叙述は誰の容積を提供するものなのか、という問いが投げかけられねばならないのだから。預言者エゼキエルはメルカーバー玉座の上に「人間の姿らしきもの」を見た（エゼキエル書一、二六）。ことによると、これは『シウール・コーマー』の出たサークルにおいてイランの思弁の「原人」[91]と一致するもので、それがこのようにユダヤの神秘主義に入ってきて多くの追随者を得たのではなかろうか。それどころかさらに、ここでは、少なくとも『シウール・コーマー』の保存について負うところの大きいメルカーバー神秘家たちの意識には、神が「世界の創造者」として、デミウルゴス、すなわち神のとった形態として現れることと、神のとらえがたい実体とのあいだになんら区別はなされていなかったのではないか、と問うことができる。まさしく『シウール・コーマー』で叙述されている、メルカーバーの玉座に坐した「原人」には、世界の創造者ヨーツェル・ベレーシースの属性がことに印象深く、おそらくはまた意図的に、付与されているからである。二世紀と三世紀の反ユダヤ的グノーシス派が、見知らぬ「異国の」善良な神と、彼らがイスラエルの神と同一視した世界の創造主とのあいだに、対立関係を確立しようとしたことは知られている。おそらく『シウール・コーマー』は、近東で広まったそのような思想をユダヤ教へ逆形成しようとする試みの残滓を今日に伝えているのだろう。世界の創造主はここでは「真の」神に敵対してはいない。そのような二元論はユダヤ教内にとどまろうとしたサークルにおいてはもちろん考えられないことであったろう。むしろデミウルゴスは神秘的な擬人化のなかで、神の現し身、「栄光の玉座」の上に見えると同時にその超俗性においていっさい実見できない現し身、としてとらえられているのである。

この解釈によると、シウール・コーマーは神的存在の寸法を示すのではなくて、神的存在の現れの寸法を示すのであるというが、これはあくまでもとのテキストそのものの解釈であると思われる。すでに『小ヘハロース』は、ラビ・アキバに次のように言わせるとき、『シウール・コーマー』における擬人化を「隠れた栄光」の擬人化としてとらえていた。「彼は私たちと同じようであるが、しかし何よりも大きい。それは私たちに秘せられた彼の栄光なのである。」[92] 神智学的省察の対象となった、神の隠れた栄光というこの概念は、ミシュナー時代のメルカーバー神秘主義の真の担い手たち、なかでも本当の歴史的人物ラビ・アキバが、すでに上でみたように、彼らの沈潜の最も深い対象を表すのに用いた術語と、ほとんど同一なのである。『シウール・コーマー』の断章そのものの正確な術語も実際にそれと一致している。すでに引用したように、そこにはこういう文章がある。「私たちの創造主の寸法と聖なる人——彼に誉れあれ——の栄光を知っているものは云々。」ここで選ばれた術語 *schibcho schel hakadosch baruch hu.*（聖なる讃美によりて祝福されんことを）はつまり神の賞讃を意味しているだけでなく——このことはここの連関では意味がない——*schebach* はここではほかならぬアラム語の *schubcha*[93]、すなわち栄光・δόξα の意味なのである。重要なのは神の賞讃ではなく、神の栄光の現れを認識することなのだ。のちに「神の栄光」がシェキーナーと同一視されたとき(『ラビ・アキバのアルファベット』で)、「シェキーナーの肉体」[94]が『シウール・コーマー』の対象である、とはっきりいわれた。この術語の創始者にとって問題だったのは、その寸法をもっぱら神の現れ、このばあいはシェキーナー、の寸法として定義することであって、神的存在の寸法として定義することではなかった、ということをこの術語は証明している。

すでに最古のヘハロース・テキストはそのような『シウール・コーマー』の思弁の断片を提示しており、この思弁はユダヤ・グノーシスの最も古い要素のひとつであったと確実に考えることができる。この思弁が回教の擬人観の潮流の影響下で初めて生じたかのように主張するグレッツの試論[95]は、まったくの見当違いであり、今日まで研究を誤らせてきたもとである。そもそもここで影響を語るとすれば、とにかくそれは逆の方向に求められねばならないだろう。といっても、それがあてはまるのは、アラビアの学説誌家《ドクソグラーフ》シャハラスタニ[*21]の、もとよりあてにはならない証言だけであろう。それによれば、これらの理念はユダヤ人のサークルから回教徒のサークルへ浸透したものだという[96]。もちろんフィリップ・ブロッホのいうように、『シウール・コーマー』は「誇張があり、無味乾燥で(!!)、幼い生徒のために書かれたもの[97]」だと信じることはいっそう不可能だろう。神や世界についての深く神話的、神秘的な話を、十九世紀のユダヤ人学者に見られるような、幼稚園教師の教育的術策と説明する珍しい傾向は、この時代に固有のあの誤って理解された批判と宗教史的無知との生んだ、まことにけったいな奇形のひとつである。

7

だが、『シウール・コーマー』はメルカーバー神秘家の忘我の境における直観の唯一の内容ではない。ほかにもさまざまな対象が並存している。それらは部分的には疑いもなく『シウール・コーマー』とはまったく別の領域から出たものであるが、これらのさまざまな傾向が古典的ヘハロース文学のなかに結晶した折に多かれ少なかれたがいに結びついたのである。それらはのちのメルカーバー神秘家の意識では多かれ少なかれ統一をなしている。ここに属するのが、わけてもメータトローン神秘主義である。この神秘主義は、地上における神との敬虔な交わりののちに、すべての天使のうちでも最高の天使、ならびにサル・ハ＝パーニーム、すなわち神々しい容貌ないし神々しい風貌の君主、へと高められたエノクを中心にしてまとっている。「神は私をノアの洪水の種族の中心から連れ去り、シェキーナーの風の翼にのせて私を最高天に運び、第七の天アラボースの高みにある壮大な宮殿へお連れになった。そこにはシェキーナーの玉座とメルカーバーがあり、怒りの軍勢と憤怒の軍団、火のシンアニーム、炬火のケルービーム、燃える炭のオーファンニーム、炎の家来、閃光のセラーフィームがいた。神は私をそこに立たせて、日々栄光の玉座に仕えさせた。」第十五章(98)によると、このエノクの肉は炎に変じ、その血管は燃えさかる火に、その睫毛はほとばしる閃光に、その瞳は燃える炬火となる。(99)そしてこのエノクは神から栄光の玉座の隣の玉座をあてがわれるのであるが、天におけるこうした変容のあとで、「メータトローン」という新しい呼び名を授かったのである。

エチオピアやスラブのエノク書に見られるような、天を遍歴するエノクの物語は、メルカーバー神秘家のエノク書では、メータトローンが己れの忘我や変容や天使と玉座世界のヒエラルヒーの構造についてラビ・アキバにつたえる描写と報告に変わっている。このエノク神秘主義における幾世紀にもわたる発展の連綿と続く線は見逃しえようもない。また古いエノク文学とのちのユダヤ神秘主義との関係をつたえるものも、けっしてあのエノク書ばかりではない。そこには全然保存されていないけれども、多くの手稿本のなかに『ラビ・アキバのハブダーラー』というタイトルで未編集のまま見出される、(100)神話誌学的にたいへん価値のある魔術的テキストには、非常に古い神話的モチーフがある。それに比して『大ヘハロース』そのものでは、メータトローンは概して古い層には現れず、比較的新しい章に一度だけ現れている。[101]
天使に高められた族長エノクはおそらく紀元後二世紀の初頭には、最古の玉座神秘主義の著作やその後もずっと黙示録で部分的にきわめて重要な役割を果たしている天使ヤーホーエルまたはヨエル[102]と同一視された。この天使の最も重要な特徴がメータトローンに転用されている。ガーオーンの時代（七～十一世紀[103]）から今日に伝わっている『メータトローンの七十の名』のいろいろな表にもヤーホーエルの名はまっさきに現れている。バビロニアのタルムードではメータトローンの話は三箇所にしかない。そのうち最も重要な箇所は、メータトローンの名をさすものだとするとまったくわけがわからない[104]。そこで四世紀初頭以来の伝承に言及していわれているところによると、メータトローンは、出エジプト記二三の二〇以下で「彼に気をつけなさい……なぜならわたしの名が彼のうちにあるからだ」といわれている天使のことである。この解釈を、すでに何度も引用したアブラハムの黙示録の第十章に求めて天使ヤーホーエルに適用すれば、納得がいく。この天使はアブラハムにこう語る。わたしの名はヤーホーエル……ひとつの力である。それはわたしのうちに住む言い知れぬ名のおかげである。」ヤーホーエルが神の名を含んでいることに注目させられる。ヤーホー *Jaho* は――聖四文字 JHWH の略語として――ユダヤ・ヘレニズムの諸説融合と関係のあるテキストでことに頻繁に使用された。天使ヤーホーエルはユダヤ・グノーシスの思弁では「小ヤーホー」ともいわれた。この術語はすでに二世紀末に非ユダヤ的グノーシスの著作に浸透しているが[105]、しかしメルカーバー神秘家のあいだにも、部外者には冒瀆的と感じられた[106]法外きわまりないメータトローンの異名として伝わっている。タルムードのあの箇所も、出エジプト記二四の一の「JHWH のもとへ昇りなさい」という句をメータトローンにひっかけているものとすれば、このメータトローンが「小ヤーホー」

であることをすでに暗黙のうちに前提としているように思われる。のちの他のテキストではっきり小ヤーホーとして現れている。[107]

ユダヤの神秘主義には古い伝統がときおりごく目立たぬ片隅に残されているが、そうした頑固さを示す例はほかにもある。アブラハムの黙示録ではヤーホーエルは族長の師として現れ、玉座世界や終末期の秘密を彼に打ち明けるが、これはヘハロース・トラクトでメータトローンがしていることとまったく同じである。アブラハムはここでは秘義を伝授されたもののタイプであり、成立年代の不明なセーフェル・イェツィーラー、『創造の書』の結末とそっくり同じである。彼は黙示録ではメルカーバー神秘主義を伝授されるが、イェツィーラー書ではここに定着した、宇宙創造説に関する神秘的思弁の形式を伝授されている。ところでまことに驚くべきことは、十二世紀におけるドイツのユダヤ神秘家のサークルから出たもので、手稿のかたちで伝わっている天使ヤーホーエルに関する断章に、ヤーホーエルはアブラハムの師で、彼に全トーラーを教授した！　と書かれていることである。まさにここでもまだヤーホーエルは、上に引用したタルムードの一節においてモーセに天へ昇れと促している天使であるとはっきりいわれている。[108]このように、彼の名にまつわるこの伝統はなお中世のテキストにまで伝わっているのである。

メータトローン *Metatron* の名の意味は、ヤーホーエルの名の意味とちがってまったく不鮮明である。人びとがこれにあたえようと試みた語源の数は非常に多い。[109]とくに広く支持を得たのは *Metathronios*「玉座（すなわち神の玉座）の横に立っている者」の短縮形とする説明である。それはまた「神の隣の玉座を占めている者」とも解せるかも知れない。そのようなメータトローンの玉座についてはのちのヘブライのエノク書に実際に語られているが、しかし作者の意識にはこの執政官の名とその玉座とのあいだにいささかのつながりもない。だが実際にはこれらの語源論はどれも非常に疑わしく、その非常に学問的な合理主義はなんら役に立たない。ギリシャ語には *Metathronios* というような言葉はなく、ユダヤ人がそのようなギリシャ語の表現をつくったとか考え出したとかいうようなことはまったくありえないことである。タルムードの文学では θρόνος という言葉がそれと同義のヘブライ語のかわりに用いられることはけっしてない。*t* の反復も *-ron* の語尾もこれらのテキストにおける他の神秘主義的な名の形成を連想させる。ここではそのような子音の繰り返しがなんらかの理由で好まれていた。たとえば前に言及したゾハラリエルとかアディリロンの名前などでもそうである。*-on* とか *-ron* が、意味のある語の一部分というよりはむしろ秘密の名に付せられる固定した後綴りだったのではないか、ということも依然として考慮の余地がある。このようにメータトローンが、(グノーシスの書物や魔術のパピルス文書と同じく)ヘハロース・テキストにかぎりなくたくさん現れる、われわれには窺い知れないなんらかの考慮に基づいて形成された秘密の名のひとつであった、ということもまったくありうるのである。察するに、もともと神秘な声としてのヤーホーエルの名のかわりをするためにつくられたものが、やがてすっかりそれにとってかわったのであろう。ちなみに、通常見のがされていることであるが、最も古い手稿本にはメータトローンというよりはむしろミータトローン *Mitatron* という読み方を暗示する מיטטרון という綴りがある点も注目に値する。ギリシャ語の *Epsilon* を *Meta* の語で書き換えたのだとすると、その名のなかにある *Jod* はまったく余計であろう。

　メータトローンの地位は、ヘブライのメルカーバー神秘家のエノク書に保存されているような、これらのしばしば非常に幻想的な天使界の記述では、並外れて高く描かれている。それにもかかわらずメルカーバー神秘主義の古典的な著作には、メータトローンの存在が玉座の上に現れる栄光と同一視されているふしは全然見当たらない。ここではどういう名で呼ばれようと、メータトローンはつねに被造物のなかの最高の被造物であるが、『シウール・コーマー』で啓示された玉座の所有者はまさに創造主・神そのものである。

両者の隔たりに橋渡しをしようとする試みはここではなされなかった。玉座の前へ昇っていく神秘家と神との関係についてすでにいわれたこと、すなわち、ここには忘我の内でもつねに決定的な隔たり関係が存在しているということ、このことは天使長たちの最高の歓喜についてもいえる。メータトローンの他に、別の――たとえば『大ヘハロース』から看て取れるような――サークルでは、天使アナフィエルが最高の天使としてこの地位を主張しているが、ここで問題になっているのが単にメータトローンの別名ではなく、まったく異なった天使論的思弁であることは、彼について述べられた性格描写からはっきりしている。(110)

8

メルカーバー遍歴者のサークルのあいだで盛んに流行する玉座神秘主義の根本的な内容の編纂や、ここで重要だと思われる設問の一覧は、今日なおさまざまな著作で伝えられている。その全部が必ずしも同じ時代のものでないのはやむをえない。ある原典ではまったく重要だと思われる事柄でも、他の原典では言及されていないばあいがかなりある。そのような純粋な玉座神秘主義の編纂のひとつに、たとえば、七世紀ないし八世紀に属すると思われる小さな『ヘハロースのトラクト』がある。(111)もともとは実際に直観された事柄が、この頃ではもっぱら教導のために長々と論じられるようになるが、その幻想的な描写はこのトラクトではすでに奇怪なアラベスク模様をすら呈している。

『ソロモンの箴言へのミドラーシュ』に見られるメルカーバー神秘主義はヘハロースの著作から受け継がれたものと思われるが、この神秘主義の主題目の提示はもっと厳密で簡潔である。(112)ここでも再びラビ・イスマエルが秘義の伝承者として登場する。彼は、最後の審判の日に神が自分の前に現れ出るトーラー学者にたいして発する問いを数え上げる。だが、その冠たるものは秘教の教理に関する問いである。

「タルムード研究に通暁している者が神の御前に出ると、聖なる方は——かのお方に誉れあれ——その者にむかってこういわれる。『わたしの息子よ、おまえがタルムードを学んだのなら、なぜメルカーバーも学んでわたしの崇高さを観なかったのか。というのも、わたしがわたしの世界においてもっている欣びのなかでも、学者たちが坐してトーラーの言葉を研究し、見つめたり、眺めたり、見たりしてこの研究について次のように瞑想するひとときがわたしにあたえる欣びに匹敵するものはないからだ。わたしの栄光の玉座はどんな様子をしているか、玉座の一本目の脚はどんなはたらきをしているか、その二本目の脚はどんなはたらきをしているか、その三本目の脚はどんなはたらきをしているか、そして四本目の脚はどんなはたらきをしているのか。［エゼキエルがそのメルカーバー幻視で観た］ハシュマルはどんな様子をしているか、それは一時間に幾つの表情をとり、どちらの方角へ仕えるのか。天の稲妻はどんな様子をしているか、その両肩のあいだに輝く顔が幾つ見られるか、そしてその稲妻はどの方角へ仕えるのか。これらの何よりももっと重要なのは、わたしの栄光の玉座の下を流れる、煉瓦のように円い火の河である。この河には幾つの橋がかかっているか、橋と橋のあいだはどのくらい離れているか、わたしがその橋を渡ってくるときどの橋を渡るか、オーファンニーム［天使の一種類《カテゴリー》］はどの橋を渡り、ガルガリーム［別の種類］はどの橋を渡るか。これらの何よりももっと重要なのは、わたしが足のつま先から頭のてっぺんまでどんな様子をしているか、わたしの手のひらの寸法はどのくらいで、足のつま先の寸法はどれくらいあるか、ということである。これらの何よりももっと重要なのは、わたしの栄光の玉座がどんな様子をしており、それは週の各日にどの方角へはたらくか、ということである。そして、わたしの子らがこの寸法表示によってわたしの栄光を認識することはわたしの偉大さであり、わたしの栄光と美しさではないだろうか。』これについてダヴィドはこのように言った。おお神よ、あなたのみわざはなんと大きいのでしょう！」

このように、これらすべての問いに関しては整然とした表象があったのである。もっとも、その多くは今日伝えられている著作のどこにも論じられていない。だが、たとえばメルカーバー世界における橋に関しては、『大ヘハロース』にもエノク書にも語られてはいないけれども、さまざまな生きいきした描写をわれわれはもっている。

メータトローンがラビ・アキバに描写してみせる最も重要なもののひとつに、宇宙の帷ないしは幕がある。これは神の玉座の前にかかっていて、神の栄光を天使の群れから隔てている。このような幕の理念は非常に古いものであるに相違なく、二世紀のアッガーダーの言い回しにすでにそれらしいものが見られる。アイオーンの光の世界にある幕については、コプト語で残されているグノーシスの作品『ピスティス・ソフィア（知恵としての進行）[113]』も報じている。ところで、エノク書に描かれているこの宇宙の幕は、創造の日日以来天上の世界に先在的に存在しているあらゆる事物の形象を含んでいる[114]。すべての世代とそのすべての行いがこの幕のなかに織り込まれているのである。この幕を見る者はそれによって同時にメシア的救済の秘密にも通じる。歴史の経過も、終末期の戦いも、メシアの行いも、すでにこのなかに前もって形成されているのである。メルカーバーやヘハロースに関する知識と、メシア的終末についての幻視、すなわち黙示論や終末論とのこうした結びつきは、すでに見たとおり、非常に古いものである。それはエノク書やアブラハムの黙示録と同様に、五世紀ないし八世紀のちのさまざまなヘハロース・トラクトにも支配的である。いずれにも、時代によって変化しながら、きわめてさまざまな終末期の描写や救済の時点の計算の描写が組み込まれている[115]。それどころか、『大ヘハロース』ではメルカーバー直観の内容がとりもなおさず次のような問いに集約されている。「彼が天の崇高さを観るのはいつであろうか。彼が救済の終末期のことを聞くのはいつであろうか。いまだなんびとの目も見たことがないものを彼が見るのはいつのことであるろうか。[116]」ちなみにこれらの神秘家たちの考えでは、今は秘密の教義であるものも、メシアの時代には普遍的な知識となるのであろう。玉座と、その上に宿っている栄光は、「いつの日か世界のすべての住人に啓示されるであろう。[117]」今は包み隠されているトーラーの戒律の理由も、メシアの時代には明らかにされるのであろう。[118]

黙示録的憧憬こそはメルカーバー神秘主義の最も有効な原動力のひとつであったと確信もって言うことができよう。これら神秘家たちの歴史的現実にたいする態度は、同時代のラビ的ユダヤ教の神学者、アッガーディスト[119]のばあいよりも無関心なものである。時代の悲惨、四世紀の教会によって開始されつつある迫害が、これら神秘家たちの宗教的関心をことさら強くメルカーバーのより高い世界へ向けさせたのである。そして彼らは歴史の領域から有史以前の創造の歴史の領域やメシア的終末の後史の領域へと歩み入り、その幻視から慰めと励みを汲み取るのである。残念ながら現存している原典からは、ここに述べたメルカーバー神秘主義の担い手たちの社会的背景についてなんらかの憶測をすることはできない。冒頭で詳述したように、彼らはあまりにも見事にみずからの匿名を守ったのである。

9

救済や最終事態の教義と宇宙創造説との結びつきは非ユダヤのグノーシスにもカバラーの後代の発展にも非常に特徴的であるが、この結びつきは、少なくともわれわれの知っているメルカーバー神秘主義の形式では、玉座神秘主義と黙示論との結びつきほど緊密ではない。そのうえ、神秘主義それ自体のなかで重要な場所を占めていた宇宙創造説マアッセ・ベレーシースに関する考え方で今日なお残っているものは、宇宙創造説というよりはむしろずっと宇宙論に近いものである。それらの考え方は――われわれに判断のつくかぎりでは――宇宙の秩序を描いているが、しかしたとえばグノーシス派の神話学のように宇宙生成のドラマを描いてはいない。このことを最も良く示しているのがたとえば『創造の歴史に関するバライサー』であり、ここには、比較的後世の編纂によるものであるが、なおこの時代に属する伝承のさまざまな断章があり、それとメルカーバー神秘主義とのつながりは明々白々である。[120] メルカーバー思弁と本来のグノーシスとのこうした違いの理由は明らかであって、アイオーンの連鎖のなかで劇的に展開するグノーシス派の神的「充溢《プレローマ》」の世界は、直接創造と宇宙創造説の問題にかかわっているのである。ところがアイオーンとその神話学のこうした問題性全体は、プレローマとそのアイオーンのかわりに玉座世界を据えるメルカーバー神秘家にとっては問題外であった。この玉座世界の内容、ハシュマル、オーファンニーム、ハーヨース、セラーフィーム、その他つねにここで重視されたものは、もはや創造のドラマの要素とは理解できない。前述のように、この玉座世界と創造の世界との関係がつくり出されたのはもっぱら宇宙の幕という理念を通じてであった。のちに再び、しかも多くのばあいまったくグノーシスの精神で本来の宇宙創造説へ向かう関心の転移のなかに、古いメルカーバー神秘主義とカバラーとの最も根本的な相違点のひとつがある。実際カバラーには、少なくともわれわれのへハロース文学から知っている段階では、純粋に理論的な問題は無縁なのである。問題になるのはせいぜい看取されたものの描写であって、理論的な思弁ではない。だがそれにもかかわらずこの発展の初めにそういう思弁があったこと、そして「上に何があり、下に何があるか、以前に何があり、あとに何があるか」という問いを禁じているミシュナーの有名な句が「われわれはどこからきて、何になったのか、われわれはどこにいたのか、あるいはどこに置かれたのか、われわれはどこへ急ぐのか、どこからわれわれは救い出されたのか[121]」という認識を得ようと努力するグノーシス派流の理論的思弁と関係があることは、まったくありうることである。

しかしまた、ラビ的ユダヤ教の宗教共同体の内部にとどまろうとしたユダヤのグノーシス派の人びとの二、三のサークルのなかで、実際にグノーシス派のアイオーン思弁やそれに類似した半神話学的な考え方が涵養されたということも、まったく疑いを容れない事実である。もとよりそういう理念の残滓はアッガーダーの文学には非常に少ないけれども、とにかくあることはある。たとえば、紀元三世紀のバビロニアのタルムード教師ラブの有名な言葉がそうである。「世界は十の物で創造された。叡知と洞察、認識と力、呼びかけと強さ、正義と正しさ、愛と哀れみとである。[122]」あるいは、好んでグノーシスのアイオーンの名でも現れる似たような普遍的概念の七つの実体についてこう語られるばあい。「栄光の玉座の前には七つのミッドースがはたらいている。叡知、正しさと正義、愛と哀れみ、真理と平和である。[123]」このように、ある伝承では大天使や執政官であるものが、ここではミッドース、つまり実体へと高められた神の「特性」なのである。

だが、もっとはるかに重要なアイオーン思弁の残滓をとどめているものは、カバラー文学最古のテキスト、十二世紀にプロヴァンスで編纂された、きわめて特異で晦渋な書『バーヒール』[124]である。このさほど大きくはないカバラー神学の記録の少なくとも一部は、メルカーバー神秘家の他の著作とともに東洋から編纂者のもとに達した、ずっと古い文献の改作から成り立っている。しかも数年前私に許された幸運な発掘によって、これら東洋の文献のひとつを確信もってあげることができる。それはラーザー・ラッバー、『偉大なる神秘』であった。東洋で執筆している十世紀の二、三の作家たちから秘教の主要テキストのひとつと呼ばれ、つとに遺失したと思われていたものである。[125]だが、南ドイツのユダヤ神秘思想家の著作には十三世紀にもそのさまざまな、かなり大きい引用が残されていた。これらの引用は、この著作ラーザー・ラッバーが『バーヒール』書の最も重要な直接の典拠であることをはっきりものがたっている。[126]この発掘物は、グノーシスの術語や象徴、神話のモチーフ《ミトロゲーム》がどのようにして十二世紀のプロヴァンスの最古のカバリストたちに達したかを説明してくれる。これは中世のカバラーの発生の問題に答える際の根本的な難点のひとつであった。その形式からみて、神秘主義的なミドラーシュとヘハロース・トラクトの中間物であったと思われる、非常に魔術的な傾向をおびたラーザー・ラッバーのほかにも、ヘブライ語で書かれた古いグノーシスの著作のなんらかの残滓をとどめた多くの古い冊子がプロヴァンスに到来したことは疑いを容れない。『バーヒール書』を経てゆく過程で、しばしばそこになおはっきり見られるこのグノーシスの理念の残滓は、さらに十三世紀におけるカバリストの神学の発展に深い影響を及ぼしたのである。

10

このように、夢幻的なメルカーバー神秘主義の外縁にむしろ理論的な性質のグノーシスも存在していたとすれば、同じことがマアッセ・ベレーシースの教義についてもいえる。ここで問題になる理論的テキストは神秘主義的宇宙創造説と宇宙論の試論[127]であり、（おそらく後世に修正され増補されたものと思われるが）今に伝えられている。すでに名をあげた『イェツィーラー』書がそれで、少なくとも言語的にはメルカーバー神秘主義の書物とかなり密接な関係がある。その量は非常に僅かで――最も長い論評でさえ千六百語ほどである。その発生年代は定めがたく、三世紀から六世紀のあいだのいずれかの時代に属するものであろう。これは現存しているものではヘブライ語による思弁的考察の最初の試みである。荘重ではあるが重要な特徴において非常に曖昧なその表現形式は、部分的には神秘主義的な瞑想から生まれたものと思われる。そのとてつもない多義性、簡潔であると同時におごそかな朗読調が、中世の哲学者やカバリストたちにそれを引用する可能性をあたえたことは不思議ではない。

この小著は世界の元素を論じている。そういう元素として、セフィロースと呼ばれる十の原数と二十二のヘブライ語のアルファベット文字が考えられている。それらのなかには秘密の力がひそんでいて、その結合によっていろいろな創造の組合せが成立したのである。これこそ、神が現実のいっさいのものを創造した「三十二の叡知の秘密の道」なのである。これらのセフィロースが直接十の階梯を意味するわけではない。事はそれほど単純ではなく、「それらの終りはそれらの始めにあり、それらの始めはそれらの終りにあるのである。──ちょうど石炭に炎がつきものなのと同じである。──語らないようにあなたの口を閉じ、判断を下さないようにあなたの心を閉じなさい。」著者は宇宙創造説におけるセフィロースの機能を分析したのち、というよりはむしろ謎めいた箴言で仄めかしたのちに、すべてのひとつひとつの文字の秘密の機能を説明する。「［神は］それらの文字を考案し、形成し、それらを組み合せ、それらの重さを計り、それらを交換し、そしてそれらによって創造全体と創造さるべきいっさいのものを生み出した」のである。

著者はさらに一転して、各文字の秘密の意味を論じる。あるいはもっと適切にいえば、彼が知っている創造の三つの領域、人間、星や惑星の世界、歳月のリズミカルな時間の経過、における各文字の秘密の意味をあばく。ここには後期ヘレニズムの、いやそれどころかひょっとするとすでに後期新プラトン主義の数神秘主義の理念が、文字と言葉についてのユダヤ独自の思考と結びついているように思われる。(128) メルカーバー神秘主義への橋渡しもないわけではない。著者はメルカーバーのなかに宇宙論的理念を求め、それを見出しているようにも見える。なぜなら彼にとって、エゼキエルによって書かれたメルカーバーのハーヨース、つまりメルカーバーを担っている「生き物」は、「数存在」としてのセフィロースと関係があるように見受けられるからである。実際、次のように語られているものは特別の「存在」なのである。「それらの姿は閃光のようであり、それらの目標には終りがない。それらが［神のもとから］きて、そこへ戻っていくとき、神の言葉がそれらのなかに宿っている。神の命によってそれらはつむじ風のごとくすみやかに馳せ参じて、神の玉座の前へひれ伏すのである。」

彼の言葉の特異な言い回しや新語はヘブライ語からでは有機的に説明がつかず、人びとは当然その背後に異国の言語精神を求めるが、それらは暗にギリシャ語の術語のパラフレーズと解することを示唆している。しかし、この小著の細部は大部分なお依然として解明を必要とする。[129] したがって、著者によってたえず使用され、著者がセフィロースについて語るときに意図していることを理解するための鍵となるセフィロース・ベリマーという語句の正確な意味は、なお依然として推測の域を出ない。二つ目の語ベリマーはこの「数」の特殊な性質を表すか評価するものと思われるが、いろいろな著者や訳者の理論に応じて次のように説明された。無限のセフィロースとか狭く限られたセフィロース、抽象的なセフィロース、名状しがたいセフィロース、絶対的なセフィロース、あるいは無のセフィロースという説明すらある。本書の作者が曖昧であることを意図したのだったら、どこをとってみてもそれは見事に成功している。それどころか、セフィロースに関する章における著者の宇宙創造説の根本傾向についてさえ解釈は正反対に分かれる。著者はセフィロースの神からの流出や相互からの流出を説いているのだという説にある者が反対すれば、別の者は強くそれを主張する。著者がこのセフィロースを創造の諸元素（神の聖霊、エーテル、水、火、空間の六つの次元）と直接同一視していると信ずる者もいれば、他の者はここに——私にはもっともな説だと思われるが——もっぱらこれらの諸元素とセフィロースの関係づけを見る。いずれにせよ、メルカーバー神秘主義の天使群のように神の玉座の前にうやうやしくお辞儀をするセフィロースは、古典的なメルカーバー遍歴者の世界観がいまだ全然知らない、まったく新しい要素である。

他方、『イェツィーラー書』と、メルカーバー神秘家によっても行われたような魔術や巫術[130]との関係は、私の見るところでは否認できない。というのは、これらのサークルには、玉座の前への忘我的な上昇と張り合って、ほかにももっと強く魔術と結びついた作法があるからである。たとえば「着名」がそうだ。これは魔術師が神の名(131)を刺繍したマントを象徴的に身につけて、ますます深くその偉大な名にひたる(132)、いとも儀式ばった作法である。トーラーの君王ないし執政官、サル・トーラー(133)の呼出しもそのひとつである。このような作法を媒介する知識は根本的にはメルカーバー直観のばあいと同じものである。天と地の秘密、デミウルゴスの寸法と容積、あらゆるものを支配する力をあたえる秘密の名など、一方では玉座の炎から発する声が説くことを、他方では「トーラーの君王」が説く。いうまでもなく、これらの魔術的作法が約束することはほかにもある。たとえばトーラーの包括的な知識。それはなかんずく、修行者は学んだことをもはや何ひとつ忘れることができない、という点にも示されている。ほかにもそれに類したことがらがあるが——これらはヘハロースの忘我者たちにとっては重要であったにしても、とりたてて重要だというわけではなかった。彼らはつねにラビ的ユダヤ教と同調しようと努め、たとえば『大ヘハロース』などではハーラーハーの伝統との関係がはっきり強調されるけれども。この巫術のなかでは魔術と忘我とがさまざまに接触している。ヘハロース・トラクトと幾重にも重なり合う一連のすべての著作ではこの巫術的要素が前面に押し出されている。たとえばハルバー・デ・モシェー、『モーセの剣』や、『ラビ・アキバのハブダーラー』や、シンムシェー・テヒッリーム書——この表題は『讃美歌の魔術的要素』という意味である——に指示されている処方などがそうである。この最後のものは、ユダヤ人の生活やユダヤの民衆信仰のなかに、とくに目立ってというわけではないが、長いあいだ生き続けた(134)。

11

こうしてメルカーバー神秘主義はあるサークルでは明らかに純粋な魔術へとのめり込む一方、別のサークルでは道徳的に解釈し直される。たとえば、魂の上昇はもともとは贖罪の行為ではなかったが、後代――八世紀――になるとバビロニアのガーオーン・イェフダイによって、「贖罪は偉大である。なぜならそれは栄光の玉座の前まで届くからだ」というタルムードの言葉が直接この上昇へひっかけて解釈される。七つの天を通り抜けてゆくものはここでは贖罪であり、上昇の忘我的なプロセスと並置され、それと混同される(135)。あるヘハロース・テキストではすでに、遍歴される七つの王宮のうち最初の五つが道徳的な完成度の一定の段階と等置され、ラビ・アキバがラビ・イスマエルにむかって次のように言う。「最初の王宮にのぼったとき、わたしは敬虔な者［ハーシード］であった。二番目の王宮では穢れのない者［ターホール］で、三番目の王宮では誠実な者［ヤーシャール］、四番目の王宮では神とともにあり［ターミーム］、五番目の王宮では神の御前に高徳をささげた。そして六番目の王宮では、守護天使に害されないように、わたしは言葉によって世界を創造された神の御前でケドゥーシャー［イザヤ書六、三の「聖なるかな《トリスハギオン》」の三唱］を語った。七番目の王宮では手足がわなないて、わたしは全力をふりしぼって立ちながら、次のような祈りをささげた。……『ほむべきかな、汝、いと高き者よ、ほむべきかな、大いなる宮のいと高き者よ(136)』。」

　このように、上昇の段階を道徳的完成度の段階といっしょにすることができたのなら、いったいこれらのサークルではそもそもメルカーバーの神秘主義的な解釈転換は行われなかったのだろうか、という疑問がわいてくる。人間自身を神の栄光の担い手と考え、人間の魂を栄光の玉座等々と考えるのが自然のなりゆきではなかったろうか。四世紀のキリスト教僧侶神秘主義の最も古い代表者のひとりであるエジプト人マカリウス*22には、すでにそのようなメルカーバー解釈の神秘主義的な転換が行われている。「彼の最初の聖書解説は彼の神秘主義の綱領のように読める。それはエゼキエル［すなわちメルカーバー］の暗い幻視の新しい説明を行う。……彼によると、預言者は『今しも己れの主を迎えてその栄光の玉座となろうとしている魂の秘密』を見るのである。[137]」ユダヤの伝統ではもっと以前にまったくよく似た極端なメルカーバーの転換が、族長アブラハムとイサアクとヤコブの三人にたいして繰り返される「族長自身がメルカーバーである[138]」という、三世紀のパレスチナのタルムード学者シモン・ベン・ラキシュの言辞に見られる。著者はこの大胆な言葉をたくみな聖書解釈によって聖書の一定の語法から根拠づけており、そのことがむろんそうした転換のもっともらしい原因となるのであるが、しかしその真に神秘主義的な言葉自体が聖書解釈から流れ出たものでないことは確かである。

しかしながら、ヘハロース文学のメルカーバー神秘主義には、さらにのちのカバリストたちによって再び受け入れられたこのような象徴への転換は現れない。人間は、たとえこのうえなく信仰心の篤い完璧な人間であろうと、この神秘主義にとっては神秘主義的関心の対象にはならない。このような思想の論理からしてそれは当然なことであろう。この神秘主義は人間そのものには取り立てて関心を示さない。そのまなざしは呪縛されたように、神とそのアウラに、メルカーバーの光の世界にじっと注がれているのである。概してこの方向はユダヤの敬虔者の特殊な道徳的理想の形成にいまだなんらの寄与もなしていない。忘我的な面には著しくその典型が現れるけれども、道徳的な面ではなんら独創的な特徴を示していない。道徳的なことについてこれらの著作で論じられることは色褪せて、独自の生命をもっていない。それが熱心に築きあげようとする理想は、イスラエルにおいて神の玉座世界の存在を告げ、忘我的な直観と知識とによってみずからその玉座世界の秘密を解く鍵の保持者となる人間の理想なのである。彼にとってはそのような直観とそのような知識、ひと言でいえばそのようなグノーシスが、同時にトーラーの精髄であり、人間や宇宙に関する知識の精髄なのである。

第三章　中世におけるドイツのハシディズム

1

中世のドイツのユダヤ教は、当時オリエントやスペインやイタリアの教区民を深く揺り動かし、あのグループにおける決定的な発展へと導いた、神学的、哲学的な問いとはあまりかかわりがない。ユダヤ教の神学者や哲学者のあいだで神の概念や人間学、倫理学に新しい価値と見解が生じたこと、ユダヤ教における聖書とタルムードの遺産をめぐってのプラトンとアリストテレスの闘いとして描くことができるあのすべての発展——これらはみな、このドイツと北フランスのユダヤ教とはあまり関係がなく、そのなかでは弱々しい波を打っていたにすぎない。ここで大きかったのは、まさにこれらの国々で極端なまでに推進されたタルムード研究の育成熱や、聖典の世界への沈潜にたいする熱意であった。だが、この決疑論的な才能には思索的、思弁的才能は合わなかった。

しかしそうだからといって、ドイツのユダヤ教が離散におけるユダヤ宗教の歴史になんら本質的な貢献をなさなかったというわけではけっしてない。なるほど、このユダヤ教は純粋に哲学的な性質のいっさいの原動力にたいしては素朴で、なすすべを知らなかった。このユダヤ教に到達して、そこで権威を獲得した、あのとぼしい哲学的な世界観の要求をさえ消化し発展させる能力のないことを、それは示した。だが、そのはたらきにおいて重要な意味をもち、のちのちまで消えずに残ったのは、十字軍時代の震撼や熾烈きわまる迫害の苦しみや殉教にたいする不断の心がまえのなかでそれが経験した原動力であった。この原動力は純粋に宗教的な領域に起因するもので、哲学的にはあくまで下部構造をもたぬも同然であった。それはいわゆるドイツのハシディズムの運動、つとに同時代の人びとから特別の意味をこめてハーシード・アシュケナース「ドイツの敬虔者」と呼ばれていた一派の活動に具体化されている。

ドイツのハシディズムの出現は、サーフェードから発生するのちのカバラーが十七世紀に新たにつくり変えるまでは、ドイツのユダヤ教のあらゆる深い宗教生活を決定した出来事である。それはそもそも根本的には、宗教史の点からみてドイツのユダヤ教に起った唯一の運動である。この運動の意味は、それがすでに中世において、少なくともユダヤ共同体全体、ことにドイツのそれにたいして、民族意識によって是認された宗教的価値と理想の担い手として、首尾よく地歩を固めた点にある。十三世紀のスペインのカバラーはこれをなしえず、それが実際の歴史的力となったのは、ずっとあとになってからのことである。このハシディストたちにおいては、ユダヤ社会や素朴な人間の思考や目的との結びつきがことのほか強かった。

カバラーがスペイン追放後に初めてサーフェードによってなしえたことを、ハッシーディームは即座になしとげた。孤立するどころか、彼らはユダヤ人の全生活や民族全体の宗教的関心と密接に結びつき、彼らの要請が生活のなかに全然実現されていないところでも、理想的なユダヤ精神の代表者として認められた。ハーラーハーの偉大な記録とならんで、かつ神の掟との深い結びつきにもかかわらずハーラーハーの記録とは必ずしも完全に調和しないまま、この運動の最盛期の偉大な著作は、真に規範的な声望をかちえたのである。もっとも、タルムードの学者たちのあいだではそれほどでもない。彼らはおそらく信仰の道を求めるユダヤの市民あるいは「家長」バアル・バイスの念願努力のためでもなかったら、疑念と躊躇を全然もたずには『敬虔者の書』のような著作を読むことはできなかっただろう。このようにハッシーディームは、古いカバリストたちのように広範囲の一般的意識による承認を得られなかった、比較的小さな貴族的集団にとどまることはなかった。運動が真に生産的であった時代はもとより短かったが――それはおよそ一一五〇年から一二五〇年にわたる――しかしその後も長くドイツのユダヤ人の生活はこの運動の星のもとに送られる。ここで形成され、継承され、とりわけ強い生命力にみたされた宗教的観念と価値の一部は、何百年間も勢力を維持した。それらは迫害の嵐のなかでドイツのユダヤ教を傑出させた、あの熱意と強固さに少なからず貢献したのであった。

先のタルムードの貴族階級と同様に、ドイツのハシディズムもラインのユダヤ教を何百年も導き支配したあの一門のなかに、その最も重要な代表者をもっている。その一門とはすなわち、主としてシュパイヤーやヴォルムスやマインツで活躍したイタリア出身のカロニミーデたち[*1]である。ドイツのハシディズムの相貌を形づくった三人の男たちはいずれもこの一門の出である。この三人とは、十二世紀中葉のシュパイヤー出身のカロニムスの息子、ハーシード・サムエル[(1)][*2]と、彼の息子で、一二一七年にレーゲンスブルクで没したヴォルムス出のハーシード・ユダ[(2)][*3]、その弟子で親類の、一二二三年から一二三二年のあいだに死んだヴォルムス出のエレアーザール・ベン・ユダ[(3)][*4]である。三人とも同時代の人びとに持続的な影響を及ぼした。わけてもハーシード・ユダはこの運動の生きいきした影響が続くかぎり、ドイツのユダヤ人にとって中心的な宗教的人物でありつづける。彼についてはすでにひとりの同時代人がこう述べている。「もしハーシード・ユダが預言者の時代に生きていたら、預言者になっていただろう[(4)]」と。彼はのちのサーフェードのイサアク・ルーリアとまったく同じ運命を辿った。彼の姿はやがて伝説的、神話的なものへ高められたのだった。他の二人の人物像も、おびただしくふえる伝説のなかにまもなくその歴史的な輪郭を失う。この伝説圏はヘブライ語で維持されているばかりでなく、イディッシュ・ドイツ語でも、ガスターによる英語訳もあるマアッセ書に現れている。(5) それによってはっきりすることは、当時のハシディズムが実際になんであったかということではなくて、むしろ大衆的な願望夢がいかにハシディズムをもちたがったかということである。それでもこの書はこの運動の動機を理解するうえにきわめて重要である。

ハーシード・サムエルに関してはもはや多くの文書は残されていない。息子のユダについてはたくさんあるけれども、その多くはたぶん数多い弟子の改作によったものにすぎなかろう。だがそのかわりわれわれは、己れの師のきわめて熱心な使徒であるヴォルムス出のエレアーザールに関してはまさに完璧な文献をもっている。それはまさしく初期のハシディズムの思想の宝庫である。そのなかにはそもそもこの一派の人びとを動かしていた要素のすべてが現れており、なかんずくより古い神秘主義的伝統の素材も、ここに伝わっているかぎりではすべて現れている。彼が(たびたび印刷された彼の偉大な作品『ロケーアハ』で)宗紀の世界ハーラーハーのみならず、あの他のすべての素材においても示した、法典編纂への著しい傾向は並外れている。ユダヤ神秘主義の歴史にとって、大部分が印刷されていないこれらの著作はたいへん興味深いものである。もっとも、これらの著作が「忘られるべくして忘れられていた忘却」から二度と呼び醒まされることのないように期待する、といったある著名なユダヤの学者がいたけれども。

だが、この運動の本来の生命と新しさが最もよく表現されているのは、これら三人の遺産から、といっても本質的にはたぶんハーシード・ユダの著作から編集されたセーフェル・ハッシーディーム、『敬虔者の書』(6) である。この書はつたなく、文学的には地味に書かれていて、計画的な文学的構成というよりはしばしば、どうにか整理のついた覚え書の山に似ているが、それでもユダヤ文学の最も重要な、最も考察に値する作品のひとつであることは疑いない。この数百年代の他のいかなる書も、いろいろにいわれているユダヤ共同体の真の生活を、これほどに深く洞察させはしない。たしかにわれわれはここで宗教とイデオロギーを、現実から遊離したもの、いわば啓示の空間に浮んでいるものとしてではなくて、現実とじかにふれ合っているものとしてとらえる機会を得た。ここには歪曲も、いかなる粉飾もなしに、中世ドイツのユダヤ人の生活を規定するすべてのモチーフの生きいきした対立が現れている。かなり思いきった著者や編集者が通常好んで行う独断的、ハーラーハー的、おまけに牧歌的ですらある検閲もそこにはない。『敬虔者の書』の生活は大きな理念のもとにおかれているけれども、真に刺激的な現実性をもって描かれている。こうしてこの書が発端となって、あの惜しむらくはさほど長くはない一連の作品が現れる。そこにはまさしくのちの発展段階におけるユダヤ神秘主義も二、三のきわめて重要な作品を献じているが、それらはただに真実のみならず、全き真実を述べることによって、ユダヤ人の真の生活記録、その時代の偽らぬ目撃者となっている。

ありがたいことに、F・I・バール[*5]が「セーフェル・ハッシーディームの宗教的・社会的傾向」の洞察深い、すぐれた分析を行っている。彼は「セーフェル・ハッシーディームの諸説は決定的、根本的な統一を形づくっている[(7)]」こと、それらの諸説は――バールによれば――同時代人であるアシジの聖フランチェスコのそれにも匹敵する歴史的役割をもったハーシード・ラビ・ユダの精神と有力な人格とを反映していることを、従来知られていた以上に深く示した。同時にバールはここに見出される、社会的倫理と当時のキリスト教的・僧侶的環境との関係の問題を、これまでにない鋭さをもって展開させた[(8)]。当時の、クルニーの改革[*6]以後のカトリックの西欧に広く共通していた、大衆的な宗教的社会的理念は、ユダヤ人グループの宗教的世界像にも浸透する。彼らがこのことに成功したのはドイツであったがゆえにであり、スペインやイタリアでは哲学的な啓蒙がそういう潮流の外部からの浸透を妨げるか、あるいは少なくともその潮流の普及とたゆまず闘い、それを阻んだのである、とバールはいう。もとよりこのような潮流は本質的には「内部からの自律的な発展を誘い出す衝迫」以上のはたらきをした。とにかくバールは、同じようにこの時代の民族的キリスト教神秘主義とさまざまな点でそれに近いハシディズムとのあいだの内的関連をとりあげるギューデマン*7よりは進んでいるが、しかし次のように言う。「それゆえ借用ということを考える必要はないが、しかし似たような原因は似たような結果を生む。神秘主義の萌芽は空中に漂っていて、ユダヤ教のなかにもキリスト教のなかにも豊饒な土壌を見出したのだ」と。(9)

2

むろん、ドイツのユダヤ人たちのうちに神秘的な心的状態になりやすい素質を作り上げるのに、十字軍迫害の大惨事が彼らのあいだに喚起した宗教的衝迫を待つ必要はけっしてなかった。つとにその久しく前から、いやそれどころか、キリスト教の平信徒のなかに神秘主義的な動きが現れてユダヤ人社会に影響を及ぼすようになるずっと以前にも、古いメルカーバー神秘家や類似のグループの諸表象がドイツのユダヤ人の文化的中心であるライン地方に浸透していたのである。それらは大河のような著作や伝統をもたらしたが、おそらく九世紀に入植した前述のイタリアのカロニミーデ一族と一緒に到来したのであろう。イタリアではそれらがバグダッド出のアアロンのたゆまぬ宣伝によって広く流布していたのだった。(10)このメルカーバー神秘主義のルネサンスがどれほどイタリアの地に伸び広がっていたかを証明しているのが、『オーリア出のアヒマアッの年代記』中にある諸伝説である――これは奇蹟的にトレドの寺院の書庫に保存されていたもので、十一世紀のユダヤ人の生活の貴重な記録になっている。(11)だがさらに、十世紀における南イタリアのユダヤ人の宗教文学もその証左となっている――とりわけアミタイ・ベン・シェファチアの讃美歌がそうで、そこにはメルカーバー神秘主義の言葉や理念が完全に滲み通っている。『イェツィーラー書』もこの頃すでにイタリアへ入ってきており、十世紀にサバタイ・ドノロによって注釈された。[12] しかしこの書と同時に他にも多くの古い財産が、半ばないしは完全に神秘主義に傾倒したミドラーシムや、その他、多くのばあい概してハッシーディームの著作における引用を通してしか知られていないもの、が入ってきた。

これらの表象や伝統はどれもドイツのユダヤ人に深い影響を及ぼした。それらは、パレスチナやイタリアの伝承を受け継いでいるドイツや北フランス派の年老いたユダヤ教会の詩人たちを決定的に支配した。これらの文学はメルカーバー神秘主義の知識がなければ、しばしば理解不可能である。ヴォルムス出のエレアーザールの弟子であるベーメン出のアブラハム・ベン・アスリエルがこれらの文学の多くにほどこした膨大な注釈は一九三九年に出版され始めたが、[13] かなりの部分がそのような神秘主義的記述にささげられている。しかし、あまりにもしばしば誤解されることだが、多くのタルムーディストやトッサフィスト――ドイツと北フランスにおける十二、十三世紀のタルムードの決疑論者の学派をいう――の表象世界も、彼らがそもそも宗教的な関心事を話題にするかぎり、これらの理念に支配されている。よく名の知られたトッサフィストの多くが神秘主義に関係をもったということは、みずから神秘主義的性格の実習をしたのであるにせよ、あるいは古い神秘主義的な論文の研究に没頭したのであるにせよ、けっして単なる伝説ではない。伝説であるにしては、いろいろな証拠はあまりにも相互の関係がうすいのだ。彼らの僅かな神学的性格の言説の背後には、明らかに、創造とメルカーバーに関する文学がある。そこにあるのはたしかに『シウール・コーマー』そのものである。それどころか、タルムードの叡知をそなえた、この学派内で最も偉大な大家のひとりダンピエールのイサアクでさえ、信じ難いことだが、幻視的な天の遍歴をするという評判をとっていた。(14) それればかりではない。われわれは彼の講演に基づいた、ロンドン出身のエルハナン・ベン・ヤカルの『創造の書』の注釈も所有している。(15) 彼の最も著名な弟子のひとりで、同時代の人たちからけっして単なる名誉称号ではない「預言者」の異名をあたえられたモンコントゥールのエスラーも、実践的にメルカーバー神秘主義に没頭した。彼の「昇天」は何度も証言されている。彼の預言者としての特性は明白な事実とみなされた。(16)「彼は徴候と奇蹟を示した。人びとは、神がモーセと語ったように、雲のなかから発する声が彼と語るのを聞いた。偉大な学者たちは、ヴォルムス出のエレアーザールもそのひとりであったが、幾日もの断食と祈禱ののちに、彼の言葉がすべて真実であり、彼の口にはいかなる嘘いつわりもないことを、はっきり悟った。さらに彼は今まで聞かれなかったようなタルムードの解釈をもち出して、トーラーと預言者の神秘のヴェールを剝いだ。」一二二六年に始まって一二四〇年に、すなわち世界創造の五千年に終結するであろうメシア的終末を彼が告げたとき、その噂は（そこから）はるか遠い国々にまで広まった。

実生活において熱心に彼らを範とするひとがまだごく稀であったときですら空想を強く刺激した昔の忘我者たちの道程と幻視に関するこれらの伝統は、こうしていま——本質的にはたぶん十字軍時代に——精神形成のありとあらゆる、しばしば非常に異質な要素と結びついたのである。哲学的な合理主義者のなかでも最も理性的なひとであるサアドヤーの思想が浸透して、十世紀前半には大いに注目され——まったく矛盾したことであるが——熱狂的な詩的な文体で書かれたヘブライ語の翻訳によって、あるいはもっと適切にいえば、彼のアラビア語の主著『哲学的教義と宗教的信条の書』のパラフレーズによって、部分的にはまったく異なった、神秘の光を放つ表現と光彩を得た。サアドヤーのばあい一部に誤って理解される要素があったことは別として、十二世紀の重要なユダヤ・スペインの学者アブラハム・イブン・エスラーと*8

アブラハム・バル・ヒヤ[*9]は声望をかちえた。彼らを通じて新プラトン主義的思想遺産が、まったく神秘主義的な性格をおびたものも、北フランスやドイツのハシディズムに達した。根源の究めがたい、神秘的な感じのするありとあらゆる伝統が、ともにこの地に漂着した。古代ユダヤの魔術と、ヘレニズムのオカルティズムと、当時の文献のなかでしばしばお目にかかる、実に豊かな古代ドイツの魔法信仰や悪魔信仰とが、まことに奇妙なぐあいに結びつく。(17) 非常に注目されるのは、ヴォルムス出のエレアーザールにおける「哲学者」という言葉の語法で、彼のばあい、哲学者は、錬金術やオカルティズムに関するラテン語の文献とまったく同じように、そのような秘術に通暁した学者をさしている。心理学に関する彼の著書のなかで哲学者が登場する際にはつねに彼はそのような錬金術的な考え方を示している。(18)

これらすべての要素がこうしてハッシーディームの豊かな書物のなかにばらばらに、未形成のまま、まるで倉庫のなかさながらに並存する。なにしろその著者には、すでに述べたように、それらの要素を生産的に発展させ、真の総合へいたらしめる力もなかったし、どれもみな同じ畏敬の念をもって包括されたこれらの伝統の内にある矛盾をそもそも意識したことすらなかったようだからだ。その際目立つことは、古いメルカーバー神秘主義とちがって、この文学には匿名の傾向が、いやそれどころか偽書の傾向すら、皆目見られないことである。僅かに少数の偽書的性格のテキストが、ベン・シラの孫、預言者エレミアの曾孫としてのちの民衆本『ベン・シラのアルファベット』（十世紀）に初めて登場する、ヨセフ・ベン・ウツィール(19)と称する男の周辺に集まっているだけである。だがこれらのテキストの一部が、ことによると上記の『アルファベット』なども、すでにイタリアに由来するものなのかどうか、必ずしも定かではない。その他の偽書的性質のもので、この文学のなかに見られるものはすべて、故意というよりはむしろ文学的誤解や、伝統が早くから乱れたことに起因するように思われる。たとえば、ヴォルムスのエレアーザールの一弟子によって著わされた、サアドヤーの名前で通っている『イェツィーラー書』の注釈(20)がそうだ。サアドヤーはまさにハッシーディームのあいだでは「神秘主義に長じた人」と考えられたのである。

3

ここでは教義の統一が得られていないし、その努力もほとんどなされていないが、それでもこれらの著作のあらゆる箴言や矛盾のなかからはっきりとひとつの定まった精神的相貌が現れている。十二世紀に死滅の不安に脅かされたこのドイツのユダヤ教の魂に触れてそこで効果をあらわした新しい衝迫が、これらすべてのものに新しい相貌をあたえるのである。その衝迫はさらに半哲学的な思索にも、古い伝統や回想にも、また断片的に散在する神話のモチーフ《ミトロゲーム》や、ここにいっしょに現れた誤解やたびたびある神話への回帰のすべてにも、なんらかのかたちで跡をとどめている。

というのは、外的世界と同じように内的世界もまた、今や内奥から変貌をとげたからである。神の栄光の幻視的直観と神に敵対する勢力の没落とを黙示録風に描き出すことに表現と充足を見出していた宗教的発展の諸力は弱まり、宗教的に昂揚したグループの生産的な生活のなかから一時後退する。新しい道がえらびとられる。とはいえむろん、本来完全に死に絶えたものはひとつもない。しばしば複雑にかたちを変えてすべての古い伝統が維持される。それというのも、このハシディズムの世界では、古いものはすべてそういうものとしてすでにその価値を含んでいるからである。

しかしながら、ドイツのユダヤ教の保守主義は非常に広範囲に及んでいたけれども――新しい情勢は新しい反応を呼び起した。十字軍遠征の大惨事、いま始まろうとしている絶えざる迫害の波が、ドイツのユダヤ教に格別明確な黙示録的様相をあたえなかったことは、つねに注目に値しよう。エアフルトに存命した顕著なメルカーバー神秘家の著作で、短い引用がひとつ残されている、遺失した『預言者ラビ・トレストリンの預言』が黙示録でないとすれば、この時代のドイツではただひとつの黙示録も書かれなかったことになる。[21] たしかに、迫害の年代記作者や、ドイツのこの時代にことに特徴的な、宗教文学の新しい学派の大家たちは、終末論的な展望でみずからを慰めることはしなかった。だがこの終末論的な展望は、世界の終末の恐怖の観照や最後の審判の幻想よりも、むしろ殉教者の天上の至福や未来の救済のこの世ならぬ輝きに向けられているのである。

ハシディズムの指導者たちの視点についていえば、ハーシード・ユダ自身はメシア的終末期計算の明確な反対者であった。一一七五年頃にバクダッドとペルシアへ赴いたレーゲンスブルク出のペタヒヤの旅に関する報告を執筆する際に、彼は天文学者ニニヴェのサムエルの預言を『自分がそれを信じているかのように見えるのを恐れて』削除することにより、まさしく検閲を行ったのである。そして『敬虔者の書』で彼はこのように言う。「もし誰かがメシアについて預言するのを見たら、その者は妖術か悪霊とつきあっているのだということを知るがよい。あるいはまたその者は、神の名を借りて魔神を呼び出そうとするたぐいの人間なのである。それは自分のために天使や悪霊をわずらわせるのであるから、これらはその者に向かって、救済は全世界に明らかになるというように告げてはならぬ、と言う。そして結局その者は、天使と悪魔をわずらわせたがゆえに全世界の前で亡び、その代わりに不幸が始まる。……悪魔どもは彼と彼を信じる者たちを辱しめるためにやってきて、自分たちの計算と黙示録的秘密を彼に教えるのだ。なぜなら、メシアの到来について何かを知っている者はひとりもいないからだ。[22]」

メシアニズムの黙示録的側面の形成がドイツのハシディズムにおいて弱かったとはいえ、この特殊な敬虔さ――その本質はここでもっと詳しく説明するつもりであるが――から、終末論的性格、終末論的要素への傾向を否定し去ることはまちがいだろう。それをしたのが、この運動をより正確に理解しようとした数少ない人間のひとり、J・N・シムホニ[*10]である。彼がここに見たのは、いかなる期待も、いかなる永遠の至福の期待も自分の行いと結びつけず、もしこう言ってよければ、もっぱら現在のなかへ思惟されている、明らかに反終末論的性質の敬虔さであった。[(23)]「苛酷な運命の打撃に見舞われたら、人間はこのことを考えるがよい。戦場へおもむく騎士たちはどうするか……彼らは剣を恐れて逃げはしない。なぜなら、彼らは逃げることを恥とするからだ。彼らは恥辱にさらされないように我が身を打たせ傷つくが、主人たちから自分の戦死の報酬を受け取りはしない。だから、人間は聖書とこう語るがよい。たとえ彼がわたしを殺そうとも、わたしは彼を待ち望む。そして報酬を期待せずに彼に仕えよう、と。[(24)]」シムホニにとっては、死ぬ前になんとしても「終末」の日付を顕示しようとして失敗したハーシード・ユダの試みの言い伝えは、聖徒伝説におけるハッシーディームの実際にはまったく非メシア的な態度を検閲するものなのである。

しかしながら、このようなハッシーディームの反終末論的解釈を堅持することはできない。『敬虔者の書』それ自体にたいしてもそうだが、このサークルの他の著作、たとえばヴォルムス出のエレアーザールのそれにたいしてはなおさらである。実際ここでは本来のメシア的なものは宗教的関心の中心から後退しているが、しかし魂の終末論に関するものはすべて空想を強く刺激しているのである。もとよりこの領域は、古い黙示論者たちのばあいとちがって、黙示論的関心を示すメルカーバー神秘家、たとえばエチオピアの『エノク書』の著者などの直接の関心を惹いたわけではなく、それはおそらく当時、そのようなテーマを扱っている多くのミドラーシムを生んだ別のサークルのなかで涵養されたのであろう。天国やメシアの時代における至福の性質や復活の性質、正しい人の歓喜に溢れた観照や彼らの肉体と衣服、褒賞と懲罰などに関するそのような終末論的モチーフと理念は、ハーシード・ユダにとっても重要な役割を果たしている。[25] これらの理念はここではけっして他の多くの伝統といっしょに受け継がれる単なる文学的伝統的素材ではなくして、それらはまさしく、ありとあらゆるぐあいにかたちを変えて現れている、このサークルの最も生きいきした感情に属するのである。それどころか、それらの多くはまぎれもなくこのサークルにおいて初めて自然発生的に生じたのである。だがさらに、たとえば墓のなかにいるうちから——埋葬後の最初の数日中にも——魂にたいしてなされる審判の恐怖の描写のように、終末論的なアッガーダーの潮流にのってオリエントから到来したものも、ここで熱心にとりあげられた。[26]

民衆の敬虔さは、教義として確立していない終末論的な希望にたいして、偉大なユダヤの神学者たちの多くが承認するのとはまったくちがった関心をつねに抱きつづけた。それどころか、神秘主義それ自体はハーシード・ユダにとって、本来はメシアの時代に属する叡知の一種の先取りなのである。天上の世界で発見される秘密、人びとが「将来」のためにそこにとっておく秘密がある。しかしこの世界の神秘家や寓意家たちは「あの秘密や神秘の香りを幾らか吸い込んでいる」[27]のである。だから「終末」についての思索がハッシーディームのサークルで再三或る役割を果たしたことは疑いを容れない。[28]

この神秘主義の範囲とその対象の一覧表は、古いメルカーバー神秘主義におけるよりもはるかに大きい。古いメルカーバー神秘主義で養成された知識と並んで、より広い問題についての神秘主義的傾向の思索が現れる。古い玉座神秘主義を完全に棄て去ってはいないがそれをはるかに越えている、それとは独立した特別の教理といわれる新しい神智学、[29]「神の統一の神秘主義」がそうだ。かの神智学の道具と考えられている神秘主義的心理学もそうだ。また、「トーラーの根拠」に関する、すなわちとりわけ戒律の真のモチーフに関する広範な思弁、古いアッガーダーやさらにメルカーバー神秘主義の多くの著作がとくにメシアの時代のために留保してある知識がそうだ。[30] なぜなら、忘我的なメルカーバー直観には、すでに見たように、解釈学的関心は本質的に疎遠なものであるが、このハッシーディームの思考のなかでは解釈学は、その重点がなんであれ、またその方法がいかに異質であろうとも、非常に重要な場所を占めているからである。(31)

それがすべてではない。なにしろハシディズムは、多分バールがやったように、キリスト教の源泉から由来すると思われる自然法的社会理論のほかに、独自の歴史神学への傾向ももっているからである。天地創造の日から、とヴォルムスのエレアーザールは言う、歴史的な反動力、宗教的諸力に反してはたらく「雑草」がある。「大地はいばらとあざみを産み出すだろう」という創世記三の一八の詩句は、文字通りにばかりではなく、歴史的にも解されねばならない。そのばあい、大地は歴史の現場という観点から見られる。「いばらとあざみ」は、数神秘主義から基礎づけられるように、いつの世代にも宗教的な歴史経過に対立してある、神に反した歴史経過を意味している。したがって、瀆神の歴史はすでに最初の人間の堕罪の原始史に始まっており、同様にまた、この堕罪によって初めて権力の行使と人間の社会的不平等の発生が用意されるのである。アダムの堕罪がなければ人間たちはつねに天使とともに暮らし、たえず神と啓示の接触をしているであろう。そして堕罪の後も人間には、みんながもし農業にとどまっていたら、それによって貧と富の発生、人間の不平等をまぬがれる機会が残されていたのである。(32)

だが、とりわけ重要なことがひとつある。創造主と創造の秘密への神智学的沈潜と並んで、ここに、メルカーバー神秘主義のばあいよりももっと強烈な仕方で人間の宗教的生活にかかわる一連の理念が現れる。ひとつのまことに意味深い人間のタイプがここで理想として描かれる。今や、独特の祈禱神秘主義と結びついて、ハッシードゥース、一定の人間的態度としてのハシディズム的モラルの新しい道、もまた神秘主義の主要対象のひとつとなるのである。

4

それというのも、ドイツのハシディズムの本来のオリジナルな原動力にとってそもそも決定的なのは、なんらかの種の学識や伝統ではないからである。この運動に他のどの思弁よりも多く重要性をあたえた根本的なことは、「敬虔者」ハーシードの概念を、知性と教養によって定められたあらゆる価値尺度を越えて構想される宗教的な理想型としてとらえる、ユダヤ教内部での新しい把握の仕方である。ハーシードであることは、あくまで非知的な、もっぱら宗教的かつ道徳的な価値なのである。ギューデマンのような研究者までが、ハーシードという用語がここで「敬虔である以外はさしたる価値のない男たち」によって好んで用いられることに驚きを示すとすれば[33]、それは、トーラー学者の古いユダヤの評価とはまったく無関係に維持されていた価値を認めることが、真に宗教史的関心をもった学者にとってすらいかに難しいことであるかを示している。それというのも、ここでは、学識はあるにこしたことはないだろうが、しかしいかなる学識ももたず、たとえば聖書の簡単な章句以外には何も知らない人だってハーシードになれるからである。「詩篇詠唱者」がここでは誰よりもまずハシディズムの伝説の人物となる。ひとえに彼の功績によって、教区民全体が黒い死の年（一三四八―一三五一年）の大迫害に耐えることができるのである[34]。そのような話やそれに似たような話がまっさきに語られたのはスペインあたりであろうというのはまったくありえないことである。なぜなら、それが可能になったのは理想的な人間のタイプの新しい把握に必要な土壌が用意されていたからにほかならないからだ。ハーシードが「重要」であるのは、主知主義的価値尺度のカテゴリーによってではなく、ハッシードゥースそのもののカテゴリーによってなのである。このカテゴリーの最も本質的な点をここで簡単に説明してみよう。

ハーシードの概念は、もっと一般的で曖昧な、他のニュアンスをも許容するタルムードの言語慣習とははっきり対照をなした、特殊な意味をもっている。[35] とりわけ真のハーシードを形成するには、『敬虔者の書』にも現れているように、三つの物がある。すなわち、この世の事物からの禁欲的な離反、完全な心の平静、極度に押し進められた原則的な利他主義、である。これらの点を少し詳しく考察してみよう。[36]

禁欲的な方向は、たとえばヴォルムス出のエレアーザールによる古いミドラーシュの解釈にきわめて特徴的に現れているような、陰鬱な、しばしばかなりペシミスティックな人生観に基づいている。生まれての子は、誕生前に天の教場で習得したあのかぎりない知識を、自分の守護天使の諭しによって全部忘れてしまうのだ、と『子の創造のミドラーシュ』は語る。だが、とヴォルムス出のエレアーザールは問う、「どうして子供は忘れてしまうのか。」「そのわけは、忘れてしまわぬことには、子供はその深い認識のために、この世の歩みをよく考えたばあい気が狂ってしまうにちがいないからである。」[37] 知識は想起、アナムネシスであるという、古いプラトン的理念があのミドラーシュの根底にもあるわけだが、なんと奇妙に変形されていることか。ここでは楽観的な世界観は、終末論的なパースペクティブでのみ是とされている。人間は、と上記のラビ・エレアーザールは大胆な比喩を用いて言う、両端を神と悪魔が引っ張り合っている一個の物である。そして最後はむろん神のほうが引っ張り勝つのである。[38]

禁欲的な生活形態とは、凡俗の話や子供やその他の罪のない楽しみとの交わりから遠ざかることでもある――「ただ飾りのために小鳥を飼う者は、貧乏人にお金をほどこすほうがましである。」つまりひと言でいえば、アジーバス・デレク・エレッツ（地の道の放棄）という含蓄のある表現が『敬虔者の書』にあるように、[39] ブルジョア的な生活様式に背を向けることである。ハーシードはまさに日々の生活で彼の心を惹くいっさいのものと闘わねばならないのであって、そのような禁欲的な生活の仕方にたいしてはアンチテーゼとして彼の終末論的な高まりと変容とがある。彼がいまこの世の誘惑から遠ざかり、他人の妻を見つめたりしなければ、あとになってシェキーナーの輝き、栄光を見るだろう。そして彼の領域は将来もなお天使の領内にあるだろう。[40]

ハーシードはそのほかにも、侮辱や辱しめに惑わされることなく耐えねばならない。実際ハーシードという概念は、機知に溢れた語呂合わせを援用して、まさに「辱しめをこらえる人」と解されるのである。なぜなら、辱しめや嘲りに耐えるということは本質的にハーシードの人生行路のひとつなのであって、そういう状況においてこそハーシードの真価が示されるのである。傷ついたり青くなったりするようでは、つんぼで唖なのだ。「なぜなら、よしんばいま彼の顔色がさえなくても、イザヤがすでに預言しているのだから（二九、二二）。今後はもう彼の顔が青ざめることはないだろう、と。なぜなら、ほんとうに彼の顔は将来晴ればれとするだろうから。[41]」「詩篇作者が『あなたのためにわれらはひねもす殺されます』というとき、彼はそれによって、神命を果たす際に侮辱と辱しめと屈辱を甘んじて受ける人びとのことをいっているのである。[42]」ハーシードの徹底的な非ブルジョア的生活形態が必然的に呼び起さずにはいないののしりと嘲りにたいする、この再三強調された無関心は、神のまことのまねびである。「わたしは久しく声を出さず、黙して己れを抑えていた[43]」（イザヤ書四二、一四）と預言者が言うとき、彼は神をハーシードの亀鑑と考えている。ここでもやはり至福への希望が決定的である。ときには、上記で見たように、それを自分の行為の動機にしてはならないと強調されるけれども。「ある者がひとりのハーシードをののしり、辱しめた。そのハーシードは、その他の呪詛が彼の身や彼の持物にあびせられているあいだは、それを気にとめなかった。だがその者が、多くの罪をしょい込んで至福を失うがいいと言ってハーシードを呪ったとき、彼の心は曇った。彼の弟子がそのわけを尋ねると、彼はこう言った。『あの男がわたしをののしっているときは、そんなことはいっこうにわたしの気にさわらなかった。わたしには名誉など必要ないからだ。なぜなら、死んでしまえば、人間の名誉などどこにいってしまうだろうか。だが、その男がわたしの至福を呪ったとき、わたしの気持は不安になった。あの男はわたしに罪を犯させようとしているのだ』と。[44]」

三番目の要素も負けず劣らず力をこめて強調される。「ハッシードゥースの本質は、何事においても厳しい戒律の線上ではなくて戒律の線内で行動すること――つまり、トーラーの厳格な規定を自分自身の利害で主張しないこと――である。なぜなら、ハーシードがみならおうと努めている神についてこう言われているからである。『主はそのすべての道においてハーシードである[45]』(詩篇一四五、一七)。」この利他主義はすでに『父たちの箴言』、倫理的なミシュナー・トラクトのなかでも特徴としてあげられている。「わたしのものはあなたのもの、あなたのものはあなたのもの――それがハーシードの流儀である。」著名な注釈家のラシ*11も、ハーシードはたとえ戒律が自分にとって都合のよいばあいでも戒律の文字を主張しない、と何度も強調している[46]。

しかしながら、セーフェル・ハッシーディームにおけるこのモチーフの把捉には、ハーシードの生活形態とラビ的ユダヤ教の規範、ハーラーハーとのあいだにうまく隠しおおせない葛藤が現れていることに、ほとんど疑いの余地はない。ハッシーディームにおいては、中世のハシディズムが古いタルムードの遺産と結びつくことができたのである。タルムードの原典でもすでにときおり特殊な「ハッシーディームのミシュナー」が語られている。それを手本にして生きるハーシードにとって、その戒律の厳しさは一般に認められている法の規範が要求するものをはるかに越えているのである。しかしこれらの要素はタルムードの文学にはごくまばらにしか現れず、固定した形をとっていない。中世のハッシーディームは同時代の宗教運動に支配的だった理想を自分のものにするばあい、あのはるか昔の要素に結びつけることによってその理想を認めることができたのである。[47]『敬虔者の書』において、われわれはまさしくそのような「ハッシーディームのミシュナー」の結晶に出会う。ハーシードが従わねばならない「天の法」ディーン・シャーマイム、すなわち自己否定と利他主義の法は、多くの点で、一般に認められているハーラーハーが理解しているようなトーラーの法をはるかに越えている。この両者の解釈のあいだにある潜在的な対立をここに見ることは困難ではない。[48]主として人間関係について、ラビの戒律では許されるが、天によって罰せられるような事柄がある。[49]トーラーの法と天の法――ここではまたしばしば人間の公正さの自然法というほどの意味でもある――とのあいだにあるこの差異についてバールが、それは『セーフェル・ハッシーディーム』にとってその道徳的論述全体の基本原理に、いやそれどころか日常の生活において法として認められるべきものの尺度になるのである、といっているのは正鵠を射ている。

ハーラーハーの法とは相容れない、ハーシードのみを義務づけるこのより高い法は、解釈学的に聖書の言葉から根拠づけることができるが、その点においてこの書の著者は非常に示唆に富んでいる。[50]とはいえ、そのような原則から出発するものは、たとえハーラーハーの伝統にたいして尊敬の態度をもち、それにたいする「革命的な」雰囲気に巻き込まれなくとも、厳格なハーラーハーの分野ではほとんど実りをあげえないことは明らかである。実際にわれわれは、あらゆる分野であれほどの持続的な刺激を残したハーシード・ユダからはほとんどひとつも新しいハーラーハーをもっていない。ユダの弟子で、ユダの晩年にレーゲンスブルクの彼のもとで過ごしたウィーン出のイサアク・ベン・モーセスのハーラーハーの大著『オール・ザールーアー』には、ひとつのハーラーハーも、師の名前で紹介されていないのである。[51]彼が師からもってきているものはすべて「奇蹟の物語、解釈学的論評、独自の演繹と見解」であり、明らかにユダの遺産で『敬虔者の書』にも数多く見られるものとまったく同じである。

ハーシードは彼の外的な生活秩序では一般に認められている教義のどんな厳しさにも服するが、内面では根本的にそれを無効とする。ヴォルムス出のエレアーザールが宗教法の叙述にささげられた彼の書『ロケーアハ』の冒頭でハーシードの理想をハーラーハーの術語で成文化しようとしているのは、逆説的である。(52) マイモニデースや同時代人のヴォルムス出のエレアーザールが彼らの編集した法典の序文に、元来まったくハーラーハーの対象ではない事柄をハーラーハーに含める数章を置いていることはたしかに偶然ではないし、ユダヤ教の宗教的方向を理解するために啓発的である。マイモニデースのばあい、それは哲学的・宇宙論的性質の章であり、そのなかではアリストテレス的啓蒙の理想がハーラーハーとして述べられる。それに比べエレアーザールのばあいは、彼が自著の序論を書くに際して用いるのはハッシードゥースのまったく非理知的な原理である。ハーラーハーはそれに先立つ擬似ハーラーハーとはけっして有機的に結びついてはいなかった。

5

そのようなハッシードゥースは人間を神へのまことの畏怖と愛の段階へ導く。その頂点においては神にたいする純粋な畏怖と神への愛や神への奉仕とは同じであるが、しかしそれは悪魔から身を守る必要や誘惑にたいする不安からではなくて、神秘的な状態から、魂が喜びにみちあふれていっさいの世俗的なものや利己的なものを押し流してしまうことから、生じるのである。(53)「魂は嬉々として朗らかに、神への愛にあふれ、愛のともづなに結ばれている。彼——ハーシード——はいやいや主に仕える者とはちがって、たとえひとから妨げられようとも、彼の胸中には奉仕への愛が燃えさかり、創造主の意志を果たすことを喜びとする。……なぜなら、魂が神への畏敬を深く思いめぐらすとき、心からの愛の炎がそのなかに燃え上がり、心中の歓びの声が心を晴れやかにするからである。……そして愛する者はこの世の自分の利得を考えず、妻の楽しみにも、息子や娘たちのことにも気をつかわない。むしろ彼にとっては、創造者の意志を行い、他の者たちに善をなし、神の御名をあがめたてまつること以外はすべて無なのである。……そして彼のあらゆる物思いは神への愛の炎となって燃え上がる。[54]」

この段階においては、神の意志を果たすということは愛の行為にほかならない。それはこの時代のキリスト教神秘家の神的〈ミンネ〉におけるばあいとまったく同様に、時にはどぎつい色合いすら恐れない、エロティックな形象で描かれる。[55]神への愛に関するこれらの形象や比喩は、サアドヤーがその神学的主著で微に入り細に入って叙述している地上の愛の詳細な描写に依拠したものである。[56]古いドイツのハッシーディームにおいてはその描写が天上愛の比喩になったのである。それはのちのポーランドのハシディズムの創始者イスラエル・バアル＝シェーム*12にとっても同様である。彼は言う。「愛に関するラビ・サアドヤーの言葉から、官能的愛と精神的愛についてのひとつの推論を引き出すことができる。すなわち、官能的愛の力がかくも強いのなら、人間が神を愛する情念と愛情もどれほどか強いに相違ない[57]」と。純粋な神への愛において頂点に達するこのようなハッシードゥースの神秘的な原理は、神智学とここでメルカーバー神秘主義といわれているものとを理解するための前提条件であり、ヴォルムス出のエレアーザールはそれらの原理をはっきりそういうものとして述べている。[58]

ドイツのような中世のタルムード研究の中心地でなら期待されてもよかったような知識や学問的研究の意義とは本質的に何の関係もない、このように描かれた敬虔者の理想が、僧侶階級の禁欲的な理想や、とくにそのきわめて古代的な相貌と密接なつながりがあることは明らかである。ここに現れるのは、キニク派やストア派などの古代の哲学学派における不動心《アタラクシア》、「無感動」の道徳的理想である。本来の性質からしてけっして宗教的な熟慮から生まれたわけではないこの理想は、宗教的な価値転換において、その発生当時の僧侶生活とそれにふさわしい禁欲の解釈を規定し、のちには同様に古い回教の神秘家スーフィの生活秩序を規定した。ここでタルムード文学の内にある同質の弦に共鳴してユダヤ化されるのはキニク派の遺産である。その際、タルムードの伝統のなかにあるそのような概念と調和しないものは背後へ押しのけられるか、排除されてしまう。キニク派の遺産は賞讃や非難にたいする全き心の平静であり、これは非常にしばしば神秘主義の歴史において、神秘主義的な道を歩むための条件としてあげられる。カバリストによってあげられることも稀ではない。まったく同様の趣旨をパレスチナ出身のスペインのカバリスト、アッコー出のイサアク（一二三〇年頃）が述べている。「神との結合の神秘デベクースにふさわしいと認められる者は、平静心の神秘に到達する。そして平静心をもっている者は、孤独の神秘に到達し、そこから聖霊に、そして預言に到達する。だが、平静心の神秘についてラビ・アブネルがわたしに次のようなことを語った。あるとき、卑俗な知恵を好む者が隠者たちのひとりのもとへ出むいて、弟子にしてくれと頼んだ。すると隠者は彼にこう言った。『おまえは〈ものごとに動じないたち〉かね、どうじゃね？』彼は答えて、『先生、あなたのおっしゃることを説明して下さい。』隠者が言うには、息子よ、二人の人間のうち、ひとりがおまえをほめ、もうひとりがおまえをののしったばあい、おまえの目にそのふたりは同じに見えるかね、どうじゃね？　彼は隠者に答えて言った。たしかに、わたしはほめてくれるひとからは満足を覚え、けなす者からは苦痛を感じます。だからといって、わたしは復讐心が強くも、執念深くもありません。すると師は彼に言った。息子よ、家に帰るがよい。おまえが平静心をもたず、自分の受けた非難をまだ感じるようでは、おまえには自分の思考を神と結びつける正しい素質がないのじゃ。[59]」このカバリスト的、スーフィ的逸話はまったくハッシーディームの精神にかなっている。マイスター・エックハルト[*13]――ドイツの神秘家——も同じ時代にまったく似たような考えを表出し、その際「先祖」——とはつまりストア学者のことであるが——を引き合いに出している。

その他、特定の行為を修行する際に見られる極端さの要素とか、宗教生活の特殊な面やひとがもつ自己の精神力と熱情のすべてを投入して形成される一定の道徳的特性を強調し涵養することなども、このようなキニク派の遺産である。上述のように多くの宗教的遺産をこのサークルに伝えたサアドヤーの釈義がすでに定義しているところによれば、ハーシードとはまさに「生涯ひとつの宗教的戒律を特別に修業し、たとえ他の戒律を実行することにおいては気まぐれであっても、あの戒律を見守ることだけはどんなことがあっても絶対やめないひとである。……だが一日一日、いろいろな戒律のあいだをふらふらし、あれやこれを修業するものは、ハーシードとはよばれない[60]。」このように、ここにはすでに概念規定において、マイモニデースもハーシードの概念に特徴的とみなした[61]、あの宗教的行為における徹底さや極端さの要素が現れている。だが、賞讃と非難にたいする平静心、このラディカリズムと非常に奇妙なコントラストをなしているように思われる不動心《アタラクシア》の要素は、われわれの知っている範囲のハッシーディームの神学的源泉にはなく、別の方法で、したがって多分キリスト教の環境から入ってきたものに相違ない。なぜなら、実際にキニク派のタイプを規定したのは、あの二つの、同じように本質的な心的特性の逆説的な絡み合いにほかならないからである。ここでハシディズムの概念のもとにユダヤ的形態をとったのは修道僧的キニク派哲学者の理想なのである。キリスト教の環境における道徳の理想として一般に認められ、聖者や民衆説教師やトラクト作者によって讃美されたその理想は、十字軍時代にドイツのユダヤ教を襲った気分のなかでハッシーディームにも入り込む道を見出したのである。たとえば『敬虔者の書』がそのハシディスト的理想を展開するあの無数の小さい物語さえ、類似のラテン語の物語集に含まれている、説教師たちがよくその聖書解説に編み入れた「亀鑑」と密接な関係があるくらいだから。[62] この物語集には、多くの古い民族遺産と並んで、道徳的生活に関するあらゆる宗教の神秘家の理念に合致しそれらのどの理念にも現れそうな、道徳論的に深く考えぬかれた物語もかなりある。そのような逸話は急速に広まり、とどまるところを知らなかった。たとえば、一見まことに不道徳な人生遍歴の汚名をみずからかぶって、娼婦や博奕打ちにまじって生活し、おそらくなんらかの点で彼らを罪から守ろうとする[63]敬虔者の逸話の類がそうである。

すでに見たように、古いメルカーバー神秘家が敬虔者についてこしらえた理想像がせいぜい玉座世界の秘密を解く鍵の保管者のそれであったとすれば、ここには本質的に異なった像が見られる。自己主張ではなく、敬虔者の自己放棄、謙遜、控え目な態度、がより高い価値となる。上昇や魂を玉座世界へ移すことの激しい悦びにかわって、敵する力に抗して道を切り拓いていく封印の克服者と識者の圧迫にかわって、いまや瞑想が、遍在する無限のなかへの静かな、謙虚な沈潜が、現れる。この無防備なハーシードの理想像は、しかしながら、好んでラジカルに描かれるけれども、いまやまったく思いがけない宗教的社会的連関に移し換えられる。すなわちハーシードは、もともと共同体から顔をそむけて神に向けているのだが、それにもかかわらず共同体のひそかな支配者、管理者として現れるのである。ハッシーディームの著作は際限なくこまごまと、人間の欲動や弱点や共同体存立の条件にきわめて理解のある考慮を払っている。『敬虔者の書』の道徳決疑論は、そのような問題についてより古いハーラーハーの著作に述べられている内容をはるかに越えているが、生きいきとし充実している点で、そのような真の人間性のまことに貴重な証人となっている。なるほど、この敬虔さがハーシードにたいして行う要請は道徳的宗教的極端主義に傾くけれども、しかしその敬虔さはしばしば、この極端主義がもつこれ見よがしの顕示、つとにタルムードが「思慮のない」とか「愚かしい敬虔さ」と呼んでいるものに反対の立場をとっている。その修道僧的性格は、それがけっして誰もがハーシードになるべきだということを前提としていない点にも現れている。伝説はハーシード・ユダとその父を、ラジカルな、非社会的、内省的な理想への献身と教区の存立を案じる市民的愛情との両面を完全に自己のなかで統一している聖者のタイプとして描いている。

それに加えていまひとつ、平静な無防備なハーシードは同時に、ハシディズムの影響下にあるサークルの意識にとって、すべての要素が仕える巨大な権力者の特徴をそなえている。ここでは真のハーシードの大衆的な像が、もとより全然相反しないわけではないが補足的に、ハッシーディームがみずから描いた自画像と肩をならべる。たとえば魔術やその他のあらゆるオカルト的教義が完全に滲みわたっているハーシード・ユダは、それらを実際に使用することにたいしては最大の敵意を抱いている。彼は事物にたいする己れの権力を誇る魔術師のタイプと、いかなる権力も求めない心やさしいハーシードのタイプとのあいだのコントラストを、非常に鋭く感じていたようである。とはいえそれも、彼のサークルに生きていた大きな魔術的遺産が彼によって立てられた理想までものっとってしまうのを阻止することはできなかった。実に伝説は、彼がしりぞけたあの力で彼自身をむやみやたらと飾り立てたのであった。しかもこの伝説はけっしてのちの発展の所産ではなくして、彼の生存中に起ったものなのである。(64) ここにおいてハーシードは、自分自身のためには何も望まないがゆえに何でもなしとげることのできる、魔術的力の真の支配者となる。ユダヤ教のなかでも、人間が魔術的創造者としてハシディストのサークルにおけるような背光でとりまかれている例は他に見当たらない。ドイツのユダヤ教にたいへん特徴的なゴーレムの伝説、*14 魔術的方法によって生命を吹き込まれたホムンクルスないしは人造人間の伝説、ならびにこの表象の理論的魔術的論拠は、まさしく彼らに負うているのである。(65) ユダの最も忠実な弟子であるヴォルムス出のエレアーザールにおいては、ハッシードゥースの本質に関する論文が魔術と神の神秘的な名の効力とに関するトラクトと併存しており、同掲書のなかにさえそういうケースがひとつある。[66] また彼のもとにはきわめて古くから維持されているゴーレムの製造法も見出される。この製法では、不思議な文字の魔法が、意識の忘我状態を呼び起すことをあからさまに目的とする訓練と結びついている。[67] それというのも、元来ゴーレムはその創造者が忘我状態にあるときのみ命が通うと思われているからである。ゴーレム創造はいわば、『創造の書』セーフェル・イェツィーラーの文字の組合せの秘密に没頭する人間の殊の外荘厳な体験なのである。その後民衆伝説が初めてゴーレムに忘我状態外での生存をもあたえたのであり、のちの数百年間に、そのようなゴーレム像とその創造者にまつわる伝説が花開いたのであった。[68]

6

つとに同時代の作者たちによって殊の外彼らに特徴的だといわれたこの古いハッシーディームの祈禱神秘主義の背後にもどの程度ある種の魔術があるのか、それは今もって不明である。ドイツからスペインへ来た父をもつヤコブ・ベン・アシェールはこう言っている。「ドイツのハッシーディームはよく祈禱や祝禱や讃歌のなかにある一語一語を数え計算し、トーラーの祈禱中にある語の数の根拠を捜した。」[69] これがいわんとするところはこうである。この祈禱神秘主義は自由に流れ出る祈禱者の言葉から出発するのではなくて、大部分昔から語数が多かれ少なかれ定まっている古典的な父祖伝来の祈禱から出発するのである。ここで重要なのはこの神秘家のテキストに現れている彼ら自身の新しい祈禱ではなくて、古くから伝わっている祈禱の語数とその背景についての思惟である。ここと、他にはハッシーディームの文献において初めて、一般的見解でとくに「カバリスト的」とみなされている神秘的な思惟のそのような方法と技術的補助手段が、特別の役割を果たすのである。そのような方法とはたとえばゲマトリア、すなわちヘブライ語の言葉の数値を一定のシステムに従って計算し、同じ数値、同一のゲマトリアをもっている他の言葉や文章との関係を捜すこととか、あるいはノタリコン、すなわちある言葉の字母をある文章全体の略語とみなすこと、あるいはまたテムーラー、同様に一定の規則で行われる字母と字母との交換、である。(70) まさしく十三世紀の古典的なカバリスト文学には、そのような神秘的解釈学の技術がしばしば背景に現れている。それを盛んに利用する少数の重要なカバリストたち、たとえばヤコブ・ベン・ヤコブ・ハ＝コーヘン*15とかアブラハム・アブーラーフィアのばあい、その神秘的解釈学は明らかにまさしくドイツのハッシーディームの影響に起因している。本来のカバラーにきわめて特徴的な思考過程は、これらの「カバリスト的」解釈学の手段とはまずほとんど関係がない。

われわれは今でもこのハシディストの祈禱神秘主義の非常に浩瀚な文献を所持している。(71) ここでは祈禱中の言葉の数、個々の言葉の数値、文章成分とか文章が、同じ数値の聖書の詩句ばかりでなく、一定の神の名や天使の名やその他の慣用語句とも結びつけられる。祈禱は地上から天上まで通じるヤコブの梯子と比較される。このように祈禱は神秘的な神への上昇であり、これら多くの「解説」では、「秘密の関係や意志にみちみちた」まったく「公式の行事(72)」として現れている。しかしながら、われわれは——ハッシーディームが名づけているような——この祈禱の秘密の外面的なことについては多くのことを知っているけれども、あのどの著作にも、これらすべての数神秘主義的考察や関係の真の意味、機能的な目的はそもそもなんだったのか、ということはほとんど明らかにされていない。当の祈禱にはたとえば一定の瞑想が結びつくのだろうか、それともそれによって祈禱のある種の魔術的効果が示されるのだろうか。前者のばあいには、カバラーがおよそ一二〇〇年頃からカッヴァーナーと呼んでいるものと関係がありそうだ。カッヴァーナー、文字通りにいうと「志向」は、そこでは祈禱が唱えられるあいだ祈禱の文句について神秘的な瞑想をめぐらすという意味をもっている。したがって、それは実際に祈禱のあいだに実現されねばならないのである。

カバリストの祈禱神秘主義のこの中心概念は古いハッシーディームにはまだ現れていない。ヴォルムス出のエレアーザールは自著の祈禱に関する大部の注釈のなかでその概念をまだ利用していない。僅かに他の著作でときおりそのような、カバリスト的な概念の用い方に近いカッヴァーナーの構想に触れているだけである――これについてはあとでさらに言及するつもりである。だが、まさにその構想は祈禱のひとつひとつの言葉とは関係がなく、祈禱全体に向けられているのである。しかしハッシーディームがあの上述の「秘密」の適用をどのように考えているのか、それについては私もすでに述べたように、これまでのところ明確になしえていない。しかしこの祈禱神秘主義が古いメルカーバー神秘主義と対立することは見紛う余地がない。ここで関心がもたれるのはもはや聖別された者が神の玉座へと歩む道ではなくて、彼の祈りの道であり、宿命と敵対する力を打破するのはもはや祈り手の魂ではなくて、言葉なのである。代々伝わるテキストの固定した本文をペダンティックすぎるくらい正確このうえもなく保護することに置かれた途方もなく大きい価値は、われわれがメルカーバー神秘家のもとで知ったものとはまったく異なった、言葉にたいする精神的な関係を明証している。メルカーバー神秘家においてはほとばしる感情を表現するために、流れ出るままにたえず新しい言葉が惜しみなく用いられたが、ここでは決められた言葉のなかへありとあらゆる関係がこじつけられる。言葉とのこうしたきわめて正確な結びつきは、実際に、その言葉に内在している魔術的力を意識することと関係があるように思われる。

この祈禱神秘主義、あるいは祈禱魔術というべきかもしれないが、それが元来いつ、どのようにして発生したものか、それについては原典からは何もわからない。むろんこの祈禱神秘主義はもっぱらハッシーディームのサークルを通じて知られているわけであるが、とにかくそこにおいて初めて発生したものではけっしてない。ハーシード・ユダの弟子たちのサークルの一致した伝統がこの新しい神秘主義を特色づけており、この源をさぐれば、カロニミーデ一門の長い連鎖を遡ってイタリアまで、そしてそこからさらに、本書でもすでに言及したあのバグダッド出のアアロンにたどりつく。この連鎖のひとつひとつの環は疑わしくとも、「祈禱の秘密」がおそらくはもっとプリミティブなかたちで、イタリアからドイツへ伝播したという事実は正しいように思われる。(73) ヴォルムス出のエレアーザールが語るには、ハーシード・サムエルの父、ラビ・カロニムスが一一二六年頃に死亡したとき、彼の息子はまだあまりに幼なすぎて、一家のしきたりである、父親の祈禱神秘主義を息子に伝授することができなかった。そこで彼は、当時のシュパイヤーの教区の祈禱先唱者であったエレアーザールに、息子が大きくなったら伝えるという条件で、これらの秘密をすべて打ち明けた。このことがはっきり示しているように、ここに関係があるのは十字軍時代以前に及ぶ伝統である。しかしながら、それが本当にバビロニアに、メルカーバー神秘主義没落の時代に由来するのかどうか、そしてメルカーバー神秘主義と一緒に同時にイタリアへ持って来られたのかどうか、それについてはさしあたって何ひとつ断定を下すことはできない。いずれにせよ、古いカバラーの祈禱神秘主義が、その形成と発展においてハッシーディームのそれといかに異なっていようと、本来ハッシーディームによって継承されたことは疑いようがない。

つとにメルカーバー神秘主義に特徴的であった忘我と魔術の結合は、ここでも、新しい平地に立って主張された。それがここで祈禱の理論を規定したかどうか、それについては推測を待つしかない。だが、それはさらに他の点にも維持されている。ハーシード・ユダの弟子で、あえて己れの師の方向に逆らってでも誤りのないタルムード・ユダヤ教を主張しようとしたタッハウ出のモーセスは、彼が異教徒と呼んで非難した大嫌いな実際家について、こう語っている。「彼らは聖なる御名を唱えたり、時にはそれを口に出さずに意志だけをそれに向ける修行をすることによって、みずから預言者になる。だが、それから恐怖にとらわれると、彼の身体は力なく崩れ落ちる。このときはもう魂の前にいかなる隔壁もなく、彼みずから中心に入り込んで、遠くを見つめる。そして暫くたって、あの名の力が彼から離れると、ようやく彼は千千に乱れた意識で以前の状態に戻る。まさにこれが降魔術を利用する魔術師たちのやり方である。彼らは弟子のひとりに不純なまじないをかけて、その弟子の口から、たとえば遠くの国で起っている出来事などを伝えさせようとする。弟子は即座にその場に倒れ、彼の血管は痙攣して硬直し、死人のようになる。だが暫くすると、彼は意識のないまま立ち上がって、窓から走り出る。もし戸口で彼をつかまえなかったら、彼は頭と身体を打ち砕いてしまうだろう。こうして今、彼は少し我に返ると、自分が見たことを師に語るのである。(74)」

このような異常な「形而上的」心的生活の現象がこの時代にハッシーディームのキリスト教的環境にも広がっていたことはよく知られており、ヨーゼフ・ゲレス[*16]の『キリスト教神秘思想』はその実例の真の宝庫を提供している。だが、ユダヤの神秘家たちが精神世界とのこうした直接的関係にいかに並々ならぬ重点を置いていたかを明確に示している点では、ハッシーディームのサークルに属するマルヴェージュ出のヤコブ・ハーレーヴィー(一二〇〇年頃)の例にまさるものはない。(75)彼のものでは『天の応答』の全文集、つまり「夢想問」シェエーロース・ハーローム——これは異常なほど広まった魔術の実践で、これについてはわれわれは数多くの処方箋を保有している——に基づいて「夢の主」によって彼に啓示された、ラビの掟の諸問題の解答集が保存されている。(76)もとより、ハーラーハーの諸問題をタルムードの原典の論議からよりも直接の啓示から解き明かそうとするこの方法を激しく攻撃した学者もいたが、しかし同様にそれは多くの讃美者や模倣者をもった。実際、この方法は厳格なタルムード主義の視点からみると疑わしいように、ハーラーハーにたいするハシディズムの多くの信奉者たちの立場には特徴的なのである。

7

ハーシードの理想型の立て方に現れている新しい原動力は古いユダヤの神秘主義と神智学の領域をとらえ、自分の支配下において、それを、いまだ非常に無器用で無規律ながら、形成しなおそうとする。メルカーバーを新たに解釈しなおそうとする試みをわれわれはこのサークルからももっている。ハーシード・ユダが弟子のエレアーザールにこう語った。あるとき彼は父と一緒にシュパイヤーのユダヤ会堂に立っていた。彼らの前には水と油を入れた鉢があった。さて、陽光がその鉢に落ちて、容器のなかから世にも稀なきらめく光が発したとき、父が彼に言った。「この輝きに精神を集中しなさい。ハシュマル（エゼキエルのメルカーバー幻視に現れる、神秘主義によって擬人化された物体のひとつ）[77]の輝きがちょうどこれと同じ状態だからだ。」

この新しい原動力は、すでに見たように、祈禱神秘主義をとらえて、これにその原動力の精神をみたした。だが、それはさらに宗教生活の新境地を開いた。後代の者から見れば非常に問題のある新境地であるかも知れないが。たとえば、ここで初めてユダヤ教に現れる猛烈な贖罪教義。この贖罪はこれまで古い神秘家においてはまだ重要な役割を果たしていなかったが、いまやそれは彼らの生活において中心的な場所を獲得するにいたる。自分自身を確信している忘我者の天路遍歴のかわりに、大きな重要性をもつようになった、秘密の意味にみちみちた祈禱の形式を保護することと並行して、いまや驚くべき贖罪教義が、真のハーシードが歩む道の新しい、極端なまでに鍛えられたテクニックとして登場する。重い性質のものにせよ、軽い性質のものにせよ、ひとつひとつの過ちにたいして正確に規定された贖罪勤行を決疑論的形式で定める規則は、従来ユダヤ教においては知られていないも同然であった[78]。ハッシーディームが提唱した新しい精神に完全に一致する贖罪儀式に改めることにおいて、彼らの好みに反対するいかなる制約もここにはなかった。

ここでもキリスト教の影響が見られることは疑いない。とりわけヴォルムス出のエレアーザールの幾つかの著作にも編纂されているような贖罪体系全体はその精神において、時には選ばれた贖罪行為のひとつひとつにいたるまで、中世初期の西欧の教会宗紀がもたらした『贖罪の書』とぴったり一致している[79]。とりわけケルト人やのちのフランク人の贖罪書では、教会の贖罪体系がまったく独特な様相を獲得する。それはまさに一定の定価表を得るのである。贖罪はここでは神にたいしてなした侮辱を、贖罪者の個人的な行為によって、はっきりした性格の特殊な懺悔の行いを引き受けることによって、償うことである。教会懺悔の歴史家が語ることのできる「荒療治と力業」はほとんどキリスト教にまで成長していないケルト人やゲルマン人にふさわしく、彼らの法観念、とくにフランク人のそれにまったく相応していたが、いまやハッシーディームによってそれがユダヤ人の領域にも転用されたのである。それというのも、十一世紀のグレゴール七世の教会大改革以来ローマが古い『贖罪の書』にたいして闘いを開始したにもかかわらず、この書の影響はなお十字軍の時代にも広く維持されていたからである。十字軍の時代にこれらの書はドイツのユダヤ人のあいだでも普及に都合のよい雰囲気にぶつかったのである。古いユダヤ文学にもそのような贖罪規定の範例が僅かながら幾つかあって、それを権威ある接触点として利用することができたのだった。ありとあらゆる段階の断食、しばしば奇妙きてれつな性質の行為、そして最後に、とくに重い贖罪として、すでにタルムードにも現れている自発的な流罪、これらが広く浸透したのであった[80]。

ユダヤ文学で初めて『セーフェル・ハッシーディーム』に現れる贖罪の四つのカテゴリーは、のちの道徳文学と実践にもなお長いあいだ維持されていた。[81] いちばん緩やかな形式では、同じ罪を犯す機会は利用せずに見送ることが贖罪になりえた（テシューバス・ハバーアー）。だがまた、自主的な制約の体系を自分に課して、そもそも一定の罪に通じそうな事柄をすべからく予防して慎むことも贖罪を意味した（テシューバス・ハガーデール）。さらに、自己禁欲の尺度を罪から得た享楽の度合いに応じて定めることから贖罪が始まることもあった（テシューバス・ハミシュカール）。最後に、トーラーが死刑に定めた罪のばあいは、とくに常軌を逸した、しばしば凌辱的、自虐的性質の行いによって「死のようにつらい苦しみ」をみずから担うことでもって、トーラーの予告した「魂の息の根をとめる」罰にたいする天の赦しを得なければならなかった（テシューバス・ハカートゥーブ）。われわれはハシディストのサークルからいわば理論的な贖罪教示を所有しているばかりでなく、やがてすべての国々で驚異の念をもって語られるようになった、ドイツのハッシーディームのなかの真に熟練した実践家たちからも、これらの贖罪行為を活発にした熱烈な真剣さを如実に表す物語が少なからず伝えられている。毎日一時間氷や雪のなかに坐り続けたり、夏にみずから進んで蟻や蜜蜂に身体を曝したりすることは、タルムード的贖罪概念の精神とはほど遠い修行に属していた。

たとえば次のような物語は全体の雰囲気を非常によく表している。「いつも夏には地べたで蚤といっしょに眠り、冬には水をはった桶に氷といっしょに凍ってしまうまで両足をひたしているハーシードがいた。そこでひとりの弟子が彼に尋ねた。『どうしてあなたはそんなことをなさるのですか。人間は自分の生にたいして責任があるのに、どうしてあなたは確実な危険に身を曝すようなことをなさるのですか。』するとそのハーシードは答えて言った。『たしかに、わたしは死ぬほどの罪を犯してはいない。比較的軽い罪ならあるかも知れないが、だからといって、まだこれほどの苦しみを自分に課す必要はない。しかし、彼はわたしたちの掟にそむいたために傷つけられた、というように（イザヤ書五三、五）、メシアはわたしたちの罪のために苦しまれる、とミドラーシュに言われている。そしてまったく正しい人びとも彼らの世代のためにみずから苦悩を引き受けている。だがわたしは、わたしの罪のためにわたし以外の誰かほかのひとを苦しませるようなことはしない(82)』」そして実際に彼の弟子は師の死後、彼の死は苦行のせいではないか、そのことで彼はいま罰せられるのではなかろうかと考えたが、夢まぼろしによって、師が天国でかぎりなく高い地位を得たことを知るのである。

十四世紀のカバリスト、アッコー出のイサアクもこう語っている。「わたしはドイツのあるハーシードの話を聞いたことがある。彼は学者ではなかったが、誠実で素朴な男だった。あるとき彼は祈禱の言葉が書かれた羊皮紙のインクをうっかり拭き消してしまった。その祈りの文句のなかには神の名も含まれていた。このとき彼は、神の名の名誉をそこなうようなことをしてしまったとさとって、こう言った。『わたしは神の名誉を軽んじてしまった。だからわたしは自分自身の名誉も気にしないことにしよう』。そこで彼は何をしたか。毎日祈禱の時間に教区民たちが会堂に出入りするときに、彼は戸口の地面に身体を横たえ、大人も子供もそれを跨いで通った。ところがいま、ひとりが故意にか、うっかりしてか、彼の身体を踏んづけてしまった。すると彼は狂気して神に感謝した。地獄の罪びとにたいする裁きは十二箇月続くというミシュナーの言葉に基づいて、彼はまる一年間そうしつづけたのである(83)。」さらにずっとのちの、ドイツのラビたちの多くの応答、たとえばヤーコプ・ヴァイル*17がある姦通女にたいして、あるいはイスラエル・ブルーナ*18がひとりの殺人者にたいしてきわめて詳細な贖罪規定をあたえる例なども(84)、そのようなハーシードの贖罪教義が人心を支配する事実上の威力を証明している。ハシディズムが同時代のキリスト教徒における禁欲的運動と異なっている点は、わけても性的禁欲を許さないことである。『セーフェル・ハッシーディーム』では、理性的な、いわば市民的な結婚生活の秩序にたえず最大の価値が置かれる。夫婦関係における何か性的な節制を規定したり、あるいはまたそれをもっぱら功績のある贖罪行為として評価するような贖罪規則はひとつもない。禁欲は妻にたいする社会的な関係には及んでも、夫婦生活内での性的な関係には及ばないのである。

8

古いハシディズムのこれらすべての古典的な思想、新しい道徳理念や贖罪教義、祈禱神秘主義は、ドイツのユダヤ教のあいだに、このサークルの——とりわけハーシード・ユダとその弟子たちの著作から知られているような——神表象を規定し、それに妙に異様な感じのする生命をみたしている、本来神学的、神智学的な思想よりも、はるかに長くその影響力をもった[85]。理論的にまさったスペインのカバラーがドイツへ浸透するとともに、とくに十四世紀から、この神智学の考え方が後退し、完全に消えてしまうわけではないけれども、それまでドイツにおけるユダヤ教の総じて神学的関心を抱いていたあのサークルに及ぼしえた大きな影響力を失う。

だが、十三世紀、十四世紀の著作に溢れているこの神智学的理念を詳細に分析することは、ハシディズムの理解にとって重要である。ここには、しばしば汎神論の傾向が強い、少なくとも神の内在の神秘主義の傾向をもった宗教感情から来る、多くの独自性がある。それは、アッガーダーの伝来の宗教的思想遺産や、メルカーバー神秘主義[86]の遺産から出た部分的に改作された伝統的素材と、そしてわけてもここでとくに持続的な効力をもった（十世紀前半の）サアドヤーの神学と、結びついている。だが、ここではまた奇妙にも、その由来とラビ的・正統派的性格について疑いのもたれる神智学的理念が再びとりいれられ、形成されつづけるのである。まさにこのユダヤ中世の最も敬虔で純朴な信仰者たちは、神秘的な思索に没入するとき、異教徒や宗徒たちの宗教的遺産を共に受け継いでいるように見受けられる。一種のロゴス教義さえ、再び彼らのあいだに高まってくるように思われるのだ。

ハーシード以前の古い神秘主義の神は、最高天《エムプユロス》に君臨して忘我の讃歌のなかで被造物の認知を受ける聖なる王であった。あの神秘家たちの神との生きいきした関係は、神の特定の様態、荘重さと絶対的な非凡さを、いやそれどころか巨大さと圧倒性を強調することに基づいていた。それにたいして今やドイツのハッシーディームのあいだに、昔のとははっきり異なった別の神概念が現れる。

ハッシーディームは、彼らが最大の力をこめてたえず強調する、神の本質の純粋な精神性と、いっさいの尺度と概念を越える無限性とを、サアドヤーから借用した言葉で書き換えるのが好きである。絶対的な精神性と無限性というこの二つの属性と並んで、今や彼らの神学のなかに神の遍在が現れる――この三つの理念、これらはとにかくメルカーバー神秘主義ではまだ何の役割も果たしていなかったものである。神の遍在はここでゆくりなくも、創造における神の内在性の性格をおびる。この神の内在はここで同様に非常に生きいきと感じられた創造者の彼岸的超越性と競合して現れ、以後のハーシードの信仰箇条を表すのである。神はもはや支配者であり王であるというよりは、まさに新しい運動の最も重要な代表者たちにあっては、むしろ世界の力であり、世界の基礎なのである。それと並んで、すべての古い知識がしばしば何の拘束も受けずに、伝統的に習得されたもののように存在している。ヴォルムス出のエレアーザールの言葉ほど、ヘハロースの古い王者神秘主義と新しい王者神秘主義とのあいだの決定的な距離を如実に示すものはない。「神はいずこにもおわし、善と悪を見そなわす。それゆえ、あなたが祈りを唱えるときは精神を集中しなさい。なぜなら、『わたしはいつも神と対峙している』といわれているからだ。それゆえ、すべての祝福の始めはこう言っている。『神よ、あなたはほむべきかな』——たとえば友に語りかける人間のように。[87]」古いメルカーバー神秘家のなかで、神に語りかけるのに用いることができる Du（あなた）をこんなふうに基礎づけた者はひとりもいない。それどころか、祝福の本文中（Gelobt seist Du, ...der uns geheiligt hat「我らをきよめし……あなたはほむべきかな」）の二人称と（Du）三人称（der 関係代名詞で Du に係る—訳者注）の交替はまさしく、神が最も開かれたものであると同時に最も包み隠されたもの、最も身近なものであると同時に最も遠いものであることの証左として、引き合いに出されるのである。[88]

この神は、魂が肉体に近い以上に森羅万象と人間に近い。ハッシーディームによって採用されたこのヴォルムス出のエレアーザールの見解は、[89]十三世紀、十四世紀のキリスト教神秘主義によって好んで引用された、神はすべての被造物が自分自身を意識している以上にもっとすべての被造物を心に留めておられる、というアウグスティヌス[*19]の見解にぴったり一致している。こうした神の内在性の表象は「合一の歌」の詩句にいちばんはっきり現れている。この讃歌は——それの注釈を書いたと思われる——ハーシード・ユダに最も密接したサークルから出たもので、神に関するサアドヤーの考えをしばしば印象的な形式で表現している。[90]ここにはこううたわれている。「万物はあなたのなかにあり、あなたは万物のなかにあらせられます。あなたは万物をとりまかれ、万物をみたされます。万物が生まれたとき、あなたは万物のなかにおられました。万物が生じる前は、あなたが万物であられました。」この種の文章はいろいろなかたちでハッシーディームの著作に繰り返されており、ヨハネス・スコートゥス・エリゲーナ[91][*20]の似たような表現を思い出させる。つとにブロッホが認めているように、[92]それらの文章は実際に、サアドヤーの主著の古いヘブライ語のパラフレーズにおける神の遍在に関する文章の熱狂的な書き換えと潤色から流れ出たものである。

この内在がまったく自然主義風に描かれることも稀ではない。たとえば十三世紀のハーシード、モーセス・アズリエルはこう語っている。「彼は世界霊気《エーテル》のなかにある方である。なぜなら、彼は全霊気をみたし、世界のすべての物のなかにいるからである。万物は彼のなかにあり、彼は万物を見給う。なぜなら、彼はもっぱら見ることだからである。しかし、彼は目を持たない。なぜなら、彼は彼自身の存在のなかに万物を見る力を持っているからである。」(93) このような箇所の多くは逐語的にも、すでに言及したサアドヤーのセーフェル・イェツィーラーの注解に由来している。サアドヤーはそこで実際に神の生活を神の存在にふさわしい属性としてきわめて自然主義的に語っている。(94)

ハッシーディームの宗教感情に明らかに深く一致したこの内在教義は、早くもハーシード・ユダの弟子のひとりに激しい抵抗を呼び起した。モーセス・タッハウは、この神表象の汎神論的ニュアンスが異教徒の是認につながりはしないかと恐れたのだった。なんとなれば、異教徒たちが「自分たちは自分たちの礼拝によってまさしく万物のなかに存在している創造者に仕えていたのだ」(95) と論証することもできようからだ。実際に、汎神論をとくにきらった者たちはつねにいた。彼らはすでに早くから礼拝儀式にとりいれられた「合一の歌」を教区の祈禱で詠唱させることを拒んだ。このような反対は、たとえば十六世紀のラビ、サロモン・ルーリアや十八世紀の高名なラビ、ヴィルナ出のエリヤ、*21「ヴィルナのガーオーン」によって報告されている。(96)

この内在神秘主義はスペインのカバラーが入ってきたのちもなお維持されたが、このことは、カバラーそのもののなかにこのような傾向が、しかも根源的・汎神論的表現形式をとって存在しなかったわけではないだけに、さほど驚くにはあたらない。そのような半ばハーシード的、半ばカバリスト的な或るトラクトのなかには神を「魂の魂」と呼ぶことの非常に啓発的な説明が見られるが、そのなかで神が魂のなかに住んでいることが説き明かされる。まさにこのことがトーラーの言葉の真の意味なのだ、と（申命記七、二一）。「なぜなら、あなたの神である主はあなたたちのうちにおられるからである。」その際この「あなたたち」という言葉は、あのトーラーの言葉が本来指している民族によってではなく、ひとりびとりの人間によって意味深く理解されるのである。[97] この神秘主義的解釈はこのようにトーラーのなかに、神の内在の命題と神を最も深い魂の根底ととらえる命題を見出す――これは古いメルカーバー神秘家にはまったく異質な理念である。

秘められたかたちでいっさいの事物に内在している神に関するこの話は必ずしも包み隠された神、デウス・アブスコンディトゥスと、王や創造者や預言の送り主として現れる神の顕現とのあいだを分かつものではない。時にはそうしたつながりで神について語られることもあるのである。だが、神の精神性と無限性と内在性というこの一般的な神学的規定と並んで、今度は、神がみずからを認識させるさまざまな様相において分離を企てる神智学的思惟が現れる。だがまさにハーシードに正確な理論的表現能力が少ないために、ここにはかなりの混乱が見られる。テキストのなかに現れる思考過程は部分的に交錯しており、さまざまな宗教的モチーフの矛盾は清算されるどころか、しばしばはっきり露呈している。宗教哲学者としてのハッシーディームは、さるフィロの研究家がいったことだが、「非常な包括力と手を携えつつ、多くの種々様々な見解を精神のなかに同居させ、あるときはこの色に、あるときはあの色に変わって見えるというぐあいに、それらを同時にいっしょくたに働かせることのできる、あの物の見事な不明晰さ」[98]を所有していた。わけても三つの表象はハッシーディームの特殊な神智学を特徴づけるものであり、明らかに異なった源泉から由来している。すなわち第一はカーボード、神の栄光の表象であり、第二は「聖なる」または「特別な」（すぐれた）玉座のケルーブの表象、そして第三は神の神聖さと偉大さの表象である。

9

だが、この理念の分析にとりかかる前に、ひとこと述べておかねばならない。隠れた神が創造者として示現するというが、それはそもそもどのようにしてできるのか、という問い、このスペインのカバラーの中心的な問題は、ここではさして重要ではない。世界創造者としての神はハッシーディームの思想には問題にならないのである。ハッシーディームにとっては、まさに創造する神は万物のなかに住んでいる隠れた神のある特別なニュアンスとか性質ではなく、したがって、創造する神と隠れた神とは同一なのであるから、両者の相互関係は問題の対象になりえないのである。彼らがカーボードとケルーブの理念に逃げ込むのは創造の謎を解くためではない。玉座の上に顕現した神はまさにデウス・アブスコンディトゥスとはちがって創造神であると宣言しているように思われる、ほかならぬあのメルカーバー神秘主義の公式は、ここではすっかり払拭され、その含蓄のある意味を失っている。ハッシーディームの関心は創造にではなく、わけても啓示に向けられている。どのようにして神は被造物に顕現できるのか。聖書や数多くのタルムードの言説における擬人観の意味は何か。ここでドイツのハッシーディームの神智学が答えようとするのはこれらの問題なのである。[99]

神の栄光、カーボード、神がみずから被造物に現すものは、ここでは創造者ではなく、最初の創造なのである。この理念はサアドヤーから出たもので、彼は栄光の教義を聖書の擬人観と預言者の幻視に現れる神の顕現とを説明するものとして展開する。彼によれば、創造者としてもその本質上無限で包み隠されている神は「創造された光、あらゆる創造のうちの最初の創造」として栄光をもたらした。[100] このカーボードは「シェキーナーと呼ばれる大いなる輝き」であり、同様に「聖霊」、そこから神の声と言葉が発するルーアハ・ハ＝コーデッシュ、と同一である。この最初に創造された神の栄光の光がこうして預言者や神秘家に現れるのである。しかも「目下の急務に応じて、この者にはこういう風に、あの者にはちがった風に」[101]、つまりそのつど新しい形式と変容で現れるのである。それは預言者に聞き取られた言葉の権威を保証し、その言葉が神から発したものであることにいささかの疑いもさしはさませない。

さて、この理念はハッシーディームにおいて可能なかぎりかたちを変えて、重要な役割を果たす。そのばあい、明らかな矛盾も回避されない。神自身は顕現せず、語らない。彼はむしろ、ヴォルムス出のエレアーザールの雄大な形象にいわれているように「じっと沈黙を守って、万物を担っている。」沈黙者、すべての事物に深奥の現実として内在している神は、その栄光の示現を通して語り、顕現する。栄光の光は創造されたものだという主張はもちろんあくまでサアドヤーの革新であって、古いメルカーバー神秘主義はカーボードについて語るときもその主張のことはいまだ何も知らない。サアドヤーにとっては「創造された」というこの言葉に特別の重みがあったが、ハッシーディームの宗教的意識にとってはそれはこの鋭いアクセントを失っている。彼らにとっては創造された栄光と流出した栄光のあいだになんら相違はないが、このことはサアドヤーにはけっしてあてはまらない。カーボードが創造されたものだということは、彼らにとっては、フィロが時折、ロゴスもまた創造されたものだ、というとき以上の意味をもたない。サアドヤーにおいては、栄光のあのいまだ形態のない光が第一日目に創造されたということは明白であるが、ハッシーディームにとっては一見その創造は七日間の仕事の開始以前のことである。

ハーシード・ユダは独自の、われわれにはしかし個々の引用からしか知られていない『栄光に関する書』を著わしたが[102]、それはまた察するにカーボードの教義を越えたありとあらゆる種類の思弁をも含んでいた。彼は弟子のヴォルムス出のエレアーザールと同様、二種の栄光を区別した。最初のは「内的栄光」(カーボード・ペニーミー）である。それはシェキーナーや聖霊と同一で、形はもたないが声をもっている。[103] 人間には神そのものとの直接的な結合はないが、「栄光と結びつく」[104]ことができる。神そのものとカーボード・ペニーミーに関する叙述は時どき重なり合っている。たとえば、遍在と内在がある箇所では神自身に、だが別の箇所では神のシェキーナーにのみ帰せられる。時にはこの内的栄光は神の意志と同一視される。したがって、それはもっぱら一種のロゴス神秘主義[105]への高まりを見せる。たとえば、一二〇〇年頃に生まれた著作『生の書』で、カーボードがとりもなおさず神の意志として、「聖霊」ならびに神の言葉として描かれ、すべての被造物に生得のものと考えられるばあい[106]がそうである。この著作の著者はさらに論を進める。創造のすべてのひとつひとつの行為が導き出されるカーボードの潜勢力は、彼によればけっして同じものではなくて、刻一刻と、目には見えないがたえず変わっている。したがって、ここでは世界過程を形づくる不断の変容と、世界過程のなかにはたらく神の栄光の秘密の生とが一致している――これはすでにカバリストの表象に非常に近い思想である。[107] ヴォルムス出のエレアーザールにとってはすでに『創造の書』の十のセフィロースはその原数字としての性格を失い、創造の領域を表している。そのばあい、最初のセフィラー、すなわち栄光、またはすべてを貫いていると同時に超越している神の意志は、創造されたものと創造されていないものとの境界にあって、その両方向に燦然と輝いているのである。[108]

一方この「内的な」栄光にたいして「可視的な」栄光がある。前者は姿かたちがないが、後者は、むら気であるけれども、神の意志によって変貌する形式と形態をもっている。メルカーバー玉座の上とか預言者の幻視などに現れるのはこの二種類の栄光である。これについても『シウール・コーマー』があたえる「シェキーナーの肉体」[109]のあの巨大な寸法規定があてはまる。カーボードを知覚することによって、預言者は彼の幻覚が神からきたものであり、悪魔などに――悪魔も人間に語りかけるのであるから――愚弄されたわけではないことを知るのだ、とハーシード・ユダは意識的にあるいは無意識にサアドヤーの理念を引き継いで言う。なぜなら、悪魔には栄光を生み出すことはできないからだ。(110)

カーボードを見ることがハーシードの禁欲の目標であり報いである、とはっきりいわれている。(111) 目に見えないカーボードから目に見えるカーボードが現れ出ることについては、いろいろな考え方がある。あるものによれば、それらは直接おたがいのなかから流出するのであり、別の考え方によれば、(112) 隠れたカーボードの光輝は天使やセラーフィームの目に見えるようになる以前にも、僅かばかりでなく何千何万という鏡のなかに屈折しているのである。

この二重のカーボードの理念とならんで、いまやハーシードの神智学のもうひとつの重要な要素、メルカーバーの玉座の上に現れたものとしての聖なるケルーブの要素が現れる。サアドヤーはこのケルーブのことは知らないが、ハッシーディームの知っていたメルカーバーに関するトラクトのなかには語られている。(113) エゼキエルの幻視ではケルーブのことがいつももっぱら複数形で語られているので、単一のすぐれたケルーブの表象はたぶんエゼキエル書一〇の四に遡るとみてよいだろう。そこでは単数形でこう語られている。「そうしてケルーブから主の栄光が高みへ昇った。」ハッシーディームにおいてはこのケルーブはサアドヤーの「目に見える栄光」と同じである。(114) このケルーブにたいして神はそのシェキーナーあるいは目に見えない栄光を流出したのである。別の表象によれば、ケルーブは神の回りに燃えさかるシェキーナーの「大いなる炎」から創造された。それより下等な炎からは、ケルーブがその上に座して現れる栄光の玉座が生まれた。神話の記録が語るところによると、(115) 神の光が原始の水に反射してひとつの光線が発生し、それが炎となって、その炎から玉座と天使が形成された。だが、シェキーナーの「大いなる炎」それ自体からはケルーブばかりでなく、人間の魂も流出する。したがって人間の魂は天使界よりも位が高い。ケルーブは天使や人間や動物のあらゆる姿をとることができる。彼の人間の姿は神がそれに似せて人間を創造した原形であった[116]。

このケルーブの理念はもともと何を意味したのであろうか、それは推測を待つしかない。というのは、ハッシーディームがここでもっとずっと古い理念を彼らの表象に順応させたことは明白だからである。こうしていま、まさにサアドヤーの時代のユダヤの宗徒たちのあいだに、このケルーブの表象と組み合わせられるひとつの思想が現れる。ロゴス、すなわち神の「言葉」の媒介によって世界は創造された、というフィロの教義は、ラビ的ユダヤ教の外縁に生存していたこれらの宗徒たちのあいだでいささか不消化な形式をとった。ちなみに、その形式はもっとずっと以前の文献においてもすでに個々の異教徒のものだとされている[117]。それによると、神は世界を直接に創造したのではなくて、彼から流出した天使であれ、被造物的性格をもった天使であれ、その媒介によって創造したのである。ここでこのように世界の創造者ないしデミウルゴスと考えられたこの天使が、聖書の擬人観や預言者の幻視の対象なのである、という。

このばあい事が実際にフィロの理念の残響に関係しているということは驚くに当たらない。なぜなら、タルムードと古いラビの文学にはフィロの著作はいかなる痕跡もとどめていないとはいえ、アレキサンドリアの神智学者の個々の著作が、われわれにはもはやわからないかたちでではあるが、ペルシャやバビロニアのユダヤの宗徒にまで達し、彼らがまだ十世紀のうちにそこから引用していることは、つとにポズナンスキー[*22]が確信をもって証明しているからである[118]。玉座にすわったケルーブがかつては変身したロゴスにほかならなかったということは、とくに、ハシディスト以前の神秘家にとって——すでに前章で見たように——玉座の上の顕現はまさしく世界創造者のそれであるということを考えてみるなら、おそらくありうることだろう。世界創造者としての神の問題性に触れなかったハッシーディームにおいては、ケルーブはその後この性格を失ったのである。にもかかわらず、ハッシーディームはケルーブからほとんど第二の神をつくり出し(119)、そうしたテキストを読む者にたえずロゴス理念の記憶を喚起させるような属性をケルーブに付与する。またヘハロース・トラクトで神自身が呼びかけられる名も、たとえばアハタリエル、ゾハラリエル、あるいはアディリロンなど、ここでは時折カーボードや、カーボードが降り注ぐケルーブの名として現れる(120)。したがってここには、前章で天使メータトローンを「小JHWH」と名づける際に知ったのと似たような転義が見られる。ただしケルーブはほかならぬロゴス理念ともっと親密である。

いったいどのようにして敬虔なドイツのハッシーディームにそのような理念が到達したのだろうか、という問いにはいろいろな答えが可能だろう。このロゴス表象は、彼らの目の前にあるメルカーバー・トラクトにおいてすでに正統派ユダヤのグノーシスの領域に引き入れられていたのかも知れない。だが、その表象はまた、カレーエルの派[*23]によって伝えられた異教徒の理念とじかに接触したのかも知れない。モーセス・タッハウは、十二世紀にロシアを経て——当時スラブ諸国への交易の主要な集散地であった——レーゲンスブルクに到達した、そのような著作について報じている(121)。さらにハーシード・ユダの父、サムエル・ベン・カロニムスはすでに、ある遺失した書の新たに発見された断章のなかで、「異教徒の学者たちのなかには［その書であらかじめ語られていたカーボードの］秘密の実体とまではいかなくとも、その反照のようなものを知っている者たちがいる(122)」ことを証言している。だがハーシード・サムエルは、われわれも確実に知っているように、何年もドイツの外を旅しており、その際おそらくユダヤの宗徒や、異教徒あるいはその著作と接触したことであろう。

これらの連関で重要な第三の神智学的象徴論はハッシーディーム自身の独自の遺産であるように思われる。すなわち、彼らは含蓄のある意味で神の「聖性」と、彼らが神の「王国」ともよんでいるその「偉大さ」について語っているのである。しかし彼らにおいては、これらはたとえば神性それ自体の属性ではなく――少なくともわれわれの前にある伝統においては[123]――神の栄光の創造された実体なのである。「聖性」は姿かたちのない栄光であり、すべての事物における神の隠れた現在なのである。だが、タルムードも一度シェキーナーについて、その本質的な場所は「西方」にあるといっているように[124]、神のこの聖性も「西」の地方に特定される。彼らはこの聖性を、十二世紀初頭の北スペインの新プラトン主義者アブラハム・バル・ヒヤにおける半ばグノーシス的、半ば新プラトン主義的な五つの精神界の組織のうちで彼らが最高のものとみなした「光の世界」と同一視する。神の声と神の言葉は神の「聖性」から出てくるのである。この聖性は「西」から、東の地方にあると考えられる神の「偉大さ」に差し込む。「聖性」が神の本質そのものと同様に無限であるのにたいして、「偉大さ」または「王」としての神のあらわれは有限であり、したがって目に見えるカーボードやケルーブと同一である。無限な創造者それ自体は、したがってここでは全然属性をもたずに考えられる。属性はさまざまに変容した栄光に初めて付与されるのである。

この連関においていま一度注目に値するのは祈禱の教義である。「神は無限ですべてである。それゆえ、神がもし預言者たちの幻視のなかに形態をとらず、彼らの前に玉座にすわった王として現れなければ、彼らは誰にたいして祈るかわからないであろう」とヴォルムス出のエレアーザールは言っている[125]。それゆえ、祈禱者は栄光の可視的な顕現である王としての神に向かって呼びかける。祈禱者の真の志向（カッヴァーナー）はしかし――と同じ著者は別の箇所で続けて言う――玉座の上の現し身に向けられているのではなく、ましてや、すでに見たようにここで隠れた神と一致している創造者そのものに向けられているのでもない。それはむしろ、神の姿なき無限の栄光である、すべての被造物に隠された神の聖性、に向けられているのである。神の声と言葉が出てくるその聖性は、真の祈禱者のカッヴァーナーにおける沈思黙考の対象である。[126] 人間の限られた言葉は神の無限な言葉を目標にする。したがってそのことによって同時に、エレアーザールの表現によれば、シェキーナーが祈禱の本来の目標であるとみなされている。このことが、上に述べられた、シェキーナーを創造された光とする考え方のもとでは逆説的であることは容易にわかるだろう。実際、すでに述べたあのサムエル・ベン・カロニムスの断章のひとつにこう書かれている。「被造物はそれ自身創造物であるシェキーナーをほめたたえる。だがメシアの時代には被造物は神そのものをほめたたえるだろう。[127]」このように、終末論的パースペクティブにのみ創造者そのものへの祈禱が、創造者の無限性と遍在にもかかわらずあるのである。むろんこのとき祈禱はもっぱら「われわれの創造者のシェキーナー、生きた神の精神」、にもかかわらずほとんどロゴスとして構想された神の「聖性」へ向けられるのである。

10

この栄光とケルーブの神智学ならびに擬似サアドヤー的内在神秘主義と並行して、いまだ非常に曖昧で哲学的な息吹きも感じられぬとはいいながら、多くの重要な点に新プラトン主義的な世界像が現れる。ここでは、ハッシーディームがスペイン・ユダヤの新プラトン主義者の著書から知っていた理念が、しばしば独特なやり方で神学的、グノーシス的なものへ、いやそれどころかまさしく神話へ逆形成されている。

スペインのカバラーの神秘主義的神学とドイツのハシディズムのそれとはまったく関係がないという見方が主張された。スペイン人は新プラトン主義者の道を踏襲しているが、ハッシーディームはその見地において東洋の神話学に規定されているといわれている。[128] しかしながらこの見解は実際の事情を単純化しており、容認しがたいように思われる。実際には新プラトン主義的思弁は両方のグループに達しているのである。相違はただ、スペインやプロヴァンスではこれらの理念が圧倒的にグノーシスの規定を受けていたカバラーの最も古い形式とぶつかった際に改造力と創造力を示した、ということにすぎない。だがドイツのハシディズムに導入されたこれらの理念は力なき体系であった。それらは独自の重みをもって普及してドイツのハシディズムの現れ方を変えるまでにはいたらず、それどころかここで再形成の目に会い、その思弁的内容は見分けのつかないまでに、完全な崩壊にまで溶解してしまったのである。五界――光の世界、神性の世界、知の世界、魂の世界、(精神的)自然の世界――のヒエラルヒーに関するアブラハム・バル・ヒヤの詳論は、ハッシーディームによってこのうえなく奇妙なやり方で宇宙論的な関心がいささかも問題にされなかった彼らの理念領域に同化されたのだった。[129]

だが、ここでとくに注目に値するのは、エレアーザールの「魂の学」の道徳的心理学的世界像とさらには『敬虔者の書』をも決定的に規定している原型についての、サアドヤーにはまったく異質な教説である。生命の下等な形態のことは言わぬまでも、[130]地上の存在はすべて、生命のないものも――「木塊ですら」――その原型、デームースをもっている。この原型のなかにはプラトンの理念や、天上の存在と地上の存在の星座の一致説、事物はすべてその「星」をもっているという占星術などの考え方がかち合っている。これらの原型は、すでにヘハロース・トラクトの論評の際に手短に観察したように、[131]栄光の玉座の前のとばりに織り込まれているか、ないしは書き込まれているのである。ハッシーディームの見解によると、これは西を除いた四方八方から玉座を取り巻いている青い炎のとばりである。[132]原型は非肉体的な、神に近い存在の特殊な区域を表している。[133]別の連関ではまさにオカルト的な『原型の書』について語られる。原型は隠れた魂の隠れた行為の最も深い根源である。運命はすでに原型のなかに含まれており、それどころかひとつの存在物の状態に現れるどんな変化もそれ独自の原型をもっているのである。[134] 天使や悪魔ばかりが人間の運命に関する彼らの予知をこれらの原型から汲み取るのではなく、[135] 預言者もそれらを見る恩恵に浴している。[136] モーセについて、神が彼に原型を示したことが詳しく報じられている。[137] 罪や功績でさえ、漠然と示唆されるように、原型のなかに「前兆」をもっているのだ。[138]

このように、神性とその栄光、まったく神秘的に考えられたイデア世界のなかにあるあらゆる存在の原型、人間の自然と神にいたる人間の道などのこれらの秘密こそ、ハッシーディームの神智学的思考過程のきわめて重大な内容を形づくっているものなのだ。彼らは驚くほど途方にくれて、できるかぎり深遠で晦渋な思索をめぐらし、そうしてまったく素朴な神話的リアリズムを神秘的洞察や体験と結びつけようとする。

これらの十三世紀の古いハッシーディームと、十八世紀にポーランドやウクライナ地方に起ったハシディストの運動――これについては終章で扱うつもりであるが――とはほとんどつながりはない。同一の名前もここでは本当の連続性を証するものではない。なにしろカバリストの思考の最も本質的な発展はこの両者の中間にあるのだから。のちのハシディズムは広く枝葉をひろげた発展の豊かな遺産を相続することができたが、それによっていっそう大きな刺激や考え方、表現の可能性をあたえられた。だが、この両者の運動に或る種の親近性があることは争えない。前者でも後者でも、大きなユダヤ人の集団を神秘的な道徳主義の精神で教育することが問題になっている。真のハーシードとのちのハシディズムのツァッディークとは、その担い手たちが神性のあらゆる秘密の保持者と考えられるばあいでさえ社会的活動を志向する神秘主義の、共に親縁関係のある人間像であり、理想型なのである。

第四章　アブラハム・アブーラーフィアと預言者的カバラー

1

一二〇〇年頃、南仏とスペインの多くの地方にカバラーの信奉者が分立した集団として現れ始める。その数はまだ少なかったが、急速に著しい名声をかちえる。ほどなくこの新しい運動における主要方向が識別できるようになるが、今日の研究者は初期からスペインにおけるカバラーの黄金時代まで、すなわち十三世紀末と十四世紀初頭までの全発展を難なくたどることができる。浩瀚な文献はこの新しい神秘主義の根本的な考え方のみならず、五世代から六世代にわたってその地で栄え、ユダヤ人の生活にたえず増大する影響力を及ぼしたその代表者たちの人物像をも保存している。もとより二、三の傑出した人物についてはごく大ざっぱにしかわからず、彼らがどんな人間であったのか、それをはっきりさせられるような資料も長いあいだ欠けていた。だが、この三十年間の研究はこの点で驚くべきたくさんの啓発的な事実を知らせてくれた。そのうえ、これらの指導的人物たちはみな、各自の教義や用語、各自の神秘的思考のニュアンスを包括する、取り違えようのないほど輪郭のはっきりした精神的相貌をもっていた。

この確認はこれから始まる神秘主義的伝統の増大に当面して必要であるように思われる。成文の報告にかわって口頭による教示や示唆が常道となった。この文献に見られる数多くの仄めかし、たとえば「これ以上のことは言えません」とか、「このことはもう口で説明しました」とか、「これは〈秘密の知〉に通じている人びとだけのためです」などは、けっして単なる修辞上の言いのがれではない。しかしこの意図的な不明瞭さは同時に、この文献の多くの箇所がどうして今日まで明らかにされずにきたかの理由でもある。多くのばあい、神秘的な象徴のこもをかぶった謎めいたささやきが伝承の唯一の方法となった。それゆえ、このことが幾多の驚くべき新しい解釈を生むこととなり、個々の学派のあいだに見解の相違が生じたことは不思議ではない。師の伝統を固く守った最も忠実な弟子でさえ、その気になれば解釈と補遺の余地がひろびろとひらけていた。そのうえ、このような「伝統」のそもそもの発生源は必ずしも純粋に現世的であったわけではないことも忘れてはならない。なぜなら、超自然的とみなされた天啓もカバラーの歴史のなかで重要な役割を果たしており、新形成は古い思想を新しく解釈しなおすことに基づいて生じたばかりでなく、新しい霊感や啓示の、それればかりか夢の結果でもあるからである。ソーリア出のイサアク・ハ＝コーヘン（一二七〇年頃）の一文は、カバリストの意味において権威あるものとみなされたこの二つの源泉の特徴を明らかにしている。「われわれの世代には、古人の伝承を受け継ぐか、……あるいは神的霊感の恩恵に浴しているものは、ここかしこにごく僅かしかいない。」このように伝統と直観とが組み合わさっており、このことはカバラーが強固に保守的か、きわめて革命的でありえたわけを明らかにしている。「伝統の信奉者」ですら時によっては広範な改新をおそれず、それは古人の意味にのっとった解釈として、あるいは神意が前の世代には留保しておくのがよいとみなした秘密の啓示として、堅い信念をもって語られた。

この二重の系統が引き続き数百年のあいだカバリスト文学を支配する。強固な保守主義者で、時に簡略すぎて意味不明のことがあっても師から伝えられたこと以外は何も言わない学者もいれば、他方ではまったく新しい解釈に凝る者もいる。実際、ゲロナ出のヤコブ・ベン・シェシェトがあるときこういう告白を洩らしている。「もしこれが私自身の考えから新しく生まれたものだということを知らなければ、私はそれがシナイからモーセに授けられた伝承であると思うだろう。」第三の種類のカバリストは自分の見解を簡潔にであれ、詳細にであれ、そもそもいかなる権威にも依らずに述べ、第四の種類のカバリスト——たとえばヤコブ・ハ＝コーヘンとかアブラハム・アブーラーフィア——はまったくあからさまに神的啓示を引き合いに出す。他方、多くのカバリストが、天啓派も注釈派も、他の要素と結びついて偽書形式の復活に通じる結果となった或る慎みを見せていることは驚くに当たらない。この偽書は思うに心理的なものと歴史的なものと二つの理由をもっていた。心理的な理由は、カバリストは霊感があたえられたことをさとっても、それをひけらかすのは慎むべきである、という感情や遠慮からくる。それにたいして歴史的な理由は、同時代人に感化を及ぼしたいという願望と関係がある。歴史的連続性と権威による承認を求めるのはそのためであり、だからこそカバラー文学には、聖書時代のであれ、タルムード時代のであれ、偉大な人物の名の輝きを添えようとする傾向が見られるのである。ゾーハル、もしくは『光輝の書』は最も有名なものであるが、けっしてそれがそのような偽書の唯一の例ではない。だが、さいわいすべてのカバリストが匿名を好んだわけではけっしてなく、おかげでわれわれは偽書の作者をその歴史的連関のなかへ組み入れることができるのである。ユダヤ神秘主義の宝庫にたいしてスペインのカバラーがなした寄与を示すには、きわめて重要な潮流の最もすぐれた代表者を二名、かたや天啓を受けた者と忘我者の決定的な代表者を、かたや偽書の大家を持ち出すのが適当であろうと私は思う。

すでに第一章で、ユダヤの神秘家が、宗教生活の秘事、すなわち忘我とか神との神秘的合一とかいうふうに呼びならわされているあの体験の領域について詳しく語ることを格別好むわけではないことを強調した、多くのカバラーの書は、もとより全部ではないが、著者のそのような体験を背景にもっている。このばあい、たとえ間接的にでもそれが仄めかされることはけっして必要ではない。たとえば私はあるカバラーの分厚い二つ折り版、ラビ・モルデカイ・アシュケナージ[*1]の著書『エシェル・アブラハム』(Fürth, 1701)[(1)]を知っているが、それが夢のなかで著者に授けられた啓示に基づいて著わされたものであることを、私はたまたま入手した著者の個人的な手記——一種の神秘的な日記——によって証明することができた。しかしながら、この二つ折り版全体のなかにこの彼の見解の出所を示すなんらかの示唆をさがしても無駄であろう[(2)]。すべての狙いはあくまで没個人にあるのだから。

理論的な形式で神秘的体験への道を教えるカバリストもいる。だがそのばあいも、自分自身の人間を、もしくは自分の身に起ったことを、なんらかのかたちで明らかにしたりはしない。しかしながら、こうした性格の著作でさえ、本当の実践教本や神秘的な求道のより深い段階の技術のこととなると、たとえば、ハーバード・ハシディズムの創始者である高名なラビ・ラディ出のシュネウール・サールマーン[*2]を父にもつラビ・ドヴ・バール(一八二七年没)が著書の『クントラス・ハ＝ヒスパアルース』で行ったような、いろいろな性質の神秘的な陶酔と忘我の根本的な分析のように、印刷に付されることは稀であった。この書名は「忘我への手引き」[(3)]というほどの意味である。この関係でさらに興味のある例は、ラビ・イサアク・ルーリアの高弟子で、自身のちのカバラーの中心人物のひとりである著名なカバリスト、ラビ・ハッイーム・ヴィタール・カラブレーゼ(一五四三—一六二〇)の著作である。この有名な神秘家は一般にわかりやすく書かれた神秘的生活のための短い教本を含む著書シャアーレ・ケドゥーシャー、『神聖の門』を書いた。それは人間が聖なる生活の用意をするために実現しなくてはならない特性の描写でもって始まり、その際、カバリストの道徳の概要を述べる。誰でもこの小著の最初の三部の描写を多くの版で読むことができるが、私見によれば、これは非常に興味のある読み物である。だが、ヴィタールは彼の著書にさらに第四部を付け加えており、そのなかで彼は聖霊と預言者的認識に到達しうるさまざまな道を詳細かつ具体的にあげている。ここで示されるのは、古いカバリストのありとあらゆる著作から汲み取られた、忘我のテクニックに関する重要な箇所のアンソロジーである。しかしこの部分を印刷されたもののなかに探し求めても無駄であろう。そのかわり、そこには次のような言葉が見出される。「印刷者は言う。『この第四部はここには印刷されない。なぜなら、すべては聖なる名と隠された神秘であり、印刷するにはふさわしくないからだ』。」この非常に興味あるテキストも一、二の写本でしかわれわれに残されていない。(4) 忘我的な体験の報告を対象とするか、そういう体験にいたる道を叙述している他のテキストについても、事情はさほど変わらない。

ここでもうひとつ別な意見を言い添えておくべきだろう。ユダヤの神秘家の印刷されていないテキストを見ても、忘我はそのなかで、われわれがたぶんそのような著作において期待するような、あのすべてを支配する卓抜した地位を占めていないことがわかる。たしかに、本来のカバラーが形成される以前の時代に由来する神秘的性格の最も古い著作では、実際に忘我が中心になっている。このばあい問題になっているのはいわゆる『ヘハロースの書』、すでに第二章でも述べられた、あのカバリスト以前のユダヤのグノーシスのテキストである。それらのなかではいかなる神秘主義的な理論も展開されない。ここに見られるのはむしろ、魂が天の玉座の前へ昇る描写、魂がそこで目撃したものの熱狂的な描写である。われわれは己れの創造主をほめたたえる天使の合唱や讃歌を知る。かてて加えて、ここには忘我状態に達するテクニックの説明が現れる。だがこれらのことも、のちのカバリスト文学にいたってはますます後退する。もとより魂の昇天が完全に姿を消してしまうわけではない。ある一定の心的素質に一致する、神秘主義のなかの幻想的な要素は、多くのカバリストのあいだにたえず現れ出る。しかしカバリストの瞑想や観照は内的な性格をおびる。だが、これらすべての形式のなかにはっきり現れることがひとつある。忘我が、人間の個性が完全になくなって神的なものの流れのなかへ溶け込んで区別のつかなくなった神との真の合一として感ぜられたのは、ごく非常に稀なばあいに限られていた。ユダヤの神秘家は忘我の内でもほとんどつねに創造主と被造物のあいだの隔たりを感じつづけている。両者は触れ合うかも知れない。いや、まさにこの触れ合いの点こそ、彼らの理論が決定しようとしているものにほかならないのであるが、しかし両者間の一致はおいそれとは生じない。

どんなに親密な関係にあっても神と人間とのあいだにあるこの距離感をはっきり言い表すには、ヘブライ文学で神秘的合一 *unio mystica* と呼びならわされているものに使用されるヘブライ語の言葉にまさるものはないように思われる。デベクースという言葉がそれである。その字義通りの意味は、神との「癒着」、神との結合である。それはカバリストにとって、人間が実現すべき宗教的価値の階梯の最上位にある。デベクースは忘我でもありうるが、もっと普遍的な宗教的関係を含んでいる。それはたえず神とともにあることであり、人間の意志と神の意志の親密な調和であり、一致である。(5) だが、のちのハーシードの著作も描いているような、このような神との交わり *communio* の熱狂的な描写のなかにさえ、神との関係における一抹の隔たりがつねに残っている。多くの者たちはこのデベクースの偉業を、神との合一のなかに世界と自己を滅却することを目ざす忘我のなんらかの形式よりもずっと高く位置づけている。(6) ユダヤ教のなかにこれと反対の傾向がなかったと言うつもりはない。(7) たしかに、有名なイディッシュ語の小説、フィシュル・シュネールゾーン[*3]の『ハッイーム・グラヴィッツァー』(8) には、少なくともリトアニアのハシディズムの有名な指導者で、無宇宙論者のひとりに数えることのできるラビ、シュタロッセリェーのアアロン・

ハーレーヴィーが実際に体現したような、純粋な汎神論ないしはむしろ無宇宙論に突き進む心理のすぐれた描写が見られる。しかしそのような傾向はユダヤ神秘主義に特有のものではないと主張することはできる。最大の名声と影響力をかちえたあのカバリスト文学の書、すなわちゾーハルが、忘我をほとんど問題にしていないことは考えさせられる。忘我はこの包括的な作品の叙述においても理論においても、なんら重要な役割を果たしていないのである。(9) 示唆はされるが、著者には神秘主義的生活の他の問題のほうが切実であることは明白だ。このようにアクセントを宗教生活の別の側面へ移すこと、まさにこの慎みこそ、ユダヤ人の心性に迎え入れられ、それによってかくも広い範囲の意識にたいしてゾーハルを聖なる書の域へのぼらしめることに貢献したものにほかならないだろう。

2

ここに述べられた事実を直視するならば、すべての偉大なカバリストのなかで、ほかならぬ忘我的カバラーの最も重要な代表者であり理論家である人物が疑いなくいちばん不人気であったということは、もはや驚くにはあたらないだろう。その人物とはアブラハム・アブーラーフィアのことであり、とりわけ彼の理論と教義をこの章で把握したいと思う。奇しくも偶然、いやことによるとそれは偶然以上のものであるかも知れないが、アブーラーフィアがその最も重要な作品を書いたのはゾーハルの書が著わされたのと同じ年であった。このアブーラーフィアとゾーハルの二つの方向は、スペインのカバラーのかなり相反した傾向の古典的なあらわれであるといっても過言ではない。これらの傾向を、ひとつは忘我的傾向、ひとつは神智学的傾向と名づけたい。後者の本質については次章以下で論じるつもりである。さまざまな相違があるにもかかわらず、これら二つの方向は同類であって、両者を理解してこそ、スペインでの最盛期におけるカバラーの功績が本当にわかるのである。

ところが、ゾーハルが七十回から八十回印刷されたのにたいし、アブーラーフィアの数多くの、かつまたしばしば浩瀚な著書は残念ながらどれひとつ、カバリストみずからによって印刷されることはなかった。[*4] ユダヤの神秘主義のより深い理解につとめた前世紀の数少ないユダヤの学者のひとりであるイェリネークがアブーラーフィアの三つの小著と、他の著作からのいろいろな抜粋を出版したのが最初であった。[10] アブーラーフィアが非常に多作な作家であっただけに、このことはいっそう注目すべきことである。ある箇所で彼はみずから、すでに二十六篇のカバラーに関する理論的著作と二十二の預言者的書物を書いたと主張している。[11] そして実際に、少なくとも前者のジャンルの相当部分が保存されている。私も彼の著作を二十以上知っている。これらの書の若干のものは今日にいたるまでカバリストのサークルにおいて非常な声望を博してきた。[12]

むろん、ラビ・ユダ・ハイヤート（一五〇〇年頃）のように、とくに正統的な考え方をもっていた多くのカバリストたちは、アブーラーフィアを攻撃し、彼の著作を読まないように警告したが、[13] しかしこの警告はほとんど相手にされぬまま、たち消えてしまったようである。[14] 神秘主義的な道の導き手としてのアブーラーフィアの影響力は依然として、とてつもなく大きかった。それは彼の著作をきわ立たせている論理的鋭さと明晰な叙述の才、真の深みと著しい難解さのまれにみる結合のおかげである。彼は、これから見るように、人びとを預言へと、そしてそれによって神の認識へと導く道を見出したと考えていたので、その道を、できるだけすべての注意深い読者が本当に実践してみたいという望みをもちさえすれば応じることができるように描こうとつとめた。そのうえ彼は、彼の新しい理論を展開するばかりでなく実際にあくまで役立つ教示をも含んでいる、数多くの手引き書を著わした。たしかにそれは、アブーラーフィア自身が意図したことを実際にはしのぐほど役に立つ手引きである。つまりそれは、あくまでラビ的ユダヤ教の範囲内にとどめるつもりだったアブーラーフィア自身の意図にもかかわらず、正統的ユダヤ人に実行できる手引きであるばかりか、その教示は根本的にはその気にさえなれば誰にでも実行できるものなのである。このことはまた、カバリスト自身がどうしてこれらの書を印刷に付そうとしなかったか、そのわけも説明していよう。彼らは、ここで説かれた、その本質上まったく一般的な性質の瞑想のテクニックがひとたび公にされると、さして正統的ではない心情の人びとにもとびつかれはしないかと恐れずにはいられなかったのだ。たしかに、神秘家が授けられた啓示とシナイの啓示とのあいだの葛藤はつねにありうることである。だが、アブーラーフィアの著作にはことさらそれを招き寄せるはたらきがあったのである。そんなわけで、アブーラーフィアがみずから「預言者的カバラー」と名づけた実践的神秘主義の方向全体は秘されたままであった。これらの書をみんなの手には渡さぬことによって、十分な心得をもたぬ者が忘我的な冒険に突っ走って、権能のない者の手にかかるととかく危険な要求をしがちな霊感を得ることを防ごうとしたのだった。

無学者の神秘的な天啓はたしかにどの宗教においてもつねに危険と異端の元凶となった。ユダヤの神秘主義も、ラビの学者のみ神秘的思弁の園へ赴いてよいという要請を少なくとも原則的に立てることによって、この点でよく生じがちな落し穴に陥るのを防ごうとしたのだった。(15) それでももちろんカバラーにも、まったく無学な神秘家や、専門的なラビ教育を十分に受けていない神秘家がいないわけではなかった。むろん、そういうひとたちが今やまったく新しい、しばしば教育によって歪められていない眼で眺めたユダヤ教というものにたいする見解は、往々にして格別興味深く、かつ重要である。こうして実際に、そういう預言者的幻視的天啓派の伝統が、ラビの学問的カバラーと肩を並べて歩き出す。忘我的な高揚のもつもともと熱狂的な要素は、ラビ的学識の重々しさによって被い隠されはしない。それはその重々しさに順応しようとするが、いつもすぐそれと衝突してしまう。これと関連して忘れてならないことは、一三〇〇年までのカバラーの古典期にはのちの時代とちがって、一般に神秘主義が、同時にハーラーハー的にも真にすぐれた権威であった人びとのなかに体現されることは比較的稀であったということである。偉大なカバリストで、たとえばモーセス・ナハマニデースやサーロモー・ベン・アドレートがしたように、[16] 神秘主義的な著作のほかにも純粋にラビ的な著作を残したものはほとんどいない。しかしこの二人が例外であるとしても、とにかくカバリストのなかでたいていの者は実際にラビ的学識があったのである。だが、ほかならぬ霊感のカバラーの古典的代表者であるアブラハム・アブーラーフィアはタルムード的学識とは比較的疎遠である。それに比して当時の哲学的文学には非常に造詣が深く、彼の著作、とくに体系的性格のものは、彼がおおむね教養の高い人であることを示している。

3

アブーラーフィアの生涯と人間については、われわれはほとんどもっぱら彼自身の著作から知っている。[17] アブラハム・ベン・サムエル・アブーラーフィアは一二四〇年サラゴッサに生まれ、少年時代をナヴァラ王国のトゥデラで過ごした。彼の父は彼に聖書とその注釈ならびに文法、ミシュナーとタルムードを少々教えた。二十八歳で父を失い、二年後にスペインを去って、オリエントへ赴いた。それは――彼の語るところによると――そのむこうに失われた十の部族が住むという伝説的な河、サムバチオンを探すためだった。だが、パレスチナとシリアにおけるフランク人とサラセン人の戦いのために、彼は再びアッコーからヨーロッパへ向かい、十年間ギリシャとイタリアに滞在した。

放浪生活のあいだ、彼はわけても哲学の勉強に没頭し、その頃からマイモニデースの哲学の熱烈な崇拝者となった。その学説と神秘主義の教説とは彼にとって相容れない対立物ではなかったのである。むしろ彼は彼自身の神秘主義的理論を『迷える者の手引き』の前提や教義の最後の帰結としてとらえ、そのために二つの非常に注目すべき神秘主義的な注釈を書いた。神秘家と偉大な合理主義者とのこの親和性は、ごく最近の研究によって示されたように、偉大なキリスト教の神秘家マイスター・エックハルトとマイモニデースとの関係に驚くべき類似物をもっている。彼はマイモニデースから彼以前のどのスコラ学者が受けたよりも強い影響を受けたようである。実際マイモニデースから多くのことを学び受け継いだトマス・アクイナスやアルベルトゥス・マグヌス*5のような偉大なスコラ学者はたびたび彼に反駁もしているが、ヨーゼフ・コッホ*6が確認したように、この偉大なキリスト教の神秘家にとっては、このラビはせいぜいアウグスティヌスぐらいしか張り合える者のない権威なのである(18)。まさにこうして、アブーラーフィアは彼の理論を論理的にマイモニデースのそれに結びつけようとした(19)。それというのも、彼にとっては『創造の書』とともにある『手引き』こそカバラーの真の理論を体現するものだったからである(20)。

これらの学問と同時に彼は当時のカバラーの独特な神智学的教義に精力的にたずさわったようであるが、この「ラビ的カバラー」は特別彼を満足させはしなかった。一二七〇年頃、彼は三年から四年の予定でスペインへ戻り、そこで徹底的に神秘主義的学問に没頭した(21)。バルセロナで彼は『イェツィーラー書』を、哲学的、カバラー的方向の十二の注釈とともに学び始めた。彼はまたこの地で秘密集会と関係をもったようである。この集会の会員たちは「カバラーの三つの道において、すなわちゲマトリアとノタリコンとテムーラーによって」神秘主義的な宇宙論と神学のとくに深い秘密を発見できると信じていた。アブーラーフィアは祈禱先唱者のラビ・バルーフ・トガルミーを、『イェツィーラー書』の真の理解をひらいてくれた師とはっきり呼んでいる。このカバリストのものでは、『イェツィーラー書』の秘義に関する論文『カバラーへの鍵』が伝えられている。[22] そのうちのほとんどは――彼の言葉によると――出版することも、いやそれどころか書くことすら、彼には許されなかった。「私がそれを書きたいと思っても許されず、さりとて書くまいと思っても書かずにはいられない。こんなふうに、私は書いてはやめ、もう一度別のところでそれとなくそこへ立ち帰る。これが私のやり方である。[23]」

アブーラーフィア自身も、時折、この神秘主義的な文学に非常に特徴的な方法で書いた。こうした師の神秘的なテクニックへの沈潜から、彼は自分自身の道を見出した。ここ――バルセロナ――で初めて、齢《よわい》三十一にして預言者精神が彼を襲う。彼は神の真の名の認識に到達し、幻を見た。だがこの幻について、一二八五年彼はみずからこう語っている。それらの幻の一部は彼を惑わすために悪魔によってつかわされたものであり、そのため彼は「真昼の盲人のように、十五年間、右手に悪魔を連れてあちこち手さぐりしつづけたのである。」

だが反面彼は自分の預言者的認識の真実さを固く信じていた。彼は彼の新しい教義の宣教師として、しばらくのあいだスペインを旅してまわったが、一二七四年に再度、これを限りにスペインを去り、そのときからイタリアとギリシャであてどない放浪生活を送った。なおスペインでは、のちに最もすぐれたスペインのカバリストのひとりとなった若いヨセフ・ギカティラ[*7]に深い影響を及ぼすことに成功した。イタリアでも彼はさまざまな場所で弟子を見出し、彼らに、多くのばあいマイモニデースの哲学の勉強と結びつけて、彼の新しい道を教える。最初彼はすぐ自分の弟子に夢中になったが、同様にまたすぐ失望して、カプアでもった二、三の不肖の弟子について激しく苦言を呈した。[24]

彼は預言者的著作を書き始めたが、そのなかで好んで自分を彼本来の名アブラハムと同じ数値をもつ名前で呼んでいる。彼は好んでラジエルとかゼカリアとか自称する。彼みずから報告しているように[25]、彼がはっきりと預言者的著作を書き始めたのは、彼の預言者的直観が始まってからようやく九年後のことであった。もっとも、あらかじめすでに他の、いろいろな学問に関する著作を書いているけれども。[26] そのなかには『カバラーの秘義に関する書』もある。一二八〇年に彼は自己の使命を意識して、きわめて冒険的な、未開の布教に着手した。彼は、法王の前に出て「ユダヤ教の名において」彼と話をするために、ローマへ赴いた。当時彼はメシア的理念を抱いていたようである。というのは、当時ヘブライ語の記録で広く流布していた、一二六三年の、有名なカバリスト、モーセス・ベン・ナハマンと背教者パブロ・クリスチアーニ[*8]の論争を読むことができたからだ。その論争は法王にたいする次のようなメシアの使命に関するものであった。「もし終末の時が到来しているのなら、メシアが神の命を受けて教皇のもとへやって来て、彼に民の自由を要求するであろう。そのとき初めて人びとは、彼［メシア］が来たと本当にみなすだろう。だが、それまではそうみなさないだろう。[27]」（ここではしたがって世俗的な皇帝ではなく、教皇がメシア的救済の際に、パロがエジプトからの救済の際に果たした役割を占めているのである。）

アブーラーフィアはみずからこう語っている。[28] 教皇は「もしラジエルがユダヤ教の名において教皇と話をしにローマへ来たら、彼をひっ捕えて、真っすぐ教皇の面前へ連れてこずに、町はずれまでひったてて、そこで焼き殺してしまえ」と指示をあたえた。ところが、このことをこっそり知らされたアブーラーフィアはそれを気にするどころか、むしろ自分の瞑想と神秘的な準備にふけって、彼の幻覚に基づいて、かつまた彼の奇跡的な救難を記念して、のちに『証言の書』とみずから名づけた著作をものしたのだった。すなわち、彼が教皇の前へ出ようとしていた折も折、彼の謎めいた表現によれば、彼に「二つの口」ができた。そして彼が市の城門へ足を踏み入れたとき、教皇――ニコラウス三世のこと――が夜のうちに急死したという知らせを受け取った。アブーラーフィアはフランシスコ修道会の修道士一同のもとに二十八日間拘禁されたが、最後には釈放されたのだった。

その後彼は多年のあいだイタリアを放浪し、比較的長期間シシリアにも滞在したようである。今日伝えられている彼のほとんどすべての作品は、このイタリア時代、とりわけ一二七九年から一二九一年のあいだのものである。一二九一年後の彼の運命については何ひとつわかっていない。彼が霊感を受けて預言者的精神から書いた数多くの作品はほとんどすべて消失した。ただひとつ、一二八八年の、半分くらいしかわからないが注目すべき黙示録セーフェル・ハ＝オース、『しるしの書』が今日まで伝えられ、イェリネークによって出版されている。[29] それにたいし——すでに述べたように——彼が自己の理論を展開している著作はそのほとんどが今日に伝わっている。

預言者的な天啓を授かったという彼の主張と彼の出現そのものが多くの敵対を招いたようだ。彼自身、みずから蒙った迫害をたびたび嘆いている。彼の著作の多くはそうした攻撃にたいする弁明である。彼はユダヤ人によってキリスト教当局に密告されたことを述べているが、[30] それは恐らく、彼がまた預言者としてキリスト教徒の前に現れたことと関係があるように思われる。わたしはこれらの人びとのなかに、神がわたしをまず最初におつかわしになったユダヤ人たちよりももっと神を信じている幾人かのひとを見出した、と彼は書いている。[31] 彼の非ユダヤの神秘家との結びつきについて、アブーラーフィアは二箇所で報告している。[32] 一度はこう語っている。わたしは彼らとトーラー解釈の三つの方法——字義通りの解釈と寓意的解釈と神秘的解釈——について語り合い、彼らがたがいにうちとけて話をしたとき、彼ら相互の意見の一致を認めた。「そしてわたしには彼らが［ユダヤの教義によれば永遠の至福をかちえる］〈あらゆる民族のなかの敬虔なる者〉の範疇に入るものたちであることがわかった。またどういう宗教の者たちであろうと、愚か者たちの言葉などには気を使う必要のないことがわかった。なぜなら、トーラーは真の認識の達人にのみ授けられているのだから。[33]」別の箇所では、あるキリスト教学者との論争について語っている。彼はその後その学者と親交を結んで、彼に神の名の認識の喜びを植えつけた。「そしてそれについて詳細を明かすことは不要である。[34]」

しかしながらこれらの結びつきは、多くの学者によって推測されているような、キリスト教の理念にたいするアブーラーフィアの特別な愛着を証明するものではない。[35]その反対で、キリスト教にたいする彼の敵意はあからさまで、激烈である。[36]なるほど、彼は他の多くの連想のなかに時折意図的に三位一体説調のきまり文句を使用するが、即座に三位一体的神理念とはそもそもまったく関係のない内容をその文句に付与している。[37]だが、逆説的な表現が好きなことと、彼の預言者的自負とは、もっと厳密に正統的な方向のカバリストをも彼から遠ざけることとなった。なにしろ彼は当時のカバリストとその象徴主義について、独自の宗教体験がその背後にないかぎり、たびたび激しい批判をもって語っているからである。[38]他方、彼の著作の二、三のものは「正統的」カバリストの攻撃をしりぞけることにささげられている。[39]だが「貧困と追放と牢獄」も、疑いなく高徳にして不屈の人物であったアブーラーフィアを、彼が神性の個人的体験によって到達した見地から引き離すことはできなかった。

主要部分が消失した或る著書の序文で、彼は同時代人のもとにおける自己の使命と立場を、預言者イザヤのそれと対比している。ひとつの声が「アブラハム、アブラハム」と二度私の名を呼んだ、と彼は語って、次のように言葉を続ける。「ここにおります！とわたしは言った。すると彼はわたしに正しい道を教え、わたしをまどろみから呼び醒まして、何か新しいものを書くようにわたしを励ました。このようなことをいまだかつてわたしは経験したことがなかった。」自分の使命がユダヤの指導者のあいだに敵をつくるだろうということがアブーラーフィアにはあまりにもはっきりわかっていた。それにもかかわらず彼は従った。「そしてわたしは意志を強固にして、自分の理解力を越え出ようと試みた。彼らはわたしを異端者とか無信仰者とか呼んだ。それはわたしが、暗中模索しているあの人びとのようなことをせず、真に神に仕えることを決心したからである。奈落に沈んだ彼らやその同類たちは躍起となって彼らの嫉妬や怪しげな陰謀にわたしを引きずり込もうとしていたことであろう。だが、神はわたしが正しい道を誤った道と取り違えることをお妨げになった。」(40)

しかしながら、預言者的な天啓と偉大な神の名の認識に到達したという、この誇らしげな意識は、彼の性格が別の面では心やさしく円満であることを排除するものではけっしてない。彼の倫理的な性格は、すでにイェリネークが適切に述べているように、非常に高く位置づけることができる。カバラーの弟子を採用するにも、彼は道徳的な偉大さと性格の強さにたいして非常に高い要求を掲げている。そして彼の著作はその狂信的な部分においても、彼が他のひとたちに要求した性格の多くをみずから具えていたことをうかがわせる。(41) 現実の真の本質の最も深い認識に達した者は――と、あるとき彼は言っている――それによって同時に最も深い謙遜と慎みを獲得するのである。(42)

カバラー研究の歴史には奇妙な事柄が多いが、アブラハム・アブーラーフィアこそゾーハルの匿名の著者にほかならないと主張されたことも、そのひとつである。数百年前にM・H・ランダウアー*9によって初めて立てられたこの仮説は、今日にいたってもなお多くの支持者を見出している。ランダウアーは言う。「わたしは注目すべき人間を見つけた。ゾーハルの内容が、そのひとの著作と細部の細部にいたるまでぴったり一致するのだ。最初の著作を彼から入手したとき、すぐにそのことがわたしの目をひいた。だが、今そのひとの多くの著作を読み、彼の生活、彼の信条、彼の性格を知ってみると、このひとこそゾーハルの著者にほかならないことは、もはやいささかの疑いもない。(43)」このことは、たとえ無条件に力説された判断であってもまさにすべての点で完全な誤りである可能性もある、ということを示す特異な例であるように思われる。実際には、これら二人の著者――ゾーハルとアブーラーフィア――の作品のなかに支配している精神ほど異なったものはないのだ。なにしろここに現れているのは、まったく異なった心性、全然別の宗教的性格なのであるから。

4

アブーラーフィアの神秘主義的理論、忘我と預言者的霊感への道を説く彼の理性的な教義のあらましを、以下に総合的な形で手短に述べてみよう。(44)内心アブーラーフィアに親和感を抱いていたユダヤの神秘家たちはみな、この彼の理論を多かれ少なかれ修正して受け継いでいた。この理論中に見出される、狂信的であると同時に理性的な基本的特色は、カバラー思想の主傾向のひとつにきわめて特徴的であるように思われる。

アブーラーフィアの目的は――彼みずから表明しているように――「魂の封印を解くこと、魂を縛っている結び目を解くこと」(45)である。人間の内にあるすべての内的力、包み隠された魂は、肉体のなかに分配され、細分化されている。だが、すべての力はその結び目が解かれると、その本性に従ってその最初の根源に結集する。この根源はいかなる二元性ももたない唯一者であり、かぎりない多様性を内に含んでいる。(46)「解くこと」はしたがって多様性、分離から、本源的な統一へと帰ることである。ちなみに「結び目を解くこと」は、感性のしがらみからの魂の偉大な神秘的な解放の象徴として、北方仏教の神智学にも現れている。最近になってあるフランスの研究者がまったく同様のタイトルをもったチベットの教本を刊行した。(47)

ところで、この象徴はアブーラーフィアの言葉で何を意味するのだろうか。それが言わんとしていることは、人間の魂の個人的生活を、彼にとって中世の哲学者の活発な知力《インテレクトゥス・アゲンス》に体現されているような、すべての創造をつらぬく宇宙的生活の流れからへだてる一定の隔壁があるということである。魂をその人間生活の自然の領域にとどめて、魂の周囲やその背後に流れている神的なものの流れにひたされることを妨げる堤防が存在する。その堤防はまた魂が神的なものを認識することをも妨げている。魂に押されている「封印」はそのような氾濫を妨げ、魂の自然な機能を保全する。ところで、この封印はどのようにして起るのだろうか。それはとりもなおさず、とアブーラーフィアは答える、人間の通常の生活、人間の外的世界の知覚が(中世の哲学者の言葉で「自然の形式」と呼ばれる)無数の感覚的形式や形象を魂にみたし、滲み込ませるからだ。魂が自然の粗野な対象をとらえ、その形式を受容するので、魂のこの自然な機能から、有限なもの、限られたものの封印を押された特別な心的生活が形成される。魂の通常の生活は、したがって、感覚的な欲情や知覚によってあたえられている境界のなかに閉じ込められている。だが、魂がそのような形式や欲情に溢れていると、ここから神的なものの直観と純粋な精神的形式へ到達するのはきわめて困難である。魂の内なる神的生活にその自然生活の境界を突き破らせ、しかもその際みずから破滅したくなければ、そのような移行が方法論的な確実さをもって達成される道を探さねばならない。だが、この移行は「自分のことでいっぱいな者には神さまの入り込む余地がない」という古い諺の線上にある。精神的なもののより繊細な輪郭が自然の事物の殻を破って現れ出るためには、人間の自然の自己をいっぱいにしはたらかせているものを取り除くか、変えるかせねばならない。

こうしてアブーラーフィアは、人間の魂に滲み込ませることのできる、もはや魂のより深い層を埋めてしまうのではなくて逆に活動させる、より高度な形式と表象内容を探し求める。彼はそれらを何か精神的なものの観照によってとらえようとする。同時にこの精神的なものはそれ自身の重みとそれ自身の意味とによって、魂の浄化の過程へ円滑に入り込むのである。私がたとえば何かある対象を、この花とかこの椅子、一羽の鳥とか、あるいは何か特定の出来事を眺め、それについて考察するばあい、たしかにその対象はそれ自身ひとつの意味を、それ自身の重み、ひと言でいえば、ひとつの意義をもっている。事物はそれ自身の意味によって必然的に観察者を自分のもとにひきつけ、そのことによって彼を神的なものから引き離すのだが、そんな事物の助けを借りて魂はどうして神的なものを見ることを学べるのだろうか。ユダヤの神秘家は、たとえばキリスト教の神秘家がキリストの受難についての瞑想で知っているような、魂が我を忘れるまでに沈潜する観想の対象をもっていない。

アブラハム・アブーラーフィアはむしろ、こう言ってよければ、そういう瞑想の絶対的な対象、つまり、魂のなかにより深い生活を生じさせ、魂から自然の形式を排除する目的を達する——したがって最高の意味をとりうる——が、しかしそれ自身ではなるべく何の意味ももたないような対象、を探し求める。彼はヘブライ語のアルファベット、書き言葉の字母のなかに、そのような対象を見出したと信じる。これこそ魂が従事しなくてはならない、不明瞭で抽象的な対象なのである。なぜなら、すべて具象的なものは、事物の性質上、それ自体ひとつの意義と独自の意味をもっているからである。魂を抽象的な真実についての思索に従事させることにもアブーラーフィアはすでに重要な一歩を見ているけれども、しかしそれだけでは満足しない。なぜかというと、抽象的な真実においても魂は依然としてまだあまりにもその特殊な意義に縛られているからである。それゆえ、彼の意図するところは魂を本当に抽象的ではないもの、かといって厳密な意味で客体とよべるものでもないもの、に従事させることなのである。なぜなら、本当に抽象的なものも、厳密な意味で客体とよぶことのできるものも、両者とも独自の意味をもち、独自の個性をもっているからである。こうしてアブーラーフィアは、神の名の要素としての文字とその組合せに関する神秘的瞑想の学問を発展させた。なぜなら、包み隠された存在、最高の意義の充満を表現していることによって何か絶対的なものである神の名、すべてのものに意味を付与し、にもかかわらずそれ自身は人間的な観照で測れば何ものも意味せず、いかなる具体的な内容も意義ももたない名、これこそそのような沈潜の本来的な、こう言ってよければ、ユダヤ的な意義だからである。したがって、とアブーラーフィアは推論する、この神の偉大な名、全世界で最も不明瞭なもの、を己れの沈潜の対象となすことに成功する者は、魂の内なる隠れた生活を開くことのできる正しい道にあるのだ(48)。

今やこれを中心にしてアブーラーフィアは、ホクマス・ハ＝ツェルーフ、すなわち「文字の組合せの学問」とみずから名づける全教義を打ち立てた。それは文字とその組合せの助けを借りた方法論的な瞑想への教示である。ひとつひとつの文字、あるいはそれらの結合は、それ自体「意義」をもっている必要はない。むしろ逆に、意義をもたぬことがそれの長所なのであって、それらの字母はしばしば何も意味していないように見えるためにかえってわれわれの注意力をそらすことができないのである。もちろん、アブーラーフィアにとってそれらは全然意味がないわけではない。なぜなら彼は、世界の本質は言語的な性質のものであって、いっさいのものは全創造のなかに啓示されている神の偉大な名にたいしてもっている関与によって存在するのだとするカバリストの理論を採用しているからである。したがってその理論によると、神の純粋な思考はひとつの言語をもっており、この精神的言語の文字は同時に最も深い精神的意義と最も深い認識の要素なのである。アブーラーフィアの神秘主義はこの神的言語におけるひとつの教程を表している。

換言すれば、アブーラーフィアにとって問題なのは、方法論的な瞑想訓練によって人間の魂のなかに特別な状態を、すなわちいっさいの感覚的な対象から離れた純粋思考の調和的な運動のようなものをつくり出すことなのである。アブーラーフィア自身はつとにこの彼の新しい教義を音楽にたとえているが、それはいわれのないことではないのである。彼がその著作で説き描いているような組織的に行われた瞑想実践は、実際に、本質的にもたしかに不明瞭な性質のものである音楽的な調和を人間の内にもたらす感情と密接にかかわりのある気分にいたらしめる。組合せの学問は純粋思考の音楽である。音楽における音階に相当するものは、ここではアルファベットの序列である。体系全体はかなり正確に音楽の諸規則に一致し、いわばこれらが音のかわりに、思想の瞑想に適用されたようなものである。モチーフが作曲され、その可能なかぎりの変化が吟味され、モチーフ同士が結び合わされる。アブーラーフィアは彼の未刊の著作のひとつでみずからこう言っている。「ツェルーフの方法は聴覚にたとえられることを心得ていなさい。なぜなら、耳は音を聞くからである。音は旋律や楽器の種類に応じて結合する。こうして、たとえば二つの異なった楽器が結びつくのである。そして音が結びつくと、耳はその違いを知覚し、魅了される。あるいは、弦は右手や左手が触れると振動し、音趣は耳に快い。そして音は耳から心へつたわり、心から感情の中枢である脾臓へつたわる。調べの違いを楽しむことによって、いつも新たな喜びが生じる。音の組合せによらずしては、そういう喜びを生み出すことは不可能である。文字の組合せもまさにそれと同じ事情にある。組合せが最初の文字に比せられる第一弦をかき鳴らすと、そこから一本、二本、三本、あるいは五本の弦へつたわっていく。そうしていろいろな弾奏が結び合わされる。その結合からモチーフや調べが生じ、心へ達する。そしてこの結合のなかに現れる秘密が心を喜ばせ、それによって心はその神を認識し、たえず新たな喜びに溢れるのである。」(49)

瞑想のなかで文字を組み合わせたり、引き離したり、ひとつひとつの文字群の上へモチーフ全体を構築し、それらの文字群のいろいろなものをたがいに結び合わせて、その結合のあらゆる方向を吟味する修行者のこのように制御された行為は、したがって、アブーラーフィアにとっては作曲家のそれと同様無意味な理解しがたいことではない。そして――ショーペンハウアーを引用していえば――音楽家が世界を言葉のない声で「今一度」表現し、そのさい無限の高みと深さへ世界を高めることができるのだとすれば、神秘家もまた然りである。もはや「意義」に縛りつけられていない純粋な思考の音楽において閉ざされた魂の門が彼にむかってひらかれ、偉大な名の運動からほとばしり出る、このうえなく深い調和の陶酔のなかで、神への道が解放されるのである。

文字のさまざまな組合せとそれについての秩序正しい瞑想に関するこの学問は、アブーラーフィアによれば、神に向けられた運動における思考の内的調和に一致する「神秘的論理学」である。[50] この教義のなかで省察者にむかってひらかれる文字の世界は、アブーラーフィアが語呂合せを使って言っているように、まことの至福の世界なのである。[51] すべての文字は神秘家が正しくそれに没頭するならば、それ自体ひとつの世界である。[52] 神秘的な組合せの術は、ただヘブライ語ばかりでなく、すべての話し言葉をも聖なる言葉と聖なる名へ鋳直すことができる。そして彼にとっては、すべての言語は祖語――ヘブライ語――の堕落から生じたものであるから、どれもみなヘブライ語と同系である。どの著作でも彼は自分の思考過程を支えるために、好んでラテン語やギリシャ語や、あるいはイタリア語の言葉を仄めかす。したがって根本的には、人間の話すことはすべて聖なる文字で構成されたものだとみなされる。なぜなら、文字の組合せや分離や再結合の際にカバリストが見るのは、単に哲学の合理的な真実、第一段階、であるのみならず、すべての言語と聖なる言語との結びつきが明かす深い秘密でもあるからである。[53]

アブーラーフィアの偉大な手引き書、『永遠の生の書』[54]、『知性の光』[55]、『美の言葉』、『組合せの書』[56]は、この神秘的対位法の理論と実践の秩序だった教程を描く。系統だった訓練のなかで魂はそのようなより高い形式の観照に慣らされ、徐々にそのなかへ浸透していく。アブーラーフィアは置換えと組合せを実際に言い表すことから書きとめることと書かれたものを熟考することへと、それからまた書くことから単なる思考と「神秘的論理学」のあのすべての対象の純粋に内的な省察へと、修行者を導く手続きを定める。

言い表すこと（ミブタ）、書きとめること（ミクターブ）、考えること（マハシャーブ）はしたがって、瞑想のたがいに重なり合った三つの層をなしている。三つとも独自の文字をもっており、それはますます精神的な形式で現れる各層の要素をなしている。思考の文字はその運動のなかで理性の哲学的な真実となる。だが神秘家はそれだけにとどまらない。彼はいっそう早く文字の精神的核心に突き当たるために、さらに文字の質料と形式を区別し、今や魂の純粋に精神的な形式として銘記される文字の純粋な形式に没頭する。彼はカバラー的解釈の方法によって言葉と名のあいだに生じる関連をきわめようとするが[57]、そのばあい言葉の数値ゲマトリアが特別なはたらきをする。

ここでさらにもうひとつの点に言及しておかねばならない。現今の読者は、アブーラーフィアとその後継者たちがディッルーグとケフィーツァ、すなわちある概念から別の概念への「飛躍」もしくは「跳躍」と呼んでいる方法の克明な記述を見出して大いに驚かされることだろう。だがこれは連想を瞑想のひとつの方法として利用するという、きわめて注目すべき試みにほかならないのである。このばあい問題になるのは心理分析学者が知っているような「連想の自由気儘な遊び」ではなく、むしろそれは、比較的ゆるやかではあるけれども確実な規則にしたがってひとつの連想から別の連想へ移るための方法なのである。それぞれの「飛躍」は、質料的にではなく形式的に一定の性格をもつ新しい領域をひらく。この領域内で思考は自由に連想できる。「飛躍」はしたがって自由な連想と統御された連想の諸々の要素を統一し、そうして秘義を授けられた者の「意識の拡大」に関して並外れた成果をねらおうとする。「飛躍」はまた隠れた思考過程の出現をも促す。「それはわれわれを現世的領域の獄屋から解放し、天上的領域の境へとわれわれを導くのである。」その他のもっと単純な瞑想の方法はすべて、他のいっさいを包含し、それを凌駕することの最高階位の準備的なはたらきをするにすぎない。(58)

瞑想と忘我の準備、ならびにそのあとの歓喜のきわみにおいて人間に起ることを、アブーラーフィアは多くの箇所で描いており、あとでもち出すつもりであるが、(59) 彼の弟子のひとりの報告も彼の言を裏書きしている。アブーラーフィア自身はある箇所でこう言っている。

「あなたの神にたいする準備をしなさい。イスラエルびとよ！ あなたの心を神にのみ向ける用意をしなさい。あなたの身体を潔め、誰にもあなたの声を聞かれない寂しい場所を選びなさい。そしてそこの庵に座して、なんびとにもあなたの秘密を明かさないようにしなさい。もしできるなら、昼間に、家のなかでやりなさい。でも、夜にやるなら、それにこしたことはありません。あなたがあなたの創造者と語る準備をし、かのお方がその力をあなたに知らせることを欲す時刻《とき》には、あなたのすべての考えをこの世の虚栄からそらすように気をつけなさい。あなたのそばにあるシェキーナーを畏れかしこむ気持になるように、あなたの祈禱衣に身を包み、あなたの頭と手に聖函（テフィリーン）を戴きなさい。あなたの着衣を潔め、なろうことなら、あなたの着衣を白ずくめにするとよいでしょう。というのは、こういうことはみな神の畏怖と神の愛へと心を向かわせるのに役立つからです。夜になったら、あたりがすっかり明るくなるまでたくさんの灯をともしなさい。それからインクとペンと書き板を手にとり、あなたはいま心の喜びのうちに神に仕えようとしているのだということを考えなさい。それからあなたの心が暖まるまで、少しの文字や多くの文字を組み合わせたり、取り換えたり、たがいに動かしたりすることを始めなさい。そうして、その文字の動きとそこからあなたに生じる事柄に注意を払いなさい。あなたの心が暖かくなったと感じたら、そしてあなたが文字の組合せによって、人間の伝統とか自分自身によっては認識できないような新しい事柄を把握できることがわかり、あなたのなかに流れ込む神的力の流れを受容する用意がすでにできたなら、そのときにはあなたの真の想像力を、神の名と神の最高の天使たちを、あたかもあなたの周囲にたたずみ座している人であるかのように、あなたの心のなかに思い浮べることに向けなさい。そしてあなた自身は、王やその家臣たちが或る使命のためにつかわそうとする使者であるように思いなさい。使者はいつでも、王みずからの使者であろうと、王の家臣の使者であろうと、とにかく彼らの口から何か自分の使命のことを聞く用意があります。そしてあなたがこのことを生きいきと想像したのち、考えられた文字を通してあなたの心のなかに入ってくるであろう多くの事柄をあなたの思考でもって理解することに全神経を傾注し、それらを全般的に、それからくまなく細部にわたって熟考しなさい。ちょうど比喩とか夢を語り聞かされる人や、あるいは学問的な書物のなかで深い問題を考察する人のように。そしてあなたが聞くことをできるだけあなたの理性と調和するように解釈することを心がけなさい。……こういうことはみな、あなたが書き板とペンを投げ出すか、それともあなたの思考が強力であるためにそれらがひとりでにあなたの手から落ちたあとに起るでしょう。そして、あなたの内部で上からの知的な流入が強まれば強まるほど、あなたの外と内にある四肢は弱くなるだろうということを心得ていなさい。あなたの全身が途方もなく激しい痙攣に陥り、そのためにあなたは、魂が認識にたいする喜びのあまり身体から離れて死んでしまうのではないかと思うでしょう。この瞬間には、意識的に死を選ぶ覚悟をしなさい。そうすればあなたは、自分が流入を受け容れられるところまできたことを知るでしょう。そのときあなたは、全身全霊を投げうって栄えある名に仕え、その名をほめたたえようと欲するならば、あなたの面をヴェールで包み、神を直視することを恐れなさい。それから身体のことに戻り、立ち上がって少しばかり飲み食いをし、かぐわしい匂いを嗅いで元気をつけ、崩れようとするあなたの精神を別のときまで元の殻におさめておきなさい。そしてあなたの運命を喜び、神があなたを愛したもうことを知りなさい。」

魂がもっぱらこのような世界に住み、いっさいの外的形象に背を向けて、神の名の省察にのみつとめるならば、それによって魂に着々と最終的発現の用意がととのう。魂をその通常の状態に閉じ込めて純粋知性の神々しい光をさえぎっている封印は緩み、ついには完全に解かれてしまうだろう。神的生命の隠れた泉が突如魂の内にほとばしり出る、あるいは魂に向かって流れ落ちてくる。だが、このときその泉が、そのようにきちんと心がまえのできた魂のなかでいっさいの個人の意識を窒息させてしまうようなことはない。その泉は魂を殺したり、混乱させたりはしない。それどころかむしろ、いまや神秘的上昇の階梯における第七番目の最高の段階によじ登った人間は(60)、完全な意識をもって、彼を照らし守る神的光の世界に立つのである。これこそ神の名の言い表しがたい秘密と御国の全き栄光が明かされる預言者的幻視の段階である。預言者はそれらを、神の偉大さを証しその反照をおびた言葉で告げ知らせる。

アブーラーフィアが神秘的瞑想の途上で遭遇しうる最高の善とみなしている忘我は、したがって、けっして半ば意識を失った物狂いでも、人間的自己の抹殺でもない。人間が十分な準備もせずに求める、そのような無軌道な忘我の形式をアブーラーフィアはなんら重視せず、それどころかそのなかに大きな危険すら見る。たしかに、あの理性的に準備された忘我も不意に人間を見舞うのであって(61)、人間が強制できるものではない。しかしながら、ここで門がはずされ、封印が解かれると、そのときはもう魂には「知性の光」の侵入を受け容れるかまえと準備ができている。それゆえアブーラーフィアは精神的危険ばかりでなく、非方法論的な瞑想訓練などと結びついている肉体的危険にたいしてもたびたび注意を発している。文字は『イェツィーラー書』によると、それぞれ一定の身体部分に付属しているので、文字を組み合わせるときには「子音や母音の位置を変えないように、くれぐれも気をつけねばならない。なぜかというと、ある身体部分を支配している文字を読むときに読みまちがえると、その身体部分がもぎとられて別の場所についたり、たちどころにその性質を変えて別の形態をとったりすることがあり、そのため人間は片端になってしまうからである。[62]」この章の終りで引用するつもりの報告のなかでは、アブーラーフィアの弟子が痙攣性の顔の歪みにも言及している。

アブーラーフィアは彼の預言の斬新さと比類のなさを、ことさら強調している。「ラジエルの見たたいていの幻視は神の名と神のグノーシスの上に、ならびにいま彼の生存中に地上に行われる、アダムの昔から彼にいたるまでいまだかつてなかったような神の新しい啓示の上に築かれているのだ[63]！」真の名を知ることから汲み取る預言者はアブーラーフィアにとっては同時に真に愛する者でもある。預言と神の愛との同一性は数神秘主義的にも証明され、純粋な愛から神に仕える者は預言への正しい道を歩んでいる。[64]神にたいする純粋な畏怖が愛へと転じるカバリストたちはそれゆえ彼にとって預言者のまことの弟子なのである。[65]

6

アブーラーフィアは彼の預言者的忘我の理論が結局のところユダヤの哲学者、とくにマイモニデースの預言説と同じであると考えている。後者の哲学理論も周知のごとく預言のなかに、系統的な準備ののちに成就する人間の知力と神の知力とのあいだの接触を見る。この接触は、最高段階に到達して空想力をも透過し制圧した、完全に発展をとげた人間の知性と、純粋な形式と叡知の世界、いわゆる活発な知力《インテレクトゥス・アゲンス》から由来する宇宙的力との合一にある。この活発な知力が人間の魂のなかに流れ込むことが預言者的ひらめきである。アブーラーフィアは瞑想の道を説く彼の教義をこの中世に広く認められた預言の理論と結びつけ、そのようにして自分の教義に厳密に理性的な性格を付与しようとする。[66] とくにマイモニデースの『迷える者の手引き』にたいする彼の注釈書はその点で徹底している。だがそれだからといって、彼が説くのは結局のところ、インドのヨーガ苦行をその古典的完成とするあの古い精神技の形式がユダヤ的手段と概念をもって表されたものにほかならないのだという事実を思いあやまってはならない。ここでは細部に立ちいって詳述するわけにはいかないが、ただひとつ指摘しておきたいのは、ヨーガ体系において心理的苦行の最も重要な手段として高度に練り上げられた呼吸の術がアブーラーフィアの体系においても重要なはたらきをしているということである。[67] 一定の姿勢、ひと呼吸内での子音と母音の一定の結合、一定の朗読形式が、彼によって精確に定められる。[68] アブーラーフィアの書『知性の光』の多くの部分を読むと、本当にインドのヨーガ・トラクトのような気がする。それどころか、類似性は部分的に、このようにして準備され獲得された忘我の内容に関する教説にまで及んでいる。

それではアブーラーフィアによれば、この最高の地位に到達した弟子に現れるのはなんであろうか。ここで何度も語り聞かされるように、彼の前に現れるのは彼の精神的な教師であり、若者の姿をしているにせよ、古老の姿をしているにせよ、その人を彼は眼前に見、その人の声を彼は聞くのである。[69]「身体は」——とアブーラーフィアは言う——「身体の医者を必要とし、魂は魂の医者を、すなわちトーラー学者を必要とする。だが知力（最高の心的力）はトーラーの奥義についてのカバラーを授受した外からの動力と、閉ざされた門を彼の前にひらく内からの刺激力、メオーレル・ペニーミーとを必要とする。[70]」そのほかにも、アブーラーフィアは人間の教師と神的教師とを区別する。前者はいなくてもどうにかやっていけるし、アブーラーフィアは彼自身の著作がばあいによっては弟子にとって教師との直接の接触に代わるものとなりうるかも知れないと言っている。(71) だが、魂の秘密の門において人間に歩み寄ってくる精神的教師――インドの術語を用いてこれを彼の「グールー」と呼んでおこう――はなくてはすまされない。それは神話的人物天使メータトローン*10の姿をした活発な知力の化身であるが、同様にまた多くの箇所から明らかなように、シャッダイの現し身をとった神自身でもある。(72) メータトローンについては、タルムードにこう言われている。「彼の名は彼の主の名のようである。」(73) 主を表すヘブライ語の言葉はここでは同時に「教師」をも意味する。アブーラーフィアはこの言葉を忘我のなかで弟子とその精神的教師グールーとのあいだにつくられる関係に用いている。これはつまり、人間はこの最高の高まりにおいて神との真の親近関係を知るという意味である。教師は彼と向かいあっているように見えるけれども、彼と教師とはなんらかのしくみで同一人物である。したがって、忘我のなかで何か人間の神秘的な変貌のようなものが行われるのである。人間とその指導者ないし教師との一致――その点ではとにかくまた神との一致でもあるが――のこうした体験についてアブーラーフィアは多くの箇所で述べているが、しかしそれをまったくあからさまに表明することは避けている。(74) たとえば『メシアの認識と救い主の学問』(75) と題する未公表の断章に次のような箇所がある。

「[神秘的組合せ術の]この学問こそ他のどの学問よりも預言の受容に近いところにある容器である。人間が現実の本質を、それを論じた書物で学んだことから認識するばあい、そのひとはハーカーム、学者とよばれる。だが、聖なる名の省察を通じて現実の本質を認識したひととかカバリストの口から自分でそれを受け取ったひとによって伝承されるカバラーの助けを借りてそれを認識するばあい、そのひとはメビーン、すなわち洞察者とよばれる。しかしまた自分自身の心から、現実の事物で自分の手に入ったものについて自分を相手に行う交渉のなかから現実の本質を認識する者は、ダーアターン、すなわち認識者[グノーシス者」とよばれる。自分の精神のなかで上に述べた三種が、すなわち研究の充実から得られた学識と真のカバリストから受け取った洞察と省察の深みから出る認識とが出会うように現実の本質を認識するひと、そういうひとについてはもとより私は、そのひとは預言者とよばれる、というつもりはない。少なくともそのひとがいまだ純粋な知力に触発されていないならば。あるいはたとえ触発されていても［つまり忘我の境地に入っていても］、何によって触発されたのか、それをいまだ認識していないならば。しかしそのひとが神の接触を感じとり、その性質を把握したのなら、私が見ても、完成者の誰が見ても、そのひとは『教師』とよばれるのがふさわしいように思われる。なぜなら、彼の名は彼の教師の名のようだからである――その名のひとつにおいてであれ、その名の多くにおいてであれ、あるいはその名のすべてにおいてであれ。なぜかというと、彼はこのときはもう彼の『教師』から分離してはいないからである。なんと、彼は彼の教師であり、彼の教師は彼なのだ。というのは、彼は教師と非常に密着しているので［すでに述べたデベクースという言葉の類似形式がここで使用される］、彼はいかにしても彼の教師から分離することはないのである。なぜなら、彼は彼（Er 神のこと。―訳者注）だからである。［この『彼は彼である』という言葉は急進的な回教の汎神論者の有名な公式である。］そしていっさいの物質から遊離した彼の『教師』がつねに、セケル、マスキール、ムスカール、つまり知力、知る者、知られたもの、とよばれ、この三つがすべて彼のなかでひとつであると同じように[76]、このひいでた人間、『すぐれた名の大家《マイスター》』自身も知力とよばれるが、一方では彼は実際に認識する者である。だから彼はまた彼の教師と同じように、知られたものそのものでもある。このとき両者のあいだには、彼の教師がその最高の地位を得たのは自分自身によってであり、他の被造物からではないのにたいし、後者はその地位を被造物という道具によって獲得したという点以外に何の相違もない。」

人間とトーラーはこの最高の状態で一体となる。このことをアブーラーフィアは才気豊かに表現しており、「それを大いにひもときなさい。なぜなら、そのなかにはすべてが書かれているからです」というトーラーの『父たちの箴言』の古い言葉を、「なぜなら、それはまったくあなたのうちにあり、あなたはまったくそのなかにあるからです[77]」というふうに、思いきった言葉で補足している。

このように、忘我のなかでは実際にある程度人間とその主との同一化が行われるのであるが、しかし真に完全な一致は得られないし、アブーラーフィアはそういうものを得ようとさえしない。いずれにせよ、これはラビ的ユダヤ教のなかで試みられた忘我的な体験の内容の最もラジカルな表現のひとつである。そして実際に、私の見るかぎり、アブーラーフィアの足跡をたどり彼の理論を継承したカバリストの大多数は、忘我における同一化に関するまさにこの注目すべき教義をいっしょに受け継ぐことはしなかったのである。われわれはたとえば、ラビ・ユダ・アルボッティーニまたはアルブタイニがエルサレムで著わした非常に興味深い小論文スッラーム・ハ＝アリヤー『上昇の梯子』——つまり神への上昇である——をもっている。このトラクトはアブーラーフィアの方法全体を簡潔に描いており、私自身もかつてその第十章を出版したことがあるが、この章で「孤独の道と合一〔デベクース〕の準備」、言いかえれば忘我の理論、を述べている[78]。だが、忘我の内容に関する、あのすべてのラジカルな言説とアブーラーフィアによって使用された形象は、言及すらされていない。その他の点では著者の論述は非常に感銘深く、注目に値するのだが。

預言者的カバラーのサークルにおいて忘我の内容が定義される際のもうひとつの変わった形式はいっそう注目すべきもので、それが用いている意表を突いた言い回しは心理学者の特別な注目に値する。それによると、人間は預言者的忘我のなかで彼と相対し彼に話しかける彼自身の自己に出会うという。このオカルト的体験はいつもたいてい忘我にともなう光の幻視よりも高く位置づけられた[79]。預言者の擬人観的言説についてミドラーシュはこのように言う。「偉大なのは形式を造形者になぞらえる（つまり人間を神に比する）預言者の力である。[80]」しかし、アブーラーフィア的傾向の二、三のカバリストはこの主張をちがったように解釈している。己れの創造者に比せられる、つまり神的性質をもっている形式は、預言において人間のなかから現れ出る、その人間の純粋な精神的自己である。これについては、あるカバラー伝統の古い収集家のもとに次のような美しい箇所が保存されている。[81]「預言者にとって預言の完全な秘密は次の点にあることを知りなさい。預言者は突然自分の姿が面前に立っているのを見る。そして彼は己れを忘れ、自己が彼から離れて、彼は眼前の自分の姿が彼と語り、彼に未来を告げるさまを見る。この秘密についてわれわれの賢者はこのように言っている。『偉大なのは［己れの前に立ち現れる］姿を己れの形成者に比する預言者の力である。』そしてラビ・アブラハム・イブン・エスラーはこう言っている。『預言において、聞き手は人間であり、語り手も人間である。[82]』……そして別の学者はこう書いている。『わたしは自分が預言者でも預言者の息子でもないこと、わたしのなかに聖なる精神はなく、わたしには「天の声」を支配する力もないことを知っており、完全な確信をもってそれを認識している。なぜなら、わたしはこれらすべてのものにふさわしい人間ではなかったからである。それというのも、わたしが長衣を脱がず、足を洗わなかったからである――それでもわたしは、天地《あまつち》も見そなわすように、ある日腰を下ろして、あるカバラーの秘密を書き記した。そのときわたしは、突然わたしの姿がわたしの向かいに立ち、わたしの自己がわたしから離れるのを見て、書くのをやめずにはいられなかった』。」預言のオカルト的性格を自己との邂逅としてとらえるこうした説明は、「汝自身を認識せよ」という古いプラトンの教えを「汝の自己を見つめよ」と解する神秘主義的解釈であるように思われる。

アブーラーフィアが明らかに独自の体験に基づいてたびたび描いているような忘我のなかでは、おまけに或るやり方で救済の先取りも行われる。人間は忘我のなかでこの世のものとは思えない炎に暖められ、熱せられるばかりでなく、頭から足の先まで不思議な油で清められたように思う。人間は、アブーラーフィアが、マーシーアハ（聖別された者、メシアの意）というヘブライ語の言葉の二重の意味を保持しながら表現しているように、神の聖別された者なのである。[83] 人間はしたがって、少なくとも忘我的な体験が続いているあいだは、自分自身のメシアとなる。

7

アブーラーフィアは彼の神秘的認識の方法を、神の神秘的属性を「セフィロースの道」で瞑想し実現する当時のカバリストたちと区別して、「名の道」と名づけている。[84] この両者の道がいっしょになって初めて全カバラーが形成されるのである。すなわち、セフィロースの道は「ラビ的」カバラーを、名の道は「預言者的」カバラーを形づくる。カバラーの信奉者は十のセフィロースの省察から始めなくてはならない。[85] これらのセフィロースはもちろん、瞑想における生きいきとした表象の対象とならねばならないのであって、セフィロースのさまざまな名を単に神の属性として、いやそれどころか神の象徴として学ぶことによって習得した外的な知識の対象となってはならないのである。[86] なぜならセフィロースのなかにも、アブーラーフィアによれば「活発な知力の深遠さ」が、神秘家にとってシェキーナーの光輝に相等しいあの宇宙的力の深遠さが、[87] 現れているからである。カバラーの信奉者はまずそこから通暁のさらに深い段階を表す二十二の文字の省察に移って行かねばならない。アブーラーフィアが名の道とよぶものにたいして古のユダヤのグノーシス派の人びとは、すでに見たように、別の表現、すなわちマアッセ・メルカーバーを用いた。それはつまり、文字通り訳すと「戦車の業《わざ》」、すなわち創造神の玉座を乗せて走るといわれる天の車の業である。神秘的な語呂合せを好んでするアブーラーフィアは彼の新しい学問のなかに真のマアッセ・メルカーバーを見る――「メルカーバー」という言葉は同時に「置換え」とも解せるからだ。文字と神の名の置換えと組合せの教義――それがメルカーバーの真の幻視である。(88) むろんアブーラーフィアは聖書の語義の探求から預言にいたるまでのトーラーの認識の七段階を叙述するとき、第六の段階であるこの預言者的カバラーとあの至聖のものとを区別しており、前者はあくまで後者の準備にすぎない。人間が「活発な知力から出てくる言葉」を理解することの最終段階の内容は、たとえその最終段階を言葉で表出することが可能であっても、伝承されてはならないといわれる。(89) だがそれにもかかわらず、すでに見たとおり、アブーラーフィアは自身の禁を破って、この至聖のものをおおっているとばりをちょっとまくりあげてみせる。

すでに見たように、アブーラーフィアはけっして哲学の軽蔑者ではない。カバラーにしろ、哲学にしろ、両方とも活発な知力との接触から生まれたものであって、ただカバラーは活発な知力のより深い伝達を含み、他のどの知識よりもより精神的な、より深い領域にわけ入っていくという違いがあるだけだ、とアブーラーフィアはみずから言明しているくらいだから。(90) とはいえ彼は、哲学には人間をただその本来の道からはずれさせるだけのように見える或る種の問題があると固く信じている。この点で注目すべきことは、世界は永遠なのか発生したものなのか、という問いについての彼の意見である。この問いは周知のごとく、アリストテレスとの対決におけるユダヤ哲学の根本問題のひとつである。アブーラーフィアは言う。トーラーは世界の永遠性を証明するものでも、世界が発生したものであることを証明するものでもないという事実は、預言者的カバラーの立場からはなんら宗教的な重要性をもたない、と。「預言者がトーラーに要求するのは、つまるところ、彼が預言の段階へ到達するのに役立つものにほかならない。だから、世界が永遠であるか発生したものであるかということは、預言者にとって何ほどの意味があろうか。世界の永遠性は彼により高い段階を授けることも、彼からそれを奪い取ることもできないのだから。世界がある一定の瞬間に発生したという仮定についても同様である。[91]」宗教的に重要なのはただ人間の完全性に寄与するものだけである。そして、それこそわけても名の道なのである。アブーラーフィア自身は世界の永遠性を否定するが、[92]ここで彼はまったく実用主義的な見方に傾いており、この問い全体を不毛であるとしりぞける。

要するに、アブーラーフィアはわけてもすぐれて実践的カバリストといえるものである。むろん「実践的カバリスト」というのはカバリストの言語習慣ではまったくちがったものを意味している。それは悪魔や暗黒世界の諸力を利用するあの黒い魔術とは異なって、許された手段でもって行われる魔術を意味する。だが実際に、名の巨大な力を解き放ち呼び出す魔術のこの神聖な形式は、アブーラーフィアの方法とけっしてそう無縁ではない。アブーラーフィアがその新しいカバラーの諸要素を汲み取った歴史的源泉をつぶさに調べてみるならば――この課題はこの章の範囲には入らない――ユダヤ的源泉も非ユダヤ的源泉も実際に魔術的な伝統や教義と密接な関係があることがわかる。これは彼に深い影響をあたえた中世のドイツのハシディズムの思想にもいえることだし、[93]またいろいろな交通路を通って多くの回教の神秘家にも達し、アブーラーフィアがオリエント旅行中に知ったかも知れないあのヨーガの伝統についてもいえることである。しかしながら、アブーラーフィア自身は魔術や彼の聖なる名の学問を将来万が一にも魔術的目的のために利用されることをきっぱりとしりぞけており、このことは強調しておく価値がある。彼は数多くの論争で魔術を真の神秘主義をいつわるものと言明する。[94]もちろん彼は自己自身に向けられた魔術、つまり内面性の魔術――アブーラーフィアの見解は要するにこう名づけることができると思う――を認めているが、しかしなんらかの外的な効果をねらったものは、たとえそれが内的な、容認された神聖な手段によるものであっても、いっさい認めない。そのような魔術は彼によるともちろん可能であるが、しかしそれを行う魔術師は呪われた人間なのである。[95] 人も知る彼の最初の著作ですでにアブーラーフィアは降魔術についてこう語っている。降魔術はいかさまな空想に基づいているけれども、民衆に宗教にたいする有効な恐怖心を植え付けるにはもってこいである、[96]と。別の箇所では――タルムードに言われているように――肥えた仔牛を作るために『創造の書』を利用してはならないと戒めている。そういうことを望むものは自分が仔牛なのである、[97]と。

アブーラーフィアは断固として内面への道を歩んだが、彼ほど遠くまでその道を歩きとおした者は、もっとのちのユダヤ教にしか存在しない。だが、この道は神秘主義と魔術の境界線すれすれにある。この二つの領域はしばしば融和しがたく対立しているように見えるけれども、両者のあいだには通常考えられている以上に深い接触があるのである。神秘家の意識が魔術師のそれへと転じやすい点が幾つかあって、今しがた語ったアブーラーフィアのあの内面性の魔術がそのひとつである。彼自身においては、すでに見たように、聖なる名に向けられた瞑想が外的な手管を目的とする魔術へ脱線することは回避されているけれども、しかしそれでおさまりはしなかった。後継者の多くは混乱に陥って、内面への道から外界を変える力をも持つことを期待しがちだった。純粋な言葉と緊張した意志とで自然をすら支配する力をもとうとする魔術師の夢はゲットーでも夢見られ、いろいろなかたちで本来の神秘主義の理論的、実際的関心と結びついた。アブーラーフィアの組合せの学問（ホクマス・ハ＝ツェルーフ）は神性の秘密に通じる鍵であるばかりか、魔術的力への鍵ともみなされるのである。

忘我的カバラーと神智学的カバラーのありとあらゆる組合せがこのホクマス・ハ＝ツェルーフに関する十四世紀から十六世紀までの文献に見られる。たとえば、このような性格をもった或る著作のばあいはマイモニデースの作とさえされて、そこではマイモニデースが実践的な魔術師、奇蹟を行う人として現れている。[98] さらにまた、この種の本のうちで印刷に付されたほとんど唯一の書といえるベリース・メヌーハー、『平静の契約』[99]では、聖四文字のさまざまに可能な母音化に関する瞑想の要領が述べられるが、そのなかにはそのような省察の際に魂のなかに輝き出る光の叙述と、同時にまたそのような神の名の魔術的利用についてもかなり詳しい記述がある。さらに今日筆写本で伝えられている、一五四〇年頃に(エルサレムとダマスクスで)書かれたカバリスト・ヨセフ・イブン・サイヤッハの二大著書では、このユダヤのヨーガ主義の両側面がまさに極端なまでに体系化されている。この両側面とはすなわち、魂の深層をつぎつぎにあばいて魂の秘密の光を求めようとする瞑想と、そのような内への沈潜において獲得された魂の諸力を魔術的な意図をもって利用すること、である。[100]

最後にこのことを確認しておこう。多くのカバラーの著作では、神の偉大な名が最後の刻限を迎える殉教者にたいして彼らの最後の瞑想の最高の内容として推奨される。重要な神秘家、エルサレムのアブラハム・ベン・エリーエゼル・ハーレーヴィー*11(一五三〇年没)はある感動的な説話のなかで殉教者たちに、最後の試練のときには神の偉大な名に心を集中し、その光り輝く文字を念頭に浮べ、全注意力をそこに傾注しなさいと助言している。これをなす者は炎と拷問の苦痛を感じることはないだろう。「人間の理解力にはありえぬことのように思われるかも知れないが、しかしこれは体験され、聖なる殉教者たちによって受け継がれてきたことなのだ。」[101]

8

これらの理念の牽引力とその理念の貫徹の仕方については殊の外貴重な証言がある。アブーラーフィアの匿名の弟子が一二九五年にパレスチナで著わしたと思われるひとつの書がそれで、このなかで彼は預言者的カバラーの根本思想を分析した[102]。「拡大」、すなわち対象の物質的な知覚からますます純粋な精神化された知覚への精神的進歩、の三つの道を論究するにあたって、彼はひとつの自伝的な報告を挿入し、そのなかでたいそう念入りに、かつまた疑いもない信憑性をもって、彼自身の発展と、ならびにアブーラーフィアとそのカバラーに関する彼自身の体験とを記している。彼はむろんアブーラーフィアを名指してはいないが、この叙述と彼によって使用された語句から、彼が暗に誰をさして言っているのかは疑いもなく明らかである。この書シャアーレ・ツェデク、『正義の門』[103]については四つの筆写本が現存しているが、そのうちあの自伝的な部分を含んでいるのは二つだけで、他の二作ではこの部分は明らかにすでに前で述べたカバリストの自己検閲の犠牲になったものと思われる。それは彼があまりにも親密な神秘的体験の告白の禁を破ったからである。著者はそれゆえ自分の率直さに詫びを乞うことも必要だと考えたのである。

私が述べたことの例証として、この報告の主要部分をここに再録したいと思う。これは同時に、私見によれば、心理学的にも非常に興味深いものである[104]。

「無名の、ごくつまらない人間のひとりであるわたしは精神的拡大への恩寵の道を希求するわたしの心を探求し、その折精神化の進み方に三通りあることを発見した。すなわち、誰もが知っているやり方と哲学的方法とカバラー的流儀である。誰もが知っている道とは——聞くところによると——回教の禁欲者が踏み行う道である。彼らは己れの魂からすべての『自然の形式』、彼らになじみの深い世界のすべての形象を排除するために、ありとあらゆる術策を用いる。そうして、精神化された形式、精神的世界の形象が彼らの魂のなかに入り込むと、それは——彼らの語るところによれば——彼らの想像力のなかに隔離され、この想像力をいやがうえにも高めるので、その結果彼らは将来起る出来事を預言できるようになる。わたしは彼らが ALLAH ——イスマエル人の言葉でそういわれている——の名を詠唱することを知ることができた。わたしはさらに研究を推し進め、彼らがこれらの文字を発音する際にはなんらかの自然の形象から完全に考えをそらし、そうすると ALLAH という文字とそれにそなわるさまざまな力が彼らの上に作用を及ぼすことがわかった。彼らはカバラーを知らないので、やみくもに恍惚状態に陥る。こうして魂がいっさいの自然の形式と形象から遮蔽されることを彼らは〈滅却〉と呼んでいる。[105]」

「二番目は哲学的なやり方であるが、これは人間の悟性にはたいそう快いもので、ぬかりなく人間の悟性をとらえるすべを心得ているので、修業者はこれを魂から追い出そうとすると甚だしく苦労するだろう。それというのも、そのやり方はこういうことにあるからである。修業者が或る学問——たとえば数学など——で知識を得ると、そこからさらに類推によって自然科学へ、そしてついには神学へと進む。それから彼はなおも自分の中心を回りつづけ、これらの勉強でより一層の進歩をなしつづけるうちに、ある気持のよい心の平静が彼をとらえる。この快感が彼を甚だしく惹きつけ、幸せにするので、彼には既得の観念を越えてゆく扉も門も見出せない。自分の思想を敷衍してゆく喜びを味わうのが精一杯である。彼はいまやすっかり自分に没頭し、自分の考えを誰にも邪魔されないように世間から引き籠ってしまうだろう。ついにはそれが、純粋に哲学することを少々逸脱して、四方八方へ振り向けられる燃える剣のようなはたらきをすることになる。このことの真の理由は同様に、事物を認識するための媒介となる文字への彼の沈潜のなかにも見出される。彼の人間的理解力がとらえた対象が彼を支配する。すると彼はそのような認識が自然に自分のものになったと思い、自分がすべての学問に長じているのだと思い込む。或る事柄が自分には預言によって明かされているのだ、と彼は主張して疑わない。しかし彼はその真の理由を悟ることはせず、それどころか、それが己れの人間的理解力の拡大と深化によるものだと考える。……だが本当は、文字が彼の思考と空想力にとらえられて、その運動のなかで彼に影響を及ぼし、難解な問題についての彼の思索に中心的な方向をあたえるのだが、そのことに彼は気づかないのだ。」

「だが、あなたがわたしに、どうして今日わたしたちは文字を発音したり、文字を動かしたり、文字から発するなんらかの効果を確認もせずに文字でもって効果を得ようとしたりするのか、と難しい質問をするなら、その答えは――わたしはそれを神のお力添えによって証明するが――精神化をもたらす第三の道にある。わたしは――賤しい者であるが――この方面で体験したことを報告しようと思う。」

「実を言うと、友よ、わたしは初めからトーラーを勉強したいと思っていたのだ。そこでわたしは少しばかりそれを学び、聖書もいくらかかじりはした。しかし、わたしのタルムード研究を指導してくれるひとはいなかった。それは教師がいなかったからではなく、むしろ我家にたいする恩義と父母への愛情のためだったのだ。しかしついに神はわたしにトーラーへの力をお授けになった。わたしは家を去り、探し求めた末に師を見つけて、数年外国に滞在してタルムードを学んだ。しかし自分でも知らずに、トーラーの炎はわたしの内に燃えつづけていた。」

「わたしは故郷へ戻った。すると神はわたしをひとりのユダヤの哲学者におひき合わせになった。そのひととともに、わたしはマイモニデースの書『迷える者の手引き』を少々学んだ。このこともわたしの熱望を強めたのだった。そうしてわたしは少々論理学と自然科学の知識を得た。それはとてもわたしの気に入った。なぜかというと――周知のように――『自然は自然を惹きつける』からだ。そして神も見そなわしたもうように、もしわたしがあらかじめトーラーとタルムードから学んだ僅かばかりのことを通して揺るぎない信仰を得ていなかったら、心中に純粋な意志のほむらが燃えさかっているにもかかわらず、数多い宗教の掟を遵守しようとするひたむきな願いは捨て去られていただろう。しかし、この先生が［戒律の意味に関する］哲学の道において教えてくれたことはわたしには物足りなかった。やがて主のおひき合わせで、わたしはひとりの信仰深い人にめぐり会った。そのひとはカバリストで、わたしにカバラーの一般的原則を教えてくれた。いささか自然科学をかじっていたので、わたしにはカバラーの道はほとんど不可能なような気がした。すると先生がわたしにこう言われた。『息子よ、おまえはどうして自分でやってみもしなかったことを拒否するのか。いちどそれを試してみるといいだろう。そのうえでたいしたことではないとわかったら――そしておまえが十分成長していないために自分自身の内にある欠陥がわからないのだということがわかったら――それはたいしたことではない、というがいい。』わたしに好きにならせようとして、わたしの理解力がそれを受け容れ、わたしがそれに熱中するようになるまで、彼はいつもわたしに教えたことをすべて自然にわからせようとした。わたしは自分にこう言いきかせた。ここにあるのはおまえの得になることばかりで、損することはない。ひとつ待ってみよう。そのなかに何か肯定的なことが見つかれば、たしかに儲け物だ。そのばあい、それ以上何も出てこなくても、それまでにわたしが得たものはやはりわたしのものであることに変わりはない。そんなわけで、わたしは折れた。彼はわたしに文字の置換えと組合せの方法や、数神秘主義や、その他の『イェツィーラー書の道』を教えてくれた。彼はすべての形式がわたしの心に刻み込まれるまで、その各々の道に二週間をかけた。そうやって彼はまる四箇月わたしを指導していった。そのあと彼は、習ったことを何もかも全部〈滅却〉するようにわたしに命じた。」

「彼はよくこう言ったものだ。私の息子よ、もくろみはおまえが有限な形式ないしは所与の形式を、たとえいかにすぐれた形式であるにせよ、停止させるということではないのだ。むしろ『名の道』とはこうなのだ。名がわかりにくいものであればあるほど、その位は高く、やがておまえはある力がはたらき出すところにまで到達するが、その力はもはやおまえに制御されるのではなく、むしろおまえの理解力とおまえの思考がそれに制御されるのだ。わたしは答えて言った。『もしそうなら［すべての精神的及び感覚的形象が滅却されねばならないのだとしたら］、どうして先生は自然科学の方法と聖なる名の教義とが結びついた書物などお書きになるのでしょうか。[106]』すると彼は答えた。『おまえのためと、哲学の学徒たちのなかにいるおまえのような人間のためにだ！　おまえたちの人間的理解力を自然の方法で刺激したら、この餌がひょっとしておまえたちに聖なる名の認識に迫るきっかけとなるかも知れないと思うからだ。』そういって彼はわたしに全篇文字［の組合せ］と名と神秘的な数字［ゲマトリオース］とからなる数冊の本を示したが、多少なりともそれらを理解できる者はいないだろう。なぜならそれらは〈理解〉するためのものではないからだ。彼はわたしに言った。『これが［嘘いつわりのない］名の道なのだ。』たしかにわたしの理解力はそれを受けつけず、わたしはそれについて何も知りたいとは思わなかった。『おまえにこれを見せたのはばかだった』と彼は言った。」

「その後間もなく、三箇月たったのち、わたしの思考が［いっさいの物質的なものから］離れて、いつにない奇妙なことがわたしの内部に起ったことをさとったとき、わたしは夜、文字をたがいに組み合わせて、哲学的な瞑想でそのことを熟考しようと決心した。それはわたしがいまやっているやり方とは少し違っていた。そうしてわたしは三晩続けたが、彼にはそのことを黙っていた。三晩目の夜半過ぎ、わたしは鵞ペンを手に、紙を膝にのせて、少しうなずいた。そのときわたしは蠟燭が消えそうなのに気づいた。わたしは、目醒めて起きているひとがよくするように、蠟燭の火を直すために立ち上がった。すると、蠟燭が再び燃え出したのだ。つぶさに調べたのち、その原因がわたし自身にあることを知って、わたしは驚いた。『とても信じられない』、そういってわたしは家のなかをあちこち歩き回った。すると、見よ、灯がわたしといっしょに動くではないか。わたしは寝台に横になって、すっぽり寝具にくるまった。すると見よ、その灯はずっとわたしといっしょにいたのである。そこでわたしは言った。『これはたしかに大きな徴し、新しい現象だ。わたしはそれに気づいたのだ』。」

「翌朝わたしは先生にそのことを報告し、文字の組合せでぎっしり埋まった紙片を見せた。彼はわたしを祝して、こう言った。『わが子よ、おまえがもし聖なる名の組合せに精進するならば、もっと大きなことを体験するだろう。さあ、息子よ、認めるがいい、おまえにはもう組合せをやめることはできまい。あれとこれに半分ずつ従事しなさい。つまり、夜の半分は組合せをやり、あとの半分は置換えをやりなさい』。およそ一週間わたしはこの方法を実行した。二週間目になるとわたしのなかの瞑想の力は非常に大きくなり、［わたしのペンから自動的に矢継ぎ早に出てくる］文字の組合せを書きとめるのが間に合わないくらいだった。たとえ十人の人間がいても、流入物が押し寄せるあいだにわたしが得たくらいたくさんの組合せはとうてい書ききれないだろう。そうしてついにこの力がわたしを襲った夜のこと、真夜中――身体が衰弱するにつれ、この力が殊の外ひろがって強くなる時刻――が過ぎて、わたしは二十二の名から成る偉大な神の名を並べ換え、組み合わせる作業にとりかかった(107)。ところがしばらくのあいだこれをしていると、文字が目の前で大きな山のようになり、激しい震えに襲われて、気をしっかり保っていられなくなった。髪の毛は山のように逆立ち、何か自分がこの世の者ではないような気がした。わたしはどっと倒れた。全身の力が脱けてしまったのだ。するとどうだろう。何か言葉に似たようなものがわたしの心臓から湧き出て、口先まできて無理矢理唇を動かそうとするのだった。『わたしのなかに入り込んだこれは、ひょっとすると――神よお護りあれ――狂気の霊ではないだろうか』とわたしは思った。ところが、見よ、それは純粋な叡知だったのだ。わたしは言った。『たしかに、これは叡知の霊だ。』しばらくするとわたしの自然の力が戻ってきた。疲労困憊して立ち上がったが、いまだに信じられなかった。そこでわたしはもう一度名をとり上げて、前と同じことをした。するとどうだろう、同じ作用がわたしの身に起った。それでもなおわたしは信じられず、四度、五度とそれを繰り返した。」

「朝起きたとき、わたしは先生にそのことを話した。すると彼はこう言った。『おまえの身に起ったことは、預言者級のなかでも高度なものだ。』彼はわたしの顔つきが変わっているのを見て、わたしをそれから解放しようとした。だがわたしは彼に言った。『後生ですから、わたしになんらかの力を授けて下さいませんか。わたしの心から流れ出る力に耐えて、そこから流入が得られますように。』わたしはつまりこの力を自分にひきつけて、その流入を得ようとしたのだ。それというのも、その力は大きな聖水盤になみなみと水をみたす泉のようだったからである。[然るべき用意のない]人間がもし水門を開けたら、その人間は水に溺れて、魂が離れてしまうだろう。すると彼はわたしに言った。『わが子よ、おまえにそのような力を授けるのは神なのだ。そういう力は人間に支配できるものではないのだから』。」

「あの安息日の夜、その力が同じようにわたしの身内に躍動していた。すでに二晩を一睡もせずに過ごしたあと、明けても暮れても並べ換えのことや、この真の現実の認識と外的なものに向けられたいっさいのものの根絶とに関する根本的な原理について瞑想していたとき、わたしは自分が受け容れ用意のできた正しい状態にあることを示す二つの徴しを得た。ひとつは知の深遠な問題についての自然な思考の高まりであり、わたしがそこに腰を下ろすまでの身体の衰弱と魂の強化であった。わたしは全身これ魂であった。二つ目の徴しは、空想力が頭のなかで甚だしくふくれあがり、額も裂けんばかりに思われたことであった。そのときわたしは名を受け容れる用意ができたことをさとった。実際にわたしはその安息日の夜にも思いきって言い表しがたい神の名[JHWH の名]にとりくんだ。だがその名にふれたとたん身体が萎えて、ひとつの声が体内から湧き起った。『おまえはきっと死ぬだろう、もはや生きてはいられないだろう。誰にそそのかされて、おまえは偉大な名に手をふれたのか。』わたしは即座にひれ伏して神に哀願した。『世界の主よ！　あなたさまも御存知のように、わたしがここに参りましたのは、［純粋な気持で］ただもう天のためでございます。わたしはどんな罪を犯したのでしょう。どんな禁を犯したのでしょうか。わたしはただあなたを認識するために入ったのです。ダビデがすでにソロモンに命じているではありませんか。汝の父の神を認識し、彼に仕えよ、と。そしてわたしたちの師モーセも――あのお方にやすらぎあれ――トーラーのなかでこのように打ち明けておられるではありませんか。あなたを認識し、あなたの御前に恩寵を見出せるように、今こそあなたの道をお示し下さい、と。』すると見よ、わたしがまだ話をしているうちに、油――今日の聖書にある聖香油のようなもの――がわたしを頭から足の先まで清め、わくわくするような歓びがわたしを襲った。それは精神的な、うっとりするほど快い、えもいわれぬ歓びであった。」

「こういうことが初めにあなたのしもべに起ったのです。わたしがこれをお話しするのは――神かけて――自慢したり、民衆の前で偉ぶったりするためではありません。民衆の目に偉く見えることは欠陥であり、民衆とは光が闇と違うように種類、性質の異なるより高い地位を求める者にとって、賤しい仕儀であることはよく心得ていますから。」

「ところで、わたしたちの民族の子である哲学する人たちの或る者は、知的学問に魅力を覚え、トーラーの秘密に関する限り知力がまことに弱いのだが、その彼らがこれを読んだら、わたしを笑い者にして、こう言うだろう。見ろ、あの男はくだらぬおしゃべりや作り話や、あの男の頭を狂わせた突飛な空想でわれわれの理解力を鈍らせようとしているのだ。あの男は自然科学に暗いものだから、そんな空想を真に受けているのだ、と。だが、幾らかでもトーラーを理解しているカバラーの信奉者なら、あるいはもっと欲をいえば、多少なりともそれをみずからの体験でさとったひとたちなら、これを読めば喜んで、わたしの言葉に喝采を送るだろう。でも、わたしがこのことを何もかも洗いざらい暴露したことに彼らはまたしても立腹するだろう。しかしそんなことはかまわない。神のより高い名声のために起ったことであることは神が見そなわしたもうのだから。わたしの願いはただ、神聖なユダヤ民族のひとりひとりがこの点においてわたしなどよりももっと有能で純粋であれということだけなのだ。そうすればおそらく、わたしなどのまだ知らないことを明らかにすることができるだろう。……わたしとしては、神がわたしにお授けになったことを他の人たちに伝えずにいることは我慢ならないのだ。でも、このような知識には、その前提も結論も同様に精神的な性質のものであるため自然の証拠が何もないので、自分自身の体験からこの話をせざるをえないと思ったのである。なにしろこの知識には体験それ自体をおいて何も論拠がないのだから。……それゆえこの道を攻撃するひとに言うが、わたしはいつでも実験的証拠を、すなわち超自然的な結果についてのわたし自身の観照、『イェツィーラー書』に記されているような文字の学問におけるわたし自身の体験を、証拠として提供することができる。わたしは――このことははっきりさせておくが――「そのような術策の」肉体的［魔術的］効果は探求しなかった。この話はそのような体験形式の可能性を前提にしているとたとえ確信していても、わたし自身はそれを拒否する。なぜかというと、そんな効果は、ことに魂が精神的な道で到達しうる完璧さに比べれば、下等な性質のものだからである。おまけに、この［魔術的］効果を試そうとする者は神の名を汚すように思われる。わたしたちの先生が次のように言うばあい、まさにこのことを仄めかしているのだ。無軌道がはびこり出してからというもの、神の名はもっぱら最も寡黙な祭司にのみ教示された、と。[108]」

「第三の方法はカバラーの道である。この道は、人間が大胆な弁証法によって自分の理解力を訓練し、愚か者のように何事もあっさり信じ込むことのないように、まずトーラーと信仰の字義通りの意味を学んだのちに、人間の魂のなかで数学的原理と自然科学的原理とが融合することから成立する。もとよりこういうことが必要なのはひとえに人間が自然界の虜囚であるからで、獄屋からのがれるためにはあらゆる手段を講じてひとつの穴や小さな裂け目を見つけ出そうとするのでなければ、理性的存在たるにふさわしくないからである。もし今日自然の理解力を研ぎすます方法を示してくれる預言者がいて、わたしたちが肉体からのがれることのできる精確な形式を教えてくれるならば、文字の教義に関係した『イェツィーラー書』の基本原理から導かれているわたしたちのカバラーに加えて、これらの自然の学問はいっさい不要であるだろう。なぜなら、預言者が子音の組合せの秘密と子音のあいだの母音の組合せをわたしたちに伝えてくれるだろうから。彼はわたしたちに秘密の活発な力が作用を表す道を、また天上からの流入が時として実現しないことがあるのはなぜなのか、そのわけを、教えてくれるだろう。……わたしたちは今日余儀なくいろいろな回り道をし、狭く限られた領域を動き回り、そのなかで手ほどきを受けているが、預言者ならこういうことすべてを直接知らせてくれるだろう。その結果、ひょっとしてわたしたちはこの道の途上で神と出会うかも知れない。というのは実際に、カバラーそのものの視点から見れば、どんな成果もカバラーにおいてはすべて枝葉末節にすぎないからである。わたしたちから見れば、それはわたしたちの存在のそもそもの実体であるのだが。[109]」

「このカバリストの道、ないしこの方法は、まず第一に肉体を清く保つことにある。なぜなら、肉体的なものはすべて同時に精神的なものの象徴だからである。上昇の順序でまっさきにくるものは、とくに腹立ちとか、あるいは何事であれ——神の名以外は——たとえいとしい一人息子のための心配であろうと、すべてのものにたいする関心に関して、肉体的、精神的姿勢を清めることである。これこそ『神はアブラハムを試された』という聖書の秘密の解なのだ。上昇のもう一歩先は、精神をあらかじめ学んだいっさいの学問から解放すること［文字通りには、清めること］である。むろんその理由は、学問というものは自然主義的で、限りあるものであり、魂を汚すと同時に、魂にたいして神的形式へ通じる路を塞いでしまうからである。この神的形式は殊の外精緻なものであって、比較的重要でない形式でさえ、すべての自然主義的合理的なものと比べれば根本的に偉大な意味をもっているのだが、精神の明晰さという点から測れば、汚れた分厚い幕みたいなものなのである。

「人里離れた庵室に引き籠るように定められているのはこうした理由による。外部から物音が入ってこなければなおさらよい。まず最初に、人間が動物的な魂とともに所有している植物的な魂を元気づけるために、みずみずしい緑で庵室を飾るとよい。それから、人間が理性的な魂とともに所有している動物的な魂を喜ばすために、祈りをささげ、快い優美な声で讃美歌をうたい、トーラーを読誦せねばならない。それがすんだら表象力を、知性によって把握できる事柄や、ある事物がいかにして他の事物から生じるのかを理解することに向ける。それからさらに文字を動かすことに進む。もとよりこの文字の組合せはわかりにくいものであるが、これをするのはひとえに精神を［感覚から］解き放ち、精神を前からそのなかにあったあらゆる形象から浄化するためなのである。同様にして飲食による［肉体的］物質の改善を推し進め、そうやって徐々に肉体を純化する。文字の組合せのいろいろな方法については文字の章で取り扱うだろう。こうしてひとは『わたしの上を飛びはねる彼の跳躍は愛であった』と聖書にいわれている〈跳躍〉の段階に到達する。文字の操作がすべて終了した後のこの跳躍は、自分の思考についての瞑想と、そこからすべての言葉を概念と結びついていようがいまいが抽出すること、にある。〈跳躍〉を操作する際には、文字の組合せを素早い動きで繰り出さねばならない。これは思考を盛んにし、そのため喜びと［内的］要求が増大するが、一方では食べ物とか睡眠とか、それに類した事柄にたいする欲求がことごとく消し去られる。[110]

言葉を思考から剝ぎ取る際の沈潜では非常に緊張するので、自分の自然な意識にたいするコントロールを失って、たとえ考えまいとしても、そのような望みに応じることはもはや全然できない。それから［瞑想のなかでコントロールされた］思考を初めは文字と言葉の助けを借りて、次には想像《イマジネーション》力の助けを借りて、一歩一歩先へ進める。だが、自分の思考による制御を超えた状態に達したばあいには別の訓練が必要となる。この訓練とは、沈潜のあいだ全力を傾けて思考を徐々に、もはや話しも話せもしない段階に到達するまで、その源から引き出し続けることである。その折なおかなりの余力があって、なおいっそうふんばって思考を引き出し続けるならば、内面が外面に告知され、純粋な想像の力によって磨き澄まされた鏡の姿をとるようになる。それがいわゆる〈ぐるぐる回る剣の炎〉であり、そこでは背後にあったものが前部として現れ出る。するとそのとき、自己の最も内なる存在も自己の外側にあるものであることがわかる。[11]これが〈ウリームとトゥンミーム〉の道、すなわちトーラーによる祭司の神託の道であった。このトーラーにおいては［祭司の胸あての］文字も初めはまず内から光るが、その文字がもたらす知らせは即時の知らせでも、きちんとした知らせでもない。それはもっぱら文字の正しい配列から生まれるのである。なぜかというと、実体から分離した形式は想像力によって把握できる形式へ包み込まれるまでは不完全だからであり、文字は想像力の把捉できるこの形式をとってから完全な、秩序正しい、わかりやすい組合せへ入るのである。これこそカバリストが［神秘的な体験のなかに現れたばあいに］〈着衣〉マルブーシュと名づけている形式であるように思われる。[112]」

第五章　ゾーハル　その一　書物とその著者

1

一二七五年後の数年間にアブラハム・アブーラーフィアが預言者的カバラーの教理をイタリアで立てているあいだに、カスティーリャの中心部のどこかで一つの書物が著わされた。この書物は、そのめざましい成功と名声、ならびに増大する影響力において、カバラー文学の他のいっさいの記録文書をしのぐさだめとなっていた。これがセーフェル・ハ＝ゾーハル、つまり『光輝の書』である。カバラーの歴史におけるその地位は、この書物がタルムード以後のラビ文学のなかでひとつの規範的テキストとなり、数世紀にわたって聖書とタルムードに比肩する地位を維持しえたことで、測ることができる。もちろん、この類のない地位は徐々に生じてきたものであって、ゾーハルが当初の世に知られぬ状態からカバラー文学における最高の地位に登りつくまでには、ほぼ二世紀を要したのである。その著者が誰であったにせよ、おそらく著者自身はそのようなだいそれた野望など毛頭抱いていなかったろう。著者にとって重要だったのは、彼がすっかり没入したカバラーの特異な世界を、彼自身の個性で潤色して映し出し、最もふさわしいと思われる形式で表現することであった。しかもその際、つとめて自分の人格を包み隠そうとした。著者として彼は自分のもくろみを首尾よく果たしたと自負しえよう。というのも、われわれがこの書物の功績をどのように考えようと、この書物が大成功を収めたという事実は、否定しえないからである。この書物はまず最初はカバリストたちのあいだで、それから——ことにユダヤ人のスペイン追放以後は——ユダヤ民族全体のなかで成功を博した。何百年間も、この書物はユダヤ民族の内奥にひそむ魂を表現しているようにみえたのだ。高名なハーシードの聖者、コレツ出のラビ・ピンカス[*1]——彼は一七九一年頃に没した——がみずから伝えるところによれば、彼はつねづね神を讃え、神に感謝をささげていたが、それは、「ゾーハルがまだ世に知られていなかった時代に、神が私を創造することがなかったからなのです。というのも、私の心をイディッシュ語の文化圏に繋ぎ留めてくれたのはまさしくゾーハルだからなのです。」[1]このような人の口から出たこのような言辞は一考の余地がある。ゾーハルはおそらく、第一章で述べたように、ユダヤ教の中枢におけるあの神話の復活の古典的記録であるからである。そしてそれにもかかわらず、まさしくこの書物のうちに非常に多くの神秘主義的心性の者たちが、自己の感情に最も深く呼応するものの表現を見出していたのだ。したがってわれわれは、次のように自問しなければなるまい。この書物の特殊性はなんなのか、この書物がその他多くのカバラー文学の記録には拒まれていた、かくも強烈な生命と頑強な延命力を獲得しえたのは何に依るのだろうか、と。

　ゾーハルは偽書的形式で書かれており、ひとつの神秘主義的長編小説ともいえるだろう。このことは、それ自体としてはなんら新しいことではない。なぜなら、すでにそれ以前の多くの著者が——カバリストも含めて——こうした書き方を実践していたからである。たとえば『バーヒールの書』では、著者は先代の権威者たちの口を借りて語っており、そのなかにはラビ・アモラとかラビ・レフマイといった架空の名前も含まれている。しかし後にも先にもゾーハルの著者ほど微に入り細にわたって読者を幻惑して楽しんでいるカバリストはいない。彼はわれわれの眼前にかなり非現実的なパレスチナの風景をつくり上げ、そのなかを高名なミシュナー教師ラビ・シモン・ベン・ヨハイが、息子のエレアーザールや友人門弟の一同をひき連れて逍遥し、彼らと人間のことや神のことや、ありとあらゆる話題について語り合う。著者は外面的にはミドラーシュの形式を真似ている。つまり、純理論的な叙述や体系的な叙述は極力避けて、多くは説教方式で語っているのだ。とくに好んで行われるのは、聖書の詩句を神秘主義的に解釈し、この形式で自己の思想を開陳することである。しかしこうした説教調の詳述は、本当のミドラーシュのように簡潔にして含蓄に富んだものではなく、口数多くて、大部分は冗漫なものである。時には幾つかの講話がひとつの枠物語によって結合され、かなり大規模な文学的統一体を形成している。また、著者が簡潔に、いわば古代の賢者たちの文体で語るばあいにも、彼らとちがって自分の考えを真に理解させることに成功するのはごく稀である。ともあれ、これらの長短諸々の講話と物語、独白と対話のすべては、トーラーと雅歌とルツ記へのミドラーシュというかたちで行われている。ゾーハルはさまざまな箇所で聖書からかなり恣意的に選択された詩句を引照しているが、それは単に著者の思考過程に論拠をあたえることが目的なのだから、この書物が聖書の真の注解であるというにはほど遠い。けれどもそこで使用されている荘重なアラム語は――文体的側面からみて――この書物の効果を大いに高からしめている。

すでに述べたように、ゾーハルの著者は体系的精神の持ち主ではなく、むしろ説教家である。この点でもちろん彼はユダヤ的思考に深く根ざした伝統に立脚している。というのは、ユダヤ精神が完全に自己固有のものから吐露され、自己とは異質の表現形式に訴えることのない、最も特徴的で最も真正な証言はすべて、非体系的性格をおびているといってもよいからである。これらの証言の構成原理は完結した、体系的な思考の道筋を外れている。素材を整理しようとする意志が最も顕著に認められるミシュナーですらそうなのだ。もちろんカバラーの思想を体系的に展開する試みもないわけではない。たとえば、ゾーハルを支配する根本的理念がそれからわずか後に、体系的に構成された書マアレケース・ハ＝エロフース、『神性の秩序』に現れている。(2) しかしここに見られる考え方は、いわば骨格がはっきりしていても、同じ理念が血肉をそなえて登場するゾーハルと比較すると、なんと生気のない抽象的なものに思われることだろうか。繰り返し言うなら、ゾーハルはその根底にある思想を展開させるというよりは、むしろそれらを応用し、それらを自分の説教に使用するのだ。このことは言っておかねばならないが、著者はまさに独創的な説教家である。彼の手にかかると、聖書のおよそ何気ない詩句がまったく思いもよらない意味をかちえる。幾多のこうした論述に直面すると、批判的な読者にすら――ユダヤ哲学の透徹した歴史家ダヴィド・ノイマルク[*2]がかつて語ったように――なにかこれこそがトーラーの幾多の箇所の真の意味内容なのではなかろうかという考えが、批判的意識にはばかばかしく思われながらも忍び寄ってくるのだ！ そのうえ著者はたいていのばあい繰り返し神秘主義的なアレゴリー化に没頭し、神秘主義的韜晦に耽ることも稀ではないが、しかし彼の言葉からは、一再ならず慄然とするような秘密の深淵が顔をのぞかせている。そこにはつねに何か実際に見たり真の洞察から生まれたりしたものがある。時には著者もやむなく口ごもることがあるが、しかしそのあいだに再び、堂々とした明晰な表現、彼が限りなく深く体験した世界を表す深遠なる象徴が見つけ出される。

　私はここまでつとにゾーハルの「著者」について語ってきた。したがってその実在性を前提としていた。しかしながら、これこそまさしく現代にいたるまで途方もなく意見のわかれる問題なのである。そもそもいったいゾーハルの著者は一人なのか、それとも複数存在するのか。われわれが現に目にしているのは、むしろ多くの世代の沈澱物か、あるいは数人の著者の寄せ集めなのではないだろうか。われわれがのちに識るゾーハルのさまざまな部分は、それぞれ異なった層に属するものではないのだろうか。かくてここに、「ゾーハル批判」の困難な諸問題が生じてくる。ゾーハルの編纂、成立年代、著者ないしは著者たちなどに関する事情はどうなっているのか。私は多年のあいだ、こうした批判的研究のための確固とした基盤をつくることに骨折ってきた。したがってそこから引き出された結論は、だいたいにおいて決定的で揺るぎないものと信じている。(3) この種の探求は往々にして幾分推理小説めいた性格をおびるものである。まさにそうした研究の詳細は、少なくとも私にとって、たいへん魅惑的であるが、しかしここではそれらのすべてに延々とかかずらっているわけにはいかない。したがってこの章では、これらすべての問題に関する私の見解をできるだけ正確に要約し、私が最終的にそこへ達するにいたった道程を提示したい。

この研究をはじめるにあたって、私は本質的にはグレッツの主張——それ自体は何世紀も前からひそかに語り伝えられてきたことをきわめて明確に言い表したものにすぎないが——を受け入れることになった。それに従えば、スペインのカバリスト、モーセス・デ・レオンがゾーハルの著者とみなされる。ところが、グレッツがこの自説にたいして驚くほど多くの点で満足すべき証拠を提示しえなかったという事実が、(4) 今日広く流布している対立的見解の受け入れを容易にしてきたのである。つまりこの見解によれば、ゾーハルは実際には諸々の記録文書を最終的に編纂したものにすぎず、それらの文書の作成年代は長期にまたがり、ことによるとそのなかにはシモン・ベン・ヨハイの真の神秘主義的見解の要素すら含まれていると言われる。(5) 二十年前ゾーハルに手を染めたときには、おそらくゾーハルを初めて（あるいは一度だけでも）読んだ人なら誰でもそうであろうが、私もまたこの種の見解に傾いた。(6) しかし、それを手堅い文献学的手段によって論証しようと試みるうちに、しだいに私は反対の見解を確信するようになったのである。(7)

2

『ゾーハル』に雑然とまとめられている、見かけ上実に多種多様な性格の厖大な論述は、一見、作品の統一性に異論を唱える人びとの言い分に正当性をあたえているようにみえる。それゆえ、われわれはまず手短に、『ゾーハル』全五巻中に統合された「文学」を構成する、この書の最も重要な部分を考察しよう(8)。それらは次のような表題で列挙することができる。

一、表題のないゾーハルの主要部。この長たらしい注解はすべてトーラーの個々の節に（シナゴーグでの講義用として分けられた週間章節の区分に従いつつ）のっとっている。ゾーハルの文学的特性を示すためにすでに述べた事柄がすべてこの部分に完全にあてはまる。ここでは講話、討論、大小の物語がどの部分でもほぼ一様に交互に現れる。

二、シフラー・ディ＝ツェニウーサ、『秘匿の書(9)』。この僅か六ページの小品では、いかなる名前も挙げられることなく、甚だ謎めいた簡潔な講話形式で、創世記の最初の六章から採られた章句――これはシナゴーグにおけるトーラーの区分では一つの章をなし、なかに他の主題が混じっているが――にたいする一種の注解がなされる(10)。詳しい記述はなく、いっさいはただ神託のような不可解な語句だけであり、いかなる種類の説明もない。

三、イドラー・ラッバー、『大集会(11)』。この表題のもとに、前掲文書のなかで示唆された諸モチーフが少なくとも部分的に展開され、説明される(12)。シモン・ベン・ヨハイが忠実な信徒たちを集め、今まで隠されていた秘密を彼らに開示する。構成の仕方はまことにすばらしく、参会者がそれぞれ登場して講話を行い、師の讃辞を受ける。すべての講話がまとまって、そもそもゾーハルにおいて可能なかぎりひとつの体系的な全体を構成する。参会者たちはますます高度の忘我状態に達し、神秘的な過程がくりひろげられるあいだに、信徒のうちの三人が最後の劇的な神人一体化のなかで恍惚死を遂げる。

四、イドラー・ズッター、『小集会』(13)。ここでは、同じような劇的な描写によって、シモン・ベン・ヨハイの死が描かれ、彼の長広舌が再現される。その話のなかで彼は今一度『大イドラー』の秘密を要約し、部分的に新たなやり方で詳述する。

五、イドラー・ディ=ベ=マシュカーナー、『幕屋についてのトーラーの章節と関連した講話が行われるに際して催される集会(14)』この集会はまったく『イドラー・ラッバー』の流儀で構成されているが、ここでは別の問題、ことに祈禱神秘主義の圏域から生ずる問題が扱われる。

六、ヘハロース、光の七つの『宮殿』の描写。敬虔な人たちの死後の霊魂や祈禱中の神秘家の霊魂は、幻視によってこの七つの宮殿を巡歴する。これと同じ描写がおよそ五倍の分量に拡大されて、とくに天使論独特の幻想的な潤色のもとに、別の箇所でもう一度扱われる(15)。

七、ラーザー・デ=ラージーン、『秘義中の秘義《セクレトゥム・セクレトールム》』(16)——観相学と観掌術に関する完結した章句(17)。これは明らかに、同一の主題をちがったやり方で詳述する二つの並行した試みとみられる。一方の章は完全に匿名のもので、他方はシモン・ベン・ヨハイを囲む門弟サークルといういつもの情景を利用している。

八、サーバー、『老翁』。夢幻的な物語のなかに組み込まれた、ひとりの神秘的な老人の語る広範な内容の講和。この老翁はみすぼらしいロバ追いの恰好をしているが、ラビ・シモンの門弟たちの前で自分が最も偉大なカバリストのひとりであることを明かす。この手口はゾーハル主要部の多くの物語においても利用される文学的粉飾のひとつである(18)。この老翁はその広大な構想をもった説話のなかで、とりわけ、ヘブライ人奴隷の扱いに関してトーラーが定める法規則のなかに見出される霊魂と輪廻の秘密について語る。

九、イェヌーカー、『童子』。神童の物語と、トーラーの秘義と食前食後の祈りの朗唱に関するこの神童自身による講話[19]。この神童は、ゾーハル主要部の別の箇所[20]に登場する類似の神童たちもそうなのだが、初めは身内の者からまったく無知な子供とみなされていて、そののちシモン・ベン・ヨハイの門弟たちによって見出される。

十、ラーブ・メシブサー、『学院長[21]』。学院のメンバーが楽園を逍遥する幻視の描写、ならびに霊魂のとりわけ彼岸における運命について天上の学院の院長のひとりが行う講話。

十一、シスレー・トーラー、『トーラーの秘密』。これはトーラーの二、三の章節のアレゴリックな神秘主義的解釈で、特別に神智学と神秘主義的心理学の傾向をおびている[22]。これらの一部は匿名であるが、一部はゾーハルで慣用されている聖者伝説の形式とも合っている。

十二、マスニシーン、『ミシュナー』とトッセフター[23]。これらは、ミシュナーとトッセフターとして知られている二世紀のハーラーハー的諸伝承の収集物が具えている簡潔な性格を意識的に、といってももちろん純粋にカバラー的基盤に基づいて、模倣しようと試みる章である。これらは明らかに、トーラーの主要部分の章の詳細な論議と説話のための手短な入門編として考えられている。ちょうどミシュナーがその簡潔な文章によって、タルムードに属する諸論議への入門編としてタルムード原典のなかに存在しているのと同じである。これらの神秘主義的なミシュナーは荘重な語り口で書かれており、匿名で、一種の天上の声の啓示と考えられているようにみえる。

十三、雅歌へのゾーハル。これは雅歌の最初の詩句にたいする純粋にカバリスト的注解であるが[24]、思考の本筋からはずれて枝葉末節に入り込んでしまっている。

十四、カーヴ・ハ＝ミッダー、『神秘主義的な基準[25]』。トーラーの主の唯一性の信条（申命記六、四）つまりイスラエルという規準の意味に関する非常に深遠な解釈。
十五、シスレー・オシオース、『文字の秘密』[26]。これは、神の名と創世記の冒頭に現れている諸文字に関する、ラビ・シモンのカバリスト的な独白である。
十六、エゼキエルのメルカーバーの幻視に関する表題のない注解[27]。
十七、ミドラーシュ・ハ＝ネエラーム、トーラーへの『神秘主義的ミドラーシュ』[28]。ここにはゾーハルの他の章句におけるように、シモン・ベン・ヨハイとその最も緊密な間柄の門弟仲間が登場するばかりでなく、他の権威者たちも数多く登場する。後者もやはり一部はまったく架空の人物であるが、一部は二世紀から四世紀にかけて実在したタルムード教師の名前がついている[29]。（この文書に関する詳細は後述の内容を参照されたい。）
十八、ルツ記へのミドラーシュ・ハ＝ネエラーム。この文書の性格は前者とまったく同じである。これら両文書は一部ヘブライ語で書かれている。
十九、ラヤー・メヘムナー、『忠実なる牧夫』[30]。トーラーの戒律と禁令に関するカバリスト的解釈。
二十、ティックーネ・ゾーハル。これはトーラーの最初の六章にたいする新しい注解である。この注解は七十節に分かれており、その各々はトーラーの最初の言葉、ベレーシースの新たな解釈から始められる。印刷版では、この部分は別個に書誌学上ひとまとまりをなしている[31]。
二十一、ティックーネ・ゾーハルのための、あるいはそれと同一のスタイルで書かれた——たとえばとりわけ『エゼキエルのメルカーバー』[32]への新たな注解のような——その他の本文と解説。
以上がゾーハルの文学を構成する最も主要な部分である。ここでは私は、若干のさほど重要でない短い章句や、ずっと後代に書かれ印刷版にはごく一部しか収録されなかった幾つかの「模倣的な」偽作には言及しなかった。[33] ゾーハルの印刷版では、以上の著作はぎっしり印刷しておよそ二千四百ページに達する。二十年前にハリー・スパーリングとモーリス・サイモンが五巻本で出版したゾーハルの英訳版に含まれているものは、このうちの約半分、つまり先にリストアップされた一番と、八番から十番までの大部分にすぎない。[34]

ところで、これらの諸章句を個別的にも相互連関的にも厳密に調べてみると、そこには完全に異なった二つの層が歴然と区別される。第一の層は、われわれのリストの一番から十八番までを含む。その際もちろん後に見るように、二つの『ミドラーシュ・ハ＝ネエラーム』はとりわけ特異な色合いをおびている。第二のグループは残りの三つの番号から成り、第一のグループとは根本的に区別される。

本来のゾーハルを構成する第一のグループの十八作については、一人の著者の労作であることが確実に立証できる。これらのさまざまな著作がさまざまな時代にさまざまな著者によって書かれたなどということは真実ではないし、個々の著者の内部にさまざまな時代層が浮き彫りにされるといったこともありえない。おそらく実際には、ところによって、後代に一つの文章とか若干の語句が挿入されることもあっただろう。しかし、そうした諸層の存在を仮定し、それを擁護する者たちが好んで口にする（それでいて具体的にはけっして立証されない）、主要章句と後代の挿入部分という主張は、なんら批判的検証に耐えうるものではない。[35] 逆にわれわれが抱くゾーハル像は、そこに見られる雑然とした多様性にもかかわらず、驚くほど一義的であり、すべての部分にわたって多かれ少なかれ等しく、長所も短所も含めた一個の創造的人格のもつ精神的・文学的相貌を示しているのだ。この統一性が最もよく立証されるのは、主として三つの点、つまりこの書物の言語、その文学的文体、そして言うまでもなくこの書物が代弁している諸理念においてである。

3

上に挙げた十八章句のすべてに使用されているアラム語は一貫して統一的かつ個性的なものである。このことは、われわれがここで関係するアラム語がけっして自然のアラム語、つまりシモン・ベン・ヨハイやその朋輩たちが紀元二世紀の前半にパレスチナで話していたような生きた方言ではないだけに、ますますもって重要なことなのだ。ゾーハルのアラム語はまったくの人工的な業であり、ユダヤ文学の文献上の記録からしかアラム語を識ることのなかった或る人間が、自己流に解釈し形成した文学的言語なのである。幾人かの研究者は、文献学的検証によってゾーハルのもっと古い層が発見されるかも知れないという推測を立てたが、それは最近の諸研究によっても確証されることはなかった。アラム語の衣裳を透して見られたのは、つねに中世ヘブライ語の言語世界であり、それはしかも十三世紀のヘブライ語なのだ。さらに強調しておかねばならぬ重要なことは、ゾーハルの言語をきわ立たせ、それを生きたアラム語の方言から峻別している諸々の特性がすべて、十八章句全部にまったく一様に現れていることである。もっともその際、著者の文体、話し方そのものは甚だ不統一で、ときには流麗に、ときには訥々と語り、あるときは荘重で美文調になるかと思えば、あるときは簡素でほとんど貧弱というにちかく、あるときは冗長で、あるときは簡単で謎めいている――要するにすべては、その対象や著者の気分に応じて表されているのだ。しかしながら、そうした諸々の異なった文体はすべて唯一の主題に関連しているのであって、この特異な言語を創造した統一的人格となんら矛盾するものではない。そのばあい著者の語彙が異常なほど制約されていることにも言及しておかねばなるまい。それだけに、このように僅かな語句を用いて彼がいかに多くのことを表現しえたかということは、いっそう驚嘆に値する。

一般的にこの言語は、著者が最も精通していた二つのアラム語の書物、バビロニアのタルムードと、トーラーの古いアラム語訳である『タールグーム・オンケーロース』に使われている方言の混淆体とみなすことができる。全体として『タールグーム』の文法形態がこの言語の骨格を形成している。著者が『タールグーム』の言語を紀元一〇〇年頃パレスチナで話されていた方言とみなしていたことは明白であるが、しかし彼はこの言語に躊躇なく、ほとんどどの行にも、バビロニアのタルムードの言語からとられた要素を混ぜている。とくに目を惹くのは、ゾーハルの言語がパレスチナのタルムードの言語からなんらの影響も受けていないことである。このパレスチナのタルムードが、たとえ内容的にはそこから若干のものが利用されていたとしても、ゾーハルの著者が精通していた資料のなかに含まれていなかったことは明瞭である。ことに興味深いのは、聖書解釈とハーラーハーの諸問題に関する論議の用法が、もっぱら、バビロニアのタルムードで使用されている用語法にさかのぼれることである。むろんその際、著者はそれらの言い回しを部分的には彼自身の文体上の考えに合わせて利用しているのだが。

言語のこの混合的性格は、代名詞と冠詞の用法にも動詞の形態と名詞の語尾変化の用法にも現れている。二、三のばあいには、これに代って、『タールグーム・イェルーシャールミー』、つまりトーラーのための第二のパレスチナ・タールグームに由来する諸形態が現れる。しばしば、異なった形態が同一文章のなかでまったく同一の資格で併存して使用されている。その結果、ゾーハル本文の個々のページはそれぞれ言語的折衷主義——しかしその個々の構成要素はつねに一定不変のものであるが——の多彩な絵図を呈している。シンタクスはこのうえなく単純、まさに単調そのもので、ヘブライ語とアラム語の文構造のあいだに相違があるばあいには、その文構造はつねに決定的にヘブライ語的である。ここには、中世ヘブライ語のシンタクスの特質がアラム語風に粉飾されて返り咲いているのだ。(36)

すべての人工語がそうであるように、そこに見られる文構造の誤りと錯覚は殊の外特徴的で、それらが著者の言語に独特な色合いをあたえている。彼は多くの語句においてカル *Kal*〔基本話体〕の動詞形をパエール *Pa'el*〔強意の受動話体〕およびアフエール *'Aph'el*〔再帰話体〕の動詞形と、あるいはその逆の混同を犯す(37)。彼はまたエスパエール(38) *'Ethpa'el*（自分でやる）の完全にまちがった形態を利用し、あるばあいにはエスパエールの諸形態を他動詞として構成する(39)。またしばしば完了形に分詞の接尾語をつけるばあいに、定動詞と不定詞の形態が混ぜ合わされる。前置詞と接続詞の用法も多くのばあいまったく不可能である(40)。

同じことは語彙にも現れる。ここでは中世ヘブライ語の語句、ことに哲学者の言葉からとった語句が、しばしばアラム語風に粉飾されている(41)。ゾーハルに何百回となく現れる、「それにもかかわらず」、「しかしながら」を意味する語句イム・コル・ダー *'im kol da* はヘブライ語の直訳語にほかならないが、このヘブライ語はティボニーデ*3の翻訳者一家の手で初めて、アラビア語の接続詞を模倣して翻訳語のなかに導入され、その後十三世紀になってヘブライ語に同化したものであった。あらゆる部分に繰り返し現れる語句の多くは、「家畜を駆り立てる」(42)という意味のターアン *ta'an* のように完全にアラビア語であるか、グアルディアン *guardian* つまり「番人」という意味でのガルディナ *gardina* のようにまったくのスペイン語であるか、どちらかである(43)。「厳しい判決を軽減する」という意味にたいして一般的に使われる成句は、スペイン語の慣用語句である(44)。直訳語の誤りは多く次の点に拠っている。著者はアラム語の語根にも、これに対応するヘブライ語の語根の派生語がもちうる意味をすべて、しかも実際のアラム語の用法を顧慮せずに、付与するのである(45)。他方、著者が文献のなかで見つけた表現についての単純な誤解も、彼の言語の性格においてかなり大きな役割を果たしている。

ゾーハルのなかでは多くの語句が、たとえ生きたアラム語の方言においても持ちえなかったような、まったく独自の意味をおびている。著者がこれらの新しい、しばしばまったく空想的な語義に到達した道筋を解明するなら、それは時に彼の言語の源に一条の光を投ずることになる。たとえば、タルムードのなかで「アラビア人」と呼ばれるものが、ここではユダヤ人の「ロバ追い」[46]を意味し、「船」を意味する語がここでは「宝物殿」[47]を意味し、「強さ」を表す語がここでは「乳房」あるいは「子宮」[48]を意味し、「渇き」を表す語がここでは「明晰」[49]を意味している。「ある人にあるものを貸す」という動詞がここでは「ある人に付き添う」ことを意味する。[50]このように、多くの一連の事例において、著者が語句を誤解する際の手口は大体においていつも同じである。彼は古い語句の意味を勝手に拡大し、そしてそれらの語を、新しい神秘主義的術語をそれで書き換えるためにも好んで利用するのである。[51]さらに、もとの古い意味と新しい意味とがごっちゃになる、多義的な意味を含んだ語句を弄ぶことも好まれる。[52]彼はすべての部分において、あまりにもモダンな響きをもつように思われる幾つかの――たとえばカバラーとかセフィロースのような――語句を慎重に避け、それらを別の語句で書き換えているが、多くのばあい、その古風な衣裳の下にモダンな語風がときとして認められることに皆目気づいていない。むろん大体において彼は、アラム語に翻訳しようとした当時のヘブライ語が古い書物のヘブライ語とはまったく別の言語であったことを、いささかも意識していなかった。たしかに著者はずば抜けて博学であったが、けっして文献学者ではなかった。それどころか、まさに彼の犯している「まちがい」こそ、とくに批判に値するのである。部分的には、彼が当時とくに評判の高かったヘブライ語とアラム語の辞典を利用していたことが指摘できる。しかし、彼は他方で、みずからの空想の所産であるにせよ、[53]古い語句を変形して拵えたものであるにせよ、[54]数多くの自前の新造語を使うことも好むのだ。その際、これらの新造語のなかに繰り返し現れる三ないし四個の子音（テース、サーメク、ペー、そしてとりわけコーフ）[55]にたいし著者は格別の偏愛を示している。

言語と文体のこれらすべての特質は先に挙げた、『ミドラーシュ・ハ＝ネエラーム』と『イドロース』から『ミシュナー』と観相学的章句にいたる十八章句のすべてにひとしく貫かれている。多くの論者は『シフラー・ディ＝ツェニウーサ』を蒼古の文書であると断言しているが、いまだかつてこの重要な命題にたいしてはひとつの論証も試みられていない。これはゾーハルの主要部より——同じ論者たちの判断によれば——はるか後代に起草されたと言われる『ミドラーシュ・ハ＝ネエラーム』のアラム語の章句と語法上なんらちがいはないのだ。[56]

用語法の諸特徴もあらゆる部分においてつねに同じであり、著者が神託風の省略した文章で書こうと、くだくだしい叙述で書こうと、それはまったく変わらない。いたるところに、遍き深み、遍き完成、遍き結合、遍き形態、遍き根拠、遍き秘密等々のごとく、名詞にデ＝コーラー〈遍〉という語が付加された語形にたいする特別な好みが変わりなく見出される。[57] この種の語法は——グノーシス派も愛好していたが——古いユダヤ文学では知られておらず、新プラトン主義に続いてようやくカバリストのテキストに登場するのである、いやそれどころか新プラトン主義の術語がカバラーのなかへ浸透してゆく最も顕著な徴候のひとつをすらなしている。さらに、ゾーハルのあらゆる部分にふんだんに見出される、「秘義中の秘義」、「歓喜中の歓喜」、「世に隠れた者のなかの隠れた者」、「深奥中の深奥」などのような最高級の語形成への著者の偏愛もこのたぐいに入る。

撞着語法と逆説法にたいしても、著者はあからさまな偏愛ぶりを示している。「煮えかつ煮えていない」といったような語形成の形式がタルムードのなかに現れるが、そこではそれは「半煮え」という程度のことを意味するにすぎない。これに反して、ゾーハルに見られる一連の類似の言い回しはたいていのばあい、それによって、ある行為が精神的な測りがたい仕方で生起するということを、言い表そうとしているのだ。

「在りかつ無い」というのは、あるものが半ば実在することを意味するのではなく、あるものがとくに霊的な仕方で実在し、それゆえ的確には叙述できない、ということなのである。さしずめ純然たる無意味であるようにみえて非常に大仰な文体で書かれている文章はおしなべて、もっぱら読者の注意を後続の内容に向けるために使用されている。

「空中を飛び、群を離れて孤り飛行する蛇、この蛇とは何か。しかもそのあいだ、この蛇の歯のあいだに憩う一匹の蟻は、仲間のなかで始まり孤立のなかで終る飛翔の喜びにひたる。実在しない樹に巣を営む鷲とは何か。その雛たちは生育するが、それは生き物のあいだでではない。この雛たちは創造されなかった所で創造されたのだ。この鷲の雛とは何か。上昇するときには下降し、下降するときには上昇する。二つは一つであり、一つは三つである。(58) このようなことが該当する者たちとは何者か。誰の目にもとまらず、その肉体は被われかつ露わで、朝には外出し日中は引き籠り、現に存在しない装身具で身を飾っている、この少女とは何者か。」『老翁』（上述のリストの第八番）は、このようにしてその雄大な講話を開始する。ここに支配的なのは神秘化の意図であることは、明白である。こうした意図は、ひとつの箴言が簡潔な響きのよい文体で表されている少なからぬ文章においても優勢である。しかもこの箴言自体、多くのばあい甚だ謎めいた内容のものにとどまっているばかりか、純文法的にもそもそも構文として成り立ちえないことが多いのだ。(59) 俗人の鼻を明かす《エパテ・ル・ブルジョア》という、あの古き良き合い言葉と著者がまったく無縁ではなかったという印象はときに免れ難い！　しかしそれがどうであれ、言い回しの荘重さ、格調の高さ、雄弁さにたいする彼のセンスが高度に発揮されていることは疑いなく、彼が自分自身のために製作した楽器の最良の奏者であったことは否定すべくもない。

強調的な表現方法のひとつとして、ある表現とその反意語の否定によって事態を二重に書き換えることも行われる。たとえば、「内密にして公然ならず」、「封印されとらえ難し」、「短くて長からず」等々。同一概念のなかにいろいろなカテゴリーの区別を導入するための慣用句も、つねに同じである。[60] お定まりの説教術的決まり文句も忘れてはならないが、それらは古いミドラーシュにはまったく無いものであり、著者はそれらを一部は後期のミドラーシュから、爾余の大部分は当時の説教者のあいだに流布していた慣用句集から採用したのである。たとえば、「この節は仔細に考察する必要がある」、「今こそこの意味を明らかにするときである」、「前言に立ち戻ろう」、あるいは「これに関してはすでに朋輩が論じている」——この種の典型的な決まり文句は、ほとんどすべてのページに見出される。

こうした文体にくらべて、『ラヤー・メヘムナー』と『ティックーニーム』の言語はまったく異なった趣きを呈している。ここでわれわれが目にするのは、その他の部分に見られる統一的な言語の明らかな模倣であり、そこには、いかなる創意も活気も加味されていない。著者はその先駆者にくらべ、はるかにアラム語の力がない。語彙はアラム語としてはまったくありえないものであり、大部分は、名詞に擬似アラム語の外観をあたえるために語尾にアーレクを付加した、生粋のヘブライ語である。ここには、ゾーハルの主要部ではまだ使用されていた多くのアラム語の語彙に代わって、ゾーハルにはまったく見出されないヘブライズムがいささかの躊躇もなくふんだんに現れる。若干の例外はあるものの、ゾーハルの語彙に固有な語句が利用されることはなく、前述した特異な表現手段も、ここにはほとんど見出されない。シンタクスも完全に別物であり、聖書の節やタルムードからの引用が導入される際の決まり文句も異なっている。ゾーハル主要部の活気に溢れた章句では人工語ですら放っているあの光彩が、ここには微塵もない。何もかも陳腐で、生彩がないのだ。これに反して、『ラヤー・メヘムナー』と『ティックーニーム』の両篇のあいだには、取り立てて言うほどの重要な言語上の相違は存在しない。せいぜい言えるとすれば、『ティックーニーム』の文体のほうがずっと悪化し拙劣になっていることぐらいであろう。

4

ところで、以上の純文献学的考察の諸結果は、それとは関係なく文学的ならびに理念的批判基準をゾーハルに適用してみると、まさにその正しさが裏書きされる。そのさい批判的分析の対象に据えるものがゾーハルの形式であろうと内容であろうと、到達する結論はつねに変わらない。つまり、私が「真正なゾーハル」と銘打つように提案したあの部分はすべて、一人の著者の作であると説明せざるをえないこと、そして『ラヤー・メヘムナー』と『ティックーニーム』はその模作とみなさざるをえないこと、である。

「真正な」ゾーハルの文学的形式を分析する際に目立つ第一の点は、とりわけその舞台面である。そのすべての部分において描かれるパレスチナとは、実在する、あるいはかつて実在したような現実の土地ではなく、ひとつの空想上の風景である。ラビ・シモンとその朋輩たちに帰せられる驚くべき行為や出来事の自然の舞台に関する地誌学的記載やその他の記載は、ゾーハルが実際にパレスチナの地から生まれたものであることを確証するどころか、著者が一度たりともパレスチナの土地を踏んだことがなく、その知識をもっぱら文献的資料から汲みとっていたことを証明している。(61) こうして、その地理上の実在性を中世のタルムード写本における誤った異解に負っている諸々の場所が、神秘的啓示の舞台に選ばれるのである。(62) タルムードの記載の誤解に基づいて、著者の空想が全村落をつくり上げる。ここでとくに興味深いのは、多くのゾーハル章句に現れる「カポトキア」なる土地である。この土地はゾーハルでは小アジアのカッパドキア地方を意味するのではなく、下ガリレア地方とおぼしき、大家たちが遍歴の途中で足繁く訪れた一村落を意味している。この村落の住民の性格に関するゾーハルの記載から判断すると――サムエル・クライ(63)

[*4]ンが論証したように[64]——著者が伝説的な村落「カポトキア」をつくったのは、「セフォリスのカッパドキア人」つまりガリレアの町セフォリスに住むカッパドキア系のユダヤ人の居留地《コロニー》について若干の不評を含んでいるパレスチナ・タルムードの一節に触発されたからである。パレスチナの地誌を扱うばあいにも、彼の流儀はまったく変わらず、明らかに彼はそこの地誌について資料で——タルムードでもミドラーシュでも——数多く読んでいたにもかかわらず、自分の空想に都合のよいことばかり思い出すのであった。たとえば、パレスチナの山岳に関する彼の表象はきわめて幻想的で、ガリレアの山岳風景よりも、はるかにカスティーリャの山々の実情を反映している。

同様のことは、ここに登場する人物たちの空想的な扱い方についてもいえる。ここでもまた著者の諸々の失敗は、古い、信憑性のある資料から得たものであろうという推測を不可能ならしめている。『ミドラーシュ・ハ＝ネエラーム』と「真正な」ゾーハルのなかでシモン・ベン・ヨハイの人物をめぐって作り上げられる伝説は、いかにも作り話めいている。著者は主人公の親族関係すら誤解している。有名なハーシード・ピンカス・ベン・ヤイール[*5]は、タルムードではシモン・ベン・ヨハイの娘婿と記されているが[65]、ゾーハルの著者は明らかにそれを誤読し、前者を後者の義父とみなしていたのだ[66]！　同様に、ラビ・シモンの息子エレアーザールの義父の名も意識的に変えられている[67]。年代記は何の役割も果たさず、大家たちの朋輩サークルは空想的に描写される。彼は何世代も飛び越えて、ずっと後世になって登場するタルムード牧師の名前と特徴を具備した人物たちを、シモン・ベン・ヨハイの周囲に創造するのである[68]。それどころか、彼は『バーヒールの書』にカバリストの権威として登場するまったく架空のラビ、レフマイを、主人公シモン・ベン・ヨハイの一種の古い神秘主義仲間としてとりいれるが、それによって、ゾーハルがその先駆的書物である『バーヒールの書』に依拠していることがはからずも暴露されるのである[69]。シモン・ベン・ヨハイをめぐるサークルの最も重要なメンバーの名前は、大部分、或る同様に偽書的なミドラーシュから採用され、それらに父性名あるいは他の別称を添えることで、本物らしくみせかけている。この特殊なミドラーシュとは八世紀に書かれた『ピルケー・ラビ・エリーエゼル』であるが、総じてこの書物はゾーハル書のアッガーダーのための最も重要な文学的資料のひとつをなしている。瞑想的生活と神秘主義の秘義に没頭している砂漠の隠者に関するゾーハルの記述は、たとえばガスターが想定しているように、紀元後の初めの数世紀におけるトランスヨルダンの状況に遡るものではなく[70]、スペイン系ユダヤ人の道徳哲学者バヒヤ・イブン・パクダー*6がアラビア神秘主義の資料に基づいて行った隠者たちの描写からとられているにすぎない[71]。『ラヤー・メヘムナー』と『ティックーニーム』の舞台面および人物は、こうした似而非写実主義とは正反対に、そもそも具体的状況を描こうという試みをしない。これら後期の著作には、現世的状況をすべて曖昧にし舞台を地上から天上へ移そうとする傾向が、完全に貫かれている。『ラヤー・メヘムナー』の舞台は、つねに空想的な粉飾を施され歪曲されたパレスチナではなくて、天上の教場なのである。そこでシモン・ベン・ヨハイと論議を交える者たちも、弟子のラビ、アッバー、イェフダー、ヒスキア等々ではなく、忠実な牧者モーセ――彼の別称にちなんでこの書の表題はつけられた――、「老翁中の老翁」預言者エリヤ、タンナイートとアモライームたち*7（彼らは個人的に名を挙げられるのではなく集団全体として登場する）であり、そして最後には神自身すら彼と論議を交える。ゾーハル主要部を前にした著者が、ここでこの書――もとより彼はそれをすでに読んでいた――の一種の続編を書こうとしたことは明白である。そこでは、シモン・ベン・ヨハイの死後ひき続き彼の啓示が、神から聖者たちの霊にまで及ぶ天上の住人たちの前で行われる。その際著者はたえず、地上で演ぜられる真正なゾーハルを「前作」[72]として引き合いに出す。だが、彼自身の寄与はまったく自由なものである。彼はゾーハルの数多くの箇所を彼独自の精神において継続し、ことに『ティックーニーム』においては、何度かゾーハルの諸箇所にたいするまさに体系的な注解が組み込まれている。

ゾーハルの文学的構想に関する前述の見解が論証されるためには、当然、立ち入った考察が必要であろう。全体としてその構造は甚だ規則的であり、一再ならず同じ形式を示している。われわれが幾つかの表題番号で挙示したさまざまな擬似独立的構想は、外面的にはミドラーシュ形式を模している表題番号㈠の部分にも同様にひんぴんと見出される、より規模の小さい構想となんらちがわない。著者が、その諸形式を継承しようとした古いミドラーシュと、その際思わず彼の筆先から流れ出る中世の説教形式との相違について、なんら明確な考えをもっていなかったことは明瞭である。ゾーハルの構成は、古いミドラーシームとまったく同じように、シナゴーグでの毎週の講義に際して区切られるトーラーの章節に従っている。こうした週間章節シドラーの内部には、それぞれ、導入部、トーラーの当該章節の一定の節にたいする秩序立った神秘主義的ミドラーシュが見出され、それらのあいだには、枠物語形式やそれに類した形式の、当該シドラーで扱われる主題のどれかに言及している諸構想が介在している。これらの枠物語に登場する人物たちは、しばしばかなり大きな講話を行うが、それらの結構も再三同じものである。トーラーの節の本来の解釈に先立つ導入部も注目に値する。これらの導入部は、外面的には、ミドラーシームのなかに見出される導入部を模倣し、預言者あるいは聖者言行録の詩句の解釈から出発して、最後に問題となっているトーラーの詩句の解釈に移る、という構成をとくに好む。だが一方、古いミドラーシュではこれらの導入部が既存の諸言語や所見のまったくの寄せ集めであるのにたいして、ゾーハルのばあいにはわれわれはまたしても、形式的に統一され自己完結的な、思想的にも首尾一貫した聖書解説に出会う。外面的には独立したものとしてゾーハルに登場する諸章句および構想においても、本来の思考過程の進行に先立って、繰り返しこの種の導入部的な説教が置かれている。

枠物語も非常に千遍一律であることによってきわ立っている。これらはみな一定の数少ない文学的モチーフのヴァリエーションである。人物は変わっても、彼らの身に起ることはいつも同じである。二、三年以上離れている、いろんな成立の層があるのではないかということは、問題にならない。それぞれに完結しているこれらの枠物語は、構成様式上はっきりとある一定の基本型に合わせて組み立てられているのみならず、それらの章句は相互とも、またこのような形式に押し込められていない、トーラーの当該章節の神秘主義的解釈とも、連関や直接の参照指示によって密接につながっている。かくて、ひとつの物語や序論的な聖書解説に端を発した思考過程が、それに続く「ミドラーシュ」のなかでそのまま引き継がれたり、その逆の経緯が起りうるのである。これらの相互結合や思考過程や構成様式の研究に没頭すればするほど、著者がこの厖大な章句を一気呵成に、ときには霊感すら受けて書き下ろしたことが、わかってくる。彼はその後でもう一度これらの章句に目を通し、ところどころを敷衍し、他の章句への参照指示などを挿入したのだが、これらの補足的諸章句の出所を分かとうとするいっさいの試みは、すべての審査手続を正しく踏まえれば、つねに不合理であることが証明される。こうしてたとえば、創世記の族長の歴史に関する広範な章句とか、レビ記へのゾーハルの冒頭の二百ページは、ほとんどひと息に書かれていることがわかる。稀にではあるが、主要章句との本来的関係に疑念を抱かせるような、ごく短い、これといって実際的な意味を全然もたない章句にぶつかることもある。これは著者がいろんな箇所でよく同じことを繰り返し言うせいでもある。時には、いろいろな箇所に同一の章句を書き加えることまでする[73]が、むしろそれより、いろいろな箇所で考えに変化をつけることのほうがはるかに好きである。しかしそのばあい、それはつねに一人の説教家が自分の主題について行う変化なのであって、異なった本当の著者たちがその背後に存在している必要はないのである。

5

最後にわれわれは、著者が利用した文献的資料という格別重要な問題に逢着する。ここでもまた、ゾーハル像はさまざまな部分を通じて驚くほど統一的である。もちろん著者が特定の箇所でしか利用しなかった資料も発見できるけれど、彼の「蔵書」の様子はまったくはっきりしている。もちろん、著者がここで利用している書物をたえずひもといていたかのように想像する必要はない。むしろ、著者は概して非常な多読家であったことがはっきりしており、彼は活発な記憶力を意のままにすることができ、加うるに、ある種の書物にはきわめて集中的に没頭した結果、中世にはよくあることであったが、みずからの記憶力に頼りながらほぼ文字通りの引用を行うことができたものと思われる。もちろんそこには、誤解や記憶ちがいも紛れ込んでいるが、それはそれでわれわれの批評対象として格別興味深いものになりうる。

この種の資料的文書に属するものとして、とりわけバビロニアのタルムード、『ミドラーシュ・ラッバー』の諸部分、『詩篇へのミドラーシュ』、『ペシクトース』、『ピルケー・ラビ・エリーエゼル』などが挙げられるが、しかしまたタールグーミーム、聖書およびタルムードへのラシの注解もここに含まれる。そのほかに著者が折にふれて利用した一連の文書の名を挙げることができる。[74] つとにバッハー[*8]は卓越した論文のなかで、ゾーハルの著者が中世の聖書注解者たちから数多く剽窃していたことを的確に論証している。[75] しかし、われわれはもっと先へ進むことができる。著者はユダ・ハーレーヴィーとモーセス・マイモニデースの主著を利用していたばかりか、[76] 彼が格別好んで取り組んだ幾多の基本的問題に関する考えは、マイモニデースによって初めて明確化された理念に完全に基づいているのである。このことは、たとえば、異

教を偶像崇拝や魔術と密接に化合した星辰宗教とみなす異教の本質に関する理念へのひんぱんな言及についてもいえる。(77)

しかし同様に著者は十三世紀の諸文書も、ドイツのハーシードのものも彼以前のカバリストのものも、豊富に利用している。とりわけ彼が集中的に利用した著作は、ほぼ一二三〇年から一二六〇年にかけてカタロニアの小都市ゲロナにおいて、他のいかなる同時代のグループよりもスペインのカバラーの精神的相貌を決定的に形づくったカバリスト集団の著作であった。カバリストのエスラー[*9]およびアスリエル・ベン・サーロモー、(78)[*10]ならびにこの集団の魂であったモーセス・ベン・ナハマン(79)の著作はたんに一般的にゾーハルの著者に刺激をあたえただけではなく、個々の特殊な事例にまで影響を及ぼした。ゾーハルがとり入れた用語と基本的見解の出所をなす時代的に最も新しい資料は、一二七四年にヨセフ・ギカティラによって著わされたギンナース・エゴース、『胡桃園』である。ゾーハルの実にさまざまな箇所で盛んに使用される、神秘主義の中心としての「原点」を表す用語も、この書から出ているが、(80)この原点の観念が神の知恵としての原トーラーの観念と結合されるその独特の流儀もまた、この書に由来している。(81)

もちろん、これらの典拠はゾーハルのなかで名を挙げられることはない。ある事柄がすでに他の神秘主義者の古い文書や書物のなかで扱われているということが語られるのは、一般的な決まり文句によるだけである。したがって、著者がこのように秘匿したがる実際の資料を捜すことが、ゾーハルの歴史的神学的意義を正しく評価するための主要な前提条件のひとつなのだ。(82)ところが、彼はこうした実際の出典を挙示する代わりに、空想上の出典を示すのである。かくてゾーハルのあらゆる部分は、表向きの引用文や架空の書物への言及にみちみちており、厳密な学者ですら誤って、それらのなかにゾーハルの神秘主義的な諸部分への遺失した資料文書の残滓を認めることができると信じたくらいである。しかしながら、そのなかで『アダムの書』や『エノクの書』、『ソロモン王の書』、『ラーブ・ハムヌナー・サーバーの書』、あるいはそれに類した、聞えのよい表題をもった書物から引用されるものは——かつてさるユーモアのある著述家がこの種の「上方世界の蔵書」の目録を公刊したことがあったが[83]——言語的にも用語的にもゾーハルの爾余の章句と完全に一致しているばかりか、実にしばしば前後の思考過程とも完全に統一的なかたちで結びついている。こうした出典挙示の裏に実際に存在する書物の思い出があることはきわめて稀であるが、あるとなると、まさにそのばあい、この出典挙示はずっと後の十世紀のテキストを引き合いに出すことになる。たとえば『ベン・シラのアルファベット』がそうで、著者はここからアダムの最初の妻であるリリトの神話をとり入れたのである。[84]今は遺失してしまったが著者の生きていた時代以前には実際に存在していたと思われるような文書からの引用とここでかかわりをもつことは絶対にない。

著者が出典を利用しそれに手を加えるやり方も、同様にまったく一律である。彼は出典の考え方や文言にたいして、それらを正確にとり入れる反面、それに劣らず恣意的にふるまっている。彼は自身の裁量に応じてそれを改作し、解釈し直し、自由な創造的空想あるいは別の典拠に影響された空想によって新しいものを付け加えるなど、要するに、それを彼独自の個性という媒体に通すのである。とりわけ彼が好むのは、古いアッガーダーのモチーフを、神秘主義にまでもっていかないまでも彼独自の流儀で敷衍し、編みつづけてゆくことである。アッガーダー物語や理念をこのように敷衍してゆくばあい、それらがこうしたかたちでゾーハル以外の場所にも認められることはないので、遺失したアッガーダーの作品からの借用などを問題にする必要はまったくない。著者の想像力はその種のものをみずから産み出すのに十分なのである。ここで特徴的なのは、彼が素材の劇化に特別な愛着を示していることである。同じことは、構想全体の構成に際しても言えるし、また短いタルムードの報告や聖者伝説が同じ内容の非常に生きいきとしたアッガードースに改作される際のやり方についても言える。[85] 同様に、あるアッガーダーがすでに神秘主義的内容を含んでいるばあいには、これをいっそう強調して取り出したり、ときには直接それからひとつの新しい神話を編み出したりする傾向も顕著である。[86]

ところで古い材料をそのように改作する際に、著者がいかに情熱的に、かつまた素朴にそれを行っているかということは、注目に値する。著者のこうした態度は疑いもなく次の点に起因している。つまりわれわれが相手にしている著者は、たしかに中世のユダヤ教的教養を十分に貯え用いる人間ではあったが、それでもなお、こう言うことができるならば、彼の幾多の考え方に見られる深遠な神秘主義と弁証法にもかかわらず、根本的には魂のずっと太古の層に生きていたのである。その結果たえず、完全に原始的な心性から生まれる素朴な叙述と、彼が帰依する瞑想的神秘主義の深淵全体を開示せんとする情熱的な叙述とが突如入れ替わるのである。しかも両者は人が思うほど不調和なものではけっしてない。その際、両者の文献資料になんらかの区別をするなどということはまったく論外で、[87] われわれはただ、きわめて多くの神秘家に見られるように素朴さと深遠さとが密接に同居している、ひとりの非常に生きいきとした特異な人間の対照的な言説にかかわっているのである。

ちなみに、ゾーハルの著者のみが、こうしたさまざまな要素の豊かな混ざり合いの見出せる十三世紀の唯一のカバリストなのではない。もっとも、彼のばあいには、それが最も個性的な性格をおびているのだが。ここで確認されねばならぬことは、著者がことにカスティーリャのカバリスト・グループ全体と同時代に生き、彼らのすべてと、見解のみならずおそらく直接的な個人的関係を通しても結ばれたことである。しかもこのグループのなかに、私はスペインのカバラーにおけるグノーシス派の復古運動を担う代表者たちの存在を見たいのだ。十三世紀の初頭に発展したようなカバラーは、『バーヒールの書』によって媒介された、本質的にはグノーシス派の伝統の古い残滓と、ユダヤ教的新プラトン主義の思想圏との出会いから生じたものであった。しかし、新プラトン主義の浸透が強化されるにつれて、同時にそれは、カバラー的世界像のグノーシス的要素をことさら強調する反作用を引き起したのである。十三世紀の後半に、現存する多数の著作においてこの方向を代表したのがソリア出のイサアク・ハ＝コーヘン、ヤコブ・ハ＝コーヘン兄弟、トレドのヨセフ・ベン・トードロス・アブーラーフィア[*11]、ブルゴスのモーセス・ベン・シモンである。[(88)] ここにも、後二者のばあい、ゾーハルの著者のそれとまさに似通った心性が見出される。彼らの著作には、ゾーハルの著者の資質や個性的特徴は何ひとつないにもかかわらず。

しかし、われわれはゾーハルの資料の批判的研究に戻ろう。ゾーハルのあらゆる部分に一定の古い文献資料に遡ると同時に当時の一般的観念に関係している観念複合が、つねに見出される。そのひとつにたとえば、ゾーハルの祈禱神秘主義の章句において前提とされている、明らかに中世盛期のものとみられる典礼がある。ユダヤ人の民間の慣習に関する記載も同様である。ここで好んで用いられる社交形式や儀礼規則、[(89)] さらには医療に関する諸観念、[(90)] とりわけここで大きな役割を果たしている魔術、魔法、悪魔学に関する理念も同様に、この種の観念複合に属している。著者はこれらの領域に関して一般に流布していた中世盛期の諸観念——しかしその細部の多くはまったく空想的に彼が形づくったものであるが——からひとつの注目すべき全体像を創り上げたのである。綿密な分析によって、こうした全体像のひとつを呈示することは、なかなか興味深いことであろう。というのも、これらの領域のなかに表現されている悪の力は著者をとりわけ魅了し、後述するように、彼の理論的性格や説教的性格の著述活動の本質的な主題のひとつをなしているからである。一方、しばしば変形される彼の終末論的理念の基本概念も、地上と天上の二重の楽園の想定と同様に、当時のユダヤ教徒とキリスト教徒における時間の観念に一致している。

6

著者の文体および、相続されたユダヤ的思想財産にたいする彼の態度に関して以上言われてきたことは、同様に彼自身の理念的世界についても妥当する。ここでも、本来のゾーハルの多くの章句は、ひとつの統一的な全体として、『ラヤー・メヘムナー』と『ティックーニーム』に対立している。この彼独自の理念、あるいは少なくとも二、三の最も基本的な理念の内容に関しては、次章で扱うつもりである。当面の関心事は、この書物の成立と著者問題に関する分析から学びとれることである。そこでいま繰り返し強調しておかねばならないことは、ゾーハルの著者はすべての小さな矛盾を越えてひとつの統一的な精神世界を表現しているということである。(91) 神秘主義的用語はすべての部分において根本的に一致しており、しかもそれはゲロナのカバリストの著作のなかで使用された人工語を発展させたものである。おびただしい象徴主義はひとつのかなり統一的な図式に従って適用されており、たとえ古いカバラー文学の書が他になくても、この象徴主義を詳細に解釈することは、完全に可能であろう。同じ象徴表現がいろいろなかたちで数限りなく繰り返されることや、ある箇所でごく簡単に示唆したことを別の箇所で延々と展開する強調法も、解釈を容易にしてくれる。ひとりの著者が聖書の同一の節に関して数多くの解説を書くばあいに、それらのなかでまったく異なった考えを表明することはもとより許されることであって、そうしたからといって自己の基本構想の統一性に反することにはならない。ゾーハルの比較的原理的で理論的な章句のなかに見出される小さな矛盾は、この種のものである。ゾーハルには、それについて著者がいろいろな理論的解決を述べている諸問題があるが、それらの解答は異なった「層」に位置しているのではなく、ことさら好んで、緊密に構成された同一の枠物語のなかや同一の講話の内部に併存しているのである。

ところで、ゾーハルの思想の特殊性、個性は何にあるのだろうか。この問いにたいしてはここではこう答えねばならない。ゾーハルの個性的特徴は実はこの書の思想の中身よりも文体のほうにより顕著に認められる、と。彼の思想は主として、一二七五年頃までに発展を遂げたカバラーの理念をまとめ完成したものにほかならない。といっても彼はけっして目前にあるものすべてを受け継ぐわけではなく、単に繰り返すだけなのである。むしろ彼はスペイン・カバラーの特定の流派、つまり先に言及したあの「グノーシス派」のサークルに近い。スペインのカバラーの運動はさまざまな、多かれ少なかれ輪郭のはっきりした思潮と流派を包摂していた。ゾーハルのなかに見出される神性の深み、人間の定め、トーラーの意義などに関する諸理念は、『バーヒールの書』とゾーハルのあいだに横たわる数百年のカバラーの発展のなかで表されてきたものである。ゾーハルの著者は、しばしば相互に矛盾する数多くの視点のうちから、彼の心に最も訴えるものを選び出し、それらの理念を強烈に、しかもしばしば非常に個性的な仕方で浮き彫りにしたのだ。彼という人間がこれらの理念のなかに完全に息づいていることがはっきりわかる。

こうしてたとえば、とりわけ同時代のカスティーリャのカバリスト、つまりすでに何度も言及したあの「グノーシス派」のサークルによってそもそも初めて詳細に展開されたひとつの表象世界が、著者によって殊の外生きいきと摑み出される。私がここで指しているのは、「流出左派」の理念であり、それは、神の光の世界と同じように十の圏域ないし段階に分かれた、悪の潜勢力の秩序だったヒエラルヒー、つまり悪魔の世界、の理念である。このように、そこでは十の「聖なる」セフィロースにたいして「聖ならざる」つまり「不浄な」セフィロースが存在している。だが神性のセフィロースと異なり、こうした悪の世界の個々のセフィロースはまったく人格的な性格を有している。それゆえ、これらの悪の力はみな個人的な固有名詞ももっている。これに反して聖なるセフィロースは――その点でも古いグノーシス派のアイオーンの理念に近いのだが——知恵、知性、恩寵、美などといった、単なる一般的、抽象的な特性の名称しかもっていない。イサアク・ベン・ヤコブ・コーヘンとブルゴス出のモーセスは自著のなかでこの暗黒世界の全神話を描いた。(92) ゾーハルの著者も同じ理念をとり上げるが、個々の消化の仕方はまったく異なっている。今挙げた二人のカバリストと同じ前提から出発しながら、彼はシトラー・アクラー「裏面」の教義に到達する。それは結果として同時代人の教義とは重ならずに、独立の平行線を生み出している。

しかしながら——さらに一歩進んで——著者のもつ個人的性格が、カバリスト的思考のある種の要素を除去するにも強調するにも、ひとしく現れている。ここでとくに注目に値するのは、著者が十三世紀のカバラーにおいて非常に影響力の大きかったひとつの思弁全体にたいして、黙殺という評価を下している事例である。この思弁とは、宇宙の発展は七千年周期で継起する、という考えであり、そこでは世界過程は一定の神智学的法則に従ってはたらき、五万年目の大世界記念日にその始源に還帰するといわれる。

これらの理念は『テムーナーの書』(一二五〇年頃)(93) に、ヘブライ語のアルファベット二十二字母の形態を神秘主義的に解釈するかたちで記載されているが、もともとは、安息年シェミッターと、万有がその所有者に復帰するヨベルの年とに関する聖書の規定につながるものである。カタロニアのカバリストはこれらの掟のなかに、万物が神から転出して神に復帰する世界過程の諸段階を表す象徴を見ていた。十三世紀と十四世紀にはこの主題に関して非常にたくさん書かれている。そもそもどのくらい多くの世界期、記念日が存在するのかという問題、ならびにいろいろなシェミットースにおける世界の状態の考察に、多くのカバリストたちは没頭した。なにしろトーラーはいろいろな世界期において神の秘密の名として字数は変わらないがいろいろ異なった読み方をされ、それによってまったく異なった意味を獲得する、とさえ想定されたからである。現在の世界期は、『テムーナーの書』によれば、厳正な審判の時期を表しているが、それは現在の世界期がセフィラー、すなわち神の特性である厳正に支配されているためである。それゆえ、この世界期には、命令と禁止、清浄と不浄、聖と俗とがトーラーに見られるごとくに存在しているが、来たるべき世界期、次のシェミッターにあっては、トーラーはいかなる禁止も知らず、悪の力が支配的な役割を演ずることももはやない。その他にも似たようなユートピア的希望がたくさん存在する。

[*12] ここには、キリスト教の三位一体の三つの人格に相応する三つの世界時代についてのフィオレのヨアヒムの教義にたいするまったく独立したユダヤ教の平行現象が現れているかのようである。このヨアヒムの教義は十二世紀末に遠くカラブリア地方で起草されたが、それが大きな意味をもつようになったのは、十三世紀の四〇年代にイタリアのフランシスコ会修道士がそれをとり上げ、さらに発展させたときからである。[94] その折も折、数奇なめぐり合わせによって、シェミットースの教義もゲロナで法典化された。しかしこの教義と前者の歴史神学との直接的な歴史的関係は、おそらく立証できないし、ありそうにも思えない。この教義ではまた、現にあるわれわれの世界の歴史的経過が、ヨアヒムにおけるように、ただ父と子と聖霊の三つの世界期に区分されるばかりか、シェミットースはまさしく、われわれの世界の前後に実在する宇宙の発展の時期でもあるのだ。しかしながら両教義の共通性もまた依然として十分注目に値するものであり、それは一方の教義では三位一体が、他方では神が啓示される十のセフィロースのうち七つが、順次、世界経過の一定の単位であるアイオーンの形成かつ支配する力とみなされる点にある。終末論的パースペクティブのもとでこのシェミットースの教義がたくさんの新しい問題を提起したことは明らかである。メシア時代の意味とは何か、世界の更新以前に存在したすべての事物が新しいシェミッターにおいて変質することの意味、こうした状況のもとにおける霊魂の存続の意味とはなんなのかなど、似たような問題がたくさんあり、それらはこの教義の信奉者にとって新たな意味をもつようになったのである。

ところで奇妙なことに、まさにこの教義はゾーハルの著者において、霊魂の運命にたいする彼の終末論的関心の旺盛さにもかかわらず、激しい拒絶に突き当たったようである。彼の浩瀚な著作には、「大記念日」を示す五万年という数字は見出されても、この意味深いシェミットースについてはどこにもまったく知られていないからだ。[95] この教義の何かが彼をことさら反撥させたのに相違ない。ひょっとするとそれは、来たるべきシェミットースにおいてトーラーの命令と禁止が変更されるという、このユートピアの背後に見出される、潜在的な反律法主義であったのだろうか。それというのも、『テムーナーの書』の周辺から出たある著作ではこのようなことまで説かれたからである。もともとトーラーのアルファベットは二十三の字母からできていたが、そのうちのひとつはわれわれの世界期に不可視なものとなってしまった。けれども次の世界期のトーラーのなかでは、再び解読されることになるだろうし、それによってもちろん、おのずからトーラーの理解の完全な変革が暗々裡にあたえられているのだ、と。[96] ゾーハル主要部の著者は来たるべき永世《エーオン》におけるトーラー読解の可変性についての思想とはまったく無縁であるが、『ラヤー・メヘムナー』の著者にとっては逆にこの思想はかなりの魅力をそなえていた。『ラヤー・メヘムナー』は二つの「樹」、すなわちわれわれの時代を支配する「善悪の認識の樹」と来たるべきメシア的来世を統べる「生命の樹」に関する理念に溢れている。ここには二つの宇宙的力ないしは樹の相違が生きいきと描写されていて、いつの日か命令と禁止の軛から解放されることへの希望が著者にとって大きな役割を演じていることがはっきりと読みとれる。ゾーハル主要部の著者はこうしたものといっさい関わりがない。彼には黙示録的衣裳をまとった公然たる社会批判も無縁であったのにたいし、『ラヤー・メヘムナー』においては、同時代のユダヤ教における特定の世俗化した支配者グループの専制にたいする燃えるような憎悪が目を惹く。著者はここでは宗教改革者として語るというよりは、むしろ時代の状況により神秘主義的ユートピアに先行する大革命について孤独な夢想を強いられている黙示録的な革命家として語っているのである。[97]こうして、ゾーハルの著者が確実にその著作を知っていたカバリストたちの他の多くの教義も、彼においては後退している。彼は典拠の豊富な素材のなかからつねに自分に適合するものだけを選び出し、利用できないものは無視するのだ。たとえば、彼がそのなかで活動していたスペインのカバリスト・サークルの著作中に群がる悪霊と天使のカタログないし目録は、なんらかの理由で彼の気に入らなかったようである。そのため彼はそれらを彼独自の発明あるいは幻想の所産である空想的な悪霊と天使に代えてしまったのである。

この個別の詳論の冒頭に提示された、ゾーハル主要部の本質的統一性と主要部に若干遅れた第二層の起草という私の命題は、以上をもって十分明らかにされたことと思うが、なおひと言だけ、『ラヤー・メヘムナー』と『ティックーニーム』の文学的・イデオロギー的性格について述べておかねばならない。文学的にみれば、これらの著作はゾーハルに比して構成や思考の進め方の点できわめて貧弱である。ことに目立つのは、文体の貧しさと極端な連想癖である。ゾーハルに特徴的な一貫した思考の順列はここでは概してほとんど展開されず、著者はある連想から次の連想へ、詳しい説明なしに飛躍してしまう。著者のカバリスト的表象も『ラヤー・メヘムナー』と『ティックーニーム』においてはたがいにまったく同じであるが、ゾーハルのとくらべると、ゾーハルを継承しようという努力にもかかわらず、しばしば、しかも重要な点でまったく相違している。さらにゾーハルの著者は、後に見るように、非常に緩和されたかたちでとはいえ汎神論的傾向をおびているのにたいし、『ラヤー・メヘムナー』の著者ははっきりと有神論的カバラーを代表している。[98]セフィロースに関する彼の表象はずっと精彩のない色あせたものであり、ゾーハル主要部のそれとは個々の点でずいぶん相違している。詰まるところ、この著者はゾーハルの著者よりも決疑論的な意味で）本質的にすぐれたタルムード主義者である。というのは、たしかにゾーハルでもしばしばハーラーハーの神秘主義的解釈の試みがひとつの役割を果たしているが、そこには必ずといって律法規定のまったく初歩的な誤解があるからである。

7

このように、ゾーハル主要部が唯一人の著者の所産であるとすれば、残る問題は、このように浩瀚な著作の成立段階が現在なお確認しうるかどうかである。著者はどこから手を着けたのか、そしてわれわれは彼の作業方法をどのように考えなければならないのか。最初の問いにたいしては、私の確信によれば、完全に一義的な、しかもきわめて意外な解答をあたえることができる。ゾーハルの起草年代が遅いことをはっきり知っていた学者たちでさえ、二つの『イドラー』のような、主要部の或る章句が最初に存在し、ついでゾーハルのための本来の『ミドラーシュ』が書かれ、最後に、しかもおそらく後代の著者によって『ミドラーシュ・ハ＝ネエラーム』が書き加えられた、というふうに想定するのがならわしであった。(99) 同様にして、カバリスト自身の多くも、中世的な要素が部分的にせよ、アラム語によって覆い隠されることなく如実に顕れている『ミドラーシュ・ハ＝ネエラーム』を、後代に付加された本来のゾーハルの補遺であるとみなしていた。(100)

だが、実際はそうではないのだ。ゾーハル諸文書のより厳密な分析を通じて到達したまことに思いがけない結果からすると、トーラーの最初の数章節『シドラーへのミドラーシュ・ハ＝ネエラーム』と、『ルツ記へのミドラーシュ・ハ＝ネエラーム』とがゾーハル全体の最古の章節であることが、認められるのである。以下に挙げる間接証拠は、私にそう決定させた主要考察中の若干のものである。

一、ゾーハルのなかにある指示、あるいは少なくとも或る別の箇所を必ず前提としている箇所を綿密に分析してみれば、そこで引合いに出されている事柄はほとんど、上記二つの表題の『ミドラーシュ・ハ＝ネエラーム』にすでに記載されているものであって、けっしてその逆ではないことが判明する。このことは事実的事項についていえるだけではない。主要部の本質的な章節に見られる聖者伝説風の表現も、『ミドラーシュ・ハ＝ネエラーム』にしか記されていない事柄をしばしば前提とするか、あるいははっきりそれらを指示しているのだ。(101) 逆に、後者がゾーハル主要部に初めて現れる聖者伝説を参照させることはけっしてない。

二、幾つかのケースでは、内容的に同じ聖書解説や、同一のモチーフをもった物語が、『ミドラーシュ・ハ＝ネエラーム』でもゾーハルでも講ぜられている。しかし両者を比較すると、どのケースでも、前者の叙述のほうがそれに対応する後者の叙述よりもプリミティブで、資料への密着性もずっとはっきりしていて、陳述の仕方にぎごちなさが見られる。この分析は十分納得のいくばあいが多い。著者が『ミドラーシュ・ハ＝ネエラーム』にある箇所を原材料として利用し、それをそのあいだに洗練されてきた自身の文学的要求に応じてもう一度第二稿のために改作している様子が、はっきりと看取されるのである。(102)『ミドラーシュ・ハ＝ネエラーム』の問題とはまったく無関係に行ったそうした一連の比較を検討している最中に、突然、どのケースでも『ミドラーシュ・ハ＝ネエラーム』の側に先在権があることに気づき、私自身まことに意外な気がした。

三、『ミドラーシュ・ハ＝ネエラーム』にのみ、著者がその空想的な構成の中心に設定しようとした人物集団に関して、なおある種の動揺がはっきり認められる。つまり、主要部ではシモン・ベン・ヨハイとその門弟たちが一貫して舞台を支配しているのに対して、『ミドラーシュ・ハ＝ネエラーム』では著者はまだ次の三つの傾向のあいだを揺れ動いているのである。

(a)　中心に一定の主人公を設定せず、真のミドラーシュの方式にならって、タルムード時代におけるありとあらゆる世代の、できるだけ大勢の教師たちのいわゆる言説を羅列する。

(b)　ミシュナー教師エリーエゼル・ベン・ヒュルカーノースを聖譚の舞台の中心に据える。著者がこの傾向にくみする気になったのは、疑いもなく、神秘家のあいだでとりわけ愛好されたミドラーシュ『ピルケー・ラビ・エリーエゼル』がすでに同じ趣向をとり入れていたこと、ならびにこの教師がすでにメルカーバー神秘家たちのあいだで或る役割を果たしていたことに依る。

(c)　シモン・ベン・ヨハイを中心に据える。この歴史上の人物がそれにふさわしくないというわけではないが、彼の名を冠した中世初期の二つの黙示録を神秘主義文学に数えようとするのでないかぎり、彼が神秘主義の権威者としての役割をこれまでどこかで果たしていたことは一度もなかった。『ミドラーシュ・ハ＝ネエラーム』の大部分の章句ではシモン・ベン・ヨハイとそのサークルはまったく何の役割も演じていない。著者が彼を物語の主人公にすることを最終的に決心したのは、明らかに執筆の途中からであった。とはいえ、カバリストの大御所としてのエリーエゼル・ベン・ヒュルカーノースを主人公とすることを完全に断念したわけではなく。おそらく本来のゾーハルの仕事の合間に小さな著作を書き、そのなかでその聖者伝説を語り継いで、この人物に著者が同じ頃ゾーハルのなかでも展開していたいろいろな教義を語らせるのである。このヘブライ語で書かれた小著がゾーハル文学に属するということは以前にはけっして承認されず、『エリーエゼル・ベン・ヒュルカーノースの遺訓』――これがたびたび印刷されたこの小著の表題である――について人びとは完全に誤った観念を抱いたのである。[103]

四、著者はここではまだ自己の神秘主義を自然なかたちで古いメルカーバー神秘主義の枠内におさめようと試みているが、主要部にはもはやこうした態度は認められない。聖書解説の長ったらしい仕上りも、後の部分ほどには、ミドラーシュの簡潔な様式からまだ完全に懸隔しているわけではない。表題も、著者がまだ単純に、従来知られていた純アッガーダー的ミドラーシュとは違う「神秘主義的ミドラーシュ」を創造しようとしていたことを示している。というのも、たとえば「いままで秘密であったミドラーシュ」などというのではなくて、この「神秘主義的ミドラーシュ」という概念こそ、同時代の他のカバリストたちに同じ概念が現れることからも示されるように、「ミドラーシュ・ハ＝ネエラーム」という表現の含蓄ある意味にほかならないからである。(104)

五、『ミドラーシュ・ハ＝ネエラーム』では後の主要部におけるよりもずっと明からさまにタルムードの原典から直接引用されている。著者はここでは表題のついた真作を引用することも憚らない。もっとも、彼はすでにここであの「天上の蔵書」を創作しはじめているのだが。

六、幾つかの重要な点で『ミドラーシュ・ハ＝ネエラーム』と他の部分のあいだに見出される教義構成上の相違は心理学的には、『ミドラーシュ・ハ＝ネエラーム』の比較的単純な構想から、私が後に起草されたものとみなすにいたった主要部のかなり複雑な構想へ、という一直線の説明しか許容しない。著者の歩む道は、マイモニデース哲学の信奉者の著作でよく行われていたような哲学的な寓意化から神秘主義へと通じている。この発展過程は、当時の状況からすれば、その逆のばあいよりも人間的に見てはるかに理解しやすい。著者は最初はまだカバラー的な理念には遠く、哲学的な理念に親しみをもっていた。それが漸次、哲学的要因は後退するか、あるいは一層強く神秘主義へ解釈し直され、ついには神智学的神学が彼の精神を完全にとらえてしまう。似而非哲学者が神智学者に変わるのだ。『ミドラーシュ・ハ＝ネエラーム』ではセフィロースの教義はほとんどまだ著者の関心の中心とはなっていない。そのかわり、宇宙論的、心理学的、終末論的な主題に関する寓意的な聖書解説への関心がきわ立っている。著者の心理学的理念はここと後の主要部とには歴然たる発展が認められるが、そのために別の著者からの影響を想定する必要はない。『ミドラーシュ・ハ＝ネエラーム』では中世の心理学的理論、ことにマイモニデースと新プラトン主義者の理念が大部分著者自身の見解として利用されているが、すでにこのとき、これらの理念が彼にとって神秘主義的色合いをおび始めていることがわかる。個々によく追跡のできる、この純粋に神秘主義的な心理学への発展が、さらに主要部において根本的に一段と進んだのである。

七、ここではまだヘブライ語がアラム語と交互に使われているが、このヘブライ語は完全に中世後期のものである。同時にこのヘブライ語は、多くの点でなお、後に使用された人工的なアラム語の文章の背後にどのようなヘブライ語の文章があるかを、きわめて正確に示している。

以上の批判基準に背馳して、『ミドラーシュ・ハ＝ネエラーム』にたいする主要部の先在性を想定せざるをえないような理由は、何ひとつ存在しない。主要部の幾多の章句にはさらに、『シスレー・トーラー』に見られるように、『ミドラーシュ・ハ＝ネエラーム』へ戻ろうとする動きが認められる。たとえば、主要部の若干の箇所では、著者は通常『ミドラーシュ・ハ＝ネエラーム』にしか登場しない人物たちをもう一度物語のなかにとり入れる。しかしそのばあい、大体において人物像は変えられている。とりわけ著者の表現能力と文学的手腕は著しく向上していた。霊感を受ける瞬間もそのあいだにあるにはあったが、ものを書くという手仕事的な技量においても長足の進歩を遂げていたのである。短い物語や構想が今や大規模な、しばしば非常に巧みな構築性を具えた章句に変わる。この点から見て、著者はさながら旧来の方向をもう少し進む必要を時に感じたかのように、『ミドラーシュ・ハ＝ネエラーム』の後半の章節をすでにゾーハル主要部――われわれのリストの一番から十六番――と同じ時期に起草した、という印象を受ける。しかしそこでも主要部に記されている事柄への言及はほんの二、三箇所に見出されるにすぎない。おそらく実際にはこれらの章節も大体においてすでにあらかじめ起草されていたと考えられる。いずれにしろ、創世記の半分まで達した時点で著者は『ミドラーシュ・ハ＝ネエラーム』の仕事を中断してしまったのだ。トーラーの他の諸書にたいしてもほんの僅かな注解しか起草しておらず、とりわけ出エジプト記にたいしては発端だけで終ってしまっている。そのかわり彼は後に、僅かな年月の——五年か六年ぐらいと思われるが——いとも高揚した生産的気分の続くなかで、本来のゾーハルのいろいろな部分を起草していったようにみえる。個々の部分については後年に付加されたものもあるかも知れない。匿名で書かれた十戒の解釈の冒頭部分『ピックーダー』は多分この種のものであるが、この章句はまだ完全にゾーハル主要部の真の文体、言語、考え方で書かれており、『ラヤー・メヘムナー』の著者に自著を書く刺激をあたえたもののようである。彼はこの断章的な冒頭部分を手本にしつつ、さらにそれを彼のやり方で書き継いでいくが、ここにはすでにひとつの書き方から別の書き方への移行が歴然と認められる。(105)

全体がトルソー的性格をもつことに関しては——申命記にたいするゾーハルの章句もごく僅かしか存在しない——幾つかの理由を挙げることができる。しかし、遺失した章句が多いと考えることは最も蓋然性が少ない。現存の写本数は大体において印刷に付されたものとぴったり一致しているのである。もっとも、さらに厳密な調査によって、そこかしこでなお重要な成果が明るみに出されている。たとえば、著者は『ミドラーシュ・ハ＝ネエラーム』の重要な一章句について二つの異本を作製していたことが判明している。そのうち古いほうは、ケンブリッジにある十四世紀の写本に保存されるのみで、大部分の写本や印刷に向けられたのはもっぱら新しいほうであった。(106)この両異本について考察することは、著者の作業方法を認識するうえでなかなか得るところが多い。つまり古いほうの草稿はそれ自体あまりにも行きすぎたものであったために、著者はそれをもう少し空想を抑えたものに代えたものと思われるのである。

一三五〇年以前の古いカバリストの著作にみられる引用からも、彼らが知っていたゾーハルの真正な章句のうち、もはや現存するテキストのなかに見出されないものは僅かしかないことがわかる。[107] それゆえ、若干の小さな章句が散逸したことは疑いないけれども、そのことは、この労作がもともとは形式的な意味で完結されていたことをものがたるものではない。われわれはむしろこう想定することができよう。著者はなんらかの点でもう十分だと考え、別のことに力を振り向けたのだ、と。いずれにせよ、こう考えることが、すべての事情に——ことに後年の著者の活動と結びつけて——最も適しているように思われる。加うるに、晩年には彼本来の生産力が根本的に尽きてしまったという事情もあるかも知れない。

トーラー注解の諸章節と、この枠を破るさまざまな構想がどのような順序で正しく書かれていたのかということは、今ではもう十分な確信をもって述べることはできないが、しかしこのことは、どのみち切りつめて数年にしかならぬ執筆期間なのだから、ことさら大きな意味はないといってよい。全体としてみれば、『イドラー・ラッバー』と『シフラー・ディ＝ツェニウーサ』は、著者の最初の大きな草案のなかに含まれていたようにみえる。その際興味深いのは、『イドラー』の結論部に続く数ページが再び完全に意識的に『ミドラーシュ・ハ＝ネエラーム』の形式に復帰していることである。また、創世記の最初のシドラーはもちろん彼にとって最大の意味をもつものであったが、このシドラーについても、『ミドラーシュ・ハ＝ネエラーム』にある注解の他に三つは注解を試みているのだ。同じ主題にたいするこうしたさまざまな試みこそ、著者の作業方法の特色であると同時に、彼の思考の統一性をまことによく表している。

8

ところで、この著作が書かれたのはいつであろうか。ゾーハルの典拠を調べる際に生じた諸結果に関してこれまでに述べられたことは、別の考察からも裏付けられる。われわれは資料調査の際、著者が遅くとも一二七四年までに書かれた諸文書を知っていたことを見た。これによってわれわれは一義的な出発点《テルミヌス・ポスト・クエム》を確保しているわけである。ゾーハルには、『ミドラーシュ・ハ＝ネエラーム』にも他の部分にも、同時代の事柄を示唆する一般的な性質の仄めかしが必ずある。そこから、著者が執筆した時代は十字軍の盛衰後パレスチナが再びアラブ人の手に帰した時代であると想定することができる[108]。同時代のキリスト教やイスラム教にたいする論争的なあてこすりも頻繁に見出される[109]。同様にこの時代のユダヤ人の道徳的状況に関する彼の論評は、われわれが一二八〇年頃のカスティーリャの状態に関して知っていることに非常によく合致している。しかし執筆年時はもう少し下げて定めることができる。彼は追放の終結時について黙示録的な算定を何度も行い、その開始をつねに一三〇〇年とそれに続く年に設定しているが[110]、ある箇所では明白に次のことが前提とされている。第二神殿の破壊の年（ユダヤ人の計算によれば紀元六八年に行われた）以来、すでに一二〇〇年に及ぶ追放の歳月が過ぎ去り、イスラエルはいま追放の終りに先立つ暗闇のなかに生きているのだ[111]、と。ということはつまり、著者は一二六八年以後の数年間に執筆していることになる。

　ところで、このことは、われわれがゾーハルの公刊をめぐる諸事情に関して知っているすべてのことに完全に符合している。あらゆる証言によれば、ゾーハルは十三世紀の八〇年代あるいは九〇年代に、モーセス・ベン・シェムトープ・デ・レオンなるカバリストによって広められた。彼は一二九〇年までカスティーリャの中心部にあるグアダラヤラの小邑に暮らしていた人物で[112]、その後さまざまな土地に滞在し、晩年はアヴィラに居住していたが、おそらくこの地へは、当時大きなセンセーションを惹き起したユダヤの「預言者」の出現（一二九五年）によって誘われたものと思われる。そして一三〇五年、ヴァラドリッドの宮廷からアヴィラへの帰途、小邑アレヴァロで死去した[113]。

彼の生涯に関するこうした僅かな資料以外にも、われわれはモーセス・デ・レオンがみずからの名で相当数のヘブライ語の著作を公刊したことを知っている[114]。そのうち印刷されたものは僅か二作のみであるが、著作の大部分は現代もなお保存されている。また彼が、上述のグノーシス派のカバリスト・サークルに所属するトードロス・アブーラーフィア[*13]の家族と個人的に密接に結びついていたことも知られている。つまり彼は、一二七〇年から一二八〇年の時期にカスティーリャのユダヤ人社会のなかで並はずれて有力な地位を得ていた男のサークルに所属していたのである。モーセス・デ・レオン自身の言明によれば、彼が著わした最初の書物、言い換えれば彼が正式に認めた最初の書物はセーフェル・シューシャン・エードゥース、『証の薔薇』である。現在半分だけ残存しているこの書物は、一二八六年に書かれている[115]。引き続いて一二八七年には、十戒の根拠に関するきわめて浩瀚な著作、セーフェル・ハ゠リモン、『柘榴の書』を著わした[116]。この両書、とりわけ後者はすでに初めから終りまで神秘主義的な典拠の直接間接の指示にみたされている。ゾーハルそのものの名は挙げられていないけれども、彼の引用を厳密に検証してゆけば、彼がここですでに『ミドラーシュ・ハ゠ネエラーム』からレビ記と民数記のための諸章節にいたるゾーハルの本質的部分をすべて利用していたことがわかる。

しかし、モーセス・デ・レオンがヘブライ語の著者として自著を携えて登場する以前に、すでに別の二人のカバリストの著者のなかに、どう見ても本来のゾーハルではなく『ミドラーシュ・ハ゠ネエラーム』に属する引用文が見出される。このことは、『ミドラーシュ・ハ゠ネエラーム』が一番古い著作であり、それゆえまず最初に流布されたものであるという、上記で得られた結論と完全に符合するわけである。われわれが一般に手にしている、ゾーハルからの最古の引用は、一二八一年のものであり、イサアク・イブン・アブ・サフラーの『マーシャール・ハ＝カドモーニー』の末尾に置かれている。これは『ミドラーシュ・ハ＝ネエラーム』から引用され、創世記のための一章句の、しかもあの上述の従来知られていなかった異本――幸運にも私はそれをケンブリッジのゾーハル写本のなかで発見した――から引用されている。[117] この著者は、モーセス・デ・レオンと同様にグアダラヤラに住んでいたが、二年後には雅歌のための神秘主義的注解を著わした。そのなかで文字通りの原文は彼が利用した真のミドラーシュから引用されているのではなく、そうした逐語的な引用の多くは、それまで明らかに人知に触れることも公刊されることもなかったミドラーシュから取られているようである。このミドラーシュこそトーラーの最初の三つのシドラーにたいする『ミドラーシュ・ハ＝ネエラーム』に他ならない。[118] 一方、トードロス・アブーラーフィアがオーツァル・ハ＝カーボード、『栄光の宝庫』を著わしたのも同様に八〇年代の初頭と思われる。そこにも『ミドラーシュ・ハ＝ネエラーム』から二つの引用が見られるが、ちなみにここでもその表題は挙げられてない。この二人のカバリストは、ゾーハルの著者そのものとしては問題にならない人物であるが、片や隣村の人間として片や多分富裕な後援者として、モーセス・デ・レオンと直接に結びついていた。息子のヨセフ・アブーラーフィアとモーセス・デ・レオンは友人関係にあり、彼の著作の幾つかはこの友人にささげられていた。[119]

以上のすべてを総括すると、これらの事実は次のような結論にいたる。『ミドラーシュ・ハ＝ネエラーム』はゾーハルの先駆け、最初の核として一二七五年から一二八〇年のあいだ、おそらく一二八〇年に間もない頃書かれたが、これにたいして主要部は一二八〇年から一二八六年にかけて執筆された。一二八六年からモーセス・デ・レオンは数多くの著作において、ミドラーシームと諸注解書からの引用のなかへさらにゾーハル文書からの引用をほぼまんべんなくちりばめ始める。ことに一二九三年までは、かなり集中的にもっぱらゾーハルの宣伝に役立つような書物の執筆に従事していたようだ。おそらくこの頃、確実には一二九〇年代の初頭を過ぎてから、彼はさらにゾーハル主要部の写本を他のカバリストたちにあたえていた。一二九一年に大規模なトーラー注解を開始したサラゴッサのバヒヤ・ベン・アシェール[*15]は明らかに、当初は『ゾーハル』[120]という表題によるのみならず『ラビ・シモン・ベン・ヨハイのミドラーシュ』という表題でも流布していた新しいカバラー的ミドラーシュの、そうした写本の一冊一冊を知っていた。察するにこうしたゾーハルのテキストに基づいて、その後九〇年代に、ことによると十四世紀初頭の数年間にも、『ラヤー・メヘムナー』と『ティックーネ・ゾーハル』の両大著が、別のカバリストによって著わされたのであろう。一般にこの時代にはゾーハルの模倣はけっして珍しいことではなかった。たとえば、ナハマニデースの孫ダヴィド・ベン・ユダは十四世紀の初頭に書いた著書『マルオース・ハ＝ツォーベオース』のなかで、多くの真正なゾーハルの章句以外にも、『ミドラーシュ・ハ＝ネエラーム』とゾーハル風の大きな章節を引用しているが、それらは内容が示しているように、この両書の模倣なのである。[121]

この種の模作が出現しえたということは、とりもなおさず、カバリスト自身が往々にしてゾーハルの文学的形式をさほど重大視せず、それを利用することにいささかのためらいも要らない、単なる文学的粉飾とみなしていたことを証明している。もちろんこの書物は、幾多の無邪気な人たちにはただちに真のミドラーシュとして、いやそれどころかシモン・ベン・ヨハイの門弟たちの作として承認されたことであろう。この書物は、同時代のカバリストたちのひそかな思考と感情をあまりにも見事に表現していたために、彼らはこの彼らの精神的世界が夢幻的に投影されてミドラーシュ教師のひそかな教義の世界として、したがって古さと真正さの微光に包まれて描かれていることに、感激したのである。[122]批判的精神の持ち主は当時も乏しかったが、それでも異論を唱える者がいなかったわけではない。一三四〇年頃までは、トレド出のヨセフ・イブン・ヴァッカール――われわれが知っているほとんど唯一のアラビア語で執筆したスペインのカバリスト[123]――が、ゾーハルの利用にあたっては「甚だ多くの誤謬」が含まれているから慎重を期すようにと、読者に注意を促している。[124]

ゾーハル問題のこうした解決は、管見しうるかぎり、ゾーハルの批判的研究をする際に考慮されねばならないさまざまな事情ときわめて正確に照応している。普及直前におけるゾーハルの作成に関しては、エドゥアルト・ツェラー（ギリシャ哲学史家）の言ったことがぴったり当てはまる。「著作を偽名で著わす人は、それによって現下に一定の効果を獲得しようと欲しているのである。だから彼はその著作をただちに流布させることだろう。そしてひとたびこの著作が最初の読者たちによって本物とみなされたら、まさしくその偽名のおかげで、実作者の名が挙げられている他のどんな書物よりも、おそらく急速に広まるだろう。ただしある著作が作者自身の関与なくして、ただ真の作者が不明なために誤った著作に帰せられ、作者はそのまちがいに何の責任もないばあい、その作品の普及には通常比較的長い時間が必要となるだろう。[125]」ゾーハルの作成がさまざまな時代層にわたることだとか、ゾーハルのオリエント起源説だとか、ゾーハルの古い典拠などに関する諸々の空想は、何ひとつあとに残らなかったし、この著作の公刊された場所、つまりカスティーリャは同時にそれが成立した場所でもあるということに何の疑いも存在しないとするなら、われわれの眼前には、この著作の起草と普及に際してはたらいた内的力学がクローズアップされてくる。ここで、もうひとつの考慮にも少なくとも簡単に触れておかねばなるまい。ゾーハルはいろいろな要素から成る、いろいろな時代に成立した書物である、という見解を擁護する一、二の論者は、「ゾーハル文学」ほどの浩瀚な作品が僅か数年（われわれの計算によれば六年）で成立したらしいなどということはありえないことだと思っている。しかしこれは重大な思い違いであり、事実はまさに反対である。ひとりの人間がインスピレーションによって執筆したり、自己の精神的世界の拠点となり創造力が点火されるあの「アルキメデスの点」を発見したりしたばあいには、きわめて短時日のうちに数千ページの書物を著わすことだって容易なのだ。一例として著名なドイツの神秘家ヤーコプ・ベーメを引き合いに出せばよい。彼は一六一八年から一六二四年までの六年間に、もっと浩瀚な神智学的著作を著わしている。

9

われわれに残されている最後の問題は、著者は誰かということである。それはモーセス・デ・レオンその人なのか。それともモーセス・デ・レオンのごく親しいサークルで活動し、後代の歴史的批判の好奇心にたいして首尾よく匿名性を守り通した、ひとりの偉大な知られざる人物なのだろうか。過去の闇に包まれて身元のわからなくなった別のカバリストがこの書物に主たる関与をなしていたという可能性も完全に排除してしまえるだろうか。すでに一部の同時代人はモーセス・デ・レオンをゾーハルの著者とみなしていた。このことはアッコー出のカバリスト、イサアク・ベン・サムエルの論議かまびすしい証言からわかっているが、同時にこの証言は、彼自身の著作からしかほかに知るすべのないモーセス・デ・レオンのことが述べられている、当時の数少ない記録のひとつである。(126) パレスチナの故郷の町がマホメット教徒に征服された（一二九一年）後、まだ若い学徒であったイサアクは故郷を去り、その後かなり長期間イタリアに滞在したが、そこですでにゾーハルのことを知ったらしい。そして一三〇五年、スペインに赴いて、ここでこの書が公刊されるにいたった諸事情に興味を抱いたのである。

彼は当該箇所以外にも若干の部分が現在も手稿のまま保存されている日記のなかに、彼の問合せにたいして報告された事柄をすこぶる無邪気に書き留めている。彼が語るには、ヴァラドリッドでモーセス・

デ・レオンと出会い、その折この人物は彼にこう誓約したという。私は「ラビ・シモン・ベン・ヨハイが著わしたきわめて古い書物」をアヴィラの家に所蔵しており、貴殿にそれをお見せしよう、と。ところが、そうこうするうちにモーセス・デ・レオンが死亡し、その後イサアクがアヴィラへ赴いたとき、次のような話を聞かされた。当地のヨセフ・デ・アヴィラなる金満家が、モーセス・デ・レオンの諸写本の原典となった、古くて真作だといわれているゾーハルの原本を譲り渡してくれるならば、息子を故人の娘と結婚させてもよい旨、未亡人に申し出た。ところが未亡人とその娘はともに、そのような原本はまったく存在しないと言明した。彼女らの言によれば、モーセス・デ・レオンは自身の頭でゾーハルを著わしたのだが、いったいどうして自身の精神的所産のために著者たる栄誉を要求しないのか、という妻の非難にたいし、彼はこのように答えたという。「もし私が世人に向かって、私は自分の頭でものを書くと言えば、彼らは私の言葉などを心にかけはすまいし、そのためにびた一文私にくれはしないだろう。なぜかというに、彼らはそのばあいこう言うに決まっているからだ。『あの男はただ自分の感覚で物事を考えているにすぎないではないか』とな。ところがだ。シモン・ベン・ヨハイが聖霊の霊感につき動かされて書いたゾーハルの書から私が筆写していることを耳にするなり、彼らは見ての通り、高い金を出してそれを手に入れようとするのだよ。」

アッコー出のイサアクはみずから未亡人と面談したのではなく、すべて又聞きとして語っているだけなのだが、さらにその先の調査についても語っている。だが、遺憾なことに、後の十五世紀の年代記作者によって伝えられているイサアクの報告は、モーセス・デ・レオンの弟子のひとりが厳かな誓いのもとに「ラビ・シモン・ベン・ヨハイが著わしたゾーハルの書」について証言した内容をものがたろうとする、まさにその箇所でとぎれているのである。アッコー出のイサアクは後に十四世紀前半における最も重要なカバリストのひとりとなったが、彼がゾーハルの信憑性を本当に信じていたかどうかは結局のところ判然としない。いずれにせよ、彼は自身の著作で何度もゾーハルを引用しているが、もちろんそれは、彼がこの書の古い起源を信じていたことを、ただちに示唆するものではない。他方興味深いのは、アッコー出のイサアクがたびたびカタロニアとカスティーリャのカバリストの伝統を相互に対照させていることである。それによれば、前者は『バーヒールの書』に述べられているようなカバラーに依拠し、後者は『ゾーハル書』に依拠しているという。[127] したがって彼もまたカスティーリャのカバラーとゾーハルのあいだの密接なつながりを見ているのだ！

アッコー出のイサアクのこの報告、とりわけそこに言葉通り引用されている、モーセス・デ・レオンが妻に語ったと言われる言辞に基づいて、グレッツは、この人物に関する学説を作り上げ、彼に向かって「嘘の書」にたいする満腔の怒りをぶちまけたのである。[128] 遺憾ながらグレッツはそのばあいに完全に誤った理論から出発している。つまりモーセス・デ・レオンは最初はその自著を実名で公刊させておきながら、それが十分に注目されず、あまりにも僅かな名声と金しかもたらさなかったために、まったく低級な動機から偽書を拵えることに腐心したというのである。[129] またモーセス・デ・レオンは一二九三年以後になってゾーハルのすべての部分――ミドラーシュ・ハ＝ネエラーム、ゾーハル主要部、ラヤー・メヘムナー、ティックーニーム――を一様に書き上げたという。著者の人格ならびにゾーハルの成立の仕方と時期に関するグレッツの見解が、完全に誤りであることは、上述の綿密な研究成果から必至である。したがって、モーセス・デ・レオンという人間を、凡庸であるくせに思慮深いという印象をあたえようとする狡猾な詐欺師とみなすグレッツの荒唐無稽な人物観や、その他モーセス・デ・レオンの徳性に関する論難のたぐいなどは、奇想という珍品奇品の陳列室に悪びれることなく送り返してかまわぬものである。[130] ゾーハルとモーセス・デ・レオンのヘブライ語による著作の客観的分析のなかには、ゾーハルの成立過程に関するグレッツの見解を正当化するものは何もないし、先に引用した、モーセス・デ・レオンがいわゆる妻への言葉のなかで吐露したシニシズムを是認するものもなんら存在しない。こうした言葉を定式化することはむしろ、モーセス・デ・レオンを心よく思っていない凡庸な人間たちの底意に帰しうるものであることをさらけ出しているのだ。

しかし、モーセス・デ・レオンの未亡人が夫をこの書の実作者とみなしていたことは十分ありうることであり、後に見るように、実際の状況とも完全に合致している。だが、彼女の個々の言辞は実際にはどのようなものであったのか、それについて憶測をめぐらすことは困難である。ただひとつ完全に確かなことは、モーセス・デ・レオンの文学的生産段階がグレッツの想定するものとは正反対なことである。彼の全著作は文学的に定式化された著作としてのゾーハルを前提としており、その著作の意義はわけても、初めのうちは目立たないやり方で、後の著作になるとますます強い褒め言葉でゾーハルを読者に紹介することなのである。まさにその著者はひとまずゾーハル写本の普及の準備をしておこうというかのようである。彼は生涯の最後の十三年間を主としてこの写本の仕事にささげたらしい。というのも、この大著の厖大な量にのぼる写本を一二八六年から一二九三年までの七年間で仕上げることは、その間になお千ページに及ぶ別のヘブライ語の著作が残されていることからしても、不可能だっただろうから。

ところで、モーセス・デ・レオンがゾーハルの引用をする際に枕として利用する常套句が、この七年間にますます大胆になっていくのを見ると、まことに興味深い。最初はごく一般的に「賢者の言葉」とか「神秘家の注解」について語るだけであるが、しだいに彼の紹介は熱をおびてくる。こうして一二九三年に書かれた『ミシュカーン・ハ＝エドゥース』には、彼が新たに発見し今ここで「披瀝」するこれら珠玉のような古い知恵の性格についてきわめて注目すべき見解を述べる非常に長い章句が見出される。しかし綿密に分析すれば明瞭なことだが、この書物においてわけても肝心なのは、折しも公刊されたばかりのゾーハル、あるいはその写本の公刊が目前に迫っていたゾーハルの宣伝文書たることであって、ゾーハルに打ち出されていた、この書の中心テーマである霊魂の終末論に関する理念の継続発展は、ほんの僅かな部分でしか問題にされていない。

したがって、われわれはさらに著者の別の動機やゾーハル成立の別の過程を想定しなければならないとしても、モーセス・デ・レオンがこの著者そのものなのかどうかという問いは、依然として焦眉の問題なのである。なぜならモーセス・デ・レオンは、ゾーハル諸文書がみずからは書かずともすでに面前にあって、そこから引用をしたこともなきにしもあらずだろうから。それゆえ問題は、ゾーハルの著者問題に個個にあるいはひとまとめに決着をつけうる判断基準を展開できるか否かである。

私は、モーセス・デ・レオンのヘブライ語の著作や、それと『ミドラーシュ・ハ＝ネエラーム』およびゾーハル諸部との関係を綿密に調べることによって、われわれがここで相手にしているのは実はただ一人の人間であり、これらの著者はすべてこの人間の生産力に帰さざるをえないことを確信するにいたった。白状すれば、私はゾーハルの統一性を確信した後も、この点に関してはなお幾年も心を決めかねていた。私は長いこと著者問題の批判基準を探し求めた。この基準は、場合によっては、モーセス・デ・レオンをゾーハルの著者としてははっきり除外することになるかも知れなかった。たとえば、彼自身が再三犯しているゾーハル本文の甚だしい誤解を摘発するなかにそのような基準があるかもしれない。ところが、モーセス・デ・レオンの著作には、ゾーハルの箇所が文字通りにせよ、敷衍されているにせよ、多く利用されているにもかかわらず、実際に重要な、そうした基準は何ひとつ指摘することができないのだ。したがって私には「知られざる大作家」説などは、たとえそれにたいしてなんらかのもっともらしい論証が可能であったとしても、もはや信じられない。これに反して、ヘブライ語で書かれた著作の著者とゾーハルの著者の同一性を想定することは、そこに現れるあらゆる問題を解決するのにおあつらえ向きである。ことに、著者はゾーハルにおける著作活動の偽書的性格をその後も放棄しようとしなかったのだということを然るべく考慮に入れるならば。

もちろんこれによって、モーセス・デ・レオンという人物とゾーハルを起草するにいたった経緯の委細にかかわるすべての問題があますところなく解明されるというわけではない。それには著者の神智学的教義の叙述を越え出る記録資料があまりにも少なすぎる。したがってこれから述べようとする、モーセス・デ・レオンをゾーハルの著者とする諸々の論拠が、たとえ筋の通ったものとして承認されても、なお未解決な問題が幾つか残る。それがいえるのはわけても、モーセス・デ・レオンの宗教的発展のさまざまな段階と、彼に偽書的行為をなさしめた諸々の出来事についてである。とりわけここでは、個々にはまだまったく説明されていないヨセフ・ギカティラとの関係の問題が考慮されねばならない。

モーセス・デ・レオンもまずマイモニデース哲学の研究から出発して、しだいにカバラーへと発展していったことは疑いを容れない。このことは彼のヘブライ語の著作の哲学的要素が歴然と示しているばかりでなく、われわれはこれにたいして決定的な証拠文書ももっている。現在モスクワに所蔵されている、ヘブライ語の写本のギュンツブルク・コレクションの自筆目録には、マイモニデースの『迷える者の手引き』のヘブライ語訳手稿が記載されているが、この手稿は一二六四年に「博学なる（ハマスキール）ラビ・モーセス・デ・レオンのために」書かれたものであった[131]。ここには名前に尊称が付加されていないことからみて、彼が当時まだ若年であったことは明白であるが、ともかくこれだけ浩瀚な著作の写本を注文できる資力はあったのであろう。それゆえ彼が生まれたのは、一二四〇年頃と想定しなければなるまい。したがって一二六四年と一二八六年のあいだに二十年以上もの空白期間が生ずることになるが、この期間は諸々の集中的な研究、神秘主義への漸次的発展、そしてすでに詳述されたような最後の十年間におけるゾーハルの執筆などによって完全にみたされていたと考えることができる。

七十年代に彼は、当時アブラハム・アブーラーフィアによって宣伝された「預言者的」カバラーの熱烈な信奉者であったヨセフ・ギカティラと接触したらしい。両カバリストはおたがいに名指しで引用し合ってはいないが、彼らの著作から明らかなように、相互に強い影響をあたえ合っていたに相違ない。なぜなら、モーセス・デ・レオンの著作のどこにも、明らかに彼に適さなかったアブーラーフィア本来の諸命題は主張されておらず、利用すらされていないが、前述のギカティラの書『ギンナース・エゴース』からは、とりわけヘブライ語の著作中に非常に強く認められるように、文字神秘主義その他が継承されているからである。[132] ギカティラとの関係は彼の流れを汲む幾多の著作のなかに非常に強く見られ、もしも著者を直接知らなければ、その幾ページかを読んだとき、ギカティラの著作と向かい合っているように思うにちがいない。[133] 他方において、モーセス・デ・レオンがセフィロース・カバラーへの伝授を彼から受けたのではないことは確かである。というのも、ギカティラは彼の著作活動の第一期、つまりゾーハルの成立時代には、神秘主義の神智学的構想とはまったく無縁だったからである。しかし彼の精神的発展においても、その後きわめて明瞭な転回がなされた。後期の著作にはアブーラーフィアのカバラーや、『ギンナース・エゴース』の周辺から出た諸理念は、もはやまったくといっていいほど見出されず、彼は身も心も神智学的カバラーへ移行してしまっている。彼のばあいゾーハルの影響は、表現形式こそモーセス・デ・レオンのそれとは著しくちがっているが、後期の著作のすべてに現れている。つまり、モーセス・デ・レオンの神智学的方向がギカティラに深い影響を及ぼし、その後の彼の思想方向を規定したのである。

だが、二人のカバリストのあいだに起った個々の出来事は、残念ながらわからない。ギカティラはゾーハルの偽書的性格のことを知っていたのか。彼もゾーハルの諸理念をとりわけ『シャアーレ・オーラー』の幾つかの章句で宣伝しているが、その際自己の思想の出所について典拠指示で述べることはせいぜい、「賢者の言葉」[134]といったごく一般的な指示にとどまっている。したがって、ゾーハルの名称をこのように計画的に黙秘することとは、何かある特定の意図から出たものと想定せざるをえない。ギカティラの書は元来はただセーフェル・ハ＝オーラー、『光の書』[135]と呼ばれていたのだが、それはセーフェル・ハ＝ゾーハル、『光輝の書』という表題のパラフレーズのような印象をあたえる。あらゆる徴候から判断して、この書物が書かれたのは、モーセス・デ・レオンの最初のゾーハル写本が世に出た年代である。一二九三年にはすでにモーセス・デ・レオンはその書『ミシュカーン・ハ＝エドゥース』の三箇所で「シャアーレ・オーラーにおける賢者の言葉」を引用している。この『光の門』は、モーセス・デ・レオンがゾーハルを紹介するときに利用するさまざまな仮名のひとつなのか、それともこの書名によってすでに僚友ギカティラの著作のことを言っていたのか、それはよくわからない。三つの引用箇所のひとつが実際その通りに、しかもギカティラ特有の用語でギカティラの著書の最初の章に記されているということは[136]、あとの事実をものがたっている。しかしもう二つの引用箇所はそこにはないこと、およびギカティラのこの書はなんと言っても彼自身の名前で世に出たのであって、けっして昔のラビたちの著書として現れているのではないということは、前の事実を物語っている。あるいはモーセス・デ・レオンはまだ執筆中であったギカティラの著書の最初の章だけを読み、朋友のその書名を別の箇所で戯れに使用し、それでもってゾーハルのことを表そうとしたのだろうか。仮にそうしたところで、彼の文学的特質にそぐわないというわけではなかろう。いずれにせよ、ギカティラはすでに一二九三年以前にゾーハルを手に入れ、ゾーハルの神秘主義的象徴表現から少なくとも幾つかの章句を自分自身の著作に引用するもくろみを抱くことができた、と想定せざるをえない。ひょっとすると、この新しい理念を宣伝するとき、モーセス・デ・レオンの了解を得て行動したのかも知れない。ともかく彼がゾーハルそのものの著者として考慮されることはありえない。これから取り扱おうとする論拠のどれひとつとして、ギカティラの直筆とゾーハルとの関係に適用しうるものはないといっていいからである。しかし彼は、モーセス・デ・レオンをめぐる最も親密なサークルの一員として、つまり後者の師であると同時に弟子である朋輩として、ゾーハルの成立と普及の歴史においておそらくある役割を果たしていたと思われるのだが、その委細はわれわれには差し当たりまだ不明である。

10

ゾーハルの統一性の問題がすでにそうであったように、モーセス・デ・レオンがゾーハルの作者であるのかどうかという問題も、もとより綿密な分析と個別的調査を通じてしか解決できない。それでも、私が到達した本質的な成果を簡単に要約することは可能なように思われる。

モーセス・デ・レオンのヘブライ語の著作はとりわけ特異な文体で書かれている。ギカティラとは異なり、彼は押韻散文と、中世の「美文家」に見られる、聖書の仄めかしにみちたほとんど翻訳不可能な凝った文体を愛用する。彼の文体のこうした側面とゾーハルの文体とを単純に比較できないことは明らかである。というのも、ゾーハルの著者にとって、アラム語ではこのように特色ある豊かな半韻文的な語法と引用は、用いようにもままならなかったからである。しかし、このヘブライ語の華麗な文体のなかにも、またこの文体が放棄されている非常に多くの箇所においても、彼本来の言語といってもよい言い回しが多々認められる。

重要なことは、こうした言語の特質が他の同時代人の著作には見出されず、他の点では最も近い関係にあるギカティラにすら見出されないこと、ところがゾーハルの言語において指摘できるのは、大部分まさしくこれと同じ特質であるということなのだ！　ゾーハルとヘブライ語の著作のどちらにも、正しい語法からの寸分たがわぬ同じ変則と、部分的にまったく同じ誤謬がある。しかもモーセス・デ・レオンはこれらの誤謬を、ゾーハルのアラム語で書かれた箇所のヘブライ語訳だと言えるような諸章句のなかばかりか、それ以外の章句においても利用している。構文の同じ誤り、奇妙な新しい意味を付加された同じ語句、動詞における同じまちがった再帰話体、カル〔基本話体〕とヒーフイール〔使役話体〕を混同する同じ用法──これらすべてを含めて彼のヘブライ語の特徴の多くは、ゾーハルのそれときわめて正確に一致する。(137)ゾーハルとは関係のない訳者であったら、誰でも言葉の誤りは、ことにそれが通常の正書法に明らかに反するとなれば、訂正しておいただろう。モーセス・デ・レオンはそのようなことはいっさいしていない。彼はまた際限のない繰り返しや誇張した表現、或る種の詩の頻繁な、まったく意味のない使用を、同じようにことさら好む。たとえば、「秘義」という語は他の著述家には、ざっと見ても彼やゾーハルの著者における ほど頻繁には見出されない。しかも両者のばあい、この語はないと考えても差し支えないのである。

さらにモーセス・デ・レオンとゾーハルの著者は、カバラーとセフィロースという用語の使用にたいしてもまたもや同じ嫌悪感を抱いており、これらの用語を、ヘブライ語でも、ごく僅かしか使用しないということは、カバラー的な用語をかくもふんだんに繰り返し用いる著者としてはとりわけ目立つのである。語句の使用から文章の構成に目を転じても、モーセス・デ・レオンには、ゾーハルの引用文中でなくとも構文と単語の選択において完全にゾーハルの文章のようにみえるヘブライ語の文章が多々見られる。とくに、『ミドラーシュ・ハ＝ネエラーム』のヘブライ語で書かれた部分との接触が密接である。自由に展開されたモーセス・デ・レオンの考え方として読まれたばかりの章句が、実は『ミドラーシュ・ハ＝ネエラーム』の或る章句のほぼ文字通りの再現にすぎないことは、往々にしてほとんど気付かれない。この両章句間の主なちがいは、モーセス・デ・レオンの他のヘブライ語の著作では文体が聖書の言葉からとられた華麗な言い回しによって改良されているが、ミドラーシュを模倣したゾーハルの文体には当然そうした言い回しは欠落せざるをえなかった点にある。

はっきり古い典拠からの引用だとされていながら、実際はゾーハルのなかにしか記されていない章句を調査してみると、引用の導入形式のなかにおのずから現れているあやふやな態度にぶつかる。タルムードやミドラーシームを「注解者」の言葉とみなすことなど、中世の著述家には思いもよらぬことである。「注解者」という言葉は通常中世の著述家が引用されるばあいにのみ使用されるものだからである。しかるにモーセス・デ・レオンは、ゾーハルの諸箇所をある時は「昔の賢者」の言葉として、またある時は「注解者」の言葉として引用することをまったく意に介していない。

これに加えてさらに、わけても次のような、非常に注目すべき事実が存在する。つまり、これらの引用は大部分がその前後の本文となんら区別されず、そこにはゾーハルからそっくりとられた事柄が、何の典拠指示もなしに自己自身の産物として述べられているのである。モーセス・デ・レオンはゾーハル（あるいは他にどんな書名を彼がそれにつけているにせよ）を引用する際に、彼自身が付け加えたものといささかでも区別されるような、なんらかの点で輪郭のはっきりした像をその引用部分にあたえるようなことはけっしてない。彼の引用の仕方も、したがってある程度まで実情をカムフラージュしているようにみえる。とくに『セーフェル・ハ＝リモン』はこの種の「引用」に溢れている。それらはごく短い章句を引用部分として挙げているが、その前後に記されているものもすべて、やはりゾーハルから、いやそれどころかなかにはまったく同じ章節からとられているのである！　彼がさまざまな形式で講ずるまさしくいっさいのものが、彼自身の精神的所有物なのである。時折ゾーハルの或る箇所が彼「独自」の言葉で敷衍されているが、そのばあいもそれを分析してみれば、この独自の言葉なるものがゾーハルの別の箇所でそれを敷衍するために使われた言葉にほかならないことが判明する。モーセス・デ・レオンがゾーハルを利用する仕方は、真のミドラーシュであるときに彼が適用する仕方とはっきり区別される。後者のばあいには引用章句を改竄することも、それを別の連関に引き入れることもしない。それにひきかえ前者のばあいには、素材は躊躇なく新たな形式で利用される。或る考えがまったく正確に文字通りにゾーハルから引用されることもあるが、彼はまた同時に、ゾーハルの別々の箇所に見出されるいろいろなモチーフをしばしばひとつの新しい視点のもとに統合する。その逆のばあいもある。彼の手法は、素材にそれにふさわしい形式を付与する芸術家の手法である。しかしそのばあいも、苦心惨澹の挙句いろいろな箇所から引用章句を寄せ集めてそれを自分自身の作品に合体させようとするつぎはぎ細工を相手にしているといった印象はけっして受けない。それどころか、これらの叙述にはすみずみまでひとつの精神が滲みわたっているのであって、評者の分析の労を俟って初めて、ゾーハルのあの講義の本質的なモチーフが、いろいろな箇所に分散しているのだということがわかるのだ！　こうした方法の数多くの事例を調査してゆけば、次のような結論に到達する。そもそもここでは、多くのばあい、文献学的な意味で引用が行われているのではなく、実際は、ゾーハルの世界を自身の産物として完全に記憶している著者がつとにゾーハルのなかで用いた方法を継続しているのにほかならないのである。こうして彼は、常時念頭にある自分の説教のモチーフを、ある時はこういうふうに、ある時は別なふうに詳述し、それらを組み合わせて自由に創作するのだが、そのばあい、ゾーハルそのものを書いたときに着想した組合せが必ずしも墨守されることはなかった。その意味で彼のヘブライ語の著作は、ゾーハルの真の継続であると同時に、時にはそのさらなる発展でもあるのだ。以上述べたことから、どうしてイェリネーク――これまでのところモーセス・デ・レオンの著作をゾーハルと綿密に比較した唯一の学者――が、ヘブライ語の著作に先在権があるという、まったく誤った結論に到達したのかということも説明される。(138)彼は、モーセス・デ・レオンの統一的な思考過程がゾーハルでは三つばかりの異なった箇所に分かれていることを発見したが、同じ著者がゾーハルそのものの仕事の完了後も、バラバラなモチーフの総合を企てることがありうることを考慮に入れなかったのである。

ゾーハルに示された思想のこのような継承と変形は、彼がいろいろな考え方に適合する比喩をいろいろな箇所に組み入れて、それをそれぞれの連関に応じて変様する点にも現れている。(139)あるいはまたゾーハルのなかで示された宇宙的象徴表現が、ヘブライ語の著作では心理的象徴表現に転化される。ゾーハルのなかで太陽と月が月の減少について――これに関してはタルムードとアッガーダーが仔細に物語っている――交わす対話が、モーセス・デ・レオンの『ミシュカーン・ハ＝エドゥース』では神と霊魂の対話に改作される。(140)これらの事例のすべてにはっきりしていることは、著者がこうした素材をなじみのないもののように扱うのではなく、自分自身の精神的所産のように扱っていることである。もっとも外部にはこのことをひた隠しにしているが。

モーセス・デ・レオンの「蔵書」はゾーハルの著者のそれとまったく同じである。たびたび経験されることだが、私がゾーハルの或る章句の文献資料としてメモしておいた、よりにもよって一風変わった箇所が、モーセス・デ・レオンによって同じ主題を叙述する際にずばり引用されているのだ。(141)典拠指示における誤りさえ、彼がゾーハルの著者であることを特色づける光を投じている。一例を挙げよう。『ペシクター』の名で知られるミドラーシュのなかで幕屋の落成式が語呂合せによって「結婚式」になぞらえられているが[142]、この語呂合せはその後さらに別の理念になぞらえる根拠をカバリストたちにあたえた。すなわち、彼らはそこに神とイスラエル共同体の「結婚式」ではなく、モーセとシェキーナーの神秘的合一を見たのである。カバリストの見解によれば、モーセを「神の男」つまり「シェキーナーの夫」とみなすこともこの合一に関連している。こうした解釈はもちろん『ペシクター』の当該箇所とはまったく関係がないのだが、ゾーハル時代の多くのカバリストによって『ペシクター』の秘密の意味であると主張され、ゾーハル自身のなかでも可能なかぎりの変形を加えられて大きな役割を果たしている。それというのも、ゾーハルはモーセのうちに、シェキーナーとの神秘的な愛の合一をすでに現世において成就し、以後二度と再び彼女との永続的結合つまり「神秘的婚姻」を破棄することのなかった、唯一の死すべき人間を見ているからである。完全にこうした観念のうちに生きていたモーセス・デ・レオンは、この主題に関するゾーハルの最も注目すべき箇所のひとつを引用しているが、それはなんと『ペシクター』から引用されているのだ[143]！つまり、彼にはみずから『ペシクター』の当該箇所から編み出した神秘主義的意味が強く頭に残っていたために、彼自身の思想をすでにゾーハルのなかに収めておきながら、それを『ペシクター』から論証するという錯誤に一瞬陥ったのである。

しかし、モーセス・デ・レオンのヘブライ語の著作中にも、その理念の実際の典拠——通常それらの名はかなり漠然と挙げられるか、それともかなり詳細に挙げられるか、どちらかであるが——と並んで、偽書的資料の形跡がまったくないわけではない。たとえば彼はヘブライ語の著作のなかで『エノク書』から、ゾーハルの『エノク書』からの引用部には欠けている長い章句を引用しているが、それらは言語的にも内容的にもモーセス・デ・レオン固有の考え方に完全に一致するものなのである。彼がここでわれわれの知らないアラビア語の『エノク書』またはそれに類したものを利用していたのではないか、ということは、まったく問題にならない[144]。また彼がそれを引用したとき、すでに実際に自分でそうした書物を書いていた、と想定する必要もない。もっとも、ひょっとすると彼は実際にそうした意図を抱いていたか、あるいは部分的にそれを実行していたかも知れない[145]。この連関で重要なのは、バビロニアの碩学ハイ・ガーオーン（十一世紀）の応答集と称されている文書の偽造部分である。ここには『ミドラーシュ・ハ＝ネエラーム』の流儀で諸章句が引用されているが、この偽造部分の起源については従来判然としていなかった。しかしこのばあいも、モーセス・デ・レオン――『ミドラーシュ・ハ＝ネエラーム』の著者――がこの偽造された応答集の一部を引用する最初の人なのである[146]。このことから八十年前にダヴィド・ルーリア[*16]のごとき者は、ゾーハルが大層古いものであることを立証しようと試みたのだった[147]！　以上のことから、モーセス・デ・レオンがこの偽文書の全部とまではいわなくとも一部を書いたに相違ないことは明白である。ほかにも彼のヘブライ語の著作には、もとよりゾーハルには記されてないが、しかし完全にゾーハルの思想圏に属する注目すべき道徳的比喩、伝説、およびそれに類するものが見出され、一部にはすでにゾーハルそのもののなかで神秘主義的テキストの著者だとされた架空の人物たちも姿を見せている[148]。

　モーセス・デ・レオンはさらにヘブライ語の著作の幾つかの箇所で、ゾーハルのなかではほんの付随的《アン・パッサン》に触れるか暗示しただけの事柄を詳細に叙述している。これらを通覧するとき、後代のカバリストや批評家によってゾーハルの補遺と説明された諸文章が、実はゾーハル本文の本当の構成要素であることが判明する[149]。このように、彼のヘブライ語の著作の研究を通じて、実際はゾーハルの大部分にたいする最良の注解が得られるのである。同時にそこには、モーセス・デ・レオンがその資質からして完全にそのような作品を著わしうる人であったことが看取されるが、同様にまた、荘重でエキゾチックなアラム語の人工的な古めかしさがゾーハルの書の文学的成功にいかに大きな意義をもっていたかということがわかる。もしもゾーハルがヘブライ語で、しかもあの華麗な背景をそなえずに書かれていたならば、おおよそにせよこれに並ぶ大きな成功をかちえていたかどうか疑わしい。

11

上述したすべてのことを考慮に入れるならば、モーセス・デ・レオンが彼の新しい神秘主義の「典拠」について意見を述べている幾つかの箇所は、彼自身がそれらの著者であることをひそかに仄めかしているという新たな意味をおびてくる。一二九〇年に彼は自著『理性的魂に関する書』のなかで、「近来ようやく秘義の泉が当地に広がりはじめた[150]」ことに言及しているが、それは明らかに、折しもゾーハル文書が二、三公刊されたことに関係している。しかし、なんといっても彼がゾーハルについて語っている注目すべき箇所は、一二九三年に書かれた『ミシュカーン・ハ＝エドゥース』のなかに見出される。ここではその最も重要な箇所をできるだけ逐語的に引用してみるが、この箇所は、この問題の範囲に属する他の多くの箇所と同様に、従来学者たちの注目を浴びなかった。彼は、すでに言及した二重天国の理論に対応して現れる二重地獄（ゲヒノーム）の理論に関して語る章節で、この主題に関するゾーハルのヴァリエーションを論ずるに先立って次のような前おきを述べている。

「この主題に関しては、人に知られぬ内々の秘密や隠された事柄が存在しているのである。しかしあなたは今、私がこの隠された内々の秘密を開示するのを目にするであろう。これらの秘密は、聖賢たちのあいだでは神聖にして秘匿さるべきものとされており、そんじょそこらの連中の物笑い種にならぬためには、そもそも開示せぬほうがましなくらいの深遠な事柄なのである。彼ら聖賢たちは日々これらの事柄にかかわり、それらを秘匿し、誰にでも開示するわけではなかった。しかるに今私は、それらを開示せんがために来た。それゆえあなたも、神のトーラーと戒律を遵守する、神を畏れる者に出会うとき以外は、それらをあなた自身のために秘蔵しておくがよい。……私は、あの［神学的な］主題に関するかぎり、異国の思想や外部からの［つまり異教的な］誤った見解のなかにはまり込んでいる俗人たちのことを見てきた。世代は消えてはまた現れる。しかしひとたび曲解された見解は永久に続く。誰ひとり真実を見ず、誰ひとり真実を聴かず、誰ひとり目覚める者はいない。なぜなら、彼らはすべて眠っているからであり、神が彼らを、問うことも読むことも厳密に探求することもないように、深き眠りの淵に沈めているからなのだ。こうしたいっさいのことを見たときに、是が非でもやらなければならないと思ったことは、すべての分別のある者たちに明かすために書き表し、秘匿し、沈思黙考することであり、古の聖賢が終生かかわったこれらすべての事柄を公表することであった。というのも、それらはタルムードや聖賢たちの［他の］言葉や内密な言説のなかにちりばめられ、真珠よりも貴い、隠れた財宝だからである。彼ら［聖賢たち］はその言葉の背後で門を閉ざし、彼らの神秘主義的な著書をすべて秘匿していたのだが、そのわけは彼らが、それらを開示し公表するのは適当ではないと見たからである。かの賢明な王もこう命じていることだから。〈愚者の耳に語ること勿れ〉、と。さりながら、暗闇に包まれていたものを明るみに出し、彼らが秘匿してきた秘密の事柄を公表することは有益な仕事ではなかろうか、と私は悟ったのだ[151]。」その数ページ後で彼は今一度こう語る。「今私が彼らの奥義を開示するにしても、良かれと思ってしていることであり、多くの人が賢明になり、神への信仰を堅め、聴きかつ学び、心に畏れを抱きつつ、真理を知って歓びを得るためであることを、全能の神は知り給うのである[152]。」

これは、甚だ意味深長な発言であると思われる。すでに見たように、書かれて間もないものであることに疑問の余地のない書物についてこんなふうに、しかもどちらとも取れる言い方で語ることができる者とは、その書物を著わした当人なのだ。しかしモーセス・デ・レオンは、そもそも偽書的粉飾を放棄する気がなかったとすれば——そんなことを彼に期待するわけにはいくまい——自分があの「聖賢たちの言葉」の著者であることをこれ以上はっきり明かすことはできなかった。彼は、いみじくも表現しているように、それらの言葉を「書き表しかつ秘匿し」なければならないとみたのである。自分で古い書物を発見したなどとはっきり言ってはいない。彼はただ、それらの書が彼自身がそのなかで生きていたあのカバラーの意味に合致するなら、必ずやそのなかに含まれているに相違ないものを、開示しようとするだけなのである。

これらの証言は、同時に、『セーフェル・ハ＝リモン』の長い序文のなかにとくに強く現れている、ゾーハル起草のきっかけとなった諸々の動機をきわめてはっきりと描いている。イェリネークは『理性的魂の書』にあるごく短い示唆からこれらの動機を解明した最初の学者であるが[153]、その彼と彼に追従したグレッツは、この点では実際正しかった。つまり、モーセス・デ・レオンがゾーハルを著わしたのは、当時の教養人のあいだに蔓延していたラディカルな合理主義的潮流——これについてはかなりたくさんの記録がある——との闘いにおいて、ひとつの反対勢力を打ち立てるためであった。モーセス・デ・レオンはその著書のひとつで、理論においても実践においてもすでにほとんどの宗紀を無視しているこの種の教養人サークルの見解と風習について語っている[154]。こうした彼らにたいして、彼は歪められていないトーラーのユダヤ教を堅持しようとする。もちろん、神秘家としての彼が見たままに。彼には神秘主義的ミドラーシュこそ、神のみ言葉の深みを感銘深く陳述するものとして、正しく、つまりカバラーの精神において理解されたユダヤ教の偉大さにたいする感覚を覚醒させるのに恰好の道具だと思われたに相違ない。モーセス・デ・レオンは天分豊かな人であったがゆえに、——今われわれが見た——その直接的な動機を越えて、彼が生きて活動していた同時代のスペイン・カバラーの精神的世界にかくも雄大な表現をあたえることができたのであった。

この男の人物像は今やはっきりとわれわれの眼前にある。彼自身はあの哲学的啓蒙の世界から出発したのだが、後には語気鋭くこれを論駁した。青年時代に彼がマイモニデースの主著《マグヌム・オプス》の研究にいそしんでいたことはわかっている。彼はこの書の写本を作ってもらうために、金を支払っている。だが、後に彼は自己の神秘主義的傾向に従って新プラトン主義的著作の研究をこれに結び付ける。中世に『アリストテレスの神学』という表題で流布していたプロティノス[*17]の九巻本の抜粋を彼が知っていたことについては疑いの余地はない。この抜粋のなかに現れる、純粋知性と唯一者の直観の世界へ恍惚として上昇してゆく哲学者の描写が、彼の著作のひとつにそのまま引用されているからである[155]。しかしそれと同時に彼は、ユダヤ神秘主義がユダヤ教の真髄をなしているように思われて、それにますます惹かれてゆくのを感じ、当時のカバリストの神智学が理解していたような神性の秘密のなかへ完全に沈潜するのである。彼はそれらの理念を改造し、さらに発展させ、取捨選択し、増補し、それを、ゾーハルにもどのヘブライ語の著書にもみられる彼の神秘主義的倫理への傾向と結びつける[156]。しかしながら、神智学者にして道徳家である彼は自己の内に天賦の才が目覚めるにつれて、彼の本質のなかにあらかじめ潜んでいたに相違ない冒険者精神の要素をも伸ばしていった。というのも、『ミドラーシュ・ハ＝ネエラーム』とゾーハルを起草し宣伝することが、たとえ彼のいう霊感の時を信じるにせよ(私はそれを信じるが)、とにもかくにも冒険的な企てに手を出すことを意味したということは、明らかだからである。しかし彼にとって、当然といってもいいくらいだが、そこに何の矛盾もなかった。偽書はまだ文書偽造だとはいえない。偽造につきまとう、道徳的に非難さるべきものという評価もそれにはない。そのために偽書は昔から、道徳的にも最高の水準にある宗教的著作の正当なカテゴリーのひとつとされてきた。宗教史家は偽書にたいして道徳的に憤慨すべき理由をもたない。真理の探求はしばしば探求一般につきものの冒険的形式によって表されてきたのであり、偽書もまたそのひとつであった。探求者がこうした真理の探求を推し進めれば進めるほど、自身の道がすでに自分より数世紀も前に、他の人びとによって歩まれていたに相違ないことを、ますますはっきりと思い知るのかも知れない。われわれがユダヤ文学と同時に神秘主義文学一般の最も注目すべき、驚嘆おく能わざる書物のひとつを手にしうるのは、モーセス・デ・レオンの天稟と同時に、彼の内に潜んでいた冒険者精神の発露のおかげなのである。

第六章　ゾーハル　その二　ゾーハルの神智学的教義

1

全体として見れば、ゾーハルはアブーラーフィアの体系の完全なアンチテーゼである。後者では徹底的な瞑想の形式によって神へいたる道を説く教義、いわば実践的な忘我の哲学が本質的内容をなしており、ゾーハルではこれに反して、あくまで神性の世界の秘密の内容そのものを考察すること、つまり叡知的《ムンドウス・イン》世界《テリギビリス》の奥義に重点が置かれている。後者では預言者的カバラーは神秘主義の最も貴族的な形式としてわれわれ凡俗の徒を拒絶するのにたいし、ゾーハルではまさに、生きとし生ける者の諸々の不安ときわめて深く結びついたひとりの著者の言葉を語るのだ。預言者的カバラーはこの琴絃をかき鳴らすことによって、類縁の魂のなかに、古いカバラーの代表者たちには拒まれていた深い手ごたえを確認しえたのである。また後者においてわれわれがかかわるのは、体系的な論究と思考、いやそれどころか部分的にはまさに教本である。しかもアブーラーフィアの神秘主義は根本的には聖書の言葉と結びつくことなしに展開される。(もちろんアブーラーフィアもトーラーの神秘主義的注解を著わしているが、(1) しかし彼の思想的世界はそのなかから生い育ってきたものではない。)これに反して前者ゾーハルには、別の色合いが見出される。こここではいっさいが説教学者と注解者の観点のもとに現れ、聖書の言葉に深く結びついている。多くの思想は聖書の言葉の言外から読み取られているのではなく、それらの思想は実際には聖書の言葉そのものを神秘主義的に熟考することから初めて生い育ってきたのである。ゾーハルはこうした注解の形式を踏襲することで依然としてユダヤ人の思考習慣に深く結びついている。注解はいわば真にユダヤ的な思考の土着形式であり、体系化はユダヤ人の思考には――すでに述べたように――もともと無縁なものだからである。

　この世界の本質、つまりこの世界をユダヤの神秘主義的宗教の他の現象形態からきわ立たせているものを、ひと言で言い表さねばならないとしたら、私はこう言うであろう。ゾーハルにおいて問題なのは、ユダヤ神智学、つまり神智学のユダヤ的形態なのである、と。十三世紀のカバラーは主として、哲学者の合理的神学によって疑問に付された素朴な民衆信仰の実体を堅持しようとする試みである。それゆえカバリストの見解によれば、ゾーハルの教義は二つの極の周りを回っている。すなわち、新しい神――といっても、それは旧来の創造と啓示の神以外のものであってはならない――と、この神に関係する人間とである。

　ここで私は、神智学というさんざん誤用された概念をどのような意味で使用するのかということを明確にしておかねばならない。私はこの概念を、近代の擬似宗教を表すのに使用される以前の、言葉の古き良き用法の意味で理解するのである。[2] それによれば、神智学とは活動する神性の隠れた生命を予感することも、把握することも、記述することもできると信じ、おそらくは瞑想によってそのなかへ沈潜することすら可能だと考える、ひとつの神秘主義的な教義ないしは思想傾向のことである。神智学は、神が神性の閉鎖性からそうした秘密の生命活動へと顕れ出ることを確定し、これによって、創造の秘密がこの生ける神の鼓動に基づいていることを発見する。この意味で私は二人の著名なキリスト教の神秘家ヤーコプ・ベーメとウィリアム・ブレイクを「神智学者」と呼びたい。

私の意図は、以下において、たいていのカバラーの体系に疑いもなく最も決定的な影響を及ぼした、この神智学的な神概念の内容を多少なりとも明らかにすることである。私はこの神智学の根本概念をすでに第一章で神の属性の問題から演繹しようと試みたが、この概念はカバリストたちがセフィロースという語で言い表しているものである。この語は神秘的な「境域」あるいは「領域」と訳されよう。といっても、ヘブライ語のセフィラーはギリシャ語のスパイラとは——反対の仮説も多々あるが——全然関係がない。[3]この語はそのもともとの典拠である『創造の書』では単に「数」を意味していたのであるが、神秘主義文学の慣用語の発展につれて——ここではそれを追跡することはできないが——神の潜勢力と流出の意味をおびてきたのである。

ここで古いメルカーバー神秘主義とカバラーの相違を思い浮べてみることも無駄ではあるまい。メルカーバー、玉座、天上の王宮、巡礼者が遍歴する諸宮殿のあの世界は、たとえカバリストたちが依然としてそれらすべてに——なかには新たな形態を纏ったものもあるが——興味を抱いていたとしても、もはや彼らの考察の中心的主題ではない。カバリストにとっては、それらすべての知識はほんの足がかりにすぎないのだ。なにしろエゼキエルのあのメルカーバーは多くのカバリストにあってはまさに第二のメルカーバーといわれるくらいなのだから。[4]つまり、『ヘハロース』のトラクトにはまだ何も記されていない、カバラーもしくは神の認識の新たな知識は、神秘的現実のより深い層、[5]換言すれば、辛うじて象徴によってのみ可視的となる「内的メルカーバー」にまで遡及するのである。要するに、この知識は神そのものにかかわるのだ。以前はせいぜい玉座に君臨する者の栄光が叙述されたとすれば、今は、こう言ってよければ、この栄光の内側が問題になる。カバリストの思弁の始まり、すなわち『バーヒールの書』や十三世紀中葉までのさまざまな小さいテキスト[6]においては、玉座世界と神性そのものの世界——グノーシス派の原初的プレローマ――というこの二つの領域は、まだ完全に分離してはいなかった。だが、両者を原理的に分離し、玉座世界の上方に開示される新しい考察層を創出する傾向こそ、カバラー固有の衝動なのである。

こうしてその後もますます深い神性の諸層を発掘してゆくことが、ユダヤ神秘主義の歴史的発展の傾向となる。ユダヤの神智学者はあのセフィロースの世界にもとどまることはなかった。彼らはその世界を越えて、神が自己自身の内深く輝く一層隠れた根底へと突き進む、諸々の探求を怠ることはなかったのである。(7) 神的現実の一定の層に関する深い瞑想から生まれた根源的知識が浅薄になり、単なる書物上の知識になればなるほど、そこでの象徴は当初のものすごい相貌を失って、今や抑制のない寓意が幅を利かす廃墟と化し、そうなればなるほど、カバリストのうちの創造的精神の持ち主たちはますます、新しい象徴によって生きいきと表される新しい層へ突き進もうと企てたのである。しかしゾーハルの世界にとっては、まさにセフィロースの領域がなおあの神秘的経験の強固な現実性を保持している。この領域の少なくとも幾つかの特徴を詳細に分析することが今の私たちの課題であろう。

2

隠れた神、いうなれば神性の最も内なる自己はいかなる規定も属性ももたない。この最も内なる自己をゾーハルやたいていのカバリストはエン・ソーフ、すなわち「無限なるもの」(8)と呼ぶ。しかしこの隠れた自己が世界過程のなかに顕れ出て活動するときには、ポジティヴな属性がそれに付加される。そしてこれらの属性が神的生命の深い現実態をなすのである。つまりそれらは、神の隠れた生命が流出する、神の存在と神の示顕の諸段階なのだ。神秘主義的な属性は、人間の語法を単に神へ転用したものではけっしてない。中世の哲学者が聖書のなかで「神の腕」に関する記述を読んだとき、このように言った。神の腕について語るにはこのばあい人間の腕との類比によるしかすべはない。神の腕とは単なるメタファーであって、人間の腕が第一なのである、と。神秘家にとっては事態はまさしく逆である。神秘家にとって神の腕は人間の腕よりも高度な現実なのである。(9) 神の腕があるからこそ、人間の腕についても語ることができる。十三世紀の神秘家イサアク・イブン・ラティーフ*1はそれをこう表現する。「すべての名と属性はわれわれにとってはメタファーであるが、神にとってはそうではない。」彼の見解によれば、このことによってトーラーの正しい理解のための真の鍵が手渡されるのである。要するに神秘家にとっては、「神の腕」と呼ばれて然るべき神的存在のひとつの完璧な現実的領域が存在しているのだ。そしてこの領域はカバリストにとってセフィロースを構成するひとつである。ゾーハルはある箇所で二つの世界をはっきり区別しているが、しかしそれらはいずれも神である。(10) 第一の世界はあらゆるもののなかで最も隠れたものであり、それはなんびとにも観えず、そのなかに隠れている神自身のほかにはなんびとも知らない。エン・ソーフの世界がこれである。第二の世界はそれより高い第一の世界に結び付いているが、神が認識される世界であり、聖書ではこの世界についてこう言われている。「門を開きて我を入らせ給え。」(11) この第二の世界は属性の世界である。両世界は実際には、ゾーハルの比喩を使えば、石炭と焔のようにダイナミックな統一を形づくっている。つまり、石炭は焔がなくても存在しているが、しかしその秘密の生命は焔となって流出するときに初めて顕現するのだ。神の神秘的属性とは、エン・ソーフの不可解な本質がそのなかで明らかになる、そんな光の世界なのである。

カバリストは神のこうした基本的属性を十個想定するが、それらは同時に、神の生命がひとつの運動として神自身から流出して神自身へ還流する十の段階にほかならない。というのも、このことははっきりさせておかねばならないが、セフィロースは神と世界のあいだに介在する中間的存在のようなものではないからだ。セフィロースは、新プラトン主義者の教説が絶対的一者と感覚的世界のあいだに認める「中間段階」とは何の関係もないのである。この新プラトン主義の流出は、こういう表現をしてよければ、絶対的一者の外に位置している。ゾーハルの神学をもこれと同じように解釈し、セフィロースを神と対立する創造された中間段階ないしは領域とみなす試みがなされてきた。とりわけD・H・ヨエル[*2]が企てたようなこうした試みは[(12)]、セフィロースにおける神の統一の問題を回避するという明白な利点をもっている。しかしながらこれらの試みは、肝心な点をはずれ、ゾーハル本来の意図には命中しない。たしかに、ゾーハルはセフィロースを段階として扱うが、それらは神と世界のあいだに介在する梯子の段ではなく、連続と分離を繰り返す神的なるものの示顕のさまざまな段階なのである。

この概念の難解さは、むしろ、セフィロースの流出が神自身の内部における出来事でありながら、同時にこの出来事が人間に神へ到達する可能性をあたえるという点にある。セフィロースの流出の際に神の内で何かあるものがひらき、神の隠れた本質という閉ざされた殻を突き破る。このあるものが神の創造力であるが、神の創造力は、もちろん地上の創造活動のなかにも生動し、内在し、そこから認識されうるものではあるけれども、ただそこにのみ生動するものではないのである。カバリストにとってこの創造力はまさに、自然の世界に先行しその上位に置かれるひとつの独自の神智学的世界として現れる。隠れたる神エン・ソーフはこうしてカバリストの直観には十の異なった様相ないしは示顕として現れるのであるが、しかし実際にはそれらは無限に多くの色合いとニュアンスを自己自身のうちに蔵している。これらの段階はそれぞれ、その特別な作用の仕方に応じて、固有の象徴的な名で呼ばれる。そしてそれらのすべてが、合わさってひとつの複雑な神秘主義的象徴体系を形成する。聖書のほとんど一語一語[(13)]がこうしたセフィロースのひとつに一致しているが、この一致は実に多種多様なモチーフから説明される。このことによってカバリストはその当該の節が単に被造物の領域あるいは歴史的な人間世界の内部における出来事を表現し記述しているのみならず、同時に、それらの詩的象徴によって暗示される神自身の内部における秘密の出来事、神的生命の或る衝迫をも表現し記述しているのだということを聖書の解釈において明らかにする可能性を獲得するのである。

　第一章で語られたトーラーの神秘主義的解釈は、ゾーハルにとってもその象徴表現の中心にある。ゾーハルにとってトーラーは、セフィロースの教義が記述しようとするあの神の内なる隠れた生命が表される、ひとつの巨大な象徴体《コルプス・シンボリクム》なのである。すべての語は神秘家の変幻自在な目にはそのようにして象徴となることができ、まさに何の変哲もない語句や節全体が、こうした象徴的な手法で時として中心的な意味をおびてくる。[14] トーラーのなかにたえず新しい秘密の意味の層を発見する炯眼の士にとって、ここには原則的におよそ如何なる限界もなかった。詰まるところ、著者がしばしば言及しているように、トーラーの全体はひとつの偉大にして神聖な神の名にほかならないのである。こうして見ると、トーラーは「理解」しうるものではなく、ただおおよそ説明のできるものにすぎない。トーラーは、奥義を伝授された者に向かって輝く「七十の顔」をもつ。後代のカバラーは、啓示のもつかぎりなく豊かな意味という観念に、より一層個性的な表現をあたえようとつとめた。こうしてイサアク・ルーリアは、トーラーには六十万の「顔」があり、それは啓示の時代にイスラエルに存在した魂の数とまったく同じである、と教えた。これは換言すれば、イスラエルの人間はそれぞれ「自己の魂の内奥」あるいは自己の「固有の光」に応じて、各人のみが発見しうるトーラーの固有の解読および解釈を所有している、ということである。神のみ言葉は各人にその人だけに属する異なった光を送るという、このそれ自体としては言い古された成句が、ここではまったく字義通りの意味を保持しているのである。

ゾーハルは、聖書解釈の四つの方法を説く中世キリスト教の聖書解釈者たちの理論が、ひとりのユダヤ人作家のなかに登場する最初の著作である。[15] しかし、この四層をなす意味——語義、アッガーダー的ないしは説教的意味、アレゴリー、神秘的意味——のうち、著者の中心的な宗教的関心にとって興味があるのは、もとより最後の意味層だけである。彼のばあいこの意味層は直截にラーザー、つまり「秘義」と呼ばれる。たしかにゾーハルには、他の三つの方法に帰着する聖書の言葉のありとあらゆる解釈も登場するが、それらは大部分他人の著作から得られた読書成果であるか、あるいは少なくともカバラーの外部から触発されて得た考えに基づいて案出されたものである。[16] ところが、或る節の秘義、あるいは——より適切に言えば——その節のなかにひそむ無限に多くの秘義のひとつ、を開示する段になると、著者は俄然熱をおびる。そしてそのような「秘義」は、前述したように、つねにトーラーの詩句を神の隠れた世界とその内的過程を暗示する象徴として解釈することに関係している。

ついでに言えば、著者の同時代人のうちでトーラーがその語義とは別の意味をもつということに異論を唱える者たちにたいし、著者は繰り返し論駁を加えている。といっても彼のばあい、けっしてトーラーの語義に異議が唱えられるのではなく、それはもっぱら神秘的な光を被い隠す肉体とみなされるのである。[17] それどころか、そこでは次のようにすら言われる。もしもトーラーが、字義通りの理解に供される物語や系譜や社会生活を律するための規定しか実際に含んでいないのであれば、われわれは今からでも、もっとずっと良いトーラーを書くことができることだろう、と。[18]

ゾーハルの傾向をさらにしのぐ『ラヤー・メヘムナー』の著者の表現は、殊の外ラディカルである。そこにはすでに、神秘家の宗教的関心を気にかけない、純粋な語義による聖書解釈の代表者たちと、ハーラーハー的なタルムード研究を専一にする代表者たちとにたいする、辛辣な皮肉が見られる。[19] 神秘主義的に解されないユダヤ教にたいするこうした批判的傾向は、十四世紀後半についに最高潮に達した。この傾向のなかで、スペインのある匿名のカバリスト神智学者が、二つの大著『ペリーアーの書』と『カーナーの書』で、自派の見解をまとめている。[20] 前者は創世記の最初の六章にたいする注解であり、後者は宗教的戒律の意味の解明に向けられている。この著者は、ラビ的伝統を引く出典、とりわけタルムード、においてさえ、神秘主義的な意味こそ本来の語義であると宣言する始末である。彼は内在的批判を通じて、もし掟に関するタルムードの諸論議がその語義通りに解されねばならないとしたら、それらは意味をなさないものであることを、論証しようとする。[21] つまりここで問題になっているのは、まさしく伝統的ユダヤ教を帰謬法《レドウクチオ・アド・アブスルドウム》によって論証することにほかならず、伝統的ユダヤ教をもっぱら神秘主義的に解されたユダヤ教に置き換えようとする試みなのである。ここにあるのは概して象徴だけであり、記号の世界は、そのなかに現れている象徴と無関係に見られるときには、もはやまったく何の意味ももたない。人びとがこのような著作のうちに潜在的な反タルムード主義をみたことは不思議ではない。[22] また、カバリスト的メシアであるサバタイ・ツヴィーが青年時代にまさしくゾーハルと『カーナーの書』以外はカバリストの書を学ばなかったということを聞いても、われわれは驚かない。後に彼が創始した運動のなかではっきりと表明されたのは、まさしくこの『カーナーの書』の潜在的な反律法主義であった。

3

この神秘主義的象徴表現の性質こそ、神秘主義的聖書解釈の作品を真に理解する際の主たる困難のひとつをなすとともに、ゾーハルを形成しているものである。ゾーハル神智学の特異な宗教的世界は、この宏遠に考え出された、しばしば奇怪な様相を呈する象徴表現からのみ明らかになる。R・T・ハーフォード[*3]

のようにユダヤ教の宗教現象の理解につとめた著者でさえ、「しばしばまったく常軌を逸し、ときには粗野で恐ろしく思われる象徴表現」(23)と語っている。実際、こうしたカバリストの象徴主義の世界と初めて接触したことは、人びとに少なからざる困惑を呼び起したようである。

もちろん、ゾーハルの象徴表現が天から降ってきたなんてことはありえない。それは、『バーヒールの書』に始まり、とくにゲロナ学派によってとり上げられ展開させられた、四世代にわたる発展の結果なのだから。すでに最も初期の諸文書のなかに、ゾーハルと同じ原理や、しばしば同じ細目すら見出される。とにかく、それらの細目は恣意的に扱われ、有力なカバリストはみなそれらを自己流に整理していたのだ。このことは、数多くのカバラー的理念の内的歴史を通観するうえでは非常に重要なことであるかもしれないが、ここではそれらの差異に立ち入る必要はない。

この短い一章のなかでは、ゾーハルが神の隠れた生命の神智学的観想を象徴的用語で記述しようとする方法について若干の事例を挙げる以上のことは不可能である。セフィロースとその象徴との相互関係を聖書において規定しているモチーフを分析しながらこの象徴表現を最も良く説明しているのが、今なおヨセフ・ギカティラの卓越した著作シャアーレ・オーラー、『光の門』(24)である。著者がこの書物を書いたのはゾーハルが世に現れてから僅か数年後のことであるが、彼はそこでゾーハルの理念を徹底的に利用すると同時に、時にはまたそれを発展させている。英語文献ではA・E・ウェイトが『イスラエルの秘教』(一九一三)でゾーハルの象徴表現の重要な分析を提示しようと試みた。すでに本書の冒頭で述べたように、この著者がカバラーの世界にたいして深い理解を示していることは否定できない。それだけに、彼が歴史的・文献学的事実にたいする彼の無批判な態度と、ジャン・ド・ポーリー*4の誤りだらけの不完全なフランス語によって惑わされたことは惜しまれる。彼はヘブライ語とアラム語に通暁していなかったために、こ

の翻訳を利用せざるをえなかったのである。(25)

カバリストは連なる十のセフィロースにたいして多かれ少なかれ定まった名称を所有しているが、ゾーハルもこれらの名称をしきりに、いわば定まった用語として利用している。もっとも、ゾーハルのばあいにはそれにも増して頻繁に、個々のセフィラーとそのさまざまな様相に付与される象徴的名称が無数に使用されている。これらセフィロースの通常の名称は次の通りである。

一、ケセル・エルヨーン、神性の「最高の王冠」。

二、ホクマー、神の「知恵」または原理念。

三、ビーナー、神の展開される「知性」。

四、ヘセド、神の「愛」または「恩寵」。

五、ゲブーラーまたはディーン、神の「権力」。それはとりわけ刑罰をあたえる権力と裁きを下す威力として現れる。

六、ラハミーム、前二者のセフィロースの対立を調停する神の「慈悲」。他のカバリストの著作で通常用いられているティーフェレースという名称は、このゾーハルでは比較的稀にしか使用されない。

七、ネーツァハ、神の「恒常的存続」。

八、ホード、神の「尊厳」。

九、イェソード、神のあらゆる活動力と生殖力の「基盤」。

十、マルクース、神の「王国」。これはゾーハルでは通常ケネッセース・イスラーエールつまりイスラエル共同体の神秘主義的原像、あるいはシェキーナーと呼ばれる。

以上が、神がその隠れた存在から現れ出る神的示顕の十の境域である。これらが集まって神的生命の「一体化した宇宙」、「統一的世界」つまりアルマー・ディ＝イフーダーを形成するのだが、この世界こそゾーハルに、その世界の示顕を全体的にも個別的にも明らかにしようとする限りない思弁的努力への動機をあたえたものであった。しかしここで私にできるのは、それらの豊富な象徴のなかからほんの二、三の事例を挙げ、その解釈を試みることにすぎない。

セフィロース全体は、上述のようにみずからこの用語を回避するゾーハルでは別の名称で現れるが、それらはわれわれに、神の神秘主義的特性が純粋に神学的な属性の概念といかに懸隔しているかということをわからせてくれる。セフィロースはそうした神秘主義的説話のなかでは、「神聖なる王の神秘的な王冠(26)」であるが、これらの王冠についてはしかし同時にこうも言える。「彼はそれらであり、それらは彼である(27)。」それらとはとくに神を呼ぶあの十の名である。それらは全体として神の大いなる名を形成している。それらは「王の顔(28)」、つまり王が現れ出る際の様相である。したがって「内なる」あるいは神秘的な「神の相貌」とも呼ばれる。それらはまた、神が深奥の隠れた存在からシェキーナーにおける示顕にまで降臨してくる宇宙の十の段階である。それらは神性の纒う衣裳であり、神性から輝き出る光でもある(29)。それらは原人または巨人であるが、現実の創造の時間がそこから湧出してくるあらゆる創造の神秘的な原初の日でもある。

セフィロースの世界はたとえば一個の神秘的有機体とみなされるが、これによってカバリストは、同時に、聖書の神人同形説的な語り方を正当化する根拠を獲得するのだ。ここで利用される有機体の最も重要な二つの形象は、樹木——二八二ページの図を見よ——と人間である。

「すべての神的諸力は積み重なって層をなし、一本の樹の観を呈している。」こうした記述をわれわれは

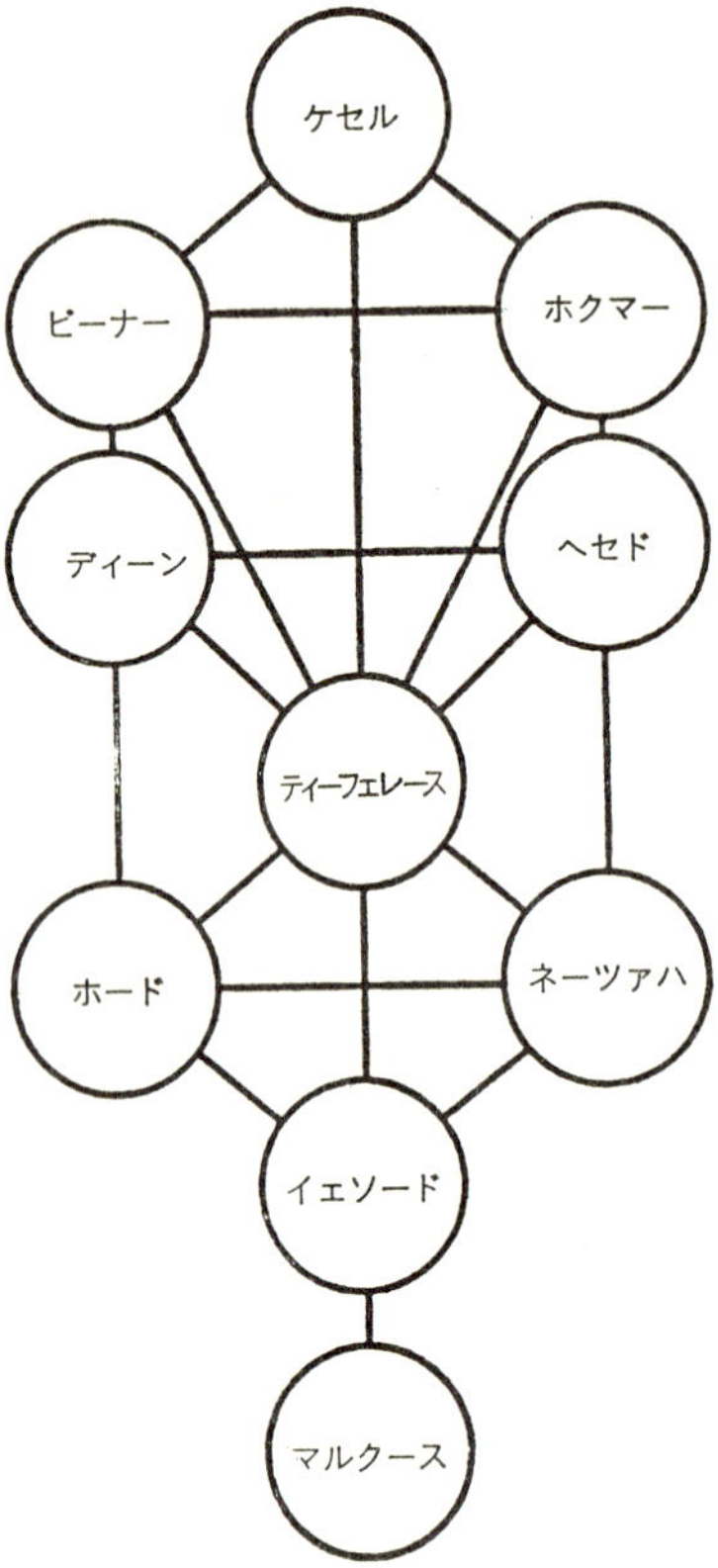

すでに『バーヒール』書で目にするが、[30] この書物を通じて――すでに見たとおり――十三世紀のカバリストはグノーシス派の多くの象徴表現を相続したのである。十のセフィロースは神の神秘的樹木あるいは神的力の樹を形成し、各々のセフィラーは一本の枝を表しているが、その共通の樹根は知られも認識されもしない。エン・ソーフはしかし単にすべての樹根の隠れた根であるばかりか、すべての枝のなかに浸透している樹液でもある。この樹木の各部は神の神秘的属性のひとつを表しているが、それらは自力で生きているのではなく、隠れた神エン・ソーフの生命から生を受けている。しかしこの神の樹は同時に、すでに言われたように、あらゆる世界の構造でもあり、あらゆる創造活動のなかで生育し、その枝を四方八方へ広げる。こうして下界のいっさい、地上のいっさいが存続しているのだが、それはまさしくセフィロースの力の何がしかがそれらの内に生動しているからにほかならない。

樹木の形象と同様に人間の形象も重要である。人間が神の似姿に創られているという聖書の言葉は、カバリストにとっては二重の意味をもっている。ひとつには、セフィロースの諸力つまり神的生命のこの原型が人間のなかにも生動していることを意味するが、さらには、セフィロースそのものの世界、つまり創造主として現れる神の世界が人間の形象に基づいて描かれうることも意味している。したがって人間の四肢は、すでに腕の例として引用したように、原人アダム・カドモンの象徴的な形姿に現れている一種の内的、霊的な存在の模像にほかならないのだ(31)。というのも、繰り返し強調されねばならないことだが、この神的存在はそれ自体としては表現しえず、象徴でのみ伝えられるものだからである。エン・ソーフとその神秘的属性であるセフィロースとの関係は、こうした見解にとっては霊魂と肉体との関係に比せられる。このばあい、人間にあっては霊魂と肉体は異なった性質を有し、一方は霊的で他方は物質的であるのにたいし、神の有機的統一体のなかではすべての領域は本質的に同じである(32)、という違いがある。それはともかく、セフィロースの本質と実体にたいする問いは、ゾーハル自体によってはいまだ提起されてはおらず、それがひとつの特別な問題となったのは、後代の神智学派のカバリストにとってである。ここではしかしこの発展に立ち入ることはできない(33)。神性に適用されたこの有機体の思想はカバリストにとって、神の本質が絶対的な統一体であるならば、神的活動の多様さは何からくるのか、という問いに答えられる利点をもつように思われた。魂が表出される肢体の活動はそのつど異なっていても、魂の有機的生命はひとつだからである(34)。

セフィロースを神秘主義的原人《アントロポス》の四肢とみなす見解は、ゾーハルにおいては大胆きわまる形象をすら恐れない極端な解剖学的象徴表現となる。たとえば、慈悲という神的特性のさまざまなニュアンスが、「当世の老人」のいろいろなひげ型の形象によって描出される。『イドラー・ラッバー』はほとんど全篇この種の極度にラディカルな象徴表現に費やされている。

しかしこうした有機体の象徴表現と並んで、神性の世界を叙述しようとする神智学者の視野には、さらに別の象徴表現が現れる。セフィロースの世界は言葉の隠れた原始世界、つまり神の名の世界である。セフィロースはわが世界へ召された創造的な名であり、神が自身に命名した名なのである。(35) いっさいの創造のなかに種子として播かれている秘密の力が活動し伝播することが、ゾーハルによれば、聖書のいう、言葉というものなのだ。「神は語った──この語るということは、隠れた者の内部で創造の意図のはじめにエン・ソーフの秘密から分泌されたひとつの力である。(36)」このように、ゾーハルの神智学が主題とするこの神の内部における生命過程は、言語的要素の展開としてとらえることができる。そしてこの象徴表現はきわめて多様な形態を占めた。神の流出の世界はしたがって同時に、言語過程が神自身のなかで先取りされている世界である。ゾーハルが知っているセフィロースの世界の諸段階は、順次こう呼ばれる──測りがたい意欲、想念、聞えない内なる語、聞き取れる声、そして最後に発話、つまり実際にはっきり言葉に表され分化した表現。(37)

このような進行する分化の像は、他の多くの象徴表現の根底にもあるが、ここではそのうちの一つだけを取り出してみよう。それは我と汝と彼からなる象徴表現である。示顕の最も隠れた状態にあって、まさにみずからをいわば創造活動へと突き動かしている神、そのような神は「彼」と呼ばれる。次いで神が、その本質と恩寵と愛を全面的に展開し、われわれの心の沈潜に届きうるものとなり、したがって心が語りかけることもできるようになるとき、「汝」と呼ばれる。だが、神が最も外部に示顕して、神の本質が全的に、今一度最後の普遍的な属性においてはたらくとき、「我」と呼ばれる。(38) それは、神が人格として自己自身に向かって「我」と言う、現実の個性化の段階である。神のこの「我」は神智学派のカバリストによれば――しかもそれは彼らの最も重要な最も深い教義のひとつなのだが――あらゆる創造における神の現在と内在を意味するシェキーナーである。このシェキーナーはまた、人間が自己自身の自我を最も深く認識するときに神つまり神的我と最も早く出会う地点である。そして、神の世界へ通ずる扉を開くこの出会いから初めて人間はまた神的存在のより深い段階である「汝」と「彼」のなかへ、さらに奥の深みにまで下りていくことができるのだ。この意味深い、非常に影響力のある思想の逆説性を示しているように思えるのが、以下の点である。すなわち、一般に神秘家が創造における神の内在について語るばあい、彼らは神から人格性を奪いがちである。内在的な神が非人格的な神性にもなるのは、いとも造作のないことなのだ。周知のように、ここに汎神論の根本的な障害のひとつがある。カバリストのばあいはそうではない。カバリストにあっては、人間に最も近い、それどころか根本的にはわれわれ自身の誰にもひとしく内在している神的活動のあの段階は、同時に、神の人格が、ゾーハルの意味において、最も強固に形成されている段階なのである。(39)

4

ゾーハルとその流派に広く普及している、啓示における神性の展開を表現するもうひとつの象徴表現は、神秘的無の概念から出発する象徴表現である。カバリストが知っている最も内なる創造は、神自身の内部におけるものであり、根本においてはゾーハルはセフィロースの外部で行われるような原理的に新しい創造行為をもたない。世界の創造、つまりあるものを無から創り出すことは、神自身の内における内的な(永遠とも見える)運動の外的な様相にほかならない。あらゆる神智学的出来事のうちで最も深遠な出来事、もともと創造と啓示の問題がひとつに包括されている出来事は、隠れたエン・ソーフが創造一般へ転換することである。この転換は原初的意志の発現という観念で把握することができる。しかし神智学派のカバリストはそれと同様にこの転換をより大胆な無という観念によって叙述することを好む。自己自身の内へ沈潜する神性、あるいは内へ向かって輝く神性の光を外へ向かわせ、外へ発現させるあの最も深奥の衝動、いうなればこのパースペクティブの革命こそが、名状しがたい充溢エン・ソーフを無に変貌させるのである。しかもセフィロースにおける神の自己展開の他のすべての段階が生じるのは、この神秘的な「無」からである。カバリストが第一のセフィラーと呼び、神性の「最高の王冠」とも呼ぶこの秘密にみちた無は、こう表現してもよければ、存在するいっさいのものの裂け目のなかに垣間見られる深淵である。ゾーハルのこの思想を発展させた、バルセロナ出のラビ・ヨセフ・ベン・シャーローム*5(十四世紀初頭)などのカバリストたちは、こう説いた。現実の変化、形式の移り変わり、ある状態から別の状態への事物の移行のたびにこの無の深淵は新たに渡られ、ある神秘的瞬間に口をひらく(40)。いかなる事物も、神秘家がまさに「無」と名付けているこの連関無きもの、純粋存在の領域に触れなかったものは、変化することができない。さらに他のセフィロースがこの無から展開するさまが多くのメタファーを駆使して描かれる(41)。

これとの連関で注目すべきものに、ひとつの神秘主義的な語呂合せがある。これはゾーハルの理念に完全に一致するもので、すでにギカティラによって利用されている(42)。「無」を表すヘブライ語アイン *ʾajin* は、アニー *ʾani*「私」と同じ子音を有する。神の「我」とはしかし、上で見たように、神の人格が他のいっさいの段階を自己のなかに包括して創造活動へと顕現する、セフィロースの最終段階であった。それゆえ、アインがアニーとなることによって、無はその内実が明らかになってゆく行為のなかでセフィロースへ転換するのだ。つまり無は、定立と反定立がこのように神自身の内部で起る神秘主義的弁証法の過程のなかで最後には「我」になるのである。こうした弁証法は甚だ大胆なようにみえるが、しかしまさしく神秘主義的な思考は——すでに見たように——宗教的経験のもつ逆説性を定式化しようとするがゆえに、ややもすればこの種の弁証法に行きつきやすく、カバリストだけが神秘主義と弁証法のこうした親和性を示す唯一の証人なのではけっしてない。

ゾーハルの数多くの箇所では、モーセス・デ・レオンのヘブライ語の著作と同様に、無から存在への発現が原点の象徴によって描かれている。(43)「隠れた原因」から流出する発端を数学上の点——その運動によってさらに線と面が生ずるもの——になぞらえることは、すでにゲロナ学派のカバリストが試みているが、(44)モーセス・デ・レオンのばあいにはこれに加えて、円の中心としての点の象徴が登場する。(45)無のなかから輝き出る原点は、神々の誕生や宇宙創造の諸々の出来事が集中している神秘的中心なのである。それ自体は無次元的に、無と存在のあいだにあるこの点はこうして「存在の根源」、ハトハラース・ハ＝イェシュース、つまり聖書の最初の言葉が語っているあの「初め」を描出するのに用いられている。天地創造の物語の解釈を開始するゾーハルの冒頭の文章がすでに、この原点の輝き出るさまをなかなか見事に描き出している。その輝きはもちろんここでは無の領域からでなく神のエーテル状のアウラから出ている。次に掲げる数行は、ゾーハルの神秘的な象徴世界を示す例として、ここにふさわしいものであろう。(46)

「はじめに、王のみこころがはたらき始めたとき、王は身辺に輝く天上のアウラのなかへ符牒を埋められた。一条の黒ずんだ焔が、隠れた深奥の無限なるもの、エン・ソーフの秘密のなかから、もやもやと湧き出る雲霧のごとく立ち昇り、かのアウラの輪に囲繞された。それはまだ白くもなく黒くもなく、赤くもなく青くもなく、およそいかなる色もおびていなかった。しかるにこの焔が容積と広がりを具え始めると、それは燦然と輝く色を現した。つまり、焔の深奥にひとつの泉が、エン・ソーフの神秘的な秘密に包み隠されて湧出し、そこから色が下方のいっさいのものに注がれたのであった。この泉は溢れ出たが、それを囲繞するエーテル状のアウラを完全に突き破ることはなかった。この泉は、その溢れ出る勢いのためにあの隠れた最高の点が輝き出すまでは、まったく認識できなかった。およそこの点を越え出ては何ひとつ認識しえず、それゆえこの点はレーシース、始まり、つまり万物の創造の最初の言葉と呼ばれるのである。(47)」

この原点を、他の大多数のカバラーの著者と同様にゾーハルも、神の「知恵」ホクマーと同一視する。神の「知恵」は創造というものの理想的な考え方を表すとともに、それ自体測り難い意志の衝迫から発する理想的な点として把握されるのである。しかしこの原点はまた、著者がその表象をさらに詳しく述べているように、創造のなかに播かれている神秘的な種子でもある。(48)このばあい、比喩の核心は、点と種子という両者の微小さに基づいているばかりか、両者のなかには爾余の存在の可能性がなお未展開のまま隠されているという事実にも基づいているように思われる。

神がホクマーの示顕を通じて現れるかぎり、神は賢明なるものとして認知される。そしていっさいの事物の理想的な存在はこの神の「叡知《ソフィア》」のなかに包括されているのだ。かくていっさいの存在者の本質は、たとえまだ展開され分化していなくても、神のこの「叡知」に由来するのである。(49)ちなみに、神の考えのなかにあるこのいっさいの存在の原型と、現実におけるその最も具体的な現れとのあいだには、それ以上の臨界移行も、神学的な創造概念の意味における、未創造のものからのそれ以上の「創造」も存在しない。

この原点は次のセフィラーにおいて「宮殿」あるいは「舎殿」(50)へと発展するが、このことは、この境域が外へ向かってはたらくと、そこから宇宙の「舎殿」が構築されることを暗示している。それまで原点のなかに畳み込まれていたものが、このセフィラーにおいて分離して出てくるのだ。つまりこのセフィラーの名称ビーナーは、「知性」を意味するだけでなく、「事物を区別するもの」、したがって分化として理解することもできる。あらゆる事物の「神秘的母体」であるビーナーの胎内には、かつて神的叡知のなかで未分化であったものが、「すべての個別化の純粋な全体」[51]として存在しているのである。すべての形態はそのなかに、すでに前もって形成されているが、しかし依然としてまだ、それらを自己自身のうちで直観する神的知性の統一性のなかにしまわれているのだ。

先に引用したゾーハルの章句のなかではすでに原点という観念が神秘的な無の心臓部に湧く非常にダイナミックな泉の形象と結び合わされていた。多くの箇所で原点そのものがいっさいの歓喜と至福の流れ出るこの泉とみなされている。これぞまさしく神秘主義的なエデンの園であり——エデンとは文字通り歓喜と至福の意味である——そしてここから神的生命の流れは進路を定めて、すべてのセフィロースとあらゆる隠れた現実のなかを貫流し、最後には神がその全体を展開するシェキーナーの「大海」に注ぐ。ビーナーの母胎から流れ出る七つのセフィロースは創造の原初の七日に相当する。[52]実際に世界が創造される時期としての時間のなかに現れるものは、祖型の投影像、つまり、神の内面に無時間的に存在していた下位の七つのセフィロースの原像を模写したものにほかならない。セフィロースのこの隠れた生命とエン・ソーフとの関係を考えるとき、シェリーの次の詩句を思い出さずにはいられない。[53]

生は、ステンド・グラス四方に溢るる聖堂のごと、
久遠の白き光を彩る。

もちろん、無から発するこの至高の存在、つまりこの、神自身の内なる存在、神的叡知の実体はいっさいの人間的経験から隔っている。それは問い確かめられも、構成されもしない。それは分析では得られない構成不可能な存在なのである。この存在は、主体と客体へ意識が分裂する以前のものなのだ。この分裂

なしにはおよそ認識は不可能と思われる。神の意識のこの分裂過程はゾーハルの最も深遠な象徴表現のひとつによって、生ける神の前進的展開の過程そのものとして解釈される(54)。神のいろいろな示顕のうちには、神が永遠の主体として現れる示顕――カバリストはそれをいろいろな理由からビーナー、神的知性と呼ぶ――が存在する。この永遠の主体はすべての問いと答えが最終的にそこに帰着する大いなる誰にほかならない。われわれがここでかかわっているのは、人も知る、問いにたいするユダヤ人のあの愛着が神格化されたものだ、と私は言いたいくらいである。人が問い答えを得られる、神的存在の一定の領域がある。それは、ゾーハルが象徴的にエレー、すなわち「規定可能なものの世界」と呼ぶ、あの神のあらゆる属性、「これとあれ」の領域である。しかし最終的には神についての瞑想は、「誰」と問うことはまだできるけれども、答えを得ることはもはや不可能な一点に突き当たる。むしろそこでは問いそれ自体がすでに答えなのである。こうして、神が世界過程の主体として現れる大いなる誰、ミーの領域は、少なくとも問いのなかで構成しえても、それより高い神的叡知の領域は、もはや問いそのものすら届かない、抽象的思考では構成しえない確定《ポジティブ》的なものである。

　この理念は意味深長な語呂合せによって表現された。ゾーハルとほとんどすべての古いカバリストたちは、こう問いを立てる。トーラーの冒頭の詩句、ベレーシース・バーラー・エロヒーム「はじめに神は創造された」とは本来何を意味するのか。この問いに、彼らは甚だ思いがけない解釈をもって答える。この詩句は、あたかもベレーシースを意味しているかのように説明されるのだ。はじまり、つまり神の叡知として知られたあの神的実体を媒体にして、バーラー、すなわち創造が行われた。つまり、文法上の主語としてバーラーという語のなかに潜んでいるあの隠れた無が流出あるいは自己を展開し、しかもその挙句にエロヒームとなったのである、と(55)。このエロヒームという語は文の客語であって、主語ではない！　ではエロヒームとはなんなのか。エロヒームとは神の名であり、そのなかで「ミー」なる隠れた主体と「エレー」なる隠れた客体とがたえず新たに浸透し合い、統一されてあるかぎり、その名には創造の永続性が隠されているのである。ヘブライ語のミー *Mi* とエレー *Eleh* はエロヒーム *Elohim* の語全体と同じ子音を有している。したがってエロヒームは、主体と客体が分裂した後の神の呼び名であるが、その名のなかではこの分裂の深淵はたえず塞がれるか、架橋されている。原理念が思考するものと思考されるものとへ分裂する以前に存在している神秘的無は、カバリストにとっては現実の主体ではない。人間の観想が常住しうるのは、神的示顕の低い段階である。そして瞑想一般が極めうる最高の段階は、神秘的なミー（誰）、世界過程の主体としての神が洞察される段階であるが、それはしかし、人間の心のなかにぱっと輝く、瞬間的、直観的な一条の光以上のものではありえない。さながら「水面の陽光の戯れ」のように——とモーセス・デ・レオンは幾度も繰り返し用いる形象でそれを言い表している(56)。

5

以上は、ゾーハルが神の内的生命の神智学的世界を象徴的な話法で叙述しようとするやり方を示すための、若干の事例にすぎない。ここでいま、セフィロースの外部世界の問題、換言すれば、狭義における創造とその神との関係の問題が生じる。それは同時に汎神論の問題でもある。カバラーの歴史においては、厳格な有神論的傾向と汎神論的傾向とがたびたびぶつかり合った。後者が識別しにくいのは、その代表者たちが己れの立場にもかかわらず、どこまでも有神論の言葉を語ろうとつとめているからである。汎神論的確信をあからさまに表明する著者は、きわめて稀である(57)。しかしたいていの、ことに神智学派の古典的著作は両傾向の要素を含んでいる。ゾーハルの著者も、モーセス・デ・レオンのヘブライ語の著作が一層明瞭に示しているように、汎神論へ傾斜する。しかし明確な信仰告白はしていない。もっともそれは、万物の根底においてはすべての段階および世界はひとつであるということが強調される、幾つかの意味の不明瞭な定式をその種の告白とみなそうとしなければの話である。しかしながら著者の口調は全体として有神論的であり、そこに隠されていて束の間だけ仄めかされる汎神論的核心を明るみに出すためには、厳密な解釈が必要である。

ある箇所でわれわれは次のような記述を目にする。「創造の出来事も二つの場所で行われた。ひとつは上方で、もうひとつは下方で。それゆえにトーラーは、その数値が『二』であるベースの字母で始まる。下方の出来事は上方の出来事に照応し、一方は［セフィロースの］上方世界を、他方は［可視的な創造の］下方世界を創り出した。[58]」これはつまり、創世記の第一章に描かれているような創造のみわざが二重の性格をおびているということである。それはまず、神秘主義的に解され、神の自己啓示の歴史とセフィロースにおける神性の世界の展開を叙述することによって、神統記の性格をもつ。この概念は神話学の世界に由来するものであるとはいっても、これ以上的確な概念を使用することはむずかしい。他方、そのみわざは下方世界を産出すること――スコラ派の定義にあるような外部に向かう神の過程《プロケシオ・デイ・アド・エクストラ》という言葉のより厳密な意味において、これこそ本来創造と呼びたいものであるが[59]――によって初めて、宇宙創造説の性格をおびる。既出の引用部分に続く箇所のなかで詳述されているように、両者の相違はもっぱら、上方の秩序においては神のダイナミックな統一が支配しているのに反し、下方の秩序では分化と分離が行われるということに依る。ゾーハルは「分離の世界」、オーラーム・ハ＝ペルードとしてのこの下方世界について語ることを好む。[60]ここに存在する事物はおたがいに孤立し、神からも孤立している。だが、そしてこの点にこそ汎神論的傾向が顕著に現れているのだが、一層深くものを見る者の目にはこの孤立も単なる仮象にすぎない。「神秘主義的瞑想のなかで事物を観ると、万物はひとつのものであることがわかる。[61]」ギカティラはすでにこれをこう定式化している。「『彼』は万物をみたす、ゆえに『彼』は万物である。」

実際、神統記と宇宙創造説が描いているのは、二つの異なった創造行為などではなく、結局のところ同じ出来事の両面にすぎない。創造活動はあらゆる段階、セフィロースの下方に位置するメルカーバーと天使の世界、さまざまな天上界、四大元素の世界において、つねに神的生命の内的運動を反映しているのである。どんなに外的なもののなかにもなお最も内的なものの「痕」が見られる。[62]あらゆるところに同じ波動、同じ律動が遍在している。時間の彼岸と此岸で、隠れた神が現れ出て自己を顕示する者となることにおいて成就される行為、それは他のどの世界の、時間に拘束された現実のなかでも成就される。創造とは、神自身の内部で生きいきと活動している諸力の外的展開にほかならないのだ。ここには飛躍も不連続も存在せず、シェキーナーの光からメルカーバー世界の「宮殿」(ヘハロース)が流出する際にも、無からの新たな創造、クレアチオ・エクス・ニヒロといったようなものは存在しない。だとすれば、この箇所でそう言われるものがあっても、それはもはや神秘主義的なメタファーではないだろう。[63]

モーセス・デ・レオンのヘブライ語の著作には、こうした見解の説明がきわめて頻繁に見出される。彼の好みは、この思想を、鎖とそれを構成する個々の環の形象を使って開陳することである。この鎖には、ひとつひとつが上方から下方にいたるすべての世界を形づくるものとして、深く内部に隠れたものから外へ露出しているものまでいろいろな度合いをもった環が存在している。しかし、孤立した存在をもつものは厳密な意味においてはひとつもない。「どれもみな、鎖のすべての環の最下端にいたるまでたがいにつながっている。かくて神の真の本質は鎖の上部でも下部でも、つまり天上でも地上でも同じであり、この本質の外に存在するものは何もない。賢者たちが次のように言うときには、このことを意味しているのだ。

『神はイスラエルの民にトーラーをあたえ給うたとき、彼らに七つの天上界を開示されたが、彼らはそこに実際には神の栄光のほか何もないことを見たのである。神はまた彼らに七つの地上界を開示されたが、彼らはそこにまたしても神の栄光のほか何もないことを見たのであった。神はさらに彼らに七つの深淵を開示されたが、彼らはそこにも神の栄光のほか何もないことを見たのである。』こうした事態についてとくと瞑想してみるがよい。そうすれば、神の真の存在はあらゆる世界と結合し連鎖していること、実在する物はすべて相互に結合、連累しているが、それらは神の真の存在から出ているということを、あなたは理解するだろう。(64)」

このような見解の汎神論はしたがって当然制限されたものであり、必要とあれば解釈して除いてしまうこともできた。創造された存在はすべてある種の現実性を具えていて、統一されたあの神秘的諸世界から切り離されて現れる。しかしながら神秘家の視点からみれば、事物のこうした輪郭は消滅し、そのなかに現れるものも結局は、神の栄光そのものと万物のなかに脈動する神の秘密の生命にほかならないのである。

もちろん、これによってすべてが言い尽くされたわけではない。つまり、以下でさらに見てゆくように、事物のこの制限され孤立化した存在は、実際にはけっして神の創造の想念の、初めからある不可欠な要素ではないのである。もともといっさいのものは、ひとつの大いなる統一として構想されていたのであり、創造主の生命は何にも妨げられずに、扮装もせずに、被造物の生命のなかへ流れ込んでいった。そこではすべてが直接的、神秘的な相互関係に立っており、仮に象徴の助けを借りなくても直接その統一性において認識しえただろう。神を「超越的」存在に押しやったのは、アダムの堕罪であり、神を宇宙的な存在に仕上げることによって初めて、事物はその直接的結合から離脱し、孤立化した独立的存在の仮象を纏ったのだ。いっさいの創造は元来超感性的性質のもので、悪が介在することがなければ、物質的な形態を獲得することはなかった。それゆえ、この派のカバリストたちがメシア的世界の状態と、罪の穢れから解放された世界における敬虔な人びとの至福な認識を叙述するところでは、あらゆる事物のこの本来的相互関係が再び前面に押し出されることはなんら不思議ではない(65)。今は殻を突き破り事物の核心へと迫る神秘家にしか認識されないものも、いつかは救済状態のなかで全人類の普遍的知識となるであろう。

たしかに神智学者は、こうした神的生命の諸段階や現象形態の多様性にもかかわらず、神の統一性を保持し、神の内部に多様性を想定するような危険はつとめて避けようとする。その際理論的には、次のような哲学的定式が好んで利用される。すなわち、神の恩寵、裁き等々の相違はすべてそれらを受容する主観のなかにのみあるのであって、神的生命の客観的な本性そのもののなかにあるのではない、と。別の言葉でいえば、神性の光がいろいろな示顕となって屈折するのは、もっぱら被造物という媒体のなかでなのである(66)。しかしながらこの種の巧みな定式が、セフィロースの構想のなかに表現された実際の宗教的感情とは必ずしも一致しないことを無視するわけにはいかない。

なぜなら、神の内にあるこの象徴的領域は、なんといっても、神学者の語る属性や、プロティノスがその流出説のなかで絶対的存在者と現象的世界のあいだに介在させた中間段階や位格よりも以上のものだからである。ユダヤ神智学者のセフィロースは自己のうちに固有の生命を宿している。それらはたがいに結ばれ、たがいに照らし合い、昇ったり降りたりしている。それぞれのセフィラーに割り当てられている「段階」は永久に変わらぬものと定められているのではない。どのセフィラーも位階《ヒエラルヒー》のなかで理想的な場所を占めているが、最後のセフィラーも場合によっては最初のセフィラーとして現れることもあるのだ(67)。実際に、神智学者が――こう言ってよければ――心眼でもってその干満運動を知覚するのは、神の内における現実的な生の経過のようなものである。カバラー的神智学の理論家が取り組む課題は、この生の経過の現実性を、すべてのユダヤ人と同様カバリストにとっても貴重なものであった一神教的認識と一致させることであった。しかしここには、サーフェードのモーセス・コルドヴェロ[*6]の企図したような壮大な試み[68]においてさえ、いかなる合理的計算でも割り切れないある種の剰余がつねに残ること、この点に神秘家が、どんな概念よりも深くにあるために概念的には逆説的な構想によってしか叙述しえない神の何かを見たこと、は疑いを容れない。

ゾーハルの著者が理論的な問いを提起することはごく稀である。彼にとって、セフィロースの神智学的世界は聖書のほとんどすべての言葉から立ち現れる現実的なものだからである。この世界に関する彼の叙述にすみずみまで溢れている神話風の説話の象徴や形象は根本的にはメタファー以上のものである。彼は単に非合理的な経験を表現しようとして努力する神秘家にとどまるものではない。もちろん彼にもそうした要素はあり、E・レセジャック[*7]が著書『神秘主義的知識の基盤に関するエッセー』(一八九九)のなかで理解しようとしたような神秘主義的象徴の誕生は、ゾーハルの書の幾多の感動的なページに今なお体験することができる。しかしそれと同時に、この著者と、あえて言うなら神智学的カバラーの流派全体には、魂の太古の遺産が再び昇ってきたのである。ただし、彼らがこの神話的遺産および世界観を一神論の境界内に封じ込めることにつねに成功したと言ってはおそらく言いすぎになろう。

6

まさにこの神話的象徴の多くの領域では、純粋にユダヤ的な思想が原始的性格の神話的要素と殊の外深く絡み合っている。このことは、とりわけ性的象徴表現の領域に関して当てはまる。周知のように、神秘主義の歴史においては、性生活とかかわりのある人間存在のあの最も深い層が大きな役割を果たしてきた。多くの神秘家の著作にはエロティックな形象がありあまるくらいある。神への神秘的な関係でさえ、魂と神の恋愛関係としてとらえられることが多い。ことにキリスト教神秘主義は、神と魂の恋愛というこのメタファーがいかに徹底的に追求されたかを示すものとして名高い。ここで注目すべきことは、人間と神との神秘的関係に関するこの見解がカバラーの古典的記録文書、ことにスペインのそれにおいては、ずっと後方へ退いていることである。これに関連して、たとえば次のことが言えるかもしれない。「雅歌」を神と魂の対話とみなし、クレルヴォーのベルンハルト[*8]以来キリスト教神秘主義を支配している、神秘的合一《ウニオ・ミスティカ》へ到達する道の寓意的な描写とみなす解釈は、旧来のカバリストにはまったく見当たらない。こうした解釈をもするようになったのは、十六世紀におけるサーフェードの神秘家が最初であった(69)。

　たしかにカバリストにおいても、第三章で論じられたドイツのハーシードにおいてすでにそうであったように、神への愛は並々ならぬ役割を果たしている。ゾーハルは多くの箇所で、愛と怖れという神にたいする二つの態度の問題に取り組んでいる(70)。ゾーハルにとっても、その著者モーセス・デ・レオン——彼がヴォルムス出のエレアーザールの著作やそれに類する神秘主義的心性の人たちの道徳冊子《トラクト》を知っていたことは疑いない——にとっても、最高の畏怖は神への純粋な愛と一致しているのである。しかしこの愛は、きわめて熱狂的なその描写でみるかぎり、つねに子の父への愛としてとらえられており、愛される女の愛する男への愛としてとらえられてはいない。この点においてスペインのカバリストは、すでに見たようにこの後者の愛の形態をも退けることのなかったドイツのハーシードとは完全に異なっている。たとえば、ゾーハルは死後の霊魂の運命を描くなかで、死者がますます高い境域へ昇っていくさまを語っている。その果てには「愛の小房」があり、そのなかで最後の屍衣が脱ぎ捨てられ、霊魂はすっかり清められた赤裸な姿で創造主の御前に進み出る。しかしこの小房も、同時代のキリスト教神秘主義にみられるような花嫁の閨房ではなく、霊魂は――ゾーハルを引用すれば――このばあい「娘のように」父の接吻を最高の至福の印として受けるのである、とはっきり強調されている。(71)

唯一の例外として、ゾーハルもひとりの死すべき人間と神性、正確に言えばシェキーナーとの関係を、性的な象徴表現を用いながら特色づけている。この唯一の例外とは、神の男モーセである。彼について、しかも彼に関してのみ、大胆な表象を行って、彼はシェキーナーと交わった、というふうに言われる。(72)神性とのたえざる相互関係が、ここでは実際にモーセとシェキーナーとの神秘的婚姻というかたちで見られている。ミドラーシュの諸箇所には、モーセが神と「相対して」語る資格を授けられたのちは妻との同衾を放棄したことが語られているが、これらの箇所がモーセス・デ・レオンに、シェキーナーとの婚姻は世俗の婚姻に代わるものであったという見解にいたるきっかけをあたえたのである。

このように、カバリストが人間と神との関係を描く際に性的言語を語ることはごく稀であるが、それだけに、セフィロースの世界の描写にみられるごとく、神性の自己自身との内的関係が描写される段になると、それはますますこの種の言語によって支配される。性の秘義はカバリストにとって実に戦慄すべき深みを有していた。(73)カバリストは人間の生におけるこの秘義のあらわれのなかにもっぱら神的「私」と神的「あなた」(Du)、「聖なる者、誉め称えらるべき〈貴方〉(Er)」とのあいだのシェキーナーにたいする恋愛関係の象徴を見る。(74)王と王妃、天上の花婿と天上の花嫁、あるいはその名はどうであれ、これらすべての諸象徴のあいだの「聖なる結合」ヒエロス・ガモスは、神的示顕の世界の内部で生ずるすべての出来事のうちで、最も中心的な出来事である。生殖力と受胎力、能動力と受動的力の合一は、神自身のなかに存在するのだ。そしてこの合一こそ、下方の三千世界のいっさいの幸福といっさいの生命の源なのである。

ありとあらゆる形態をとって再三再四登場するこの性的象徴表現を、ゾーハルの著者が好んでいたことは疑問の余地がない。セフィロースの展開を描く形象のひとつは、セフィロースを――前述したように――神秘的生殖行為の結実として描いているが、そこでは神的光の最初の輝きは同時に世界の精子をも意味している。というのも無から発するこの輝きが「天上の母」なる神的知性のなかへ没入すると、その子宮からセフィロースが王と王妃、息子と娘として生まれ出てくるからである。これらの神秘的・祖型的形象の背後には、古代の男性神と女性神の面影が認められる。それは敬虔なカバリストの意識にとっては嫌悪の念を惹き起すものであっただろう(75)。

第九のセフィラー、イェソードは秘められた「世界の生命」である、生殖力を具えた創造力として把握される。王の形象に要約されている高位のセフィロースはすべてここからシェキーナーのなかへ流入するのである。このセフィラーの隠れた「基底」から神秘的な生殖活動を通じて神の生命が溢れ出る。割礼という神聖な印は、カバリストによれば、これらの生殖能力も聖なる限度内に維持されるかぎり、その正当な権利ときまりを有するものであることを示唆しているのである。ゾーハルの著者がまさにこの領域に抗しがたく魅了されたということは、今や疑問の余地がない。ここには彼の思考の神話的性格が他のいかなる章句よりも強く現れている。このことは多くの意味をもっている。たとえば、男根の象徴表現がつねにセフィラー・イェソードに関する思弁と結びついて、この書のなかで異常に大きな役割を果たしていることも、この事例のひとつであるが、こうした役割は厳格きわまりないユダヤ教的敬虔さを旨とする著作のなかにおいてであるだけに、心理学者に多大の謎を課すものである(76)。こうした事態が精神分析学的解釈に門戸を開かせることは、当然であろう。事実、この方法をわれわれの対象に適用できるのではないかと考える軽率さも見受けられるが、もとより管見するかぎり、この方法で事態の真の解明に達しうる見込みはあまりない。実際に、「カバラーのエロティシズム」を書物で分析しようとした著者がいた。(77) だが、彼はその際、遺憾ながらこの派の信奉者たちが問題の解決とみなしているらしい、あの一般的なうたい文句の域を出なかった。

いずれにせよ、ゾーハルについて言えることは、その象徴表現が、ある程度は他のスペインのカバラーの著作にもおしなべて見出されるけれども、ゾーハルのばあいはそれらよりもはるかに徹底した形態を取っていたことである。ここにあるのは明らかに著者のまったく個人的な性向であり、したがってそれがゾーハルに敵対する者の批判を惹起したことは、なんら驚くにはあたらない。なにしろゾーハルは主人公シモン・ベン・ヨハイの逝去を描く最も崇高な箇所においてさえ、シモン・ベン・ヨハイがきわめて深遠な秘義に関する長い神秘主義的な独白ののち神の内における「聖なる合一」を象徴的に描写し終った瞬間に、死が彼を見舞うように仕組んでいるくらいだから。しかもその描写のどぎつさと逆説性は類書の及びがたいところである。(78) いずれにせよ、グレッツその他の人たちがこの「いかさま書」の告発に血道をあげて、いわゆるこの書の猥褻さを口をきわめてなじるよりも、ここにみられる事態を偏見なく分析し評価することのほうがゾーハルの理解にとっては、はるかに重要なことであろう。そのような非難はゾーハルの道義にも思想傾向にも、いやそれどころか描写の仕方にさえほとんど当てはまらないばかりか、わけてもそれはゾーハルの著者のうちにその古典的な代表者が見出される、神秘主義的ユダヤ教の中心におけるあの神話の復活という、真の問題を素通りしてしまうのである。著者がアラム語による粉飾と偽書形式に守られてこの傾向を、それがきわめて控え目に表現されているヘブライ語の著作におけるよりもいちだんと推し進めたことは疑いを容れない。しかしながら、ゾーハルにおいて著者がアラム語でカムフラージュしながら自己の思想を産み出す、まさにこの自由闊達さこそわれわれに、通常この派の大多数の著作においては拒まれている、著者の内的世界への深い省察を許してくれるのである。

7

これと関連してさらに、とりわけシェキーナーの概念のまったく新しい転換をも浮き彫りにしておかねばならない。この転換にはカバラーの最も重要な構成要素のひとつが見出される。[79] シェキーナーについてはタルムードとミドラーシームも多く語っているが——私はすでに第二章でこの主題に関するアベルソンの著作に言及しておいた——そのなかでシェキーナーが神のなかの女性的なものの要素として現れることはけっしてない。シェキーナーについて、王女、刀自、女王あるいは花嫁といった女性的な形象で語る比喩はひとつもないのだ。たしかにこれらの形象も、イスラエル共同体と神との関係が語られるときには、しばしば使用される。しかしこれらの著者たちにとって、イスラエル共同体はいまだ神自身の内的力の神秘的実体化ではなく、歴史的イスラエルの単なる人格化にすぎない。女性的要素としてのシェキーナーが、神のなかの男性的要素としての「聖なる者、この誉め称えらるべき貴方」に対置されることはけっしてないのである。この種の理念の導入はカバラーの最も影響力に富んだ最も重要な革新のひとつなのだ。しかも、この理念が神の絶対的統一の理念と調和させることの明白な困難さにもかかわらず人びとのあいだに浸透し、それどころか、ひょっとすると最大の人気を博したカバラーの観念だといえるかもしれないという事実は、この理念が深い宗教的要求に適うものであったことを証明している。私はすでに第一章で、神秘家たちは外見上の貴族主義的傾向にもかかわらず一般大衆の生きいきとした民衆的宗教性の真のイデオローグであり、この点に彼らの成功の秘密が求められる、という考えを展開しようと試みた。哲学者のみならず厳格なタルムード主義者たちも、自分が神秘家でないかぎり、神のなかの女性的素地というシェキーナーの理念をつねに躓きの石と感じていたのである。したがって、このような勢力の敵対にもかかわらず、この理念が東洋のユダヤ教においても西洋のユダヤ教においても等しくこれほど広範囲に定着しえたということは何を意味しているのか、推測してみるがよい。

　この理念がカバラーに進入したのはすでにカバラー的思考の最古の記録である『バーヒールの書』においてであるが、この書がさらに古いグノーシス派の典拠に結びついていることは、すでに何度も指摘した。実際このシェキーナーの思想はキリスト教的なものなどではなく、はっきり言えば、異教的な神話の世界に属するものなのだ。その後この思想は、男性的アイオーンと女性的アイオーン、つまり神の「充溢」なるプレローマの世界を構成する神的潜勢力、に関するグノーシス派の思弁のなかでひとつの形態をとり、この形態でもって、離散した断章を通じて最初期のカバリストのもとに届いたのである。『バーヒールの書』がシェキーナーについて語る際の諸々の比喩はいまだこのグノーシス派の性格をはっきりと現している。たとえば、或るグノーシス派の人たちにおいては、「下位の叡知《ソフィア》」はプレローマの縁辺にある最後のアイオーンとして、質料の深淵のなかへ降り注ぐ「光の娘」を意味していたが、カバリストのばあいもこれと対応して、最後のセフィラーであるシェキーナーは、「光の形式」を生家としながら遠隔の地に移り住まねばならない「娘」となっている。[80] その後他の多くのモチーフが――ゾーハルに見られるような――このシェキーナー像を補完することに寄与した。わけてもシェキーナーはここでは「イスラエル共同体」と同一視されたが、これは一種の目に見えない教会として、神と契約を結んだ幸福なイスラエル、しかしまた苦悩する流浪のイスラエルの神秘的理念を表すものであった。シェキーナーは今や単に女王、神の娘にして花嫁[81]とされるだけではなく、イスラエルのひとりびとりの母となる。これぞまさしく本来の、「わが子を悼んで泣くラケル」である。それどころか、後期のカバリストにおいてはゾーハルのある箇所を途方もなく誤解して、流浪のなかで涙にくれるシェキーナーは「もはや目の見えぬ美しい女」[82]だといわれる。かくてシェキーナーは、カバリストの幻視者には、ルーリアの弟子アブラハム・ハーレーヴィーが見たように、女として現れる。彼はこの女の幻視を一五七一年にエルサレムの嘆きの壁で、若かりし頃の夫を嘆き悲しんで涙にくれる黒衣の女性の姿として目撃したのであった。[83]ゾーハルの象徴的世界のなかでは、「永遠に女性的なるもの」[84]の象徴とするこの新たなシェキーナーの理念は無数の名称や形象のうちで最も重要な地位を占めている。というのもこの理念は、神秘家の観想、すなわち通常ゾーハルがラーザー・デ＝メヘマヌーサ、「信仰の秘密」という表現で言い換えるあの神の内面性へと通じる入口が最初に逢着するあの境域、つまり信仰深き沈潜にたいしてのみ開示されるひとつの領域、をなすものだからである。[85]

8

神とシェキーナーの合一のなかで初めて、神のもつさまざまな様相の多様性を超えた、その真のダイナミックな統一、カバリストが名づけていうところのイフード、が達成される。もともとこの結合は恒常的なものであった、とゾーハルはいう。神的生命のなかに湧き起る諸々のリズムが神のひとつの大いなる旋律へと至福なる結合を遂げることを妨げるものは何もなかった。同様に原初には、神の生命が脈動している創造された諸世界、ことに人間の世界とのたえざる接触を妨げるものは何もなかった。

人間は原初の楽園的自然のなかでは、神との直接的な関係を有していた。モーセス・デ・レオンが言い古された文句を使って何度も繰り返し言うように、人間とは、創造を築いたいっさいの精神的諸力の綜合体なのだ。[86]人間は、すでに見たように、その有機的組織と構造のうちに神自身の生命の隠れた有機的組織を反映している。もちろんこれについてはさらに、人間が元は純粋に精神的な存在であったことが付言されねばならない[87]。身体の諸器官はかつて人間を包んでいたエーテル状の包被から発生したのであるが、この包被は当初はまだ人間の真の自然にたいして今とはまったく異なった関係にあった。というのも、人間が肉体的存在をもつようになったのは堕罪以後のことであり、肉体的存在はいっさいの質料が罪業の毒素によって混濁したことから生じたものだからである。堕罪の本質についてはユダヤの神秘家は際限なくあれこれ穿鑿してきたが、この堕罪こそ、神と人間の直接的な接触を破壊し、それによって被造物における神の生命にもなんらかの影響をあたえたものなのだ。ここに初めて創造主と被造物の分離という現実的な問題が生じてくる。ヨセフ・ギカティラはこう語る。「創造の太初にはシェキーナーの中核は下方の境域にあった。このようにシェキーナーが下方に在ったことで、天と地はいまだ一体となって完全に調和していた。あまたの泉と、天上のいっさいのものが下方に流れ出すための水路は、いまだ堰き止められることもなく完全にはたらいていた。こうして神はその当初にあっては上方から下方まで万物をみたしていた。しかるにアダムがやってきて罪を犯したとき、事物の秩序は混乱し、水路は壊れてしまった[88]。」

すでに述べたように、神秘家は集中的に罪の問題、とりわけアダムの堕罪の性質と意義の解明に没頭し、この問題はカバラー文学のなかで詳細に論究された。そのとおりなのだが、しかし例外がひとつある。すなわちゾーハルである。ゲロナのカバリストが広くこの問題に取り組み、モーセス・デ・レオンのサークルに属する若干の著者もとくにこの主題を好んでいたようにみえるのにたいして、ゾーハル、ことにその主要部には、原罪の問題にかかわる箇所はごく僅かしか見当たらない。しかもこれらの箇所は、通常著者がカバラーの他の根本問題を研究する際にはけっして取ることのない控え目な態度で書かれている。ゾーハルにみられるこの問題の些少な扱いは、同時代のカバリストの作品マアレケース・ハ＝エロフース、『神性の構成』のなかで論議されるときの、あの委曲を尽くした叙述とは甚だ対照的である。しかし、この控え目な態度は偶然ではないのだ。ゾーハルの著者がこの問題をことに危険なものとみなしていたことは明らかだからである。それというのもこの問題は、神的生命の統一がどこでどのようにして妨げられ、その結果宇宙全体に露呈した破綻がいったい何から生じたのか、という大きな問いに抵触したからであった。後に著者は『ミドラーシュ・ハ＝ネエラーム』のなかでアダムの口を通して、彼の堕罪の秘密についてあまりにも勝手な思弁をやりすぎるカバリストたちにたいして苦言を呈することで、この問題に関する自身の沈黙、あるいはもっと適切にいえば、態度保留の理由を明らかにしている。なぜトーラー自身が漏らさぬほうがよいとした秘密を暴き立てるのか？　どうして暗示だけで満足しないのか、ことに俗人との対話のなかなのに？　秘密は知らされた者たちの仲間内にとどめておかねばならないのだ、と。しかしながら他方、シモン・ベン・ヨハイは『ミドラーシュ・ハ＝ネエラーム』のなかでもゾーハルの他の部分でもこの謎のいろいろな解答を示唆しており、彼も根本的には上述のカバリストたちの見解にくみしている。このことには実際いささかの疑念の余地もない。著者は、自分の秘教的観点を隠そうとするかのように、それをまったく合理主義的な説明で飾り立てているが、こうした説明はゾーハルとしては非常に驚くべきことであり、通常ゾーハルに支配的なグノーシス的解釈を全然含んでいない。ちなみにこの解釈によれば、セフィロースはアダムには生命の樹と認識の樹のかたちで、つまり最後から二番目と最後のセフィラーの象徴的な表出形態で開示された。ところがアダムは、両者の原初的統一を維持しそれによって「生命」と「認識」の境域を調和させ、そうした調和のなかで世界に救済をもたらすかわりに、両者を分離させ、シェキーナーと他のセフィロースとの統一を顧慮せずに、もっぱらシェキーナーのみを崇拝しようと決めた。こうしてアダムは、境域から境域へと流動する生命の流れを遮断し、分離と個別化を世界にもたらしたのである。

この時以来、神秘家がいかに多くの留保条件をつけてこの命題を持ち出そうと、何かある秘密の亀裂が、神性の実体のなかにではないにせよその生命と活動のなかに存在しているのである。こうした理念は、カバリストが「シェキーナーの追放」と呼ぶ、あのもうひとつの理念に通じるものであった[89]。救済のなかで諸世界の調和が回復され、万物がもともと世界計画のなかでもつべく定められていた場所を再び占めるようになったら、そのとき初めて真にかつ最終的に――聖書にいわれているごとく――「神はひとつであり、その名はひとつである[90]」のだろう。

もちろん現在の救済されていない世界でも、神とシェキーナーの恒常的結合を妨げる[91]あの亀裂は、イスラエル民族の宗教的行為、トーラー、戒律、祈禱によって克服され、修復される。汚点の払拭、調和の回復、これこそがゾーハルの後継者たるカバリストが現世における人間の使命を表すために用いたヘブライ語、ティックーンの意味である。救済の時代にはしかし、「天上にも地上にも完全が存在し、あらゆる世界はひとつに統合されているだろう。」

地上の生活がトーラーに表現されている世界法則の秘密の律動に従って営まれるイスラエル民族の共同体のなかには、シェキーナーが直接現れている。なぜなら地上の歴史的なイスラエル共同体は、すでにみたように、シェキーナーの原型に合わせて創造されているからである。かくて、地上における個々人と共同体全体の行為はすべて、不可思議な関係によって天上世界に作用を及ぼす。つまりより高い現実が地上の行為のなかに透けて見えるのである。ゾーハルのお気に入りの表現でいえば、「下からの衝迫、イスアルーサ・ディ＝レサータは上からの衝迫を呼び起す[92]。」地上のものがひそかな共感の法則に従って天上のものに作用を及ぼすのだ。というのも、いっさいのものは、したがって人間の行為も、その「上方の根」をセフィロースの世界に下ろしているからである[93]。良い行いから出る衝迫は、セフィロースのなかの生命の充溢からほとばしり出る至福の流れを、下方の外部世界に通じる秘密の水路へ導く。さらに、敬虔なる者はその行為を通じて目に見える実用的なトーラーを不可視の神秘的なトーラーと結びつけるとさえ言われる。

スペインのカバラーが、したがってまたゾーハルがその倫理の中心に据える最高の宗教的価値は、デベクース、つまり変わらぬ愛、神との変わらぬ結びつきないしは直接的関係であり、これは——すでに先の章で言及したように——彼らにとってほぼ完全に本来の忘我的体験に代わるものであった。[94] デベクースはもとよりはっきりした瞑想的価値であるが、それでもなんら魂の異常な状態を前提とするものではない。それどころか、つとにモーセス・ベン・ナハマンが——ゾーハルの一世代前に——言うように、真のデベクースは個々人の共同体内部での通常の生活においても実現しうるものである。[95] この理念はしたがって社会的価値に転換することも可能であり、この点が、後にカバラーが民衆的な倫理に影響を及ぼすうえで重要な意義をもつようになった点である。カバラーの倫理の他の諸価値、神への畏怖、神への愛、思考の純粋さ、純潔、慈善、トーラーの研究、贖罪、祈禱などはすべて、この最高の価値としてのデベクースを志している。ここに列挙されたものは、いわば、ゾーハルが主として関心を示す、ユダヤ人の宗教的に価値の高い行為なのである。その際、社会倫理的観点からみても甚だ特色ある光景を生み出しているのは、貧者の美徳も敬虔なる者の美徳も同時に神秘主義的に聖化する立場である。

ゾーハルの「義人」つまりツァッディークは、したがって、神とのデベクースを実現する人間である。カバリストが称揚する諸価値のなかに純粋に知的性格をもった価値は、トーラーの研究を別とすれば、皆無といっていいほど見当たらないということは、たしかに偶然ではない。主意主義的要素を主知主義的要素よりもずっと前面に押し出すこの倫理においても、カバリストは、大衆性に近い宗教観の理論家らしく振舞っているのである。

こうした傾向に対応して、ゾーハルのなかに、ラビ的ユダヤ教では初めてのことだが、貧しさをひとつの宗教的価値として讃美する態度が殊の外強く現れる。F・I・バールの推定によれば、この心情はフランシスコ会修道士の急進派、十三世紀の南ヨーロッパでひとつの民衆運動を惹き起したいわゆる「厳格派《シュピリトウァーレ》」の影響にまで遡る。ゾーハルが書かれた年代では、ペトルス・オリヴィ[*9]がスペインにおける厳格派のきわめて印象深い代表者であった。讃美歌のなかに初めて現れるこうした貧困の聖化は、ラビ的ユダヤ教ではすっかり背景に退いてしまった。(96) この古い理念の復活がほかならぬ神秘家のサークルのなかに認められるようになるのは、『セーフェル・ハッシーディーム』とゾーハルが最初である。貧者は、好んで使われるメタファーで言えば、「神の壊れた容器」であるが、古いミドラーシュのなかにこうしたメタファーを探しても無駄であろう。(97) このように貧者を厳格派流に真の敬虔者と同等に扱うということは、モーセス・デ・レオンがヘブライ語の著作のなかで貧者を、ゾーハルにおいて真の敬虔者たる神秘家を表すのにしばしば使用される呼称と同じ表現で呼んでいるという事実にも十分認められる。彼ら貧者こそ神の真の「侍臣」、「ブネー・ヘーハラー・デ＝マルカー」なのである。(98)

ゾーハルの直後に書かれた『ラヤー・メヘムナー』のなかでは、これらの要素は同時代のユダヤ人社会にたいするラディカルな厳格派的な批判の中心にまで達した。ゾーハルそのもののなかではそうした要素はまだ非常に穏健なかたちで現れている。(99) しかしここでもすでに、神智学的考え方の枠を出て貧しさという見慣れぬ述語がシェキーナーに、したがってまさに神的示顕の最後の段階における神そのものに、適用されているのが見出される。シェキーナーは貧しさなのだ。それというのも、「シェキーナーはみずからは何ももたず」、セフィロースの流れから受け取ったもののしかもたないからである。(100) 貧者がそれによって生きる喜捨は、シェキーナーのこうした神秘主義的地位を象徴的に示している。

すでに示唆したように、しばしば驚くべき形式をとるゾーハルの性的象徴表現には二つの異なった世界が関与している。ここに見られるように、神聖な限度内にとどまるかぎりにおいて性的なものの領域にたいして示される肯定的な態度は、真にユダヤ教的なものである。たしかにユダヤ教も純潔が最も高い価値のひとつであることを知っている。誘惑をはねのけて神との「契約を守った」ヨセフは、ミドラーシュとカバリストにとって真に義しき人の典型である。[101] しかしながら、性的禁欲はユダヤの神秘家においてもけっして宗教的価値の地位を獲得することはできなかった。トーラーの第一の掟、「産めよ殖やせよ」は彼らの心にあまりにも深く刻み込まれていたのである。したがってここには、言及するに足る意味が十分あると思われる、或る明白なコントラストが見出される。性的禁欲を特別価値あるものとして讃美し喧伝した非ユダヤ系神秘主義は、真の恋愛関係を神へのそれのなかに求めることになったが、これにたいして、性的禁欲を是認せず、婚姻を肉の不完全性への譲歩とはみなさなかったユダヤ神秘主義は、性の秘義を神そのもののなかに見出すにいたったのである。つまりカバリストは、禁欲を非難し婚姻を肉の弱さにたいする譲歩とみるのではなく、最も神聖な秘義のひとつとみなしつづけたのだ。こうして真の婚姻はすべて、神とシェキーナーの合一の象徴的実現とみなされるようになった。「夫と妻の結びつき」に関するトラクトは後にはモーセス・ベン・ナハマンの著作とされ、大いに広まって権威を得たが、そのなかでヨセフ・ギカティラは婚姻の神秘的意味について同様の解釈を行っている。[102] カバリストは創世記四の一、「かくてアダムはその妻エヴァを識った」から、次のごとく演繹した。「識る《エルケンネン》」とは、天上のセフィロースにおける叡知《ソフィア》（ホクマー）と知性（ビーナー）の合一《ウニオ》★であれ、下界のセフィロースにおける王とシェキーナーの合一であれ、つねに或る合一を実現することを意味している。したがって認識《エルケントニス》は、この新しいグノーシス派にあっては、つねに崇高な性愛的な色合いをおびていた。これはカバリストの著作においてしばしば

強調される点である。(103)

9

悪の本性に関するゾーハルの諸理念も、同様に、神秘主義義的思弁と神話的遺産のこうした特異な結合から生まれている。ウンデ・マルム、つまり悪はどこから、という問いは、この中世のユダヤ教グノーシス派の思考と同様に、古いキリスト教グノーシス派の思考にとっても重要な問題であった。心的素質が同じであるばかりか、幾多の歴史的つながりによっても古代のグノーシス派と連関しているカバラーの神智学派にとって、悪の起源と本質に関する理論は思想の真の眼目をなすものである。この章を終えるに当たって、この点に少なくとも若干の論評を費やしておくことは、不可欠と思われる。悪の問題は、それを制圧する際に、純粋に思想的な動機と宗教的な動機との差異がとくにはっきりする問いのひとつである。思想的な動機は悪の相対化を目ざす。それは悪を単なる仮象として暴こうとする。そしてそれをなし終えると、自分の取った道に満足し、悪を世界から、つまり真なる存在の世界から駆逐したと信じる。これにたいして、宗教的意識は悪の現実的な制圧を要求する。宗教的な動機は、悪が現実的な力をもっているという深い確信に基づいているからである。この動機は、実在すると認められる悪が弁証法的な手品——たとえそれが非常に意味深いものであろうと——によって退散させられることでは満足しない。

ソリア出のイサアク・ベン・ヤコブ・コーヘン、ブルゴス出のモーセス・ベン・シモン(104)、ヨセフ・ギカティラ、モーセス・デ・レオンといった、古いカバラーにおける悪の理論家の置かれていた状況がこれである。ゾーハルそのもののなかには、悪の由来と本性の問題に答えようとするさまざまな試みが現れている。それらに共通しているのは、解答の内容というよりむしろ、解答の目的、すなわち悪を積極的《ポジティブ》に存在するものとして説明することである。ゾーハルの著者にとっては、形而上学的悪、存在するものすべての不完全性の問題と形而下的悪、世界における苦悩の本質の問題と人間の行為における道徳的悪とはひとつのものである。時にはこの最後の悪だけ特別に扱われることがある。しかし、悪に関するゾーハルの見解をひとつの簡潔な定式に表すことが困難な主たる理由は、ゾーハルには悪がまったく矛盾する様相で現れることによる。ある時には悪は本来、人間の実際の罪業や行為とはまったくかかわりなくあらかじめ用意され、現実に存在する、暗黒と誘惑者と誘惑の形而上学的反世界である。だが、ある時はまた、悪は人間の罪業の瞬間において初めて、それまで続いていた神的なものとの結びつきから離れ、人間の側から現実化され孤立させられることによって、真に自由となり自立するかのようにみえる。実際ゾーハルの著者によれば、道徳的悪とはつねに、或る結びつきから引き裂かれ孤立したものであるか、それとも自分とは合わない結合を行うものであるか、いずれかなのである。あらゆる罪業は結び合わされたものを解き放す。このような破壊的分離作用が原罪の根底に横たわっており、そこでは果実が樹から、あるいは或る別のカバリストが意味深長に言い表したように、生命の樹がもともとは同じ根であった認識の樹から分離したのである。[105] 人間がこのように孤立に陥り、自分が組み込まれていたいっさいの被造物のあの原初の結合のうちにとどまるかわりに自己自身を主張しようとすると、そのような離反の裏面が現れずにはいないのだ。この裏面とは、神が引き離した事物を人間が自分のほうから結びつけようと企てて神にとってかわろうとする、魔術のデミウルゴス的な思いあがりにほかならない。[106] 悪はこうして、真正な連関の世界を破壊あるいは遺棄した後に、偽りの連関をもったにせの世界を創造するのである。[107]

しかしながら、悪の究極的根拠はもっと深いところにある。それは——しかもこのことはゾーハルにとって本質的なことであるが——神そのものの示顕またはセフィロースのひとつのなかに存在しているのだ。

これについては簡単な説明が必要である。神的諸力の全体は均衡を保って調和しており、これらの力や属性はどれも、それが爾余のいっさいのものと結合し生きた関係のなかにとどまるかぎり、神聖にして善なるものである。このことは、とりわけ悪の最も深い根拠をなす属性、つまり神の内とみもとにある厳正なる正義、審判、厳格という属性にも妥当する。神の怒りは神の左手として、神の右手と呼ばれる慈悲と愛の特性と親密な関係を保っている。一方は同時に他方を自己の内に含んでいなければ、自己自身を表すことができない。こうしてこの厳格さのセフィラーは、神の内で燃え上がりながらもたえず慈悲によって鎮められ抑制される、大いなる「怒りの火」とみなされる。しかしこの火が燃え過ぎて、暴発して外部へ向かい、慈悲との結びつきから離れると、それは神性の世界を突き破り、徹底した悪と化して悪魔の背神的世界になるのである。(108)

ここで看過しえないのは、否定しがたい魅力的な深い意味をそなえたこの教義が、後のドイツの偉大な神智学者ヤーコプ・ベーメ(一五八五―一六二四)の諸理念のなかにきわめて注目すべき類縁関係を見出したことである。ちなみにこのゲルリッツの靴匠は十七世紀と十八世紀の、とくにドイツ、オランダ、イギリスにおける非常に多くのキリスト教神秘家に強い影響を及ぼした人物であった。実際、多くのセンセーションを呼んだ悪の起源に関するベーメの教義は完全にカバリスト流の考え方をしている。彼もまた悪を、神のうちにある怒りという暗い否定的な原理とみているが、この原理は神的生命という神智学的有機体のなかではもちろん永遠に光へ変ずる。それどころかさらに、概してこう言うことができる。あらゆるキリスト教の神秘家のなかで、ヤーコプ・ベーメは、ほかならぬその最も本源的な原動力においてカバラーとの最も密接な類縁性を示す人物である、と。もちろんその際、彼が自己の直観を少なくとも部分的にそれによって表現しようとつとめた、キリスト教的な形象と錬金術的な形象は度外視しなければならない。彼はセフィロースの世界を、こう言ってもよければ、彼独自の立場からもう一度発見したのである。もちろん考えられることは、後に、学識ある友人を通じてカバラーのことを幾らか聞きかじり啓発されたことで、自分の理念を一層強くカバラーの理念に同化させたのだということである。ベーメの理念と神智学的カバラーの世界とのこうした連関は、フランケンベルクのアブラハム[*10]（一六五二年没）からフランツ・フォン・バアダー[*11]（一八四一年没）にいたるベーメ学派の神秘家にとっては、まだまったく自明のことであった。(109)この連関が甚だ不当にも払拭されたのは、近代の学術文献になってからである。ベーメの理念の後代の擁護者であるF・C・エティンガー[*12]が自伝のなかで語るところによれば、(110)彼はフランクフルト・アム・マインのゲットーのカバリスト、コッペル・ヘヒト[*13]（一七二九年没）に、カバラーを正しく理解するにはどのように取り組めばよいだろうかと尋ねた。それにたいしてヘヒトは、キリスト教徒はゾーハルよりもずっとわかりやすくカバラーについて語っている書物をもっているではないか、と答えたという。「私は彼にどの書物のことをいっているのかと尋ねた。すると彼は、ヤーコプ・ベーメです、と答えて、私に早速ベーメのメタファーとカバラーのメタファーの一致について語ってくれた。」これを作り話とみなすべき理由はない。というのは、十七世紀の終りに、ベーメ神秘主義の門弟ヨーハン・ヤーコプ・シュペート[*14]がこの驚嘆すべきカバラーとの親縁性に感服して、ユダヤ教に改宗したことすらあったからである。

本題に話を戻せば、形而上的に悪の起源と本質を指し示しているのは、したがって、審判というカテゴリーの独立なのである。すでに確認したように、ゾーハルはこのような独立のモチーフの問いにたいしては、この独立が人間の罪業の結果初めて生じるのか、それとも神智学的な過程そのものの本質のなかに具わっているのか、必ずしも一義的な立場をとっていない。二つのモチーフが絡み合っているのである。それでも、一般的にはゾーハルの著者においては後者の考えが優位を占めているようにみえる。つまり、悪が現実となるのはアダムの堕罪によるのではなく、悪はまさに現実にアイオーンの過程そのもののなかに一定の存在を得ているのである。悪が実在的に、人間とはかかわりなく世界構造から、あるいはより適切に言えば神の生命の過程から理解されねばならないというのは、本質的にグノーシス主義的な見解である。ゾーハルは悪を隠れた生命そのものの有機的過程から生じた一種の残滓または廃棄物のようなものとして理解することをとくに好んでするが、このことはまさしくグノーシス派の見解と関連している。このように神をひとつの神秘的有機体として把握することから実に大胆な結論を引き出すこの思想は、多くの形象で表現される。たとえば、樹木が樹皮なしには存在しえず、人間の有機体がたえず純良な血から「悪い血」を排泄するように、悪魔的なものはなんらかの点で神性の秘密そのものから発生するという。[111] 究極的にはこれら両様の考えには矛盾があることを、ゾーハルの著者ははっきり意識していなかったようだ。というのも彼は、悪を神の内部の怒りの火が爆発し独立したものとして語る形象と、悪のいわば物理学的ないしは生物学的説明を内包するような形象とを、ごちゃまぜに使用しているからである。これらのメタファーのひとつに後代のカバラーにおいて支配的になったものがある。すなわち悪をケリーパー、つまり宇宙樹の「樹皮」、あるいは胡桃の「殼」とみなす形象である。[112]（メルカーバーの象徴としての胡桃は、ヴォルムスのエレアーザールの著作からゾーハルによって継承されたものである。）

この派のカバリストの多くは、別の見解を主張していた。それによれば、悪は神の光の王国に不当な侵入をすることから生まれ、したがって悪が悪となるのはもっぱら、ちゃんとした場所にあれば善良である存在が分不相応な場所を簒奪しようともくろむことによるのだとされる。たとえばヨセフ・ギカティラなどは、この――根本的には多分にアリストテレス流の――見解を強力に支持していた。[113] だが、ゾーハルの考えはまさにその反対で、悪は実際にあらかじめ定められた場所にある存在である。ただしこの存在はそれ自体としては死んだものであり、神の聖性からさす光――たとえかすかな光であろうと――によってのみ活発になる、[114]と信じるか、あるいは生命過程の廃棄物である悪は人間の罪業によって生命のようなものを獲得する、と信じている。[115]悪の化身であるサマエル、つまり「左側」[116]そのもののなかにも、神の生命自体から発する火花が燃えている。[117]いっさいの生あるものの内部にその暗黒面として生き、それらを内部から脅かす悪魔的背神的なもののこの不気味な反世界にたいして示すゾーハルの関心は、異常なほど強い。つまり、『ミドラーシュ・ハ＝ネエラーム』のなかでこれらの理念に払われる注目が非常に少ないことと、後に書かれた部分で直面する、多すぎて困るくらいの状態とをくらべてみれば、著者の思想世界にたいするこれらの理念の影響の増大ぶりがはっきり窺えるのである。もちろんゾーハルにはまた、悪とは被造物のなかに残っている神によって破壊された原世界の痕跡であるというような、[118]この哲学的、グノーシス主義的な悪の省察と並んで、まったく別の、もっと素朴な見解も登場する。たとえばゾーハルを読むと、こう書かれている。悪が現存するのは、人間の可能性を増大するためであり、したがって悪はもともと神統系譜や宇宙創造の過程から出たものではなく、むしろ神が人間に選択の自由を任せようとしたからなのである。もっぱらその理由で神は、人間に逆らう悪の抵抗によって人間の道徳的力が示され増大するように、悪の現実的存在を欲せざるをえなかったのだ、と。[119]

10

人間の本性と罪業の本質の問題は、ゾーハルでは当然のことながら魂に関する教義とも密接に関連している。グノーシスの体系すべてにみられる宇宙創造説と霊魂論の緊密な結びつきは周知の事実であり、ゾーハルにこの結びつきが現れたところで、なんら驚くにはあたらない。モーセス・ベン・ナハマンは、ある神秘主義的な聖歌のなかで、魂がその生命の源である神的境域の深みから誕生するさまを描いている。それというのも、魂もまた神的光から発する一閃の火花であり、この火花は内部に、魂が遍歴する神的諸段階の生命を抱懐しているからである。ナハマニデースはこう詠う。(120)

そもわれは、久遠の昔より、
彼のひとの秘蔵の宝。
無から呼び出されしも、時代《ときよ》の果てに、
王によりまた呼び戻されん。

わが生《あ》れ出でし奥つ瀬に、
霊《たましい》は秩序形姿《すがた》を授かれり。
そは神の御力が造り養い給いて、
しかるのち王の御倉に納めらる。

彼のひとは輝けり、霊を顕し給わんと、
秘められし源泉《いずみ》にて、右手《めて》と左手《ゆんで》の。
かくて霊は降りゆきぬ、葛折《つづらおり》の階《きざはし》を、
送り出せし池塘より王の御園へ。(121)

ゾーハルの霊魂論には、中世哲学の或る学派の二つの説が混じり合って、ひとつの独特なかたちを成している。第一の説は、植物的霊魂と動物的霊魂と理性的霊魂に関するもので、それらは往々にして、アリストテレス学派におけるごとく、統一的霊魂の三つの異なった能力として把握されるのみならず、むしろプラトン主義者におけるように三つの異なった霊魂として把握されていた。もうひとつは、アラビアの哲学者によって主張され、とくにマイモニデースを通じてユダヤ世界に広められた説で、「獲得された知性」に関するものである。これによれば、人間に潜在する思考力は認識の過程のなかで現実化され、もっぱらこの認識における知性の現実化が不死に通じるのだという。[122] この説にゾーハルはカバリスト的な釈義を加えたのだった。ゾーハルも人間のなかに三つの霊魂をみとめている。ネフェシュすなわち生命、ルーアハすなわち精神、ネシャーマーすなわち霊魂そのものである。しかしながらこの三つの霊魂はもはや霊魂の三つの異なった能力ではない。むしろ、ネフェシュのなかにすでに三つの異なった能力がすべて存しているのだ。他のより高位の霊魂はむしろ、敬虔な者の霊魂がトーラーの研鑽と善行によって獲得する、新たな、より深い力なのである。

ことに「聖なる霊魂」であるネシャーマーを獲得するのは、申し分なく敬虔な者のみであり、それはゾーハルの著者にとってはカバリストとひとしかった。ひたすらトーラーの奥義に沈潜すること、[123] つまり、己れの認識力を神秘的領域において実現することからのみ、カバリストはこの霊魂を獲得する。ネシャーマーは、世界と神の隠れた本性が洞察される最も深い直観的な力である。[124] それゆえネシャーマーがビーナー、神的知性そのもの、から発する火花と理解されるのも、当然のことである。このようにしてカバリストは、ネシャーマーを獲得すると、自己自身のなかに神性の基礎の一部を実現することができるのである。人間のこれら三つの霊魂の機能と起源と運命に関する考えは、個別的にみると、ある部分は不明瞭で矛盾にみち、ある部分は甚だしく混乱しているが、ここでそれを分析することは私の意図ではない。ここで重要なのは、時折見られる矛盾を別にすれば全体としては、ネフェシュ、つまり万人にあたえられている生得の霊魂のみが罪を犯す素質をもっているという見解を、著者が支持していることである。なかでも霊魂の最奥の神的火花であるネシャーマーは、いっさいの罪を越えている。モーセス・デ・レオンはヘブライ語の著作のなかで直接こういう疑問を投げかける。いったい霊魂にとって地獄の刑罰はどのようにして存在しうるのだろうか。ネシャーマーが本質的に神そのものと同じであるならば、神は地獄の刑罰によってみずから自分に悪を付加することになるからである。(125) この問いにたいする解答として――ちなみに、それはモーセス・デ・レオンの抱く汎神論的確信をあらためて鮮明にきわ立たせているが――彼はこのように言う。罪を犯す際には、ネシャーマーつまり神的霊魂は人間を離れ、そのかわりに、ある不純な精神が「左側」から人間のなかへ侵入し、このような人間だけが彼岸の報復を受けて滅ぼされる。ネシャーマー自体はそうした報復に見舞われず、ネシャーマーが地獄に降りるとしても、それはせいぜい、多くの呪われた人びとの霊魂をそこから連れ出すためなのだ。ゾーハルそのもののなかでも、死後の霊魂の懲罰はネフェシュに限られ、一部はルーアハにまで広がることはあっても、ネシャーマーにまで及ぶことはけっしてない。(126)

死後の霊魂の運命、褒賞と刑罰、敬虔者の至福と瀆神者の受苦などの物語、要するに霊魂の終末論は、著者の関心が及ぶ最後の主要領域を構成している。(127) 著者の活発な空想力はこれらの主題によってたえず新たに、新しい形《ヴァリエーション》でかき立てられ、ゾーハルのかなりの部分はそれを扱うことでみたされているが、これらの理念は彼の神智学の中心的関心事と部分的にごくゆるい結びつきをなしているにすぎない。全体として、著者によって呈示された教義は実に首尾一貫したものである。すべてのカバリストと同様に、彼もいっさいの霊魂が創造のはじめから先在していたことを説く。それればかりか彼は、この先在している霊魂はいまだ永遠の胎内にあるあいだにすでにその全個性を形成されていた、と説明しさえする。「世界を創造することが神の思し召しに適ったその日から、それどころか世界が現実に創造される前から、義しき人の霊魂はすべて、それぞれ独自の個性的形態を具えて、神意のなかにしまわれていた。そして神が世界を創造し給うたとき、それらは実現され、至高の高所において［しかしまだセフィロースの世界のなかで］さまざまな姿で神の御前に立った。そこで神はそれらを天上の楽園の宝物殿に納められた。」[128] そこでは霊魂は清浄無垢な天衣を纏って暮し、見るからに幸せそうな幸福を楽しんでいる。そしてこれらの霊魂は、神秘的な「王とシェキーナーの合一[129]」の結果、セフィロースの領域からすでに神の外側にある楽園の王国へと踏み出すのだ。しかし霊魂の地位のちがいや等級は、すでにこの前世の状態のなかに存在しているのである。

一度ならずわれわれは、霊魂が現世の肉体のなかへ降下する前に神がこの霊魂に賜る謁見と[130]、敬虔な行いや神の神秘的認識を通じて地上での己れの使命を全うしようとする霊魂の誓いに関する記述を目にする。霊魂は地上を巡礼しているあいだに己れの善行ミツヴォースから、というよりは——作者の詩的な叙述に表現されているように——善をなせる日々から、死後地下の楽園で着るべき神秘の衣を織り上げる。霊魂の天上の衣というこの表象に、著者は格別の魅力を感じている[131]。だが、罪人の霊魂は「素裸」であるか、あるいは彼らが時間の内と時間の外で織りなす永遠の衣に「穴」があいている。使命をなし終えた霊魂は死後原初の居所に帰ってゆくが、罪人は裁きの前に引き出され、ゲヘナの「業火の河」で浄化される。しかし極悪の罪人はそこで焼き滅ぼされてしまう[132]。

ここには輪廻の理念[133]、ギルグールも、ひとつの役割を果たしている。この理念はすでに『バーヒールの書』に現れている。この理念がこの書の依拠する文献資料に属するものでないとすれば——このことはどちらとも決定できないが——カタリ派[*15]のサークルから『バーヒールの書』を編纂したプロヴァンスのカバリストの手に入ったもの、と想定しなければならないだろう。カタリ派は一二二〇年まで、したがってちょうどカバラーが興隆してくる時期に、この地方に決定的な宗教的影響を及ぼしていた。カタリ派の宗教は、カトリック教会の血塗られた十字軍によって初めて根絶されたが、当時はマニ教の稀薄化した後期形態を示し、マニ教的な意味において——カトリック教会が異教的なものとして断固排撃した——輪廻を説いていた(134)。もちろん、古いカバリストは輪廻をすべての霊魂の普遍的な法則とはせず、それは、ゾーハルによれば、特定のばあいにのみ、とりわけ生殖活動に反する行為と関連して、生じるものであった(135)。トーラーの第一の戒律を履行しない者は、刑罰としてであれ、今後の保護観察の機会としてであれ、別の肉体のなかに新たな存在を受ける。こうして寡婦と亡夫の兄弟との婚姻《レヴィラート・エーエ》という制度が輪廻の理論によって次のように説明される。死者の兄弟がその寡婦と結婚すると、その者は彼女の亡夫の霊魂を彼岸から引き戻し、それを再構成する。かくして死者の霊魂は新たな肉体のなかで新たな精神となる(136)。モーセス・デ・レオンは、他の初期のカバリストとは異なり、霊魂が人間以外の存在形式へ転移する輪廻の理論は拒否したようである。これにたいしメナヘム・レカナーティ[*16](一三〇〇年)では、この種の輪廻が特別な罪にたいする罰として言及され、「当代のカバリストたち」のこれに関するいろいろな詳細が引き合いに出されている(137)。ともあれ、因果応報形式としての輪廻思想は、最古のカバリストの伝統にも関係なくはないのだ。ちなみに、地獄の罰と輪廻とは、厳密に適用すればもともと相容れない二つの異なった因果応報の形式であるが、この両者間の基本的矛盾はゾーハルにおいては、本来の罰の過程として現れるのは地獄における報いだけである、とすることによって解消されている。

総括すれば、ゾーハルの精神的世界は、神智学的神学と神話的宇宙創造説と神秘主義的な霊魂論ならびに人間学との混成物とみなすことができる。神と世界と霊魂は、それぞれ独自の平面にあるが、分離した生を営むのではない。そもそも本来の創造行為は——すでに見たように——人間の罪業によって初めて宇宙のなかへもち込まれた絶対的分離というものを知らない。ゾーハルに見出されるような三つの領域すべての密接な関係は、後代のすべてのカバラー説にもきわめて特徴的なことで、一方の領域にかかわることは、つねに、すぐ他方の領域にかかわることになる。後代のカバリストは時としてこれらの区域を再び相互に引き離そうと試み、それぞれを個別に論じたこともあった。だが、ゾーハルにおいてはこれら三つの要素がすべて融和し、まったく問題がないわけではないが彩り豊かな統一をなしていて、まさにそれがこの書の真似のできない魅力を形成している。

第七章　イサアク・ルーリアとその学派

1

スペインからの追放の後、一四九二年を境として、カバラーの歴史に完全な変化が始まった。かかる規模の破局は、ユダヤ民族の最も重要な部族のひとつに関係していたのだが、ユダヤ人全体の生活と感情のすべての領域にきわめて深い印象を残さずにはいなかった。その際ただちに明らかになったことは、このカバラーこそは、この決定的な時期に最大の生命力を遺憾なく発揮して、すみやかに少数者のための秘教の教義から一般的な民衆運動に変じたあの力なのだということである。

カバリストの運動のなかに沈澱していたユダヤ神秘主義は、この時代にちょうどその発展段階の終局に到達していた。十二、十三世紀のカバラーの基礎になっていた本質的な諸傾向は、すでに十四世紀末と十五世紀のはじめに、つまり一三九一年以後の迫害の時代の本来的な始まりとマラノ・ユダヤ教[*1]の形成とともに、余すところなく現れていたのである。しかし十五世紀の著作物には、宗教的概念の明らかな薄弱さ、思想形成と表現における緻密さの欠如が、はっきりと現れている。あの時代のカバリストたちは貴族主義的な秘教徒の小グループを形成し、社会的影響力や影響の基盤の拡大を求める願望とはまったく縁遠かった。[1] 彼らがユダヤ人の生活形式やユダヤ人の生活のリズムの根本的な変革を狙う傾向の信奉者として人びとから要望されたということはまずありえないだろう。ただ二人の傍系の神秘家、『ラヤー・メヘムナー』の著者と『ペリーアー書』の著者だけが、ユダヤ人の生活の神秘主義的革命を夢みていたのである。だが、誰ひとり彼らの評判を聞き知った者はいなかった。[2] カバラーは本質的には、神性の秘密にますます深く沈潜する道を究める消息通達の特権であり続けたのだ。このことは初期のカバラーに見られる、完全にとはいえないまでも幅広く行われた、あらゆるメシア活動の「中性化」のなかに、とくに強く現れている。たとえば神秘主義的方法で歴史的過程を縮めることができるという考えにたいするこうした比較的無関心な態度はまさに、神秘家と黙示論者の沈潜が本来目ざしている逆の方向性から説明がつく。というのは、カバリストは力の限りを尽くして、あらゆる出来事の終局点や歴史のメシア的終末に迫ろうとしたのではなくて、むしろみずからの出発点を突き止めようとしたからである。別な言葉でいえば、カバリストは世界の救済よりも世界の創造に多くの思いを致したのである。歴史の危機と破局を早めるために先へ先へと歴史を駆け抜けてゆくよりも、むしろ世界過程、世界史と神の歴史が法則的に把握されうる創造と啓示のあの原初の発端へと歴史を静観的にさかのぼっていくことが、ここでは救済を保証する一番近道であるようにみえたのだ。自分がやって来た道を知っているものは、その道を後戻りすることもできると思えたのだった。

このようにカバリストが神統系譜学や宇宙創造説に沈潜することが、なんらかのやり方で非メシア的、個性的な性質の救いないしは救済をつくり出したのである。十四世紀の或るカバリストは、合一の調和のなかに救いがあると言った。[3] このようにカバラーは、世界構造の考察において、世界の根源的な統一性へ人びとを連れ戻す行為を、サタンの始源の欺き——歴史をその結果としてとらえることができたのはひとりカバラーのみであった――よりも前に見出そうとしたことによって、歴史からその汚点を取り除いたのである。むろんここには同時に、カバラーが感情の或る新しい転換に際してメシアニズムのもつ強烈さを自己のなかにとり入れることができ、それどころかまさに黙示録的な力の作用を及ぼしうるようになったポイントがある。というのは、精神においてわれわれの存在の究極の根底にまで立ち返ろうとするあの努力は、かなり大胆な転換であり、その点でまさしく救済を、すなわち、原初の統一と純粋さの状態の再獲得と回復とを表すことができたからである。カバリストたちの宗教的関心をかくも決定的に支配しているあの宇宙創造の原点への回帰はしかし、それによって世俗の出来事のなかに急激な変化が生ずる必要もその可能性もなかったあの個々人の平静と冷静な沈潜のなかで実現されねばならないものでは必ずしもなかった。

このような回帰はまた、世界の破局、つまり「終末」を招き寄せることであり、それは多くの個々人によってこのような道が冷静に実現されるときに起るのだ、ともみなしえた。まさにこのことこそ、カバラーの内面とまではいわないにしても、その相貌を根本的に変えた、一四九二年の崩壊の結果なのであった。そして神秘家が感情の大規模な革命に沈潜することが共同体全体の宗教活動としていわば外側へひっくり返されるとき、以前にはティックーン、つまり改善、形成、修復という穏やかな控え目な概念でおおわれていたものが、今や、悪の秩序の崩壊、つまりは救済、をもたらすことのできる決定的な武器としてあらわになることができたのである。

たしかに古いカバラーにおいては「現時代における」救済の問題が決定的なものではないとはいえ、もとより終末の時と性質に関係するメシアの計算、思想、ヴィジョンがまったくなかったわけではない。だが古いカバラーがそのことに没頭したとしても、それはカバラー自身の中心に置かれていない補足的な問題提起の精神においてなされたのである。実際に、まさに一四九二年という年が長いあいだ多くのカバリストの著者たちによって救済の年として告知されていたのは、[4] 神秘家たちが昔から思い浮べている、救済に関するこのような考えの二様の意味の恐ろしい確認としてである。今や、上からの解放に代わって熾烈きわまる追放がこの天の下に始まったことがはっきりした。こうした救済の二義性の意識とあらゆる事物のなかに追放が遍在するという意識は、新しい宗教運動のなかに強烈に情け容赦なく行きわたったが、それは黙示録がユダヤ教の現実のなかへ入ってゆく過程とみなされるあの現象の裏面にすぎない。

一四九二年の破局の本質的な影響と結果はすぐに現れたわけではけっしてない。むしろ、スペインからの追放が呼び起した大きな歴史過程が完全な目に見える発展に達するためには数世代、いやほとんど一世紀を要したのである。その出来事の威力についての意識は段々に心の深層へ浸透していった。この過程はユダヤ教のメシア的ならびに黙示録的要素と古いカバラーの要素とのますます強固な結合へと導いた。終りの日々とそこへいたる道が始まる以前の原始へ、あるいは歴史の形而上学的前提へ戻るかわりに、今や宇宙創造の過程の最終段階を攻略することが肝要となる。比較的新しいカバラー全体、とくに体系的に形づくられたもののなかでも最も古典的なものには、メシア的なもののパトスがゾーハルのカバラーにたいしていえたこととはまったくちがったかたちで浸透している。世界過程の「始め」と「終り」が新しいカバリストたちによって深遠なやり方で結びつけられるのである。

初めのうちは、具体的な歴史的情況によって生み出された問題は、いまだ単独に同時代人の意識の前にあって、宗教的生活の奥深い領域や、神学におけるその問題の表現の奥深い領域に達することはなかった。追放者の世代にとってまたしても直接的に開かれたのは、黙示録の「終末」の深淵ばかりであった。またしても黙示論が、つまり「終末」の危機を早め招き寄せるいっさいの暴力を呼び起し、解き放つことが、神秘家の本来の政策となる。かくてメシア学は、これまでは本質的に護教論とその擁護者との問題であったが、当分のあいだ宣教の問題となり、活動的かつ攻撃的になる。追放の数年後にイサアク・アバルバネル[*2]がユダヤ教のメシア説を編纂した古典的な便覧に続いて、まもなく黙示論者の無数の書簡、トラクト、聖書解説、その他の宣伝文書が現れるが、スペインの事件が惹き起した波がそれらにおいて最高潮に達する。それらのなかでも、素朴で直接的な精神の持ち主のなかになお生きている古い預言と結びつけられようとしたこの破局の救済的性格がほとんど絶望的なまでに強調され維持されようとする。歴史が完成する、というよりはむしろ、黙示録の歴史考察の感情によりふさわしい表現をするならば、歴史が崩壊する救世主の時代の陣痛は、追放とともに始まったのである(5)。

救済を孕んだ出来事の倦むことのない煽動者にして解釈家でもあるエルサレムのアブラハム・ベン・エリーエゼル・ハーレーヴィーの鮮明に描かれた印象深い姿は、われわれにとってきわめて明白にカバリストたちのひとつの世代を表している。このカバリストたちにおいては、黙示録の深淵が、神秘主義神学の伝統的な諸概念を吸収もせず、あるいは後に起ったように、変化させもせずに、口をあけているのである(6)。ここでは懺悔を勧める説教師の感動と言葉の力が黙示録的な歴史構造ならびに歴史神学にたいする情熱と結びついている。だが、救済を直接待望することはまさしく、かくも強烈に意識された追放の経験が究極的な宗教的概念の変化のなかに定着しそこで確証されることの妨げとなったのである。最初は徐々に、あの出来事が救済の性格をますます失い破局の性格をますます強く現すにつれて、黙示録の深淵からほとばしり出た火は、ユダヤ教の世界のますます深層へ燃え広がり、ついにはカバラーの神秘主義神学そのものをとらえ改造するまでにいたった。上部ガリレアのサーフェード、すなわち「聖者の共同体」においてこの変化と改造の過程から生ずる新しいカバラーには、この新しいカバラーの源となりこのカバラーによって初めて認印を押されたあの出来事の性格がつねに刻印されている。実り豊かな芽としてかつてこの新しいカバラーの中心部に播かれた破局の要素は当然の成り行きとして、サバタイ主義の運動とともに焦眉のものになったあの新たな破局にまで進展せずにはいなかった。

黙示録の波風の立ったカバラーとその煽りを受けた別のグループの域内におけるこうした気分をもっとも啓発的に力強く表している文書はおそらく、写本で伝えられている一五〇〇年頃の二人の匿名の著者たちによる二冊の書物であろう。その一冊はセーフェル・ハ＝メシーブ、『啓示の書』[7]、つまりトーラーの注解書であり、もう一冊はカーフ・ハ＝ケトレース、『香炉』、つまり詩篇への注解書である。二人の著者は可能なかぎり、あらゆる聖書の言葉を黙示録の宣伝に用いようとしている。古い言葉通り聖書が七十の「顔」をもっているとするなら、それはつまり、聖書はそれぞれの世代にそれぞれ別な顔を見せ、別様に語りかけるということなのである。しかし今の、聖書自身の世代においては、聖書の言葉はすべて追放と救済についてしか語らないという。すべては、いや何でも、このような見方にとってはこの二つの現象を表す象徴となり、わけても、これらの著者たちの心にあくまで破局としてこのうえなく生きいきと思い浮べられている救済の前段階、すなわち救済の陣痛と苦しみを描写する象徴となる。

『カーフ・ハ＝ケトレース』の著者は比類のない過激さによってきわ立っている。ここでは詩篇の言葉をきわめて荒々しい黙示録にまで高め、詩篇を千福年説とメシア的破局の教書として証明するために、カバリストたちが聖書を読む際のあの神秘主義的な精密さを生み出すあらゆる手段が、動員される。詩篇作者の言葉はここでは非常にしばしば黙示録的な憎悪で焼き固められている、といってよい。実際、著者は聖歌とそれがあたえる慰藉の黙示録的な性質について非常に大胆な理論を展開する[8]。真正な讃歌の秘密の本質は——彼によれば——決戦における魔法の武器である。純粋な讃歌の言葉は、悪の諸力の排除をめぐって歌われるこの決戦において、純化と絶滅の絶対的な威力を展開するためにあるのだとされている。詩篇の言葉はこのように「イスラエルの手中に握られた鋭い剣にして致命傷をあたえる武器」であると同時に、聖詩集は黙示録の「決戦」のための戦歌集ならびに兵器庫であることが明らかとなる。(9)しかし讃歌の言葉のこの破壊的な力は爆発する前に潜在的な慰藉の力として作用する。詩篇が祈る人にあたえる慰藉は、詩篇の深部に燃えさかる黙示録の火が発する微光であり、ひそやかな火音なのである。慰藉とはいっさいの猶予を表す古典的な象徴である。最後の執行猶予ですら、たとえそれが望ましいことではなくとも、なお救済力をもっている。黙示録的なものを先取りすることが慰藉である。しかし神の御名が爆発し、神の言葉の絶対的な力が熟慮と約束という見かけの慰藉から解き放たれると、著者が妙にはっきりと黙示録的弁証法を認識しながら語っているように、「この力は急変する。」

このような深所で呼び起された破局の宗教的意味にたいする感情が、急性の黙示文学の消滅後は一層本質的かつ持続的な領域へ引き籠り、そのなかで表現を求めようとしたことは、当然の成り行きであった。このことは、心の底から生活態度を改めること、カバラーがサーフェード以来ユダヤの世界と歴史を支配しようという要求を正当化しこの要求を長きにわたって貫くことを可能ならしめてきた従来の宗教的概念を改新することにおいて、実現されたのである。

イスラエル民族の追放という悪魔的現実についての感情は当然スペインからの追放者の心にとてつもなく強烈に残らざるをえず、もとより戒律に基づく落ち着いた生活という幻想を破壊するほどのものであった。この感情は、ユダヤ人の存在の裂け目を強くきわ立たせることや、この破綻をますますそのあらゆる逆説と緊張でみたそうとする神秘主義的見解や教養をつくり出すことに現れている。その運動の社会的精神的影響が、一四九二年の事件によってであれ、それに続くカバラー的黙示録的宣伝によってであれ、広く深く及べば及ぶほど、その影響はますます如実に感じられるようになった。生一般はますます追放と矛盾のなかの生として理解され、そのような生の奈落と不安はますます強く神と人間についてのカバラーの教義の中心的な見解と結びつけられたが、それらの奈落と不安は架橋され鎮められるというよりはむしろ、ますます意識的にあけられ、かき立てられたのである。トーラーと祈禱についての熟慮そのものにも伝染している、救済されていない生の二義性と充満する矛盾は、究極的価値の設定を求めるにいたる。これらの価値は、またしてもここで純粋に宗教的な理想が宗教的認識と宗教的生活の主知主義的な視点から定められた価値尺度にかかわりなく肯定される断固たる態度によって、すでに中世の合理的神学から遠ざかっている。新しいカバラーになじんだこの世代の人の耳には、カバラーの歴史においても初めてのことだが、いかにとだえがちで中世の媒介によって変質させられていてもその豊かさを失うことのなかったアリストテレスの声が、虚ろな化物じみたものに聞えざるを得なかった。ユダヤの哲学者の書物は今や「悪魔の書物」[10]になったのである。

死、回心、再生、これらは重要な破面であり、ここから新しいカバラーが、神との至福な結合をとげるべく人間の生の復興を企てる。人類は単に自己自身の欠陥ばかりか世界全体の欠陥によっても脅かされているが、この世界の欠陥は、創造の最初の破面、つまり世界の主体と客体が分裂するきっかけとなった「器官の破裂」に由来するものである。この破面、つまり死と再生——輪廻における自然的再生であろうと、悔悛における精神的再生であろうと——の回りにますます生を集めることは、新しいメシア活動が個人や共同体の生のなかへ進入する入口を捜す手段であるカバリストの宣伝活動に方向性と共鳴をあたえる。この宣伝はまたサーフェードに生まれる新しい生活態度と生活形式の外貌をも決定するが、その度合は、この宣伝が新しい制度とそれを基礎づける教義の外貌を決定する度合に劣らない。追放の苦痛を高め、シェキーナーそのものの追放という闇夜にいたるまで艱難辛苦のすべてを嘗め尽くし、そうして一教区民の贖罪がもつ説得力――ゾーハルの古い言葉は、一教区民だけでも完全な贖罪をすれば、救済を保証していた(11)――を動員することによって追放を突破することは、サーフェードにおいては、その試みが不首尾に終ってもなおその力を実証した(12)。いやそれどころか、これまでになく社会的な、ほとんど政治的といってよい性格をおびた神秘主義的な活動の組織化によって、追放期間を短縮するかもしくは終らせようとする願望もまた――こういうことはみな救済そのものの潜在的な舞台であるパレスティナにおいて企てられたのであるが――スペインからの追放によって生み出されたユダヤ民族の生産的な危機を有効に表現するものへと変質したカバラーの傾向を、はっきりと表している。

追放の恐怖についての意識は、今や急激に始まった、魂の追放のいろいろな度合を示す輪廻説の発展のなかにも見出される。そしてここには、恐怖のなかでも最も恐ろしい恐怖として、つまり罪人に課せられる最も恐るべき罰、ありとある地獄の苦しみよりもはるかに恐ろしい罰として、地獄も再受肉もあたえられない「突き放された」あるいは「裸」の魂の運命が現れている。いわば化学的に純粋な追放、追放そのものの深淵のなかにむき出しのまま投げ散らされていること――このことが今や、この運命を民族全体の悲劇的な定めから自己自身のドラマへと転化する魂の最も深い悪夢なのである。完全に故郷を喪失した存在は、神に反するものの不気味な象徴、つまりあらゆる道徳的精神的破局の究極概念になる。神のなかに入るか、それとも絶滅よりももっと恐ろしい絶対的な追放に身を委ねるか――まさにこの両極のあいだに、ユダヤ人の道徳的生活を、つまり追放の暴力を克服しようとする掟に支配された生活を築く、諸々の秩序が展開されねばならないのだ。

このように、メシアの救済にたいする心の準備をさせるために、全体つまりユダヤ共同体に影響を及ぼそうとする意図は、近代のカバラーにとってきわめて重要なことなのである(13)。このうえもなく崇高な思弁の高みから出発して、神秘主義的経験の泉を飲みつつ、近代のカバラーはユダヤ人の生活のあらゆる深みにまで降りてゆき、単に少数の聖職者の生活のみならず、できるかぎり個々のユダヤ人の生活を規定しようとする。そしてこのことに近代のカバラーは長期間にわたって驚くほど大きな成功を収めたのであった。ユダヤ民族の広い層のために一五五〇年以前とそれ以後に書かれた道徳的で教化的な傾向の文書を比較してみれば、それらは十六世紀の前半まではカバラーの影響をほとんど示していないことがわかるだろう。カバラーはここではまだ大衆的な著作物のなかに確かな地歩を占めている宗教的な力ではないのである。一五五〇年以後になってようやく、これらの大衆的な著作物はカバラーの思想のための最も積極的な宣伝の舞台になる。その後の数世紀間の有名な道徳書はほとんどつねに神秘家たちによって書かれており、一つの例外、モーセス・ハッイーム・ルッツァットの『メッシーラス・イェシャーリーム』、つまり『心正しき者の道』を除いて、そのことをまったく隠さない。モーセス・コルドヴェロの『トーメル・デボーラー』(タマルとデボラ)、エリヤ・デ・ヴィーダース[*3]の『レーシース・ホクマー』(知恵の始まり)、エリーエゼル・アジークリー[14][*4]の『セーフェル・ハレディーム』(神を恐れる本)、ハッイーム・ヴィタールの『シャアーレ・ケドゥーシャー』(聖なる門)、イェサーヤ・ホーロヴィッツ[*5]の『シュネー・ルホース・ハ＝ベリース』(二枚の聖約板)、ツヴィー・カイダノヴェル[*6]の『カーヴ・ハ＝ヤーシャール』(正直の規則)、その他一七五〇年までの二世紀間の同様な多くの著作——これらすべては、カバラーが宣伝した宗教的諸価値をほとんどすべてのユダヤ人の家庭に運び込んだのである。

2

古いカバラーはカタロニアの唯一の町、ゲロナの小さな教区で、その最も重要な発展をとげた。ここには十三世紀の前半に神秘家の一グループ全体が活動していたが、彼らはまず最初にカバラーの思想世界を、スペインのユダヤ教の有力なサークルに植え付けることに成功した。ちょうど同じように、スペインからの追放後四〇年を経て再び一つの小さな町、すなわち上部ガリラヤのサーフェードが、新しい宗教運動がきわめて大規模に結晶化する中心地となった。そしてここからこの運動はディアスポラのあらゆる国のユダヤ人共同体を通って凱旋行進を開始したのである。

ユダヤ教の歴史にとって非常に大きな意義をかちえたサーフェードの神秘家の宗教的思想は、こう言うと奇妙に聞えるかもしれないが、今日まであまり徹底的に探究されていない。[15] グレッツやガイガーの足跡に従ったすべての研究者は、ルーリア派を攻撃対象としてひっぱり出し、これを晒し者にする傾向があった。爾来、誰でもユダヤの文学史のなかに、ルーリアがどれほどユダヤ教を害したかという記述を読むことができる。しかし彼が本当は何を考えていたのかということは、そう簡単にはわからない。彼の神秘主義の体系は、ユダヤの歴史にたいするその影響力という点からすればマイモニデースの『迷えるものの手引き』の影響力にけっして劣っていないにもかかわらず、十九世紀の合理主義者たちによって浅薄でいかがわしい作り物としてかたづけられた。こうした評価をもはやこれ以上放っておくわけにはいかない。たしかにわれわれは、この運動の一般的相貌とその最も有名な若干の代表者たちの性格を描いた『十六世紀のサーフェード』というシェヒターのすぐれたエッセイ*7をもっている。[16] しかしながら、「私は不可視なるものの学に通じよという要求をかかげているのではない」[17] とみずから語ったシェヒターもまた、偉大なカバリストたちの神秘主義的諸理念と、それらがもっていた新しさを、それ以上深く分析することは断念してしまった。だが、われわれの本来の課題はまさにここに始まるのである。

おびただしくたくさんの大小の文書が、サーフェードのカバリストたちによって著わされたが、これらのなかの多くのものは神秘主義的認識の完全にまとまった体系を示している。これらの体系の最も有名なものは、モーセス・ベン・ヤコブ・コルドヴェロ（一五二二―七〇）の体系とイサアク・ルーリア（一五三四―七二）の体系である。実際に、コルドヴェロとルーリアの伝記ならびに体系を、プルータークがその有名な伝記のなかでやったように、比較対照させながら相互に結びつけることは心をそそることであろう。というのも両者は内的に密接な関連をもっているが、近代のカバラーの世界の内部では、はっきりしたコントラストを示しているからである。このことは人物についても、また体系についてもあてはまる。残念ながら、ここではこれ以上詳しくこの問題に立ち入ることはできない。ただ私が言っておきたいことは、コルドヴェロは生来体系的な頭脳の持ち主だということである。彼は、古いカバリストの著作、とりわけゾーハルのなかから、彼の思想に合うような神秘主義的世界を新しく理解し、それを総括的に叙述しようとつとめている。しかもその際、彼を新しい表現と新しい概念へ導いているのは、新しい神秘主義的直観というよりは、彼の知的思考なのである。イーヴリン・アンダーヒルの表現法を用いれば、コルドヴェロは、神秘家というよりはむしろ神秘主義的哲学者と呼びうるであろう。彼に神秘主義的経験が欠けているというわけではないけれども。(18)

ユダヤ神秘主義の理論家たちのなかでは、コルドヴェロが最も思慮深い人物であることは疑いない。彼はセフィロースがその発展のなかで通っていく、とりわけひとつひとつのセフィロースの内部で起る弁証法的過程を解明しようと試みた最初の理論家であった。彼は流出の諸段階を神の思考の留《りゅう》として解釈しようと試みた。彼がつねに新しい定式化によって解こうと試みたのは、エン・ソーフの実体と、「機構」、「器具」（ケリーム）、つまりエン・ソーフの実体がそれによって作用するところの容器または器官との関係の問題であった。彼においては、カバラーの神秘主義的神学における有神論的傾向と汎神論的傾向のあいだの内的な葛藤がとくに顕著になった。そしてこの矛盾を解決し、二つの傾向を統一しようとする試みが、しばしば大胆かつ深遠にして問題を含んだ彼の思弁的努力を規定しているのである。この思弁的努力は、「神はいっさいの現実であるが、だからといってすべての現実が神とはかぎらない」という卓抜な定式において頂点に達する。彼はこの定式でもって、スピノザやマルブラーンシュ[*8]より百年も前に、世界と神の関係を把握しようとしたのである。[19]「実在するすべてのものが神の実体のなかに包含されているかぎりにおいては」――と彼は言う――エン・ソーフは思考、つまり［世界の思考］とも呼ぶことができる。「神はいっさいの実在を包括しているが、しかし分離して地上に存在しているすべての実在の様態に従って包括しているのではなく、むしろ統一的な実体の実在のなかに包括しているのである。というのは、神と実在する諸事物は［この様態において］一者であり、分離してもおらず、多様でもなく、また外へ顕在化しているのでもなく、神の実在はそのセフィロースの内部に臨在しているからである。神自身はすべてであり、何物も神の外部に実在[*9]することはないのだ。[20]」

　ボナヴェントゥーラやトマス・アクイナスのような人たちの勤勉さにとりつかれて、コルドヴェロは、一五七〇年に四十八歳という比較的若い年齢で死んだとき、驚くべき分量の二つ折り版の書物を遺した。そのなかにはゾーハルにたいする彼の厖大な注解があり、これは今日まで原本の完全な複写で伝えられている。[21]彼の手にかかるとすべては文学的形態を取ったが、われわれが近代のカバラーの中心人物とみなさなければならないイサアク・ルーリアはそれとはまったく異なった人物である。ルーリアはただ単に「完全な義人」であるとか、聖人たらんとして努力する人であるにとどまらなかった。――われわれの知るかぎり、コルドヴェロ[22]も疑いなくそういう人であった。だがルーリアの人格には、それを越えてさらに何か創造的なもの、すなわち後の世のすべての人たちの意識にとって彼をサーフェードの運動の中心にまつり上げる宗教的実体とでも言うべきものがあった。彼はまた、死後およそ三十年たってから彼について一種の『聖人伝』が広まったほど、その人となりによって弟子たちに深い感銘をあたえた最初のカバリストであった。この『聖人伝』は彼に関するたくさんの話を語っているばかりか、数多くの個人的特徴を忠実に伝えている。この伝記は、サーロモーという人、もっとよく知られた名でいえばシュロメール・ドゥレスニッツの、[*10]三通の書簡に含まれている。この人物はモラヴィアのシュトラスニッツからサーフェードへやってきて、ここからルーリアの名声を彼の友人であるヨーロッパのカバリストたちに広めたのである。[(23)]

ルーリアも学者であって、すでにエジプトでの修業時代に古い書物や写本をたくさん精読していた。しかしながら、彼がいくら古いカバリストたちの、とくにそのなかの神人同形論者の象徴言語を語っても、彼がみずから幻視によって直観した新しい現実を表現しようとつとめていたことは明白である。コルドヴェロとは違って、彼は一五七二年に三十八の歳で死んだとき自己の体系を書き表したものを残さなかった。彼には文筆の才が欠けていたのだ。あるとき、彼を神の奇蹟のように崇めていたとみられる弟子のひとりが、なぜあなたの教えについてすべてを体系的に叙述する書物を書き著わさないのですかと尋ねたとき、われわれに報告されているところによると、彼は次のように答えた。「そんなことは不可能です。なぜならすべてはたがいに繋がり合っているからです。私は物事を語るためにはほとんど口を開きません。そんなことをすれば、私は海の防波堤が決壊してそこらじゅう氾濫するような気がします。ですから、どうして私の魂が感受したことを語らなければならないわけがありましょうか？　いわんや、それを書物に書き記さねばならないわけがありましょうか。」[(24)]実際に、彼の名で通っている、そしてカバリストたちによってつねにうやうやしくキスベー・ハ＝アリー、『聖なるライオンの書』として引用される、非常に浩瀚な一連の著作を批判的に分析してみると、ルーリアが、サーフェードに来る以前、あるいは全体としてほとんど三年以上にはいたらなかったサーフェード滞在の初めの頃には、まだ或る著作を書こうと試みていたらしいことがわかる。この著作は疑いなく彼の直筆であり今に伝えられている。これが、シフラー・ディ＝ツェニウーサ、『隠遁の書』、すなわちゾーハルの最も難解な部分のひとつにたいする彼の注解書[25]である。しかし実際には、この真作にはルーリアの世界の特殊性を形成するものはほとんど書かれていない。そのほかにも、ゾーハルの個々の章節に関する彼自身の手になる一連の詳論の全部と、ならびに安息日の食事のための三つの神秘主義的な讃歌が保存されている。これらの讃歌は、カバリストの詩の最も重要な作品に属するものであり、東方ユダヤ教のほとんどすべての祈禱書に収録されている。

それにひきかえ、彼独自の体系は、明らかに彼の口から、まったく非体系的なばらばらなかたちで話されただけであった。われわれはしかし、彼の思想の、部分的には相互に関係のない幾つかの叙述を弟子の手から入手しているので、従来の大方の想定とはちがって、良かれ悪しかれ、単一の原典を頼りにしているのではない。彼の体系のいろいろな叙述は、彼の最も重要な弟子であるハッイーム・ヴィタール（一五四三―一六二〇）によって伝えられており、その重要なものは、二つ折りの五巻の書物を埋め尽くしている。それがいわゆる『八つの門』、シェモーナー・シェアリームであり、これらのなかへ彼はライフワークであるエッ・ハッイーム、すなわち『生命の樹』を分け入れたのである[26]。しかしそれと並んでわれわれは或る小さな書物のかたちで――他の、いろいろな弟子[*11]による匿名の叙述は別として――ヴィタールによれば最も傑出した弟子であるヨセフ・イブン・タブールによるルーリアの思想の叙述を所有している[27]。タブールの著書は長いあいだ誰にも顧みられずに、二、三の図書館の片隅に手稿本として放置されていた。ようやく一九二一年にふとした偶然でそれが印刷されたときも[28]、それはより知名度の高いヴィタールの名で出版されたのであった。ヴィタールがこの彼の競争相手にたいしてさして共感を抱いていなかったらしいことを考えると、これは運命の奇妙な皮肉である。高度な確かさでもってこの両者の叙述の共通点とみなせるものは、どちらもルーリアの真正な教義を描いているという点である。

ちなみに、このヴィタールこそその浩瀚な著書のなかで、信頼のおける誠実な人間であると太鼓判が押されている彼の師の個人的な特徴を数多くわれわれのために保存してくれた弟子なのだ。[29] ルーリアの人格はわれわれにとって概ねコルドヴェロのそれよりはるかに具体的に把握できる。もちろんルーリアの人生は死後すぐに伝説的なかたちをとったが、しかし多くの証言のなかにはまだ十分に実際の人間を示してくれるものが残されている。すでに述べたように、ルーリアはきわめてはっきりした性格の幻視者であったが、同時にまた幻視者の力と限界をあからさまに語る証人でもあった。彼は隠れた世界とたえず接触して生き、その迷路をサーフェードの街路と同じように熟知していたようにみえる。彼自身つねにこの秘密にみちた世界のなかに生きていた。そして彼の幻想的なまなざしは、彼を取り囲んでいるすべてのもののなかに、魂とそのきらめきを発見し、有機的存在と無機的存在のあいだにいかなる区別もみとめなかった。どこでも彼はそのような魂でもってものを見、語った。それどころか、われわれがひとつの完全な幻想的考古学を所有しているのは、彼の神秘的なまなざしのおかげなのである。彼はサーフェードの周辺を散歩する折に、自分がその魂と接触をもっていた古い敬虔者たちの墓を挙げることがよくあった。彼にとってゾーハルの世界は完全な現実性を有していたので、彼はこの書物のロマンティックな粉飾と枠物語のなかにしか実在しない、[30] 文学上の幻影にほかならない人びとの眠る墓を「見出した」のである。

ヴィタールによって証言されている、古いカバリストの文献に関するルーリア自身のさまざまな批判的意見も興味深いものである。ルーリアはナハマニデースの時代と彼自身のあいだに存在するすべてのカバリストには気をつけるよう注意している。なぜかというと、これらの近代の著者たちには預言者エリヤは現れておらず、彼らの著作は純粋に人間の知性に基づいていて、真の伝統（カバラー）に基づいていないからであるという。しかし、彼が古い信頼できるものとして推奨している諸々の書物、たとえばゾーハルや、『イェツィーラー書』へのいわゆる偽アブラハム・ベン・ダヴィド[*12]の注解書、『ベリース・メヌーハー書』、『カーナー書』などはみな、実際にはまさに彼の否認したナハマニデース以後の時代のものなのである。中世の詩人の宗教的抒情詩を否認するルーリアが、エリーエゼル・カーリールの讃歌を異常に高く評価し、真の神秘主義の精神で書かれたものとみなしたことも注目に値する。このことは疑いもなく、彼が古い慣習に従ってこの詩人をミシュナー時代の偉大な教師たちのひとりとみなしていたことに基づいている。[(31)]——ミシュナー時代といえば彼が偉大なカバラー的偽書の主人公たちをも敬虔な心情からそこへ移し変えた時代である。

ルーリアの意識はまったく保守的である。このことは、自分の新しい理念ですらも古い書物——ことにゾーハル——から基礎づける彼の方法に現れているばかりか、些細なことにたいする彼の関係にも現れている。彼はつねに、明確な特徴を有するものはすべて維持しようと努め、相矛盾するものにも同等の神秘主義的価値を認める。ヘブライ語の聖書のさまざまな書体ですら、彼によれば特別な神秘主義的意義をもっているのである。[(32)] 同様に彼は、さまざまなユダヤ人の集団の祈禱規則に等しい権利を認める。イスラエルの十二の部族はそれぞれ、祈禱の一定の形式によって通り抜けられる天国への独自の門をもっているが、誰も自分がどの部族の出であるのか知らないのだから、各人は安んじて自分の属する地理的グループの慣習を守るべしというのである。スペインのユダヤ人はスペインのユダヤ人の伝統を、ポーランドのユダヤ人はポーランドのユダヤ人の伝統を、等々というように。[(33)]

ルーリア派のカバラーが漸次広がっていった歴史は甚だ変わっていて、ゾーハルの成立史に劣らず、劇的な要素に事欠かない。ルーリアの真の弟子たちが彼の理念を広めるためになしたことは比較的僅かであった。たしかにハッイーム・ヴィタールはルーリアの死後すぐに彼の教義の体系的な仕上げを開始した。しかし彼は、できるだけ自分以外の者が僭越にも新しい秘密を開く鍵をもつことのないように、嫉妬深く監視していた。しばらくのあいだは彼も以前の相弟子たちに新しい理論について講義をしていた。その理論の神智学的原理は、きわめて詳細に、かつスコラ派流に仕上げられていた。われわれはまだ一五七五年の記録文を所有しているが、それによると、主だったルーリアの弟子たちはほとんどみな、当時サーフェードに暮らしているかぎりは、以下の宣言文に署名捺印をしてヴィタールの卓越した権威を承認する義務を負っていた。「われわれは彼とともにカバラーを研究しようとするものだが彼が語ってくれるものはすべて忠実に保存し、われわれが彼の口から聞くであろう秘義や、われわれが過去に彼から教わった秘義、いやそれどころかいまだわれわれの師、すなわち偉大なラビであるイサアク・ルーリア・アシュケナージの存命中に教わったことですら、彼がわれわれに許すのでないかぎり、われわれ以外のなんびとにも伝えないようにしようと思う(34)。」後にはヴィタールはこのような活動からすっかり身をひき、他の人たちに自分のカバラーの著書を教えることもあまりしたがらなかった。一六二〇年にダマスクスで死去するまで、彼は自著のどれにたいしても、写本による普及の許可すらあたえなかった。にもかかわらず、一五八七年頃、重い病を患っているあいだに、彼の著書の大部分がサーフェードでひそかに筆写された。その著書の引渡しのために彼の兄弟に五十枚の金貨が賄賂として、贈られたのであった。これによって、それらの著書はパレスチナのカバラーの大家たちのあいだに広まった。ルーリアの二番弟子であるヨセフ・イブン・タブールも、師の教えを広めるためにサーフェードで人よりはいくらか骨を折った様子が明らかにみとめられるけれども、大々的な宣伝家ではなかった。彼はあの上述の宣誓文には署名しておらず、われわれの知るところでは、ルーリアの教えを受けていなかった弟子たちにも師の教義を講じていた。[35]

ルーリア派のカバラーの実際の普及は別のカバリスト、イスラエル・ザールークに負うところが大きい。彼はおよそ一五九二年から一五九八年までのあいだ、イタリアのカバリストたちのなかで新しい教義の普及のために活発な活動を展開した。[36] 彼はルーリアの主だった弟子のひとりという触れ込みだった。といっても、彼がルーリアの弟子ではないことは疑いなかったし、彼の知識はサーフェードで入手した、例のヴィタールの著作の盗み書きに負うていたのである。独立心の持ち主であった彼は、自分こそ真の弟子たちよりも深く新しい教義の秘義に通暁していると信じていた。そうして彼は、伝道熱に勇み立って、直弟子の権威を振りかざして登場するという、いささか冒険的な企てに手を出したのである。せいぜい精神的な意味ではそういうものをもっていたかも知れないが。ところが、誰もそのまやかしに気づかず、現代にいたるまでザールークは一般に、カバラーの信奉者のあいだでも反対者のあいだでも、ルーリアの真正な解釈者とみなされてきたのであった。実際には彼はルーリアの教えを本質的な点においてまったく新たに形成し直し、さらに豊かな思弁を加えたのである。ここではその思弁の内容にまで立ち入って説明することはできない。それはとりわけ彼の著書『リッムーデー・アツィールース、『流出に関する説』のなかに書かれている。彼はそこでルーリアのまったく非哲学的な教説にプラトン主義風の擬似哲学的な基盤をあたえようとしたのであった。そしてまさにこのこと、ルーリアの教義における純正ならざるこれらの要素こそ、この教義の大いなる成功を築いたものなのである。

ザールークの弟子のひとりはとくに徹底的にこの傾向を完遂し、イタリア・ルネッサンスの新プラトン主義の哲学とザールークの解釈にみられるルーリア派のカバラーとの独特の折衷主義を示すカバラーの体系を生み出した。この弟子とはマラノ一族から出たフローレンスのアブラハム・コーヘン・ヘレラである。

彼は一六三五年か一六三九年にアムステルダムで死んだが、著書をスペイン語で書いた唯一のカバリストであった。彼の著書はスペイン語の写本でのみ保存されていて、そこからヘブライ語に翻訳されたのだった。[37] 一六七七年に出たそれのラテン語の大要は——とくにそれがわかりやすい表現で書かれていたという事実によって——カバラーの性格や、カバラーのいわゆる汎神論やスピノザ主義に関するキリスト教の学者の論議において、十九世紀初頭までかなり重要な役割を果たしたのであった。[38]

ルーリアの東洋の弟子たちの真正な著書は、たしかに十七世紀にはすでに非常に広く普及していたが、それはほとんどもっぱら写本によっていた。一方、サバタイ主義運動の勃発（一六六五年）以前にルーリアの説をすでに印刷によって普及させていた少数の書物においては、ザールークの弟子たちがとくにイタリア、オランダ、ドイツ、ポーランドで主張していたルーリアのカバラーの形式が支配的である。この方向のなかでとくに重要で影響が大きかったのは、フランクフルト・アム・マイン出のナフタリ・ベン・ヤコブ・バハラハの浩瀚な二つ折り版であった。これは一六四八年にエメク・ハ＝メレヒ、『王の神秘的深み』という書名のもとに出版された。この書物は完全にザールークの教えの叙述に基づいている。その一部分はカバリストの側からも激しく攻撃された。しかし十八世紀末以前には、それどころか部分的には十九世紀になってすらも、カバリストたちはヴィタールの著書を印刷に付して広めることを許可しなかった。だが実際にはその著書の普及は、以前にも同様に強力に行われていた。というのは、幾つかの場所で、たとえばエルサレムだとか、またイタリアや南ドイツといった幾つかの国々で、十八世紀にこれらの著作を筆写することがまさに大量生産方式で行われていたからである。

3

ルーリアの神秘主義的なインスピレーションは彼の死後サーフェードにおいて一般に承認された。長い期間にわたってカバラーの相貌を規定したのはまさにこの彼固有の表象なのである。といっても、むろん、それはあるとき突然に起ったわけではなく、一六〇〇年の直前に始まった伝播と発展の過程においてそうなったものにほかならない。

私は今ルーリアの神秘主義的悟りについて語った。とはいえ彼の体系はいわば天から降ってきたというようなものではけっしてない。むろん一見それは、その全体的性質とその概念の最も重要なものにおいて、彼以前のサーフェードのカバリストたちのあいだに通用していた諸理念、とくにコルドヴェロの体系とは完全に異なっている。もちろん詳細に吟味してみれば、ルーリアのカバラーは全体としてコルドヴェロの理念から出発しながらも、これを完全に独立した独自の方法で摂取し、その結果、全体は事実上本質的に異なったものになっていることが明らかになる。

まさに現代の学者たちがルーリアの特殊性を見出そうとした領域、すなわち、個々人の生活のなかでカバリストの道を実践的に実現しようとする領域には、ルーリアとコルドヴェロとのあいだになんらかの原理的な相違は絶対に存在しない。コルドヴェロは「理論的」カバラーの体系を立てるが、ルーリアは「実践的」カバラーの体系を立てるという、最近とみに主張されている意見ほどまちがったものはない。あるいはまた、コルドヴェロはスペインのカバラーの後継者であるが、ルーリアは彼の出生直前にエルサレムへ移住したとみられるアシュケナージの両親から生まれたため、中世ドイツにおける古代ユダヤ教の禁欲主義者の遺産を集大成する(40)、といった意見ほどまちがったものはない。ルーリアのカバラーは、サーフェードの他のすべてのカバリストたちのカバラーと同じくらい「実践的」である、というか、同じように「実践的」ではないのである。第四章で述べたように、カバリストたちが実践的カバラーと呼んでいるものにサーフェードのすべてのカバリストたちの理念は同じように境を接しているが、それにもかかわらず彼らは、彼らの実践的神秘主義と、この神秘主義がつねに魔術的なものへ逸脱する可能性があることとのあいだに分離線を引くのである。ルーリア派のカバラーが宣伝した禁欲主義的生活形式で、ルーリア自身の個人的業績に帰せられるものは、もちろんごく僅かしかない。全体としてそれは、概してサーフェードにすでにルーリアの到着前から成立していた、そして彼の後も引き続き行われた宗教的生活の沈澱物にほかならない。であるから、すでに歴史の教科書で市民権を得はじめている、ルーリア派の体系を表すためのこの実践的カバラーという不幸な術語は、やがてまた教科書から消えてしまうことが大いに望ましいことであろう。ルーリア派の体系が支配し、この体系を生み出したサーフェードの運動が行われた時期は、実践的神秘主義の時代と呼んで差し支えないかもしれないが、そこにルーリア派のカバラーを一番近い彼の先駆者たちのカバラーから区別する目印を見出そうと望むことは、断念すべきであろう。それは他の点に求められねばならない。

ルーリアは、すでに述べたように、先駆者たちのカバラーの書物から自己の理念を発展させた。その際重要な細目はコルドヴェロからばかりでなく、もっとずっと古い書物から取られた。それらの書物のなかではこれらの理念は、注目もされず効力もなく、時折念頭に浮んでいたにすぎなかったが、ルーリアによって、彼の思想の中心に据えられることになったのである。歴史的な分析をすることによって、ここで、ルーリア派のカバラーと若干の忘れられたスペインのカバリストたちのあいだに、なお幾つかの思いがけない橋を架け渡すことができる。(41)

4

ルーリアは彼の理念を、古代のグノーシスの神話を非常に生きいきと想起させるようなかたちで述べた。だからといって、彼がこのような関係をなんとなく意識していたであろうというのではない。しかしこの思考の内的構造は疑いもなく、グノーシス派とのきわめて緊密な類似性を示している。ルーリアの目に世界過程はきわめて劇的な性質をもっているが、これらの思想が異常なほどの浸透力をもつようになったことについてともに責任があるのは、まさしくそうした劇的な尖鋭化――コルドヴェロのカバラーにはそれほど鋭く現れていないが――であるように思われる。根本において、つまり最も内的な構造からみて、ゾーハルのカバラーと――預言者エリヤの啓示に基づいて――ゾーハルのカバラーの真正な解釈として登場するルーリアのカバラーとのあいだの相違はなんであろうか？　その答えは、古いカバラーにとっては世界過程ははるかに単純な経過をたどるということであると思う。この世界過程の最初の行為は、神が外へ歩み出て、その創造力を自己の本質から外へ投射する行為である。そしてその先の行為もすべて、このようにして歩み出し続けることである。その過程は、新プラトン主義者の流出説の世界像に完全に従って、上方から下方へはっきりと直線的に進行する。それは、こう言ってもよければ、単線的で、それにふさわしく単純な道である。

ルーリアの見解はそれよりずっと無邪気なわけではない。彼の考え方の先端には、カバラーにおいてこれまで考えられてきた最も驚くべき、気宇壮大な神秘主義的理念のひとつであるツィムツームの理論がある。ツィムツームとは元来は「集中」ないし「収縮」という意味であるが、しかし、ルーリア派のこの表象の意味を正確に言い当てようとするならば、「退くこと」または「撤退」と訳すほうがいいだろう。その際ルーリアと、彼の直接の原典である、十三世紀中頃の或る小さな、完全に忘れ去られたトラクト(42)は、タルムードの一つの理念から出発した。しかしルーリアはこれを、手っ取り早くいえば、誤解したのである。ミドラーシュの幾つかの箇所には、神がそのシェキーナー、つまり神の聖なる臨在を、至聖なるもののなかに、つまりケルービームの場所に集中させたということ、したがって神はそのすべての力を一点に制限し集約した(43)ということが語られている。ツィムツームという言葉はここに由来しているのである。ところが、事態はこの理念とまったく逆である。なぜなら、カバリストのツィムツームはもはや神をしてみずからをひとつの場所へ集中させるどころか、ひとつの場所から退去させるからである。

このことは何を意味するのだろうか？　手短にいうなら、それは、宇宙の存在は神のうちにおける収縮の過程を通じて可能になったということを意味する。元来ルーリアはまったく合理主義的な、かなり自然主義的といっていいくらいの考えから出発している。神の本質がいたるところにあるのに、いかにして世界が存在しうるのであろうか？　神は「すべてのなかのすべて」であるのだから、この具体的な場所に神でない別のものがいかにして存在しうるのだろうか？　神の本質がすべてに浸透しているのであるから無というものはまったく存在しえないのに、いかにして神は無から創造することができるのだろうか？　ルーリアはこれにたいして、ひとつの考えをもって答えている。その考えは荒っぽい、いわばごつごつした言い回しで表されているにもかかわらず、後期ユダヤ神秘家の思考にとってきわめて実り豊かな深い考えのひとつであることが判明した。ルーリアは言う。世界の可能性を保証するためには、神は自身の本質のなかに、自分がそこから退去してしまった領域、言い換えれば神が創造と啓示において初めてそこへと歩み出ることができる一種の神秘的原空間を作らねばならなかった(44)、と。無限なる本質エン・ソーフのすべての行為のうちで最初になす行為はしたがって、これが決定的なことなのだが、外部へ歩み出ることではなく、内部へ歩み入ること、つまり自己自身のなかへ退くこと、思い切った表現を用いることが許されるなら、「自己自身から自己自身のなかへの」神の自己交錯なのであった。だからエン・ソーフは、自己の本質ないしは力の最初の流出を自己自身のなかから産み出す代わりに、逆に自己自身のなかへ降下するのであり、自己を自己自身のなかへ集中させるのである。[45] しかもこのことを創造の始め以来繰り返し行ってきたのである。こうした見解は、これを理論的に明確化した人びとによってすら、神の冒瀆と紙一重であるように感じられた。それにもかかわらずこの見解は、外面上こそ気の抜けた「あたかも」とか「いわば」といった言葉によってやわらげられていたものの、たえず繰り返し現れたのだった。

このように神が自己自身の存在のなかへ退くことをわれわれは、神自身がその全能から一層深い孤独のなかへ「亡命する」とか、自己を「追放する」とかいう表現で解釈したい気がする。このように解釈されるならば、ツィムツームという理念は、考えられるかぎり最も深い亡命の象徴、「容器の破裂」[46] よりももっと深い象徴となるだろう。あとで取り扱うつもりの容器の破裂においては、神の存在の一部が自己自身から追放されているが、それにたいしてツィムツームは自己の内部への亡命とみなしうるであろう。

すべての行為のなかで最初になされる行為は、したがって、啓示の行為ではなくて、隠蔽と制限の行為である。二番目の行為において初めて神はその本質性の光とともに自己自身から外に歩み出て、神が自己自身の内部に創ったあの原空間において、創造神として自己啓示と自己展開を始めるのである。いやこればかりではなく、むしろ、それに続く神の流出と示顕の各々の行為の前にも集中と隠蔽の新たな行為が行われる。[47] 別な言葉で言うなら、世界過程は今や複線になったのだ。創造過程の各段階は神自身のなかへ退いていく光と、神から溢れ出てくる光とのあいだの緊張を含んでいる。このたえざる緊張、神が自己の存在を持続させるこの衝撃のたえざる繰り返しがなければ、世界のいかなる事物も存立しないであろう。この教義はひとを魅するに十分な深い意味をもっている。ツィムツームのこのパラドックスは、ヤーコプ・エムデン[*13]が述べた[(48)]ように、無からの創造という考えを現実的に考えようとする、今までになされた唯一の真剣な試みである。「無からの創造」というような一見非常に合理主義的なメタファーが、その内容を問いただされるといとも簡単に神智学的概念に急変するということは、このような表向き単純素朴な宗教の教義に本来いかなる意味が隠されているかを示している。

ツィムツームという概念は、それ自体のもつ大きな意義は別として、ルーリアの世界解釈のなかへ流出説の汎神論に匹敵する要素を持ち込む[(49)]。すべての事物のなかには神の示顕の残滓がはたらき続けているのみならず、この神の残滓はツィムツームという様相のもとに独自の現実性を保持し、それによって神の「すべてのなかにあるすべて」という非個性的な存在へ解消しないように守られる。ルーリア自身が明白な有神論的神秘家の生きた実例であった。彼はゾーハルに、それが汎神論へ傾いているにもかかわらず、厳密に有神論的な解釈を施した。だから、ヨーロッパのルネサンス以来カバラーに終始欠けることのなかった汎神論的傾向がまさに、ルーリア派のツィムツーム説からその本来の内容を新たな解釈転換によって再び剝奪することを狙ったのも、なんら不思議なことではない。ルーリアの理念が語義通りに解されねばならないのか、それとも神自身のうちに起る、たとえまだ神秘的であっても現実である事象とは一致しない単なるメタファーとして理解されねばならないのか、この問題に関する論争は、後期のカバラーにおいてはだいたいにおいて有神論的考え方と汎神論的考え方とのあいだの論争と一致している[(50)]。すなわちツィムツームが現実の出来事でないとすると、神ではないものの現実的存在を問う問題は以後未解決にとどまる。もしツィムツームが——後期カバリストたちの何人かが証明しようと試みたことだが——被造物の意識のなかにある神的存在を蔽い隠し、被造物に自己を神から離れたものとして認識することを可能にするみせかけの自己意識をあたえる一種の現象界《マーヤー》のヴェールにすぎないとすれば、心が神的実体の統一をすべての事物のなかにみとめるためには、ほんのちょっとした変化さえあればよい。そのような変化は、あたかも何か神以外の物がなお存在しうるかのごとき錯覚を起させるような概念をもつツィムツームという幻影から人を解放するであろう。

ツィムツームの理念は、すでに示唆したごとく、ルーリア派においてはもっとも中心的な役割を果たしてきたし、思弁によってこれを見究めようとするたえず新たな試みへ彼らを導いたのだった。ルーリアから今日にいたるまでのこの理念の歴史をたどれば、それはユダヤ教独持の神秘主義的思考のきわめて魅力的な叙述のひとつとなるだろう[51]が、ここではルーリア自身においてたしかに大きな役割を果たしていたもうひとつの点を強調することで満足しなければならない。ツィムツーム以前の神的存在の精髄のなかには――疑いなくルーリアの真筆と思われる文書[52]にそう見られるのだが――たしかに愛と恩寵の性質も含まれていたが、しかし同時に神の審判と厳格さの性質も含まれていたのであって、カバリストたちはそれをディーンと呼んでいた。もちろん神のなかにあるディーンの力はそれ自体としてはまだ認識できず、いわば、ヨセフ・イブン・タブールの比喩を引用すれば、ちょうど大海のなかの一粒の塩のように、愛と恩寵のなかに完全に溶け込んでいたのであった。

さて、ツィムツームの行為において神的存在の根底にある裁く力のばらばらに散在していた諸要素が結集し、裁く力そのものとして[53]認識できるようになる。というのは、神が自己自身の制限と否定を結果として惹き起すことによってツィムツームそれ自体が神における裁く力の行為となるからである。なぜならば、裁くということの本質は、カバリストたちにとってはまさしく、境界が設けられ、すべてが正しいやり方で決定されるという点にあるか、あるいはコルドヴェロが言い表したように、すべてのもののなかには、それらが現に在るもので在り続けようとし、自己の境界内にとどまろうとするかぎり、[54]境界をつけるという特質がひそんでいる、という点にあるからである。このようにカバリストの見解によれば、まさに個々の事物の存在には、境界をつけるという神秘主義的カテゴリーが重要な役割を果たしているのである。だから、ミドラーシュが、神は世界を厳しい法つまりディーンの特性でもって創造したが、それだけでは世界は存続しえないことを見たのだろうか、思寵の特性をそれに加えた、というとき、このことはルーリアの意味ではまさしく次のことを意味している。最初の行為、すなわち、神がそれによって自己自身を決定し、自己自身を制限したツィムツームの行為はディーンの行為であり、それゆえあきらかに以後の世界過程におけるすべてのディーンの根源を表す、ということである。しかしこの「神の厳格さの根源」はあとに残り、神的本質がツィムツームによって創り出されたあの原空間に退いた後にも残存する神的光の残照または残留物と混然と混じり合っている。エン・ソーフの精髄から発する二番目の光が初めて、隠された諸要素を区分けしますます深く秩序のなかに浸透し秩序を形づくることによって、この無秩序な存在のなかに秩序ある世界過程を生み出す。[55]その際、すでに述べたように、干潮と満潮、すなわち拡散する原理と後退する原理とのあいだに絶え間ない相互作用が行われ——カバリストたちはそれらをヒスパシュトゥース、(遠心的な)出現、およびヒスタルクース、後退すなわち退行という(求心的な)行為と名づけている[56]——たえず相互に反応しあっている。このように人間の有機的組織が息を吸い込むことと吐き出すことの二重の過程によって存続し、どちらも片方なしでは考えられないのと同じように、全被造物は神的生命のこのような吸排気によって構成されている。深い意味においては、したがって、裁く力(ディーン)というカテゴリーに基づいているこの世のすべての悪の根源は、法則上すでにツィムツームそのものの行為のなかに潜在しているのである。

というのはルーリアもまた、ゾーハルの遺産に忠実に、ツィムツーム以後ある一定の段階にいたるまでの原空間における出来事を、神自身の内部における出来事として把握しているからである。だがこれは、この見解を支持しようとしたカバリストたちをきわめて大きな困難に陥れた理論であった。ツィムツーム以後の過程を神自身の内部において経過する過程としてとらえるこの構想をルーリアに容易にしたものは、たった今示唆したように、神的光の痕跡ないし残滓——これをルーリアはレシームーと呼ぶが——ツィムツームのなかに創られた原空間からエン・ソーフの実体が退いたあとにも残りつづける、と仮定したことであった。[57] ルーリアはこれを、油や水が注ぎ出されたあとにも壜のなかにある油や水の残りと比較している。[58] このレシームーが依然として神的性質をもっていることを論証することもできたが、しかし同様にまた、エン・ソーフの実体はここではとにかく消失してしまっているのだから、この過程の結果として形成されるものは神の外部にあらざるをえない、という点に重きを置くことも可能であった。カバリストたちのなかで明らかに有神論者とみなされる者の多くは、レシームーという理念全体を自己の体系から無造作に追い払ってしまった。

　このレシームーという理念が、同様に、紀元一二五年頃に栄えたグノーシス派のバシリデス[*14]の体系のなかにもぴったり対応するものをもっているということは大いに注目に値する。バシリデスもまた、「表象することもなんらかの言葉によって特徴づけることもできないが、それでもなお「息子であること（Sohnschaft)」を完全に捨て去ってはいない、そもそもの初めから聖別された空間」のことを知っている。息子であることというのは、彼においては、宇宙のなかで活性化するすべての潜勢力の最も崇高な完成を意味している。バシリデスは、この「息子であること」と聖霊または霊《プノイマ》との関係について語り、霊は空虚で息子であることとから切り離されていたときですら、それでもなお同時にこうした息子であることの香気を保っていたと述べている。しかもその香気は、上から下まで、未形成質料やわれわれ自身の存在形式にいたるまで、すべてのものに滲みわたっているのである。バシリデスもまた、格別甘い香りのする「香油」の香気が入念に空けられたにもかかわらずまだ残っている容器の比喩を利用している。

そのうえさらにわれわれは、『偉大なロゴスの書』、つまりコプト語訳によって保存されたグノーシス派の文献のあの驚くべき遺産のひとつのなかに、ツィムツームの初期の原型をもっている。ここでわれわれは、すべての原空間とその「父であること（Vaterschaft）」とが、神が「自己自身のなかへ後退する」ときに自己の背後に空間として、つまり光の輝く世界として残しておいた「小さな理念」[59]に基づいて生じたものであることを知る。すべての流出に先立つこの後退のことはたびたび指摘されている。

5

さて、世界過程のこの基礎的な見解と並んでさらに二つ、大胆な、しばしば大胆すぎるくらいの神秘主義的な形象で表現された神智学の主要素が登場する。この二点とは、いわゆるシェビーラース・ハ＝ケリーム、「容器の破裂」の説と、ティックーン、つまり破裂によってつくり出された欠損の治癒または回復の説である。両者とも、後期カバリストの思考にとって重要であるという点ではツィムツームの理論にひけをとらない。

容器の破裂に関する説が意味することはこうである。神的光は原空間——三次元の空間はこの原空間からようやく過程の終りになって発生したものである——のなかに流れ込んだとき実にさまざまな段階を経て展開し、そしてきわめてさまざまなすがたで現れる。その詳細をここで述べることはあまりに詳しくなりすぎるであろう。ルーリアとその弟子たちは、グノーシス派の表現を借りればプレローマの世界、つまり神的光の「充溢」の世界と呼びうるようなこれらの出来事の細部を、半ば幻想的に半ばスコラ派的に描き出すことに完全に没頭していた。決定的なことはただ、この理論によれば原空間における他のすべての存在に先立って、原人、つまりアダム・カドモンが神的精髄の光を浴びて生じたということである。アダム・カドモンとはエン・ソーフの精髄からツィムツームの原空間へ流れ込んだ、といってもむろん四方八方からではなくて、一条の光線のように一方向からのみ流れ込んだ神的光の最初の形態にほかならない。だからアダム・カドモンは、それによって神性がツィムツームのあとに自己を表しはじめるところの最初にして最高の形式なのである。彼の眼から、口から、耳から、そして鼻からセフィロースの光が飛び散った。最初はすべての光が束になって突如現れ出た。それらはひとつの全体をなし、個々のセフィロースに分離してはいなかった。この状態ではそれらの光を収容するために、殻も容器もいらなかった。だが眼から出た光は、それぞれのセフィラーがひとつの孤立した点を形づくる「アトム化した」形式で流出した。この「点状の光の世界」オーラーム・ハ＝ネクードースはルーリアにおいても特別にオーラーム・ハ＝トーフー、「混乱、無秩序の世代」[61]と呼ばれる。ルーリアの説とコルドヴェロの説のあいだにある相違について尋ねられたとき、ルーリアはこう説明した。私の先達のカバラー[62]は本質的にはこの領域における出来事とこれらに対応する世界の状態についてのみ取り扱ったのである、と。しかし創造の際には、創造計画のなかで一定の秩序のもとに構想されていた有限な存在者と有限な容器の存在が初めから狙いとされているので、この個々の光を受け入れるために容器が創り出された。あるいはより適切にいえば、その光をとらえ保持することになる容器が流出された。そんなわけで三つの最高のセフィロースに対応する容器はセフィロースの光をも受け入れたが、六つの下層のセフィロースのために定められた光は一時にどっと現れ出たので、個々の光の容器にはあまりにも強すぎた。それらの容器は光を保持するにはあまりにも弱いことが判明した。それらは破裂し、木端微塵になった。同じことが、規模は小さいながら、最後のセフィラーの容器についても起った。[63]

この「容器の破裂」の説は、ゾーハルの神話的理念から非常に独創的なかたちで発展してきたものである。すでに第一章で指摘したミドラーシュでは、現在の世界が創造される以前の諸世界の破壊が語られていた。[64]ゾーハルはこのアッガーダーを、もっぱらゲブーラー、すなわち厳格な審判のセフィラー、の諸力がはたらいていたため、このあまりの厳格さのために崩壊してしまった諸世界の創造に関係させて神秘主義的に解した。この出来事は、ゾーハルによれば、一つの町を建設して死んだということ以外に何も報告されていない創世記第三十六章のエドムの王たちのリストと関係がある。「これがエドムの地を治めた王たちである。」――しかしエドムというのは、同情によってやわらげられることのない厳格さの国を意味する。[65]だが世界は、恩寵と厳格さ、男性的なるものと女性的なるものとの調和、すなわちゾーハルが「天秤」と呼ぶところの調和によってのみ存在する。[66]ところで「先祖の王たち」の死ということについてはゾーハルのなかで『イドラー・ラッバー』と『イドラー・ズッター』とがかなり詳細に論じているが、これこそルーリアにおいて「容器の破裂」として登場するものなのである。

しかし、ルーリアの弟子たちはこの出来事を本来的に混沌とした無秩序なものとして描いてはいない。むしろ彼らはそれを、厳密かつ詳細に論究された規則や法則にのっとって進行するひとつの過程として描写する。この実際非常に具体的な観念の通俗的な解釈が初めて「容器の破裂」とか「トーフー(空無)の世界」というようなメタファーをいわば言葉どおりに取り、この出来事の合法則的な性質の代わりに、破局的な性質が再びより強く強調されたのである。

その紛糾から宇宙創造のドラマ全体が由来し、かつそのなかにおける人間の場所を規定するこの「容器の破裂」を惹き起す諸々の理由は、ルーリアとヴィタールにおいてはさまざまなすがたで描かれる。直接の原因としては、あの原子または点のセフィロース世界の構造のなかにある或る種の技術的不完全さが挙げられる。そこからさらにシェビーラーの「災難」が必然的に生じざるをえなかったのである[67]。しかしもっと深い理由はこれとは別なものであって、私はこれをティシュビー[*15]の言葉を借りて[68]、カタルシス的な理由と呼びたい。ケリーポース、すなわち「殻」あるいは悪の諸力、の最も深い根は、すでに容器の破裂以前に存在していたのであり、セフィロースの光や上述のレシームー、すなわちエン・ソーフの残滓と原空間のなかでごちゃまぜに混じりあっていた。セフィロースの諸要素と形成される容器を清め、ケリーポースを排除する必要性が、容器の破裂をもたらしたのである。この清浄化の目的は、悪を、切り離された同一性ならびに現実の力として生じさせることにあった[69]。ゾーハルに関する章でみたように、そこではすでに悪はセフィロースの生命過程、とくに厳しい審判のセフィラーの生命過程からの廃棄物とみなされる。ルーリアによれば、この廃棄物は元はまだディーンつまり審判の清純な力と併存していたのであって、容器の破裂とそれに続く選別の過程が初めてこの廃棄物から、現実に存在する悪とデモーニッシュなものとの領域を生み出したのであった。破裂した容器そのものからではなく「先祖の王たちの残滓」からケリーポースの領域が生じたのである。それどころかゾーハルの有機体像も最後まで考え抜かれる。シェビーラーは母胎を破り開く分娩、その際には廃棄物も排泄される有機体のきわめて深い衝撃、と比較される[70]。こうして「先祖の王たちの死」の表象から、清浄な新しい容器の神秘主義的な「誕生」という、実際にははるかに適切な表象が生ずる。

シェビーラーのこの目的については、ルーリア派のすべてのカバリストたちの意見が一致している。もちろん幾人かの者たちにとっては、「点の世界」のなかにケリーパー、つまり悪の根を想定することはふとどきなことだと思われずにはいなかった。というのは、そこには神における二元論的構想、したがってきわめて重大な異端の構想が見出されることになりかねないからである[71]。そこでこれらのカバリストたちは悪の力を、原空間の下部に沈澱して、そこで悪霊の巣食う「大いなる深淵の底」を形成している容器の散乱した破片から生じさせる。もちろん、悪の発生を、あるいはより適切にいえば悪の神話を合理的に説明しようとするこの試みには、いつも何か不十分なものが、つまりウンデ・マルム（悪はどこから）という問いに答えようとするすべての試みにつきまとうような解決しがたい残滓が残った。この点においても、体系の連関からみて、この思想のグノーシス的性格は歴然としている。グノーシス派の諸体系にみられる神話も、アイオーンの光の諸部分を空虚のなかへ無理矢理突き落とすか追放する、プレローマにおける劇的な出来事を知っている。こうしてルーリアの見解によっても、神の国から発する「光の火花」は神性の世界から深淵へと落ちてゆくのである。

　後期カバリストたちはこの点について大いに思索した。彼らのうちのかなりの者が、この破裂もまた神智学的生命における有機体の法則と関係があると語っている。穀物の種子が芽を吹き実を結ぶことができるためには殻がはじけなくてはならないように、最初の容器は、そのなかの神的光つまり世界の種子がその法則を実現するときには、同じように砕けなくてはならなかったのである[72]。いずれにせよ、ルーリア派の著作が非常に詳しく記述しているこの容器の破裂ということは世界生起における決定的な出来事なのである。その結果、すべての事物がなんらかの方法でこの破裂を身につけることになったし、また、容器の破裂に際して光が四方八方へ広がり、一部はその起源に流れ戻ったが、一部は下方へ落下したので、この破裂が修復されないかぎり、すべての存在物に或る内的欠陥がつきまとうことになった。神の精髄から発する聖なる光の火花が幾らか――ルーリアは二百八十八個のこのような火花について語っている――まだ付着している壊れた容器の破片から悪のデモーニッシュな反世界が生じ、こうして悪は世界発展のあらゆる可能な段階に棲みつくこととなった。[73] 聖なる要素はこのようにして聖ならざる不純な要素と混ざりあったのである。[74] もともと創造が目ざしていた理想的状態の回復が今やあらゆる生起のひそかな目標となる。救済とは原初的な全体の復旧、つまりティックーン以外の何ものでもない。

それゆえ、ティックーンの秘密がルーリアの理論的ならびに実践的神智学の主要な関心を惹く。その詳細、とくに理論的側面の詳細はとりわけ技術的な性質をもっている。ここではそれを記述するつもりはない。[75] だが、本質的なことは幾つかの一般的な視点ならびにティックーンの表象のなかに適用される原理である。

6

ルーリア派のカバラーのこれらの部分は疑いなく、擬人観がユダヤの神秘家の思考においてこれまでにかちえた最大の勝利である。合理的な思考にはほとんど理解できない、高度に発展した神秘主義的瞑想が、ここに現れる多くの象徴の背後に隠されており、粗野ともいってもいいような象徴主義と入れ替る。いっさいの人間的な出来事をもっぱら奥深いところに生起し象徴のなかに透けて見える多くの事象の象徴とみなす傾向や、人間を小宇宙とする表象や、生きた神を巨大人間と考える表象が、ここで決着のつくまで追求される。

アダム・カドモンの姿で現れる、容器の破裂以前の神の示顕に相当する諸段階においては、活動する諸力はいまだ完全に有機的に分節化されておらず、まだ個人的性格の一定の構成をとっていなかった。ティックーンの理論の帰するところは、世界のなかへ差し込んだエン・ソーフの原光から生じた容器の破裂の後、ひとつの新しい光流がアダム・カドモンの額から噴き出し、この光流が無秩序な諸要素を新たに統合したということである。アダム・カドモンから流れ出るセフィロースの光は今や新しい構成で組織され、すべての光のなかにアダム・カドモンがまったく特定の形態をとって反映される。すべてのセフィラーは神性の一般的属性からカバリストたちがパルツーフ「神性の顔」と呼ぶものに変化する。カバリストたちがパルツーフという概念で理解していることは、或るセフィラーのなかに隠されていたすべての潜勢力が今やひとつの形成原理によってとらえられ変化させられて、かくして各々のセフィラーのなかに神の人格が、一定の刻印をおびて、しかしそれぞれが完全なかたちで現れる、ということである[76]。カバリストたちが直接眼前に思い浮べようとした宗教の生きた神とは、隠れたエン・ソーフよりももっとはっきりしたものである。それは、ティックーンの過程のなかで自己自身を完成された人格に形成する神である。神のなかの生命過程を新たに、しかも人間生活の象徴で記述しようとする、ルーリア派のカバラーのすべての試みの根底には、明らかに人格的神を求める新しい努力がみとめられる[77]。しかしこの努力は――それについて妄想を抱くことは意味のないことであるが――ここで或る新しいグノーシス的神話の発生にいたる。ルーリアはティックーンの過程において、すなわち破裂の際に撒き散らされた神的光がその正当な場所に復帰する過程において、神性が現れる際のさまざまなすがたが完全に人格的に考えられたパルツーフィームとして別々に現れ出るさまを叙述しようと試みる。

　これらの出来事の描写を読むとき、ここでルーリアの意味するところは純粋に精神的な出来事であるということが忘れられがちである。まるでバシリデスやヴァレンティヌス[*16]やマニ[*17]が宇宙のドラマを描写しようとした、あの神話のひとつを研究しているかのような気がするのだ。ただ彼らにおいてはグノーシスの体系におけるよりもはるかに、かぎりなく複雑なだけである。

最も重要なパルツーフィームまたは構成と呼ばれるものには五つのものがある。[78] ルーリアはそれらの名前をゾーハルの象徴主義、とくに『イドラー』から取った。もちろんそれらはルーリアにおいては部分的に完全に新しい意義と機能を有している。

純粋な恩寵と愛のあふれる潜勢力が人格的な形態のなかに統合されると、ゾーハルによれば、アーリーク・アンピーンの像が生じる。これは従来訳されてきたような「面長な顔」を意味するのではなく、「忍耐強い人」を意味する。つまり、忍耐強く恩寵にみちた者としての神を意味するのである。[79] ゾーハルにおいてはアーリークはアッティカ・カッディシャー、すなわち「聖なる老人」をも意味する。ルーリアにおいては一方は他方の或る変態を表している。神の知恵と知性、ホクマーとビーナーのセフィロースの潜勢力は「父と母」アッバーとイッマーのパルツーフィームになった。[80] シェキーナーを除いた、それより低い六つのセフィロースの潜勢力――そこでは恩寵、正義、慈悲が釣合いを保っているのだが――はただひとつのパルツーフに組織されており、これをルーリアはゾーハルと同様にセーイール・アンピーンと呼んでいる。これは「短い顔」を意味するのではなくて、元来は「忍耐強い人」の反対で「短気な人」[81] を意味している。この者においては、「聖なる老人」の姿にはまだまったく欠けている厳しい審判の特質が大きな役割を果たしている。

さてゾーハルにおいても、創造の六日間に対応する六つのセフィロースが世界過程において最大の役割を果たしているように、また、それらが主としてその運動のまとまりにおいて生けるもの、世界の操縦者としての神を表しているように、セーイール・アンピーンの形態は、ルーリア派の神智学がティックーンの過程に関係するかぎりでは、とりわけこの神智学の中心に位置している。セーイール・アンピーンとは『聖なる者、汝は称えられよ」ということである。ゾーハルにおいて「聖なる者、汝は称えられよ」とシェキーナーであったものが、ルーリアにとってはセーイール・アンピーンと、シェキーナーの神秘主義的な形姿あるいはパルツーフであるラケルである。ティックーンがまだ完成されていないかぎりは、それらは二つのパルツーフィームを形成する。もっとも、ここで元来問題になっているのは、ティックーンのかぎりなく複雑な過程のなかでエン・ソーフの光の実体から彫り出される、生きた神の完全に展開されたひとつの人格であるのだが。セーイールと、ラケルのなかに配置されたシェキーナーについての教義は、したがってティックーンの教義における理論的側面の本来の中心なのである。「天上の母」の胎内から生まれ出るセーイール・アンピーンの由来と生誕と成長、ならびに、すべての「天上の」潜勢力が彼のなかで組織化されている法則は、ルーリアの弟子たちによって詳細に述べられている。(82) このあまりにも詳しい説明の異常さには、何か人を混乱させるものがあり、この詳述の神秘主義的な構造はバロックの建築を想い起させる。

ルーリアは、神が自己自身から誕生する神話のようなものを叙述するにいたった。それというのも、これこそ、しばしば測り知れない感じを抱かせるこの説明全体の本質的な点であるように思われるからである。受胎、妊娠、生誕、幼年時代から、知的道徳的な力を意のままに存分発揮できる完成した人格の発達へいたるまでの人間の発展(83)、この全過程が、神が自己自身を形成する場であるティックーンにおいて生起するものの大胆な象徴とみなされる。

ここには表立ってこそいないが、避けられない紛糾がある。エン・ソーフとは人格的な神、つまりイスラエルの神なのであろうか？　そしてパルツーフィームはすべていろいろな姿をとったこの神の示顕にほかならないのであろうか？　それともエン・ソーフとは非人格的な実体、つまりパルツーフィームにおいて初めて人格になる隠れた神《デウス・アブスコンディトゥス》なのだろうか？　エン・ソーフとセフィロースとのきわめて直接的な関係をもったゾーハルの教義の神智学的解釈のみが問題であったかぎりにおいては比較的容易に答えられたことが、ここのツィムツームとシェビーラーのはるかに複雑な過程と、セーイール・アンピーンの形成にいたる長い一連の出来事においては、悩ましい問題となる。諸々の出来事が神の内部でドラマティックに進行すればするほど、ここでは神そのものはどこにいるのか？　という問いが生じざるをえなかった。

コルドヴェロにとってはエン・ソーフだけが、宗教のかかわり合う現実の神であった。そして神性の世界はそのどのセフィロースにおいても、神が被造物を生じさせそのなかで作用するために自己自身を構成する場である有機体にほかならなかった。ところが、ルーリア派のカバラーの真正な文書を読むと、しばしば逆の印象を受ける。エン・ソーフはルーリアの宗教的関心にとってはほんの僅かな役割しか果たしていないのだ。それにひきかえ、彼は安息日の三度の食事時の三つの讃歌を、神の神秘主義的な諸形態のひとつひとつに向けた。すなわち「聖なる老人」と、セーイール・アンピーン、それに彼がゾーハルから借りた象徴で「聖なるりんご園」と呼ぶシェキーナー(84)にたいしてである。この三つの讃歌は、神秘主義的な出来事をありありと思い浮べる人の大袈裟な身振りを含んでいる。この身振りはその出来事を半ば描写し、半ばそうすることによって初めてその出来事を呼び出す身振りなのである。その讃歌の荘重な調子は甚だ暗示的で、とくに三つ目の讃歌が非常に普及したのもむべなるかなである。それは、安息日がたそがれて終りに近づく際に広がる気分をまことによく表しているのだ。これらの讃歌のなかでルーリアはパルツーフィームにまったく個人的に話しかけているように見える。もとよりこれは極端な姿勢であって、こうした神智学をゆきすぎと考え、とくにモーセス・ハッイーム・ルッツァットのように、厳密に有神論的な構成においてエン・ソーフに人格的な性格が保たれているものと解し、パルツーフィームの教義を解釈し直そうとつとめたカバリストたちもけっしてなかったわけではない。この再解釈は、目につく神話的な性格をできるだけその教義から奪い去ることになった。このことはほかならぬ、神性の世界について純粋な理論家としてではなく、神秘主義的な直観によって語っているルッツァットのばあいにとくに興味深い。言うまでもなくヴィタールの著書がそのような解釈にたいする論拠を十分に提供したのだが、しかしそれらには矛盾や不一致もけっして無くはなかった。

ルーリアによれば、人格的要素のそのような発展は神と被造物の存在のあらゆる段階、あらゆる領域において繰り返され、反映している。サーフェードのカバリストたち、とりわけコルドヴェロは、比較的古い資料からエン・ソーフとわれわれの現世とのあいだに位置している四つの世界の教義を受け継いだが、この説は、ゾーハルの主要部にはまだ見出されない。(85) サーフェードにおいて初めてこの教義はとくに印象深いものに仕上げられたのである。ルーリアもまたそれを、もちろん彼独特のやり方で受け入れた。四つの世界とはこうである。一、アツィールース、すなわちわれわれがこれまでに論じてきた神性の世界である流出の世界。二、ベリーアー、創造の世界、つまり玉座とメルカーバーと最高の天使の世界。三、イェツィーラー、すなわち諸形式の世界、天使の本陣。四、アジーヤー、製作の世界。(これまで訳されてきたのとはちがって行為の世界ではない。) 後者はプロティノスにおける「自然」の段階に似て、物質的感性的世界の精神的原像である。この四つの世界の各々には、神秘主義的考察によってその最も内的な構造を明るみに出すとき、上述の神性の諸形態、パルツーフィームが現れる。だがもちろん、それらはヴィタールの『生命の樹』の最後の部分で記されているように、(86) そのつどますます分厚い殻をまとっている。

ルーリアと彼の弟子たちはその際に創造の不断の発達の中断ということを知らない。このことによって有神論の問題はルーリアにとって当然二重の緊急性をおびてくる。それは彼が、すでに述べたように有神論的態度を持しているのに、ここに自明な汎神論の諸帰結をほとんど免れることができなかったからである。これにたいする彼の解答の趣旨は、アツィールースの世界と他の三つの境域とのあいだに微妙な差異をもうけることである。前者あるいは少なくともそこにおける本質的な領域は神性ならびにエン・ソーフと実体的に等しいものと彼は説明するが、ここからあとは相互に明白な、はっきりした区切りをつけようとする。アツィールースの世界とベリーアーの世界のあいだに、また同じようにそのつど次の諸世界相互のあいだに、ルーリアは「帷」ないしは二重のはたらきをもつ仕切り壁を設定するのである。ある時はそれは神的実体そのものを上方へ逆流させ、エン・ソーフはそこで反射する。しかしまたある時は、なるほど神的実体そのものはもはや通り抜けないが、しかしそれから出る力が「帷」のフィルターを透過する。するとこの力は次の世界の実体になり、この世界から再びその力だけが次の世界へと伝播し、このようにして最下位の世界まで続いていく。「エン・ソーフそのものが下方の世界に広がって行くのではなくて、エン・ソーフから出る［その実体とは別な］光線、すなわちハアーラーが広がって行くのである。」[87]このようにして、まさに下方の諸世界においてパルツーフィームの被いと考えられているものが、それらのなかで厳密な意味での被造物の性格を獲得する。この「神性の衣装」はもはや神と実体がひとつではない。もちろん、別の連関のなかには、この解決を今一度やわらげるのにおあつらえ向きで、そのうえルーリアの体系を完全に汎神論的に解釈し直すためのとっかかりを提供することのできた箇所や論究もある。[88]これにたいしてモーセス・ハッイーム・ルッツァットのようなラディカルな有神論者たちは、四つの世界における過程の連続性に原理的に異論を唱え、神性はアツィールースの世界のなかに全き栄光に包まれて現れた後に、残りのすべての世界を「無からの創造」によって呼び出したのであり、このばあいの「無からの創造」は神秘主義的メタファーとして理解されるべきではない、と仮定することによって自衛策を講じた。[89]さらに別の人たちは一歩進めて、エン・ソーフから出る光が原空間へ侵入することによってツィムツーム以後のすべての過程が呼び起されるのだが、このエン・ソーフの光でさえエン・ソーフと同じ実体から創造されるのではなく無から創造されているのである、という説を打ち出した(90)。これらすべての解釈は、しかしながら、ルーリアの真正な教義からはずれたものとみなさざるをえない。

7

このことによってわれわれは、実践的神智学の体系にとって一層重要である、ティックーンの教義の別の側面にいたる。すなわち、神が自己を自己自身の胎内でつくり、生み、育てる過程は、純粋に神自身のなかで終結するのではない。復旧過程には人間に任せられた部分があるのだ。必ずしも悪しき力の獄《ひとや》のなかに落ちた光がすべてひとりでに這い上がってくるわけではない。だから別な言葉でいえば、人間こそが神の顔《かんばせ》に画龍点睛をあたえ、神を万物の王ならびに神秘的創造者として初めて本来的に天上の王国に君臨させ、この形成者自身に最後の形姿を付与するのである。神的存在と人間的存在とは世界の出来事の一定の点においてたがいに絡み合っているのだ。こうして、神の人格の誕生という象徴で描かれるティックーンの内的無時間的な出来事に、世界史の時間的過程が対応する。歴史的過程とそのもっとも内密な魂、すなわちユダヤ人の宗教的行為とが、物質の流謫地へ送り込まれたすべての散乱した光と火花の最終的な復旧を準備するのである。したがって、この復旧過程を促進させるか遅延させるかは、トーラーと、掟の遂行と、祈りとによって神的生命との親密な結合に入るユダヤ人の自由な決断にまかされている。人間のあらゆる行為は、神が被造物に課したこの究極の課題に関係しているのである。

それゆえ救世主の出現はルーリアにとって、こうした回復つまりティックーンの過程の終りに置かれる封印にほかならない(91)。救済の真の本質はこのように神秘主義的性質をもつものであり、その歴史的民族的な様相はあのもっと深い出来事の付随現象でしかなく、いわば、あの出来事の完成の目にみえる象徴なのである。イスラエル民族の救済はあらゆる事物の救済を含んでいる。あらゆるものがその正当な場所に置かれ、あらゆるものの欠陥が修復されるとき、その状態がまさに「救済」なのである。

ルーリア派の理論のなかで、メシア的要素が最も明白に神秘主義的要素と結びついているのは、まさにこの部分である。あらゆるものの終りへの道であるティックーンは、同時に始まりへの道でもある。創造の秘密に関する教義、つまりあらゆるものは神から現出するという教義が反転して、あらゆるものが神との原初的な接触へ帰還するという意味での救済の教義になる。人間のいっさいの行いはなんらかの点においてこの、すでに示唆したように非常に複雑なティックーンの過程に影響を及ぼすのである。すべての出来事、すべての世界は外面《そとづら》と内面《うちづら》をもっており、それゆえ、ルーリアが教えているように、諸世界の外観は宗教的行為すなわちトーラーの掟の遂行によって定まる。[92] しかし内的なものはすべて、純粋に精神的な行為に依存しており、その最も重要な表現が祈りである。このように、われわれは或る意味ではわれわれ自身の運命の主人公であり、かつ根本的には追放の持続にたいしてみずから責任があるばかりか、同時にそれをはるかに越える使命をも果たすのである。

私は前のほうの章でカバラーの或る種の教義と結びついている内面性の魔術について語った。これらの要素はルーリア派のカバラーにおいては、カッヴァーナーつまり神秘主義的志向に関する教義の中心に入り込んだ。人間はあらゆる行為において自己の内的な意図を、根源的な欠陥——容器の破裂——と、そこから由来する、あの世界の悪と罪の力とによって乱された根源的統一を再興することに向けなければならない。神の名を統一することとは、この術語が語るように、神の尊厳を認め承認する純粋な行為にとどまるものではない。それはそれ以上の意味をもっている。それはアクチュアルな行為でもあるのだ。ティックーンは、万物の根源的な欠陥によって脅かされている神の名の統一を再興するのである——ルーリアはJHWHという神の名においてWHという字母から引き裂かれたJHという字母について語っている。このことが具体的に意味することは、個々の真正な宗教的行為はすべてこの目標に向けられている、ということである。

シェキーナーの追放についての古い理念は、追放がユダヤ人の生活のきわめて恐ろしい基本的な現実であったこの時代に、中心的な意味を獲得したのである。カバリストたちがシェキーナーの追放に関するこうした話をいかに単なるメタファーとして描こうとしても、彼らの書物のすべてから明らかなことは、彼らが心中ではそれ以上のことを考えているということである。シェキーナーの追放はメタファーではないのだ。それは神的潜勢力そのものの世界における事物の状態を表す真の象徴なのである。シェキーナーは最後のセフィラーとして容器の破裂の際に落下した。そしてティックーンが始まり最後のセフィラーがラケル、すなわち天上の花嫁として新たに組織されたとき、再び力が増し加わった。かくしてシェキーナーとセーイール・アンピーンとの完全な結合がほぼ成立しかけたのだが、「月の縮小」と呼ばれる行為によってシェキーナーは再度その実体の一部を失った。[93] そして地上のアダムの創造でもってティックーンはいま一度本来の終りに達したのだ。諸世界はすでにほぼ初めに予見された状態にあった。したがって、もしアダムが六日目に罪を犯さなかったら、最終的な救済が彼の祈りと霊的な行為によって安息日に訪れたであろう。[94] そして永遠の安息日が始まり、「すべてはその最初の根に戻ったことであろう。[95]」しかしアダムの堕罪が調和を再び乱し、すべての世界をその段階から突き落し、シェキーナーを新たに追放した。[96] シェキーナーをその主のもとへ連れ戻すこと、シェキーナーを主と結合させることが、あれやこれやの形態で現れるトーラーのあらゆる戒律の真の意味なのである。この意味を人間の行いのこうした神秘主義的機能に固定することは、その行いにとくに決定的な力をあたえる。個々の戒律を果たす際は、「聖者──彼に誉れあれ──とそのシェキーナーとを恐れと愛においてひとつにするために」[97]なすのであることを明言する祈りの文句も添えねばならなかった。

もちろんカッヴァーナーの、とくに祈禱のカッヴァーナーの教義は続いている。この教義において、古いカバラー全体を貫いている傾向を最もラディカルに形成し完成したルーリアにとっては、祈りは宗教感情の単なる自由な吐露以上に大きな意味をもつものなのである。祈りはまた、個々人のみならず、ユダヤ人の礼拝儀式の本祈禱を特色づけているような宗教的共同体によってもなされる、ひとつの固定した制度にまでなった、神を創始者かつ王として認め賞讃する行為以上の意味をもっている。共同体の祈禱も(これはしかも、とくに集中的に行われる)個々人の祈禱も、魂が神性の高みへ神秘主義的に飛躍するための道具として役立つのである。[98]

祈禱、しかもまさに伝統的な礼拝儀式における言い回しの定まった祈禱は、このばあいアリアドネーの糸のようなはたらきをしており、この糸を手がかりに人間の神秘主義的志向は危険を犯して闇のなかを、目ざす神へと進むのである。祈りのなかでの神秘主義的瞑想や祈禱についての神秘主義的瞑想は、もとより自身の魂の奥底への降下とも理解することができるこうした上昇のひとつひとつの段階を規定し、とらえようとつとめる。ルーリアは祈禱のなかに世界過程そのものの象徴的な模写を見る。また神秘主義的な瞑想の精神で祈る者は、彼によればいちばん外からいちばん内側にいたるまでのこの過程のあらゆる段階を遍歴するといわれる。[99]いや、それどころではない。祈りとは、祈禱者が自己のカッヴァーナーのなかで踏破するすべての世界にはたらきかけてそれらを秩序づける、ひとつの神秘主義的行為なのである。祈りはこのように、それとしては、ティックーンの偉大なメシア的過程の本質的な一部なのである。カッヴァーナーは精神的性質のものなので、それは直接精神的世界に影響を及ぼし、それが正しい人によって正しい場所で行われるときにとくに力強い要素になりうる。万物がその真の状態へ復旧する過程は、まさにわれわれが見てきたように、単に神から出る推進力を必要とするのみならず、被造物からのその宗教的行為による推進力をも必要とする。すべての真の生命と、世界に広がっている破壊のあらゆる現実的な修復は、神的推進力と人間的推進力との相互作用や出会いから生ずる。

だから祈る者はこの意味において内的世界を支配する巨大な力をもっているのであり、と同時にまた、そのメシア的使命の実現にたいする大きな責任ももっている。あらゆる世界や領域の生はたえず流動し、たえず発展している。(100) 生は、まさに生あるものの混乱の外に生を超出させる、生にふさわしい形態を見つけ出そうとつとめる。それゆえ結局はそれぞれの瞬間にたいしてそれぞれ新しいカッヴァーナーが存在するのである。いかなる神秘主義的な祈りも完全には他の祈りに似てはいない。真の祈りは、それが唱えられる特別な時間、それのために祈りが唱えられる特別な時間のリズムに従うのである。(101) 各個人は使命のうちの自分がなすべき部分をティックーンを求める闘争のなかで、自分の魂の固有の位階と段階に応じて特別に果たさねばならないので、個々人の神秘主義的瞑想もまた固有の個々人的な性格をおびる。ルーリアは、このような瞑想の方向にたいする一般的な原理、いわば、個々人がいろいろな時間に行われる礼拝儀式のいろいろな祈禱に自分なりに適用せねばならない原則を認識したと信じていた。彼の弟子たちは詳細な著作のなかでその原則を説明した。この原則はアブーラーフィアの瞑想に関する理論を新しいカバラーに適用することを意味する。たとえばハッイーム・ヴィタールのカッヴァーノースの理論の傑出した箇所にみられるように、それぞれの祈りにおいて永遠に新しいものを強調することは、この領域、つまり神秘主義が最も強く魔術と巫術のメカニズムに陥る危険性をもつ領域においては、とくに重要なことである。

祈禱者の神秘主義的行為についての教義が、神秘主義と魔術が接触しあまりにも簡単に入れ替わる最も重要な接点のひとつを表していることは明白である。神の王国を純粋に承認することと以上の意味をもつすべての祈禱、したがって根本的にはすでに、より厳密な意味において願いを聞き届けてもらうことをともかくも期待するすべての祈禱は、人間が祈禱によって神の究め難い道と摂理の永遠の決定とに影響を及ぼすことを期待するという、あの永遠の逆説に支配されつづける。この逆説は――その底知れない深みこそ宗教的感情の故郷であるのだが――昔から祈禱の魔術的性格を問う問題をいや応なく提起してきた。われわれが多くの現代の学者の著書のなかで――しかしまた自身の体系に関するアブーラーフィアの報告のなかでも――非常にたびたび出くわす、魔術といわゆる真の神秘主義とのあいだの安易な区別は、歴史的現実においても、非常に数多い個々の神秘家の存在にとっても、まったく、あるいはごく僅かしか意味をもたない。たしかに魔術と神秘主義は人間の基本的に異なった二つの可能性であるかも知れない。しかし、それらが同一の魂のなかで発展し、出合い、浸透し合うことはできないと信ずることはまったくの誤りである。とくに、純粋に汎神論的な性格をもたず、しかも創造者と被造物とを完全に同化させようと努力する神秘主義の現象形式は、長い歴史的経験が示しているように、魔術の宗教的意識と神秘主義とのあいだの混合形態を表している。このことはインド、ギリシャ、カトリックそしてユダヤの神秘主義の多くの形式についていえることである。

祈禱におけるカッヴァーナーの教義が魔術の一種の形式として理解されたということは、明白であるように思われる。その教義が魔術の効力の問題を包摂していることはまったく確かである。それにもかかわらず、ここに開いた深淵に落ち込んだカバリストが少ないということは驚くべきことである。私はエルサレムで、祈禱のなかで神秘主義的瞑想の実践を、ルーリアによって創始されたのと同じように、今日でもなお行っている人びとと知り合う機会を得た。その町に住む八万人のユダヤ人のなかには今日（一九三七年）でも三十人ないし四十人の神秘主義的な祈禱の達人がいる。[102] そのうち大半のひとたちにあっては、その容貌を一目見ればこの信心の神秘主義的性格が実際よくわかる、と言わざるをえない。これらの人たちも、祈禱の内的なカッヴァーナーが容易に魔術として外へ現れ出ることがあるという可能性を否定していない。しかし、彼らは長年の精神的訓練によって霊的教育の体系を形成してきたのである。あるいは、より適切に言えば、彼らはすでに、理論的にも実践的にもカッヴァーナーの神秘主義的側面に重点が置かれている長い伝統のなかで、その体系を受け取っていたのだ。カッヴァーナーはここでは同時に、最も内的なデベクースへの道、つまりわれわれが先の章で神秘的結合の典型的なカバラー的形式として知った神との神秘主義的接触への道として役立つのである。[103] 忘我はここではカッヴァーナーによって設定されている限界内でのみ可能である。それは静かな沈潜の法悦、人間の意志が神の意志との出会いのために下降してゆくこととの法悦であり、その際祈禱の言葉はいわば外部の手摺として役立つ。祈る者は法悦のなかへ不用意に、あるいは不意に落ち込まないように、この手摺にしっかりつかまる。さもなければ、聖なる大波に意識が呑み込まれてしまうからである。

8

神秘主義的祈禱の教義と実践は、実際には達人にのみあたえられる、ルーリア派のカバラーの秘義的な領域である。これにたいしてルーリアの教義の別の部分には、もっとずっと広い活動範囲を目ざす諸理念が見出される。ティックーンの実践的な実現に関する教義、そしてこの教義と、ユダヤ教信者の課題に関する教義のみならずさらに輪廻の説との結合が、これら三つの要素にユダヤ教のきわめて広い範囲に及ぶ並はずれた影響力を確保したのである。

ルーリアは人間の課題を、人間の精神の原形態[104]を回復することにほかならないと説明することによって、単純ではあるが効果的に規定した。この使命はひとりひとりに定められている。というのは、魂はすべてもともとそのような原形態を潜在的にもっているからである。それはもちろん、その魂のなかにすべての魂が含まれていたアダムの堕罪以来そこなわれ、品位を失っている。[105]あらゆる魂のなかのこの魂から火花が四方八方に散らばり、諸事物のなかに沈降したのだった。それらの魂の火花を再び取り集め、その正当な場所に運び上げて、人間の精神的本質を、本来神によって意図されていたとおり純粋なままに再生することが肝要なのである。トーラーが要求したり禁止したりする行為のなかで――ルーリアによれば――人間の魂のなかにある個人的な精神的原形態のあの復旧過程が遂行されるのである。すでにタルムードはトーラーの六一三の戒律と、人間を構成しているとタルムードのいう六一三の体節とのあいだに対応関係を設定した。[106]各々の戒律はこれらの体節のひとつに対応している。ルーリアは、人間の本来的な原形態を表す魂もまた、人間が原罪によって物質的な肉体を受け取る前からそのような六一三のいわば精神的体節を自己のうちにもっていると説く。トーラーの戒律を果たすことによって人間は自分自身の精神的原形態を回復するのである。人間はその原形態をいわば自分自身の行いを通して自分自身のなかから彫り出すのだ。そしてそれぞれの節にひとつの戒律が対応するので、課題は六一三の戒律すべてを完全に果たさなければ解かれない。

ところで、アダムの魂を媒体としてすべての人間がこのように内的に関係しているということは、すでにコルドヴェロに神秘主義的考察への刺激をあたえた。彼はいう。「各人のなかにはその隣人の一部分もひそんでいる。だから罪を犯すものは自己をそこなうばかりか、隣人に属しているあの自己の一部分をもそこなうのである。」そしてこのことがコルドヴェロによれば、なぜトーラーが、「汝は汝の隣人を汝自身のように愛すべし」——なぜなら「隣人とは実に自分自身のことなのだ[107]」（レビ記一九、一八）から、と命ずることができたのか、その真の理由なのである。

ここでひとつ所見を差しはさむことをお許し願いたい。この霊魂論と人間学がグノーシス派的性格を有していることは明白である。ルーリアの人間学の構造は本質的には彼の神学と宇宙論の構造に一致している。ただ、後者で神の流出と示顕の神秘的な光について語られるすべてが、前者では魂と魂の火花に転用されるだけである。堕罪以前の人間は全世界を包括し自己のなかにとらえている宇宙的な原存在であり、その精神的な位階は、メータトローン、すなわち天使のなかの最高位者の位階より高くさえある[108]。アダム・ハ＝リショーン、聖書のアダムは、人間学的レベルにおいて、存在論的レベルにおける最初の人間たるアダム・カドモンに対応する。神秘的人間と現世の人間とは、したがって緊密な関係にある。その構造は同じものであり、現世の人間は、ヴィタールの表現を用いると、神秘的人間にとっての衣服であり、外被である。この原状態は同時に罪と世界過程、道徳と物理学のあいだの関係を説明する。アダムはただ比喩的にばかりではなく現実にすべてを包括していたので、彼の堕落も、ただ比喩的にばかりでなく、現実にすべてをまき込み、すべてに作用を及ぼさずにはいなかった。神智学的レベルにおいて同じリズムの経過で繰り返されるドラマは、人間学的レベルにおけるアダム・リショーンのドラマにおいて同じリズムの経過で繰り返される。諸世界は落下し、アダムは堕落する。すべては乱され、そこなわれ、ルーリアがそう呼んでいるように、「微小状態」に入り込む。原罪がより低いレベルにおいて容器の破裂を繰り返す[109]。その結果は再び、何ものもそれがあるべき所にとどまらず、それがあるべきようには存在せず、それゆえ何ものもその正当な場所[110]に存在しないということである。すべては追放のうちにある。シェキーナーの精神的光は悪のデモーニッシュな世界の闇のなかに引きずりおろされる。その結果は善と悪の混合であり、この混合は、そこから光の要素を取り出しそれを以前の位置に連れ戻すことによって、再び分離されなければならないのである。(111) アダムは霊的な存在であったが、同様にそれは、われわれがすでに見たように、アジーヤーの霊的世界に存在していた。(112) 彼の罪によって初めてこの世界もまたその位階から落ち、それによってその下にあるケリーポースの領域と混合した。(113) このようにして初めて、われわれが生きている物質的世界のみならず、物質と精神から合成された存在としての人間もまた生じたのである。それ以来われわれが罪を犯すたびに聖なるものと不純なるものとのこのような混合、すなわちシェキーナーの「落下」とその追放が繰り返される。(114) シェキーナーの火花はすべての世界に飛散した。かくして有機物においても無機物においても、聖なる火花にみちていないような領域、それ自体ケリーポースと混合しておらず、したがってこれらのケリーポースから切り離されて上へ引き上げられることを必要としていない領域、は存在しないのである。

ここには、宗教史家の目につくように、マニ教徒の宗教的思弁の中心思想との奇妙な類似性が姿を現している。古いカバラーには欠けているか、あるいはそのなかでなんら特別な役割を果たしていないグノーシス派の基礎原理――とくに飛散した火花ないしは光の粒子の理論――がこうした後代の発展において再び中心に置かれるのである。われわれがここでかかわっているのは、マニ教徒とサーフェードの新しい流派とのあいだの歴史的接触ではなくて、類似の結果と思想を生み出した類縁的な心的性向であることは疑いない。それにもかかわらず、いや、ひょっとするとまさにそれがゆえに、ルーリア派の体系を、しかもその細目において、さらに詳しく研究してみれば、それはグノーシス派の研究者にとっても重要な関心をもつものになるであろう。なぜなら、ルーリアの体系は、全体においても細目においても、グノーシス派の考え方を示す完全な一例とみなすことが許されるからである。

9

だが、われわれの出発点に戻ろう。人間に課された課題の実現はルーリアにおいては、サーフェードの他のすべてのカバリストにおけると同様に、輪廻、すなわち魂の遍歴の教義と関係している。サーフェードの後期カバラーにおいてこの教義は著しく、きわめて細かい点にいたるまで発展した。ハッイーム・ヴィタールがこの点について師ルーリアの説を体系的形式で書きおろしたセーフェル・ハ＝ギルグーリーム、『霊魂の輪廻の書』は、カバラーにおけるこの理念の長い、きわめて注目に値する発展のかなめ石である。(115) 私はここで輪廻の理念のさまざまな形式をユダヤ神秘主義のなかに追跡するつもりはない。ただ私が強調したいことは、初期カバリストの大多数の姿勢と、すでに述べたように、ルーリアとヴィタールにその古典的表現を見出す後期カバリストの姿勢とのあいだには輪廻の理念に関して根本的な相違があるということである。初期カバラーと後期カバラーとは確固として輪廻の存在を信じていた。しかもそれはもともと、この信仰がつねにいたるところで発展した動機と同じ動機から、たとえば罪のない子供たちが悩んでいたり、悪人連中が幸せであったりすることや、一定の心的諸体験からであることは疑いない。これらのことは自然の出来事のなかにも神の正義があることを表すために、納得のいく自然な説明を要求した。というのは、このようなわけのわからぬ事柄を、あの世における報いを期待することや概して終末論的な考え方によって解決することは、多くの宗教的人間にとってつねに何かしら納得のいかぬことであったのは本当だからである。しかしながら、古いカバリストたちの知っている、ヘブライ語で「輪廻」を意味するギルグールは、単にまったく特定の過ち、とくに性的性質の過ちにたいするものにほかならない。彼らは、人間の行いの内的な道徳的因果性が現れる輪廻の宇宙的法則、インド人がサンスクリット語でカルマ*18という言葉で言い表しているもの、については何も知らない。この教義全体が初めは明らかにかなりの敵と闘わねばならず、とくに秘教とみなされて、広い範囲に広まらなかったという事実もこのことに一致している。十三世紀の神秘家イサアク・イブン・ラティーフは輪廻を軽蔑に満ちた態度で拒否した。[116] 十六世紀のカバラーはまったく別である。ここではギルグールの教義は新しい印象的なやり方で追放の現実を表現している。それはガールース、つまり肉体の追放と遍歴についてのユダヤ人の経験をある程度一般的な出来事の象徴、すなわち魂の追放の象徴にまで高めている。[117] この内面的な追放も堕罪に由来しているのである。もしアダムが全人類の魂を含み、それが今や無限に多くの幹と枝に分かれ個々の形態をとって全人類に配分されているとするなら、魂の遍歴はすべて結局は、その堕落を追放によって償わなければならないひとつの原魂の遍歴にほかならないことになる。おまけに個々人のばあいには、それ固有の振舞が作り出すつねに新たな追放の無数のきっかけがつけ加わる。ギルグールはここでは包括的に世界法則として登場する。それにたいして地獄の刑罰によるあの世の報いという理念はずっと背後に引っ込んでしまう。魂の遍歴の過程における報いという理論が徹底的に推し進められたばあい、この理論そのものには、地獄における報いという考えを入れる余地がもはや全然ないことは明らかである。こうして実際に地獄を排除する徹底した寓意的解釈があった。[118] だが一般的には両者の理念が混合しているのである。まさにサーフェードでは、輪廻のひとつひとつの段階を作り上げる際に、はじめから「流行おくれの」地獄にも入り場所をあたえようとつとめた。かくしてふた通りの報いの一種の詰め合わせが現れる。しかし重点は疑いなく完全に輪廻のほうに置かれている。

この教義は今や人間の課題の教義と緊密に結びつけられる。すなわち個人の魂はすべて、それがその精神的回復をなし終えるまでのあいだだけ、個人的存在をもっている。全人類——ノアの息子たち——にあたえられた掟であるにせよ、あるいはユダヤ人におけるようなトーラーの六一三の掟であるにせよ、とにかく神の掟を全うした魂は輪廻の法則から解放され、その至福の場所において、すべての事物の全体的回復の際にアダムの原魂に接合されることを期待する。しかし魂がこの課題をなし終えないかぎりは、魂は輪廻の法則の支配を受ける。このような輪廻はそのばあい単に報いであるばかりでなく、同時にまた以前には果たしえなかった掟を今から遂行し、それによって自己形成の仕事をつづける機会でもあるのだ。とりわけ自然の別の領域、すなわち動物、植物、石への輪廻という表象は、純粋な報いの性格をおびている。異質な存在形式の獄《ひとや》へ、つまり野生の動物や植物や石へ、魂及び魂の火花がこのように追放されることは殊の外身の毛のよだつ追放を表している。魂および魂の火花はそのような追放からどのようにして救済されるのだろうか？　ルーリアはこれにたいして、ある種の魂はもともと人類の祖アダムの精神的身体のなかで占めていた場所に応じて親和性をもっている、という教義でもって答えている。彼によれば、魂の親和性というものがあり、それどころか、或るやり方で動的な統一を形成し相互に連関し合う魂の家族というものすら存在する。(119) これらの魂は特別なやり方でたがいに助け合い、その行為において相互に補い合うことができる。これらの魂は低い存在の深淵に落ち込んだ自分のグループあるいは家族から発する火花をも、敬虔な行為によって再び引き上げ、より高い存在形式への再上昇を可能にしてやることができる。魂の秘密の親和性とその結果として生じる魂の共感の教義は、ルーリアにとって聖書の多くの物語に一条の光を投ずるものとなる。このことによって真の世界史は、魂と魂の家族の変転と関係の歴史を書くことができるようなものであるだろう、と。まさにこのことこそ、ハッイーム・ヴィタールが自著の『セーフェル・ハ＝ギルグーリーム』の最初の部分で試みたことにほかならない。この書や類似の著作のなかでは、純粋に幻視的な要素、(部分的には深く達する)性格学的な直覚が、単なる説話的な着想や連想と奇妙な具合に混じり合っている。

このように輪廻は復旧の過程、つまりティックーンの一部なのである。人間のなかにある悪の力のために、この遍歴はえもいわれぬほど長引き、これによって救済をさらに遅らせる。ところでルーリアが見出したことは――そしてこの教義は並々ならぬ魅力を発散したのであるが[120]――儀式とか贖罪とか瞑想のような適当な宗教的行為によって輪廻のこの過程が本質的に短縮されうるということである。各人はその魂の遍歴の秘密の痕跡を人相や手相のなかに[121]、また人体から発するアウラのなかにとどめている[122]。魂のこの文字を解読することができるものは――もちろんそれはコルドヴェロとルーリアによれば、偉大な神秘家たちだけであるが――魂の運命に援助の手を差しのべることができる[123]。

ところで、すでに述べたように、元来は非常に小さなサークルのなかでのみ維持されてきた、カバリストたちの輪廻のこの教義が、およそ一五五〇年頃から信じられないほどの速さできわめて広い範囲にまで普及するにいたったということは、非常に興味深く、啓発的である。この教義の非常に詳しい体系に基づいた最初のかなり大きな書は、一五五二年に或る匿名の著者によって書かれたガッリー・ラーザーヤー、『啓示された神秘』という著作である[124]。ほどなくこの教義はユダヤの民間信仰と民俗学の統一的な構成要素に発展した。このことは、われわれがここで問題にしている観念がユダヤ民間信仰の大多数の要素とちがって、ユダヤ人が生活していた社会的文化的共同体のなかでは格別広まってはいなかった観念であるだけに、とくに注目に値する。すでに述べたように、これにはこの世代のユダヤ人の特殊な歴史的状況が、少なくともアニミズムへの一般的性向とでもいえるかもしれないものと同じくらいの関与をなしているように思われる。民間信仰にはすべての存在物に生命をあたえ行為させる傾向がある。しかし輪廻の教義においてはこうしたプリミティブな考え方と、追放におけるユダヤ人のきわめて深い、苦悩にみちた体験を想像力に直接語りかけるような調子で表現し聖化しようと企てた教義が、結び付いていた。というのは、追放の概念自身がここでは新しい意味を受け取っているからである。以前には追放は――たとえばサアドヤーにおいては――イスラエル民族の罪にたいする罰とみなされるか、あるいはイスラエル民族の信仰の堅さにたいする試練とみなされるかのどちらかであった。今ではそれはそういうことすべてをひっくるめたものでもあるが、本来的にいえばそれはひとつの使命になった。というのは、落ちた火花をすべての場所から救済することが肝要だからである。「そしてこれこそ、なぜイスラエル民族は世界のすべての民族の奴隷となる定めにあるのか、ということの秘密なのである。イスラエル民族はすべての民族から、それらのなかに落ちたあの火花を取り戻さねばならない。……それゆえ、イスラエル民族がすべての民族を引き上げるために、あらかじめイスラエル民族を四方へ追い散らしておく必要があったのだ。」[125]

10

ルーリア派のカバラーは、およそ一六二五年頃からユダヤ教の真の神秘主義神学を代表するものとなったが、それが及ぼした影響は、いくら高く評価しても評価しすぎることはない。ルーリア派のカバラーは、きわめて大衆的な面においてすらつねにメシア的緊張にみちあふれているユダヤ教を説いたのである。すべてのユダヤ人はこれまでに聞いたこともないくらい、ティックーンというメシア的復旧の偉大な仕事を終えるためのこの新しい教義に心を奪われた。確信をもって想定しうるように、ルーリア自身終末が近づいているという意見であった。そして一五七五年という年が救済の年であるだろうという希望を抱いた。[126]これは同世代の多くのカバリストたちが彼と共有した希望である。このような諸教義の本質には明らかに、それらのなかに表現されている緊張が急速な劇的な解放を迫っているという事実がある。すべてにおいてティックーンの終結を目ざしているこの教義が、ユダヤ民族の主要な層を支配するにいたるや、人びとが実際にもこの過程の終末を共に体験することを信じるようになるまでに長くはかからなかった。しかしルーリア派の諸理念のメシア的内容がユダヤ教の心臓部にある黙示録の火に包まれて立ち現れようとしたときにも、この神秘主義の根本的な思弁的理念とその実際的結論とは依然としてその影響を保持したのであった。

しかしながら、こうした理念だけでなく、サーフェードのカバリストたち――けっしてルーリアの弟子たちだけではない――によって神秘主義的理由から宣伝された多数の風俗習慣もあらゆる教区民に普及するにいたった。教区民の生活がますます強く禁欲的原理に服するようになることと関係するのは、大部分これらの儀式や風習なのである。たとえば過越しの祝いの前日の長子の断食、シェブオース（最初の果物の収穫祭――訳者注）とホーシャーナ・ラッバー（ユダヤ人祖先の荒野の放浪を記念する秋祭り〈スコット祭〉の七日目――訳者注）の前の数夜を寝ずに明かすこと、後者の日（幕屋祭の七日目）が祝宴から、本来は贖罪節の終りの日である贖罪日に変わること、すべての新月の前日がいわゆる「小贖罪節」に変わることなど、ほかにもいろいろある。[127] 古いドイツのハッシーディームの贖罪規則に代わって贖罪者にはイサアク・ルーリアの新しい指示がある。[128] ユダヤ人の生活の幾つかの領域は甚だしく新しい精神に貫かれ、古い諸原理の新しい神秘主義的解釈の影響を受ける。これに関しては、とくに注目すべきものとして触れられねばならない三つの領域がある。すなわち安息日と他の祭日の祝い、性生活と生殖、さらには死と死後の生活に関係するいっさい、である。これらの改新の多くは、たとえば死者を追憶するミシュナー *Mischna* の研究のように――というのはミシュナーはヘブライ語のネシャーマー *Neschama*「魂」と同じ子音をもっているからであるが――きわめてポピュラーになった。ことに典礼は、つねに宗教生活の最も生きいきした鏡であったので、神秘家の影響を深く受けた。個人にとっても教区民全体にとっても、たくさんの新しい祈禱文が、まず最初は私的な秘密集会の祈禱書のなかに、次いで一般に普及している祈禱書のなかに入ってきた。[129] このように神秘家たちは、サーフェードのサーロモー・アルカベツ[*19]の有名な讃歌レカー・ドーディ・リクラース・カッラーを、金曜日の晩の典礼に採用させたのである。

ルーリア派のカバラーの支配下で形成されたような、年間を通してひたすらカバラーに忠実に営まれるユダヤ人の生活の、きわめて美しい詳細な記述が、ヘムダス・ファーミーム、[130]『日々の装飾』という大著に見出される。この大著は、ラビの伝統を肯定する穏健なサバタイ主義の匿名の信奉者によって書かれたものである。(その著者がサバタイ主義の預言者ガザのナータン[*20]にほかならないという古い学説は放棄されねばならない。) 十八世紀の初めにエルサレムで書かれたこの浩瀚な書物は、[131] われわれには異様で奇異に思われることがたくさんあるにもかかわらず、ユダヤの文献のなかで最も美しく情緒豊かな著作のひとつとなっている。

ルーリア派のカバラーは、民族のすべての部分において確たる勝利をおさめ、ディアスポラのすべての国々に例外なく普及することのできた、ユダヤ教内部における最後の運動であった。明らかにルーリア派のカバラーは、古いラビ的ユダヤ教の内部で、なお民族全体に共通する宗教的現実の世界を表現した最後のものだったのである。それをなしえた最後の理論が内的構造からみてグノーシス派のあらゆる徴候を有しているということは、ユダヤ史の哲学者にとって問題であるにちがいない。しかし歴史的現実とはこのように逆説的なのである。

最後に、われわれはルーリア派のカバラーを、追放と救済の神秘主義的解釈とみなすことができる。それどころか望むなら、追放の偉大な神話であるとさえみなしうる。あの時代のユダヤ人の最も深い宗教的衝動がそれを規定していたのである。追放と救済は、ルーリア派のカバラーにとって最も正確な意味において、神自身の存在のなかにある何ものかを示唆する偉大な神秘主義的象徴となった。神と世界についてのこの新しい教義は、これを宣教する人間の新しい道徳的理念に一致している。メシア的宗教改革、世界の汚点の除去、いっさいの事物が神のなかで回復することを目標とするのが禁欲者の理想であり、追放、すなわちユダヤ民族の歴史的追放とすべての被造物がそのなかにあって呻吟している内的な追放を、ティックーンによって打破する精神的行為の人の理想なのである。

第八章　サバタイ主義と神秘主義的異端

1

ユダヤ神秘主義の発展は、スペインからの追放以来、支流のない稀にみる統一的な運動であることがはっきりしている。たしかに、当時の破局的な事件は異常な激しさでひとつの深淵を現出させたが、われわれが見てきたように、サーフェードの宗教運動が、まったく新しいやり方により神秘主義的にこの深淵に架橋しようとしたのである。とりわけルーリアの理念のなかに沈澱し、ついにはユダヤの神学によって受け容れられた新しいカバラーは、一五〇〇年以後の世代において支配的になった特殊な生活感情をかなり完璧に表現しているように思われる。新しい教義は追放の神秘主義的解釈を、救済への道に関する同様に神秘主義的な理念と結びつける。神秘主義的瞑想の古い精神が、メシア的情熱の新しい要素や、受難と屈辱の時代の終りを夢見る黙示録的な夢とひとつになる。ルーリア派のカバラーと、そこに展開されるティックーンの教義、神秘主義的に解釈されたユダヤ教というこの世の媒介物による根源的調和の復旧の教義の勝利は、歴史的必然性をもって、このカバラーを呼び起し成功へ導いたあの力の爆発へいたらずにはいなかった。カバラーをこの世代の生活感情の正当な表現とみなすことが許されるなら、こうしたカバラーが普及してゆくこの時代にユダヤ人の運命を規定している歴史的諸条件と、宗教的思考ならびにその新しい様相の内的発展とのあいだに、広範囲に及ぶ一致が存在するということはなんら不思議なことではない。ただ単に外的な運命においてのみ迫害と圧制のあらゆる地獄の苦しみをくぐり抜けてきたのではなく、追放と迫害をとことん味わい尽くし、しかも同時に追放と救済のあいだの緊張関係を極度に発展させたユダヤ教、そうしたユダヤ教はいつかはメシアニズムへの決定的な一歩を踏み出さずにはいなかった。サバタイ・ツヴィーとガザのナータンの出現とともに、それ以前の数世代の能動的受動的諸力のなかに潜在的に集結してきたいっさいのものが、突如巨大な爆発を起し、表面に現れ出てくるのである。

ここで一六六五年と一六六六年のサバタイ主義運動の発生と崩壊の歴史を、つまり、メシアとしてのサバタイ・ツヴィーの登場から、彼がトルコのサルタンの前へ引き立てられてユダヤ教から離反し、イスラム教へ改宗するにいたるまでの歴史を述べることは私の意図ではない。私はメシアの伝記やメシアの預言者ガザのナータンのことをこまごまと記述するつもりはないし、また、新しいカバラーの影響によってすでにそのような事件にたいしてひとしく心がまえのできていた、ディアスポラのすべての当事者を酔い痴れるがごとくとらえた巨大な宗教的大衆運動のことを述べるつもりもない。ユダヤ民族のきわめて広い範囲が当時甚だしく常軌を逸した贖罪行に没頭した。それについては同時代人が「そのようなことはかつて一度もなかったし、真の救済が到来するまでに、そのようなことは二度と再びないであろう[1]」と証言している。しかし同時に、こうした贖罪には、とてつもない歓喜と熱狂の爆発が重なっていた。人びとは今や、一六〇〇年のすべての苦しみが無駄ではなかったという明白な証拠を眼前にしていると信じたからである。救済が実際に起る前からすでに、救済されているという感情が現れ出た。まる一年間大衆の心は心底からかきたてられ、そして広範な層のなかに或る新しい生活感情が生じ、それはその後何年ものあいだ、魂の現実として彼らのなかにはたらきつづけた。

外的事件の大まかな骨格はどのユダヤの歴史書にも見出される。もっとも、この点でもなお訂正と批判的解明を必要とする細かい点はたくさんある。(2) ここでの私の課題は、これまで歴史的文献のなかで完全に、もしくは大部分背後に押しやられ、誤解されるかまったく知られずにいたサバタイ主義運動の諸相を論ずることである。この運動の正当な評価があって初めて、この失敗してもなお壮大な試み――内部からのユダヤ教の革命――の真の性質を、ユダヤ教一般の歴史とユダヤ神秘主義固有の歴史のなかで、理解することが可能になるのである。

2

この試みは、その運動を起した二人の首唱者の人格について語ることと、それが運動の成立と発展にたいしてもつ意味をかなり詳しく述べることとを抜きにしてははなしえない。すでに触れられた非常に多くの点においてそうであったように、ここでもまた私は伝統的な見解から決定的に離れざるをえず、それだけにこのことは一層必要なのである。サバタイ・ツヴィーの人格の根本的特徴はいったいなんであったのだろうか？　彼はその運動の勃興に個人的にどのように関与していたのだろうか？　彼の後につづいた預言者、ガザのナータンにたいする彼の関係はどのように理解されるべきなのだろうか？　最近まで残っている唯一の印刷された文献は、この問題についてはっきりした考えをもつことを学者たちに許さなかった。これらの問いに答えることをわれわれに可能にしてくれるまさに最も重要な文書が、現代にいたるまで印刷されずにいたということは、甚だ奇妙なことである。この欠如は印刷された文書から正しい印象を受け取ることさえしばしば不可能にした。こうした事情のために、運動の中心人物たちと親しく知り合うことのなかった人びとの証言にあまりにも多くの価値が置かれすぎた。それゆえ、学者たちができなかったものだから、詩人や劇作家や小説家たちが想像の助けを借りてその人物像を完全にしようと試みたことはなんら不思議なことではない。しかしわれわれは、純粋に個人的なものであるにせよ、神学的性質のものであるにせよ、サバタイ・ツヴィーの最も親密な信奉者のサークルに由来する非常に価値ある文書を少なからずもっており、これらは上述した問題にたいしてまったく予期しなかった光を投ずるのである。私の知るところとなったすべての文献の分析が、今や次の成果を生み出した。サバタイ・ツヴィーの登場とその長年の宣伝活動によって、あらゆる迫害にもかかわらずついにサバタイ・ツヴィーの名をかかげた運動を呼び起したのはサバタイ・ツヴィーその人ではなかった。たしかにその運動は彼なくしてはこうしたかたちで考えることはできないであろう。とはいえ、この運動は彼の活動だけに基づいて起ることはけっしてなかったであろう。ガザのナータンの目を預言者たるべく呼び覚ましたことと彼の登場とが初めて石を動かしたのである。そして、その運動が勃発したとき弱冠二〇歳になったばかりのこの天才的若者がもっていた意味は、従来なされてきたのとはまったく別様に評価されなければならない。

たしかに、サバタイ・ツヴィーは分かれ目の日付一六六五年以前にすでに或る事情でメシアを自認していた。そして、飛びとびではあるが、あちこちでメシアであることを表明していた。ところが誰ひとり、文字通り誰ひとり、この要求を本気にする者はなかった。スミルナの彼の信奉者仲間にも、彼をめぐって初めてちょっとしたスキャンダルがあったらしい一六四八年と一六六五年とのあいだに、神の真のメシアの存在と人格について何事かを知っているような、ごく僅かな素振りすら見せた者はいなかった。その理由は非常に単純で、しかもこの悲劇的なメシアの人格を理解する鍵を含んでいる。サバタイ・ツヴィーは精神病にかかっていたのだ。このことはすでにたびたび憶測されてきたことであり、パラノイアだとかヒステリーだとか言われてきた。(3) しかし、多数の直接的証言は、彼の精神的病状が別の性質のものであったことを証明している。彼はきわめてはっきりした躁鬱病者であったのだ。つまりきわめて重度の抑鬱とメランコリーの状態が、周期的に躁状態、極度の恍惚、多幸症の状態と交代する人間だったのである。そのあいだにはかなり正常な精神状態の時期が介在している。

サバタイ・ツヴィーは真正なパラノイアの症候を示してはいない。しかし実に驚くほど豊富に、精神医学の標準的な教科書に書かれているような、躁鬱病のあらゆる特徴を示している。(4) 彼の伝記作家たちは、彼について諸々の個人的特徴を伝えているが、それらによると、十六歳から二十歳のあいだにこの病気の最初の徴候が現れていることが明白に推論される。(5) この病気は――われわれにとってとくに重要なことなのだが――それが人格の解体と破壊にいたらず、とりわけ知性をまったく損傷させないという点で、他のすべての精神病とは著しく異なっている。ひとつだけであるが、この点でとくに印象深い記録のなかで、死ぬまで彼に忠実でありつづけた彼の最も重要な信奉者のひとりが直接はっきりと「病気」のことに触れている。それがこのサムエル・ガンドゥールで、一六六五年の夏にエジプトからガザへ、そこでの事件を究明するために派遣されて来た人である。このサバタイ・ツヴィーとナータンの熱狂的な信奉者は師についてこう書いている。「サバタイ・ツヴィーについては、十五年来次のような性質の病苦で塞ぎ込んでいると伝えられている。彼は、いっときも安らぎをあたえず、読書することさえ許さないような抑鬱状態につきまとわれ、我が身を襲ったこの不安な状態がそもそもなんなのか、自分でもいえないでいる。こうして彼はこの不安な状態を気鬱が彼の心から離れるまで耐えしのび、それがすぎると喜び勇んで勉学に戻っていく。彼はもう何年もこの病気に苦しんでおり、医者は誰ひとりそれを治療するすべを知らない。それは天が定める病気のひとつなのである。(6)」同じ報告のなかでこの手紙の書き手は、この種の重い抑鬱が一六

六五年の聖霊降臨祭の前夜にサバタイ・ツヴィーを襲った様子も語っている。(7)

われわれはまた彼の躁状態についてもきわめて明白な証言を持っている。サバタイ主義者たちは後になるともう病気のことは語らない。彼らの意識にとっては、これは神によって定められた特別の現象なのであって、彼らはその現象にたいして、抑鬱と高揚状態という概念にぴったりあてはまる神学的術語を用いるか、新しい術語を造り出したのであった。彼らの著作は「光明」と「気落ち」ないしは「孤独」(8)の状態、つまり熱狂的な「最高状態」と「極度に貧しい惨めな」(9)精神状態、の周期的な交替を報じている。こうした躁状態についての諸報告――そのうち最も貴重なものはサバタイ・ツヴィー自身による報告である――は、この病気が彼の人格形成にどんな意味をもったかということを理解する鍵を提供してくれる。われわれはここで、彼の躁病の内容が本来どのようなものであったのかを聞かされる。その内容は実際まことに特異なものであり、サバタイ主義運動全体の運動にとって大きな意味をもつようになった。カバリスト的禁欲者であり、熱狂的敬虔者であったサバタイ・ツヴィーもこうした躁的熱狂状態にあると、戒律に違反し、これを犯す行為をせずにはいられなくなる。或る潜在的な反律法主義が、初めは比較的さしさわりのないかたちでではあるが、(10)これらの行為のなかに見えてくる。そしてこれらの行為はサバタイ主義者たちのあいだで、控え目ながら意味深長なマアッシーム・サーリーム、「奇怪な逆説的行為」という名をつけられる。

ハーラーハーを侮辱する奇怪な行為に走るこうした顕著な傾向の起源がどこにあるのか、もとより推測を待つしかない。スミルナでの青春時代からメシアの研究仲間のひとりであるモーセス・ピンヘイロは、何年も後に、サバタイ・ツヴィーが研究したカバリストの書物についてひとつの証言をしたが、この証言はひょっとするとここで求められている解明をわれわれに提供することができるかもしれない。彼の報告によればサバタイ・ツヴィーは若い頃神秘主義的書物のうち、もっぱらゾーハル書とカーナー書だけを研究した。[11] 彼がいかなる動機からこの報告をでっち上げたのかは理解しがたい。十四世紀に書かれたこの後者の著作はしかし、先の章で示唆したように、実際には、神秘主義的な理由からくる熱狂的な敬虔さと熱狂的なハーラーハーの肯定が、婉曲ではあるが部分的にはきわめてラディカルなハーラーハーにたいする批判とひとしく混じったものから生じたものであった。この混合物はサバタイ・ツヴィーの人格のなかでいわば血肉と化したが、その後この二つの要素は、メシアの背教後のサバタイ主義の運動においてたがいに衝突するにいたった。そんなわけでひょっとすると彼は、ちょうど例の状態にとらわれはじめた時期に、この書物のかなり深い研究の影響をこうむっていて、そのためにこの書物が彼の躁状態の表象内容に印象をあたえたのかもしれない。彼がルーリア派のカバラーと理論的に取り組んだのは、後になってからのことらしい。もっとも、われわれが耳にするところによると、彼は生活の仕方では一般にサーフェードのカバリストたちの禁欲的原理に従っていた。

メシアの背教後もなお熱狂的なサバタイ主義者であったアレッポのサーロモー・ベン・アブラハム・ラニアード[*1]は、クールディスタン[*2]への手紙のなかで、一六六五年の晩夏にサバタイ・ツヴィーがアレッポを通過した折、みずから自分について語ってくれたことを報告している。[12]「一六四八年以来、聖霊とひとつの大いなる『光明』が彼を襲った。彼には神の名を文字通りに口に出して[13]奇怪な振舞をする習慣があった。というのは、彼にはまさにそのように振舞うことが、多くの理由から、また彼が完成しようと考えたティックーンの行いのためにも、ふさわしいように思われたからである。しかし彼を見た人びとには彼の関心事が理解できなかった。彼は人びとの目には馬鹿も同然であった。[14] 聖地のわれわれの師たちは、健全な人間の分別には程遠い彼の振舞のひどさのゆえに、しばしば彼を罰した。そのため彼は人びとから離れて、荒野に赴かざるをえなかった。……時どき大きな気鬱が彼を襲った。しかし時にはシェキーナーの栄光らしきものが彼に現れた。またしばしば神が彼を大きな誘惑でもってためすこともあったが、彼はそれらの誘惑にことごとく打ち勝った。」そればかりか、ラニアードが語るところによると、光明が彼を去ったときには、「彼はまったく常人のように振舞い、自分が犯した奇怪な振舞を悔いた。というのは、彼はそのときにはそうした振舞の理由を、彼がそれを犯したときに理解していたようにはもはや理解しなかったからである。」

このように、ここにはサバタイ・ツヴィーの精神状態の正確な叙述がある。抑鬱状態のとき彼を襲ったさまざまな誘惑についてはとくにガザのナータンの著述のなかに非常に多く話されている。そしてわれわれはそこで問題になっているのがデモーニッシュでエロティックな性格の誘惑であることを知るのである。[15]別の言葉でいえば、われわれが前にしている人間は、メランコリックな抑鬱状態がつづくあいだ魔神に駆り立てられ、その際たえず肉体的精神的な苦しみを嘗めねばならず、すべてのものによるべなく委ねられているひとりの人間である。[16]他方、高揚状態においては、多くの知的道徳的水準の高い躁病者のばあいと同様に、強烈な人格的暗示力が彼から発する。彼が人格的磁気作用を意のままにしうるのは、この状態のときだけである。その他の点では彼の知力は、非常に発達したものであったことは疑いないが、けっして人並みはずれたものではないし、いわんや天才的でもない。われわれは彼の著書ももたないし——もっと価値のあるもの——忘れがたい言説や警句や談話も所有していない。カバリストや学者としては彼はまったく並みの人間であったに相違ない。だが、彼の情緒的生活は明らかに非常に発達していた。彼は並みはずれた音楽好きであった。歌うのが好きで、人の歌を聞くのも好きだった。——一六六五年の夏、ガリポリで要塞に監禁されているあいだも、彼はほとんど昼夜もわかたず楽士たちをまわりにはべらせていた[17]——

彼がとくに愛唱した讃美歌をうたうときにはよく甚だしい興奮状態に陥りがちであった。だが、彼を実際にきわ立たせたものは、まさにあの躁病の特異性、反律法主義的性格の振舞であった。といっても、彼自身はそれを明らかに宗教的興奮状態のなかで聖なる行為として行っていたのだ。これこそ彼固有の特徴であったのであり、同時にまたサバタイ主義運動にたいして彼が果たした最も重要な業績であった。その他の点では本質的にかなり受動的な役割を演じていたのだが。そしてこのことによって彼は実際に、宗教的権威としてひとたび承認されるや最初からそのサバタイ主義運動に特異な構造をあたえたのである。この運動の本来の規範はしたがって彼の人格から由来しているのだ。もちろんこの規範そのものは、ガザのナータンが初めてサバタイ・ツヴィーに見出し、定式化したものである。彼はその光明の状態においては聖なる罪人というあのパラドックスの生きた原型であった。彼が、それとはっきり言い表せないまでも掟に反することを旨とするティックーンの行為をあの興奮状態のなかで思い浮べていたということは多分ありうることであろう。ほかならぬまさにこれこそ、彼がその運動に残した独創的な遺産なのである。反律法主義的行為は、ここではつねにひとつの儀式を表しているのだが、この行為がもつこうしたいわば秘蹟的な性格は、運動のシッポーレス（強い流れ——訳者注）としてもっと過激な運動形式のなかにも保持されていた。「正常な」状態においてはサバタイ主義者はけっして反律法主義者ではない。このような行為を行うことは、ひとつの儀式、個人あるいは集団全体の祭典なのであり、何かつねならざるもの、興奮から生じ興奮を生み出すもの、なのである。

3

こうしてサバタイ・ツヴィーは、何年ものあいだ、友人も真の信奉者もなく、また彼が最高の興奮の瞬間に抱いたメシア的野望を実現するために何かをなすこともなく、世の中を渡り歩いていた。もしガザのナータンがいなかったならば、彼はあの世代に、とくに一六四八年のシュミールニッツキーの暴動のさい[*3]ちゅうに起ったポーランドの大量虐殺という大災厄後の世代に、だれからも注意を払われることなくメシア的使命を夢みていた他の多くの匿名の熱狂者たちのひとりにとどまったであろう。彼が一六六二年の終りにエルサレムに定住したことが、彼の人生の転回点になった。当時タルムードの年若い学生であったガザのナータン(一六四四—一六八〇)はエルサレムに滞在した最初の二年間に、比較的小さなユダヤ教区で風変りな聖者としてしきりと取沙汰されていたサバタイ・ツヴィーに、たびたび会ったに相違ない。両者のあいだに比較的親しい個人的関係があったことを証するものは何もないが、それでも、当時およそ四十歳のサバタイ・ツヴィーの姿は多感な若い学生に——彼自身は十七歳から十九歳のあいだである!——深い感銘をあたえたことであろう。

ナータンを預言者へ決定的に覚醒させたことについては、当時、エルサレムの教団のための布教活動でエジプトにいたサバタイ・ツヴィーはまったく関与していない。一六六七年に彼はこのことについてみずから、これまでにまだ印刷されていない一通の手紙のなかで語っている。[(18)]「私は二十歳まで純粋にトーラーを学んだ。そしてイサアク・ルーリアが重大な過ちを犯したすべての人のために指定した偉大なティックーンを実践した。私は、ありがたいことに冒瀆的な意図をもった罪は何も犯していないが、それでも私の魂が遍歴の初期の状態から汚されているかもしれないというばあいのために、ティックーンを遂行したのであった。二十歳の時に私はゾーハル書とルーリアの著作を少々研究しはじめた。しかし自分を清めようとする者には天が味方するものだ。天は何人かの聖なる天使と精霊とをつかわして、私にトーラーの多くの秘義を開示してくれた。その同じ年、私は天使と聖霊の幻視によって力を振り起されていたので、プリム節会の次の週に長い断食をしていた。神聖かつ清浄な気分で特別室に閉じ籠り、はげしく感涙にむせびながら朝の祈りをささげているさいちゅうに、精霊が私を襲った。私の髪は総毛立ち、ひざはガクガクと震えた。私はメルカーバーを見た。私は神の幻影を見たのだ。しかも一日中、夜っぴてである。そうして預言者たちの誰かと同じように真の預言を行う能力を認められた。その声は私に語りかけ、『主はかく語る』という言葉で始まった。そして私の預言が誰を名指しているのか［つまりサバタイ・ツヴィーのこと］、きわめてはっきりと私の心に刻み込まれた。今日まで私は二度と再びこれほど大きな幻影を見ることはなかった。しかしそれは、救世主がガザに姿を現しメシアとして登場するまで、私の心にひそみつづけていたのだ。そのとき初めて私は天使によって、私が見たものを知らせることを許されたのだった。[19]」

しかしどのようにしてサバタイ・ツヴィーは救世主としてガザに現れるようになったのであろうか？その答えは単純でもあり、意外でもある。すなわち、エジプトにいたサバタイ・ツヴィーはサムエル・ガンドゥールの手紙から、人びとにその魂の根底を伝え各人にその個々人の特殊な事情に応じたティックーンをあたえる秘伝を授けられた人がガザに現れたということを知った時、「エジプトでの伝道を中止して、自分の魂に合ったティックーンと安らぎを見出すために、彼もまたガザへ赴いたのである。[20]」私はこれをサバタイ・ツヴィーの歴史における重要な文章と見る。というのは、預言者ナータンの覚醒の噂が広まったときにサバタイ・ツヴィーは彼のもとへやって来たのであり、しかもそれはけっしてメシアとしてでもなければ、なんらかの秘密の取り決めに基づいて来たのでもなく、「自分の魂の安らぎを見出すために」来たのだからである。はっきりと言おう。サバタイ・ツヴィーは患者として精神科医のところへやってきたのだ。われわれはラニアードの手紙から、彼がちょうどその頃エジプトで精神状態の正常な時期に入っていて、躁病のときにしでかした度外れた行為のことを心配していたということを知っている。彼は自分の精神病の治療を求めていたのだ。そしてそのとき初めてナータンは、彼がかつて――別の箇所で報告しているように(21)――救世主としてのサバタイ・ツヴィーの姿をも予見していたあの預言者的幻視の説得力によって、サバタイ・ツヴィーに彼のメシア的使命が正真正銘のものであることを確信させたのであった。ナータンが初めてサバタイ・ツヴィーに確信をあたえたのであり、数週間いっしょにパレスチナの聖地を遍歴した後、サバタイ・ツヴィーに自分こそメシアであると宣言させたのである。

ナータンには諸特徴の稀有な合一が見られる。ひとつの公式にまとめることが許されるなら、彼は新しいメシアニズムのヨハネとパウロをひとつにしたものであるが、このことはたしかにきわめて注目すべき現象である。彼にはまさにサバタイ・ツヴィーには見られない諸特性が具わっている。疲れを知らぬ活動性、独創的な神学上の考え、情熱的な生産力、文学的才能などである。彼はメシアを告知し、メシアのために道を準備する。だが同時に彼は、この運動の新しい神学のきわめて重要な創始者でもある。彼と、彼の後まもなく現れた初期のマラノであるアブラハム・ミヒャエル・カルドーソ*4とは、古典的サバタイ主義、つまりさまざまな色合いをおびた異端的なユダヤ神秘主義の偉大な神学者である。ナータン自身は反律法主義を実践することはしない。彼はその解釈者なのだ。彼は、戒律を犯すばかげた奇怪な行為となって爆発する、快感をともなった不安定な興奮状態から、何か強力なものが、新しい「ティックーンの世界」の状態が現れる「神聖な行為」を創り出すのである。だから実際には、この二人の人物の出会いからサバタイ主義の運動が初めて生じたということができる。時折自分がメシアになった夢をみていたこの風変りな罪人、禁欲者、聖人である人物をナータンがメシアとして承認し、彼を運動の象徴にまつりあげ、自分自身は運動の旗手であるにとどまったとき、この新しいメシアニズムの強力な歴史的力が生じたのであった。

サバタイ主義の特殊な神学はすでにそのそもそもの初めから、つまりメシアの背教という事態が生ずる以前から、サバタイ・ツヴィーの精神的異常さと逆説的なかたちで現れる人格的特徴とを神秘主義的に解釈することを目的として編成されたものである。彼の躁病と抑鬱はカバラー的に解釈されるのだ。その際ナータンにとってはヨブの姿が初めからメシアの人格の原型になっている。われわれは現在もなお、ドルーシュ・ハ゠タンニーニーム、『竜に関する論文』という表題をもったナータンのきわめて注目すべき小著をもっている。これは「エジプトの河に棲息する巨大な竜」(22)（エゼキエル書二九、三）の秘密に関するゾーハルの一節への注解のかたちをとっている。サバタイ・ツヴィーがまだガリポリに監禁されているあいだで、誰ひとりメシアの背教について夢想だにしていなかったときに書かれたこの論文には、本来的に異端といえる思想はまだ何も見出されない。(23) ナータンは彼の考えを、伝統的な宗教やルーリア派のカバラーの教義に少しも矛盾しないかたちで述べている。しかしここではすでにメシアについての彼の教義に、アッガーダーの説教学者もルーリア派の神秘家たちも知らないまったく新しい考えが付け加えられている。ルーリアもたしかにティックーンの締めくくりとしてのメシアの出現を知っているのだが、彼の理論のなかではメシアの魂の根底を問う問題は特別な場所を占めてはいない。(24) 彼は、魂が世に出てその機能を果たすようになる以前の、いわゆる魂の前史がどんなものであったろうかという問題は提出していない。ナータンが今や――新しい歩みとして――ルーリア派のカバラーの伝統的な理念をこの問題提起と結びつけるのである。

彼の意見によれば、メシアと、前章で取り扱ったあのすべての内的過程の経過、すなわちツィムツーム、シェビーラーそしてティックーンとのあいだには或る関連がある。宇宙的過程の初めにエン・ソーフがその光を自己のなかへ回収した。そしてエン・ソーフのなかに、すべての世界が形成される場であるあの原空間が生じた。この原空間は形のない物質的な力、ケリーポースでみちている。世界過程の本質はこの形のない力に形をあたえ、そのなかから何かを形成することにある。これが行われないかぎり、原空間とくにその下部は闇と悪のすみかである。それはデモーニッシュな暴力が荒れ狂う「大いなる深淵の深み」である。ところで、本来は原空間のなかで形と形態をつくり出すためにエン・ソーフから発した神的光の火花が、「容器の破裂」に際して落下したとき、あの最初の神的光のなかにいっしょに包み込まれていたメシアの魂も堕落した。創造の太初以来メシアの魂は大いなる淵の深みに沈み、ケリーポースの監獄、つまり闇の領域に拘留されている。この神聖な魂といっしょに深淵のなかには、その魂を悩まし誘惑しようとするあまたの「蛇」が住んでいる。これらの「蛇」にメシアである「聖なる蛇」はゆだねられているのである。――蛇を表すヘブライ語ナハシュは、マーシーアハ、つまりメシアという言葉と同じ数値をもっているからである。すべての世界のティックーンの過程に現れる善と悪の選択が原空間のなかで行われるのに応じて初めて、メシアの魂の選択も行われる。この魂が「牢獄」のなかで従事しているあの完成、そのために魂が「蛇」や「竜」と格闘するあの過程が終るときには――といってももちろんこれは全般的なティックーンが終了するずっと以前に起るわけではない――メシアの魂はその獄《ひとや》を離れ、この世の担い手のなかに顕れるであろう。

このようにガザのナータンは述べる。十七世紀のエルサレムのゲットーの一青年の口から、救済者の魂の運命に関する太古のグノーシスの神話を聞いたとき、人びとは非常に驚いた。この神話はカバラーの概念から構築されているが、にもかかわらずサバタイ・ツヴィーの精神病理学的精神状態を説明するものであることはきわめてはっきりしている。もしこのカバラー的な概念材料がゾーハルやルーリア派の著作のなかに実際に存在しないのなら、「蛇崇拝者」あるいは「ナーアッセーネル」(蛇)という名で知られている、蛇の象徴主義をそのグノーシスの中心に据えたあのグノーシス派の人たちの古い神話と、この最初期

のサバタイ主義者の神話とのあいだに、なんらかの、われわれには理解し難い関連を想定したくなるであろう。(25)

ナータンは、この新しい理論を伝記に結びつけて利用することを隠そうとはしないし、多くの箇所でそれを口にしている。彼はこう語る。「われわれがこれらすべての事柄を述べたのはわれわれの主、メシア王の偉大さを告げ知らせるため、深く強固な根をもっている蛇の力を彼がどのようにしてほろぼすかを知らせるためにほかならない。というのも、これらの蛇はいつもわれわれの主を惑わそうとし、われわれの主がケリーポースから偉大なる神聖さを引っ張り出そうと精根を使い果たしたのちに光明の状態が彼から去ると、彼をとりこにすることができたからである。そういうとき蛇どもは彼に、自分たちも彼［サバタイ・ツヴィー］がそのなかに真なる神が提示されていると信じたあの美のセフィラーと同じ力をもっているのだということを示した。ちょうど――ケリーパーの象徴たる大きな竜である――ファラオが、神とは誰か、と言ったのと同じように。しかし光明の状態がやってくると、彼はいつもそやつ［竜、あるいは彼を抑鬱状態のなかで苦しめた蛇］を打ち負かした。それについてはわれわれの師たちがつとにこう語っている［バーバー・バスラー 15b］。ヨブについて書かれているもののほうがアブラハムについて書かれているものより偉大である、と。というのは、アブラハムについては、彼は神を恐れていたとしか書かれていないが、ヨブについては、彼は神を恐れそして悪を恐れたと書かれているからである。なんとなれば、すでに前の箇所で説明しておいたように、聖書のなかの救い主がヨブという名で呼ばれるのは、彼がケリーポースの支配下に落ち込んでしまっていたからである。この後者のことは、抑鬱の日々であるところの暗闇の日々と関係がある。しかし『光明』が安らぎと恍惚の日々に彼を襲ったとき、彼は『そして悪を恐れた』と書かれている状態のなかにいた。というのはそのとき彼は、暗黒の日々に彼が落ち込んでいたかつてのケリーポースの領域から脱け出したからである。[26]」

このように、ナータンのこの叙述においては、形而上学的な要素と心理学的な要素とが完全に絡み合っている。あるいはより正確に言えば、たがいに一致しているのである。メシアの魂の形而上学的前史は、同時に、このメシアがまさしくナータンにとって救世主であることを証明するあの精神状態の歴史でもあるのだ。メシアは悪と不純の力の領域に拘禁されていて、それらと闘わねばならない、というグノーシス派的な考えは、ここではまだまったく害のない連関で用いられているが、メシアの背教後は容易に異端へ変わることもできた。メシアの使命、とくにそうした使命としてのメシアの背教についてナータンや他のすべてのサバタイ主義者たちが後に唱える異端的教義は、まさに不気味なかたちで、この最も初期のサバタイ主義の驚くべき記録のなかにあらかじめ描かれているのである。[27]

4

これまでの詳述は、サバタイ主義運動の発端と経過にたいしてかなり新しい光を投ずるものと思う。以下ではとくに、新しいメシアの悲劇的な背教の結果として生じ、彼の歩みのなかにあるパラドックスを直接的間接的に強めた[28]この運動の宗教的側面を取り扱うつもりである。私はサバタイ主義の発展をはっきりと示すことも重要であると思っている。なぜなら、この運動が次代のユダヤの内面史にたいしてもつ意味はつねに過小評価されているからである。なにしろサバタイ主義は、中世以来のユダヤ人の意識の内面に起った最初の真摯な反乱であり、また、サバタイ主義における神秘主義的な考え方は、いわゆる「信者たち」の正統ユダヤ教が内面的に崩壊する最初の原因であるのだから。この神秘主義的異端はその信奉者の或るグループにおいては、多かれ少なかれ隠れた虚無的性格の結果にいたり、神秘主義的基盤に立った宗教的アナーキズムに帰着する。この宗教的アナーキズムは、サバタイ主義が適当な外的条件に出くわしたところでは、十九世紀のユダヤ教における啓蒙と改革を内面的に準備する上で大きな役割を果たした。

しかし、この運動の歴史をそのすべての局面にわたって偏頗なく《シネ・イラ・エト・ストゥーディオ》叙述することは、そこに二つの異なった、しかし同じように強固な感情要因が共働しているかぎり、これまでも不可能であったし、今も不可能である。後期ユダヤ宗教史のこの最も悲劇的な章を公平無私な態度で論究することなどそれらにとっては何の重要性ももたないのである。この二つの感情要因とは、一方では、サバタイ主義に現れた反律法主義的傾向にたいする正統派の至極当然な反感であり、他方では、ありとあらゆる悪徳と混乱の権化とみなされていたあの宗派との「系譜上」の類縁関係を見出すことにたいする啓蒙主義者と改革派の反感——とくに十九世紀においてそれが甚だしかった——である。もちろんこの反感は先人からいささか無批判に受け継がれたものである。十八世紀に誰かのことを、あいつはサバタイ主義者だ、というばあい、それは一般の民衆意識にとって、十九世紀後半に、あいつはアナーキストかニヒリストの仲間になった、というのとほぼ同じことを意味した。私は、この消滅した世界をもっと深く知ろうと試みた際に自身で体験した困難をこと細かに語ることもできよう。この消滅した世界がわれわれに閉ざされているのは、この世界の考え方が難解であるとかまったく理解できない——根本的にはけっしてそんなことはないのだが——からばかりではなく、それに光を投ずることができるかも知れない、神学的歴史的性質の大半の記録文書が明らかに破棄されてしまったことにも由るのである。このことは歴史学者にとっては悲しむべきことだが、心理学者には理解のできることである。サバタイ・ツヴィーとともに救済が始まったということを主張する彼の信奉者たちは、十八世紀に大多数の教区の内部で、当時体制派ユダヤ人の用いえたあらゆる手段で迫害された。正統派の立場からすればこれらの迫害がごくあたりまえの行為にすぎなかったことは否定しえない。古い諸価値をメシアの火炎で焼き尽くそうとし――ときには隠れて、ときには混乱しながらも――ユダヤ教の新しい解釈を告知するユダヤ人の意識革命には正統派は何の関心ももっていなかったからだ。サバタイ主義者の文書は、手当たり次第破棄された。そして後にサバタイ主義が根絶されたときには、その情熱的な闘争にとって代わって、サバタイ主義を矮小化する傾向、あたかもそこで起ったことはほんの小さな集団にかかわることにすぎず、古い信者と新しい異端者とのあいだには最初から明確な境界線が存在していたかのように描写する傾向が現れた。

だが実際にはそうではなかったのだ。たとえばサバタイ主義にも穏健な形式がいろいろあり、これらの形式においては、真正なラビ的敬虔さとサバタイ主義の信仰とが共存していたし、多かれ少なかれ重要なラビで、ひそかにサバタイ主義者の陣営に立っていたものの数も正統派の弁明がこれまで認めようとしてきた数よりはるかに多かった。とくに人びとはサバタイ主義の過激で反律法主義的な、ニヒリスティックな諸形式を眼のあたりに見ていたので、長いあいだサバタイ主義を学者や名門の名声にたいする汚点とみなし、そのためサバタイ主義を否認するか忘却しようとつとめたのだった。不屈の性格をもつごく少数の卓越した男たちだけが、サバタイ主義一門の出自をひた隠しにせねばならないものとはみなさずに、公然と告白していた。しかし長いあいだ、とくに十九世紀には、そのような血統はタブーとみなされ、いかなる事情があっても公然とそれを口にすることは許されなかった。前世紀の中頃にはまだ、若い頃メーレンでサバタイ主義者たちを知っていたハンガリーのユダヤ教の改革運動の父レオポルト・レーヴが、彼らのサークルで新しい啓蒙が力の限り宣伝され促進されていたと記している。(29) しかしどのユダヤの歴史書にも、神秘主義的異端者のサークルと新しい合理主義の擁護者とのあいだのこうした非常に重要な関係について述べたものは見出されない。まるで人びとがこの精神的な、しばしば直接肉体的つながりをもった先祖をひどく恥じていたかのようである。十九世紀の初頭までサバタイ主義の諸グループが重要な役割を果たしていた、かなり多くの有名なユダヤの教区においては、解放の新時代に早くから新しい世界と結びつくことによってしばしば大きな名声と影響力を得ていた子や孫たちをもつサバタイ主義者の名の出ている教区の文書はできるかぎり破棄された。

ほかならぬ宗教的神秘主義的運動が十八世紀の啓蒙主義の形成に重要な関与をなしたことは、キリスト教世界にも今日一般に認められており、とくにイギリスとドイツにおいてこうした地下水脈のつながりを探ることに多くの労力が費やされた。たとえば過激な敬虔主義者や再洗礼派やクエーカー教徒がそうした神秘主義的運動を代表していた。この運動のなかには、まったく別の源泉から汲み取られている啓蒙主義の、本来合理精神と出会い、それと同じ方向へはたらく或る気分が、純粋に宗教的な動機から準備されていた。ユダヤ教においても変更はあるが《ムターティス・ムタンディス》事情は同じである。といっても、サバタイ主義者がクエーカー教徒であったなどと言うつもりはない――そうでないことは確かである。むしろ、彼らの多くはクエーカー教徒とはかなり反対であった。しかし彼らサバタイ主義者においても、あらゆる迫害と侮辱にもかかわらず新しい経験に相応した新しい精神的価値を維持しようとする少数派の試みが、解放期の新しいユダヤ世界への移行を非常に容易にしたのである。かなり多くの著者たちは、十八世紀のハシディズムの運動のなかに、十九世紀の解放された近代的ユダヤ教の先駆けを見ようとした。そのようなハシディズムのロマンティックな再解釈にたいしてきわめて精力的に反対の立場をとり、そのような新しい世界の準備についてはむしろサバタイ主義のほうが大いに問題になりうることを正当にも強調した最初の人がS・フルヴィッツ[*5]であった[30]。

すでに強調したように、十七世紀のルーリア派のカバラーは離散したユダヤ人のすべての部分をとらえて、その影響下に置いた。それゆえまた、ルーリア主義の支配の始まりと実際内的に関連しているサバタイ主義運動の爆発が、大衆運動といっては言い過ぎかもしれないが、諸々の教区のなかにも大いにその輪を拡げたということは驚くにあたらない。そのためにサバタイ主義は多くの信奉者のばあいとくに意識の深層にまで浸透し、そこで長い影響力をもったのである。さらに、この運動が擁した人数も過小評価できない。すでにサバタイ・ツヴィーの背教の直後から、とくにセファルディのユダヤ教のなかに、背教にひとつの秘義を見ることを説く宣伝にいち早く乗った幾つかの大きなグループがあった。とくにモロッコでこの気分が広まったが、しかしまたトルコの多くの教区においても、とりわけ当時トルコの支配下にあったバルカン半島において、大きな反響を呼び起した。

背教したメシアにたいする宣伝は最初はまだまったく公然と行われていたが、数年ののち、期待された不浄の域からのサバタイ・ツヴィーの凱旋が起らなかったとき、サバタイ主義はその性格を変えた。民衆運動のなかから比較的早く多かれ少なかれ緩やかな組織の宗派が生じたが、その信奉者たちは秘密集会で会い、迫害にたいする恐怖から自己の教義と活動を秘密にしようとつとめた。もちろん、サバタイ・ツヴィーがメシアであるという秘密を今再び公に告げ知らせる時が到来したと信ずる個々の預言者はひきもきらず現れた。というのも、彼がすべての人びとの目に見えるメシアとして帰還する時は現下に差し迫っていると思えたからである。いずれにせよ、サバタイ主義の理論家は程なくメシアの帰還の教義よりもむしろ、新しいメシアの時代にふさわしい、ルーリア派のカバラーにとって代わるべき新しいカバラーの作成に多く従事した。疑いなくサバタイ主義のカバラーに帰せられる多くの著作ではもはやこの帰還のテーマは全然語られない。ひとつには用心のためであるが、ひとつには他のテーマが興味の中心になったためでもある。この意識的、無意識的な偽装にもかかわらず、サバタイ主義の著作は、特定の語彙、たとえばエムーナー「信仰」、ソード・ハ＝エローフース「神の秘義」、エローヘ・イスラーエール「イスラエルの神」といった特定の術語を好んで使用することや、それらが用いられる特殊なニュアンスによって、比較的容易に見分けられる。

運動としてのサバタイ主義の普及のことに戻れば、サバタイ主義はバルカン半島のほかに、まずイタリアとリトアニアに重要な拠点を見出した。しかしサバタイ主義がリトアニアには定着することができず、この国では、他のアシュケナージ・ユダヤ人の大半の国々におけるよりも完全に消滅してしまったということは興味深い。リトアニアにおいては、ヴィルナのヘシェール・ツォーレーフ[31][*6]のような「覚醒者たち」や、預言者グロドノのツァドーク・ベン・シェマリア[*7]を含めて、預言者タイプの人たちが指導者を形成していた。それにひきかえ、イタリアでひそかに運動を支えたのは、その他のカバリスト仲間の首長である学識の高いラビ、とりわけレッジオのベンヤミン・コーヘン[*8]や、カバリストとして有名なモーセス・ザックト[*9]の弟子、モデナのアブラハム・ロヴィゴ[*10]たちであった[32]。イタリアのサバタイ主義は概して非常に中庸をえたものであったが、バルカン半島の教区においては、サバタイ主義のサークルのなかにすぐさまニヒリスティックな傾向が強まった。とりわけその宗派は、ひとりのサバタイ主義者ハッイーム・ベン・サーロモーの活動によって、当時その広い地域がトルコの主権下に置かれていたポーランド南部に広まった。彼は、最初はイタリアの、後にはトルコの「信者たち[33]」の影響をこうむったハッイーム・マーラーク[34][*11]よりも名の知られた人物であった。こうしてとくに東ガリシアとポドリアがサバタイ主義の中心になり、ここでサバタイ主義は大層頑固にかなり長いあいだ保存されたのである。その他にもこの運動はさまざまな時代にドイツの多くの教区、たとえばベルリン、ハンブルク、マンハイム、フュルト、ドレースデンなどでも影響を及ぼし、とりわけベーメンとメーレンで確たる地歩を占めた。人数的に見るとサバタイ主義はこれらの地域がとくに強大で、ラビや大小の商人や実業家たちに一様に影響を及ぼした。マリア・テレージアとその後継者の統治下できわめて勢力のあったメーレンとベーメンのユダヤ人の何人かが、サバタイ主義のひそかな信奉者であった。

二度だけサバタイ主義はかなり大勢のグループによる組織的な背教のかたちを取った。彼らはそのような新しいマラノ精神によって救済への真の道を歩いていると思ったのである。それは一度はテッサロニーケで起った。一八三六年にここでドーエンメーの宗派が形成された。(35) このドーエンメーとはトルコ人たちが彼らをさして言った言葉で、「背教者たち」のことであるが、彼らは表向きはイスラム教の信仰告白をしていたのだ。二度目は東ガリシアで起った。ここでは謎の預言者ヤコブ・フランク*12の信奉者たちが一七五九年に多数カトリック教に改宗した。両グループの信奉者たちはその後もマーアミーニーム、「信者」(すなわちサバタイ・ツヴィーの使命を信ずる者たち)と自称した。この呼び名はすべてのサバタイ主義者たちがたがいのあいだで使用したきまった名称である。両グループは背教をまったく外面的なこととしか思わず、その後も彼らの国のサバタイ主義者のなかの過激な集団と緊密な結びつきを保った。とくにこのことはフランク主義について言える。ベーメンとメーレンのその信奉者たちはほぼ完全に、ハンガリーとルーマニアのその信奉者たちは大部分、ユダヤ教の盟内にとどまったのである。フランス革命以来ユダヤ教の新しい運動の先導者として登場したのはまさに、自身とラビ的ユダヤ教とのあいだの外的結びつきを断ち切ることのなかったこの集団であった。

一八五〇年頃には、サバタイ主義とユダヤ教の改革とのあいだのこの関連性について、まだかなりのことが知られていた。*13 穏健な改革派のなかでは、ハンガリーにおける改革ユダヤ教の最初の開拓者であるアロン・コーリーンが若い頃プラハのサバタイ主義者の集団に属していたという、非常に注目すべき、かつ十分信ずるに足る言い伝えがある。[36] 十八世紀にサバタイ主義の宣伝の中心地をなし、正統派と異端者やこの異端者に共感を寄せる者たちとのあいだの苛烈な闘争の舞台であったハンブルクとプロスニッツは、十九世紀初頭には改革運動の最も重要な中心地のひとつとなる。一八〇〇年に、ヤコブ・フランクの後継者たちの居住地であったフランクフルト近傍のオッフェンバッハへ巡礼し、子供たちをその神秘主義的宗派の精神で教育するあのプラハのフランク主義者たちの息子が、一八三二年頃には共にプラハの「改革」の最初の組織の先頭に立っている。一八〇〇年頃このプラハの神秘家の精神的な指導者であったヨナス・ヴェーレ*14の著作はすでに例外なく、神秘主義と啓蒙主義とのきわめて特異な結びつきを示している。明らかに広く普及した彼の文筆活動のうち、タルムードのアッガードースにたいするきわめて興味深い注解が手稿で保存されている。[37] サバタイ・ツヴィーとモーゼス・メンデルスゾーンとイサアク・ルーリアとイマヌエル・カントが彼にとっては、まだというか、すでにというか、いずれ劣らぬ権威者であった。[38] 一八六四年にニューヨークで書かれた彼の甥の遺言状はなお、縷々と述べ立てながら、サバタイ主義者でフランク主義者であった彼の祖先を誇らしげに、「真正なるユダヤ教信仰」とユダヤ教のより深い精神的理解の旗手として讃えている。[39]

5

ところで、カバリストたちがひとたびサバタイ主義運動にかかわるや、ラビ的ユダヤ教と鋭く一線を画したり、あからさまにそれと衝突したりするような考え方に陥ってしまうのはなぜであろうか？ この問いに答えるには、前章でティックーンによる救済について語った事柄に立ち戻るのがいちばんよい。追放と救済の本質に関するカバリストたちの神秘主義的な概念と解釈は、いうまでもなく本来、追放の現実的な経験と日付、ならびに救済の本性についての民衆の表象から出てきたものである。救済はそこでは或る政治的歴史的内容をもっていたのだ。そこでは、諸民族の軛を投げすて、新たに自由へと出で立つことがメシア的理念のとてつもなく強力な原動力であったが、とくにサーフェードのカバリストたちはこれを神秘主義的に拡大し解釈し直したのであった。彼らにとってはこうして民族的・国家的神話は宇宙的意義をおびたドラマとなる。

もはや救済は諸民族の支配下に置かれた奴隷状態からの解放だけをさすのではない。それは創造全体の核心部における本質的変化なのである。救済は隠れた世界や現れた世界のすべてを貫くひとつの過程である。なぜなら救済とは、容器の破裂とアダムの堕罪以来その内部に存在しつづけているあの大きな汚点からの回復、ティックーンにほかならないからである。救済は諸世界の構造の根本的な変化を可能にし、かくしてこれらの世界は統一状態へ戻り、それらが堕罪以前に占めていた位置へ復帰する。救済はこのように本質的には神殿の破壊とともに始まった外的追放を終らせるというよりは、つとに楽園からの追放とともに始まっていたあらゆる被造物の内的追放に終止符を打つのである。カバリストたちは救済における歴史的政治的要素よりもはるかに救済の精神的本質を強調したのだ。前者の要素は彼らにおいてけっして否定されも破棄されもしないのだが、おそらくそれはしだいに、後者の精神的神秘主義的過程とそのなかでなしとげられるものの単なる象徴になるのであろう。あるいはヴィタールが言い表しているように、「善と悪とが最終的に切り離されるとき、メシアは来るであろう。」歴史的救済はいわば宇宙的救済のまったく自然の副産物であり、カバリストたちは、象徴とそれが象徴している現実とのあいだにひょっとして葛藤が起るかもしれないという考えにはけっして思いいたらなかった。この新しいメシアの理念が偉大な歴史的時間のなかでためされ、自己自身を歴史のなかで証明するのでないかぎり、救済の理念の重点をこのように内的現実の次元へ置き換えることにはひとつの危険があるのだが、誰もその危険を感じとることはできなかった。ルーリアのカバラーは、むしろ魂自身のなかに起る革新にたいする心の用意をさせた。それは政治的生活の革新よりも、救済における内面生活の革新にはるかに重点を置いたのだ。しかしルーリアの意識にとっては両者が解きがたく結びついていたので、ルーリアのカバラーは、追放が続いているかぎりは、まさにそのような心の準備によって外的な救済の到来を促すことに寄与することができたのだった。

ところで、サバタイ・ツヴィーが現れて、ユダヤの大衆が彼を信ずるようになったとき、内面的自由の体験、つまりカバリストの魂のなかですでに現実となっていた或る完全に純粋な世界の体験は、もちろん多くの人たちの共有財産になった。当然のことながら、人びとはメシアの約束がその外的・政治的部分においても実現されることを期待した。この希望はたちまち打ち砕かれてしまった。けれどもこの短いながらも強烈なメシア的昂揚の体験のなかで起ったことを後戻りさせることはできなかった。多くの人びとにとって、カバリストたちが「灰塵のなかからシェキーナーの立ち直り」と呼ぶものは二度と失われることのない経験となったのである。[40]

神秘主義的異端としてのサバタイ主義は、まったく思いもよらぬ出来事であったサバタイ・ツヴィーの背教によって救済のドラマの二つの舞台、つまり魂のなかの神秘主義的舞台と歴史における外的な、象徴的、代表的な舞台とのあいだに亀裂が生じた瞬間に、生まれざるをえなかった。内的体験と外的体験、救済の内的局面とその外的局面が今や突然、劇的に分裂してしまったのである。誰ひとり心構えのできていなかった、夢にも思わぬこの葛藤が、魂の奥底に入りこんできた。人びとは選択を余儀なくされた。誰もが神の言葉を、歴史の判決から聞きとろうとするか、それともすでに自身の魂の底に顕現していたあの現実から聞きとろうとするか、いずれかに決めなくてはならなかった。サバタイ主義は、最初はセファルディームの、後にはさらにアシュケナージのユダヤ教の広い層が、この葛藤のなかで歴史的現実のほうを取り、魂の内部に存在する現実を捨てる選択を拒否したときに成立したのである。人びとは、「義しき者たちの家畜が通る道を妨げる(41)」ことすらしない神が、その民を惑わし、見せかけの救済で愚弄することなどあるわけがない、と推論した(42)。そんなわけで、内的現実と、それの象徴であることを今ややめてしまったあの外的現実とのあいだにひらいた深淵に橋渡しをしようというひとつの共通点をもつ諸教義が、生ずることになったのだ。しかしこのように、生の外的局面と内的局面とのあいだにひとつの緊張が生じたとき、新しい理論は当然この緊張を表現せざるをえなかった。別の言葉でいえば、それらの新しい理論はそのような緊張した生を耐え抜かねばならなかったのである。こうした課題の前にカバラーが立たされたことはこれまでにまだ一度もなかった。従来のカバラーはむしろつねに、外的生を内的生の象徴として描くことに気を使っていたからである。このように、サバタイ主義は内的矛盾の感情から、つまりひとつの逆説から生まれたのであり、この成立時の法則がその後の経過をも規定している。サバタイ主義は、堕落した救済者という悲劇的な逆説のうえに築き上げられており、それは、ひとつの逆説がたえず次の逆説を惹き起す逆説から生命を得ているのである。

かたやサバタイ主義の宗教的世界と発展、かたや初期キリスト教の宗教的世界と発展、この両者のあいだに広範な、非常に啓発的な類似性がみられるということは、至極当然のことである。両者は共に神のしもべの受苦という古代ユダヤ教のパラドックスをそれぞれの解釈のなかでラジカルな結論にまで突き詰める。両者のなかには、あのパラドックスによって弁証法的に正当化されるひとつの歴史的事件をめぐって、一定の神秘主義的な信仰態度が結晶する。両者は元来再臨の期待という同じ緊張のうちに生きている。つまり両者は、一時姿を消した救済者が、天国からであれ闇の国からであれ、到来または再臨するという期待のうちに生きているのである。両者のうちには、古い世界の掟が救済の突然の出現によって無価値になってしまったのち、半ば慎重な、半ばラディカルでまさに荒々しい反律法主義の爆発が起り、「信仰」とは心のなかで見えるものとなった救済の新しい世界を実現することだ、という新しい信仰の概念が生ずる。どちらにおいてもこの概念は数多いその他の逆説の緊張を含んでいる。両者とも最終的には三位一体と神人における神の受肉の神学の形成に向かうのである。

ところで、キリスト教の諸理念がサバタイ主義者にたいして多くの径路を経てあたえたと思われる直接的、間接的な影響を過小評価してはならないことに疑いはない。サバタイ主義をより深く理解するのにきわめて重要な、これらの通路のひとつ、すなわちスペインとポルトガルのマラノについては、後になお語らねばならないだろう。しかしながら、このばあい外来の影響のみを見ようとしたり、キリスト教の例にならった模倣を受け取ったりするならば、それはまったくの誤りであろう。ユダヤ教におけるこの危機は、むしろまったく内在的論理に基づいて生じているのであり、たとえキリスト教の影響がなかったとしても、ほとんどその表現は変わらなかったであろう。ついでだが、サバタイ主義とキリスト教のあいだにある重大な歴史的、道徳的、宗教的差異ももちろん見過ごしてはならない。

サバタイ主義においては、ゲットーから生まれたものがゲットーに反対して立ち上がるのだが、しかしそれにはつねにゲットー的なものが付着している。それに加えて、サバタイ・ツヴィーの人格の弱さがイエスと比べてひどく目立つのだ。サバタイ・ツヴィーは人格としては無価値であるか、無価値も同然なのである。もちろんそうであるからこそ、彼は後代のユダヤ教が構想したような特異なメシア像に一致するのだ。というのは、このメシア像は驚くほど非人格的で、ほとんど匿名といっていいくらいだからだ。キリスト教においてはメシア像はイエスという具体的な現象によって、真の人格の特徴をぬぐい難く刻印されたが、ラビ的メシアニズムの偉大な法典編纂者である二人、セファルディームのイサアク・アバルバネルとプラハ出身のイェフダー・レーヴ・ベン・ベツァレール[*15]、いわゆる「崇高なラビ・レーヴ」は、はっきりと非人格的なメシア像を定着させる[(43)]。古典的なルーリア主義に関して言えば、それはメシアの人格には全然関心を抱いていなかったといえる。だから、一般的な承認をかちえることのできたメシアが出現したときに、本来の人格的な特徴を欠いていることが信者たちのあいだで欠陥と感じられなかったのも、さほど不思議ではない。サバタイ・ツヴィー自身の語る「主の言葉」、「ロギア」というものは存在しないし、そのようなものが期待された様子もない。サバタイ主義の発展の終りになってようやく、ヤコブ・フランクとともに現実的な刻印をおびた人格が登場したが、その言葉には或る種の陰惨な魅惑すら具わっている。しかしもちろん、このメシアは、その性質のどの点から見ても真に人格を具えているが、同時に、ユダヤのメシアニズムの歴史のなかにこれまで現れた最も無気味な、ぞっとするような姿でもある。

詳しく見てみると、結局サバタイ主義とキリスト教における救済者の運命に見られるパラドックスも非常に異なっている。十字架のイエスの死とサバタイ・ツヴィーの背教とはまったく異なった次元にある。後者は希望のない無間の奈落に通ずる。それはたしかに理論的にはほとんどすべてを可能にする。しかしサバタイ主義においては克服されねばならない精神的打撃はキリスト教よりもはるかに大きい。ここでは信者は、救済者の背教というパラドックスのとてつもない緊張を克服できるためには、いわば信仰の精神的力をキリスト教以上に強く奮い起さなければならないのである。というのも、詰まるところ裏切りと死とはあまりにも段階が違いすぎて、信者の感覚を同じように魅惑することはできないからだ。裏切りには肯定的な要素があまりにも欠けているのだ。イエスの死とは違って、サバタイ・ツヴィーの決定的な行為は、革命的と認められる新しい価値をなんら伝えていない。彼の裏切りはただ古い価値を解体するだけである。それゆえ、サバタイ主義における、悪魔に引き渡された救いのない救済者というメシア像から発する深い魅力が、直接ニヒリズムへつながるのもよくわかるのである。

サバタイ主義は、上で見たように、サバタイ・ツヴィーの使命を正当なものとして支持し弁護しようとする試み、おそらくその性質上考えうる最も逆説的な試みから生じている。というのはユダヤ人の意識にとって、ユダヤ人の経験が知っている最もけがらわしい最も卑しむべきもの、すなわち裏切りと背教とを、肯定的な宗教的価値として称揚するという試み以上に矛盾にみちたものはありえないからである。したがって新しい信者たちの心は、こうしたパラドックスの要求を耐え難いものとして拒まないようにするためには、どんなに深く掘り返され、どのような革命を体験したことであろうか!

このような行為の上に築かれた運動が、広い範囲を、通常推測されるよりもはるかに広い範囲をとらえ、支配することができたということは、ほとんど理解し難いことのように思われる。しかし、ここには過小評価できない意味をもつ、それどころかこの運動の発展を理解するうえでまさしく本質的であるひとつの要因が、共にはたらいていることを忘れてはならない。それはセファルディームのユダヤ教の多くのサークルにみられる精神状態である。そのなかには初期のマラノがたくさんいた。彼らは、一三九一年から一四九八年までの数次にわたる迫害のあいだに数十万人がキリスト教に改宗したあのスペインのユダヤ人の子孫として、幾世代ものあいだ自分自身の欲動よりもむしろしばしば苦難に従いつつ、押しつけられた宗教的意識の二重性のなかに生きたのであった。彼らが表向き信仰告白した宗教は、感情によって惹かれた宗教と同じものではなかったのだ。この二元性は彼らの内にあるユダヤ人感情と意識の統一を、完全に破壊したとまではいわなくとも、危うくせざるをえなかった。スペインからの逃亡後に再びユダヤ教への道を見出した人びとやその子孫たち——とくに十七世紀の——においてすら、彼らがこの歴史的状況から携えてきた精神的遺産の多くは離れずに残ったのである。メシアの背教は今や多くの人びとにとって、マラノのなかの多くの人たちの良心をいちばん苦しめていたあの行為をまさに聖化するもののように思われた。われわれは彼らのなかの多くの者が、無理強いされた背教をいわば正当化する口実を探し求めていたことを知っている。彼らが隠れユダヤ教徒であることを正当化するためにつねづね引き合いに出していた事例はすべて、そっくりそのまま後のサバタイ主義者のイデオロギーのなかに、とくにエステル女王の運命を引証している点に見出される。自分の人種や身分を明かさぬまま先祖の信仰を固く守っていた彼女に人びとは一種のアハスヴェル王の宮殿におけるマラノの運命を見たのである。(44)

ところで、メシア自身が、自分の伝道と結びついている逃れがたい悲劇によって、マラノの運命をわかち合わねばならないのだとしたら、これこそ最も深い正当化であり、それによって同時に、かくも多くの者たちの良心を苦しめてきたものを洗い清めてくれるようにも思われたのである。セファルディームの教区の主勢力のこうした精神的な心構えや性向がなければ、新しい教義がそもそも、それをその後の発展においてて古いゲットー・ユダヤ教の解体をもたらすひとつの重要な要因とするのに必要なくらい確たる地歩を占めることができたかどうか、疑わしい。マラノの運命と背教的なメシアの運命とのあいだの類似性は彼の背教後すぐに主張された。その最も重要な宣伝者がみずからマラノとして生まれマラノとしてカトリック神学を学んだアブラハム・ミヒャエル・カルドーソ(一六二六—一七〇六)であったことは、たしかに偶然ではない。(45)カルドーソは、新しい預言者ガザのナータンとともに、新しい異端のカバラー、ほかならぬサバタイ主義の一連の偉大な理論家たちの始祖となる。彼らのイデオロギーは十九世紀の初頭まで多種多様な状態をとり、変容を重ねてきた。それらの共通の分母は、その基本的主張に見られる逆説的な性格、単純な人たちからすれば侮辱的で腹立たしい性格である。この二人は文筆家としても宣伝家としても倦むことなく活動し、彼らの新しい理念を詳細に説明しようとして最大の努力を払った。ナータンは大著セーフェル・ハ゠ベリーアー、『創造の理論』を一六七〇年に著わし、一方カルドーソはそれに続く数十年間に新しいサバタイ主義の神の教義に関して完全な文献を作成した。

6

これらの逆説的な教義は、当然のことながら、まずメシアの運命および救済一般の問題から説き起されるが、そこからさらに、宗教的思考の別の領域に移り、最終的には神学の領域ばかりでなく道徳的な領域においてもはばを利かせる。こうしてカルドーソは次のように説いた。本来ならイスラエル民族の罪のためにわれわれすべてがマラノにならねばならないところなのだが、[46]神の恩寵が、いわばわれわれ自身の最も内的な真実を公然と否認しながら生きなければならないというこの恐ろしい運命をメシアにのみ課することによってわれわれをそれから護ったのである、と。それというのも、この困難な歩みをくじけることなく敢行できる強さをもっているのはメシアの魂のみだからである。ここにはしたがって、マラノの分裂した感情に合致するメシアが告知されているのだ。

ところでこの表象は、もともと全然別の歴史的経験と精神的領域から生じた別の表象と簡単に結びついた。私が言おうとしているのは、あらゆる事物の復旧、つまり落下した火花を引き上げることによってなされる救済、に関するルーリアとその弟子たちの教義のことである。この教義は非常に危険な転換を起す可能性を具えていた。このことはたしかにサバタイ・ツヴィーの背教以前には誰にも気づかれなかったが、その後急速に、しかもあまりにも効果的に自己の存在を認めさせたのである。この教義の、一般に認められたいわゆる正統的カバリストの異解によれば、イスラエル民族が追放されて散りぢりになっているのは、物質のあらゆる部分のなかへ落下した聖なる魂と神的光の火花をいたるところで収集し、敬虔な行為と祈禱によってそれらの火花をそれが幽閉されているすべての場所から「引き上げる」ためだといわれる。この過程が終ると、ないしは根本的に終りに近づくと、メシアが現れて最後の火花を引き上げ、それによっておのずと世界の悪から、もっぱらそれが活動するもととなる活力を奪う。善と悪、清浄と不浄の領域はこうして決定的に分けられ、以後もはやたがいに触れ合うことがない。

だが、わけてもガザのナータンによって宣伝された、相当な魅力をもった異端説は、これとは異なっている。(47)敬虔な行為と祈禱によって火花を物質の獄《ひとや》から、いわゆるケリーポースあるいは「殼」の領域から救済するためには、必ずしも聖者の惹きつける力だけでは十分ではない。聖者や敬虔者が悪の外側に立ち、幽閉されている火花を自分のところまで引き上げるだけでは十分ではないのだ。偉大なティックーンの過程には諸々の段階が存在し、しかもその最後の最も困難な段階ではメシアは、この過程を真に終らせるために、悪と不浄の国に降りていかねばならない。そして火花を内部から、監獄のなかから引き出すのである。あるいはしばしば用いられる別の形象でいえば、「悪の殼を内部から破裂させる」のである。シェキーナーがいっさいの暗黒と神に反するものの象徴であるエジプトへ降りていかねばならなかったのは、落下した火花をそこから取り戻すためでもあったように、メシアもまた日々の終りに己れの使命を成就すべく闇の国へのこの最も困難な道を歩み始めねばならないのだ。この道程の終りにいたって初めて完全な救済が出現し、そのときにはすべての世界においても、外面的な世界においてすらも、この完全な救済が目にみえるようになる。

このようにしてこの教義は、救済を内的現実としてはすでに体験したと信じ、そのような内的な出来事と外的な追放の存続とのあいだにある矛盾の調停を熱望する人びとの感情を満足させた。メシアの裏切りは彼の使命の最も困難な部分の実現なのである。救済の本質には或るパラドックスがひそんでおり、このパラドックスは、実際に遂行されて初めてその全き深みが見えるようになる。救済とは、いわば永遠の進歩という無害な出来事ではなく、その本質には、他の人びとに救済者の態度を理解できなくさせる悲劇的な要素が隠れているのだ。メシアは己れの使命を実現するためには、ユダヤ人の考えによれば永劫の罰を下されねばならず、彼自身の行為が彼を裁くようにみえるように振舞わねばならないのである。サバタイ主義者は、この危険なパラドックスの苦汁をその全き深みにおいて展開し、それを信者たちにとことん味わい尽くさせるために、真正な宗教の驚くべき熱情をそれに傾注したのである[48]。

もちろんそのことにはそれ以上のものが付け加わった。サバタイ主義者がメシアの「不可解な行為」と呼ぶものは単に、事物の古い秩序から見て、否定的な局面をもっているだけではない。それは、メシアが新しい世界の掟に従うという意味で肯定的な局面ももっている。というのは、あらゆる世界の構造がティックーンの過程の完成によって内的に変えられるのなら、あらゆる事物の真の世界法則であるトーラーも新しい世界においては新しいすがたで現れるに相違ないからである。トーラーは追放の時代においては信者の眼には追放における諸世界の特殊な状態に一致していたが、今やそれはすべての事物が救済において再び獲得するその本来的な状態を表現するのでなければならない。メシアはこの両世界の移行点に立っているのだ。メシアはメシア的自由のなかで新しい掟を実現するのである。事物の古い経過の視点から見れば、この新しい掟は破壊的な作用を及ぼすもので、古い秩序を壊滅させる。そしてこの新しい掟の意味においてなされた行為は、それまで大いに価値のある行為と感じられていたものに矛盾する。換言すれば、救済は同時に、従来追放の立場からのみ見られていたトーラーのあの諸相が崩壊するための条件でもあるのだ。つまりトーラーそれ自体の内的な本質は依然として同じなのだが、その理解の仕方が変わるのだ。そしてトーラーの新しい層が見えてくる。今や追放の状態におけるユダヤ教に代わってメシア的な新しいユダヤ教が誕生する。とくにゾーハルのラヤー・メヘムナーに豊富に含まれている、新しい掟に支配される世界の状態のさまざまな過激な言説や婉曲な仄めかしは、サバタイ主義者たちが自己の革命的な思弁を正当化するのに利用できるものとなった。一三〇〇年頃のあの孤独なユダヤ教の「厳格派」たちが抱いていた諸理念は、もしこう言うことができるなら、ここに初めて家路を見出し、広い範囲に影響を及ぼすようになる。[49] ゲットーのユダヤ教が完全に内部から崩壊してゆくのは、まさしくそのような理念によるのである。

こうした考え方が、サバタイ・ツヴィーの背教後一、二年にして早くも急激に展開されたことは、驚くべきである。たとえばテッサロニーケにおけるナータンの門弟のひとりアブラハム・ペレーツが一六六八年にひとつのトラクトを書いているが、これは反律法主義の理論としかいいようのないものである。[50] そのなかで彼はこう説いている。救済された世界において、口承のトーラーすなわちラビ伝承を、あるいは別の言葉で具体的にいえば、本当のガールースのユダヤ教をなおも堅持するような連中は、まさに罪人とみなさざるをえないだろう、と。[51] 本質においては変わらぬ書かれたトーラーの新しい理解、つまり簡単にいえば新しくなったメシア的ユダヤ教が、口承のトーラーにとって代わるであろう。こうした理念の創始者はそれから生ずる結果をきわめてはっきりと自覚し、それらの結果がアクチュアルな反律法主義に変わらないように安全装置を取り付けた。この新しい世界の積極的な掟は彼によれば、再臨によって初めて、つまり救済の完全な決定的な出現をまって初めて、目に見えるものとなる。すなわちそれは、メシアが悪の諸世界を通り抜ける犠牲の道を終らせ、自分自身が悪を身にまとうことによって、悪を内部から破壊し変質させた時である。だがその時までは、つまりわれわれが生きているこの救済の夜明けの過渡期においては、口で伝えられる教えの古い掟がことごとく有効にはたらいている。このように、ここではラビ的ユダヤ教の外面が依然として堅固に維持されている。もっとも、ラビ的ユダヤ教との感情的な関係はこれらの信者にとって根底から変わってしまっており、そのことは疑いようもないが。

反律法主義の傾向が単に潜在にとどまっていたこのような理論は、さまざまなかたちでサバタイ主義者の穏健派によって弁護された。多くの者たちは、われわれには驚くべきことのように思われるかも知れないが、この緊張のなかから、掟の献身的な遂行と、そのような掟の遂行を無価値にする新しいアイオーンの始まりについての確信とのはざまで生きるという奇蹟を、実際になしとげたのであった。われわれは熱狂的なサバタイ主義者の例を幾つか知っているが、ラビ的ユダヤ教内での彼らの犯すべからざる敬虔さは、彼らが自分の考えを腹蔵なく述べている内密な文書に現れている。この種の文書の最も驚くべき、最も感動的なものが、上部イタリアのモデナ出身の二人のサバタイ主義者によって書かれた日記であるが、それについては別の箇所ですでに詳述した(52)。とりわけ一七一五年以前にサバタイ主義内にこのような穏健派が存在したことは、この運動の理解にとって重要であるが、この存在が無視されたことは事態のよりよき認識を甚だしくそこなうこととなった。それゆえ人びとは、いわれのないことではないが、そのような敬虔な人たちがサバタイ主義の運動に所属しているということには非常にしばしば異論を唱えようとした。というのも、人びとは、サバタイ主義者をラビ的ユダヤ教にたいする反徒、すなわち理論においても実践においてもありとあらゆる違犯と罪を進んで犯す者、というふうにしか考えられなかったからである。しかしこの考えには厳しい制限が必要である。

反面、アブラハム・ペレーツが抱いているような理念のなかに現れている雰囲気全体には、真の反律法主義の急激な勃発を準備するものが十分にあることも疑えない。中世のユダヤ教の長い歴史のなかでこのとき初めて、明瞭な掟の支配下での緊張した生活が生み出していた感情的な姿勢や知的な姿勢が内部から崩れたのである。この生活がユダヤ人の心に及ぼした積極的な力が非常に大きかったために、実践的な掟の遂行のなかにあるこれらの古い価値にたいして何百年ものあいだ何の反動も起らず、いわんや内部からの組織的な反動は全然起らなかったのである。このことは、キリスト教やイスラム教などよりもまさにラビ的ユダヤ教の律法主義的な性格のほうがはるかにあのような反律法主義的な感情の爆発を呼び起すことができただろうと思われるだけに、ますますもって注目に値する。にもかかわらず、キリスト教とイスラム教の支配領域では、ユダヤ教におけるよりもはるかにしばしば、反律法主義の理念や実践に行きつくことがあった。その理由はおそらく、純粋に宗教的なものを越えた外面的歴史的要因のなかにあるのだろう。とくにユダヤ教の旺盛な生存意欲のなかに。なぜならユダヤ教は己れの存在の歴史的条件により、反律法主義的な傾向によってひとたまりもなく滅ぼされてしまっただろうから。掟に逆らった個々人にとっては、ユダヤ教を出て周りの世界の宗教へ入っていくほうがらくであったという事情も考慮に入れなければならない。掟の枠内で存続しようと試みたあの反律法主義的傾向の基盤を準備することができたのは、一に掟とか救済とかいう基本的カテゴリーの神秘主義的な解釈だけであった。そのため、その後実際に反律法主義がやって来たときには、当然のことながらその爆発はことさら激烈であって、サバタイ主義運動の大部分を、現代的表現を用いるなら、その過激派を、しっかりととらえたのである。

過激な反律法主義の発展のなかに現れている動機には二種類ある。ひとつはメシアの人格とメシアの逆説性から出ており、もうひとつは信者の意識と個人的体験から出ている。穏健なサバタイ主義と過激なサバタイ主義とが区別される基準になるのは、単純な問いである。すなわち、メシアの行為は信者にとってひとつの手本であるのかないのか、[53]という問いなのだ。穏健なサバタイ主義は否と答える。彼らは新しい宗教生活の逆説性をメシア個人の人格だけに限定しようとつとめる。メシアのみが古い束縛が崩壊する境界に立っているのであって、彼のみが救世主たる己れの運命にふさわしい、悪に陥る道を歩まねばならない。彼の行為は手本とはならないのだ。それどころかその本質には憤激を惹き起すものがある。つとにガザのナータンが一六六七年に主張していることだが、サバタイ・ツヴィーの「奇怪な行為」こそまさに彼のメシア的使命の真実性を示す証なのである。「というのは、もし彼が救済者でなければ、彼はこうした過ちに陥ることはないであろう。というのは、神が御光を彼の上に輝かせ給うときに、彼は多くの不可解な奇怪な行為を全世界の眼の前で行うからである。このことが彼の真実性の証なのである。[54]」救済の真正な行為は、だから、同時に最も深い憤りを惹き起さずにはおかないものである。信者自身の生活のなかには、ティックーンの最終的な完成によって世界が変わるまでにはいまだいたらずイスラエルの外面的追放が依然として続いているかぎり、ニヒリスティックな傾向を受け入れる余地はありえない。メシアの逆説性は信仰の対象になるだけである。それはたしかに個々人の生活のなかにも現れるが、しかしそれはもっぱら実践を越えた領域にのみ現れるのである。とくにカルドーソは、背教の問題においてこうした立場を弁護することにかなりの努力を払っている。

7

避けられない断絶を惹き起した過激分子の答えはこれとは違っていた。彼らにとっては、もっぱら救世主の運命にのみパラドックスが存在すると信ずることで満足せねばならないのは耐えがたいことのように思われた。むしろ、このパラドックスは追放の終りにすべての運命のなかに認められねばならないものなのだ。メシアの行為はひとつの手本であり、彼に従うすべての者を義務づける。そしてここからひとつの発展が開始される。それは宗教的理念から出発してまったくニヒリスティックな帰結にすら到達する。すなわち、われわれはみな、悪を内部から克服するために悪の深淵に降りて行かねばならないのだというスローガンのもとに、自発的なマラノ精神の理念を再び受け入れるのである。ニヒリズムの唱導者たちがありとあらゆる理論的言い回しを使って教えたように、もはや聖なる行為ではティックーンの過程を成就しえないある種の領域がある。ここでは悪は悪自身によってのみ克服されるのだ[55]。だが、これによってわれわれはひとつのテーゼに達した。このテーゼは、宗教史が教えているように、宗教的意識が大きな危機に陥るとそのたびにいつも一種の悲劇的な必然性をもって登場した。それは、罪の神聖さに関する非業な、しかし同時に誘惑的な教義である。この教義にはおそらくつねに、奇妙にも相対立する二つの世界が混じり合っているのだろう。すなわち、道徳的デカダンの世界と、長いあいだ深く信じられていたものが個々人において新たな力をもってよみがえることのできる、魂のもうひとつの素朴な層とである。この二つの世界はさらに、ユダヤ教の最も貴重な財産すなわちユダヤ教の道徳的実体を深く内部から危うくした十八世紀のサバタイ主義者の宗教的ニヒリズムにも関与している。サバタイ主義運動の最後の局面であるフランク主義の悲劇的な歴史以上にそのことをよく証明するものはない。

トーラーによって確定された、最初の罪と恥の根源との結びつきは、ティックーンについて、つまりあの罪の汚点の修復について熟考するカバリストたちに、新しいメシア的状態における恥の揚棄という厄介な問題を提起する[56]。グノーシス派がイエスの言葉とみなした有名なあの外典の言葉が要求しているように[57]、まさに恥の感情を踏み潰すことによって救済を獲得しようとする逆の道は、過激なサバタイ主義者たちのあいだで意識され、ヤコブ・フランクによって熱心に布告された。人は「悪の衝動」をもっていても神を愛することができる、という〈ミシュナー〉の深遠な古い言葉は(58)、ここで、その著者が考えもしなかったひとつの意味を受け取ったのである。

モーセス・ハギス[*16]は一七一四年にサバタイ主義的異端の二つの方向についてこう語っている。「一方の宗派の道は、自分自身を軽重さまざまな罪で穢す不純な人をすべて聖人とみなす立場である。われわれがこの眼で彼らが精進日に食事をするのをみたとしても、彼らは、それは肉体的な食事ではなくて精神的な食事であり、たとえ世人の前で自分を穢しても、それは不純ではなくむしろそれによって聖なるものの精神を自分自身のほうへ引き寄せるのだ、という。われわれは彼らが単に頭の中だけでなく行為においてもあらゆる悪業を犯しているのを見ているが、それについて彼らはこういう。それはまさにそうあらざるをえないものであり、それがこの問題の不思議なところであって、すべてはティックーンであり、ケリーポート(殻)から神聖さを取り出すことなのである、と。こうして彼らの意見は、罪を犯し、悪を行う人はすべて神の目から見れば善良で誠実なのである、という点で一致している。しかし彼らのなかのもうひとつの宗派は異端を別の面へ向ける。彼らはつねに、サバタイ・ツヴィーの到来とともにアダムの堕罪はすでに修復され、善が有害物や不純物から取り出されている、と論ずる。それ以来新しいトーラーが公布せられ、それによって、トーラーのありとあらゆる禁令が解かれ、とりわけトーラーによって禁止されていた類の性的関係も許されるという。というのも、すべてが清浄なので、何事にももはや非難さるべきものはないからである。それにもかかわらず、彼らがわれわれの眼前でユダヤの掟を固守しているとすれば、それはただ、『汝の母のトーラーを完全に捨てることなかれ』(59)とトーラーに書かれているからにほかならない。」

ハギスは異端者を嗅ぎ回る人であるから、にわかには信じ難い面があるが、この彼の言葉は実際にわれわれが一七〇〇年と一七六〇年のあいだのサバタイ主義の発展について知っている事柄によって完全に確証される。ハギスが一七一四年に叙述した事柄は、その世紀の終り頃まではまだいろいろなかたちでさまざまな地域で実際に行われていた。グノーシス説の歴史においては、カルポクラテス派[*17]の人びとが、そのような自由主義的なニヒリスティックなグノーシスを最も顕著に代表するものとされている。(60)しかしわれわれが彼らについて知っている事柄はどれも明確さにおいて、ヤコブ・フランク（一七二六—一七九〇）が二千語余りの教説によって弟子たちに布告した反律法主義のあの福音とはとうてい比較にならない。フランクも彼の説を基礎づけるために、理論というよりは完全に宗教的なニヒリズムの神話とでもいうほかない理念を引証したのであった。(61)

一般に、ニヒリスティックな教義はその性質上、おおっぴらには講ぜられず、文書においてすら制約がなかったとは言い難いのだが、フランクの弟子たちの師にたいするかぎりない感激と献身はこの比類のないドキュメントをわれわれに伝えてくれた。なにしろ彼らは師を神性の受肉そのものとみなし、師の言葉を神の言葉とみなしていたのだから。それというのも、フランク自身の人となりをどう考えようと、彼の信者たちは大部分(62)——彼らの筆になるもののなかからわれわれは今日なお少なくとも二篇の独立した著作を所有している——たしかに純粋な心をもった男たちであったからである。彼らの言葉からは真の深い宗教的感情が現れている。彼らは、「われわれみんなが入らなくてはならない奈落」とわれわれがみずからに引き受けねばならない「沈黙の重荷」に関する師の漠然とした言い回しのなかに、ラビ的トーラーが彼らに拒んだ解放と救済を見出したのに相違ない。それだから、ポーランド語で書かれたいくつかの写本のなかに、クシエーガ・スラーブ・パンスキッチ『主のみことばの書』が伝えられているのである。(63)金言や寓話や「トーラーの言葉」——もしそう呼んでよければ——などから成るこの収集には、原始的野性と内部から腐りかけている道徳との特徴的な出会いが無気味なくらいはっきりと現れている。しかしすべての

『聖書』のなかで最も注目に値するこの文書には或る種の躍動感、具象性のある言葉にたいする感覚が存在することも否定できないことを、つけ加えておかねばならない。

　タルムードや他の文書にみられる奇妙な、多かれ少なかれ逆説的な言辞と、もともとは同様にまったく違った意味をもっていた神秘主義の幾多の象徴は、急進的サバタイ主義者にあっては、奈落に沈んだ堕落した神秘主義の思想がすべての既成宗教と公然と衝突する宗教的ニヒリズムのスローガンならびに象徴として現れる。たとえば「罪それ自体のために犯された罪は偉大である[64]」とか、「トーラーの廃棄こそがトーラーの真の実現になりうる[65]」といったようなタルムード的な言葉や半タルムード的な言葉、つまりタルムードそのもののなかではもちろんまったく別の意味をもっているのだが、その言い回しからしてそのような解釈をも許容する言葉は、そうした基調を表している。トーラーは、サバタイ主義者たちが比喩的に述べることを好んだように、救済の種子である[66]。種子が芽を出し実を結ぶためには土の中で腐らなければならないように、トーラーもまた、真のメシア的すがたをとって現れるためには、われわれの行為の領域のなかで廃棄されなければならない。ティックーンの過程は全世界を貫いている有機的生の法則に従えば、人間の行為も少なくとも或る種の領域ではおかしなものになり、いわば腐敗するものである、ということと結びついている。タルムードはいう。「ダビデの息子は、完全に有罪であるか、それとも完全に無罪であるか、どちらかの時代にしか現れない[67]」。この警句から多くのサバタイ主義者たちは次のように推論した。われわれは全員が聖者にはなれないのだから、われわれ全員を罪人にせよ、と。

　実際にはもちろん、罪の神聖さというこの考えのなかには非常にさまざまな理念が結合している。実際にはその本質からして清らかで神聖であっても必然的に罪の外観をおびざるをえない行為が幾らもある、という見解と並んで、別の見解もある。この見解によれば、ほかならぬ本当に悪いことでも、いわば宗教的熱情をもって行われることによって、内部から爆破され、変質させられる。こうした考えが、ユダヤ人の生活の清らかさについて何百年ものあいだ説かれ考えられてきたことすべてに根本的に矛盾することは明らかである。まるで掟の世界のただなかに無秩序な反乱が起ったかのようである。この反動は、ある特定の過激な秘密集会において、人格の道徳的な格下げを意図的にめざす行為や儀式が行われるところまで進んだ。というのも、どん底に沈んだ者こそ、光を直観するに最もふさわしい者であるように思われたからである。テッサロニーケからきた過激派の使徒たち、とりわけヤコブ・フランクは、このテーゼを完成することに余念がなかった。

元来この教義のなかに表現された積極的な動機にたいしても、それをただ憤慨するだけでなく、理解の目を向けることが必要である。この過激派の宗教的かつ部分的にそれと結びついている道徳的ニヒリズムは、あの年代の歴史的条件のもとで正常な表現を見出すことができなかった、ユダヤ人の生活の徹底的な革新を目ざす救いなき迷誤にみちた努力にほかならない。一六六六年の大いなる飛躍のなかで「信者たち」に伝えられていたあの真の解放の感情は、それが歴史的政治的次元において否定されたとき、道徳的宗教的次元においてその表現を求めた。革命的に外へはたらきかける――このことはメシアの背教という破局によって拒まれたが――代わりに、その感情は内へ転じ、後に不浄の門へと向かうメシアの使命の神話が色褪せ始めたときに啓蒙と改革が利用することのできたあの気分を多くの魂のなかに醸成したのであった。

だが、これに加えてさらに――すでに述べたように――別の動機が存在する。この動機は同様に宗教史一般から、とりわけ神秘主義的諸宗派の歴史からわれわれによく知られており、ほとんどつねに罪の神聖さについての件のテーゼといっしょに現れるものである。つまりそれは、真の神的火花を内に宿している選ばれた者たちはその本質からして他の人間と区別されており、他の人間の尺度をもってしては測れない、という考え方である。彼らはひとつの新しい精神的な掟の下にあり、ひとつの新しい現実を代表しているので、彼らは善悪をも越えている。真に生まれ変わった者はもはや罪を犯すことができず、したがって彼がなすすべての行為はより高い視点から考察されねばならない、という信条が、新旧の時代のキリスト教の諸派のあいだで、いかに危険な議論や帰結を呼び起したかは周知のとおりである。似たような理念はじきにとりわけテッサロニーケのサバタイ主義の追随者のうちにも現れる。隠れた世界のなかでつとに始まっていた救済の内的現実が、この現実のなかに立っている者たちに、いわば行為のためのより高い掟を課するのである。

私は、このテーゼを具体的に擁護することのできた当時の多くの可能性をここで論議するつもりはない。二つの信条、すなわち悪を内部から克服するために奈落へ堕ちて罪を犯すことは立派な功績であるということ、もうひとつは、ティックーンのメシア的世界の現実をすでに脱け出たところに生きている者にとっては悪はもはやその意義を失っているのだから、罪を犯すこと自体が不可能である、ということ——この二つの信条はたしかにたがいに矛盾しているようにみえるが、実践的立場から見れば、両者は同じ方向にはたらいている。つまり両者は、実際にはとにかくまだ古い世界とその諸条件のもとで行われている外的行為を無価値にし、それにたいして真の信仰にふさわしい隠れた内的行為を対置する傾向をもつのである。しかしながら、外的なものと内的なものとのあいだのこの葛藤がサバタイ主義の発展において取った形式は、非常に多様である。ニヒリストの過激なサバタイ主義者たちは次の点に関して意見が一致していた。すなわち、救済の世界はこれまでのところ内的現実性を獲得したばかりであって、外的にはまだ依然として隠れているように、真の信仰もただ秘密裡に培われるだけであって、外部へ向かってはなお、追放［ガールース］の世界のなかに依然として活動しつづけている悪の力に相応したあの態度がとられねばならないのだ、と。人が行う信仰は、今後はその本質からして必然的に、人が本当に所有する信仰とは一致しえない。誰でもなんらかの仕方でマラノの運命を自分に引き受けざるをえないのだ。心と口は一致する必要はない。(68) このことはユダヤ教世界の内にも起りうることであり、実際に過激なサバタイ主義者たちですら大多数は依然としてユダヤ教にふみとどまったのである。内的な秘密の行為によって無価値にされた外的なものとはここではラビ的ユダヤ教であったが、このラビ的ユダヤ教にたいしては、反律法主義のメシア的ユダヤ教、つまりトーラーの真の実現としてのトーラーのひそかな揚棄、が対抗している。しかし人びとがサバタイ・ツヴィーのひそみにならったときには、この外的なものは同様にイスラム教でもよかったのだし、あるいは後に人びとがフランクの例にならったときには、カトリック教でもよかったのである。(69)

「禁じられたことを許す神よ、汝は誉められよ」という冒瀆的な祝福の言葉は、これら過激派の者たちにとって彼らの真の感情の表現となった。(70) 彼らにとってはトーラーの権威を否認すること——彼らにはそんな気持は毫もなかった——が問題なのではなくて、唯一重要な「高次の世界のトーラー」つまり、トーラー・デ＝アツィールースを、(71) 現在感覚的に現れているトーラー、つまり、トーラー・デ＝ベリーアーに対置することが問題なのであった。このように、制度上の三大宗派は、これらの新しいユダヤ人のアナーキーな宗教感情にとっては、いずれも絶対的な価値をもはやもっていない。当然明白なことだが、ユダヤ人の意識革命にとって最も重要だったのは、ドイツやハプスブルク王国の諸地方におけるサバタイ主義者の大多数の者と同様にゲットーの隔壁内にとどまり、表向きはラビ的ユダヤ教を信奉しつつも、内面的にはそれをすでに克服してしまったと信じていたあのグループである。こうして、フランス革命の勃発が彼らの理念に再び政治的な様相をあたえたとき、彼らは抑制なき政治的黙示論の使徒へと向かったのである。既存のいっさいのものを革命しようとする彼らの願望は、今はもう罪の神聖さというような絶望的な諸理論のなかに表現を求める必要はなく、直接、新しい時代をもたらすための共同作業に影響をあたえることができたのだった。フランクの死後一七九一年にオッフェンバッハにおいてその宗派の指導的役割を引き継ぐものと暫くのあいだ信じられていたらしい男が、ユニウス・フライと称してダントンとともにギロチン刑に処せられた(72)。もちろんこれは極端なケースにすぎない。大概のことはユダヤ教区民内で起る。きわめて特徴的なことは、プラハ出のモーセス・ポルゲスが報告しているように、彼の父親が一七九四年にフランク主義のことをどのようなかたちで彼に説明したかである。「トーラーのほかにも、ゾーハルという一冊の神聖な書物があって、トーラーでは単に示唆されるだけである秘密をそれは明らかにしてくれる。このゾーハルはわれわれに精神的完成を要求し、どうすればそれに到達できるか、その道を示してくれる。多くの気高い人たちがこの新しい教義に献身した。精神的ならびに政治的圧迫からの救いが彼らの目的であり、目標なのだ。神は新しい時代にも昔と同様に顕れた。息子よ、お前はこうしたことといっさいを知らねばならない(73)。」

8

両派、つまり過激派と穏健派のサバタイ主義者の宗教的思考の結果としてユダヤ教が陥った危機のなかでは、カバラーの伝統的な諸形式もまた問題にならざるをえなかった。サバタイ主義は理論的にはルーリアの考え方を極端化することから生じたものであった。したがって、今やおびただしい数の新しい理論が最終的な帰結をルーリアの理念から引き出そうとつとめたにせよ、まったく新規に独自の神秘主義的考え方でもって始めたにせよ、そんなことは驚くに足りないことである。カバラーの歴史においては新しい考え方や体系の始まりにはほとんどいつも、最後の時代の始まりがさし迫っているという感情がともなっていた。カバリストの著作を読むと、追放の時代に曖昧化した神性の最も深く最も真実な秘義は救済の前夜になって初めて決定的に再び現れるだろうという見解に再三お目にかかる。従来のカバリストたちの古い考え方を断ち切って、新しい理念をそれに代えようという勇気は、そのような感情から生じたのである。アブーラーフィア、ゾーハル、『ペリーアー書』、サーフェードのカバラーの体系家たち、彼らはみな、サバタイ主義者やフランク主義者に負けず劣らず、自分たちの理念の完全な新しさを正当化するために、終末が間近に迫っていることを主張する。多くのサバタイ主義者たちがルーリアの理念を放棄せず、たとえばガザのナータンのように、それらの理念にまったく新しい言い回しをあたえるにとどまったのにたいして、他の者たちは多かれ少なかれ徹底的にそれらの理念と袂を分かったのである。サバタイ主義的なカバリストたちの思考は、とりわけサバタイ・ツヴィーの背教後の五十年ないし六十年間は、きわめて徹底している。(74)アブラハム・カルドーソ、サムエル・プリモ[*18]、アブラハム・ロヴィゴとその弟子モルデカイ・アシュケナージ、ネヘミア・ハイヨン[*19]、ヤーコプ・コッペル・リーフシッツ[*20]、そして最後にヨナタン・アイベシュッツ、彼らは多かれ少なかれ明瞭に異端の性格をもったサバタイ主義的カバラーの最も卓越した代表者たちである。彼らの著作や見解は今もなおかなり精確に知られている。(75)それにひきかえ、明白なニヒリストたちの理論の詳細に関しては不明な点が多い。とくに、テッサロニーケのドーエンメーたちのなかで最も過激な傾向をもつ最も重要な理論家バルーフ・コニオ[*21]——もっとよく知られた名でいえば、ベラヒアまたはバロヒアス——の教義は、間接的に知られているにすぎない。(76)フランクの「理論」の大要は疑いもなく彼の教義から出てきたものであり、ラビ的ユダヤ教の最後の偉大な大家のひとりであるヨナタン・アイベシュッツ（一六九〇—一七二四）の若い頃の秘教的な著作に見られる重要な幾つかの要素も多分そうである。だからこそサバタイ主義的ユダヤ教にたいするアイベシュッツのひそかな愛着が今日にいたるまでもしばしば特別熱心に反論を呼んでいるのである。たしかにアイベシュッツは、三十年後にハンブルクでみずからサバタイ主義者のひとりであると称したために大きなスキャンダルが起ったとき、あの著作が自分のものであることを否認した。しかし彼が著者であることは文献学的な分析によって確証できることなのだ。(77)

サバタイ主義者の基本的テーゼ、すなわちサバタイ・ツヴィーの裏切りは真の秘義であるという見解が逆説的であるように、神についてのサバタイ主義者の理念もまた非常に逆説的である。今、世界の安息日の前夜に、追放のあいだ学者や神学者たちにも哲学者やカバリストたちにも隠されていた神性の真の秘義、ソード・ハ＝エローフースがサバタイ主義者たちに（明らかに、最初はサバタイ・ツヴィー自身を介して）啓示されたのである。追放の始まりの頃の秘義を伝授された最後の者たちであるシモン・ベン・ヨハイとその朋輩たちはこの秘密をまだ知っていて、それを仄めかす言葉をゾーハルの書やタルムードのアッガーダーのさまざまな箇所にちりばめたのだった。ところが、真なる認識へいたるこれらの暗示や道しるべはガールースの時代には解き明かされぬままに終った。(78)それらの上にはヴェールが懸けられ、カバリストの解釈ですらそれを取り除くことはできなかった。だが今ここ、サバタイ主義者たちのもとで、神性の真の秘密として、すなわちメシアによって更新されたユダヤ教の神学的内容として解き明かされる事柄はメシアの必然的な背教の逆説にも実際匹敵しうるほどの驚くべき事柄なのだ。われわれがここで一神教の本来の内容として出会うものは、隠れた神と創造神とのあいだのグノーシス派的二元論の新しい形態にほかならない。ここでこれらの諸理念が展開された観点は非常にさまざまである。しかしそれらには共通する根本思想があり、それをこれから手短に述べようと思う。

二世紀と三世紀の古いグノーシス派の人たちは、真なる認識、つまり悟りを開いた者のグノーシスがかかわる隠れた善なる神と、彼らがユダヤ教の神とも呼ぶ世界創造神、つまり正義の神にして掟をあたえる神とは、区別されなければならないと信じていた。旧約聖書はこの創造神の古文書であり、この創造神がイスラエルの神つまりユダヤ人の神と称されるのは、彼らに言わせると蔑称なのである。そしてこれら二つの神、より高い愛する神とただ正しいだけである低い神を混同することは、宗教にとってひとつの不幸であるとみなされる。これらの理念のなかに表現され今もなお作用しつづけているのは、その最も深く最も有効なかたちにおける形而上学的な反ユダヤ主義である。われわれは今サバタイ主義者のなかに強調点が意味深長に移し変えられた同じ二元論を再び見出す。彼らは、「第一原因」と呼ばれる隠れた神と、「イスラエルの神」である生きた啓示の神とを区別する。第一原因の存在はいっさいの合理的思考によって根本的に認識できる。どんな子供でも、悟性のイロハを用いるすべを心得ているならば最高の原因の認識に達するに相違ない。しかし悟性が仲介するこの認識は宗教的には価値がない。第一原因というのはけっして宗教の対象ではないのである。宗教においてはむしろ啓示が、悟性の基本的な訓練によっては認識されないものを伝達するのである。第一原因は世界や創造とはまったく関係がなく、摂理も報復も行わない。それは哲学者の神、アリストテレスの神であり、カルドーソ自身によれば、ニムロッド[*22]やファラオやすべての異教徒が崇拝した神なのである。これにたいして宗教の神はシナイの啓示の神である。啓示の記録文書であるトーラーはあのあらゆる存在の隠れた根基のことはどこにも語っていない。われわれはこの根基については、実在はするが、どこにも顕れていないということ以外は、何も知らない。啓示だけが、いっさいの創造者であると同時に、第一原因の最初の結果を表すあの「イスラエルの神」、エローヘ・イスラーエールについて語る権利をもっているのであり、実際にまた語っているのである。

グノーシス派がイスラエルの神を宗教的に無価値なものだとしたなら、サバタイ主義者は隠れた神を無価値なものとした。彼らによれば、追放の渦中におけるイスラエル民族の誤りは第一原因と最初の結果とが、つまり悟性の神と啓示の神とが混同されたことにある。カルドーソとハイヨンは、イスラエル民族はそのために追放の殉教のなかで真の純粋な神認識を失ってしまったのだ、という恐るべき結論をも辞さなかった。われわれにアリストテレスの神を宗教の神であると吹聴しようとした哲学者たちはいつか弁明しなければならないだろうし、彼らを誇りに思う理由などイスラエル民族にはない、と彼らは言う。

宗教の対象、つまりわれわれのあらゆる祈りの目標は、「イスラエルの神」と、並びにイスラエルと神的シェキーナーとの統一ないしは合一しかありえない。この二元論はまもなく多くのサバタイ主義者において、隠れた神とイスラエルの神とシェキーナーとの神秘主義的な三位一体に変わった。そして、救済の完成は、三位一体のこれら三つの相の各々がある特別なメシアのなかに、したがって究極的には女のメシアのなかにも見られるようになるということと結びついている、という理論が登場するまでに長くはかからなかった。サバタイ主義者がこの新しい三位一体について抱いていた考え、とくに十八世紀初頭のこの運動の分かれ目の時期になお印刷された唯一のサバタイ主義的カバラーの作品、ネヘミア・ハイヨンの著書オーツ・レエロヒーム、『神の力』のなかに詳述されている考えは、差し当ってわれわれには重大な関心事ではない[79]。重要なのは、穏健派のサバタイ主義者でさえユダヤ教の根本的確信とおおっぴらに衝突した一神教の中心に神概念を据えようとしたことである。彼らが宗教の絶対的対象を派生的なもののなかにみることを主張した熱心さには、何か奇異な、人を不安ならしめるものがある。それゆえ古代ユダヤ教や正統派カバラーが、理性の神と啓示の神を引き裂くことに抵抗した情熱はわかりすぎるほどわかるのである。

サバタイ主義者たちにとって、すべての現実は弁証法的に崩壊してしまったのだ。彼ら自身の体験が彼らを自己自身とたえず矛盾する存在という理念へ向かわしめたのである。彼らの神も、彼らのメシアに劣らず、そのような自己矛盾とそのような崩壊のしるしを宿しているということは理解できることである。

第九章　ポーランドのハシディズム、ユダヤ神秘主義の終局

1

ユダヤ神秘主義のどの部分をとってみても、その最後的段階であるハシディズムに関してほどに、およそ数多く書かれたものはない。すでに第三章の終りで記したように、この十八、十九世紀のポーランドとウクライナのハシディズムは、中世ドイツの神秘主義とは何のかかわりもない。この新しい運動は、十八世紀の中葉すこし前に、かの有名な聖者・神秘家イスラエル・バアル＝シェーム、すなわち「聖なる名の巨匠」（一七六〇年死亡）によって生みだされた。彼の人格がハシディズムの生の律法を大きく規定していることは、サバタイ・ツヴィーの人格がサバタイ主義のそれを規定しているのと同様である。ロシア・ポーランドのユダヤ教の大部分はこのハシディズムによって、とりわけ一八五〇年まで征服された。それに反して、スラヴ諸国とルーマニアの外では、地歩を占めることができなかった。

果てしない文献の数々は、とくに最近五十年間において、この対象に関する見解を語り、これを理解するために、すぐれた学者や明晰な頭脳が努力を傾注することに不足はなかった。シモン・ドゥブノフ(1)[*1]、マルティン・ブーバー[*2]、S・A・ホロデツキー[*3]、ジャコブ・ミンキン[*4]、その他多くの人びとの書が、これま

でユダヤ神秘主義の発展のこれ以外のどの部分に比べても、この注目すべき運動の本質にたいして一層深い洞察をわれわれに提供してくれた。その歴史、その敵とのたたかい、その偉大な聖者や指導者たちの伝記、それどころか、その反動勢力の政治的道具への転落までも、こうしたすべてが今日よく知られている。ユダヤ神秘主義のこのような明敏な研究がまさにその最終段階とともに始まり、いわばこの段階からして初めて、カバラーのさらに以前の発展段階にまでもわれわれの宗教史の厳粛な生きた問題を見るようになったということは怪しむに足りないところであり、たしかにハシディズムは今日でもなお生きた現象なのである。具体的な表出としては、それがどんなに堕落したものと見なされようと、とにかくハシディズムはユダヤ民族の幾千万という無数の人びとにとって、現実にはたらきかける力として人びとの頭から除きさることはできない。いや、そのこと以上に、十九世紀の神秘主義と啓蒙思想のあいだの激しい闘争においてあまりにも軽々と片隅へ押しやられてしまっていた強力な宗教的価値が、このハシディズムの生命の風変りでエキゾチックな表皮の下に隠れていたことをまず最初に発見したのは、必ずしもいわゆる厳密な科学の畑の出身ではまったくない、数人の生きた思想家たちだったのである。

ハシディズムの感情世界が、ユダヤ教の精神的革新に努力していた人びとの精神を大きな力でひきよせた。やがてわかってきたのは、ハッシーディームの書のほうが、その合理主義的敵対者マスキーリーム[*5]の書よりもオリジナルな思想を豊かに包蔵していること、そして再生したヘブライ文化がハシディズムの遺産から豊かな刺激を受けずにはいなかったことであった。アハド・ハアム[*6]のような冷静さ——あるいは抑えた情熱というべきか——をもった思想家でさえ、すでに一九〇〇年ごろ、「近代」ヘブライ文学のある批評のなかで次のように書いている。「恥しいことだが、われわれが今日でもなおオリジナルなヘブライ文学のひとつの影を見出そうとするなら、まずハシディズムの文学に目を向けざるをえないことを告白しなければならない。この文学は、ありとある幻想とともに、またユダヤ的オリジナリティの刻印をおびた深い思想をもいたるところに秘めていて、それは啓蒙思想の文学のばあいと比べて、はるかに豊かなものだ。(2)」

何よりもまず、より古いカバリストの書物と比べて、このハシディズムの文書へ通じる道を本質的に容易にしてくれたものに二つのことがあった。そのひとつは、ハシディズムの重要な作家たちがその思想のために見出した比較的近代的な表現であり、もうひとつは彼らがとくに宗教的なエピグラムやアフォリズムを好んだことである。より古いカバリストの書物をその本来の内実のまま評価することができるためには、ほとんど例外なしに、われわれとはひどくかけ離れた象徴《シンボル》類の世界とおよそ独特で複雑な神秘的語彙とのなかへはいりこんでいかなければならない。そしてこの粗い表皮の下に隠された内実を解明することは困難なばかりである。一方のハシディズムの文学には、まったく別なかたちで読者に語りかけてくる実に多くの、きわめて重要な作品があるのである。表現方法はより完全であり、なんといってもそこには同時代のものの息吹が感じられる。本来のカバラーの圏内から、もしもコレツのラビ・ピンカス、ブラツラフのラビ・ナハマン、コツクのラビ・メンデル[*7]その他のハシディズム指導者たちのような、宗教的アフォリズムの大家たちが輩出していたのだったら、われわれが本来のカバラーを理解する条件もはるかによくなっていたことだろう。

しかしながら、ハシディズムのテーマを取扱う学問的な論稿や文学的ないし文学好みの作品の数々があらんかぎりの言葉をつくして山のようにたくさん——多くはまことに見事な形式まで整えて——存在するとしても、全体としてのハシディズムの問題に、とくにユダヤ神秘主義一般との関連をつとめて大きく考えながら、立ち戻ってみることは、私にはけっして余計なこととは思われない。実際、今日でも広く流布しているハシディズムの物語や金言の美しい集成類と競合するつもりは毛頭ないし、たとえばマルティン・ブーバーの著作とか、ルイス・ニューマン[*8]が英語でまとめあげた包括的な『ハシディズム・アンソロジー』(3)のなかに含まれている素材に、私は何ひとつつけ加えるつもりもない。こういう仕事はたしかに困難なことではあるまい。この領域でのハシディズムの伝承の豊富さはまことに圧倒的なものなのだから。しかし、この大きな対象について私が観察するに当っては、とくに私が考えさせられている二、三の中心的なポイントにしぼってみたいと思う。

ハシディズムはそもそも神秘主義であるのか、に異論をさしはさむ試みが、近年ないわけではなかった。(4)こうした試みに私は賛成できないけれども、もちろんそれにたいして若干の発言をすることはできる。とりわけそれは、ここにひとつの問題が潜んでいることをわれわれに示しており、この問題を一層精確に見定めることが重要だと思われる。この問題とはカバラーの大衆普及化の問題、よりよく換言すれば、神秘的イデーの社会的機能の問題である。本書の最後の二章の内容を思いだしてみることは、この関連に有益であるだろう。思うにルーリアのカバラーとサバタイ主義はハシディズムの興隆と成功とに深く関連しているからである。根本においてそれらは同じプロセスの三つの段階なのだ。ルーリアのカバラーがすでに、広汎な人びとをとらえて、その人びとの生活形式をカバラーのイデーから規定する傾向をもっていた。その仕方は、その神秘的イデーの中心にメシア的要素をとり入れることによるもので、広汎な人びとの層の救済願望をとくに強度にそそりたて、われわれの現実生活のさまざまな欠陥と、その生活本来の姿を復元してみせることによって欠陥を癒やすこととのあいだの対比をティックーンというプロセスでとくに強く浮び上らせ、これを通じて民衆の要求にこたえたのである。サバタイ主義の運動において、この共同社会の救済のための歴史的波動は、やがて「現代において」邪道におちこんでしまった。サバタイ主義運動の影響力がどんなに買いかぶられるにしても、きわめて広汎な層に永続的な影響力をもつということがこの運動のばあい、民族の大衆層にたいしてもはや機能しなくならざるをえなかったことは明らかである。ここで神秘的認識それ自身にすでに内在する逆説《パラドクス》がいわば自転するものとすれば、それはただ比較的小さなグループでしか生じえなかったのだ。しかしハシディズムはそれなりの方法でカバリストの世界が大衆のあいだで支配するように力を貸そうと試みて、ある時期のあいだそれに異常なほどの成功をおさめたのであった。

サバタイ主義の興隆と崩壊の後に、カバラーが、サバタイ・ツヴィーの新しい「信者たち」やその一党の危険な路線を辿って八方塞がりにおちいることとなしに、さらに前進しうるとすれば、そこにはただ三つの道が可能であった。そのひとつの道は、まるでそもそもまったくなにごともなかったかのように振舞うことであり、その道を進んだのは、およそ新しいイデーを思いわずらうことのない、多くの正統派カバリストたちであった。しかし、この道はもはや歴史的な力をもちえなかった。ルーリアのイデーにあるメシア的な要素は木端微塵になってしまっていて、どうにも否定しようがなくなっていた。

しかし、広汎な影響力を及ぼすというこうした試みのうちに潜んでいた破局の可能性が現にはっきりしてしまった後では、その試みから再び完全に手を引くという結論をひきだすことも可能であった。それをしたのは、後期カバラーの最も重要な担い手である数人の人びとで、彼らはルーリア主義のあらゆる大衆普及化の展望を完全に放棄し、むしろカバラーを再び市場から、個々の選ばれた人びととの静かな、半ば僧房的な小庵のなかへひきもどすことに努力した。ポーランドにおいて、まさしくあの、サバタイ主義とハシディズムとがふるさととした地方で、十八世紀の半ばごろもう一度そうした中心が形成され、その権威は一七五〇年から一八〇〇年までとくにガリチアにおいて非常に強かったのである。ここでは正統派の反サバタイ主義的なカバラーが情熱的に保護育成された。これがブロディの「僧房」[*9]の偉大な時代であって、言葉どおりの意味からする隠者的僧庵ではなく、カバリストたちが研究したり祈ったりする大きなシナゴーグのかたわらにある小さな一室のことである。このブロディの僧房は、アアロン・マルクス[*10]が言ったように、一種の「楽園のような温室」を形成し、そこに「生命の樹」（ルーリアのカバラーの主著がそう名づけられている）が花をひらき、実をつけたのである。[(5)] しかし、この孤立的傾向の古典的代表者となったのは、イエーメン人のカバリスト、ラビ・シャーローム・シャルアビー[*11]で、十八世紀の半ば頃エルサレムに活動し、現代にいたるまで存続したカバリストの一派を創始した。[(6)] これはエルサレムの旧市内の或る見すてられた場所ベース・エル[*12]のことで、ここには一九三〇年代にいたるまで依然として「現代の」人びとが出入し、ユダヤの祈りが最も崇高厳粛なかたちで存在しえているところに深い印象を得ることができた。ここでは、この秘密に通じた同信の達人たちの神秘的な祈禱、神秘的観想が再び、これまでより以上に公然明白に中心部に移された。その一メンバーの子息であるアリエル・ベンシオン[*13]が語っているように、「ベース・エルは神聖なる一体性のなかに生きることを決断したひとつの集団《コミュニティ》を形成した。これに入信することを願う人びとに、それは、学者的な知と禁欲的な自己否定を要求し、そこで大衆から遠い存在であり続けた。[(7)]」われわれの所有する十八世紀からの文書では、このグループの十二名の加盟者が、彼らの共有する生活を通してイスラエルの神秘的肉体を鍛えあげ、相互のために自己を犠牲にすることを、連署をもって義務づけられている。「それは単に現在のこの生活においてのみならず、いっさいの来るべき生活においても[(8)]」そうなのである。カバラーはその道程の終局なるここにおいて再びその最初に存在した元通りのものとなる。すなわち現実にはたらきかける宗教、世俗的民衆を腕の長さだけ距離を保って遠ざけようとする一種の秘義的宗教、である。オリエントのユダヤ教に重要な影響を及ぼした[(9)]この方向でのセファルディームのカバリスト文書のなかには、これほど広い範囲に理解されることのできるものはただのひとつも見出すことは難しいといってよいだろう。

ところで第三の道はといえば、これはまったく異なった事情にある。この道はなお開かれており、大体においてハシディズムが、とりわけその古典期の、断固として選んだ道である。ここでは神秘主義は、その使命を民衆に結びつける要求をけっして放棄せず、トーラーのあらゆる領域に等しく通暁した深い学殖ある神秘家たちのごく小さな圏内に退隠してしまうことをしなかった。反対に、無学なラビ集団のなかから一種の典型的な「覚醒運動」として成立したハシディズムは当初から広汎なはたらきかけという目標を明らかに念頭にしていた。ハシディズムがこの目標をどのような道で達成したか、またそのためにはどのような代価を支払わねばならなかったか、については、私はさらに後で戻ることにしよう。今ここではまず何よりも、この運動がユダヤ神秘主義の先行する諸段階とどのような点で異なり、また一致しているかを明らかにすることが重要である。

私の理解するかぎり、ハシディズムは、大衆的なはたらきかけの可能であるカバラーの内実を生きいきと維持しようとする試みを表しているが、しかしこれまでのあいだカバラーが大衆的な影響力をもったことについてたえずおかげを蒙ってきた、あのメシアニズムの要素を受け継ぐことはしない。緊急性の力としてのメシアニズムの除去、きわめて広範囲ではあるが危険でもある力ということの明らかになった神秘主義と黙示録の結合を再び廃棄しようとする努力、それにもかかわらず後期カバラーの手本ともされていた大衆への道をあくまで諦めまいとする努力——これこそハシディズムを理解するための本来決定的な点であるように思われる。おそらくメシア的要素の除去ということよりも、その「中立化」について語るほうがよいであろう。私は誤解されたくはないし、メシア的な希望と救済への信仰がハーシードの人びとの心から消えさったなどとは、さらさら言うつもりはない。そんなことは、どんな意味においても誤りであろう。いや、それどころか、われわれがさらに後で見るように、ユダヤの宗教性のどんなポジティブな要素でも消去してしまうような、およそハシディズムにおいて放棄されてしまうものは、まったく何ひとつないのである。しかし、ひとつの点は、あるイデーを、伝承されたユダヤの財産の大宝庫のなかへとりこむことであり、もうひとつは、そうしたイデーをそのあらゆる合意もろとも生きた宗教感情の中心点にすえることである。それがルーリアのカバラーのティックーン教義についていえることであり、またサバタイ主義者たちの逆説的なメシアニズムにもいえることである。つまり、どのようなイデーが彼らを動かし、前へとかりたて、彼らの大きな影響力を条件づけているのかについて、疑問の余地はないのである。そして、まさしくこのような人を動かす力としてのメシアニズムは、もはやハシディズムのなかで何の重みももってはいない。たとえ彼らの指導者二、三と共に、幾つかのグループが一七七七年のパレスチナへ移住したとしても。(10)

メシアニズムにたいするこの新しい態度にとって、あまりに特徴的にすぎる事例は、バアル＝シェームの弟子であり、ちょうど上述した指導者たちの師であったメセリッツのラビ・ベーア[*14]（「熊」の意の渾名）がよく口にしたというまことに驚くべき考えである。「パレスチナでよりも流離の地で神に仕えるほうがことはやさしいし、またそのほうがむしろ篤信者にはお手のものなのである。」「聖なる火花の引き上げ」という古きルーリアの教えも、救済の実現についての二つの展望のあいだの区別を導入したことで、本来のメシア的な意味を奪われてしまった。展望のひとつは、救済としてというよりもむしろ個人の魂の至福化として考えられるもので、もう一方はもちろん個々の個人ばかりでなくイスラエルの全共同体をうちに含んだ現実のメシア的救済のことである。ハシディズムの最初の神学者、ポルナのラビ・ヤコブ・ヨセフ[*15]がすでにこう語っている、「火花の引き上げ」は単に個人の救済に通じるだけではない、ただ神ひとりの手によってのみ招来され実現されるメシア的救済――人間の行為によってではない――にこそ連なりうるのだ、と。最初の二世代のハシディズム文学においてカバリストのメシアニズムが前カバリスト的な形式に背向したことは、ハシディズムに関する現代の諸著作の多くの筆者たちには十分に顧みられることがなかったのである。

2

よく知られているように、そしてまたけっして偶然ではないことだが、ハシディズムは、急進的なサバタイ主義が最も強く根をおろしていたのと同じ地方、すなわちポドーリアとヴォルヒニアに成立した。この運動の創始者イスラエル・バアル＝シェームはあの地方で一七二五年以降の数年間に彼の活動を開始したが、ちょうどその年間に、たえず正統派のラビたちから迫害されてきたポドーリアのサバタイ主義者はますます尖鋭に宗教的ニヒリズムへと発展していき、その生命の最後に、フランク主義運動として表現されるあの反律法主義的感情の大爆発をひきおこした。ハシディズムの創始者とその最初の弟子たちは、したがって急進的な神秘的メシアニズムの破壊的な暴力について、或る明白な具体的イメージを目のあたりに見ており、こうした経験から彼らの結論をひきだしたのである。彼らはサバタイ派が宣伝をこころみ、部分的には影響力をもちえたとも解していた同じ対象の人びとのあいだにはたらきかけた。最初のうちこの両方向の信奉者たちのあいだである種の動揺も生じたというのはけっしてありえないことではない。バアル＝シェーム登場の以前から当時すでに「ハッシーディーム」を自称していたポーランドユダヤ教のあのグループは、その本質上およそ隠れサバタイ主義的グループであった筈もないとすれば、彼らはサバタ[11]

イ主義者たちから強烈に吹きこまれていたのである。この点はわれわれの情報不足からしてもはや容易に確定することはできまい。そして「バアル＝シェーム」の新しいハッシーディームと古きそれとの違いはきわめて徐々にしか浸透しなかった。この隔たりの続[*16]くあいだ、二つの方向の信奉者たちのあいだでの耕地整理のために時間がかかった(12)[*17]。ザロモン・マイモンがあの「前《プレ》ハシディズム的」ハッシーディームのひとりヨッセール・クレックについて報告しているところによれば、上述したハッシーディームと、一六九九年および一七〇〇年に聖地へのある神秘主義的「十字軍」を組織したラビ・ユダ・ハーシードのグループから出たあのハッシーディームとのあいだには、原則的な違いはなかったことがはっきりしている。この後者のグループに関しては、メンバーの大多数がサバタイ主義者であったと想定できる十分な理由がある(13)。

この二つのハッシーディーム・グループおよびサバタイ主義とハシディズムの関係について、思いがけない発見があって、われわれに考えさせてくれた。そのことをここで簡単に報告しよう。バアル＝シェームの青年時代[*18]について、彼の孫弟子たちの手で描かれた伝記的な伝説のなかには、ラビ・アダム・バアル＝シェームというひとりの奇特な聖者のことが多く語られている。この人物の神秘的な著作がたまたまハシディズムの創始者（バアル＝シェーム）の入手するところとなったのだが、当人同士は個人的に相知ることはなかったというのである。アダムという名前は、当時のユダヤ圏内では絶対に用いられることはなかったもので、それがこの伝説的な人物とかかわりのあることを暗示している。そして私は、ラビ・アダムの著作がラビ・イスラエル・バアル＝シェームの手に渡ったということに結構な物語はおよそ現実的な背景をもたぬフィクションにすぎない、という考えに傾くのである。あるイディッシュ語の民衆本はこうした十六世紀のアダム・バアル＝シェームのことをすでに一七〇〇年以前に報告しているが、ドイツから出たこの人物についてのかなり古いユダヤ伝説は、この人物の現実的背景もなく、ただずっと後の時代の別の地方に移されたかたちのものであったように思う。しかし、私は一九三七年の夏に、あるきわめて注目すべき話をきいたのである。

周知のことといってよいだろうが、バアル＝シェームの多くの孫弟子たち、つまり後継者のそのまた後継者たちは、大小のハーシードのグループの指導体制が多少とも自動的に継承されていくハシディズム王朝のような数系統を基礎づけた。この王統の最も重要なもののひとつ、カルリーン出のラビ・サーロモー(14)*19の後裔のもとに、多くのハシディズム古文書その他の著作類が保存されてきており、これは十八世紀末にこの系統の創始者とその子息の所有に帰したものであった。ここにある古文書は、最近ハシディズムの例から公にされた他のきわめて多数の文書類とは異なり、偽造ではないという大きな長所をもっている。もちろんまた、最近の三十年に、信じこみやすい読者大衆にたいしてイスラエル・バアル＝シェームの直筆の書翰と称して、いやそれどころかあの神秘的なラビ・アダム・バアル＝シェームの文通だとして驚くほど多量に提供されたあのペテン(15)のような、センセーショナルな外見もそなえてはいない。カルリーンのツァッディーク派の書庫は、刺激的なところは少ないが、一層生粋な本物の記録文書を包蔵していた。むろん、少なくとも私にとっては、ある刺激的なものも在庫していた。つまり、私にとってはたいへんなショックだったが、そこで一九三七年になって発見されたのは、(16)バアル＝シェームの生れた一七〇〇年ごろクラクフで死んだヴィルナ出のラビ・ヘシェール・ツォーレーフの、『セーフェル・ハ＝ツォーレーフ』とよばれるおそろしく厖大な稿であった。この稿はおよそ千四百ページにわたってユダヤ教の信経《クレドー》、シュマー・イスラーエール（イスラエルよ、きけ）に関するカバリストの秘義を対象としている。手稿の写字者はこの稿の歴史を正確に物語っており、彼の報告に不信を抱く適当な理由もない。これから判明するのは、これらの稿のひとつが著者ラビ・ヘシェール・ツォーレーフの死後バアル＝シェームの入手するところとなり、後者はそれをこよなく貴重な神秘主義の宝として所有したということである。ラビ・ヘシェール・ツォーレーフは晩年クラクフのベース・ハ＝ミドラーシュの一小庵に聖者らしく隠栖したので、バアル＝シェームはこの人を個人的には知らないでしまった。[*20]バアル＝シェームは彼の友人のなかでもきわめて著名なカバリスト、ラシュコフのラビ・サバタイの浩瀚な、しばしば暗号風に書かれた著書を筆写させたいと望んでいたが、実現にいたらなかった。後になって当の手稿がバアル＝シェームの孫トゥティエフのアアロン[*21]のもとに届き、それからアアロンが筆写させた。[*22]この最初の写しが、もうひとりの著名なハシディズム指導者チェルノビュル出のラビ・モルデカイの入手するところとなり、これから取ったものがわれわれの手に残るコピーである。この稿の奥付に写字者の記している、この深いカバラーの書の名声を伝える長い叙述は実際きわめて興味深いものである。そこまではよいのだが、その写字者の知らなかったこととして、この奇蹟の書として驚歎視される稿の著者が、穏健な「ハシディズム的」サバタイ主義預言者のひとりであった、という疑いの余地のない事実がある。前章で私はこの人のことに簡単に触れている[17]。他の多数者と同様、彼もまたその後半生において察するところ自身のサバタイ・ツヴィーへの[18]信仰を局外者には秘密にしていた。しかし彼がその確信するところを象徴的なかたちでその書に託したことには信頼すべき証言があり、この書について多くの同時代の報告が畏敬をこめて語っているのが聞かれるけれども、ただこの書が保存されていることは今まで知られていなかったのである。したがって、ハシディズムの創始者（バアル＝シェーム）は、すでに明らかなとおり、ある指導的な隠れ《クリプト》サバタイ主義者の遺稿文書を大切に保存していて、それを最大の畏敬をこめて珍重したのである。これがラビ・アダム・バアル＝シェーム伝説の歴史的核心であるように思われる。事実サバタイ主義的バアル＝シェームのような存在だった歴史的ラビ・

ヘシェール・ツォーレーフのことは、十八世紀末のころ、この著名なサバタイ主義の聖者が「疑わしい」[19]とわかって、ハッシーディームたちのひどい憤激を買ってから、ひとりの神秘的人物という風に調子が変えられてしまった。私にとってきわめて注目すべきことに思われるのは、バアル＝シェームがラビ・ヘシェールのサバタイ主義的確信についていっさい知らなかった筈だとするばあい、自身は無意識であるにもせよ、新しいハッシーディームと、かつてそのサークルにヘシェール・ツォーレーフも属していたあの古きハッシーディームとのあいだに、ひとつの結合があったという点である。バアル＝シェームの後継者のひとりは、それどころかその著作を印刷させるという失敗の試みまでしたらしい。

いずれにせよヘシェール・ツォーレーフは、新しいハシディズムが完全な信頼を捧げた唯一のサバタイ主義的権威であるわけではなかった。同じ当時にも、有名な神秘家で、ルーリア的神秘主義とみなされるものへのきわめて興味深い入門書の著者であるヤーコプ・コッペル・リーフシッツがいた。この書は著者の死後およそ六十年してメセリッツのラビ・ベーア――マッギード――の弟子たちによって印刷された。この著作はハシディズム陣営外の正統派カバリストからはいささか不信の目で見られたけれども、ハッシーディームには絶大な讃辞をもって受け入れられた。最近になってようやくティシュビーが、著者リーフシッツは有名な隠れ《クリプト》サバタイ主義者だったこと、彼の教説はガザのナータンのサバタイ主義的著述として広大に築かれたものであることを、確信的に証明した。このばあいでも、古きハシディズムの口碑は、バアル＝シェームがこの著者の死後数年してその手稿を目にしたとき、この著述についてたいへんな熱狂ぶりで語っていた、と伝えることができるのである。

もうひとつ、サバタイ主義とハシディズムがラビ的な価値序列からは離れたところで相ふれあう、きわめて重要な点がある。この点は両者の理想的タイプについての考え方と関連する。ラビ体制のユダヤ教は、とくにあの数世紀にわたってユダヤ集落の指導者として規定した、まったく一義的に明白な指導者タイプしか知らない。それはまさにトーラー学者であり、学識あるラビである。彼はおよそ内面から「覚醒」を必要とせず、ただ教区民に正しい道を示し、最後的に確定した神の言葉を解釈するために、律法原典の知識を人一倍深く身につけていることを必要とする。こうした律法教師に代って、新しい運動の中心に、今や神の心をゆり動かし、その心を変えずにはおかない「覚醒者」という預言者のタイプが登場する。両者のグループはそれぞれの系列に学者たちも有していた――逆説的にいえば、サバタイ主義者のほうが、少なくともハシディズム運動の隆盛期のあいだは、ハッシーディームよりもはるかに重要な学者たちをもっていた。しかし、ここで決定的なものは、学のあることではなくて、ある非合理的な特質、「カリスマ」、覚醒という賜物なのである。一六六六年、人びとの心が深くかきたてられて、隠れた源泉が噴出しはじめて以来、サバタイ派の告知の生きた中心点として、幾多の無学な人びとが見出される。おもうにここでは「信仰」こそが問題だからであって、今や信仰が知に抗してまったく特別な決定的意味をもって価値序列の先端におし出されずにはいなかったのである。理性と知のパースペクティブからすれば、不条理なパラドックスのように見えずにはいない内的なリアリティをまもることこそ重要だったのである。霊感をうけた祈禱者、聖霊の男たち、預言者――要するに、宗教史が心霊《プノイマティカー》家とよんでいるもの――がサバタイ派の諸グループを導いたのであって、上述のとおり彼らにあり余るほどいた学識あるラビたちが、ではない。両タイプがひとりの人物において統一されたのならば――それは幾たびとなく生起した現象であるが――よかったけれども、それは必ずしも公然とではなかった。やはり同様にまったく根源的な宗教的脈動から生れたハシディズムは、この霊《プノイマ》的指導者という理想をひきうけたのだが、しかしそれを壮大に改造した。われわれはこれからそれを見ることにしよう。

3

バアル＝シェームの最も重要な弟子だったメセリッツのマッギード(ベーア)の信奉者たちのなかの多くのグループが、これはサバタイ派の反律法主義の一種の新版ではないかという敵対側の疑念をある程度是認したようにみえる異常な態度を公然と示したことを、われわれは知っている。カリスクのアブラハム[*23]はこのようなハッシーディームの一グループの先頭に立った人であるが、彼のハッシーディームの友人のひとりが非難めいて書いているように、この人びとの慣例となっていたのは、「トーラー学者たちを嘲笑すること、彼らに悪罵と侮辱を加えること、コルスクやリオーツナの街路上や市場の広場でとんぼがえりをすること、ふだんでも公然とあけっぴろげにありとある乱暴狼藉をあえてすること」[(20)]であった。それにもかかわらず、このきわめてラディカルな態度を誇示するグループとサバタイ派とのあいだにもある決定的な相違がある。というのは、彼らの行状の根拠は完全に違ったものだからである。「偉大なマッギード」の弟子たちにとって、メシア的な要素はもはや一定のファクターではない。彼らのなかでまかり通り、十分にしばしば人のひんしゅくを買ったものは、神秘的な「神の友」の原始的な熱狂主義である。すでに述べたように、当初の頃のハシディズムは、ある種の覚醒運動の性格をきわめて多く身につけていた。その創始者は神への道を見出していたが、この道にとってラビの学殖というものは、その価値がつねにどんなに高く評価されようとも、本質的なものではなかった。彼はみずからの経験の真なることを、その熱狂的な感情の言葉を付与してくれるカバリストたちの書物から確認した。そのばあい、彼を規定しているものは、われわれがすでに知っている他の諸観念と並んで、神のツィムツーム、即ち落下した火花を引き上げること、および最高の宗教的価値としてのデベクースのイデーである。ツィムツームの行為において創造された世界からの魂の飛躍のためには、限界はない。「〈大いなる仕方で〉神に仕えるものは、みずからの内的な全力を集中して、己れの思考のなかを飛翔し、一挙に全天を突破して、天使《エンゲル》やセラーフィームや第三位天使《トローノイ》よりも高みにのぼる。これこそ完全な奉仕である。」そして「人間が実現する祈禱と戒律には、大なる仕方と小なる仕方がある。……しかし、〈大なる仕方〉こそ、人間が上なる世界と結ばれる、真の準備と熱狂の仕方である。(21)」

ハーシードの祈禱におけるこの熱狂は可視的に最も具体的な姿をとった。この祈禱は、同時代のエルサレムでベース・エル・グループというセファルディームのカバリストたちによって発展せしめられた神秘的な祈禱の種類とは正反対のような作用をするものである。後者（ベース・エル）では「姿勢」にすべてがおかれるが、ハッシーディームのばあい、すべては「動き」である。おそらくこうした対立、「没入」と「消魂」のことは、度を失うとか我を忘れるという表現の言葉どおりの意味で、そう反復して起ることではないにしろ、要するにそんな極端な対立は同じ貨幣の両面にすぎない、といえるのかもしれない。ハーシードの考え方では、デベクースとカッヴァーナーはまず第一に感情の価値を表したもので、それによって従来つねにけっしてもったことのないひとつの意味を得たのである。「デベクースの本質は、人が戒律を実践し、またトーラーを研究するならば、人は魂のために肉体を君臨せしめ、……さらに、その人の頭上にあるシェキーナーの光のために、魂を君臨せしめる、というところにある。かくて光はいわばその人のまわりをめぐり流れ、人はその光の真只中に坐して、歓喜にふるえる。(22)」

この神性との直接の出会いという熱狂はハシディズムの最初の五十年間を支配し、その本来の英雄時代であったが、万物における神の内在性をラディカルに強調することにこそ、その熱狂の根拠と表現が見出されたのである。しかしこの熱狂はけっしてメシア的なかたちをとらなかった。その熱狂の生命は、現れつつある終末を中心的感情とするものではなかった。やがて、実際に不可避なことだったが、とりわけリトアニアで特徴的に現れていたところの、全然熱狂的でない冷《さ》めたラビニズムと、この熱狂とが衝突するにいたったとき、熱狂はみずからの地歩を保持したばかりか、勝利にむかって突き進むことができた。ラビ派と神秘派のユダヤ教間の衝突は、事実、この終末の問題において真先に燃え上らずにはいなかったのだが、たしかにもはやこの問題は熱狂の側から投じられはしなかった。ハシディズムが活動しようと企てた地平、すなわち直接にメシア的な意図をもたない宗教活動の能動性においては、ラビニズムとの和解妥協は原理的にはるかに容易に可能であった。ハシディズムの運動が無拘束な神秘的熱狂の時期を過ぎて、その代りに、たとえ霊的《プノイマ》神秘的基礎に基づくにもせよ、宗教的組織の時代に入ったとき、事実、この運動ははやばやとそうした和解を結んでしまった。個々の偉大な人物において、メシア的なものが再び高まることはごく稀にしかない。全体としてこの運動は、追放すなわちガールースとの和平を、不安定ながら、結んだのである。

しかしながら、まさにこのハシディズムの後期、「ツァッディーキーム」とその王統の支配の時代は、注意深い観察者には、深い変化においてではあれ、サバタイ主義の世界をもう一度想起させる。サバタイ主義はフランク派の運動の悲劇のうちに没落したが、それはひとりの専制的な救世主《メシアス》の新しい姿をとおしてメシアニズムの深淵全体をもう一度まさしく妖怪じみて明らかにしてくれないでもない。ヤコブ・フランク（一七二六―九〇）は権力に餓えた救世主《メシアス》である。いやそれどころか、支配への意志が彼における他のいっさいの上にみちあふれ、そのために彼に、魅惑的でありながらまた品位に乏しく、悪魔的《デモーニッシュ》な偉大さの雷雲をはらんだイメージをあたえている。サバタイ・ツヴィーに関して彼が語ったという次のような特徴的な言葉が伝えられている。「サバタイ・ツヴィーがこの世のあらゆる段階の経験をつぶさになめねばならかったとすれば、どうして彼は支配という味をためしてみなかったのだろう?」[23] フランクはこの支配の味覚という、ニヒリズムに留まり続ける窮極の価値を、たのしみかつ味わいつくそうとした。支配するという大仰な身ぶりが彼にとってのすべてである。

しかしながら、この線は、ハシディズムの変化にさいしてツァッディーク主義の発展がやはり同じように大衆の或る宗教的組織へとつながっていく線なのである。たしかに、信者たちにたいするツァッディークの支配は、もはやフランクのばあいのように破壊的な逆説であがなわれるものではない。ツァッディーク主義は、ユダヤ伝統のもつ本質的な諸確信との衝突なしに目的を達成した。しかし、この支配という味覚の好みが、非メシア的な救世主《メシアス》としてのツァッディークの教説を極端にまでおしすすめた最も深い頭脳の人びとにさえも存在したのだということを見あやまってはならない。ブラツラフのラビ・ナハマンはツァッディークの権力を誇張して表現している点でわれわれに深い印象をあたえる。というのは、彼はツァッディークの権力をさらにある精神的意味と結びつけるのである。他の人びとのばあい、この精神的な意味は、認識しえないものにまで溶解してしまっており、古典的ツァッディーク主義の最大の表現豊かな人物、リシーンのラビ・イスラエル[*24]、いわゆる「サダゴラのラビ」は、あえてありていに言えば、ユダヤ教正統派であり続けるという奇蹟を実現した、ひとりのヤコブ・フランクにほかならない。トーラーのあらゆる秘義は消滅した。さらによりよい言い方をすれば、支配という大仰な身ぶりの途方もない眩惑によって光彩を失ってしまった。ツァッディークはなおも機智豊かであり抜け目のないものではあるが、もはやそれは本質的なものではない。本質的なのは、その権力の、人を引きつける磁力をもった、そびえたつ人格の、秘密であって、もはや魅惑的な教師のそれではない。

4

ところで私は、自身の考えを先行させることに急ぎすぎたようだ。ここではもう一度、そもそもハシディズムに何が起り、何が起らなかったか、という問題に戻ることとしたい。そのばあい、二つの事がとくに驚くべきこととして目立っている。そのひとつは、この地理的に限られた空間で、驚くほど短い期間に、同じく驚くほど多数の、人の心をかきたてる個性的な人望ある真の聖者たちが、ゲットーの内部から現れたということである。ハシディズムの創造的・宗教的な力が一七五〇年と一八〇〇年のあいだに表出した信じがたいほどの強さは豊富な独特の宗教的諸タイプを生み出したのであって、その豊かさは、われわれの判断しうるかぎり、あのサーフェード（カバラーの中心）の古典期をすらはるかに凌駕している。原初のハシディズムにおいては、生命を失った諸価値にたいする宗教的生産性の叛乱のようなものが実際に進行したのであった。

しかし、他面、この神秘的宗教の爆発にたいして、それに対応する基本的に新しい宗教思想、あるいは宗教的認識の新しい理論になんら見るべきものがないことも、同様に驚くべきことである。これらの神秘家たちが直接に神秘的経験を所有していたことが、より以前のすべての人びと以上にはっきり確定されているのだから、それならこの神秘家たちの新しい教義はなんなのか、彼らは古きカバラーにたいして原理的に新しいどのようなイデーをつけ加えたのか、と人が私に問うとすれば、私はいささか答えに窮するだろう。われわれは前の各章において、個々の諸潮流のまったく独自な、一定の思想《イデー》世界をある横断面で知り、それを多少とも鋭く定義づけることができたのである。

われわれがハシディズムのような宗教的にきわめて創造的な運動のばあいに、はてしなく反復を繰り返すことなしには、こうした定義づけができないということ、このことこそまさにこの運動の問題とするところなのだ。ここにはすなわち、より古い宗教的財産にたいするある関連がはたらいており、この関連においてこそ、新しい教義の古きそれとの同一性についても、ハシディズムを媒体とするその教義の変化についても、同様に容易に語ることができるのである。このことは観察者の眼力にかかっている、といえるかもしれない。ハシディズムの人びと自身も、往々にしてこの事情を完全に自覚していた。ハシディズム教会の聖者たち、ツァッディーキームの出現とその教義は、完全にカバラーの領域から生れてきたものとして——にもかかわらず、まったく新しいものとして、感じられている。ツァッディーキームの弟子たちはここで真の「覚醒」に遭遇する。ツァッディーキームのなかでもとくに顕著なカバリストのひとりであるコスニッツのイスラエル[*25]は、自分は、わが師「偉大なメセリッツのマッギード」のもとに来る以前に、八百巻のカバラー文書を読んだ、と言っている。しかし、師のもとに来てはじめて、自分が実際にまだ何ひとつ学んでいなかったことがわかった、と。しかし、この人の著書を読めば、彼が以前に読んでいたあの古き文書と、彼のカバラーが教義上ほとんど区別するところがないことがはっきりするのだ！　つまり、人を変化させる要素は、教義上や著作上の次元に求めるべきではない。むしろ、それは、神秘主義の生きた体現との出会いがよびおこす覚醒、感情の自発性、にこそあるのである。

ハシディズムの人びとがその最も重要な教師たちのカバラーにたいする関係について抱いている歴史的意識のためには、メセリッツのマッギードの著作類を編さんしたルツク出のサーロモー[*26]の証言もまた、とくに重要である(24)。彼は後期のカバリストたちが、より古きカバリストたちの文書をあまりにも無視しきっていたことを、真向から非難する。彼はメセリッツのラビ・ベーア（マッギード）の著作をあくまでも純カバリスト的なものとみなし、そこに何の偽善もみとめない——今ならそれを炯眼な観察者であれば、十分に発見できるけれども、ハシディズムの文献を研究するものは、事実、カバリストの思想発展の連続性が、彼らにおいて、よしんば同一性を語るのは誤りであるとしても、かつてはほとんど中断されることがなかったことを、容易に確信することができる。

ハシディズムの新しさを人が考えるばあい、神とともに神に参入する神秘的生活というカバリストのイデーがここで屈服せしめられてしまうような普及大衆化にその新しさを見ようとするならば、それもまたまったくの誤りであろう。こうした傾向がハシディズムの運動とその文書類において最大の勝利に達したことは真実であるとしても、けっしてそれは本質的に新しいものではない。たしかにこの傾向を隠しきれてはいないハシディズムに関する学問的文献のなかで、こうしたプロセス全体がすでにハシディズムの台頭以前から完全に進行していて、この運動が始まったときでさえ、根底ではそのプロセス最大の規模の文書上の具体化であることがとうに認められていたという点こそ、あまりに強調されなさすぎたのである。私の言いたいのは、今ではほとんど忘れさられてしまったといってもよいプラハ出のユダ・レーヴ・ベン・ベツァレール――一五二〇年頃から一六〇九年まで――の著作のことである。この人は「崇高なラビ・レーヴ」として、ユダヤのゴーレム伝説の後期の諸形態に現れる有名な人物となった。崇高なラビ・レーヴは事実、いうなれば、ハシディズムの最初の著作者であり、彼の著作にたいする多くのハシディズム聖者たちのたいへんな愛着ぶりはまことに根拠のないことではない。この十六世紀のプラハのラビは彼の包括的な著作の幾つか――たとえば大著ゲブーロース・アドナイすなわち『神の強大な御業《みわざ》』のような――を、カバリストたちのイデーを表現しようとする企てに、しかも古きカバリストの用語を使わず、又は前面におし出そうとせずに、献げたのであった。[25] 彼はこの企てにおいて大きな成功をおさめたから、多くの近代の学者たちは、著者があえて指摘していないために、この著作を通してカバリストの思想行程にかかわっているのだということをまったく知らないでしまうほどである。というのも、崇高なラビ・レーヴがそもそもかつてカバラーとかかわりをもったということこそ、まさに論争の的であったのだから。

ハッシーディームの人びと自身、カバラーの普及大衆化にすら根本では崇高なラビ・レーヴほどになかなか急進的になれないでいた。ラビ・レーヴのばあいは、カバリストの用語をみずから消しさって、当面は目立たぬながら、その本質的内実をそれだけ一層有効に大衆のなかへもちこんだのである。ハッシーディームたちも、これまですでにしばしば硬直化したカバリストの用語類を溶かしほぐして、言葉は再び不確定な多義的なものになるのだが、それにしても全体として用語法は依然維持されたままである。バアル=シェームの最も重要な弟子でありこの運動の本来の組織者、メセリッツのベーアの文書を読むと、真に神秘的な精神の火のような流れが、彼の書に浮ぶすべての古い概念を融解して生きた生命をあたえていることがわかる。しかし、この種のカバリスト用語の大衆化使用もまた、すでに暗示したように、ハシディズム運動が新しく造りだしたものではない。それはむしろいわゆる『ムッサール』の諸書[*27]、とくにハシディズムの台頭に先立つ百年前のそれの文献を通して最も広範囲に流布されたのである。これらは、ユダヤ人がその実現のために努力すべき倫理的諸価値が無学の人びとにもわかりやすい方法で表現されている道徳書であった。この文献が後には大部分カバラーの影響下にあって、カバラーの生活基準や価値序列を宣布するものであることは、すでにさきに指摘したところである。ハッシーディームは、カバリストの形而上的神智学的論文よりも、これらの書をはるかに多く研究するのがつねであったから、ハシディズムの教義ないしその古き概念の変化における新しさを分析するとすれば、それはこれらの書を少なくともやはり同様に強く彼らの研究の領域内にひき入れずにはいないであろう(26)。こうした専門知識の側面からの真面目な分析検討が今までわれわれには欠けており——私の承知している唯一の試みは失敗だった(27)——、そのために、一般的な印象や個別的な識見に基づいて判断することは難しいのである。すべてがすでに以前になんらかのかたちで実在したのだが、そのすべてがここではある別個のものとなっており、多くのイデーは衰滅しているものの、また多くのものが再び先端におし出されているという印象が一般にもたれている。が、事実、これらすべての変様は生きたひとつの中心から出てきていて、われわれはその中心をどこに見出しうるかを、たがいに問題としなければならない。

あのラディ出のラビ・シュネウール・サールマーンとその学派、いわゆるハーバード・ハシディズムに負うている現実に包括的な宗教的方向づけをなしとげたひとつの偉大な試みを度外視すれば、ハシディズムはそもそもカバラーとしてはオリジナルなものではない。しかし、この（ハーバードの）、イサアク・ルーリアとメセリッツのマッギードを統一する新しいひとつのカバリスト的体系のごときものを打ちたてるという試みこそ、われわれの解明にとって決定的に重要な地点へ、われわれをおそらく導いてくれるであろう。ハーバード派の新しい体系家たちの現実の情熱は、つまりもはや神秘主義の神智学的側面にではなく、断固たる力点をもってその心理的側面に注がれている。神性とそれを蔽い包む限りない変装と無限世界の秘密全体、そのすべてがここでは神秘的心理学として説かれることによって、まったく新しい色彩をおびる。人間は自己自身の深みのなかへ下りていくとき、世界のすべての次元を自己自身においてすみずみまで測り知る。人間は、世界と世界、段階と段階を切り離しているいっさいの隔壁を自己自身において壊滅させる。(28) 彼は生物的存在を自己において止揚し、その存在の無効を宣告し、最後には、いわばわずか一歩たりとも自己を越え出ていわゆる高次元の世界へ踏みこむことなく、神は「全てのなかの全」であり、「神のほかは無」であることを発見するにいたる。彼は神智学的世界の無数の段階のひとつひとつに、同時に人間の魂のおちこみうる状態、つまりいわば実験的にとらえうる状態を発見したことによって、カバラーは彼の手の下で心理学的深化と自己分析の道具となった。ハーバード派の偉大な理論家たちの文書は、一方における熱狂的な神崇拝ならびに神と被造物の関係の汎神論的いやむしろ無宇宙論的構想と、他方における人間の最も個人的なもの、人間の精神生活の最も内密な動きへの熱烈な沈思の、まことに驚歎すべき統一を有している。

こうした姿勢がいくらかハシディズム運動全体のなかに生きている。この運動のグループ大部分は、ハバード神秘主義の理論的表現が彼らにとってあまりにスコラ的内省的に思われたために、この神秘主義の神に酔う世界についてなんら知ろうとしなかったけれども。ハシディズムにおいては、カバラーはもはや神智学としては現れない、あるいはさらによく言えば、ありとある複雑な理論をそなえた神智学は、完全に見捨てられないにせよ、もはやこれ以上は宗教的思考の中心となりえないのである。たとえばジュダチョフ出のラビ・ツヴィー・ヒルシュ[*28]（一八三〇年没）の派のように、とにかく神智学を中心とするばあい、われわれは現実には、単に外面的にハシディズムの枠内に組みこまれた古きカバラーのひとつの継続的発展とかかわることになる。しかし、通常ハシディズムについて当てはまることといえば、すなわち、現実に重要であるのは、ひとえになお個人の生きる道、その人生道程の神秘主義なのである。カバラーのほとんどすべての概念は、人間の個人的生活のこうした諸価値とのつながりを維持しており、それをもたない概念は空虚で効力なしに終る。したがって、個人の神とのつながりに妥当するすべてのイデーや表象はとほうもない強度なものと化する経験をする。したがって、ハシディズムの宗教的言語が新たに創りだした少数の概念でも――たとえばエクスタシーの燃焼爆発をいうヒスラハブースとか、自己主張をいうヒスカスクースのごとき――たえずこの次元とのつながりをもっている。

ブーバーが彼のハシディズム関係の最初の書のなかで言ったことば、ハシディズムとは「エートスとなったカバラー」である、はこの実情を非常によく言いあてている。しかし、もちろんそのうえに、ハシディズムにこそその独自な理解を付与する何かがつけ加わる。エートスとなったカバラーはたしかに道徳文書、あの上述したルーリア的宣伝布教の『ムッサール』の書をも支配している。とはいえ、これをハシディズム的とよぶのは、あまりに広義にすぎるであろう。ハシディズムに特別な構成をあたえたものは、何よりもまず、ひとつの宗教団体の設立であった。この団体はある逆説に、もちろん社会学が宗教集団に再三発見するところの、ある逆説に基づいたものである。要するに、ハシディズムの独自性は、神秘的な道を自身において実現した神秘家たち、したがって、カバリスト風にいえば、真のデベクースの秘密を経験した神秘家たちが、この彼らの知、彼らの「エートスとなったカバラー」をもって素朴な人びとの前に進み出、あらゆる道のなかの自分個人の道を自分ひとりのために歩むのではなく、この道を善意の人びとすべてに教えようと企てたことによってでき上ったのである。

いわゆるツァッディーク主義、すなわちひとりの無限な宗教的力をそなえた人間がその信者集団を支配すること、がハシディズムの本質からは異質であって、いわば「真の」ハシディズム、つまり、バアル＝シェームのそれと、彼の弟子やそのまた弟子たちの「変種となった」ツァッディーク主義とのあいだは区別されねばならない、というひどく広まっている見解ほどまちがったものはない。あの「真の」ハシディズムであったら、つまりは生きることはできなかったろうし、二、三の人びとをとらえる以上のことはけっしてなかったであろう。現実には、ツァッディーク主義の台頭が最初から、ハシディズムの歩もうとした道の自然のなかに築かれてあったのだ。この神秘家が自身の孤独な経験から鼓舞と召命を汲みとり、ひとつの集団の生活のなかにこの経験の持続をつくりだして、もはや自身の理解においてではなく人びとの理解のなかでこの集団に語りかけようと企てたモメントにこそ、神秘的運動が社会現象として結晶することのできた、新たな出発点があたえられていた。信者はもはやカバラーを必要とせず、信者に語りかける聖者ないしツァッディークが自身個人の神にたいする関係の中心点に据えていた幾つかの一定の特性を目標とすることによって、信者はカバラーの道を実現したのである。誰しもが、一定の倫理的特性の体現者となろうとつとめ、最大の熱意をもってその特性の結成にはげまねばならない、と教えられた。敬神、奉仕、愛、信仰、恭順、慈悲、信頼、いやそれどころか偉大さや絶対権といった概念でさえもが、とほうもなく生きいきとした、社会的にはたらきかける内容でみたされていた。中世のユダヤ文書のなかですら、ひとつの善行すなわちミツヴァーの徹底した極端な訓練が特徴的なこととしてハッシードゥースという概念理解のために引用されている。バアル＝シェームの弟子たる近代のハーシードもまた、依然としてこの展望の下に古き名にふさわしい姿を示した。宗教的生活のある種の概念は、きわめて親密なかたちで形成され、信仰と生命にみたされていたから、それの実現は、人間を助けてデベクースの神秘的経験の達成に力をかすのに十分なものであった。

こうしたすべては、この運動の最も活潑な時代でこそ、求められた道が実現しえたことをその生が明白に立証したツァッディークないし聖者の実在をすべて前提とするものであった。ハーシードの聖者は、その感情の繊細さのすべてと、非ハーシードの正統派カバリストが神智学的神秘の究明のために必要とした認識の深さとを、今や神秘的光明に輝くものとなったあの倫理的・宗教的諸概念の深さ全体の究明にむかって転用した。ハッシーディーームは、神秘的モラリストとしては、事実疑いもなくまさにオリジナルであって、彼らが神智学者としてはそうでなかったことも同じく疑いがない。神秘的モラリストとして、彼らは社会的組織化への道を見出した。孤独と共同との古きパラドックスがここで真実を証している。最も深い程度の孤独に達したもの、現実にひとり神と共にいることのできるものこそ、共同体の本来の中心であり、そこからすべての真の共同体が可能となる地点に到達した人なのである。彼らハッシーディームはこの逆説的な関係を機智縦横に表現することにおいて実に汲めどもつきないところがあり、はてしない内奥の感情から生れでるこの表現は、しかし後に運動の衰退期になると、聖なる実在の一段と危険な可能性をうちに隠すことのできる偽装の手段に、あまりにも容易になりえたのである。平均的な人間のなかで生活し、しかもひとり神と共にあり、世俗的な話を交わしながら、それでいて全存在の根源、魂の神秘的な「根っこ」から力を汲みとるということ――それは、真に敬虔な篤信者のみが実現しうる、そしてその人をまさしく人間的共同社会の中心たらしめる逆説なのである。(29)

5

ハシディズムの特徴を示すために、歴史的にみて重要な幾つかの点を簡単に要約してみよう。

一、無学な人びとないし学識に乏しい人びとの圏内に最も重要な中心をもつひとつの覚醒運動における、根源的で宗教的な霊感の歓喜の爆発的な発生。

二、ここでは同時に民衆の指導者、共同体の中心として登場する真の覚醒者と、その生活を自分個人の宗教性のために凝縮集中する信者たちとのあいだの緊張。この緊張から必然的にツァッディーク主義は発展せずにいなかったのである。

三、この運動の神秘的理論はカバリストの思想の宝庫からひき出されたものであるが、大衆的な色彩がつよく、しばしば本来の概念も好んで厳密さを欠いた使い方をされがちである。

四、個人生活の諸価値が、ハッシーディームのオリジナルな思考の中心点に確固たる地歩を占めている。普遍的思想から個人の倫理的価値が生れている。

この全発展の最もすぐれた表現は、個人のハーシードの聖なる人物の緊密な完結さに見出される。これはまったく新しいものである。教義はここではまったく個人の人格に変わっており、そのために、いったん失われた合理性が現実の作用力を取戻している。ひとりのツァッディークの性格について聞くほうが、その人間の学のあるなしよりも本質的なことであって、トーラーの知識などはもはや宗教的諸価値のなかの最高位を占めていない。ある有名な聖者の話では、「私がメセリッツの〃マッギード〃のところへ行ったのは、トーラーを教わるためではなく、彼の靴ひもの結び方を見に行ったのだ」[30]と語ったと伝えられている。人格個人が代表する宗教的価値の完全な非合理化を、この誇張したアフォリズムは、よく特徴づけている。ハシディズムが定立した新しい宗教的理想像、すなわちツァッディークのそれは、ラビを主体とする伝統的なユダヤ教の理想像、タルミード・ハーカーム、つまりトーラー学者、とは、ハッシーディームの感情にとって、まさにツァッディークは「自分がトーラーになったのだ」ということで、区別される。もはや彼の知ではなく、彼の生きてあることが彼に宗教的価値を付与する。彼の人となりはまさにまったく生命をもったトーラーなのである。こうした宗教的人格との関係においては、本来の神秘的観念が、トーラーの無限の深みから、今やただちに聖者の人格に委託再生されるということがなしではすまされなかったのだ。中心点におかれた聖者個人のタイプのありようによって、ハシディズムのさまざまなグループが事実またまったく異なった相貌をとるようになる。この運動の歴史的発展のなかで顕在化する多くのハッシーディームのあいだから、ただひとつのハシディズムを見つけ出すことは実際上きわめて難しい。極端に対照的な宗教的諸タイプが同じようにここで座を占めている。リトアニア、ポーランド、ガリチア、南ロシアのユダヤ教の差異が、それらの中心に実現されている聖者の像にも、それぞれ異なった表現を見出している。むろんこのばあい、その人格がつねに周縁と完全に一致共鳴して生きていたとは、私はいうつもりはない。

ハシディズムが表現しているような非常に激しい宗教的発動のとほうもない大浪は、多くの波のように、ついに自分自身までのりこえてしまうまでにいたった。ハシディズムはユダヤ人のなかの根源的な感情にアッピールして、その感情を忘我にまでも駆りたてようとした。ここで完全に自己自身を見失った感情の大浪がそれほど高くのし上っていくと、ついには自己自身に向って逆流するまでにいたってしまう。ここで宗教的感情を礼賛するのあまり、ひどく蔓延させられてしまった感情性をポーランドのユダヤ人から追いはらうことを目的としたツァッディークの人びとが現れた。そのなかでコックのラビ・メンデルはたしかにユダヤ宗教史上もっとも重要で、かつ注目すべき人物のひとりである。きわめて厳格な合理的紀律が、とつぜんハシディズムの地平に、最高の価値として出現する。コックのラビはもはやハーシードの集団をまったく相手にしない。彼はその集団に束縛されることにひたすら最大限抵抗することを我身に課したのである。彼は情緒主義を憎む。人間が神にいたる道について訊かれたとき、彼は簡明率直に聖書の言葉(民数紀三一、五)をひいて言ったという、「軍人《いくさびと》は各箇《おのおの》その掠取物《ぶんどりもの》をもて自分《おのれ》の有《もの》となせり」(31)と。

ほとんど百年の永きにわたって、ラディ出のラビ・シュネウール・サールマーンという一人物を度外視すれば、ハシディズムが本来のラビ的な学殖との接触なしに発展してきたあいだに、この種の学殖が、とりわけコックから発した大きな衝撃によって、再びパッと花をひらく。ラビの応答集と『ピルプール』(論争)という著作*29集を著わす、つまり詭弁的な穿鑿立てをこととするツァッディーク連が現れる。後期ハシディズムがいかに重要だったにしても、結局それは新しい根源的なものを生みだしたわけではない。当初はこの種の知は何の役割も演じなかった。そこではすべてが神秘玄妙であった。もちろん、それをカバラーが究明しうると信じたような種類の神秘ではもはやない。ハーシード的感情の基調によって測れば、カバリストたちの神秘でもなおある合理的な性格をもっている。それがここでは今まったく個人的なもののなかに融解されて、この融解において新しいかたちを獲得する。そうしたすべてにもかかわらず考えさせられるものは、なぜハシディズムは、実態がそうだったよりもはるかに強い、ラビ的ユダヤ教との葛藤におちいらなかったのかという問題である。しかもハシディズムの本質的諸傾向はこうした葛藤にまことにおちいりやすい条件を具えていたのである。聖者、ツァッディークの宗教的力についてのハシディズムの書物類の証言は、たしかにハシディズムをひとつの根源的規範的な宗教の源泉、それ自体ラビ的ユダヤ教で承認された宗教的権威と葛藤におちいらざるをえない啓示という媒体、にまで高めている。

もちろんこうした葛藤の局所的な激しい発生はけっしてなかったわけではない。リトアニアのユダヤ教の最も重要な指導者、ヴィルナの「ガーオーン」(尊師)エリヤは、最高のラビ的知と厳格な有神論的正統のカバラーとの統一のすぐれた代表者で、一七七二年、この新しい運動の迫害の先頭に身をおいた。ここでは、あらんかぎりの手段を用いて、戦いが進められた。一八〇〇年頃にもなお、熱狂的な敵対者たちが、ハッシーディームにたいするロシア政府の干渉を手に入れようとこころみた。シモン・ドゥブノフはこの組織的な迫害とハッシーディームの抵抗の歴史を詳細に叙述している。ハッシーディームが当時のラビ的ユダヤ教にたいしてとくに強い優越感をもっていたことは、疑いをいれない。それは、かれらの有名な数人の著作家たちの書物のなかににじみ出ている。ハシディズムの書物のなかに、サバタイ主義的な言いまわしを思いおこさせる箴言類を探しだすことは、困難ではない。ハーシードのツァッディークも、点々と撒きちらされている神的なものの火の粉を拾い集めるために、時として自分の階段からおりたち、さらに低い平地、いやまさしく危険な領域にまでも、身を挺しなければならない。「ツァッディークのあらゆる沈潜は神的な光の引き上げである」(32)からだ。それにもかかわらず、ハシディズムはサバタイ主義者の道を歩まなかった。その指導者たちはあまりに深くその集団の人びとと結ばれていたから、危険な宗派門閥性の道に——それへの可能性はけっしてなかったわけではないが——ついに追いこまれることがなかった。この男たちの発した言葉は、しばしば、これまでのユダヤ神秘主義のどれよりもはっきりと、神秘的意識の逆説的な本性を明らかにしており、この男たちこそ——あらゆる逆説の最大なるもの！——素朴な人間のくじけず歪められることなき信仰の弁護人たるべく、誇らかに身を投じて、この信仰に最高価値としての栄光をあたえたのである。ブラツラフのラビ・ナハマンのような深い頭脳、カバリストの概念世界をまさに超現代的な魂のずたずたにされた傷をカバーするために役立てた男は、あらゆる単純《シンプル》なものを擁護するという課題を最高の熱情をもってわが身に引き受けたのであった(33)。

　最初から、ハシディズムの創始者バアル＝シェームとその弟子たちは、生きた共同体とのつながりを失わないために、いやその逆にそのつながりこそ特別高い価値であることを証するために、努力した。彼らが擁護せねばならなかった逆説、すなわち人びとの共同社会のなかにある神秘家という逆説は、サバタイ主義者たちがそこから出発してやがて彼らのすべての努力に切り離しがたいある破壊的性格をあたえたあの反逆による救済というぶちこわし的な本質とは異なって、おのずから構造的組織的な性質を具えていた。ハシディズムの最大の聖者たち、バアル＝シェームその人、ベルディチェフのラビ・レーヴィ・イツハーク*30、ルブリンの「予言者」といわれるラビ・ヤコブ・イツハーク*31、サッソフのラビ・モーシェ・レイーブ*32、その他大勢の人物のなかにこそ、とほうもない強さをもった民衆的な要素がある。彼らはユダヤ人を愛している。そして彼らのこの愛の神秘的な輝きが、彼らの現実の、社会的にはたらきかける影響力を低めるどころか、むしろ異常に強化した。こうした人びとが、彼らの心の底から革新しようと企てたユダヤ教と葛藤におちいることを回避するために、あらんかぎりのことをやり、それでも回避できなかったときには、少なくともその葛藤のとがった先をへし折るために全力投球したということは、ただもうはっきりしている。ハシディズムはユダヤ教の内部で、心霊家《プノイマティカー》という、つまり、聖霊が自分の内部で生きて活動することを知っており、その知が授けてくれる諸要求をもって登場する人間、という宗教的タイプを、古い宗教的共同体と密接に結びつけ、その両者間の緊張を感得しつつも同時にまたその集団の人びとの宗教生活そのものを実り豊かなものにするという問題を解決したのである。こうした聖霊を保持するという霊的な性格は、現実の火が燃焼しつくしたとき、歴史的必然で後のツァッディーク主義のように、ある制度的機関施設になるということは、このハシディズムの重要な機能の裏面にすぎない。ツァッディークは、現実にそうであったところの共同体のなかの発光する中心であることをやめて、人間の共同社会の限界点に立つ無政府的な聖者のタイプであったとすれば、現実に霊的な人格がもはや存在しなくなったときでも、なお共同体がその宗教生活を確認できるような一種の機関施設はツァッディークからつくりだされることはできなかったであろう。

この関連において、さらにもうひとつの点に触れることも重要である。古典的なハシディズムは、なんらかの理論から生れたのではない。カバラーの理論からでもなく、まったく自然に直接の宗教的経験から生れたのである。この経験に遭遇した人びとはかなり単純素朴で、複雑でない人びとだったから、その表現もまた、より古いカバリストたちのそれよりも本質的にプリミティブなものである。カバリストにおいては、その経験の問題性がすでに理論そのものと特別にからみあっている。したがって、ハシディズムの初期の時代には、彼らの思想表現に、それ以前よりもはるかにはっきりした汎神論的色彩が見出される。ザロモン・シェヒターは万物における神の内在説を、単にハシディズムの中心教義としたばかりでなく、その特殊な特徴としても描いている(34)。それによって実態が現実的に精密に書きかえられているかどうかは、疑問といってもよい。というのも、この教義はすでにはっきりと、偉大なユダヤ神秘家やカバリストたちによって、ずっと以前から代表されてきているからである。私にとっては、その教義が新しく見えるのではない。それが代表するであろう持味としてのプリミティブなところ、神は「すべてを包み、すべてをみたす」という感情がここでいっさいの障壁をのりこえ突破する霊感的熱狂、それが新しいのである。けだし、あの自身熱心なカバリストであったヴィルナのガーオーンを最も深く憤激させたのも、この教義の汎神論的な展望であったのだから。ハーシードの人びとも、彼がツィムツームの教義を理解せず、それを文字通りに把えたがゆえに、神の絶対的な超越性、神と被造物とのあいだの現実の実在する深淵を承認するにいたった、といって彼を非難した。(35) ハーシードにとっては、ツィムツームはわれわれ被造物の象徴であるが、神自体における実在現象ではなく、したがって窮極的にはツィムツーム一般はけっして生起しなかったのであり、神という本質体の輝きはいかなる時いかなる所でも実現しうるものなのである。

しかしながら、ハシディズムの範囲がますますひろがりを拡大し、そもそものポドーリアのプリミティブな環境から踏み出して、学のある頭脳的な人びとがこれに結びつくようになると、神の内在を告知する根源的な激しさは一段と後退した。移行が求められ、見出され、そして結局はまた正統派にも橋をかけるような言葉が語られる。いずれにせよハシディズムは、トーラーをこそユダヤの民の生の掟として、全世界の宇宙的法則として自明のものとしていた以上、この領域を、少なくとも原理的には、けっしてすてさることはなかった。というのは、定期的な祈禱時の廃止や、それに類する個々のツァッディークの人びとの限りない熱狂から生じた事柄は、『シュールカン・アールーク』*33 の幾つかの条項と十分に激しく衝突したが、しかし「心のなかのトーラー」と書き記されたトーラーとのあいだの真の葛藤は、ここではけっして現実には感じられなかったからである。ハシディズムは保守主義と革新との注目すべき混乱を示す——私は、歴史的に別個の内容をもつ「改革」という言葉は避けたい。ルブリンの「予言者」の偉大な弟子のひとりロープシッツのツァッディーク[*34]が「お前はなぜお前の師の流儀にしたがって生きないのか」と問われたとき、彼は「あべこべだ、私はまったく師の通りに従っている。師がその師をすてたのと同じく、私も師をすてたのだ」と言った。つまり、各人がそれぞれ己れの道を行くことによって、真の弟子たる道の意義をまもっているのである。伝統から身をふり離すという伝統がこうした奇妙な逆説をひき起している。

6

最後に私はさらに二つの点を強調しておきたい。そのひとつは、ハシディズム運動における神秘主義と魔術との密接な交わりに関してである。ラビ・イスラエル・バアル＝シェームの人となりは、まさしく近代の神秘主義理論家たちにさまざまな困難をつくるためにこそ創り出されたようにみえる。けだし、われわれの前には、その真正な言説がその経験の神秘的性格にたいしていかなる種類の疑問も許さず、その弟子やそのまた弟子たちはその人の歩んだ神秘的小径を辿ってその跡にしたがっている。そういう神秘家がここに立っているからである。それにもかかわらず、彼は同時に現実の一個のバアル＝シェーム、すなわち実践的カバラー、魔術の巨匠なのである。その点を消去して解釈しようとする、マルティン・ブーバーにも見られるような近代的試みは、まったく邪道であり、非歴史的である。聖なる名の力にたいする不壊の信頼が、この人物においては、魔術師がみずからの魔除けの護符その他の魔術的処置によって救うことができるとする支配者的要求と、神の壮麗さの前で己れ自身を忘れる神秘的恍惚歓喜とのあいだに、いかなる種類の葛藤も生ぜしめることがない。ユダヤ神秘主義の長い道程の最後において、その当初と同じ両傾向のからみ合いがここに成立している。

すでに多くの著者、とりわけまさにブーバーによって指摘されたハシディズムの世界における新しい神話の再誕生は、結局、そのヒーローたちの魔術的能力と、彼らの神秘的恍惚歓喜状態の報告とのあいだのこの結合からその力をひき出しているのではない。しかし、この神話自身は、根本においてハシディズムが新たに創造した最も壮大な産物である。理論的な発展に代って、少なくともそれとの競合において、ハシディズムの物語が生れてくる。既述のとおり、偉大なツァッディークたちは、たしかに自身はしばしば教義の一定の新しい体系をもたず、むしろ彼らの生活においてある完成されてはいるが同時にまったく非合理的な表現となる謎めいた何かをもっていたから、彼らの生活の周辺にはすでに生存中からしばしば聖者伝説の微光がつむぎ出された。月並みさと深遠さ、伝承や借物の素材と真のオリジナリティとが、あの通観しきれない量の逸話や物語に入りまじっており、これら説話はハッシーディームの社会生活においてある重要な機能をもっている。ツァッディーキームの話をものがたることはまさにある新しい宗教的価値となり、このようにものがたることはそれ自身ある種の宗教的礼拝儀式の実行という意味をもつ。(36) 多くの偉大なツァッディーキーム、とりわけ東ガリチアのハシディズム統治者たちの祖リシーンのイスラエルのような人びとは彼らの生産的な力をこうした物語に傾注した。彼らのトーラーはここではまったく無限に豊かな語り物のかたちをとった。もはや理論の何ものも残ってはいない。すべては物語のなかに入ってしまった。したがって、私の所見が、ハシディズムそのものの発展段階についてハッシーディームによって語られるこうした物語でもって結ばれるとしても、あながちダメをおされることもあるまい。ここに掲げる物語は、偉大なヘブライ語作家S・J・アグノン*35の口から私が聞いた話である。(37)

バアル＝シェームは、何か困難な、人のためにするある種の秘教的な仕事を片づけねばならぬことがあると、いつも森のなかの一定の場所に行って、火をともし、神秘的な瞑想にひたりながら、祈禱を口ずさんだ——すると、すべては彼がもくろんでいた通りのことになった。一世代後のメセリッツのマッギードが同じことをするときにも、森のなかのあの場所に行って、こう言った、「われわれはもう火をともすことはできないが、祈禱をとなえることはできる」——すると、すべてが彼の意志の通りになった。さらに一世代後のサッソフのラビ・モーシェ・レイーブも同じことを実行せねばならぬことになった。彼も森のなかに行って、こう言った、「われわれはもう火をともすことはできない。それに祈禱に生命をあたえる秘教的な瞑想のことも知らない。しかし、それらすべての属する森のなかの場所をわれわれは知っている。それで十分にちがいない」——その通り十分だった。ところで、さらにまた一世代後のリシーンのラビ・イスラエルがあの行為を果たさねばならぬことになったとき、彼は城中の黄金の椅子に坐したままこう言った、「われわれは火をともすことはできぬ。祈禱をとなえることもできぬ。もはやあの場所も知らぬ。しかし、それらについて話をしてきかせることはできる」と。そして——その語り手はつけ加える——彼の物語だけは、それ以前の三人の行為と同じ効力をもったのだ、と。

いうなれば、この小さな深遠な物語はひとつの偉大な運動の衰亡を述べるものだ、と言うことができる。また、この運動におけるいっさいの価値が経験する変化を表している、とも言えよう。その変化とは、秘教のあとに結局ただ物語だけが残るというほどに深い変化だ。これが、今日ユダヤ神秘主義にたいしてわれわれのおかれている状況である。しかし、物語はまだ死んではいないし、歴史にもなっていない。そこに秘められた生命は、今日も明日も、あなたのところ、私のところに、再び出現することができる。ユダヤ神秘主義の今は見えなくなったこの流れが、いつの日か再びどのような展望の下に突如として現出するか、それは人びとには見きわめがたいことである。私はここで、ユダヤ神秘主義の主な諸潮流について、われわれの知るかぎりでの報告をする課題をみずからに課した。しかし、その運命について語り、この世代のユダヤ民族の上に、これまでの長い歴史におけるより以上に深刻にふりかかってきた大きな破局のなかで、さらになおわれわれに賦与されるかもしれない神秘的な変転について語るということは——私はこうした変転がわれわれの眼前になおさし迫っていると信じている——預言者たちの問題であって、教授たちの任ではない。

訳者後記

本書はゲルショム・ショーレム Gershom Scholem の主著であり、彼の名を世界的なものとし、国際的にユダヤ・非ユダヤを問わず学界のわくをこえてスタンダードワークとして評価の高い *Die Jüdische Mystik in ihren Hauptströmungen*, Rhein-Verlag u. Alfred Metzner Verl. Frankfurt a.M./Berlin, 1957 の全訳である（「序」に示されている通り、英語版 *Major Trends in Jewish Mysticism*, Schocken Publishing, New York 1941 が時代的には先行しており、邦訳に当っては、その改訂第六版 Schocken Books, 1972 及びドイツ語版の Wissenschaftliche Sonderausgabe, Suhrkamp 1967 も併せ参照した）。ドイツ語版が底本とされるのは、英語版刊行との間の歳月に生じたドイツ・ユダヤ両民族間の決定的な深淵とふかくかかわっていよう。本書はその意味でも、第二次世界大戦後のユダヤ人の精神生活にとって重要な象徴的意義をもつものである。

ユダヤ神秘主義、いわば「カバラー」学の真の学問的権威として一代の碩学を謳われたショーレム教授はその豊かな稔り多き八十五年に及ぶ生涯を、一九八二年二月二十日にエルサレムで閉じた。本書はその彼の無数に繁茂して枝葉をひろげた業績の大樹における正に幹の部分、すなわち総論、または原論とよばれるべきものであり、他はすべて各論といってよいであろう。各論のなかには、本書より更に大部の力業『サバタイ・ツヴィー、神秘主義的メシア』（ヘブライ語版一九五七年、英語版一九七三年 *Sabbatai Sevi. The Mystical Messiah 1626–1676*, Princeton Univ. Press）のような正一、〇〇〇頁の大著もあるけれども。

したがって、本書の性格は、ユダヤ神秘主義ないしカバラーの歴史についての百科全書的あるいは解説的な歴史記述の役割を含んだものではなく、彼自身が廃墟の中から粒々辛苦して掘り起し、探りあてた、ディアスポラ・ユダヤ人の中に連綿として生き続けてきた一筋の真紅の血潮のようなユダヤ的魂の核の内発的系譜をつなぎ結んで、ユダヤ民族全体の真の生命力の伝統を再生させ、そこに現代から未来への新たな正しい展望をひらく学問的基礎を達成したことを、つつましくも誇らかに、しかも従来の誤解や偏見をただす論争的スタイルの側面を示しつつ、世界に告知する確信的マニフェストのような性質を帯びているのであって、そのことは本書の序にも本文中にもくりかえし感動的に語られている。例えば著者が第八章の冒頭で「こうしたカバラーが普及してゆくこの時代にユダヤ人の運命を規定している歴史的諸条件と、宗教的思考ならびにその新しい様相の内的発展とのあいだに、広範囲に及ぶ一致が存在するということは何ら不思議なことではない。ただ単に外的な運命においてのみ迫害と圧制のあらゆる地獄の苦しみをくぐり抜けてきたのではなく、追放と迫害をとことん味わいつくし、しかも同時に追放と救済のあいだの緊張関係を極度に発展させたユダヤ教、そうしたユダヤ教はいつかはメシア主義への決定的な一歩を踏み出さずにはいなかった。サバタイ・ツヴィーとガザのナータンの出現とともに、それ以前の数世代の能動的受動的諸力のなかに潜在的に集結してきたいっさいのものが、突如巨大な爆発を起し、表面に現われ出てくるのである」と記すとき、しかし彼は同時に、当のサバタイ主義運動の発生と崩壊の歴史や、そのメシアや預言者の伝記的記述をここで書く意図はないことを明言し、「外的事件の大まかな骨格はどのユダヤの歴史書にも見出される。ただし、この点でもなお訂正と批判的解明を必要とする細かい点はたくさんある。ここでの私の課題は、これまで歴史的文献のなかで完全に、もしくは大部分背後に押しやられ、誤解されるかまったく知られずにいたサバタイ主義運動の諸相を論ずることである。この運動の正当な評価があって初めて、この失敗してもなお壮大な試み——内部からのユダヤ教の革命——の真の性質を、ユダヤ教一般の歴史とユダヤ神秘主義固有の歴史のなかで、理解することが可能になるのである」と結んでいる。

この引用から容易に察せられるように、本書の出現によって初めて、ユダヤ神秘主義の諸相は、正確厳密な文献学的資料探究校訂の基礎に立って、学問的に正当に位置づけられ、ユダヤ民衆基盤の広汎な精神状況の生命的な視野をきりひらき、生きたユダヤ民族全体の魂の真実を理解できるようになった。しかも、本書はその幹部を示したのであるから、著者は更に枝葉や根っこにわたる詳細な研究成果や歴史家ないしユダヤ思想家としての多様な局面についての批評的見解・立証、あるいは信念の告白などを公けに拡大していくことに営々として生涯を賭さねばならなかった。厖大な量にのぼる著作の数々はそのことを示して余りあるものであり、わが国でも既に彼の評論・講演等を集めた『ユダイカ』㈠、㈡、㈢巻までが邦訳され（その㈣は彼の死後一九八四年に公刊され、未紹介）、一方でヴァルター・ベンヤミンとの深い交友の足跡を示す著作の幾つかも紹介されており、肝心の本書の訳業が甚だしくおくれたことは、ショーレム教授のために遺憾きわまることであったといわねばならない。むしろ本書こそ、まず第一に先達として紹介されねばならなかったのである。ましてや最近では、若い在米のD・ビアールの学位論文著作『カバラーと反歴史。評伝ゲルショム・ショーレム』一九七九—八二年（木村光二訳、晶文社）までが邦訳されるにいたって、本書の訳者としてはまことに感慨なきをえないが、私事はひとまず後廻しとすることにしよう。

ナチ時代にハンブルクからロンドンへ移ったワールブルク（ウォーバーグ）研究所の故イェイツ女史の名著の誉れたかい『魔術的ルネサンス。エリザベス朝のオカルト哲学』一九七九年（内藤健二訳、晶文社）も遂に邦訳で読めるようになった。この著の冒頭でも女史ははっきりと「本書は明らかにゲルショム・ショーレムの著作の恩恵を大いに蒙っていて、このことが無ければ書かれなかったであろう」と断わり書きをしており、続く「序」の部分では、「素晴しい業績により、カバラーの歴史の真剣な研究を創始した現代の学者はゲルショム・ショーレムであり、彼の偉大な本『ユダヤ神秘主義。その主潮流』は英語で一九四一年に初めて刊行され、思想と宗教の歴史の、この無視されてきた分野の異常な豊富さと重要性とを世界に示した。カバラーについての現代の叙述および言及のすべては、本書のそれも含んで、ショーレムの現代の傑出した学問的業績の一つである研究に基づいている。ショーレムの仕事は一般歴史の中にまだ充分に取り入れられてはいない。依然として第一級のヘブライ学者によるユダヤの伝統の専門的研究に留まっているが、すべての歴史家にとっても啓示であるべきであろう」という讃辞を大前提として、それから「カバラーとは何か……」の説明の筆を起している。他方、A・ネエルの『言葉の捕囚——聖書の沈黙からアウシュヴィッツの沈黙へ——』一九七〇年のような真摯な探究の書が邦訳されたこと（西村俊昭訳、創文社）も私たちにとって感謝である。ここではショーレムの仕事との直接的結びつきはないにせよ、ユダヤ教の側からの聖書への最も現代的な挑戦が展開され、カバラーの世界はエルンスト・ブロッホやマルガレーテ・ズースマン、あるいはヘルマン・ブロッホやエリ・ヴィーゼルにまで繋がっていく。前者のイェイツ女史がマーロウの『フォースタス博士』や『マルタ島のユダヤ人』、シェークスピアの『ヴェニスの商人』等の背後にあるカバラーの衝撃に論及していることと並んで、私たちドイツ畑のものは、ドイツ・ユダヤの精神史的学問的系譜の大道をいよいよ奮起して踏み固めていかねばならないと痛感する。とりわけ本書の著者ゲルショム・ショーレムその人の歩んだ「ベルリンからエルサレムへ」の道こそ、現代のその最も個性的で象徴的な、比類のない孤独の歩みであったのだから。彼の生い立ちを語る自伝『ベルリンからエルサレムへ』一九七七年の回想はこの意味で実に無限に多くのことを語り、私たちドイツ畑のもののばらばらな意識を見事に一筋の強靱な糸につなぎあわせてくれる。ここではただ彼のハンブルクの「アビ・ワールブルク文庫」への強い関心と、アビの弟フェリックス・ワールブルク夫妻がアメリカの富豪であり米ジューイッシュ・コミッティ及びエイジェンシーの会長として一九二四年春にパレスチナを訪れ、それまで資金難でまったく目途の立っていなかったエルサレムのヘブライ大学建設のために巨額の資金援助を決断したことによって、ショーレムの研究への足がかりが初めて確立された、そのめぐりあいの忘れがたい記憶とを付記しておく。これらの諸関連は、いわゆる「オカルト・ブーム」やきわもの的な通俗興味本位のカバラーに関する「魔法」や「預言」めかした解説本のたぐいとは完全に無縁の世界であり、ショーレムその人には「げてもの」好みの神秘家を気どった要素などはおよそまったくみじんもないことを強調しておかねばならない。事実、ショーレムは上掲の回想のなかで、グスタフ・マイリンクとミュンヘンで逢ったときの印象を語っているが、あの当時売れっ子の『巨人ゴーレム』の流行作家が、一面において神秘的冥想の深さの片鱗を示しながらも、市場感覚に敏感な山師的偽善的売文業者の半面を掩いがたいことに秘かな嫌悪感を吐露している。若きショーレムは、自分がこれから深くわけいっていこうとする学問の険しい道を、こうした手合いと一緒くたに考えられては耐らない思いを禁じえなかったのであろう。

さて、ショーレム教授、正確には Gershom Gerhard Scholem (1897–1982) の伝記的生涯については今更こと新しく詳述するまでもなかろうが、彼はベルリンの完全に同化してユダヤ教から離れて印刷業を営む自由主義的な中流のユダヤ家庭（シュレジアの出身）に、男ばかり四人兄弟の末子として生れた。兄の一人ヴェルナーは後にドイツ共産党の国会議員として活動し、はてはナチの手で虐殺されることからも想像できるように、ショーレムの生長する青少年期第一次世界大戦前後のドイツ・ユダヤ人の運命は最大の危機的分岐点にさらされていて、兄弟四人はそれぞれ異った道を選ぶ。ショーレム自身はもともとプロイセンの国家試験を数学でパスして、一九一五年から九学期も大学で数学、物理学、哲学を学ぶのだが、一方で彼は早くからH・グレッツの十九世紀歴史主義に立脚した最初の包括的な古典的名著『古代から現代までのユダヤ人史』（一八五三—七五年）に眼を開かれて、ヘブライ語の伝統に興味をもち、既に一九一一年からヘブライ語を学びはじめ、ユダヤ的歴史意識が内心に育っていくことを自覚する。彼は次第にドイツでキャリアを積むことよりも、自身のユダヤ人としての未来をきりひらき、ユダヤ精神の革新とユダヤ人社会の建設に身を投じることに倫理的使命感を抱くに至り、当時のシオニズム青年運動の最左翼と目される過激派グループに加わって、強烈な責任意識からパレスチナへの道を志向する。これは決して政治的イデオロギー的ではなく、あくまで倫理的な決断であった。しかもそれはいかなる伝統的なユダヤ教ラビの律法主義的教示によるものではなく、トーラーの教えに従ってのことでもなかった。

他方でマルティン・ブーバーの東欧ユダヤ教ハシディズムの革新を伝える「我と汝」の内発的な覚醒のよびかけやローゼンツヴァイクの新たな「救済」の思想は、当時のユダヤ青年層の渇仰する指標であったが、しかし、第一次大戦の勃発に際して、ヘルマン・コーヘンやブーバーその人が熱狂してユダヤ青年層にドイツ軍の戦列に参加することを訴え、鼓舞激励したとき（当時はフロイトさえもわが子二人を進んで従軍させた）、ショーレム青年は断固としてこれに「否《ナイン》」とこたえ、反戦平和への姿勢を堅持しつつ、ひたすら学問への道に深く突き進む。この時のブーバーに対する激しい批判と怒りは、一面で二十歳も年長の先達ブーバーへの尊敬を深く持しながらも、彼にとって終生変らない批判的姿勢の根となった。R・ヴェルチュは最晩年の著『ドイツのユダヤ人問題。一つの批判的回顧』（一九八一年）の中で、第二大戦後のユダヤ人精神生活の両極の柱として、ショーレムとブーバーを並置して説いているが、ショーレムは、ブーバーがその最晩年の高齢時に、ローゼンツヴァイクとの畢生の共同作業であった聖書のドイツ語訳を遂に完成したとき、悲痛そのものの感慨をもって、今更いまのドイツ人のために、ドイツ語訳が何の意味があろうか、という疑問を洩らすのである。

むしろ青年ショーレムの心に火を点じたのは、エルンスト・ブロッホの燃えたつような『ユートピアの精神』（一九一八年）に示された「ゾーハル」の世界であったろう。既にショーレムはヴァルター・ベンヤミンとの比類のない交友を深めており、ハーマン、リヒテンベルク、ジャン・パウル、メーリケ、ラスカー＝シューラー等のドイツ文学、とりわけゲオルゲの『魂の年』、シュニッツラーの『自由への道』に深く感銘し、併せてローザ・

ルクセンブルクやリープクネヒトの書も兄の影響下で読む。そして、ベルリン下町の「ユダヤ民族ホーム」へ通って、東欧各地から難民のように集まってくる人々のイディッシュ語の民話伝説や機智や詩歌の朗読に接し、そこに立ち働くロシア系の知的女性ゲルトルーデ・ヴェルカノッツをかこむ美しい少女たちのなかに、フランツ・カフカの婚約者フェリーツェ・バウアーの姿を見出した。そこでのある講演集会後の討論でのショーレムの発言について、フェリーツェはカフカに手紙で報告したらしい。それに対するカフカの返信が、なんと五十年後になって公刊されたとき、ショーレムの驚きはたとえようもなかった、カフカはショーレムの一見極端な提案を断固として支持していたのだから。しかも、忘れもしない、当時カフカがその手紙を書いてからまもなく発表した短篇《レゲンデ》『掟の前で』を、ショーレムは曽てない大きな衝撃的感動で読んだのであった。

大戦をはさんで、ベルリンは東欧からの若い知識人世代の活発な集結点ともなり、学生ショーレムはH・N・ビアリク、S・Y・アグノン、S・Z・ルバショフ等との深い交友下で次第に東欧の伝統的ユダヤ文化にも眼をひらかれ、軍隊勤務とイェーナ、ベルン（スイス）の遍歴の間にも、やがてユダヤ神秘主義、カバラー研究へと勉学の志を移し、遂に一九一九年夏には、ミュンヘンのバイエルン国立図書館にドイツ最大のヘブライ語文献やカバリスト手稿類のコレクションがあることを知って、ミュンヘン大学でこそカバラー研究によるドクター論文を書こうと決意した。その直前にベルリンの古書店で、あり金はたいて購入した部厚い六巻本の「ゾーハル」の仏訳本（一九〇六―一二年、パリ）が、体裁ばかり豪華で、中味はジャン・ド・ポーリーと自称する得体の知れぬ東ガリチア生れの似而非学者による誤謬と虚偽とまやかしだらけのお粗末なものだったことも、この決意に拍車をかけたようである。ショーレムの下宿の隣りにはフロイトの姪の女流画家トム・フロイトがいて、アグノンの少年読物の挿絵を描いたりして、作家たちとの交流も多く、また図書館で毎日机を並べる十歳も年長の独特な鋭い風貌をしたユダヤ知識人エドゥアルト・ベーレントは、あの古典的本文批評校訂で金字塔となった最も本格的なジャン・パウル全集の編纂に全力を傾倒していた第一人者の当時の姿であった。ショーレムは後にイスラエルへおもむくに当って、ドイツ作家の全集として携行したのは、ただ二種だけ、このジャン・パウルとシェーアバルトの全集だった、と述懐している。ジャン・パウルとユダヤ世界との類縁の深さについては、私は曽てカフカの源流としてのジャン・パウルを論じたことがあるので、ここでは省略したい。

ミュンヘンでタルムードとセム語学を勉強したショーレムは、ドクター論文としてはカバラー文学最古のテキストで十二世紀プロヴァンスで編纂された難解きわまる『バーヒールの書』のドイツ訳と注解（本文一〇〇頁参照）の仕事（一九二二年一月完了）をほとんど独力で克服することに打ちこんだ。当時彼はこの書の入門的概説《アインライトゥング》を書くのに他日を期したいと記したのだったが、この約を果すために、その後の彼は実に四十年を費さねばならなかった。——あるインタビューに答えたショーレムの言によれば、当時のミュンヘン図書館で彼は、カバラー文献を探索する間に、無数のユダヤ人関係犯罪記録や調書等の公文書類がここに集積されているのを発見した。それは主としてフランス革命、ライン同盟時代のものだったが、その範囲はライン地方はおろかオランダ、ヴェストファーレン、西ドイツから中・東部ドイツ地域にひろくまたがり、旧体制の崩壊時に特に鋭いかたちで、現象全体を見渡すことのできるものであり、しかもその根はさらにはるか古くにまでさかのぼることができると想像できた。つまりその現象とは、ユダヤ人と非ユダヤ人の環境世界の間で、特に盗賊団と故買商人の貧しい下層階級相互の密接な交流関係が動いていたという事実である。ショーレムは直ちにシラーの名作『群盗』の中に登場するユダヤ人盗賊シュピーゲルベルクのことを思い浮べながら（このシュピーゲルベルクの問題性はハンス・マイヤー教授も主著『アウセンザイター（アウトサイダー）』の中で注目して分析している）、ユダヤ人の非ユダヤ人世界とのコミュニケーションは単に精神的上流サロンの中だけではなかったという重大発見にめざめて、これら文書を丹念に読みあさった。その結果、この現象は特に一七五〇—一八六〇年の間において興味深いものがあり、ユダヤ人下層社会の実態はドイツ語圏ばかりでなく、更に東方地域や後にはアメリカ（ギャングスター）にまでひろがり、サロンではない「地下室」の取引の上でイディッシュ語やヘブライ語が隠語として用いられ、古くはポーランドや西プロイセンでユダヤ人村落の全成員が盗賊団を形成し、自村周辺でない他地域へ出稼ぎして盗みを働き、領主貴族たちはその上前をはねて増収をはかる意味でこの犯罪と村落の存在理由を黙認していた、ということがわかった。この事実への着眼こそ、後年のショーレムの研究を単にユダヤ哲学や形而上的神智学の上層気流にとどめず、むしろ無知の貧しいユダヤ民衆の心の基盤に目を向けさせ、そこに生き続けるユダヤ人大衆の生命力を重視するパイオニアの道を敢えて進ませる成果を生んだのであった（ザールラント放送のイェルク・ドレーヴスとの対話のテレビ放映、一九七六年六月による）。

こうして彼は、秘教的な諸文書の中にこそ、合理的なユダヤ哲学には存在の場をもたない確かな真実が生きていることを確信し、しかもそこに含まれる形而上的な魂の真実は、文献学的・歴史的批判研究というアカデミックで厳密公正な方法によってしか発見されえないという信念をもってカバラー研究の道に出発した。この点について、上掲のビアールの『ショーレム評伝』（邦訳一三四頁）の中に、従来未発表であった『私のカバラー研究の真の動機についての率直な言葉』と題するザルマン・ショッケン宛てのショーレムの注目すべき書簡（一九三七年）が初めて紹介されている。そのドイツ文全文をここで引用することは遠慮したいが、その要旨はおよそ次のようなものである。――「私は〝カバリスト〟になろうなどと思ったことは一度もありませんでした」この不可解な領域に敢えて踏み入ろうとするとき、ほとんど何の予備知識もない私には、ただ充分な「洞察力」だけがあったのです。「一九一六年から一八年までの三年間は、私の全生涯にとって決定的な時期でした」多くの刺激的な諸思想が、宗教とニヒリズム（無神論）の間の微妙な線上を歩いている神秘主義的諸命題の直観的な肯定へと、私を導きましたが、同時にまた、私の研究領域についての最も合理主義的な懐疑へも私を導いていきました。

「私は後に、この微妙な線のもっとも完璧な、卓絶した表現をカフカの中に見出しましたが、それは、現代的精神におけるカバラー的世界感情の世俗的な表明として、カフカの諸作品を正典的《カノン》なるもののアウラで包んでいる表現のように私には思われました」その当時、私にユダヤ教の秘密の生命を最もよく教えてくれたのはモリターの『歴史哲学、あるいは伝統について』でして、それに触発された私は、歴史ではなく、カバラーの形而上学を書く気になりました。私はユダヤ教哲学とよばれているものの貧困性に衝撃を受け、私の知っていた三人の著作家サアドヤー、マイモニデース、ヘルマン・コーヘンにはとりわけ激怒しました……（中略）……私は、カバラーが哲学的議論においては完全に歪曲されてしまっていたにも拘らず、カバラーの中に本質的な高い水準を感じ、既に私の世代には知覚できないにせよ、私たち自身の最も人間的な経験に触れずにはいない関係領域がここには存在すると考えました。……過去のユダヤ人学者たちの提供する啓蒙主義の鈍感な規準によって判断すれば、これらの事を理解する鍵は失われてしまっていますが、私が何気なく読んだ初期のカバリストたちの書物の中にこそその鍵があることに、私は気づいたのです」そしておそらく「失われていたのは、鍵ではなくて勇気――深淵の中へ思いきってとびこむ勇気、だったのです。」事実の集積の山には、鍵の必要はないでしょうが、霧に蔽われた歴史の壁こそ貫通されねばなりません。「この貫通こそが、私が自身に課した課題でした」……「たしかに歴史は根本的に幻想のように見えるかもしれません」が、今日の人間にとって、「真実」の神秘的な全体性は、「注釈の正当な学問と文献学的批評原理の奇妙な鏡像の中でのみ、最も純粋に見えてくるのです。今日、私の仕事は、その発端においてと同様に、この逆説の中に、すなわち、山からの真の伝達への希望の中に、また発展という幻想から真実を生じさせる、歴史の目につかないような微小な変動への希望の中に、存在しています」。……

周知のように、この手紙の宛名ショッケンは、アメリカでカフカ全集の出版を完遂したユダヤ出版社主であり、この重要な所信の吐露がやがてショッケン社によるショーレムの本書英訳版刊行の布石となったことはいうまでもなかろう。ショーレム自身、この神秘主義的諸命題の中に、伝統と世俗主義の間を揺れ動く彼の不安定な均衡化行為のありうべきモデルを見出したのである。そのことは本書を読みすすめば逐次明らかになるだろうが、とりわけ例えば、本文第六章「ゾーハル」(三〇七頁以下)で、「スペインのカバラー、したがってゾーハルがその倫理の中心に据える最高の宗教的価値は、デベクース即ち変らぬ愛、神との変らぬ結びつき、ないしは直接的関係であり、これは彼らにとってほぼ完全に、本来の忘我的体験と代わるものであって、真のデベクースは個々人の共同体内部での通常の生活においても実現しうるものである。この理念はしたがって社会的価値にも転換可能であり、この点が後にカバラーが民衆的な倫理に影響を及ぼす上で重要な点である」ことをショーレムは強調し、「貧者の美徳も敬虔なる者の美徳も同時に神秘主義的に聖化する立場である」とする。この「貧困の聖化」と並んで、逆に「性的禁欲」は宗教的価値の地位を獲得せず、また悪の本性をポジティブに存在するいわば「デモーニッシュ」なものとして説明し、「神的諸力の全体は均衡を保って調和しており、これらの力や属性はどれも、それが爾余の一切のものと結合し生きた関係のなかに留まるかぎり、神聖にして善なるものである」と説く。この教義を後のキリスト教神秘主義において最もよく継承再現したのがドイツの偉大な神智学者ヤーコプ・ベーメであり、更に下ってイギリスのウィリアム・ブレイクの詩作にまで見出される、と。「総括すれば、ゾーハルの精神的世界は、神智学的神学と神話的宇宙創造説と神秘主義的な霊魂論ならびに人間学との混成物とみなすことができる。……ゾーハルにおいてこれら三つの要素がすべて融和し、彩り豊かな統一をなしていて、まさにそれこそこの書の比類のない魅力を形成している」。

この教説はしかし、第七、八章の十六、七世紀の段階へ説き進むにいたって、従来の合理主義的歴史家の通説を大きくくつがえし、敢えて歴史的現実の逆説性をとらえて(本文三七九頁以下)、「ルーリア派のカバラーは、民族のすべての部分において確たる勝利をおさめ、ディアスポラのすべての国々に例外なく普及することのできた、ユダヤ教内部における最後の運動であった。明らかにルーリア派のカバラーは、古いラビ的ユダヤ教の内部で、なお民族全体に共通する宗教的現実の世界を表現した最後のものであった。……われわれはこの派のカバラーを、追放と救済の神秘主義的解釈、いや、いわば追放の偉大な神話であるとさえみなすことができる」と結論して、更にサバタイ主義の到達する異端と背教の根元に潜む真のユダヤ的深淵の意味をつかみだすにいたる。新しいメシアの悲劇的な背教の結果、後世に不当にタブー視され、悪徳の権化のごとく矮小化されてきたサバタイ主義運動は、彼によれば（本文三九六頁以下）、実は中世以来のユダヤ人の意識の内面に起った最初の真摯な反乱であり、それが次代のユダヤの内面史にたいしてもつ意味はあまりに過小評価されすぎてきた。ここで生じた意識革命は多少とも隠れた宗教的ニヒリズム、アナーキズムに帰着する側面をもって、外的条件次第では、十九世紀ユダヤ教の啓蒙と改革を内面的に準備する役割をになう。これはキリスト教神秘主義が十八世紀の啓蒙主義形成に重要な関与をなしたことと地下水脈を通わせあっており、解放期の新しいユダヤ世界への移行を容易にしたのである。同時に、この異端のメシア、サバタイ・ツヴィーの捕囚による背教改宗は、神秘主義的救済の内的局面と外的局面を一挙に引き裂いて、その未曽有の緊張に耐えぬく新たな理論的課題の前にカバラーを初めて立たせることになった。つまり、堕落した救済者という悲劇的パラドックスの上で、逆説はまた逆説の緊張を生む。これは十字架のイエスの死とは全く異った次元の、無間奈落に通じる遙かに大きな緊張の危機であったが、しかしそれはこれ迄の歴史的迫害のなかで、くりかえし背教と改宗を強要されてきたユダヤ教徒、とりわけマラノの人々の良心にとって、これまで生きてきた宗教意識の二重性の苦悩をまさに聖化するものでもあったのである。神の恩寵がこのマラノ的内面の真実を貫く強度をもって護りたもうものは、まさにメシアの魂のみであり、ユダヤの運命はそこでメシアの告知を受ける。このパラドックスは、実際に遂行されて初めてその全き深みが見えるようになるのである。「罪それ自体のために犯された罪は偉大である」「トーラーの廃棄こそがトーラーの真の実現となりうる」「救済の種子が芽を出し実を結ぶためには、土の中で腐らなければならない」こうして、ショーレムは続ける、「カバラーの歴史においては、新しい考え方や体系の始まりには、ほとんどいつも、最後の時代の始まりがさし迫っているという感情がともなっていた。カバリストの著作を読むと、追放の時代に曖昧化した神性の最も深く最も真実な秘儀は、救済の前夜になって初めて決定的に再び現われるだろうという終末的見解にくりかえし出会うのだ」と。

こうしたユダヤ神秘主義の堕罪の逆説に及ぶ精髄に到達するために、ショーレムの「洞察力」は孜々として倦むことなく働き続け、旧来のユダヤ教像を根本から変える「歴史を貫通させ」るにいたった。同時に彼の歴史的な証言は、アウシュヴィッツの深淵に耐えてユダヤ精神が戦後の展望を伝統の底からきりひらくためのかけがえのない生命的な贈物となることができた。エルサレムへの道で更に知友となったエルンスト・シモン、エーリヒ・フロム、ベルル・カーツネルソン、更にはワールブルク文庫の縁から生れたホルクハイマーやアドルノ、フーゴー・ベルクマン（プラハでカフカの同級生）等々との結びつきも書きもらすわけにいかないが、ショーレムはエルサレムで当初提供された数学教師と図書館司書の二つのポストのうち、給料の少ない司書の道を敢えて選び、その一年後には上述のワールブルク資金によって急遽ヘブライ大学の建設が具体化された。荒野の中の新世界開拓事業にとって、大学はその精神的中心となり、しかもそれはラビ養成の職業教育であるよりも、むしろユダヤ精神の革新のための新たな学問的中核たるべきものであった。旧来のタルムードを教えるのでなく、新しいユダヤ学としてのタルムード文献学の確立が急務であった。そのときショーレムの曽ての学位論文（父の印刷所で刷られた）のことが想起されて、ユダヤ神秘主義（カバラー）の講座が設けられることとなり（一九二五年）、二四年から論文をもっぱらヘブライ語で書きはじめていたショーレムは、まずそこの講師のポストを与えられ、三三年には教授となった。ショーレムは既にユダヤ教古文書の蒐集家としても抜きんでていて、三七年には当時まで探しあぐねて入手できないでいた文献一五〇種のリストを印刷して、江湖の協力を求めた。その小冊子のタイトルには聖書からの引用としてヨセフとその兄弟の物語からとった「汝らの父ヤコブのもとへ、平和のもとに来れ」をヘブライ語で記した。「平和《シャローム》」はすなわちショーレムであるから、「ショーレムのもとへ来れ」と解することもできた。上述のインタビューの当時、このリスト中すでに四分の三がショーレムの手に得られていたという。インタビューは彼の書庫で行われたが、そこには約一万七千巻の書籍が集められ、そのうちおよそ八千がユダヤ神秘主義に関するものであった。

ショーレムは、なかなかの戦闘的な論争家であったが、また無類の話術の名手、機知とユーモアの妙に富んだ語り手で、人を倦ますことを知らなかった。それはユダヤの伝承を語るためにおのずから備わった資質であるかのようで、自伝『ベルリンからエルサレムへ』にも、インタビューの場合にも、如実に示されており、そもそも本書のもととなった講義自体、明快で起伏と抑揚ある話題に富み、人をひきつけずにはおかない文体の魅力をもっている。そのスタイルの持ち味は訳文においても当然生かされねばならないのである。同時に彼は、また執拗なほどユダヤ人の系譜、出身や家系や血統、縁戚関係等の繋がりや流れを調べることに綿密で、これはディアスポラ・ユダヤ人の古来身についた慣習からも来ているようだが、自身の家系の祖先から枝葉の親戚縁者までそれぞれの時代と運命のふれあいを詳細に語ってつきることがなく、彼の最後の絶筆となった論文がレオ・ベック研究所（エルサレム）の「ブレティン」一九八二年六一号に寄稿した『ヴァルター・ベンヤミンの祖先と縁戚』についての考証であることも偶然ではない。正確なルーツを探り確かめることは彼のユダヤ人史にたいする学問的本能でもあったであろう（この論文は、これもショーレムの死後にまとめられたベンヤミン中心の論集である彼の遺著『ベンヤミンと彼の天使』一九八三年に収められている）。

ショーレムは一九三三年から六五年の停年までエルサレムのヘブライ大学のユダヤ神秘主義とカバラー学の教

授をつとめると共に、五八年にはユダヤ研究の「イスラエル賞」を受け、六二年以降イスラエル科学人文学アカデミーの副会長、次いで六八年から七四年までは同会長の要職につき、六八年のチューリヒ大学、七八年の米イェール大学の名誉博士、七三年以降ライン・ヴェストファーレン科学アカデミー会員（デュッセルドルフ）、七五年以降西ベルリンの芸術アカデミー会員、六九年ポルツハイム市の「ロイヒリン賞」受賞等々、枚挙にいとまのない数々の顕彰に輝いたが、またスイス・アスコナで毎年開かれるユング派系の「エラノス会議」に招かれて幾たびとなく重要な講演を行い、ドイツ語を通して、彼の究めたユダヤ精神の精髄を説き続けた。しかし、彼の場合、十八世紀モーゼス・メンデルスゾーン以来ひらかれたユダヤ人のドイツ社会への「同化」、いわゆる「共生」Symbiose と「癒着」の歴史に対しては、その「最終解決」たるヒトラー問題の民族体験を通して、戦後のドイツ・イスラエル間の曖昧な妥協（賠償としての武器供与等を含めて）を断固として拒否し、過去二百年のドイツ・ユダヤ人史へのきびしい批判をきわめて激しい調子で論難するアクトゥエルな姿勢を一貫して堅持し続けた。それは、若くしてただひとりベルリンからエルサレムへの道を倫理的に決断し、過去二千年の迫害下で死屍累々の中にディアスポラ・ユダヤ人の苦悶の底から宗教的魂の生命を不死鳥のごとくよみがえらせ続けてきた「伝《カバ》承《ラー》」の真紅の糸筋を遂に貫通する歩みを達成しえた碩学ショーレムにして初めて可能であったろう。ベンヤミンがこの人をこそ「唯一の真のユダヤ精神の体現者」とよんだ所以である。

　例えば、かのハンナ・アーレント女史に優るとも劣らぬドイツ系女流思想家・詩人マルガレーテ・ズースマン女史の九十歳記念論文集に多数の西欧ユダヤ一流知識人たち（ルカーチ等を含めて）が寄稿したとき、彼ひとりはその編者シュレッサーの標榜する「その中核において不滅なドイツ人とユダヤ人の対話への敬意とドキュメント」に対してきっぱりと異論を唱え、その寄稿をことわった。彼にとって、ドイツ人のユダヤ人にたいする対話が真の意味で歴史的現象として存在したことは遂にありえなかった、としか考えられないのである（ショーレム

『ユダイカ』㈡所収「ドイツ人とユダヤ人との〈対話〉という神話に反対して」一九六二年)。この主旨を更に徹底的に明確に展開して論じきったのは、一九六六年八月ブラッセルで開かれた第五回世界ユダヤ会議総会での『ドイツ人とユダヤ人』をテーマとする公開講演会(ゴーロ・マン等と共に)での歯に衣きせぬ痛烈にして痛切な弁論である(同上『ユダイカ』㈡所収「ユダヤ人とドイツ人」)。その際の司会役をつとめたナフム・ゴルトマンは自伝『ドイツ・ユダヤ人としてのわが生涯』(一九八〇年)の中で、この時のことを回想し、「わが友ショーレムは、ドイツのユダヤ精神は究極においてドイツ文化に完全に収斂されることは決してなかった、というテーゼを断固たる確信をもって力説した。私は信じる、彼は正しい」と記している。

逆にまたショーレムは、カバラーがヨーロッパの精神史に与えた強烈な影響力についても、くりかえし力説することをやめない。上述した『ユダイカ』㈣の冒頭の論説「ヨーロッパ精神史におけるカバラーの位置」はそのよき例証であろう。十五世紀末ヘブライ語研究への関心がユダヤ以外の英、仏、伊、蘭、独等の人文学者間に高まり、その中心にピコ・デラ・ミランドラとヨハネス・ロイヒリンが立っていて、カバラー熱に火をつけたことは有名だが、ショーレムによれば、ピコがローマへ一四八六年末に多数の人文学者を招いて、九百余にのぼるテーゼについて彼との討論を企てたとき、その中の百二十のテーゼはカバラーの秘儀に関するものだったという。ロイヒリンも一四九〇年にフィレンツェでピコと会談してから、カバラー研究に深く参入し、後に背教ユダヤ人プフェッファーコルンの捏造した反ユダヤ的告発にたいして敢然とユダヤ人及びユダヤ教義を擁護する正義の法廷闘争を展開したことはユダヤ人解放史上よく知られている。ここではショーレムの所説を詳論する暇はないが、ヤーコプ・ベーメ、スピノザ、ライプニッツ、シェリング、更にミルトン、ブレイクから既述のワールブルク研究所のイェイツ女史にまで筆は及び(ベンヤミンへの手紙の中で「ソーントン・ワイルダーの『カバラー』という小説を読んでみたまえ、特にその最後の六頁を……」という箇所のあったことが思い出される)、またカバラーと錬金術ないし魔法（さらに占星術や医術）との混合的な潮流が十六―八世紀に風靡して、その頂点ともいえるゲオルク・フォン・ヴェリング著の『オプス・マギコ＝カバリスティクス』（一七一九年）が『初稿《ウル》ファウスト』を執筆中の若きゲーテの座右にもおかれていたこと、十八世紀ドイツの高度なフリーメーソンや薔薇十字団にも痕跡を残していることなども触れられている。上述のようにショーレムは「ロイヒリン賞」を受け、カフカの親友マクス・ブロートがイスラエルに住む晩年に歴史小説『ヨハネス・ロイヒリンとその戦い』（一九六六年）を書いていることも充分に首肯できよう。ブロート（一八八四―一九六八年）を追悼する記念論文集（一九六九年、テル・アビブ）に寄せたショーレムの論文は「一人のフランク主義者、モーゼス・ドブルーシュカ」に関するもので、ブロートがかねてチェコ地方のヤーコプ・フランク信奉者たちをテーマに執筆を企てながら資料不足で放棄せざるをえなかったことを偲んでの主題であった。ちなみにドブルーシュカはプラハの銀行家富豪の養子として一七五三年ブリュンに生れ、一七九四年四月パリでギロチン下に死んだ変転多い冒険的生涯を送った初期「ハスカラ」運動のヘブライ語作家であった。

ところで、前述の『ユダイカ』㈣と『ベンヤミンと彼の天使』の二書の編者をつとめたフランクフルト学派のロルフ・ティーデマンは、一九六一年以降ショーレムと知合ってからドイツで最もショーレムの話を親しく聞き、行を共にして、多くを学んだ一人であろう。『天使』の書の後記として彼のかなり長いショーレム回想がのっており、彼によれば、この主著『ユダヤ神秘主義』をめぐるショーレムの名声の高まりを一番驚いたのはショーレム自身であり、このショーレムの名声をひろめ、地均しするために倦むことなき努力を惜しまなかった最たる人はアドルノだったということである。ショーレムは散佚したカバリスト古文書漁《あさ》りの旅歩きを最も好み、無類の話好きでティーデマンにも実に多くのことを語った。ブロッホ、ベンヤミン、アドルノ、ショーレムに共通して言えることは、と彼はいう、ドイツ語の辞書にない Eingedenken（記憶に刻み、記憶の中に参入する、とでも解すべきか）という一語である。死者との対話の可能な道はただ一つ記憶をめざませ続けることであり、死者たちをめざませるためにメシアがくぐることのできる小さな門のための時間を片ときもゆるがせにせず用意すること、をそれは意味するのだという。一九七二年の夏、ミュンヘン・オリンピックのあの惨劇のテレビニュースを、彼はショーレム夫妻と共にフランクフルトのホテルで観ていた。ショーレムにとってもはや夙にあのシオンが希望の象徴ではなくなっていることを、このときほど腹蔵なく語ったことはなかった。この思い出は終生忘れがたい、とティーデマンは書いている。ショーレムはパレスチナ入植以来、終始アラブの人々との対話交流に努力し、平和のための主張を説き続けて、戦後のイスラエル状況から孤立する立場にあったのである。一九八一年春、イスラエルの国会選挙を目前に控えて、ティーデマンがパレスチナ問題の解決策を問うたとき、ショーレムの答えは低く疲れはてたように一言「今ではもう解決はないよ」という老翁の声であった。

一九八二年二月二十二日、ユルゲン・ハーバーマスはエルサレムを訪れた。ショーレムの葬儀に列するためである。この時の感懐をハーバーマスは「メルクール」誌八二年四月号に『エルサレムにおける死。ゲルショム・ショーレムの墓辺で――一つの時代の終焉』と題して書いている。その要旨を簡単に紹介すれば、その日午后一時、ショーレムが十年の間会長をつとめたアカデミーの前の広場の中央に、故人の遺体は、柩もなく細い担架にのせられ、青地に白くエルサレム大学の文字の浮き出た布地に包まれて、ひっそりと横たわっていた。当初それは、大空の下、何の特別な装備もなく、いかにも勝手気儘な自然の処遇に委ねられたもろさはかなさと家族や近親の輪だけに囲まれた頼りなげな心もとない孤独の印象をあたえたけれども、やがてまもなく続々と人むれがつめかけ、大きなコミュニティの集会の場に変った。そこにはとりわけ長老たち、特にドイツからの亡命者たちが多く、その中にはあのエルンスト・シモン老や、ショーレムの書簡や著作で既知の名の人びとの姿があった。カメラの動きで、ナヴォン大統領の来場と知れたが、半円を形造って乱れることもない人垣には、晴れがましい気配も起らず、合唱指揮者の配慮による告知と祈りの儀式めいた進行には、むしろごく日常的な出来事のさりげない無形式の風が強かった。最初にアカデミー会長エフライム・ウルバッハの弔辞、そのヘブライ語の中から時々「ツィムツーム」とか「ティックーン」という言葉がききとれた。

ハーバーマスはそこで思いをこめてショーレムの生涯をかえりみ、彼が無類の達人の手さばきで、精神科学の伝統である実証主義的用具を使って、逆にまったく非実証主義的な目的のために腕をふるい、イサーク・ルリアやサバタイ・ツヴィーの足跡の逆説的な意味を掘りおこし、そのメシアニズムが啓蒙思想とニヒリズムの間を変転しつつカフカにまで及ぶカバラー的現代性の中に、ユダヤ精神の革新の道を探究した功績、しかもそれがベンヤミンとの生涯にわたる友情の弁証法と固く結ばれている姿を回想する。ショーレムはおそらく友ベンヤミンの資質のうちに、あのショーレム自身が『カバラーに関する十の非歴史的テーゼ』(一九三八年)の第八に挙げている救いの眼の力を探り求めていたのではないか、とハーバーマスは感じて、その第八のテーゼを引用している、「カバラーには、ある変化する眼のようなものがあって、それを魔術的な眼とよぶべきか、それともユートピア的な眼といった方がよいか、には疑問が残る。この眼は、いま私が立っているこの場所で、あらゆる世界の仮面をはぎ、それどころかエン・ソーフそのものの秘密をさえも顕わにする。人は〈上に〉か〈下に〉かあるものについて論議する必要はない。要は、ただ人自身の立っている地点(それのみ!)を見通しさえすればよいのだ」(この論説は『ユダイカ』㈢所収)。ここでショーレムが歴史家としてでなく、自分自身の問題として語っている特別な状況にハーバーマスは注目し、しかもドイツ語で書かれている点を重視せずにいられない、「ショーレムの著作は戦後のドイツに生長した世代に益々大きな影響を与えた。単にユダヤ学の学者としてばかりでなく全体としての彼の精神と形姿がこうした影響力をかちえたのだ。ショーレムは清明にして非のうちどころのない学問的な散文で、今日、ドイツ語の最も重要な作家の一人なのである。彼がすばらしい表現力でマスターしている母国語は、彼が一九二三年にイスラエル建設に献身すべく去った国の言葉である。だから、彼の墓辺に献げられる論辞がドイツ文で語られなかったことを、歎くわけにはいかない」。

ほっそりと美しく磨かれた墓の正面に、友人たちの手で石が積み上げられ、埒《らち》もなく並べられた中に埋れて、赤いチューリップの小さな花束が一つだけあった。その中で、ドイツの大使だけはひときわ人目に立つ派手なリボンをつけた豪華な花環を二つ、墓のわきにおいた。一つは西ドイツ（BRD）大統領から、もう一つはベルリン市長からのものだった。大使はハーバーマスの辛そうな眼つきに気づいて、「これをしないとしたところで、やはり間違ったことになるでしょうからね」と言った。

そしてハーバーマスは結語へと急ぐ、「ショーレムは我々の多くのためにユダヤの運命にたいする眼を開いた。彼はその著作で、亡命の幾世紀について、とりわけメシアニズムの運動に反映している諸経験について、我々に教えた。しかし、彼自身の実在すること、すなわち歴史の進行を通して最も怖るべきものを確認し確証してみせたその生涯の根本的決断によって、彼は我々に、しかも仮借なき鋭さをもって、ドイツ人とユダヤ人の運命がドイツ史のなかでいかに深く断絶されたかについて教えた。そのショーレムがこの深淵をのりこえて、再び架橋の糸をとりあげ、友情こめた網を編んでくれたとき、我々は一層深く彼に感謝することができた。（中略）イスラエルの友たちは、ショーレムと共に一つの時代が終ったという感懐で一致している。我々にとっては、彼と共に、その個人の人格のうちに一個の変造しえない独自の過去が生きている教師たちの一世代が、死んだのである」。

最後に、フランスの「ヌーヴェル・オプセルヴァトゥール」紙（八二年三月六日号）が掲載したフランソワ・フュレの追悼文の一節を併せて掲げよう、「ショーレムの神秘主義についての博識のうちには、挑発の部分、ブルジョワたちを啞然とさせるような仕方があるが、それはベルリンのユダヤ人青年に生れ育った環境から脱出する際に巨大なエネルギーを要したことと切り離すことはできない。……大学の世界での栄誉は、彼の攻撃性や知的な非画一性を鈍らせることはなかった。エルサレムのドイツ人街区にあって、黒表紙で装丁された各種タルムードで一杯なアパートの中で、彼は一九二〇年代のドイツ人として、フランクフルト学派のことや、友人たちや思想の冒険を通じてこの世紀の諸悲劇のことを語ったのだ。それ以外に語ったのはイスラエルのことだった。この国において、ショーレムは決して楽な、不満のない生活をしていたのではない。彼は政治と宗教とを分っている境界について、その英知によって、また避けがたく堕落していくメシアニズムの誘惑に抗するその仕事とによって、注意深く、断固とした監視を行なっていた。ショーレムはこのように、正義の精神であると共にラディカルな精神であるという稀有な魅力を有していた。そのショーレムは私たちの間から今いなくなったのである」(「みすず」八二年十月号より)。

＊　＊　＊

かえりみて、蛇足ながら、訳者の私が本書の初版本を手にしたのは、はるか二十年以上もむかしのことである。この訳業の共訳者たちは何れも私の大学院の講義で、当時ショーレムの名を聴いた人々である。それからまもなく私は、院生の有志諸君と語らって、まずエルンスト・ブロッホ『希望の原理』の読書会を始めた。このブロッホにしても、ショーレムにしても、私自身がそれを翻訳する身になろうとは、まったく考えてもいないことだった。ブロッホは哲学畑で、ショーレムはユダヤ学や宗教学畑で、当然耕して収穫さるべきものと考えていた。私自身すでにユダヤ研究への志を立ててはいたものの、正にショーレムにも似て廃墟と荒野の中をひとり手探りで歩きだした私には、盲蛇におじない翻訳などとてもできない相談だった。

一九六七年から八年にかけてのドイツ滞在の帰途、一カ月ほどイスラエルに立寄ったときも、どうやらユダヤ研究の視野が摑めはじめてはいたが、まさか本書の訳業に手を染めることになろうとは、夢にも予想しなかった。

あのイスラエル訪問は、上述のショーレムの亡くなった二月の同じ季節、雨季を前にした早春のイスラエルで最も美しい風光の日々であった。レオ・ベック研究所に何度も足を運び、「ユダヤ人問題」の最初の正確な定義者でありT・ヘルツルの伝記作者として高名なシオニスト、アレックス・バイン氏を国立資料図書館の館長室と書斎に訪ね、マックス・ブロート、エルンスト・シモン、ハンス・トラーマー等の諸氏から親切な厚遇を受け、古書店からも多くの資料を入手することができたが、肝心のショーレム教授は残念なことに「六日戦争」後の平和講演でヨーロッパ行脚に出かけていて不在であった。当時既に日本から相当数の若い留学生たちがイスラエルで勉学中で、彼らの集会で私はおこがましくも自分のユダヤ研究の動機について熱っぽく語ったものである、「戦後日本のゲルマニストにとって、ドイツ・ユダヤ人の精神史的研究は、いわば倫理的責務である。在日中国人や朝鮮・韓国人の人々の諸問題理解のためにも、共通の鍵がここにあるにちがいない。私にとって何よりも知りたいのは、中世の大迫害、ポグロム、更にアウシュヴィッツの地獄の苦難をのりこえて、なお不死鳥のようによみがえり続けるユダヤ人の生命力の根源の秘密であり、そこに希望を見出すことなのだ……」と。これもショーレム流にいわせてもらえば、一つの「洞察力」の出発点であったろう。その青年たちと意気投合して、「六日戦争」後に開かれたエルサレムの旧市街から死海のほとりにいたるまで、戦跡もまだ生々しい地域を案内してもらった思い出も忘れがたい。彼らは研究者として既に立派に成長して、今日の新しい諸学問の第一線に立っている筈である。最近十年の日本で、ようやくこの分野の成果が次々と実りはじめているのは、当然ながら、こうした若い戦後世代の真摯な進出のおかげである。

　私のようなそもそもの門外漢がこうした分野の訳業に敢えて手を染めざるをえなかったのは、まさに最近十年より以前の日本の状況において、翻訳作業のいささか読解力と表現力の上で正確なレベルアップを促進するための、いわば「踏み台」か「捨て石」的な役割を果すことにあったであろう。私の出発時にはまだタルムードさえ見たこともなく、まして「ゾーハル」など天の星のように届かぬところにあって、私はようやくエルンスト・ミュラーのドイツ語訳（一九三二年ウィーン版）のマイクロフィルムをベルリン国立図書館から日本に持ち帰られたもの（京大田口義弘氏の好意による）を借用して、東大図書館で拡大製本してもらい、一部を東大に寄贈したのだが、これは遺憾ながら部分訳に留まっていた（英語版には全訳がある）。しかもなんとそのミュラー訳本は、我々の労苦をよそに、今ではディーデリクスの新書版（一九八二年）で簡単に入手できるようになり、ショーレム自身も既にインゼル版の小冊子で「ゾーハル」の解説とその一章のドイツ訳を公刊（一九七一年）してくれている。おまけに私の世代は、私の帰国直後から始まった「大学紛争」の嵐に完全に吹き倒されて、折角のイスラエルやドイツで得た知己とのコンタクトも当分絶たざるをえない羽目におちこんでしまった。

『希望の原理』も『ユダヤ神秘主義』も、そもそも出版社の側からの強い要請によって始められた。おそらく当時は私以外にさしたる適任者が見当らなかったのだろう。お蔭で私は思いもよらぬこの二つの訳業に、延べ二十年余の歳月を費してしまうことになった。その間、年を追って次代の新鋭たちがよい仕事を始めている。私の大学院聴講者の中からは、イディッシュ語の専門家も育ってきて、もう二度もイスラエル留学を果し、語学的に日本の第一人者となりつつある。私自身はこの訳業と平行して、ゲーテ『ファウスト』訳業の完成を急いでおり、ブロッホとショーレムの訳業は、今にして思えば、廻り道のようでありながら、実は『ファウスト』にいたる道のかけがえのない準備作業でもありえた感を深くしている。ブロッホやショーレムの追究から、旧来のゲルマニスト的『ファウスト』解釈には見られない、真に「デモーニッシュ」なヨーロッパ精神史の嫡男としての包括的ファウスト像とそれを取巻くカバラー的象徴大系の世界が私のイメージとして見えてきたからである。

本書『ユダヤ神秘主義』の訳業に関していえば、当初は共訳者四人で何度かの読書会をくりかえし、訳の分担を決め、第一と第九の章を私が訳し、中間の七章を他三氏に分担してもらって進行をはかったが、地方在住のための二君との連繫に無理がある上に私自身も途中で東京から大阪に移住したため、後半期になってこの部分全般を石丸氏が改めて整理・統一・修正・清書にいたるまでの仕事を引受け、いわば私と石丸氏二人の連繫による「監訳」とよんだ方が適切かもしれない内容のものとなった。この作業のため、完成は一層大幅におくれざるをえず、特に表記の統一は容易な業ではなかった。加えて「原注」訳と「索引」作成まで果してくれた石丸氏の労には深く脱帽しなければならない。私はなお「訳注」の部分を不充分ながら担当した。

ヘブライ語の表記に関しては、当初まず私の東大同僚の聖書学者杉山好教授の好意ある教示を受け、更に後段で当時東大言語学科助手であった柘植洋一氏（現金沢大学文学部助教授）の懇切な指導の下で、慎重な論議の末に統一的に定めたものであり、従来一般的には例えば「セフィロート」と表記されている th の音を敢えて「セフィロース」とすることにした。その他の人名表記等でも、つとめて原音に忠実な長音の音びきを採用し、本書のスタンダードワークたるの実を示したいと考えた。ここで杉山、柘植両氏に心から感謝を申しあげたい。

なお本書では特に「凡例」を示さなかったので、最後になったが、本文の注を示す番号のうち、1、2…は「原注」であり、＊印を付した＊1、＊2…が「訳注」を示す区別となっていることを申し添えたい。以上のようにそもそもがパイオニア的難事業であったために、歳月を要しながらなお思わぬ誤謬欠陥の残っていることをおそれ、博雅の御叱正を切にお願いしたい。ブロッホ訳業の場合もそうであったが、本書もまたショーレム教授の御生前にお届けすることが遂に出来なかった。伏してお詫び申しあげると共に、読者諸賢にたいしても、遅延のほど深く衷心よりお詫びしたい。こうした遅延にもかかわらず、辛抱強く待期して終始協力を惜しまれなかった法政大学出版局の稲義人編集長と藤田信行氏にも厚く御礼申しあげる。

一九八五年二月　大阪にて

山下　肇

著者

ゲルショム・ショーレム
(Gershom Scholem)
1897－1982．ベルリン生まれのイスラエルのユダヤ学者．ドイツの大学で数学・物理学・哲学を学ぶ．シオニズム青年運動のグループに加わりパレスチナへの道を志向．1923年以降はエルサレムに移住．1933－65年エルサレムのヘブライ大学のユダヤ神秘主義及びカバラー学の教授．この分野の世界的権威．1958年ユダヤ研究にたいする「イスラエル賞」をはじめ，68－74年イスラエル科学人文学アカデミー会長，75年以降西ベルリン芸術アカデミー会員等，数々の顕彰に輝いた．生涯ユダヤ精神の精髄を説きつづけ，ドイツ・ユダヤ人史への厳しい批判と姿勢を堅持，彼の最大の思想的親友ヴァルター・ベンヤミンは「唯一の真のユダヤ精神の体現者」と評した．本書のほかに『カバラとその象徴的表現』『ベンヤミン－ショーレム往復書簡』『ベルリンからエルサレムへ』などが邦訳（法政大学出版局刊）されている．

《叢書・ウニベルシタス　156》
ユダヤ神秘主義

1985年 3 月30日　　　初版第 1 刷発行
2014年 5 月20日　　新装版第 1 刷発行

ゲルショム・ショーレム
山下　肇／石丸昭二
井ノ川清／西脇征嘉　訳
発行所　一般財団法人　法政大学出版局
〒102-0071　東京都千代田区富士見2-17-1
電話03(5214)5540／振替00160-6-95814
製版，印刷・三和印刷／誠製本

Printed in Japan

ISBN978-4-588-09984-7

索　引

索引は(1)人名，(2)事項，(3)書名，(4)用語に分けてまとめられているが，各項目のページナンバーの挙示は本文のみに限り，原注部分については割愛した。但し訳注が付されているものについては，末尾に次の形で記した。（例）**1**-1。前の太字は章を，後の数字はその章の訳注番号を表している。

人 名 索 引

ア行

カ行

サ行

タ行

ナ行

ハ行

マ行

ヤ行

ラ行

事 項 索 引

ア行

カ行

サ行

タ行

ナ行

ハ行

マ行

ヤ行

ラ行

書名索引

タ行

ハ行

用　語　索　引

ア行

アーリーク・アンピーン　ʾArich ʾAnpin　358
アジーバス・デレク・エレツ　ʿAsibath derech ʾerez　122
アジーヤー　ʿAsija　361, 372
アダム・ハ＝リショーン　Adam ha-Rischon　371
アツィールース　Aziluth　361, 362
アッティカ・カッディシャー　Attika Kaddischa　358
アッバー　Abba　358
アルマー・ディ＝イフーダー　ʿAlma di-jichuda　281
イェソード　Jessod　280, 282, 299
イェツィーラー　Jezira　361
イスアルーサ・ディ＝レサータ　ʾithʿarutha di-lethata　306
イッマー　ʾImma　358
イフード　jichud　303
ウリーム　Urim　204
エムーナー　ʾEmuna　401
エレー　Eleh　290, 291
エローヘ・イスラーエール　ʾElohe Israel　401, 428
エロヒーム　Elohim　290, 291
エン・ソーフ　En-Sof　21, 22, 273–275, 282–289, 333, 334, 345, 346, 349, 350, 352, 354, 356, 357, 359–363, 393, 394
オーラーム・ハ＝トーフー　Olam ha-Tohu　352
オーラーム・ハ＝ネクードース　Olam ha-Nekudoth　352
オーラーム・ハ＝ペルード　Olam ha-Perud　292

カ行

カーボード　Kabod　145–152
カーボード・ペニーミー　Kabod penimi　148
ガールース　Galuth　373, 414, 423, 427, 446
カッヴァーナー　Kawwana　49, 133, 134, 152, 364–369, 445
ギルグール　Gilgul　319, 373, 374
グールー　Guru　184
ケセル・エルヨーン　Kether Eljon　280, 282
ケドゥーシャー　Keduscha　81, 82, 105
ケネッセース・イスラーエール　Kenesseth Israel　280
ゲヒノーム　Gehinnom　265
ケフィーツァ　Kefiza　178
ゲブーラー　Gebura　280, 353
ゲマトリア　Gematria　132, 133, 166, 178
ゲマトリオース　Gematrioth　197
ケリーパー（ケリーポース）　Kelipa (Kelipoth)　314, 354, 372, 393–396, 412, 419
ケリーム　Kelim　333

サ行

サマエル　Sammael　315
サル・トーラー　Sar Tora　104
サル・ハ＝パーニーム　Sar ha-panim　91
シェエロース・ハーローム　Scheʾeloth Chalom　136
シェキーナー　Schechina　54, 75, 87–91, 123, 146–149, 152, 153, 179, 188, 263, 280, 281, 285, 289, 293, 298–309, 319, 329, 345, 359, 360, 365, 371, 372, 388, 405, 412, 429, 445

(シェキーナーの追放) 306, 365
シェビーラー *Schebira* 354, 360, 393
シェビーラース・ハ＝ケリーム *Schebirath ha-kelim* 351
シェミッター (シェミットース) *Schemitta* (*Schemittoth*) 234–236
シスレー・トーラー *Sithre Tora* 38, 40, 212, 242
シッボーレス *Schibboleth* 389
シトラー・アクラー *Sitra ʾachra* 234
シブホー・シェル・ハカードーシュ・バールーク・フー *schibcho schel hakadosch baruch hu* 89
セーイール・アンピーン *Seʿir ʾAnpin* 358–360, 365
セケル *Sechel* 185
セフィロース (セフィラー) *Sefiroth* (*Sefira*) 19, 23, 102, 103, 148, 188, 218, 233, 235, 237, 241, 256, 259, 272–299, 302, 305, 306, 308, 309, 311, 313, 319, 333, 334, 352–354, 356–360, 365, 395
ソード・ハ＝エローフース *Sod ha-ʾElohuth* 401, 427

タ行

ダーアターン *Daʿatan* 184
ターホール *Tahor* 105
ターミーム *Tamim* 105
タルミード・ハーカーム *Talmid Chacham* 457
ツィムツーム *Zimzum* 344–352, 360, 362, 393, 444, 462
ティーフェレース *Tifereth* 280, 282
ディーン *Din* 280, 282, 348, 349, 354
ディーン・シャーマイム *Din Schamajim* 125
ティックーン *Tikkun* 306, 324, 351, 356–359, 363–369, 376–381, 387–394, 403, 404, 412, 413, 417–419, 421, 423, 433, 437
ディッルーグ (跳躍) *Dillug* 178, 203
デームース *Demuth* 154
テシューバス・ハガーデール *Teschubath hagader* 139
テシューバス・ハカートゥーブ *Teschubath hakatub* 139
テシューバス・ハバーアー *Teschubath habaah* 139
テシューバス・ハミシュカール *Teschubath hamischkal* 139
テトラス *Tetras* 77
デベクース *Debekuth* 128, 161, 185, 186, 307, 369, 444, 445, 454, 455
テムーラー *Temura* 133, 166
トゥンミーム *Tummim* 204
トーフー *Tohu* 353
トーラー・デ＝アツィールース *Tora de-aziluth* 424
トーラー・デ＝ベリーアー *Tora de-Beriʾa* 424

ナ行

ナハシュ *Nachasch* 394
ネーツァハ *Nezach* 280, 282
ネシャーマー *Neschama* 317, 318, 378
ネフェシュ *Nefesch* 317, 318
ノタリコン *Notarikon* 133, 166

ハ行

ハアーラー *Haʾara* 362
ハーカーム *Chacham* 184
バーラー *bara* 290
ハッカーラート・パーニーム *Hakkarat Panim* 67
ハトハラース・ハ＝イェシュース *Hatchalath ha-jeschuth* 287
パルツーフ (パルツーフィーム) *Parzuf* (*Parzufim*) 357–362
ビーナー *Bina* 280, 282, 288–290, 309, 317, 358, 359
ヒエロス・ガモス *hieros gamos* 298
ヒスカスクース *Hithchaskuth* 453

ヒスタルクース　*Hithtalkuth*　349
ヒスパシュトゥース　*Hithpaschtuth*　349
ヒスラハブース　*Hithlahabuth*　453
ブネー・ヘーハラー・デ＝マルカー
bne hechala de-malka　308
ヘセド　*Chessed*　280, 282
ヘハロース　*Hechaloth*　293
ベリーアー　*Beriʾa*　361, 362
ベリマー　*Belima*　103
ベレーシース　*Bereschith*　213, 290
ベレーシース・バーラー・エロヒーム
Bereschith bara ʾElohim　290
ホード　*Hod*　280, 282
ホクマー　*Chochma*　280, 282, 288, 309, 358
ホクマス・ハ＝ツェルーフ（文字の組合せの学問）　*Chochmath ha-Zeruf*
132–134, 175, 176, 191, 196–204

マ行

マーアミーニーム　*Maaminim*　402
マーシーアハ　*Mashiach*　188, 394
マアッシーム・サーリーム
Maʿassim sarim　386
マアッセ・ベレーシース　*Maʿasse Bereschith*　32, 59, 74, 98, 101, 213
マアッセ・メルカーバー　*Maʿasse Merkaba*　188, 189
マハシャーブ　*Machaschab*　178
マルクース　*Malchuth*　280, 282
マルブーシュ　*Malbusch*　204
ミー　*Mi*　290, 291
ミクターブ　*Michtab*　178
ミツヴォース（ミツヴァー）
Mizwoth (*Mizwah*)　41, 319, 455
ミッドース　*Middoth*　100
ミブタ　*Mibta*　178
ムスカール　*Muskal*　185
メオーレル・ペニーミー　*Meʾorer penimi*　183
メビーン　*Mebin*　184
メルカーバー　*Merkaba* 59, 105, 106, 188, 272, 293, 361, 391

ヤ行

ヤーシャール　*Jaschar*　105
ヨーツェル・ベレーシース
Jozer Bereschith　88
ヨルデ・メルカーバー　*Jorde Merkaba*
64, 65, 82, 83

ラ行

ラーザー　*Rasa*　277
ラーザー・デ＝メヘマヌーサ
Rasa de-mechemanutha　303
ラハミーム　*Rachamim*　280
ルーアハ　*Ruach*　317, 318
ルーアハ・ハ＝コーデッシュ
Ruach ha-kodesch 147
レーシース　*Reschith*　288
レシームー　*Reschimu*　350, 354

参 考 文 献

第一章

a) 神秘主義一般

Charles A. Bennet, *A Philosophical Study of Mysticism*. New Haven 1931.

Martin Buber, *Ekstatische Konfessionen*. Jena 1909.

Henri Delacroix, *Etudes d'Histoire et de Psychologie du Mysticisme*. Paris 1908.

Friedrich von Huegel, *The Mystical Element of Religion*, (besonders:) vol. II, *Critical Studies*. London 1908.

William Ralph Inge, *Christian Mysticism*. London 1912.

Rufus M. Jones, *Studies in Mystical Religion*. London 1909.

Emil Mattiesen, *Der jenseite Mensch*. Berlin 1925.

Rudolf Otto. *Westöstliche Mystik*. Gotha 1926.

E. Récéjac, *Essay on the Bases of the Mystic Knowledge*. London 1899.

Evelyn Underhill, *Mystik*. Über das Wesen und die Entwicklung des mystischen Bewußtseins im Menschen (deutsche Ausgabe). München 1928.

Georg Mehlis, *Die Mystik in der Fülle ihrer Erscheinungsformen*. Tübingen 1926.

b) ユダヤ神秘主義一般

Abraham J. Heschel, *The Mystical Element in Judaism*. In «The Jews», edited by Louis Finkelstein. New York 1949, vol. II, p. 602–623.

Joshua Abelson, *Jewish Mysticism*. London 1913.

Franz Joseph Molitor, *Philosophie der Geschichte oder über die Tradition*; vol. I–IV. Münster 1827–1857.

G. Scholem, *Bibliographia Kabbalistica*. Leipzig 1927.

Idem, (Artikel) *Kabbala*, in «Encyclopaedia Judaica», vol. IX (Berlin 1932), Sp. 630–732.

Idem, *Kabbala und Mythus*. «Eranos-Jahrbuch» 1949, vol. 17 (Zürich 1950), p. 287–334.

第二章

a) グノーシス一般

Wilhelm Anz, *Zur Frage nach dem Ursprung des Gnostizismus*. Leipzig 1897.

Ferdinand Chr. Baur, *Die christliche Gnosis*, Tübingen 1835.

Wilhelm Bousset, *Hauptprobleme der Gnosis.* Göttingen 1907.

F. C. Burkitt, *Church and Gnosis.* Cambridge 1932.

Eugène de Faye, *Gnostique et Gnosticisme* (2. Auflage). Paris 1925.

Adolf Hilgenfeld, *Die Ketzergeschichte des Urchristentums.* Leipzig 1884.

Ad. Hönig, *Die Ophiten.* Leipzig 1889.

Hans Jonas, *Gnosis und spätantiker Geist.* 2 vol. Göttingen 1934–1954.

Hans Leisegang, *Die Gnosis.* Leipzig 1924.

Gilles Quispel, *Gnosis als Weltreligion.* Zürich 1951.

G. R. S. Mead, *Fragmente eines verschollenen Glaubens* (deutsche Übersetzung). Leipzig.

F. Sagnard, *La Gnose Valentinienne.* Paris 1949.

Carl Schmidt, *Koptisch-gnostische Schriften.* 1. vol. Leipzig 1905.

b) メルカーバー神秘主義と類似の主題に関するもの

Joshua Abelson, *The Immanence of God in Rabbinical Literature.* London 1912.

Avigdor Aptowitzer, *Das himmlische Heiligtum nach der Agada* (hebräisch) «Tarbiz», vol. II (1931), p. 137–153, 257–287.

Ludwig Blau, *Altjüdisches Zauberwesen.* Budapest 1898.

Philipp Bloch, *Die Jorde Merkaba, die Mystiker der Gaonenzeit, und ihr Einfluß auf die Liturgie.* MGWJ, vol. 37 (1893), p. 18–25, 69–74, 257–266, 305–311.

Idem, *Geschichte der Entwicklung der Kabbala und der jüdischen Religionsphilosophie kurz zusammengefaßt.* Trier 1894, p. 5–36.

Idem, *Rom und die Mystiker der Merkaba.* Festschrift für Jacob Guttmann. Leipzig 1915, p. 113–124.

Moritz Friedländer, *Der vorchristliche jüdische Gnosticismus.* Göttingen 1891.

Idem, *Die religiösen Bewegungen innerhalb des Judentums im Zeitalter Jesu.* Berlin 1905.

Heinrich Graetz, *Gnosticismus und Judentum.* Krotoschin 1846.

Idem, *Die mystische Literatur in der gaonäischen Epoche.* MGWJ, vol. VIII (1859), p. 67–78, 103–118, 140–152.

D. H. Joel, *Der Aberglaube und die Stellung des Judenthums zu demselben.* Heft 1/2. Breslau 1881–1883.

Manuel Joel, *Blicke in die Religionsgeschichte,* vol. II (Breslau 1880), p. 103–170.

Hans Joch. Lewy, *Reste griechischer Sätze und Namen in den Großen Hechaloth* (hebräisch). «Tarbiz», vol. XII (1941), p. 163–167.

André Neher, *Le voyage mystique des quatre.* RHR, vol. 140 (1951), p. 59–82.

Hugo Odeberg, *3 Enoch or the Hebrew Book of Enoch,* edited and translated for the first time with Introduction, Commentary and critical Notes. Cambridge 1928.

G. Scholem, *Zur Frage der Entstehung der Kabbala.* «Korrespondenzblatt des Vereins zur Gründung und Erhaltung einer Akademie für die Wissenschaft des Judentums», 9. Jahrgang (Berlin 1928), p. 4–26.

Idem, *Über eine Formel in den koptisch-gnostischen Schriften und ihren jüdischen Ursprung.* «Zeitschrift für Neutestamentliche Wissenschaft», vol. 30 (1931), p. 170–176.

Idem, *Die Anfänge der Kabbala* (hebräisch). Jerusalem 1948.

Idem, *Physiognomik und Chiromantik in der Merkaba-Mystik* (hebräisch). Simcha Assaf Jubilee Volume, Jerusalem 1953, p. 459–495.

Marcel Simon, *Verus Israel.* Strasbourg 1950.

Moise Schwab, *Vocabulaire de l'Angélologie, d'après les manuscrits hébreux de la Bibliothèque Nationale.* Paris 1897.

c) 原　文

'Othijoth de-Rabbi 'Akiba ha-schalem, ed. S. A. Wertheimer. Jerusalem 1914.

Hechaloth rabbathi, ed. *Jellinek.* In dessen Sammlung von kleinen Midraschim *Beth ha-Midrasch,* vol. III (1855), p. 83–108, 161–163.

Charba de-Mosche, ed. M. Gaster, London 1896.

Massecheth Hechaloth, ed. Jellinek, *Beth ha-Midrasch,* vol. II (1853), p. 40–47; sowie ed. S. A. Wertheimer in dessen *Batte Midraschoth,* vol. II (Jerusalem 1894), p. 15–23.

Merkaba schelema, ed. S. Mussajoff, Jerusalem 1922.

Seder rabba de-bereschith, ed. Wertheimer, in dessen *Batte Midraschoth,* vol. I (1893), p. 1–31.

Pirke Hechaloth rabbathi, ed. Wertheimer. Jerusalem 1898.

Re'ijoth Jecheskel, ed. Jacob Mann. *Hazofeh le-chochmath Israel,* vol. V (Budapest 1921), p. 256–264; *Batte Midraschoth,* ed. S. A. Wertheimer, vol. II (Jerusalem 1953), p. 125–134.

d) イェツィーラー書に関するもの

Sefer Jezira ha-mejuchas le-'Abraham 'Abinu. Mantua 1562; Warschau 1884.

Juda ben Barsilai aus Barcelona, *Kommentar zum Buch Jezira,* herausgegeben von S. H. Halberstamm. Berlin 1885.

David Castelli, *Il Commento di Sabbatai Donnolo sul Libro della Creazione*. Florenz 1880.

Isidor Kalish, *A Book on Creation*. New York 1877.

Lazarus Goldschmidt, *Das Buch der Schöpfung*. Frankfurt am Main 1894.

Knut Stenring, *The Book of Formation*. London 1923.

Leo Baeck, *Zum Sepher Jezira*. MGWJ, vol. 70 (1926), p. 371–376.

Idem, *Die Zehn Sephiroth im Sepher Jezira*, MGWJ, vol. 78 (1934), p. 448–455.

Abraham Epstein, *Recherches sur le Sefer Yecira*. Versailles 1894.

Louis Ginzberg, *Book Yezirah*. «Jewish Encyclopedia», vol. 12, Sp. 606–612.

G. Scholem, *Buch Jezira*. EJ, vol. 9 (1932), Sp. 104–111.

第三章

a) 原　文

Sefer Chassidim, ed. Wistinetzki. Berlin 1891.

Sefer Chassidim (Vulgata), Bologna 1538; Lemberg 1926.

Eleasar aus Worms, *Chochmath ha-nefesch*, Lemberg 1876.

Scha'are ha-sod we-ha-jichud we-ha-'emuna, ed. Jellinek. *Kochbe Jizchak*, Heft 27 (Wien 1867), p. 7–15.

Idem, *Sode Rasaja*, ed. Kamelhar. Bilgoraj 1936.

Idem, *Hilchoth Chassiduth* und *Hilchoth Teschuba*, am Anfang seines Werkes *Sefer Rokeach*.

Sefer Rasiel. Amsterdam 1701.

Moses Taku, *Kethab Tamim*, ed. Kirchheim. *Ozar Nechmad*, vol. III, p. 54–99.

Abraham ben Asriel, *'Aruggath ha-bossem*, ed. E. Urbach, vol. I–II. Jerusalem, 1939, 1947.

Naftali Hirz Treves, *Tefilla mi-kol ha-schana 'im perusch al derech ha-kabbala*. Thiengen 1560.

b) 研究書

Avigdor Aptowitzer, *Einleitung zum Sefer Rabijah* (hebräisch). Jerusalem 1938, p. 316–318, 343–350.

J. F. Baer, *Die sozialreligiösen Tendenzen im Sefer Chassidim* (hebräisch). «Zion», vol. III (1938), p. 1–50.

A. Berliner, *Der Einheitsgesang (Schir ha-Jichud), eine literar-historische Studie.* Berlin 1910.

Abraham Epstein, *Zur Geschichte der deutschen Kabbala* (hebräisch). «Ha-Choker», vol. II (1892), p. 1–11, 37–48.

Idem, *Rabbi Samuel der Chassid* (hebräisch). «Ha-Goren», vol. IV (1904), p. 81–101.

Jacob Freimann, *Einleitung in das Sefer Chassidim* (hebräisch; am Anfang der photomechanischen Neuausgabe von Wistinetzkis Edition). Nürnberg 1924.

Moses Gaster, *The Maaseh Book,* translated. 2 vol. Philadelphia 1934.

Moritz Güdemann, *Geschichte des Erziehungswesens und der Cultur der Juden im Mittelalter,* vol. I, Kap. 5–8. Wien 1880.

L. Gulkowitsch, *Die Bildung des Begriffes Hasid.* Heft 1. Tartu 1935.

Israel Kamelhar, *Rabbenu Ele'asar mi-Garmisa,* 1930.

Jekutiel Kamelhar, *Chassidim ha-Rischonim.* Waitzen 1917.

Adolf Neubauer, *Abou Ahron le Babylonien.* REJ, vol. 23 (1891), p. 256–264.

Beate Rosenfeld, Die Golemsage. Breslau 1934.

G. Scholem, *Reste neuplatonischer Spekulation bei den deutschen Chassidim.* MGWJ, vol. 75 (1931), p. 172–191.

Idem, *Über die Prophetie des Esra von Montcontour* (hebräisch). «Tarbiz», vol. II (1931), p. 244/45, 514.

Idem, *Magische und tellurische Elemente in der Vorstellung vom Golem.* «Eranos-Jahrbuch» 1952, vol. 22 (Zürich 1953), p. 235–289.

J. N. Simchoni, *Der deutsche Chassidismus im Mittelalter* (hebräisch). In zahlreichen Fortsetzungen in der Wochenschrift «Ha-Zefira» (Warschau 1917).

Joshua Trachtenberg, *Jewish Magic and Superstition.* New York 1939.

第四章

Josef Gikatilla, *Ginnath 'Egos.* Hanau 1614.

Adolph Jellinek, *Auswahl kabbalistischer Mystik.* Leipzig 1853.

Idem, *Philosophie und Kabbala,* 1. Heft, enthält Abraham Abulafias Sendschreiben über Philosophie und Kabbala. Leipzig 1854.

Idem, *Sefer Ha-Oth,* Apokalypse des Pseudo-Propheten und Pseudo-Messias Abraham Abulafia. Jubelschrift zum siebzigsten Geburtstage des Prof. H. Graetz. Breslau 1887, p. 65–88 der hebräischen Abteilung.

Idem, *Beth Ha-Midrasch,* vol. III (1855), p. XL–XLIII der Einleitung.

M. H. Landauer, *Vorläufiger Bericht im Ansehung des Sohar.* «Literaturblatt des Orients», vol. VI (1845), in vielen Fortsetzungen. (Über Abulafia als Autor des Sohar.)

Dob Baer Schneersohn, *Kuntrass ha-hithpa'aluth,* (am besten) Warschau 1868, unter dem Titel *Likkute be'urim.*

G. Scholem, *Catalogus Codicum Cabbalisticorum in Bibliotheca Hierosolymitana* (hebräisch). Jerusalem 1930, p. 24–30, 89–91, 225–236.

Idem, *Scha'are Zedek, eine kabbalistische Abhandlung aus der Schule des Abraham Abulafia* (hebräisch). «Kirjath Sefer», vol. 1 (1924), p. 127–139.

Idem, *Kapitel aus dem Buch Sullam ha-'Alija des Juda Albottaini* (hebräisch). «Kirjath Sefer», vol. 22 (1945), p. 161–171.

Idem, *Eine kabbalistische Deutung der Prophetie als Selbstbegegnung.* MGWJ, vol. 74 (1930), p. 285–290.

Moritz Steinschneider, *Die hebräischen Handschriften der Hof- und Staatsbibliothek in München.* 2. Auflage. München 1895, p. 142–146. (Über Abulafias prophetische Schriften.)

I. Günzig, *Der Kabbalist Abraham Abulafia* (hebräisch). «Ha-Eschkol», vol. V (Krakau 1904), p. 85–112.

Simon Bernfeld, *Bene 'Alija.* Tel Aviv 1931, p. 68–90.

Zur Theorie der Meditation über die Gottesnamen:

Pseudo-Abraham aus Granada, *Brith Menucha,* Amsterdam 1648.

Moses Cordovero, *Pardess Rimmonim,* Kapitel 20, 21 und 30. Krakau 1592.

第五章　第六章

a) 原　文

Sefer ha-Sohar. 3 vol. Wilna 1882.

Sohar Chadasch. Warschau 1885.

Tikkune Sohar. Mantua 1558; Amsterdam 1718.

Sefer ha-Sohar, sowie *Sohar Chadasch* und *Tikkune Sohar,* mit Hinweis auf Parallelstellen in der rabbinischen Literatur, unter dem Titel *Nizoze Sohar,* von Ruben Margulies. 5 vol. Jerusalem 1940–1954.

'Orchoth Chajim ha-nikra Zawwa'ath Rabbi 'Eli'eser ha-Gadol, mit dem Kommentar *Dammeschek 'Eli'eser* von Abraham M. Wernikowski. Warschau 1888.

Moses de Leon, *Ha-Nefesch ha-chachama.* Basel 1608.

Idem, *Schekel ha-Kodesch.* London 1911.

Asriel aus Gerona, *Perusch ha-'aggadoth,* ed. Tishby. Jerusalem 1945.

Todros Abulafia, *'Ozar ha-Kabod.* Warschau 1879.

Josef Gikatilla, *Scha'are 'Ora.* Offenbach 1715.

Meir ibn Gabbai, *Derech 'Emuna,* Berlin 1850.

Ma'arecheth ha-'Elohuth. Mantua 1558.

Abraham Asulai, *'Or ha-chamma.* 4 vol. Przemyśl 1896–1898.

Simon ibn Labi, *Kethem Paz.* 2. vol. Livorno 1795.

(Die letztgenannten zwei Werke bilden die wertvollsten bisher gedruckten Kommentare zum Sohar. Eine vollständige Liste dieser Kommentare befindet sich in meiner *Bibliographia Kabbalistica,* p. 183–210.)

Menachem Recanati, *Perusch 'al ha-Tora.* Venedig 1523.

Sefer ha-Peli'a. Koretz 1784.

Sefer ha-Kana. Poritzk 1786.

Sefer ha-Temuna. Lemberg 1892.

b) 翻 訳

The Sohar. Translated by Harry Sperling and Maurice Simon. 5 vol. London 1931–1934.

Der Sohar. Das heilige Buch der Kabbala. Nach dem Urtext herausgegeben von Ernst Müller. Wien 1932.

Paul Vulliaud, *Traduction intégrale du Siphra di-Tzeniutha.* Paris 1930.

Die Geheimnisse der Schöpfung. Ein Kapitel aus dem Sohar, von G. Scholem. Berlin 1935.

Das Buch Bahir, ins Deutsche übersetzt und kommentiert von G. Scholem. Leipzig 1923.

c) 研究書

Aaron Selig ben Moses, *Chibbur 'Amude Scheba'.* Krakau 1635.

Wilhelm Bacher, L'exégèse Biblique dans le Zohar. REJ, vol. 22 (1891), p. 33–46, 219–229.

I. F. Baer, *Der historische Hintergrund des Ra'ja Mehemna* (hebräisch). «Zion», vol. V (1940), p. 1–44.

Ariel Bension, *The Zohar in Moslem and Christian Spain.* London 1932.

Menachem Z. Cadari, *The Grammar of the Aramaic of the Zohar* (hebräisch). Jerusalem 1956.

Jakob Emden, *Mithpachath Sefarim*. Altona 1768.

Adolphe Franck, *Die Kabbala oder die Religionsphilosophie der Hebräer* (deutsche Übersetzung) von Adolph Jellinek. Leipzig 1844.

Moses Gaster, (Artikel) *Zohar*. In Hastings' «Encyclopedia of Religion and Ethics», vol. XII (1921), Sp. 452–469.

Heinrich Graetz, *Geschichte der Juden*, vol. VII. Anhang 12: *Autorschaft des Sohar*.

Adolph Jellinek, *Moses de Leon und sein Verhältnis zum Sohar*. Leipzig 1851.

Idem, *Beiträge zur Geschichte der Kabbala*. Heft 1/2. Leipzig 1852.

D. H. Joel, *Die Religionsphilosophie des Sohar und ihr Verhältnis zur allgemeinen jüdischen Theologie*. Leipzig 1849.

A. Kaminka, *Die mystischen Ideen der R. Simon ben Jochai*. HUCA, vol. X (1935), p. 149–168.

Jachja Kafich, *Milchamoth ha-Schem*. Tel Aviv 1931.

S. Karppe, *Etude sur les Origines et la Nature du Zohar*. Paris 1901.

Moses Kunitz, *Ben Jochai* (hebräisch). Wien 1815.

M. D. G. Langer, *Die Erotik der Kabbala*. Prag 1923.

David Luria, *Abhandlung über das Alter des Buches Sohar* (hebräisch). Warschau 1887.

Ruben Margulies, *Mal'ache 'Eljon*. (Über die kabbalistische Angelologie, besonders des Sohar.) Jerusalem 1947.

Idem, *ha-Rambam we-ha-Sohar*. Jerusalem 1954.

Isaac Myer, *Qabbalah. The Philosophical Writings of Solomon Ibn Gabirol ... and their connection with the Hebrew Qabbalah and Sepher ha-Zohar*, etc. Philadelphia 1888.

S. A. Neuhausen, *Sifrija schel Ma'ala*. (Über die im Sohar erwähnten Büchertitel.) Baltimore 1937.

David Neumark, *Toledoth ha-pilosofia be-Jisrael;* vol. I, p. 166–354. New York/Warschau 1921.

Karl Preis, *Die Medizin im Sohar*. MGWJ, vol. 72 (1928), p. 167–184.

Salomo Rubin, *Heidenthum und Kabbala*. Wien 1893.

Perez Sandler, *Zum Problem des vierfachen Sinnes der Tora, Pardess* (hebräisch). Elias Auerbach Jubilee Volume, Jerusalem 1955, p. 222–235.

G. Scholem, *Hat Moses de Leon den Sohar verfaßt?* (hebräisch). «Madda'e ha-Jahaduth», vol. I (1926), p. 16–29.

Idem, *Alchemie und Kabbala.* MGWJ, vol. 69 (1925), p. 13–30, 95–110, 371–374.

Idem, *Fragen der Sohar-Kritik im Zusammenhang mit seinen Angaben über die Topographie Palastinas, mit einer Notiz von Samuel Klein* (hebräisch). «Zion», Jahrbuch der Historisch-Ethnographischen Gesellschaft von Palastina, vol. I (1925), p. 40–56.

Idem, *Kapitel aus der Literaturgeschichte der Kabbala* (hebräisch). Jerusalem 1931.

Idem, *Das älteste Zitat aus dem Midrasch Ne'elam* (hebräisch). «Tarbiz», vol. III (1932), p. 181–183.

Idem, *Ein unbekannter Abschnitt aus dem Midrasch Ne'elam im Sohar* (hebräisch). Louis Ginzberg Jubilee Volume, New York 1946, hebräische Abteilung, p. 425–446.

Idem, *Die kabbalistischen Traditionen der Brüder Jakob und Isaak, Söhne des Jakob Kohen* (hebräisch). «Madda'e ha-Jahaduth», vol. II (1927), p. 163–293.

Idem, *Zur Erforschung der Kabbala des Isaak Kohen und seines Schülers Moses aus Burgos* (hebräisch). «Tarbiz», vol. II–V (1931–1934).

Idem, *Eine unbekannte mystische Schrift des Moses de Leon.* MGWJ, vol. 71 (1927), p. 109–123.

Idem, *Vulliauds Übersetzung des Sifra de-Zeniutha aus dem Sohar.* MGWJ, vol. 75 (1931), p. 347–362.

Idem, *Die Spuren Gabirols in der Kabbala* (hebräisch). In «*Me'assef Sofre 'Erez Jisrael*» (1940), p. 160–178.

Idem, *Zur Lehre von der Seelenwanderung in der Kabbala des 13. Jahrhunderts* (hebräisch). «Tarbiz», vol. 16 (1945), p. 135–150.

Idem, *Neue Stücke über Asmodai und Lilith* (hebräisch). «Tarbiz», vol. 19 (1948), p. 160–175.

Idem, *Zur Entwicklungsgeschichte der kabbalistischen Konzeption der Schechinah.* «Eranos-Jahrbuch» 1952, vol. 21 (1953), p. 45–107.

Idem, *Die paradiesischen Gewänder der Seele* (hebräisch). «Tarbiz», vol. 24 (1955), p. 290–306.

Idem, *The Meaning of the Torah in Jewish Mysticism.* «Diogenes», No. 14 (Summer 1956), p. 36–47; No. 15 (Fall 1956), p. 65–94.

Idem, *Schöpfung aus Nichts und Selbstverschränkung Gottes.* «Eranos-Jahrbuch» 1956, vol. 25 (1957), p. 87–120.

J. W. Schulze, *Jacob Boehme und die Kabbala.* «Judaica», vol. XI (Zürich 1955), p. 12–29.

Ignaz Stern, *Versuch einer umständlichen Analyse des Sohar.* «Ben Chananja», vol. I–V (Szegedin 1858–1862).

Georges Vajda, «*La Conciliation de la Philosophie et de la Loi religieuse*»... *de Joseph ben Abraham ibn Waqār.* «Sefarad», vol. 9 (1949), p. 311–350; vol. X (1950), p. 25–71, 281–323.

Idem, *Un Chapitre de l'histoire du conflit entre la Kabbale et la philosophie.* La polémique anti-intellectualiste de Joseph ben Shalom Ashkenazi de Catalogne. «Archives d'Histoire Doctrinale et Littéraire du moyen Age», vol. 23 (1957), p. 45–144.

Arthur E. Waite, *The Secret Doctrine in Israel.* A Study of the Zohar and its Connections. London 1913.

Isajah Tishby, *Mischnath ha-Sohar;* vol. I. Jerusalem 1949.

Hillel Zeitlin, *Einleitung in das Buch Sohar* (hebräisch). «Ha-Tekufa», vol. VI (Warschau 1920), p. 314–334; vol. VII, p. 353–368; vol. IX (1921), p. 265–330.

Juda L. Zlotnik, *Ma'amarim mi-sefer Midrasch ha-Meliza ha-ʿibrith.* (Forschungen über figürliche Redewendungen im Sohar und ihre Zusammenhänge mit der mittelalterlichen hebräischen Literatur.) Jerusalem 1939.

第七章

a) 原　文

Moses Cordovero, *Pardess Rimmonim.* Krakau 1592; Munkacz 1906.

Idem, *Schiʿur Koma.* Warschau 1883.

Idem, *Elima rabbathi.* Brody 1881.

Idem, *Tomer Debora.* Jerusalem 1928.

Elias de Vidas, *Reschith Chochma.* Venedig 1593.

Abraham Halewi (?), *Galli Rasajja.* Mohilew 1812.

Josef ibn Tabul, *Chefzi-bah.* Am Anfang des Werkes *Simchath Kohen* von Mass–ʿud Kohen. Jerusalem 1921. (Hier irrtümlicherweise Vital als Autor zugeschrieben.)

Chajim Vital, *Sefer Chesjonoth.* Jerusalem 1954. (Nach dem Autograph Vitals herausgegeben von A. S. Eschkoly.)

Idem, *ʿEz Chajim.* Warschau 1891.

Idem, *Pri ʿEz Chajim.* Dubrowno 1804.

Idem, *Schmona Scheʿarim.* I: *Schaʿar Hakdamoth,* Jerusalem 1850 (eine bessere Ausgabe dort 1909); II/III: *Schaʿar Maʾamare Raschbai* und *Schaʿar maʾamare*

Resal, Jerusalem 1898; IV: *Scha'ar ha-Pessukim*, Jerusalem 1864; V: *Scha'ar ha-Mizwoth*, Jerusalem 1872; VI: *Scha'ar ha-Kawwanoth*, Jerusalem 1873; VII: *Scha'ar Ruach ha-Kodesch*, Jerusalem 1874; VIII: *Scha'ar ha-Gilgulim*, Jerusalem 1863.

Idem, *Sefer ha-Gilgulim* (vollständige Ausgabe). Przemyśl 1875.

Idem, *Mebo Sche'arim*. Jerusalem 1904.

Idem, *Scha'are Keduscha*. Jerusalem 1926.

Israel Saruk, *Limmude 'Aziluth*. Munkacz 1897. (Irrtümlich Vital zugeschrieben.)

Schlomel Dresnitz, *Schibche ha-'Ari*. Livorno 1790.

Jesaja Horovitz, *Schne Luchoth ha-Brith*. Amsterdam 1648.

Naftali Bacharach, *'Emek ha-Melech*. Amsterdam 1648.

Abraham Herrera, *Beth 'Elohim*. Amsterdam 1655.

Idem, *Scha'ar ha-Schamajim*. Amsterdam 1655.

Josef Ergas, *Schomer 'Emunim*. Amsterdam 1736.

Emanuel Chaj Ricchi, *Joscher Lebab*. Amsterdam 1737.

Moses Chajim Luzzatto, *138 Pithche Chochma*. Koretz 1785.

Idem, *Choker u-Mekubbal*. Königsberg 1840.

(Anonym), *Chemdath Jamim*. 4. vol. Venedig 1763.

Salomo Eliassow, *Leschem Schebo we-'Achlama*. 5 vol., Warschau und Jerusalem, 1911–1940.

Christian Knorr von Rosenroth, *Kabbala Denudata*. 2 vol., Sulzbach 1677–1648.

b) 研究書

Chajim Bloch, *Lebenserinnerungen des Kabbalisten Vital*. Leipzig 1927.

Philipp Bloch, *Die Kabbala auf ihrem Höhepunkt und ihre Meister*. Preßburg 1905.

A. Berliner, *Randbemerkungen zum täglichen Gebetbuch (Siddur)*; vol. I, Berlin 1909.

H. L. Gordon, *The Maggid of Caro*. New York 1949.

S. A. Horodezky, *Torath Ha-Kabbalah schel R. Mosche Cordovero*. Jerusalem 1950.

Idem, *Torath Ha-Kabbalah schel R. Jizchak Luria*. Tel Aviv 1947.

Idem, *Hundert Jahre asketischer Bewegung im Judentum* (hebräisch). «Ha-Tekufa» vol. 22 (1924), p. 290–323; vol. 24 (1928), p. 389–415.

Idem, *Moses Chajim Luzzatto als Kabbalist* (hebräisch). In «Kenesseth», vol. V (1940), p. 303–328.

Isaac Misses, *Zofnath Pa'neach,* Darstellung und kritische Beleuchtung der jüdischen Geheimlehre. 2 Hefte. Krakau 1862/63.

Abraham Schechter, *Lectures on Jewish Liturgy.* Philadelphia 1933.

Solomon Schechter, *Safed in the Sixteenth Century.* (In seiner Essaysammlung) Studies in Judaism, Second Series. Philadelphia 1908, p. 202–306, 317–328.

G. Scholem, *Ein Dokument über eine Vereinigung der Schüler Lurias* (hebräisch). «Zion», vol. V (1940), p. 133–160.

Idem, *Israel Sarug – ein Schüler Lurias?* (hebräisch). «Zion», vol. V (1940), p. 214–243.

Idem, *Die authentischen kabbalistischen Schriften Lurias* (hebräisch). «Kirjath Sefer», vol. 19 (1943), p. 184–199.

Idem, *Zur Kenntnis der Kabbala am Vorabend der Vertreibung aus Spanien* (hebräisch). «Tarbiz», vol. 24 (1955), p. 167–206.

Idem, *Lyrik der Kabbala?* «Der Jude», vol. VI (1921), p. 55–69.

Idem, *Der Begriff der Kawwanah in der alten Kabbala.* MGWJ, vol. 78 (1934), p. 492–518.

Idem, *Tradition und Neuschöpfung im Ritus der Kabbalisten.* «Eranos-Jahrbuch» 1950, vol. 19 (1951), p. 121–180.

M. Teitelbaum, *Ha-rab mi-Ladi u-miflegeth Chabad* (Der Rabbi von Ladi und der Chabad-Chassidismus»; vol. II (Warschau 1913), p. 3–94. (Über die Lehre vom Zimzum.)

Jesaja Tishby, *Die Lehre vom Bösen und den «Schalen» in der lurianischen Kabbala* (hebräisch). Jerusalem 1942.

Johann Georg Wachter. *Der Spinozismus im Juedenthumb oder die von heutigen Juedenthumb und dessen geheimen Kabbala vergötterte Welt.* Amsterdam 1699.

Meir Wiener, *Die Lyrik der Kabbala.* Wien/Leipzig 1920.

Kurt Wilhelm, *Sidre Tikkunim.* (Über die Institution der kabbalistischen Vigilien; hebräisch.) In «*'Ale 'Ajin*», Salman Schocken Jubilee Volume. Jerusalem 1948–1952, p. 125–146.

第八章

a) 原　文

Abraham Michael Cardoso, *Sendschreiben über das Mysterium der Gottheit* (hebräisch), ed. Brüll. *Beth Ha-Midrasch,* herausgegeben von E. H. Weiss, vol. I (Wien 1865), p. 63–71, 100–103, 139–142.

Idem, *Sendschreiben Cardosos an das Rabbinatscollegium von Ismir* (hebräisch). Herausgegeben von G. Scholem. «Zion», vol. 19 (1953), p. 1–22.

Nechemia Chajon, *'Os Lelohim*. Berlin 1713.

Moses Chagis, *Scheber Posch'im*. London 1714.

Idem, *Lechischath Saraf*. Hanau 1726.

Jonathan Eibeschütz, *Schem 'Olam*, ed. A. Weissmann. Wien 1891.

Jakob Emden, *Torath ha-Kena'oth*. Altona 1752, Lemberg 1870.

Idem, *Hith'abbekuth*. Altona 1769, Lemberg 1870.

Sammelband kleiner Schriften über Sabbatai Zwi und seine Anhänger. Herausgegeben von Aron Freimann. Berlin 1912.

Zur Geschichte der antisabbatianischen Polemik (hebräisch). Herausgegeben von A. N. Habermann. «Kobez 'al jad», Neue Serie, vol. III, Jerusalem 1940, p. 187–215.

Juda Löw ben Bezalel, *Nezach Jisrael*. Prag 1599.

Moses Chajim Luzzatto, *Briefe*, ed. S. Ginzburg. 2 vol. Tel Aviv 1937.

Nathan von Gaza, *Be'ikboth Maschiach*, ed. G. Scholem. Jerusalem 1944. (Eine Sammlung einiger der frühesten Schriften Nathans zur sabbatianischen Theologie.)

Abraham Perez, *'Iggereth Magen 'Abraham*; ed. G. Scholem, in «Kobez al jad», Neue Serie, vol. II, Jerusalem 1938, p. 123–155. (Dort irrtümlich Cardoso zugeschrieben.)

Moses Porges, *Die Erinnerungen von Moses Porges* (jiddisch), ed. N. Gelber, in *Historische Schriften*, herausgegeben vom Jiddischen Wissenschaftlichen Institut; vol. I (Wilna 1929), Sp. 253–296.

Jakob Sasportas, *Zizath Nobel Zwi*; ed. J. Tishby. Jerusalem 1954.

Sefer Schirim u-Schebachoth schel ha-Schabbathaim (ein sabbatianisches Hymnenbuch; spanisch und hebräisch); ed. M. Atias und G. Scholem. Tel Aviv 1948.

b) 研究書

A. S. Aescoly, *Eine flandrische «Zeitung» über die sabbatianische Bewegung* (hebräisch). «Sefer Dinaburg», Jerusalem 1949, p. 215–236.

Meir Balaban, *zur Geschichte der frankistischen Bewegung* (hebräisch). 2 vol. Tel Aviv 1934/35.

C. Bernheimer, *Some New Contributions to Abraham Cardoso's Biography*. JQR, New Series, vol. 18 (1927), p. 97–129.

Mortimer Cohen, *Jacob Emden, a Man of Controversy*. Philadelphia 1937.

Heinrich Graetz, *Geschichte der Juden*. 3. Auflage, vol. X, p. 188–236, 428–460.

Saul J. Hurwitz, *Woher und Wohin?* (hebräische Essays). Berlin 1914, p. 259–286.

Siegmund Hurwitz, *Sabbatai Zevi.* Zur Psychologie der häretischen Kabbala. Studien zur analytischen Psychologie C. G. Jungs, vol. II (Zürich 1955), p. 239–263.

David Kahana, *Geschichte der Kabbalisten, Sabbatianer und Chassidim* (hebräisch), 2. vol. Odessa 1913/14.

Josef Kleinmann, *Moral i Poezia Frankizma* (russisch). «Jewreiski Almanach», Petrograd 1923, p. 195–227.

Josef Kastein, *Sabbatai Zewi, der Messias von Ismir.* Berlin 1930.

Alexsander Kraushar, *Frank i Frankisci Polscy.* 2 vol. Krakau 1895.

David Kaufmann, *La Lutte de Rabbi Naftali Cohen contre Hayyoun.* REJ, vol. 36 (1897), p. 256–282; vol. 37 (1898), p. 274–283.

M. A. Perlmutter, *Rabbi Jonathan Eibeschütz und sein Verhältnis zum Sabbatianismus* (hebräisch). Jerusalem 1947.

Wolf Rabinowitsch, *Aus dem Archiv in Stolyn* (hebräisch). «Zion», vol. V (1940), p. 126–132; vol. VI (1941), p. 80–84.

Salomo Rosanes, *Geschichte der Juden in der Türkei* (hebräisch); vol. IV, Sofia 1935.

Jesaja Sonne, *Zur Geschichte des Sabbatianismus in Italien* (hebräisch). Alexander Marx *Jubilee Volume*, ed. David Fränkel. New York 1943, p. 89–104.

G. Scholem, *Sabbatai Zwi und die sabbatianische Bewegung bis zu seinem Tode* (hebräisch). 2. vol. Tel Aviv 1957.

Idem, *Das Traumtagebuch des Sabbatianers Mordechai Aschkenasi* (hebräisch). Tel Aviv 1938.

Idem, *Über die Theologie des Sabbatianismus im Lichte Abraham Cardosos.* «Der Jude», Sonderheft V; zum fünfzigsten Geburtstag Martin Bubers. Berlin 1928, p. 123–139.

Idem, *Neue Beiträge zur Kenntnis Abraham Cardosos* (hebräisch). In «Abhandlungen zur Erinnerung an H. P. Chajes». Wien 1933, p. 323–350.

Idem, *Mizwa ha-ba'a ba-'abera;* Zum Verständnis des Sabbatianismus (hebräisch). «Kenesseth», vol. II (Jerusalem 1937), p. 337–392.

Idem (Rezension des Buches von M. Cohen, Jacob Emden) (hebräisch). «Kirjath Sefer», vol. 16 (1939), p. 320–338.

Idem, *Barochja, das sabbatianische Sektenhaupt in Saloniki* (hebräisch). «Zion», vol. VI (1941), p. 119–147, 181–201.

Idem, *Beiträge zur Kenntnis des Sabbatianismus aus den Schriften Cardosos* (hebräisch). «Zion», vol. VII (1942), p. 12–28.

Idem, *Neue sabbatianische Urkunden aus dem Buch To'e Ruach* (hebräisch). «Zion», vol. VII, p. 172–196.

Idem, *Ein Gebetbuch der «Doenmeh»* (hebräisch). «Kirjath Sefer», vol. 18 (1941/42), p. 298–312, 394–408; vol. 19, p. 58–64.

Idem, *A Sabbathaian Will from New York.* Miscellanies of the Jewish Historical Society of England, part V (London 1948), p. 193–211.

Idem, *Elija Kohen aus Ismir und der Sabbatianismus* (hebräisch). In Alexander Marx Jubilee Volume, New York 1950, hebräische Abteilung, p. 451–470.

Idem, *Ein Psalmenkommentar aus dem Kreis Sabbatai Zwis in Adrianopel* (hebräisch). *'Ale 'Ajin,* Salman Schocken Jubilee Volume, Jerusalem 1952, p. 157–211.

Idem, *Le Mouvement Sabbataiste en Pologne.* RHR, vol. 153 (1953), p. 30–90, 209–232; vol. 154 (1953), p. 42–77.

J. Tishby, *Zwischen Sabbatianismus und Chassidismus* (hebräisch). «Kenesseth», vol. 9 (1945), p. 238–268.

Idem, *Dokumente über Nathan von Gaza in einer Handschrift des Josef Chamiz* (hebräisch). «Sefunoth», vol. I (Jerusalem 1956), p. 80–117.

Mordechai Wilensky, *Vier englische Flugschriften über die Sabbatianische Bewegung aus den Jahren 1665/66* (hebräisch). «Zion», vol. 17 (1952), p. 157–172.

Ch. Wirszubski, *Die sabbatianische Ideologie der Apostasie des Messias* (hebräisch). «Zion», vol. III (1938), p. 215–245.

Idem, *Die sabbatianische Theologie des Nathan von Gaza* (hebräisch). «Kenesseth», vol. VIII (1944), p. 210–246.

Idem, *Der Sabbatianer Moses David aus Podhaice* (hebräisch). «Zion», vol. VII (1942), p. 73–93.

V. Začek, *Zwei Beiträge zur Geschichte des Frankismus in den böhmischen Ländern.* «Jahrbuch für die Geschichte der Juden in der Czechoslovakischen Republik»; vol. IX (Prag 1938), p. 343–410.

Hans Joachim Schoeps, *Philosemitismus im Barock.* Tübingen 1952, p. 92–115: «*Rabbi*» *Johan Kemper in Upsala.*

第九章

a) 原　文

Zawwa'ath ha-Ribasch. Warschau 1913.

Kether Schem Tob. Podgorze 1898.

Schibche ha-Bescht. Berditschew 1815.

Israel Wodnik, *Sefer Baal-schem Tob.* 2. vol. Lodz 1938. (Eine Sammlung aller Aussprüche des Israel Baal-schem, die in der chassidischen Literatur zitiert werden.)

Dob Baer, der Maggid von Meseritz, *Likkute ʾAmarim.* Koretz 1781.

Jakob Josef von Polna, *Toledoth Jaʿakob Josef.* Koretz 1780.

Elimelech von Lizensk, *Noʿam ʾElimelech.* Lemberg 1788.

Pinchas Schapira von Koretz, *Midrasch Pinchas.* Lemberg 1872.

Idem, *Nofeth Zufim.* Piotrkow 1911.

M. J. Gutman, *Torath Rabbenu Pinchas mi-Koretz.* Bilgoraja 1931.

Nachman von Bratzlaw, *Likkute Moharan.* Lemberg 1808–1811.

Idem, *Sefer ha-Middoth.* Lemberg 1872.

Nathan Sternharz aus Nemirow, *Likkute Tefilloth.* Zolkiew 1872.

Idem, *Schibche ha-Ran.* Lemberg 1864.

Schneur Salman von Ladi, *Tanja.* Wilna 1912. (Auch unter dem Titel *Likkute ʾAmarim.*)

Ch. J. Bunin, *Mischneh Chabad.* Warschau 1936–1938.

Aaron Halewi aus Staroselja, *ʿAbodath ha-Lewi.* Lemberg 1862–1866.

Israel Araten, *ʾEmeth we-ʾEmuna.* Jerusalem 1940. (Eine Sammlung der Aussprüche des Rabbi Mendel von Kotzk.)

Leschon Chassidim, (sowie auch) *Derech Chassidim.* Lemberg 1876. (Zwei sehr wertvolle Anthologien aus chassidischen Schriften.)

b) 研究書

A. S. Aeshcoli-Weintraub, *Le Hassidisme.* Essai critique. Paris 1928.

Ariel Bension, *Sar Schalom Scharʿabi* (hebräisch). Jerusalem 1930.

Martin Buber, *Des Baal-Schem-Tow Unterweisung im Umgang mit Gott.* Berlin 1933.

Idem, *Die Chassidischen Bücher.* Gesamtausgabe, Hellerau 1928.

Idem, *Die Erzählungen der Chassidim.* Zürich 1950.

Idem, *Gog und Magog.* Eine Chronik. Heidelberg 1949.

Idem, *Die chassidische Botschaft.* Heidelberg 1952.

Idem, *Der Weg des Menschen, nach der chassidischen Lehre.* Amsterdam 1948.

Idem, *Christus, Chassidismus und Gnosis.* «Merkur», eine europäische Zeitschrift. München, Oktober 1954.

Ch. Bunin, *Der Chabad-Chassidismus* (hebräisch). «Ha-Schiloach», vol. 28 (1913), p. 250–258, 348–359; vol. 29 (1913), p. 217–227; vol. 31 (1914/15), p. 44–52, 242–252.

Benzion Dinur, *Der Anfang des Chassidismus und seine sozialen und messianischen Grundlagen* (hebräisch). In *Be-mifneh ha-doroth* (Historical Writings) vol. I, (Jerusalem 1955), p. 81–227.

Simon Dubnow, *Geschichte des Chassidismus.* 2 vol. Berlin 1931/32.

Lazar Gulkowitsch, *Der Hassidismus, religionswissenschaftlich untersucht.* Leipzig 1927.

Idem, *Die Grundgedanken des Chassidismus als Quelle seines Schicksals.* Tartu 1938.

Idem, *Das kulturhistorische Bild des Chassidismus.* Tartu 1938.

Abraham J. Heschel, *R. Gerschon Kutower* (hebräisch). HUCA, vol. 23 (1950/51), part II, p. 17–71.

Idem, *Zur Biographie des Rabbi Pinchas aus Koretz* (hebräisch). In *ʿAle ʿAjin*, Festschrift für Salman Schocken. Jerusalem 1952, p. 213–244.

S. A. Horodezky, *Religiöse Strömungen im Judentum, mit besonderer Berücksichtigung des Chassidismus.* Bern 1920.

Idem, *Leaders of Hassidism.* London 1928.

Idem, *Der Chassidismus und die Chassidim* (hebräisch). 4 vol. Berlin 1922.

Siegmund Hurwitz, *Archetypische Motive in der chassidischen Mystik.* In *Zeitlose Dokumente der Seele,* vol. III (Zürich 1952), p. 121–212.

Aaron Marcus (unter dem Pseudonym «Verus»), *Der Chassidismus.* Pleschen 1901.

Jacob S. Minkin, *The Romance of Hassidism.* New York 1935.

Mordechai ben Jecheskel, *Über das Wesen des Chassidismus* (hebräisch). *Ha-Schiloach,* vol. 17 (1907), p. 219–230; vol. 20 (1909), p. 38–46, 161–171; vol. 22 (1910), p. 251–261, 339–350; vol. 25 (1912), p. 434–452.

Louis Newman, *The Hasidic Anthology.* Tales and Teachings of the Hasidim. Translated from the Hebrew, Yiddish and German. New York 1934.

Wolf Rabinowitsch, *Der Karliner Chassidismus, seine Geschichte und Lehre.* Leipzig und Tel Aviv 1935.

Solomon Schechter, *The Chassidim.* «Studies in Judaism», vol. I (Philadelphia 1896), p. 1–46.

Gershom Scholem, *Rabbi Adam Baal-schem* (hebräisch). «Zion», vol. VI (1941), p. 89–93.

Idem, *Die beiden ältesten Zeugnisse über chassidische Gruppen und den Baal-schem* (hebräisch). «Tarbiz», vol. 20 (1949), p. 228–240.

Idem, *Devekuth or Communion with God, in Early Hasidic Doctrine.* «Review of Religion», vol. 14 (1950), p. 115–139.

Idem, *Zur antichassidischen Polemik* (hebräisch). «Zion», vol. 20 (1955), p. 73–81, 153–162.

Elieser Schochat, *Über die Freude im Chassidismus* (hebräisch). «Zion», vol. 16 (1951), p. 30–43.

Ch. Szmeruk, *Die soziale Bedeutung der chassidischen Schächtmethode* (hebräisch). «Zion», vol. 20 (1955), p. 47–72.

E. Tcherikover, *Die Kommune der Jerusalemer Kabbalisten in der Mitte des 18. Jahrhunderts* (jiddisch). Historische Schriften, vol. II, herausgegeben vom Jiddischen Wissenschaftlichen Institut. Wilna 1937, p. 115–139.

M. Teitelbaum, *Der Rabbi von Ladi und die Chabad-Partei im Chassidismus* (hebräisch). 2. vol. Warschau 1910–1913.

Isaak Werfel, *Der Chassidismus und Palästina* (hebräisch). Jerusalem 1940.

Josef Weiss, *Die Anfänge des Chassidismus* (hebräisch). «Zion», vol. 16 (1951), p. 46–105.

Idem, *R. Abraham Kalisker's Concept of Communion with God and Men.* «The Journal of Jewish Studies», vol. VI (1955), p. 87–99.

Idem, *Das Paradox des Glaubens in der Lehre des Rabbi Nachman von Bratzlaw* (hebräisch). *ʿAle ʿAjin,* Festschrift für Salman Schocken, Jerusalem 1952, p. 245–291.

Mordechai Wilensky, *The Polemic of Rabbi David of Makow against Hasidism.* «Proceedings of the American Academy for Jewish Research», vol. 25 (1956), p. 137–156.

Torsten Ysander, *Studien zum Beschtschen Chassidismus in seiner religionswissenschaftlichen Sonderart.* Upsala 1933.

Elieser Zweifel, *Schalom ʿal Jisrael … allgemeine Darstellung und Inbegriff der Angelegenheiten des Israel Baal-schem Tob und seiner Schüler* (hebräisch). 4. vol. Schitomir 1868–1873.

原　注

注ならびに参考文献のなかで用いられている略語は次の通りである.

EJ	＝Encyclopaedia Judaica
HUCA	＝Hebrew Union College Annual
JE	＝Jewish Encyclopedia
JQR	＝Jewish Quarterly Review
JThS	＝Jewish Theological Seminary
MGWJ	＝Monatsschrift für Geschichte und Wissenschaft des Judentums
REJ	＝Revue des Etudes Juives
RM	＝Raʿja Mehemna
RHR	＝Revue de L'Histoire des Religions

人名, 書名等は原語のまま掲げる. 但し, ヘブライ語の書名, 用語については可能な限り［　］内にその意味を訳出した. これは金沢大学文学部助教授柘植洋一氏（当時東京大学文学部言語学研究室助手）の協力によるものである.

第一章　ユダヤ神秘主義の一般的特質

1. Arthur Edward Waite, *The Secret Doctrine in Israel* (London 1913). この本は同じ著者のさらに後期の著 *The Holy Kabbalah* (1930) の中に併合されている.

2. ここにいう著作は *Philosophie der Geschichte oder über die Tradition*, 4 vol. (Münster 1827–1855). 著者名なしの出版である. この著者の哲学的諸観念については, 次の書を参照せよ. Carl Frankenstein, *Molitors metaphysische Geschichtsphilosophie* (1928).

3. 私（G. ショーレム）は自著 *Bibliographia Kabbalistica* (1927) の94ページに, カバラーに関するかぎりの Alphonse Louis Constant の文書類を記載しておいた. Elifas Levi とは, 彼のキリスト教名アルフォンス・ルイ Alphonse Louis のユダヤ化にほかならない. これについて Aleister Crowley が彼の魔術 *magic* に関する書物や彼の編集した雑誌《The Equinox》のなかでこまごまと書いている彼の「カバリスト的な」文書のことなどに言を浪費するのは無駄であろう.

4. Rufus Jones, *Studies in Mystical Religion* (1909) の序文15ページ.

5. このトマスの『神学大全』からの引用は, Engelbert Krebs, *Grundfragen der kirchlichen Mystik* (1921) によるものである.

6. 「ベルディチェフのラビ」とよばれるハシディズムのツァッディーク, Levi Jizchak (Isaak) 1740–1809 の著作 *keduschath ha-lewi*［レーヴィの聖性］中の週間章節 *pekude*［検閲］週の終りで.

7. Molitor, *Philosophie der Geschichte*, vol. 2 (1834), p. 56.

8. *Ma ʿarecheth ha-ʾelochuth*［神々の秩序］fol. 82 b は, 印刷された書（マントゥア, 1558年）では, 誤ってバルセロナのラビ Perez の著とされている. 「われらのいう

ところの，かの ʾen-sof は，トーラーにおいても預言者たちにも，また旧約聖徒伝においてもタルムードの賢者たちの語録にも，まったく言及されておらないものであることを知れ．すなわちただただ神秘家たち（この著者の用語としては，文字どおり，神への奉仕の達人たち，の意）のみがこれについてかすかな暗示を受けていたのである．」

9. この種の用語は，新プラトン主義への明白な傾向を表明する13世紀スペインのカバリストたちの書物中に，特にしばしば見出される．

10. このヘブライ語の表現 *mah scheʾen ha-machschabah massegeth*［思考によって把えられないもの］は，後に最も普通に用いられた *ʾen-sof* という表現の代りに，新プラトン主義の術語 amatalhptoz の精密なパラフレーズのような響きをもち，盲人イサアクによる *Buch der Schöpfung*［創造の書］への注釈や，彼の弟子たちの書中に見出される．

11. この表現 *ʿimke ha-ʾajin*［無の深淵］は，13世紀のカバリストたちが愛好したメタファである．《Gaster, Anniversary Volume》(1936), p. 505 の私の所論を参照．

12. Philo, *De vita contemplativa*, ed. Conybeare, p. 119.〔訳者注．アレクサンドリアのフィロ（およそ紀元前20—後40年）はユダヤ・ヘレニズム最大の古典的代表者．ギリシア哲学とユダヤの啓示信仰とを融合した巨匠的神学者，哲学者．〕

13. この点については，Martin Buber のアンソロジー，*Ekstatische Konfessionen* (1909) の序論におけるきわめて雄弁な詳述を参照されたい．

14. 第四章（「アブラハム・アブーラーフィアと預言者的カバラー」）の第１節と最終節を参照されたい．

15. Simon Ginzburg, *Rabbi Moshe Chajim Luzatto ubne doro* (Tel Aviv 1937).

16. Joseph Bernhart のエッセイ *Zur Soziologie der Mystik.*《Süddeutsche Monatshefte》, vol. 26 (1928), p. 27.

17. パレスチナの上級ラビナー故 A. J. Kook 師の偉大な著作 *ʾoroth ha-kodesch*——その３巻がエルサレムで著者の遺稿より公刊された（1938年）——は，ユダヤの真のテオロギア・ミスティカを表現するもので，そのオリジナリティからも，著者の思想の豊かさからも傑出している．私の知るかぎり，生産的なカバリスト思想の最後の例証といえる．

18. ユダヤ神秘主義文献のオリジナルテクストのビブリオグラフィーを，とは依然としてカバラー研究の敬虔なる願いである．私の書 *Bibliographia Kabbalistica* (1927) は，この対象に関する学問的文献をあげているにすぎず，テクストそのものではない．

19. Charles Bennett, *A Philosophical Study of Mysticism* (1931), p. 31.

20. Proclus の *Elements of Theology* のための，E. R. Dodds による注釈（1933年）p. 219.

21. このテーゼは，特に Meʾir ibn Gabbai の著作，*ʿabodath ha-kodesch*［神聖さの光］(1531) の第３部に詳述されている．カバラが根本において人類の最も早期の場からの失われた原伝統を表現しているという観念は，後の，15，16世紀のいわゆる「キリスト教カバリスト」たちにも信じられていた．たとえばピコ・デラ・ミランドラやヨハネス・ロイヒリンのごときがそうである．〔訳者注．メイルは２世紀のタルムード注解の指導者で，アキバやアヘルの弟子．妻ベルーリアと共に伝説的主人公で，「奇蹟を行う人」とよばれた．ユダヤ人名の Meier はこの名に由来し，光で照らす者の意であ

る.〕

22. Moses aus Burgos の語録は Isaak von Akko（イスラエル）によって保存されている.《Tarbiz》, vol. 5 (1934), p. 318 参照.

23. この点について私は,《Korrespondenzblatt der Akademie für die Wissenschaft des Judentums》1928, p. 4–26 所収の私のエッセイ *Zur Frage der Entstehung der Kabbala*（カバラー成立の問題のために）で詳しく論じている. また Julius Guttmann, *Die Philosophie des Judentums* (1933), p. 238 も参照されたい.

24. 1300年頃の著作 *Massoreth ha-brith*［契約の絆］. これは *mekize nirdamim*［眠れる者達を目覚めさせる者達］協会の編集 *Kobez al jad*［少しずつ学ぶ者］中の新シリーズ vol. I (1936) に私の手で発表されている (p. 31). 同じ表象はヨハネス・スコートゥス・エリゲーナ（英）の「自然の区分について」(J. S. Erigena, *De divisione naturae*, liber III, 19–23.) 以来のキリスト教神秘主義に見出される. 私はこの虚無についての神秘的解釈変えの発展に関し,《Eranos-Jahrbuch》1956 (vol. 25) への私の寄稿論文 (p. 87–119) で取り扱った.

25. Friedrich Creuzer, *Symbolik und Mythologie der alten Völker*; 2. Aufl., 1. Teil (1816), p. 70. この対象についての最も重要な詳論は, W・ベンヤミンの『ドイツ悲劇の起源』Walter Benjamin, *Ursprung des deutschen Trauerspiels* (1928) に負うものである.

26. Alexander Altmann, *Was ist jüdische Theologie?* (Frankfurt a. M. 1933), p. 15.

27. 十戒の意味についてのこの分析は,『迷える者の手引き』第3部にある. これの宗教史的意義については, Julius Guttmann, *Spencers Erklärung der biblischen Gesetze in ihrer Beziehung zu Maimonides*, in:《Festskrift af Prof. David Simonsen》(Kopenhagen 1923), p. 258–276 を参照されたい.

28. ゲロナのカバリスト派 (1220–60年) 以降, すべてのカバリストの書物は十戒の根拠についての神秘的解釈にみちみちている. とりわけゲロナ派の Esra ben Salomo と Jakob ben Scheschet（この人はおそらく, ナハマニデースのものとされている著作 *sefer ha-ʾemunah we-ha-bittachon*［信仰と信心の書］の実際の著者であったと思われる）はこうした問題を最初にかなり詳細に取り扱っている.

29. Samson Raphael Hirsch, *Neunzehn Briefe über das Judentum*, 4. Aufl. (1911), p. 101.

30. *Genesis Rabba*, ed. Theodor, p. 68. 現在の世界の創造に先行した原世界というこのイデーは, アレクサンドリアのクレメンスやオリゲネスのような教父たちの「正統グノーシス主義」にも見出されるものである. かれらのばあい, こうした世界は, 神に却下された試みなのではなく, 大いなる世界創造過程の必然的な諸段階を表す, という相違点はあるにしても.

31. このカテゴリーに属する祈禱は,「統一の祈禱」もしくは「一体の祈禱」というタイトルで包括され, タルムードの権威者 Nechunja ben Hakana と Rabban Gamaliel の手に成るものとされているが, その文体はまったく熱狂的な新プラトン派カバリストたちのそれである. またセゴヴィア出の Jakob ben Jakob Hacohen の長い祈禱（カスティーリャにて, 1265年ごろ）も参照されたい. これは私の手で *maddaʿe ha-jahaduth*

『ユダヤ教学』, vol. II (1927), p. 220-226 に掲載されている.

32. Nathan Sternharz aus Nemirow によるハシディズムの祈禱の大集成は, *likkute tefilloth* [祈禱集] というタイトルで最初ブラツラフ (1822年) で公刊された.

33. ゾーハル Sohar II, 63 b および III, 69 b. なお Josef Gikatilla, *scha'are'orah* [光の門] (Offenbach 1715), Blatt 40 b ff. も参照.

34. H. G. Enelow, *Kawwana, the Struggle for Inwardness in Judaism.* 《Studies in Jewish Literature》, hrsg. zu Ehren v. Prof. K. Kohler (1913), p. 82-107, および *Der Begriff der Kawwana in der alten Kabbala*, MGWJ, vol. 78, 1934, p. 492-518 における私自身の詳述をも参照されたい.

35. EJ, vol. II, Sp. 969-979 の Bahir 書に関する私の所論をも参照.

36. Hermann Cohen, *Ethik des reinen Willens*, 2. Aufl. (1907), p. 452.

37. 例えば Jakob Lauterbach の次のモノグラフィー *The Ritual of the Kapparot-Ceremony*, 《Jewish Studies in Memory of George A. Kohut》 (1935), p. 413-422 や *Tashlik, a Study in Jewish Ceremonies*, 《Hebrew Union College Annual》, vol. XI (1936), p. 207-340 を参照.

38. 19世紀半ばにヴォルヒニアのハシディズム・グループの精神的指導者ないし「ツァッディーク」となった,「ルドミールの少女」とよばれる女性 Hannah Rachel はごく稀な例であるが, 必ずしも納得に足る反証とはならない. 彼女については, S. A. Horodezky, *Leaders of Hasidism* (1928), p. 113 ff. を参照されたい.

第二章　メルカーバー神秘主義とユダヤのグノーシス

1. Scherira Gaon の書簡, ed. B. M. Lewin, p. 109-110. Graetz, vol. V, p. 235.

2. REJ, vol. XXIII (1893), p. 256-264 の A. Neubauer. D. Kaufmann, *Gesammelte Schriften*, vol. III (1915), p. 5-11. 現存する最も初期の本文では「アアロンは神慮に通暁し, ヘブロンに眠っている父祖たちの子孫を神の怒りから護ることができるバクダッドの国の男, アディリロン王の縁戚のひとり」と記されている.

3. 歴史上のイスマエルは神殿破壊の時代にはいまだ子供であったが, 或る箇所で父親のエリシャーを大司祭と記している (*Tossefta Challa*, I, 10 参照). この記述が早くから息子のほうに転用されたようだ. バビロニアのタルムードは2箇所でイスマエルと神秘主義的伝統とのかかわりを示唆している. 先入見はさておき, これらの箇所はのちのガーオーンの改竄であるとするツンツとバッハー (*Aggada der Tannaiten*, vol. I, p. 267 ff.) の推定に従うべき理由は私には見当らない. つとに最も初期のヘハロース本文が大司祭イスマエルに関するこの伝説をことさら解明するまでもなく利用しているという事実は, これが当時すでに固定していた伝統であることを証している. 大司祭と神秘家へのイスマエルのこうした変身は, おそらくすでに3世紀, あるいは遅くとも4世紀には, タルムードの伝統のひとつとなっていたのであろう. トラクト *Berachoth* [祝禱] 7 a ではこの伝説的なイスマエルに次の如き記述が捧げられている.「私はある朝, 香をたくために神殿の至聖所へ入っていった. そのとき私はアハタリエル, 万軍の主ヤーが, 高い崇高な玉座の上に座しているのを見た. 彼は私にこう言った.『イスマエル, 私の息子よ, 私を誉めることばを述べなさい.』」ヘハロース・トラクトが観るこのアハタリエルはメルカーバーの玉座に座しているのにたいし, このバビロニアのタルムード

ではイスマエルは神殿の至聖所にいるアハタリエルの幻視をもっている．だが，名前に添えた「万軍の主ヤー」という付加語は『大ヘハロース〔大神殿〕』の慣用とぴったり一致する．バビロニアのタルムードでもゾハラリエルとかラーザーヤーとかいう神の神秘的な名にたびたび同様の付加語が添えられている．アルコンたちもその天使名に加えて「彼らの王の名に相応する」 JHWH という名をもっている．オーデベルクの第三エノク書注解，第10章29ページを参照されたい．さらに *Berachoth* 51a には三つの事柄が報告されているが，それらはイスマエルが「神の相貌をした大王」スリエルから聞いたものであり，のちのガーオーンの付加語が望んだようにメータトローンから聞いたものではない．イスマエルをメルカーバー神秘家のサークルにおける権威者とみなす評価にとって決定的なのは，メルカーバーについて研究することを彼は許した，というエルサレムのタルムードの証言 *Chagiga* II, 1 であろう．このことと彼の殉教とが，のちの世代にとって，彼をヘハロースのサークルで幾つかの黙示の伝授者とも考えられているメルカーバーの幻視者に仕立てたのである．同様にまた，彼がハーラーハーの領域で立証されているように正真正銘 Nechunja ben Hakana の門人であったことも神秘主義に転用されて，そのため他には何ひとつ神秘主義的伝統を伝えていないこの彼の教師もこの文学において偽書の権威に高められたのであった．同様にして，ヘハロース・トラクトにおけるハーラーハーの問題についてのイスマエルとアキバの絶えざる論争も神秘主義の分野へ転用された．

4. Sh. Spiegel, 《Journal of Biblical Literature》, vol. LIV, 3. Teil (1935), p. 164–165 を見られたい．

5. S. Liebermann, *midresche teman*〔イエーメンのミドラーシュ〕(1940), p. 16 によれば，すでに3世紀にオリゲネスが雅歌についての注解の序文で同じ実情を証言している．

6. この殊の外重要な本文については，G. H. Box の手引きと翻訳 *The Apocalypse of Abraham*, London (1919) を参照のこと．

7. W. Baldensperger, *Die messianisch-apokalyptischen Hoffnungen des Judentums*, p. 68.

8. たとえば箴言 20, 2 への *Midrasch Mischle*〔箴言へのミドラーシュ〕にはこう言われている．「彼は彼の世界のなかに創造したすべてのものに玉座のかたわらの席を定め給うた．」実際に，玉座と創造のあいだのこのような一致は，より一層神秘主義に傾斜するミドラーシムでは大きな役割を果たしている．その良い例が，たとえば世界と人間のあいだの対応（大宇宙と小宇宙）とか，幕屋と世界のあいだの対応などであろう．小宇宙のモチーフは *ʾAboth de-Rabbi Nathan*（第31章）の一箇所に最も明瞭に表現されている．そこでは次のように言われている．「神が造り給うたすべてのものを神は人間のなかにもお造りになった．」幕屋を全創造に対応するものとみなす解釈はたとえば *Midrasch tadsche* の第2章に見られるが，それはミドラーシュ文学の最も後期に属し，南仏から伝来したものと思われる．

9. 偽書やミドラーシムからとられた（注意すべきことにはメルカーバー神秘主義の著作からではない）多くの資料は Strack u. Billerbeck, *Kommentar zum Neuen Testament aus Talmud und Midrasch*, vol. I (1922), p. 974–978 に見られる．

10. Ph. Bloch, Jakob Guttmann 記念論集 (1915), p. 113–123 参照．ブロッホで

は明らかにされなかった，『大ヘハロース』の第二の主部をなしている黙示録中のローマ皇帝とその妃の名を分析してみると，ひとつの奇妙な事実が明らかになる．すなわち，これらの名をいわゆるアトバッシュ・アルファベットに従って暗号文として読むならば——つまりヘブライ語のアルファベットでアルファベットの最初の子音を最後の子音に換え，２番目の子音を終りから２番目の子音に換えてみると——訛った形ではあるけれども，末尾音節 -ich, -ut をもったゲルマン語の名と思われる語がえられる．実際に，特殊な語の暗合文的綴字法はこの本文のいろいろな写本や他の作品にも現れている．たとえば Naftali Elchanan Bacharach, *ʿEmek hamelech* [王の谷] (1648), fol. 39 c ff. におけるこの黙示録の本文を参照されたい．

11. これまで未編集の重要なメルカーバー神秘主義の資料はとりわけ次のヘブライ語の写本に見出される．オックスフォード大学図書館 Neubauer Nr. 1531，大英博物館 Margoliouth Nr. 752，ミュンヘン国立図書館 Nr. 22, 40，ならびにニューヨークのユダヤ神学校にある Prof. Alexander Marx の未発表目録の Nr. 828.

12. *3 Enoch or The Hebrew Book of Enoch*, Hugo Odeberg 編ならびに英訳(1928). 編者は非常に粗悪な手稿を基にしているので，遺憾ながら読者は正しい本文を原典研究資料から苦労して復元しなくてはならない．しかしながら非常に詳細な解説は全体として価値あるものである．

13.『大ヘハロース』は Jellinek, *Beth Ha-Midrasch* [研究の家], IV (1855), p. 83–103 に編集されており，また別の写本からは S. A. Wertheimer によって *pirke hechaloth* [ヘハロースの章] のタイトルで編集されている (Jerusalem 1889). 両書の本文は甚だしく悪いが，豊富な手稿資料を動員することによって大幅に改良できる．私はかつての弟子であり現在の同僚である Ch. Wirszubski と共に，入手しうる限りの資料に基づいた新しい編集を準備している．『小ヘハロース』(*hechaloth suttarti* [小神殿]) は，つとに Jellinek が (編書 *Beth Ha-Midrasch*, IV, 44 の序文で) 述べているように，オックスフォード大学図書館のヘブライ語の写本 Nr. 1531, Bl. 38 a–46 a に見出される．この本文の数節は，『小ヘハロース』の一部であるとは知られずに，エルサレムの Musajoff コレクションの写本から *merkaba schelema* [完全なる乗物] 集 (Jerusalem 1922) Bl. 6 a–8 b に印刷されている．ここでも本文は非常に悪いが，手稿から大幅に修正できる．オーデベルクはその第三エノク書の手引き (p. 104) で『小ヘハロース』という表題を過って別の作品に帰しているが，この作品は実のところこれらの写本とはなんら関係がなく，彼の知らなかった *merkaba schelema* 集にも同様に見出され，*merkaba rabba* [大きな乗物] というタイトルの著作からの抜粋である．

14.『小ヘハロース』ではエノク・メータトローンは全然言及されていない．『大ヘハロース』では一度だけ言及されているが，それも最古のものにおいてではない．実際，この二つのトラクトの体系にはそれを容れるべき余地はないのである．ヘブライ語のエノク書では第10章で第七の天宮の入口にエノク・メータトローンの席をあたえようとする試みが後になってやや作為的になされているが，それはそうやって古いトラクトとの繋がりを作り出そうとしているのである．これらの初期のトラクトは，その独創性においてしばしばいわゆるエノク書よりも幻想的な感じのする，真に古代的な素材を，はるかに多く含んでいる．エノク書のほうが対象や文体の点でずっと因習的な印象を受けるのである．メータトローンに関する伝統へのエノク書の言及が，たとえばオーデベルク

が推察していると見られるように，タルムードの当該箇所の源泉になっているのではなく，むしろ事情は逆である．天の書記というメータトローンの伝説や，（*Chagiga*〔祭りの捧物〕トラクトにおける）アヘルに関するアッガーダー全体や，（バビロニアのタルムード *ʻaboda sara*〔偶像崇拝〕3 b に見られるような）天国の夭逝した子供たちの教師というメータトローンの地位がこの書で利用され変形されているやり方は，それがずっと後の発展段階に属するものであることを明瞭に示している．

15. 疑いなくここでも古い本文の主部の始めと終りに補足が付け加えられており，その結果古い，きわめて特徴的な文体が，少しうすらいでいる．本文のパレスチナのアラム語は古く，真正なものである．この本文の主人公はアキバであるが，『大ヘハロース』はイスマエルをもっと前面に押し出している．

16. Jerus. *Chagiga* II, 1, および *Tossefta* の同じ箇所．「天にましますわれらの父の栄光について研究する」という表現はここでは「メルカーバーについて研究する」ことと同義に用いられている．後者はバビロニアのタルムードが *Chagiga* 14 b の該当箇所に用いた術語である．メルカーバーの玉座の上に顕現する者の神智学的術語たる *Kabod*, 栄光は，2世紀のタンナイートの原典にもかなり広まっている．*kerem chemed*〔歓びのぶどう園〕VII, 275 の Michael Sachs の所見と，*ha-techija*〔復活〕I, 22 ff. の Senior Sachs の所見を参照されたい．この文献で使用された，*Kabod* の現れる言い回しは，この概念がきわめて精確に使用されてひとつの術語となっていることを証している．

17. *Chagiga* 15 b「この老人は尊敬すべき人なのであるから，私の栄光を利用させてやりなさい」．動詞 *hischtammesch*「利用する」はこの文献では「魔術を行う」の術語としても用いられている．ミシュナーの『父祖たちの箴言』に現れる「王冠を利用する」という表現は，すでに *ʼAboth de Rabbi Nathan* において「神の名 JHWH の魔術的使用」という意味で正しく説明されている．*The Fathers according to Rabbi Nathan*, Judah Goldin 訳 (1955), p. 71 を参照のこと．

18. 最初に用いられたのは *Tossefta Megilla* 第4章，ed. Zuckermandel, p. 228. バビロニアのタルムード *Megilla*〔巻物〕24 b では，ミュンヘン手稿は次のように読んでいる．「多くの者たちは一度も見たことのないメルカーバーをみずから直観したと主張した」．ヘハロース・トラクトはつねに *Zefijath ha merkaba*〔乗物の姿〕について語っている．*Kabod* という表現のかわりに，ここには非常にしばしばそれと同義の術語 *gaʼawa* も見出される．

19. ミドラーシュもこの意味での「高宮の居間」という表現を知っている．*Aggadoth Schir Ha-Schirim*〔雅歌へのアッガーダ〕, ed. Schechter, p. 13 参照．

20. この箇所は *Midrasch Tanchuma*〔モーセ五書へのミドラーシュ〕, ed. Buber, vol. I, Bl. 71 a にある．メルカーバー神秘主義におけるラビ・アキバの同僚のひとりシモン・ベン・アサイに関するアッガーダーの表現はもっと古いもののようである．このアッガーダーの最古の本文 Levit. Rabba Par. XVI, 4 では同僚が彼にこう尋ねる．「たぶん君はメルカーバーの居間とかかり合ったのだろう？」これが正しい読み方である．Mordekai Margulies によるこのミドラーシュの批判的編集第2巻 (1954) 354 ページを参照されたい．

21. Hs. Oxford, Neubauer 1531, Bl. 39 b.「ラビ・アキバはこう語った．『私がメ

ルカーバーへ昇っていったあの時間に私は天の入口でわが家の入口でするよりも多く印を結んだ.』また『私がメルカーバーへ昇っていったあの時間に天なる声が栄光の玉座から鳴り響いた.』」

22. (まず最初に述べられる) 上昇の際に知っていなくてはならない天使の名は,第22章 (Jellinek 編 III, 99) によれば,下降の際に知らなくてはならない名とは異なっている.

23. Ph. ブロッホとL. ギンツベルクと J. アベルソンが行ったこの解釈はまったく受け容れがたいものである.これらすべての本文のどこにも,幻視者自身が車に乗るようにメルカーバーに乗っていくということを仄めかす箇所はひとつもない.たしかに,第六の宮殿から第七の宮殿へ昇っていく際に天の遍歴者が「光輝の車」に乗ってより高い域へ昇っていく途中門番たちの前を通り過ぎる有様を非常に生きいきと描いた描写はあるけれども,この車はメルカーバーそのものとはなんら関係がない.それはメルカーバーとよばれてもおらず,*karon schel nogah*〔輝きの車〕といわれている.

24. 私の確信によれば,二元的,反律法主義的性格の異教のグノーシスが存在し,ユダヤ教の周辺で発展したことは疑えない.古代ラビ文学にあまたある《Minim》(異教徒)に関する箇所で多くが対象としているのは,疑いなくそのようなグノーシス主義者であって,キリスト教徒ではない.このヘブライ語の概念とそれによっておおわれる実情の解釈が Graetz の *Gnosticismus und Judenthum* (1846) 以来,多くの学問的論争の対象であった.その際著者たちはたいてい,エッセ派に関する広範な文献においてもそうであるように,多かれ少なかれ勝手気ままな仮定に耽った.たとえば M. Friedländer, *Der vorchristliche jüdische Gnosticismus* (1898). *Die religiösen Bewegungen innerhalb des Judentums im Zeitalter Jesu* (1905). M. Joel, *Blicke in die Religionsgeschichte* (1880). Hermann Cohen 記念論集 (1912) ならびに MGWJ, vol. 76 (1932), p. 412–456 の A. Büchler. Marcel Simon, *Verus Israel* (1950) を参照されたい.Dupont-Sommer が《Jahrbuch für kleinasiatische Forschung》, vol. I (1950–51), p. 201–217 においてこの意味で論じている,3世紀のアラム語の碑銘に基づいたこのような二元的ユダヤグノーシスの存在の記録的実証は,遺憾ながら著者が碑銘の決定的な箇所を誤解しているので薄弱なものである.

25. 著者の厳格なハーラーハー的態度を最も明瞭に証するものは,修業者たちが師の Nechunja ben Hakana を忘我の状態から通常の意識状態へ呼び戻す際にとる方法の委曲を尽くした描写 (『大ヘハロース』の第18章) である.ちなみに,この作品の多くの異常な表現や記述は明らかにパレスチナに発したものである.

26. このような規準の存在はシェリラ・ガーオーンとその息子ハイ・ガーオーンの応答集によって証明される.

27. 私は幾つかの写本からとったこの断章を Simcha Assaf 記念論集 (Jerusalem 1953) p. 459–495 のヘブライ語の拙論 *Zur Physiognomik und Chiromantik* で公にし,そのなかでユダヤ神秘主義におけるこの最古の観相学的,観掌術的伝統の問題全体も詳細に論じた.

28. これについては *Catalogus Codicum Astrologicorum*, vol. VII, p. 236–37 におけるギリシャ・ローマ時代の観掌術の歴史に関する Franz Boll の所見を参照されたい.古い観掌術の本文のこうした欠如は,古代から保存されている純粋に観相学的な著作や

断章の豊富さと著しい対照をなしている.

29. Jambilichus, *De Vita Pythagorica*, 第17章.

30. エルサレムのタルムード *Jebamoth* [義理の姉妹] 第15章と *Babli Jebamoth* [バビロニア・タルムードの Jebamoth] 120 a を参照. さらに詳しくは注27に述べられた拙論 462 ページを参照されたい.

31. Anz, *Zur Frage nach dem Ursprung des Gnostizismus* (1897), p. 40–58 参照.

32. この叙述は『大ヘハロース』第15–23章の主部をなしている.

33. Benjamin M. Levin, *ʾozar ha-gaonim* [ガーオーンたちの宝庫], zu *Chagiga* 14 b, Responsa, p. 14 の本文を参照されたい.

34. Dennys, *The Folklore of China*, p. 60. これは Otto Stoll, *Suggestion und Hypnotismus in der Völkerpsychologie* (1904), p. 49–50 に引用されている.

35. *Berachoth* 34 b, *ʿAboda sara* 17 a を参照のこと.

36. *Merkaba schelema* (1922), Bl. 1b にある *Merkaba rabba* と題する著作の断章を参照されたい.

37. 『大ヘハロース』第17章. ローマ人も, (Origenes, *Contra Celsum* VII, 40 で) 拝蛇教徒のグノーシス派の信奉者は天の門を見張っている天使の名を暗誦せねばならなかったと報告している.

38. Jellinek, *Beth Ha-Midrasch*. vol. III, p. 25 の「ラビ・アキバのアルファベット」. また《Zeitschrift für Neutestamentliche Wissenschaft》(1931), p. 171–176 所収のこれに関する私の所見を参照されたい.

39. われわれは10人の殉教者に関するミドラーシュの4種類もの異なった叙述を所有しているが, これらはますます一般化が進んで, 本来異教的な要素がますます後退していく四つの段階を表している. Graetz は——他の点では非常に該博な論文で——「ラビ・アキバのアルファベット」がヘハロース文学の主たる源泉をなしている, というまったく誤ったテーゼを主張しようとした. MGWJ, vol. 8 (1859), p. 67 ff.

40. *Chagiga* 15 b.

41. *Hechaloth rabbathi* [大神殿], 第III章4.

42. Ms. Oxford 1531, Bl. 45 a. 第一の門を統べるアルコンの幻視に際し,「私が彼を見たとき, 私の両手が焼失し, 私は両の手足なしで立っていた」.

43. Box 編, 第17章.「ひとつの炎がわれわれに向かってきた. その炎のなかにひとつの声があった. ……するとわれわれの立っていた高い場所が上方へあがったが, 次の瞬間には下降した.」

44. バビロニアのタルムード *Chagiga* 14 b. *Tossefta*, ed. Zuckermandel, p. 234 の叙述には二番目の決定的な文が欠落している.

45.「楽園」はつとにヨエルが述べたように, そこに立っている認識の樹ゆえにグノーシスを表すタルムードのメタファである可能性が非常に強い. Manuel Joel, *Blicke in die Religionsgeschichte* (1880), I, p. 163 を参照. Origenes (*Contra Celsum* VI, 33) も拝蛇教徒のグノーシスが同じメタファを使用していると報告している. だが私の見る限り, ここで問題になっているのはメタファではなく, ミシュナー教師が昇っていった「楽園」はパウロが, コリント書 12, 2 の彼の報告によれば, 彼の改宗直後に得た忘我の状態のなかで昇っていったあの「第三天の楽園」にほかならない, ということ

のほうがはるかにもっともらしく思われる．この二つの報告とその術語の間の対応は私には当を得ているように思われる．「十二族長の遺訓」で知られ，さらには後の2世紀のラビ的異教徒にも知れ渡った，楽園に関する厳密なユダヤ的伝統をパウロがここで利用していることは明白である．

46. Joel, loc. cit., Graetz, *Gnosticismus und Judentum* I(1846), p. 94–95. ならびに他の著者における同様な解釈．Bacher, *Aggada der Tannaiten*, vol. I (2. Auflage), p. 333 はこの根拠薄弱な解釈を採用しているけれども，その弱点を感じていた．Adolf Hönig, *Die Ophiten* (1889), p. 94 がこの解釈の不合理性を強調しているのは正しいが，彼自身はさらに良い解釈を提供してはいない．

47. Ms. München 22, Bl. 162 b による．このミュンヘン手稿はつとにハイ・ガーオーンが『小ヘハロース』のこの箇所の注解で引用している説明をより詳細にしたもの．『小ヘハロース』第19章にほぼその通りのことが見出される．

48. M. Ninck, *Die Bedeutung des Wassers im Kult und Leben der Alten* (1921), p. 112–117 は，下降の体験とか水の渦のなかで溺れる体験をすることが忘我の状態のなかで可能であった事例を幾つか挙げている．

49. *Papyri Graecae Magicae*, ed. Preisendanz, I (1928), p. 92–96, および Albrecht Dieterich, *Eine Mithrasliturgie*, 3. Auflage (1923) を参照．

50. 『大ヘハロース』の重要な箇所にギリシャ的要素が存在することをみとめた最初の人は Moïse Schwab (*Vocabulaire de l'Angélologie*〔1897〕の序論，p. 13) であった．それにひきかえ彼の，実際にはごく軽度の訛りがあるにすぎないギリシャ語のヘブライ語転写の読解と訳はまことに突飛であった．正しい読み方は亡くなった私の友人 Hans Lewy が《Tarbitz［アカデミー］》, vol. XII (1941), p. 164 で呈示し，解釈している．アルコン・ドミエルがグノーシス主義者に次のように言う．*ἀρίστην ἡμέραν, ἀρίστην εὐχήν*（あるいはむしろ原文を正しく校訂するならば *τύχην*), *φῆνον σημεῖον, εἰρήνη*. 意味のない文字 צמנש のかわりに צמיון と読まれねばならない．これは文字の上ではごく単純な修正である．この文の意味はすなわち「こんにちは，御幸運を！　印をお見せなさい，御心配なく！」そのあと，つまり彼がグノーシス主義者の手中の印を見たあと，「ドミエルはごく親しく彼を迎え，彼のかたわらの清い石の椅子に腰を下ろす」(第19章の終り)．レーヴィはこのようなギリシャ形式の残滓をさらに『大ヘハロース』の他の5箇所に発見した．きわめて注目すべきなのは，ここでドミエルと関連して現れるもうひとつの点である．このアルコンは明らかにもともとは四大元素の支配者と考えられていた．というのは第18章で，ドミエルと彼に呈示されねばならない印のことが初めて言及される際に，次のように問われるからである．「彼はいったいドミエルなのか．彼の名は אבירגהידרהים ではないのか？」Lewy はこれを，私の見る限りまったくその通りだと思われるが，四大元素のギリシャ名 *ἀήρ, γῆ, ὕδωρ, πῦρ* のかすかに訛った転写と解釈した．Saul Liebermann, *Jeruschalmi ki-pschutto*［字義通りのパレスチナ・タルムード], vol. I, p. 122 が示しているように，*ʾawir* に代る *ʾabir* はパレスチナのアラム語で普通に行われたギリシャ語 *ἀήρ*（空気）の書き換えである．

51. つとに G. H. Box が R. H. Charles の英訳 *Ascensio Jesaidae* (1919) の序論 (p. XXII) でこの点を正しく強調している．第四エズラ書 VII, 90–98 には，死後魂に

割り当てられる七つの「道」ないし留の描写がある.

52. *Chagiga* 12 b, 3世紀以来の伝統による. 三つの天から七つの天への移行はユダヤの異教徒や黙示論者の二, 三のサークルで紀元前ないし紀元後1世紀になされたものと思われる.

53. Jakob Mann が *Ha-zofeh le-chochmath Jisrael* [イスラエルの知恵の番人], vol. V (1921), p. 256–264 に公刊した *Re'ijoth Jecheskel* [エゼキエルの夢]. Preisendanz は *Papyri Graecae Magicae* で5世紀のユダヤ的表象に溢れた或る護符の銘文を公にした. ここにも, 無論異なった名であるが, 六つの天の秘密の名とそこに配属されたアルコンが見出される.

54. 1912年に刊行された自著でアベルソンはシェキーナーのカバラー的概念に皆目注意を払わなかった. 拙論 *Zur Entwicklungsgeschichte der Kabbalistischen Konzeption der Schechina*, 《Eranos-Jahrbuch》 1952 を参照されたい.

55. Odeberg, 3. *Enoch* が(手引きの106ページで)引用している『大ヘハロース』第26章の一節はこういう意味だという. 「汝は人の心の内に住まえり.」 しかし正しい読み方は全然違い, 「汝は火炎と焔のなかに住まえり」である(ブダペストの Ms. David Kaufmann 238. Ms. New York, Jewish Theological Seminary 828).

56. 『大ヘハロース』第14章. わずか後年の *barajtha de ma'asse bereschith* [創造のバライサー] には七つの天と七つの地の関係をもう少し詳しく述べようとする試みが二, 三見られる.

57. 普通名詞 *Sohárariel* はこれらのヘハロースの本文にたびたび *Saboriel* とか *Sobodiel* と訛って繁出する. *Achtariel* についてはすでに上述した. このような名の完全な形式はつねに *JHWH 'elohe Jisrael* [ヤーヴェ, イスラエルの神] という付加語も含んでいる.

58. *totrassija* とか *tetrassija* はどのヘハロースの本文にも非常によく知られている. この名はギリシャの魔法のパピルスの *arbathiao* にぴったり一致する. ギリシャの魔術師はヘブライ語の *'arba'ath* を「4」に使用し, 一方ユダヤの神秘家は上述のように(注50), 他にもこれらのヘブライ語の本文でギリシャ的表現形式が好まれる傾向に一致して, ギリシャ語の τετράς という表現を用いる.

59. *Merkaba schelema* Bl. 1 b 中の *sare ga'awa we-jir'a wa-ra'ad* [誇りと恐れと身震いの天使たち] を参照.

60. 特に次のものを参照されたい. 『大ヘハロース』の第3–4章, 第7–10章, 第24–26章. ならびに Rasiel 書, Amsterdam (1701), Bl. 37–40 の終りに印刷されている祈禱や讃歌. その他にもこの種の未編集の資料が相当量ヘハロース文学の写本に存在する.

61. Rudolf Otto, *Das Heilige*, II. Auflage, Gotha 1923, p. 34–37.

62. Ph. Bloch, MGWJ, vol. 37 (1893), p. 259 参照.

63. Loc. cit., p. 306.

64. たとえば, Naftali Treves が自著の神秘主義的な祈禱注解 (Thiengen 1560) で利用したヴォルムスのエレアーザールの祈禱書注解.

65. 『大ヘハロース』の第26章. ここは数箇所で写本のより良い異解に従って修正が施されている.

66. Bloch, loc. cit., p. 259.

67.『大ヘハロース』第24章.

68. ケドゥーシャー祈禱と神秘主義との関係に関するこうした解釈は Bloch の上述の論文 (MGWJ, vol. 37, 1893) によって基礎づけられた.

69. *Megilla* 18 a, *Berachoth* 33 b.

70. Bloch, loc. cit., p. 262 ff. 彼はしかし *Halacha* 3 の巻末にあるエルサレムのタルムード *Berachoth* V の「バティタ (先唱者) は ʾ*ofannim* [車輪の意. 天使の群が神を讃える朝の祈り] の祈りの朗読の最中に急に黙り込んだ」という意味の箇所を看過している. これは Bloch がその後の論文 *Rom und die Mystiker der Merkaba*, Jakob Guttmann 記念論集 (1915), p. 113 で主張しているような, あとからつけ加わったものではない. ʾ*ofannim* とよばれた天使の類の祈りはトラクト *Chullin* [聖別されていないもの] 91 b でも言及されている.

71. アブラハム黙示録の第17章と18章. 上記の本文に引用された箇所の出所は『大ヘハロース』の第9章初めである.

72. たとえば使徒憲法第七書の, いわゆるミトラス礼拝式の祈禱や, Charlotte Baynes, *A Coptic Gnostic Treatise* (1933), p. 26–36 に見出される「光の父」にたいする原人の祈りなどがこれと比較できよう.

73. かかる新造語はたとえば,「崇高」のアラム語化した表現 *sihajon* とか, 同じ意味の表現 *siggub* などの語がそうである.

74. Baer 版ヘブライ語の祈禱書 ʿ*abodath Jisrael*, p. 547–552 の全文を参照されたい.

75. Baer に引用されている *Kethab tamim* [完全なる資料] の断片における Moses Taku のばあいがそうである.

76. *Beth Ha-Midrasch*, vol. III, p. 161–163. Jewish Theological Seminary (New York) の写本 828 ではこの作は『大ヘハロース』の本文に編入されている.

77. これは聖書の詩句ではなく, 見受けるところメルカーバー神秘家のサークルで形づくられ, しばしば彼らの著作に見出されるきまり文句である.

78. Jellinek, *Beth Ha-Midrasch*, vol. II, 45 と Odeberg, 3. *Enoch*, 第 48 章, p. 155 の, 天の会堂に関するトラクト (*massecheth hechaloth*), §7. 955 はヘブライ語 *haschamajim* [天] の数値であるが, その際ヘブライ文字メム (m) の末尾形は数値 600 を表す. 390天という別の説は *schamajim* の通常の計算による数値に基づいているが, これはヘハロース文学や後のアッガーダーに広く流布している.

79.『大ヘハロース』第 18 章, §4 と第 21 章, §3 を参照のこと.

80.『小ヘハロース』, Ms. Oxford 1531, Bl. 45 b.

81. この表現はしばしば「高さの尺度」と訳されている. そのばあい *koma* というヘブライ語が聖書の言語使用の意味で「高さ」とか「身長」とか理解されているのだが, これは誤りである. *koma* という語はアラム語の呪文書では単に「身体」を意味しており, ここでもその意味で使用されているのである.

82. Salmon ben Jeruchim, *milchamoth*ʾ*adonaj* [主の戦い], ed. Davidson (1930), p. 114–124 を参照のこと. この主題に関するマイモニデースの憤りの書簡が彼の応答集 (Freimann 編) 343ページにある. また ʾ*ozar nechmad* [素晴しい宝庫], vol. III, p. 63に印刷されている Moses Taku, *kethab tamim* を参照されたい.

83. *schi'ur koma* の説明には次のものがある. (1) *Merkaba schelema*, Bl. 30 a–33 b. (2) Rasiel 書, Amsterdam (1701), Bl. 37 a–38 b, ならびに多くの異解がある *Merkaba schelema*, Bl. 34 a–40 a. (3) *sefer ha-koma* [身体の書] という表題で12章ある Ms. Oxford 1791, Bl. 58–71. カイロのゲニザ断片のうち, オックスフォードにはさらに *schi'ur koma* の第二の説明の大部分が, 非常に重要な異解を保有している11世紀の写本で存在する. *schi'ur koma* の断片は『ラビ・アキバのアルファベット』や他のメルカーバー文学の著作にもちらほら伝えられている.

84. このきまり文句はバビロニアのタルムード *Nidda* [月経中の女] にある最後のトラクトの結びの句を模倣したものであるが, そこではこう言われている.「日々ハーラーハーを学ぶ者は誰しも己れが未来世界にたずさわっていることを信じて疑わない.」

85. *Kusari* [ハザル人] の書 IV, 3 の Juda Halevi も *schi'ur koma* を擁護しているが, そのわけは「それが神の崇高さにたいする感覚を人間に教えるからである.」

86. 詩篇 145, 5 の詩句 *gadol 'adonenu we-rab koach* [我等が主は偉大にして, 力は大] は終りの 2 語 (*we-rab koach*) がその数値によって考えられたために, あたかも「我等が主の大きさは 236 なり」という意味であるかのように解釈された.

87. *Merkaba schelema*, Bl. 38 a.

88. Ibid., Bl. 37 a.

89. Kropp, *Einleitung in die koptischen Zaubertexte* (1930), p. 41 を参照されたい. 一種のシウール・コーマー神秘主義は Charlotte Baynes が英訳したコプト語のグノーシス・トラクトにも保存されている. 42ページの「彼の頭髪の数は隠れた世界の数に相応する」等々.

90. M. Gaster, *Das Schiur Koma*, 著作集 Studies and Texts, vol. II, p. 1330–1353, 特に p. 1344. Gaster は個々の多くの点では誤りがあるけれども, シウール・コーマーの真にグノーシス的な連関を正しく認識した最初の人である.

91. 「真理の身体」についての思索とマルコの体系における原人表象のあいだの連関が目につく.

92. Ms. Oxford 1531, Bl. 40 b.

93. それゆえ, 二, 三の本文も直接こう読んでいる.「聖なる者——彼にほまれあれ——の栄光を知る者は被造物に隠された栄光を知る.」また *Genesis Rabba*, ed. Theodor, p. 775 の *schebach* が同じく「栄光」を意味していることも参照されたい.

94. ヘブライ文字ヘースにたいする『ラビ・アキバのアルファベット』(*guf ha-schechina* [シェキーナーの本質]). また Abraham ben Asriel, *'aruggath ha-bossem* [香料の床], ed. Urbach (1939), p. 127 を参照のこと.

95. MGWJ, vol. VIII, p. 115 ff. また同様に彼の『ユダヤ人の歴史』*Geschichte der Juden*.

96. *Schahrastanis Religionspartheien und Philosophen-Schulen*, Haarbrücker 訳 vol. I (1850), p. 116 の, *Muschabbiha* の学派に関する彼の報告.

97. Ph. Bloch, *Geschichte der Entwicklung der Kabbala kurz zusammengefaßt* (1894), p. 17.

98. *3. Enoch*, ed. Odeberg, 第 7 章.

99. Ibid., 第 15 章.

100. Ms. Oxford 1531, Bl. 137–145; 1539, Bl. 1–21; New York, JTS, Ms. Maggs 419, Bl. 66–70; Vatikan 228, Bl. 93–103（最も良い手稿）．これらにはエチオピアのエノク書の理念も再見される．すなわち，(1)堕天使 ʿ*Asa* と ʿ*Asael* が神の秘密を人間に洩らしたこと，(2)彼らがここで「暗黒の山」とよばれているタルタスへ墜落したこと．

101. 一針縫うごとに上界と下界とを結びつけたといわれる靴屋エノク——神秘主義的なヤーコプ・ベーメのような人間——に関する中世後期の気まぐれな伝説の出所は古い文献のなかには見つからなかった．立証しうるその最も古い出所は，カバリスト・アッコーのイサアク（1300年頃）に彼のドイツ出身の教師のひとりユダ・アシュケナージによって伝えられた本文である．この伝説が，ドイツのハッシーディームのサークルで発生し，後に多くのカバリストたちによって利用されたものであることは疑いない．《Eranos Jahrbuch》1950, vol. XIX, p. 142–143 の私の詳論を参照されたい．

102. メータトローンとヤーホーエルの同一性を推測したと思われる最初の人は Box（アブラハム黙示録英語訳のための彼の手引き）であった．彼はこの黙示録に関する論説 EJ, vol. I, Sp. 553 の著者よりも深く洞察している．

103. Odeberg 版第48章（ならびにその注 174ページ）で言及されているそのようなメータトローンの名の一覧表の他に，さらに Abraham Chamoj, *Beth din*［裁きの家］(Livorno 1858), Bl. 196–201 の巻末にある説明も参照せねばならない．

104. *Sanhedrin* 38, *Chagiga* 15 a, ʿ*Aboda sara* 3 b.

105. Odeberg は 3. *Enoch* の手引き189ページで，有名なコプト語のグノーシスの作品 *Pistis Sophia* における「小ヤーオ」へのグノーシス的言及を分析している．

106. 古い神秘主義の本文から Odeberg p. 33 に引用されている例をさらに増やすことは容易であろう．この連関でことに興味深く思われるのは，Bidez et Cumont, *Les Mages hellénisés*, vol. II, p. 115 に見出される，8世紀のシリアのキリスト教の本文からの引用である．この引用文は呪詛の形式で「ʾ*adonaj katan*［小さな主］，ʾ*adonaj gadol*［大きな主］の軍団の総帥，ユダヤ人の忌わしい残虐な偶像」に触れている．ʾ*adonaj* という語の完全書法すらメータトローンの名に関するユダヤの文献の或る箇所に繰り返し現れる．さらに Jacob Mann, *Texts and Studies in Jewish History*, vol. II, p. 85, 88, ならびに Masʿudi からの Grünbaum の引用 ZDMG, vol. XXX, p. 272 を参照されたい．

107. ユダヤ真教徒の作家 Kirkisani は10世紀初頭に，タルムードにはメータトローンが「小 JHWH」であることが語られている，と主張している．*Sanhedrin* 38 を意図していることは疑いないが，「小 JHWH」という呼び方が異教徒とのかかわり合いのために故意にタルムードの写本から遠ざけられた可能性は大いにありそうだ．

108. Ms. Britisches Museum, Margoliouth Nr. 752, Bl. 45 b.

109.「メータトローン」という語の起源に関する Odeberg, *3. Enoch* の手引き p. 125–142, ならびに Louis Ginzberg, *Legends of the Jews*, vol. V, p. 162 を参照されたい．これらの著者によって述べられた説明は私にはまったく受け容れがたいように思われる．

110.『大ヘハロース』第22章，ならびに Odeberg の第三エノク書注解第17章59ページを参照されたい．

111. *Beth Ha-Midrasch*, vol. II, p. 40–47 の *Massechet hechaloth*［ヘハロース論］, ed. Jellinek.

112. *Midrasch Mischle*, ed. Buber, Bl. 34 a ff. 私はアスリエルのタルムードのアッガーダーの注解に見出される引用の異解に従って数箇所訳を修正した（Jesaja Tishby版, *Jerusalem*, 1945, p. 62 参照），また『大ヘハロース』第13章における，この神秘主義の対象の列挙を参照されたい.

113. Carl Schmidt ドイツ語訳（1925年）の *Pistis Sophia*, 第139章. ギリシャ語の術語は Katapetasmata であるが，ヘブライ語の本文は *pargod*［幕］とか，*pargod schel makom*［実体の幕］について語っている.

114. *3. Enoch*, 第45章, *Das Alphabet des Rabbi Akiba*, ed. Wertheimer, p. 50, *Jalkut Schimoni*［シメオンの編纂］, §173 における *Midrasch ʾabkir* の引用，さらに *Jebamoth* 63 b と *Baba Metzia*［中門］59 a の Raschi を参照のこと.

115. このような黙示録はたとえば『大ヘハロース』の第4-6章，ならびに Ms. New York JThS 828 の『大ヘハロース』の本文第6-9章にその大部分が編入されている New York JThS, Ms. Enelow Memorial Collection 704（Parma 541, Nr. 21 と Oxford 2257 にも）の，*pirke rabbi jischmael* ともいわれている「終末の算定」などである. さらにゼルバベル像が中心になっている全著作と，いわゆる Simon ben Jochai の黙示録や類似の著作もこの範疇の文献に属する.

116. 『大ヘハロース』第16章.

117. *Midrasch Tanchuma*, ed. Buber, vol. V, p. 31.

118. Ginzberg, *Legends of the Jews*, vol. VI, p. 438 に述べられた *Halochoth Gedoloth*［大ハーラーハー］, ed. Hildesheimer, p. 223 のミドラーシュ，ならびに雅歌 1, 2 の Raschi の注解を参照のこと. 「トーラーの根拠」に関してはさらに *Pessachim*［過越祭（の食事）］119 a, *Sanhedrin* 21 b, *Schabbath*［安息日］120 a を参照されたい.

119. N. Glatzer の貴重な貢献 *Untersuchungen zur Geschichtslehre der Tannaiten* (Berlin 1932) を参照されたい.

120. *Baraitha de-maʿasse bereschith* の種々の異説や断片は次のものにある. (1) Rasiel 書（1701），Bl. 35 a–36 b. (2) *Seder rabba de-bereschith*［創造の大秩序］という表題で Wertheimer 編の *Batte midraschoth*［研究の家］, vol. I, p. 1–31. (3) Chrone, *Rab pealim*［偉大な行為者］(1894) の補遺 p. 47–50. (4) Louis Ginzberg, *Geniza Studies in Memory of S. Schechter*, vol. I, p. 182–187.

121. Mischna *Chagiga* II, 1 と *die Excerpta ex Theodoto des Clemens von Alexandria*, ed. Casey (1934), §78 を参照こと.

122. *Chagiga* 12 b.

123. *ʾAboth de-Rabbi Nathan*, 第37章.

124. EJ, vol. III, Sp. 969–979 の拙稿を参照されたい. 私は1923年にこの本文の注解付きドイツ語訳を刊行した. ヘブライ語の本文の新版は R. Margalioth がエルサレム (1952) で編集している.

125. 本文について述べた最も初期のものはユダヤ真教徒の作家 Daniel Alkumsi に見られる. Jacob Mann, *Texts and Studies in Jewish History*, vol. II, p. 76–79 参照.

126. 私はドイツのハッシーディームの著作に保存されている，そこで *sefer sod hagadol*［偉大なるものの秘密の書］とよばれている作品 *Rasa rabba* の断片を，カバラ

ーの始まりに関するヘブライ語の拙著 *reschith ha-kabbala*［カバラーの起源］, Jerusalem (1948), p. 195–238 で詳論した. ここには関係本文もすべて報告されている.

127. EJ の拙論 *Jezira* を参照されたい. そこにはこの書に関する広範な文献の解題も付されている. あまたあるヨーロッパ語訳は, この書の不可解な文体からして不思議なことではないが, どれも多かれ少なかれ空想的である.

128. Leo Baeck はイェツィーラー書が, ちょうど偽ディオニュソスのアレオパギタの著作がキリスト教的改作であるように, 新プラトン主義者 Proclus の特定の基本理念のユダヤ的摂取であることを立証しようとした. MGWJ, vol. 70 (1926), p. 371–376, vol. 78 (1934), p. 448–455 参照. このテーゼには魅力的な点があるが, 彼の説明は納得しがたいように思われる. イェツィーラー書と初期イスラムのグノーシスとのあいだにある若干の非常に注目すべき類似点は Paul Kraus, *Jabir ibn Hayyan* (Kairo 1942), vol. II, p. 266–268 で浮彫りにされている.

129. このような言い回しとはたとえば *sefiroth belima* とか *gebulle ʾalachson* であるが, これらは正しいヘブライ語では何の意味もない. *ʿomek*「深み」という語を「原理」の意味で使用するのもこれに属する. *ʾothioth jessod* という言い回しは「元素」と「文字」とを意味するギリシャ語 *stoicheia* の二重の意味にならって形成されたものと思われる.

130. 古代ラビのアッガッダーの数箇所で創造とトーラーの文字との関連が強調されているが, そこでもこの関連は人間の魔術力と関係がある. *Berachoth* 55 a, *Sanhedrin* 65 b, *Aboth de-Rabbi Nathan*, 第 39 章 (p. 116, ed. Schechter), *Midrasch Tehillim*［詩篇注解］, ed. Buber, 17 a を参照のこと. イェツィーラー書は文字とその組合せを宇宙的諸力とみなしている――これは語や名前の魔術的利用のすべてに見られる根本的な仮説である. これについてはさらに拙論 *Magische und tellurische Elemente in der Vorstellung vom Golem*, 《Eranos-Jahrbuch》, vol. XXII (1953), p. 235 ff. を参照されたい.

131. 「名を着る」というヘブライ語の言い回しは, いわゆるサロモの頌歌 39, 7 におけるシリア語の表現形式「最高者の名を着なさい」に一致する. ローマ人への手紙13, 14のパウロの語法も似ている. 「あなたがたは主イエス・キリストを着なさい.」この語法はヘブライ語の聖書における, 動詞 *labasch*「着る」の同じ用法をはるかにしのぐものである.

132. 拙論 *Tradition und Neuschöpfung im Ritus der Kabbalisten*, 《Eranos Jahrbuch》 vol. XIX (1951), p. 149–150 に述べられているこの儀式の叙述を参照されたい.

133. たとえば『大ヘハロース』第27–30章, ならびに Ms. Oxford 1531 の, 同一サークルから出た幾つかの非常に価値ある作品を参照されたい.

134. *Charba de Mosche*［モーゼの剣］は Gaster によって1896年に出版されている. この種の他の本文はなお写本で保存されている. たとえば *Jaschar*［義しい人］の書, ラビ・アキバの *Habdala* (注100参照), ラビ・ハムナ・サバの祈り,『最初の人間に授けられた位階の書』, トーラーと詩篇の魔術的使用に関する書など. この最後のテクスト, 詩篇占い, については Joshua Trachtenberg, *Jewish Magic and Superstition* (1939), p. 108–113 を参照されたい.『*Schimmusch tehillim*［詩篇の用法］, 詩篇の魔

術的使用について』の完全なドイツ語訳は Gottfried Selig がベルリンで公刊している(1788年).

135. *Pessikta Rabbati.* ed. Friedmann, Bl. 185 a の一節に関する Aptowitzer の評論 (《Hebrew Union College Annual》, vol. VIII/IX p. 397) を参照されたい.

136. Ms. Oxford 1531, Bl. 52 a.

137. Josef Stoffels, *Die Mystische Theologie Makarius des Ägypters* (1908), p. 79. スペインのカバラーでも時折魂は神の玉座と理解されている. *Tikkune Sohar* [ゾーハル校訂] (Mantua 1558), Bl. 3 b 参照.「幸いなるかな, 己れの魂を完成せし者は, JHWH の名がそこに宿り, それを JHWH の名の玉座となすからなり.」

138. *Midrasch Genesis Rabba,* ed. Theodor, p. 475, 793, 983.

第三章 中世におけるドイツのハシディズム

1. 《Hagoren》 IV ((1903), p. 81–101 の, *Samuel he-chassid* に関する A. Epstein のヘブライ語の論文を参照のこと.

2. 次の書を参照されたい. M. Güdemann, *Geschichte des Erziehungswesens und der Cultur der Juden im Mittelalter,* vol. I (1880), p. 153 ff. Jekutiel Kamelhar, *sefer chassidim ha-rischonim* [昔のハッシーディームの書] (1917). J. Freimann, *Einleitung zum sefer chassidim,* パルマ写本の本文の1924年新版. 敬虔者ユダに関する多くの興味ある新しい報告は, ヘブライ語で書かれた Victor Aptowitzer の *Sefer Rabiah* [ラビアフ (ヴォルムスの ラビ・ベン・ユダ・ハロ ケ ーアフ) の書] 入門 (1938), 343–350 ページにもある.

3. 彼については前注に述べられた文献の他に, 遺憾ながら原典批判のない Israel Kamelhar 著のモノグラフィー, *Rabbenu Eleasar mi-garmisa* [我等がラビ, ヴォルムスのエレアーザール] (1930) もある. エレアーザールの没年については Aptowitzer, p. 317 を参照されたい.

4. Brüll, 《Jahrbücher für jüdische Geschichte》, vol. IX, p. 23 を参照のこと. Kamelhar (p. 54) は, この「伝承」をつたえる Rabbi Senior はシュパイヤーのユダの同時代人であったと推測している.

5. これらの伝説には三つの異説がある. (1) Brüll が彼の年鑑 vol. IX (1899), p. 20–25 にヘブライ語で書いたもの. (2) アムステルダム版で, 1696年にイディッシュ語で印刷されたヴォルムス出の Juspa Schammasch の *maʿasse nissim* [不思議な出来事]. これはヴォルムスの地方的伝統を描いている. (3) 15, 16 世紀に遡るイディッシュ語の集大成 Maʿasse-Buch, Basel (1602), Nr. 158–182. マアッセ書の英訳は Moses Gaster によって 1934 年に公刊された. さらに Meitlis 著の モノグラフィー, *Das Maʿasse-Buch* (1933) を参照されたい.

6. *sefer chassidim* は二つの異本で存在する. ひとつは16世紀以来たびたび印刷されている比較的短いもので, もうひとつは J. Wistinetzki が1891年にパルマ写本から公刊したはるかに詳細なものである. 以下の引用はすべてこの後者の編集に拠っており, ヘブライ語の本文のパラグラフの数字を挙げてある.

7. *sefer chassidim* の宗教的社会的傾向に関する F. Bauer の論文は 《Zion》, vol. III (1938), p. 1–50 にヘブライ語で発表されている.

8. この問題はまず Güdemann によって上掲の著作で提起された．彼は第1巻の第5-7章を *sefer chassidim* に捧げている．

9. Güdemann, p. 158.

10. 第二章注2を参照．

11. A. Neubauer 刊, *Mediaeval Jewish Chronicles*, vol. II, p. 111–132. Benjamin Klar によるオーリア出の *Achima'az* の年代記の原典批判版はエルサレムで1945年に出版された．

12. *Sefer chakmoni* [賢者の書], ed. David. Castelli, Florenz (1880). Donnolo についてはさらに Cassuto の論文（EJ, vol. V 所収）を参照されたい．

13. これまでに *'aruggath ha-bossem* の2巻が Efrajim Urbach の編集によってエルサレムで刊行されている．この作品は *sefer chassidim* と並んでこのサークルの文献のこの上なく貴重な宝庫のひとつである．

14. Alexander Marx, *ha-zofeh*, vol. V, p. 195 参照．

15. フルダの州立図書館所蔵の写本．Weinberg, 《Jahrbuch der Jüdisch-Literarischen Gesellschaft》, vol. XX, p. 283–284 参照．

16. 《Tarbiz》, vol. II, p. 244, 514 の私の報告，ならびに Simcha Assaf, 《Zion》, vol. V, p. 117, 124 を参照されたい．Assaf が上記の記録に引用されている「預言者」をモンコントゥールのエスラーと同一人物と見たのは疑いなく正しかった．

17. すでに引用した Güdemann の著作第7章を参照．これらの要素をさらに詳しく分析しようという新たな試みは Joshua Trachtenberg, *Jewish Magic and Superstition* (New York 1939) で企てられた．この書の資料は主としてドイツのハッシーディーム自身の文学やその影響下にあった著作から集められている．

18. Eleasars *chochmath ha-nefesch* [魂の智], Lemberg (1876), Bl. 14c, 17c, 18a, 20c.

19. Josef ben Usiel の *baraitha* と彼の作とされる祈禱は A. Epstein によって *ha-choker* [研究者], vol. II (1894), p. 41–48 に報告されている．

20. 次のものを参照されたい．A. Epstein, MGWJ, vol. 37 (1893), p. 75–78. サアドヤーを「ことのほか秘義に長じた人」とよんだヴォルムスのエレアーザールの一節を引用している N. Wieder, *Saadya Studies*, ed. Rosenthal (Manchester 1943) p. 256.

21. Alexander Marx, *ha-zofeh*, vol. V, p. 198 参照．ラビ・サムエルの神秘主義的論文は Hs. Adler 1161, JThS, Bl. 27 a, ならびに Ms. Oxford, Neubauer 1816, Bl. 102 b に保存されている．

22. *Sefer chassidim* § 212, ならびにそこの Wistinetzki の注．しかしこの作品の § 630 には実際にメシアの到来に関するハイ・ガーオーンの応答が含まれている．

23. 中世におけるドイツのハシディズムに関する Simchoni の重要な論文 *ha-chassiduth ha-aschkenasith bime ha-benajim* [中世におけるアシュケナージのハシディズム] はワルシャワの週刊誌《*ha-zefirah*》[夜明け] (1917) に長期連載された．特にパラグラフ 10–14 が重要である．

24. *Sefer chassidim* § 359.

25. §§ 331, 335, 424, 555, 591, 879——この目録は随意にふやすことができよう——

を参照．心理学に関するエレアーザールの著作はこのような終末論的資料に溢れている．

26. 特に彼の心理学 *chochmath ha-nefesch* を参照．

27. *Sefer chassidim*, §1056.

28. *ha-zofeh*, vol. V, p. 194-202 の Alexander Marx, *maʾamarʿal schnath ha-geʾula*［救済の年についての論］を参照されたい．

29. *Chochmath ha-nefesch*, Bl. 3c. ここには唯一性の神秘が創造の神秘やメルカーバーの神秘と並んで述べられている．エレアーザールはこうも言う．「いいかね，魂の学問の秘密に通じている者は神の唯一性の秘密にも通じているのだ．」(ibid. 3d)

30. 第二章の注118，ならびに *sefer chassidim* §1447, Rasiel 書 (1701), Bl. 7b のうちヴォルムスのエレアーザールの作 *sode rasaja*［ラーザーヤーの秘密］に属する部分，を参照されたい．そこには神秘主義が従事する「三つの秘密」のひとつとして戒律の秘密が挙げられている．

31. ドイツのハシディズムの文献の少なくとも半分はそのような聖書釈義に捧げられているといって差し支えない．

32. *Sefer chochmath ha-nefesch*, Bl. 24d. エレアーザールは「世代」(つまり歴史)を表すヘブライ語と「棘と薊」を表す語の数値が等しいことを利用している．*sefer chassidim*, §1049 参照．

33. Güdemann, p. 175.

34. この伝説はハーシードの要素とカバリストの要素を結合した14世紀の作者 Avigdor Kara がプラハで著した詩篇150についての神秘主義的注解の写本から Naftali Bachrach が *ʿemek ha-melech* (Amsterdam 1648)，序文の Bl. 15a に引用している．

35. L. Gulkowitsch, *Die Bildung des Begriffs 《Chassid》*, vol. I (Tartu 1935) を参照のこと．だが，ここではもっぱらこの概念のタルムード的語法が詳しく述べられている．さらに *sefer chassidim*, §975 にたいする Wistinetzki の注を参照されたい．

36 ハッシードゥースの概念の以下の分析の主要部分は注7に掲げた Baer の論文の刊行以前に書かれた．出発点はいろいろだが，多くの点でわれわれは同じ結論に達している．私は幾つかの本質的な点ではシムホニーと一致していないが，それでも多分に彼の分析に負うている．

37. Menachem Zijoni が (14世紀末頃書かれた) 彼の神秘主義的なトーラー注解 (ed. Cremona 1560, Bl. 20c) で引用しているエレアーザールの著作の或る箇所にこういわれている．

38. Kamelhar (1936) によって *Sode rasaja* という誤った表題で公刊された *hilchoth ha-kabod*［栄光の律法］p. 39 におけるヴォルムスのエレアーザール．

39. *Sefer chassidim*, §861, 984, 986.

40. Ibid., §978-980.

41. Ibid., §975. §860 で報告されている逸話も参照のこと．ハシディズムのこれらの特徴と古いパレスチナの運動 *ʾabele zijon*「失われしシオンを悲しむ者ら」の特徴とのあいだになんらかの関係が存在する可能性は大いにある．*Pessikta Rabbati*［大ペシクタ］，第34章にもこの運動の信奉者たちについて同様の叙述が見られる．

42. Ibid., §976.

43. Ibid., §119.

44. Ibid., §977.

45. Ibid., §§987, 1979.

46. Wistinetzki が §975 の注で引用している箇所を参照のこと.

47. この問題における私の立場は注7に掲げた著作の第4章における Baer の立場と同じである. これにたいして Urbach が彼の編著 ʿ*Aruggath ha-bossem* (1939), vol. I の序文で唱えた異議は私を納得させるには至らなかった.

48. Güdemann, op. cit., p. 154 参照.

49. Baer, loc. cit., p. 34. *Sefer chassidim*, §1005.

50. Baer, p. 12.

51. この見解はシムホニーのエッセイに負うている. Aptwitzer はユダがヘブライ語の本も書いたと主張しているが, この主張にたいする彼の論拠はかなり薄弱である. パリ写本にある家畜屠殺の規定に関する8ページはまだ本の体裁をなしてはおらず, 加えてそれが何か新しいハーラーハー的内容を含んでいることを証するものは何もない.

52. この『ハッシードゥースに関するハーラーハー』とそれに続く『贖罪のハーラーハー』はしばしば別刷りされた.

53. *Sefer Rasiel* (ed. 1701), Bl. 7 b, 9 a 参照.

54. 『ハッシードゥースに関するハーラーハー』の「愛の原理」と題するパラグラフにおけるヴォルムスのエレアーザール.

55. Güdemann, p. 160 に引用された箇所を参照のこと.

56. *Sefer ʾemunoth we deʿoth* [信仰と意見の書] X, 4. 神とイスラエルのあいだの愛にたいするこのようなエロチックな象徴的表現はすでにバビロニアのタルムード *Joma* [贖罪日] 54 a の有名な箇所に現れている.

57. ハーシードの作品 *kether schem tob* [名声の冠] のうちから, Rodkinsohn のヘブライ語の『バアーレ・シェームの歴史』(Königsberg 1876), p. 96 を参照されたい. だが, Podgorze で 1898年に刊行された版ではこの箇所 (Bl. 6 b) はずっと簡潔になっている.

58. ヴォルムスのエレアーザールの *Sode rasaja* のうちから *Sefer Rasiel*, Bl. 8 b, ならびに *Sefer chassidim*, §984 を参照されたい.

59. ヘブライ語の本文は A. Jellinek, *Beiträge zur Geschichte der Kabbala*, Heft II, p. 45 に載っている. 彼はしかしこのスーフィ教から出た逸話の核心がすでに Bachja ibn Pakuda によって語られていることに気づかなかった. *Herzenspflichten*, ed. Stern (1854), Bl. 74a/b, 第5章 を参照されたい. 平静心とは「滅却」しようとする人間の真の美徳であるという定義は同様にマイスター・エックハルトも行っている. *Sermones* [説教集], ed. Benz (1937), p. 69.

60. Ms. Vatikan 266, Bl. 73 b. Ibn Tibbon によって受け継がれたサアドヤーの作品の翻訳 (ed. Leipzig, p. 88) では, 古い釈義の写本のようにハーシードについて語られるのではなく, (神の)「しもべ」について語られているために, 主眼点がはっきりしていない.

61. マイモニデースのミシュナーへの注解, トラクト *Aboth*, 第V章, 7.

62. Baer, loc. cit., p. 7 参照.

63. *Sefer chassidim*, §80. 娼家のハーシードというモチーフはすでに *Aboth de-*

Rabbi Nathan, ed. Schechter, Bl. 19 a にもある.

64. これらの地域の13, 14世紀のユダヤの魔術の本文にはどれにもすでにハーシード・ユダを魔術の名人とする言及がたくさんある. この彼の魔術力に関するいわゆるナハマニデースの引用は Naftali Bacharach, *ʿEmek ha-melech*, Bl. 142 a を見られたい.

65. 拙論 *Golem*, EJ, vol. VII, Sp. 501-507, およびこの思想範囲全体の私の詳述と分析 (《Eranos Jahrbuch》, vol. XXII, p. 235-289) を参照されたい. 私の見解は Beate Rosenfeld, *Die Golemsage* (1934), p. 1-35 にも受け継がれ, 敷衍されている.

66. たとえば München 81, 大英博物館 737 などの写本に見られるエレアーザールの浩瀚な作品 *Sode rasaja*. この書の第一部は部分的に Rasiel 書 (Amsterdam 1701), Bl. 7 b-24 a に収められている.

67. 詳しくはゴーレム思想に関する上掲の拙論 (《Eranos Jahrbuch》, vol. XXII) を参照されたい.

68. 「およそ300年前」の原稿から翻訳したと称する Chajim Bloch, *Der Prager Golem* (1919). 実際にはブロッホの扱ったヘブライ語の書は1908年頃にユダ・ローゼンベルクなる人物によって書かれたもので, 古い伝説ではなく近代の文学を含んでいる.

69. *Turʾorach chajim* [人生の一条の道], §113. 著者はこれを兄 Jechiel の名で引用している.

70. ゲマトリアとその方法については S. A. Horodezky, EJ, vol. VII, Sp. 170-179 を参照のこと.

71. ヴォルムスのエレアーザールの神秘主義的な祈禱注解はなおいろいろな写本で存在している. たとえば, Paris, Bibliothèque Nationale 772. この書のかなりの部分は, Naftali Treves の印刷されたカバリスト的祈禱書注解 (Thiengen 1560) に引用のかたちで見出される. この作品はハーシードの祈禱神秘主義の真の宝庫である. われわれは他にもこの主題に関するハーシードの著作を非常にたくさん所有している.

72. Güdemann, op. cit., p. 160. 梯子の比喩は Naftali Treves にも神秘主義的なカッヴァーナーの理論と結びついて引用されている.

73. Gross, MGWJ, vol. 49 (1905), p. 692-700 参照.

74. *Ozar nechmad* III (1860), p. 84 に印刷されている *Kethab tamim*.

75. この天与の夢のお告げはたびたび印刷されている (Krakau 1895, Aaron Marcus の注解付き). さらに Steinschneider, *Hebräische Bibliographie*, vol. XIV (1874), p. 122-124 を参照されたい.

76. 夢想問のこの処方箋は Abraham Chamoj の特殊な本 *Lidrosch Elohim* [神を求めて] (Livorno 1879) にたくさん集められている.

77. ヴォルムスのエレアーザールのメルカーバーの注解 Ms. Paris, Bibliothèque Nationale 850, Bl. 47 b. 現在エルサレムのヘブライ大学にある魔術に関する古い写本のなかに私は「シュパイヤーのラビ・サムエルが天に昇ったときに聞いた詩句」も発見した.

78. H. Tykocinski, *Die gaonäischen Verordnungen* (1929), p. 100, 174 参照.

79. Baer の論文18ページとそこで引用された文献を参照されたい.

80. *Berachoth* 56 a, *Rosch ha-schana* [新年] 16 b, *Sanhedrin* 37 b 参照. 中世の作者の多くはこの贖罪の形式を非ユダヤ的と見ていた. たとえばヤコブ・アナトリがそう

である．トレドの Israel al-Nakawa 著 *menorath ha-ma'or* [光の燭台]，Enelow 版，vol. III, p. 116 の Enelow の注を参照．

81. *Sefer chassidim*, §37–53, ならびにヴォルムスのエレアーザールの贖罪に関するハーラーハーを参照されたい．さらに上記の *menorath ha-ma'or*, ed. Enelow, vol. III, p. 113–119.

82. *Sefer chassidim*, §1556.

83. Sefer Me'irath ʿEnajim [眼の呪いの書]，Ms. München 17, Bl. 163 a.

84. Jacob Weil の *Responsa*, Nr. 12; Israel Bruna の *Responsa*, Nr. 265.

85. 特に二つの写本 British Museum 752 と New York, Adler 1161 に，ハーシードとカバリストの神学が交叉し混じり合っている多くの貴重なトラクトがなお残されている．それらは多く13世紀と14世紀のものである．

86. 特にハッシーディームの著作に天使学に関する新しい資料がふんだんにある．

87. *Sefer Rasiel* (1701), Bl. 8 b.

88. *Sefer chassidim*, §549 参照．これと Bachja ben Ascher の著作 *Kad ha-kemach* [粉の器] 中の該当する文句とを，*'Emuna* [信仰] と *Haschgacha* [摂理] を検索語にして比較されたい．

89. *Kochbe Jizchak* [イサクの星]，Heft 27 (1862), p. 9 に印刷されている Eleasar, *schaʿare ha-sod* [秘密の章] を参照されたい．また彼の *sode rasaja*, ed. Kamelhar, p. 37も参照のこと．

90. およそどのユダヤの祈禱書にもある合一の歌については S. Baer, *ʿabodath Jisrael*, p. 133 ff., および Abraham Berliner, *Der Einheitsgesang* (1910) を参照されたい．本文に引用された箇所はこの形で Moses Taku, *Kethab tamin* (*'Ozar Nechmad*, vol. III, p. 81 を見よ) にある．すでに13世紀のメルカーバー神秘主義の作品 Ms. Milano, Ambrosiana 57, Bl. 19 a/bが この讃歌に関する敬虔者ユダの注解を引用している．

91. *De Divisione Naturae*, Buch V, 8 (Patrol. Latina, vol. 122, p. 876).「もし唯一の神以外に何者も存在しないならば，神はすべての者にあってすべてとなられるだろう．」コリント人への第一の手紙15，28 参照．

92. Bloch, MGWJ, vol. 19 (1870), p. 451–454. Zunz, *Gesammelte Schriften*, vol. III, p. 233 ff. Berliner, op. cit.

93. Ms. British Museum 752, Bl. 78 b. 神は「眼そのものである」というクセノファネスの有名な言葉がどのようにしてハーシードの著作家に知られるようになったのか，私は知らない．

94. Saadya, *Commentaire sur le Sefer Yesira*, publié et traduit par M. Lambert (1891), p. 19 ff., および Halberstamm 編，Jehuda ben Brazilai のイェツィーラー書への注解，p. 340.

95. *Ozar Nechmad* III, p. 82.

96. Berliner, op. cit., p. 8, 14.

97. この説明はセフィロースに関する非常に興味深い注解 Ms. British Museum 752, Bl. 41 a に見られる．著者は解釈者についての説明の終りで慎重に言う．「思慮のある人にはわかるだろう」と．つまり，彼には自分の主張の意味が明らかにはっきりわかっ

ていたのである.

98. C. Siegfried, *Philo von Alexandria als Ausleger des Alten Testaments* (1875), p. 223.

99. エレアーザールの神智学の本源は上述のハーシードの著作の他に二つのトラクト, Jellinek によって *Kochbe-Jizchak*, Heft 27 (1862), p. 7–15 に印刷された *schaʿare ha-sod we-ha-jichud we-ha-ʾemuna* [秘密と（神の）唯一性と信仰の章] と, 種々の写本, たとえば München 285 などに見られる *ʿesser hawwajoth* [10の存在] である.

100. Aptowitzer, *Sefer Rabiʾah* の入門, 345ページ参照. 彼は Epstein の論文 (*Ha-Choker* II, p. 38–40) の誤った解釈を訂正している. 神の栄光カーボードに関するサアドヤーの教義は近年 Alexander Altmann, *Saadya Studies*, ed. Rosenthal (1943), p. 4–25でより詳しく研究された. アルトマンは, サアドヤーのばあいこの表象はこの対象に関するメルカーバー神秘主義の比較的古い教義を合理化したものであって, イスラムの源泉から汲み取る必要はないことを示した.

101. Eleasar von Worms, *schaʿare ha-sod we-ha-jichud*, p. 9.

102. *Ozar Nechmad* III, p. 65 と, Jakob Freimann の *Sefer Chassidim* 入門 (1924), p. 15/16, 49–56 におけるこの書からの引用句集とを参照のこと.

103. この術語は *kabod penimi* [内的栄光] と *kabod ha-chizon* [外的栄光] である. エレアーザールの著作では三つの概念 *kabod* と *schechina* と *ruach ha-kodesch* の同一性がたびたび強調されている.

104. たとえばエレアーザールの *sode rasaja*, p. 6. シェキーナーとのこのような交わりは多くのタルムード教師にとってはまだ考えられないことのように思われたのであろう. バビロニアのタルムード *Ketubboth* [婚約], Bl. 111 b の「シェキーナーと繋がりをもつなんてことがいったい可能なのだろうか」という修辞的疑問を参照されたい.

105. Elesar von Worms, *schaʿare ha-sod we-ha-jichud*, p. 9.

106. *Sefer ha-chajim*, Ms. Parma Derossi 1390, Bl. 120 b.

107. 同手稿 Bl. 127 a.

108. *Sefer Rasiel*, Bl. 12 b.

109. *Schaʿare ha-sod we-ha-jichud.*

110. *Ozar Nechmad* III, p. 65 の *Sefer ha-kabod* からの引用.

111. *Sefer Chassidim*, §979.

112. *ʿaruggath ha-bossem*, ed. Urbach, p. 201 参照.

113. ヘハロースのトラクト第7章 (*Beth Ha-Midrasch* II, p. 45). しかしここではケルーブの玉座の上の顕現は述べられていない.

114. ケルーブのこの表象については, Epstein, *Ha-Choker* II, p. 38–39, 43/44 に集められた諸篇, ならびに Epstein の見落とした, Naftali Treves のカバリストの祈禱書 (Thiengen 1560) における引用を参照されたい. 私はこの表象に関する多くの資料を, New York, JThS の二つの手稿にあるロンドンの Elchanan ben Jakar のトラクトにも発見した.

115. *Donnolo*, ed. Castelli, p. 40. *chochmath ha-nefesch*, Bl. 7 b. *schaʿare ha-sod we-ha-jichud*, p. 13.

116. Eleasar von Worms, *schaʿare ha-sod we-ha-jichud*, p. 14.

117. Schreiner, REJ, vol, 29, p. 207 (Malik al-Sejdulani von Ramleh と Benjamin Nahawendi について). *Schahrastani*, Haarbrücker 訳, vol. I, p. 256. *Kirkisani*, Nemoy 英訳, HUCA VII, p. 386.

118. Poznanski, REJ, vol. 50 (1905), p. 10–31. Nemoy はこの重要な論説を看過しているようである.

119. Epstein, loc. cit.

120. 次の著作を参照されたい. *schaʿare ha-sod we-ha-jichud*, p. 14. Josef ben Usiel の *Barajtha*, *Ha-choker* II, p. 44 所収. Elchanan ben Jakar, *jessod ha-jessodoth* [基礎の基礎], Ms. JThS, New York, 838, Bl. 104 a.

121. *Ozar Nechmad*, vol. III, p. 80–81 参照.

122. これまで全く知られていなかったこの書の断片を私は Adler 1161, New York, Bl. 70 b/71 b と 72 b/73 a の写本に発見した. *Sefer schikod* [熱心であることの書] という不可解な表題はトラクト *ketubboth* 43 b 中のタルムード的な仄めかしから説明でき, 単純に『サムエルの書』という意味である. 本文に引用された箇所は Hs. Bl. 73 a にある.

123. この考えは *schaʿare ha-sod we-ha-jichud* p. 13–14 と前注に掲げた書の断片に述べられている.

124. *Baba Batra* [最後の扉] 25 a.

125. *Sode rasaja*, ed. Kamelhar, p. 32.

126. *schaʿare ha-sod we-ha-jichud*, p. 13 参照. また MGWJ, vol. 78 (1934), p. 495 を参照されたい.

127. Ms. Adler 1161, Bl. 71 b. 私の見る限り, これはユダヤ神秘主義の文献では神とシェキーナーの二元性に言及した最初のものである. この二元性は《Eranos Jahrbuch》, vol. 21 (1952) の拙論で論述したように, ミドラーシュの最も後期の発展段階に由来する.

128. Abraham Epstein の上記論文. *Ha-Choker*, vol. II 所収.

129. 拙論 *Reste neuplatonischer Spekulation bei den deutschen Chassidim*, MGWJ, vol. 75 (1931), p. 172–191 を参照されたい.

130. *Chochmath ha-nefesch*, Bl. 20 a/d. *ʿaruggath ha-bossem*, p. 39. *Sefer Chassidim*, § 1514.

131. 第2章の注114参照.

132. *Schaʿare ha-sod we-ha-jichud*, p. 14.

133. *Chochmath ha-nefesch*, Bl. 23 b.

134. Ibid., Bl. 29 c.

135. Ibid., Bl. 28 d.

136. *Sode rasaja*, p. 34.

137. *Chochmath ha-nefesch*, Bl. 20 d.

138. Ibid., Bl. 20 a.

第四章 アブラハム・アブーラーフィアと預言者的カバラー

1. *Eschel Abraham* (Fürth 1701).

2. 安息日派モルデカイ・アシュケナージの夢日記に関するヘブライ語の拙著（Jerusalem 1938）の第4章を参照されたい.

3. 最初に公刊されたのは1831年. この非常に興味深いトラクトの最良の版は *Likkute beʾurim*［注解集録］という表題で1868年にワルシャワで公刊されている.

4. Ms. British Museum 749, Bl. 10–28; Günzburg 691（以前の Coronel 129）.

5. ユダヤ教における神との交わりのイデーとそのカバラーにおける発展については拙論 *Devekuth or Communion with God*,《Review of Religion》, vol. XIV (1950), p. 115–139 を参照されたい. ユダヤの神学と神秘主義におけるこの概念の詳細な歴史はいまなお未解決の問題である.

6. ハーシードのアンソロジー *Leschon Chassidim*［ハッシーディームの言葉］(Lemberg 1876), Bl. 15 ff. と *Derech Chassidim*［ハッシーディームの道］(Lemberg 1876), Bl. 24 ff. の *communio*（交わり）に関する記事を参照のこと.

7. コレツのピンカスがこの概念をイディッシュ語ですこぶる啓発的にパラフレーズしている. 彼は「人間は神を信奉すべし」というヘブライ語の文をイディッシュ語で「彼は名前のなかへ入って行かねばならない」と訳している. 彼の *Likkute schoschannim*［薔薇集録］(1876), p. 14 参照.

8. 最初の公刊は1922年ベルリンにおいてである. Berthold Feiwel のすぐれたドイツ語訳は Schocken Bücherei (Berlin 1937) で出版されている.

9. 贖罪節に至聖所へ入る大司祭の体験の叙述はこのような忘我的な性格を具えている. Sohar III, 67 a と 102 a, *Sohar Chadasch*［新ゾーハル］(1855), Bl. 19 a と 21 a 参照.

10. 本書巻末の参考文献を参照されたい.

11. Jellinek, *Philosophie und Kabbala*, p. 23.

12. 私はアブーラーフィアの或る著作の写しを, 市販のためにではなく自分自身の神秘主義的研究のために作成した, 近年のエルサレムのカバリストを何人か知っている.

13. *Maʿarecheth ha-ʾelhhuth* への Juda Chajjat の注解書, *Minchath Jehuda*［ユダの贈り物］(Mantua 1558) の序言.

14. Moses Cordovero と Chajim Vital はたびたび彼をすぐれた権威として引用し, 彼より低位のカバリストたちを完全に無視している. 1555年頃に著作していたドイツのカバリスト, エリーエゼル・アイレンブルクは, アブーラーフィアの *ʾImre schefer*［美の言葉］を高い調子で語るあまり,「*ʾImre schefer* にたてつく者は馬鹿か異教徒である」とまで主張している (Ms. New York, JThS 891, Bl. 101 a).

15. マイモニデースがその浩瀚なハーラーハーの著作で述べている次のような言葉のあらゆるヴァリエーションをカバリストたちはよく引用した.「身体にパンと肉を十分に詰め込んだ者こそ, 神秘的思索の楽園へ赴くにふさわしい者である.」*Mischne tora, hilchoth jessode ha-tora*［第二の律法, 律法の基礎のハーラーハー］IV, 13 を参照のこと.

16. 13世紀の2人の重要なカバリスト, カスティーリャのソリア出のヤコブとイサアク・コーヘンの兄弟に関しては, 彼らがラビの認定を受けていないことが確かな筋からわかっている.《Tarbiz》, vol. III, p. 261 の私の試論を参照されたい.

17. アブーラーフィアの伝記に関する以下の詳述は Jellinek が *Beth Ha-Midrasch*, vol. III, p. XL ff. の手引きで公にしたアブーラーフィアの著作 *Ozar ʿeden ganus*［エデ

ンの秘密の宝庫］の一篇に広く拠っている．他の多くの伝記的詳細は自著の預言者的著作の注に見出される．自著 *Katalog der hebräischen Handschriften in München* (1897), p. 142–146 における Steinschneider のヘブライ語の手稿 München 285 の叙述を参照されたい．

18. Josef Koch, *Meister Eckhart und die jüdische Religionsphilosophie im Mittelalter*, 《Jahresbericht der schlesischen Gesellschaft für vaterländische Kultur》 1928, 別刷 p. 15.

19. *More nebochim* ［迷える者の手引き］に関するアブーラーフィアの注解は二つの稿で存在する．そのうち短い方は Ms. München 408 の *Chaje ha-nefesch* ［魂のいのち］と題するもので，私の弟子 Simeon Löwy が出版を準備しており，もうひとつの長い方は *Sithre tora* ［律法の秘密］と題し，これに関しては少なくとも25の手稿が知られている．この中の数篇はカバリスト集 *Likkute schikcha u-pe'a* ［刈り取った束と畑の一角の集録］(Ferrara 1555), Bl. 23–31 に匿名で印刷されている．

20. *Ozar ʿeden ganus*, Ms. Oxford, Neubauer 1580, Bl. 17 a による．

21. この注解の一覧表は *Beth Ha-Midrasch* に掲載されている．

22. *Maftechoth ha-kabbala* ［カバラーの鍵］, Ms. Paris 770 と部分的に New York, JThS 835. この書と著者に関する拙論 (EJ, vol. III, Sp. 1105 ff.) を参照されたい．

23. 私はこういう言い回しの文章を他のカバリストの著作にも見つけたが，それらは私見によれば Baruch Togarmi の書からとられている．

24. 1279年に彼はこの弟子たちをしきりにほめている． Jellinek, *Auswahl Kabbalistischer Mystik*, deutscher Teil, p. 17, 注 4 参照．ところが1282年にはもうかなりひややかに彼らのことを書いている． Ms. München 285, Bl. 21 b を参照． 1285年になるときわめて辛辣にこう言っている．「彼らは変節した．なぜなら彼らは無知な若造だったからである．私は彼らを見かぎった．」*Beth Ha-Midrasch*, vol. III, p. XLI 参照．

25. MGWJ, vol. 36 (1887), p. 558 参照．

26. これらの初期の作品のひとつ *Maftechoth raʿajon* ［意志の鍵］の大部分はヘブライ語の写本 Vaticana 291 になお存在している． *Get ha-schemoth* ［名前の法資料］の数篇は Ms. Oxford, Neubauer 1658 にある．

27. 初めてこの関係を見たのは A. H. シルヴァーである． A. H. Silver, *A History of Messianic Speculation in Israel*, p. 146.

28. この報告は MGWJ, vol. 36, p. 558 に印刷されている．

29. *Sefer ha-'oth*, ［しるしの書］は Jellinek によって *Jubelschrift zum 70. Geburtstage des Professor H. Graetz* (1887), p. 65–85 に公刊されている．

30. MGWJ, vol. 36, p. 558. *Geschichte der jüdischen Literatur* (イディッシュ語), vol. III (1931), p. 52 で Zinberg はこの迫害に怒りの告発をなすアブーラーフィア崇拝者の詩を引用している．サーロモー・ベン・アドレートは彼の応答のひとつで (Nr. 548), アブーラーフィアがシシリアで預言者，偽メシアとして活動したことを言葉鋭く攻撃した．

31. *Sefer ha-'oth*, p. 76.

32. 彼の創世記注解 *Mafteach ha-chochmath*, Ms. Parma Derossi, 141, Bl. 16 b と 28 b.

33. Ibid., Bl. 16 b.

34. Ibid., Bl. 28 b.

35. M. H. Landauer, 《Literaturblatt des Orients》, vol. VI (1845), Sp. 473. ランダウァーはアブーラーフィアをまさに合理主義的なキリスト教徒（！）として語っている．同書 Sp. 590 参照．S. ベルンフェルトも同様の誤った解釈を行っている．

36. *Sefer ha-ʾoth*, p. 71 参照．アブーラーフィアの著書の手稿には反キリスト教的な箇所がたくさんある．とくに彼の *Gan naʿul* [閉ざされた庭], Ms. München 58 を参照されたい．その大部分が *Peliʾa* [奇蹟] 書に剽窃され，印刷されている (Koretz 1784), Bl. 50–56.

37. *Sefer ha-ʾoth*, loc. cit. 参照．特に彼の「預言者的」著作のひとつ *Sefer meliz* [弁護の書] で，彼はそのような三位一体の思想について詳しく論じている．その際彼は，父，子，聖霊のキリスト教用語を知性の三様のすがたに使用しているが，別の著作ではこれらのすがたをまったく別の，さほど逆説的ではないメタファを用いて叙述している．下記注75に挙げられた本文を参照のこと．自著の *Sefer ha-cheschek* [欲求の書], (JThS, Bl. 26 b の Ms. Enelow Memorial Collection 858) で彼はまさしくこう述べている．「もしも誰かがおまえに，神は三位一体である，といったら，『嘘八百だ』と答えてやりなさい．なぜなら3を表すヘブライ語は嘘八百という語の数値をもっているからだ．」

38. Jellinek, *Auswahl kabbalistischer Mystik*, hebräische Abteilung, p. 19. 同, *Philosophie und Kabbala*, p. 38. アブーラーフィアのトラクトのひとつ *Mazref la-kessef we-kur la-sahab* [銀のるつぼと金の溶鉱炉] は「セフィロースに関して，われわれがそれについて知ることができるものはすべてそれのいろいろな術語だけであって，それになんらかの具体的な表象を結び合わせることはできない，と信じる弟子のひとりの誤った説」にはっきりと向けられている．

39. *Sefer ha-ʾoth*, ed. Jellinek, 巻末 p. 86, アブーラーフィアの著作の抜粋中に印刷されている「預言者の意義」に関する彼の作品を参照のこと．

40. Ms. Enelow Memorial Collection, JThS, Nr. 702, Bl. 22 b. Jellinek が *Auswahl kabbalistischer Mystik*, p. 13–28 で公表したバルセロナの友人に宛てた彼の書簡は同様に，彼に対する個人攻撃への反駁であった．ここでも彼はこう言っている．「セフィロースと聖なる名の教義にかかわるカバラーの二つの観点について私以前に私よりも詳しい著作を著した者はいない．」

41. Jellinek, *Philosophie und Kabbala*, p. 44 に印刷されている本文に私が『エルサレムのヘブライ語の写本のカタログ』26ページで報告した写本の序論部分を付け足さねばならない．

42. 自著 *Sefer ha-cheschek* (Ms. Enelow Memorial Collection, JThS, Nr. 858, Bl. 2 b) の序言．

43. 《Literaturblatt des Orients》, vol. VI, Sp. 345. S. Bernfeld のヘブライ語で書かれたユダヤ宗教哲学の歴史 *Daʿath Elohim* [神の知] と Günzig のアブーラーフィアに関するエッセイは独自の研究作業をすることなく Landauer の理論を受け売りしている．

44. 以下に続く叙述は一部は本章の終りに訳された本文に，一部はアブーラーフィアの浩瀚な体系的な手引き書，ことに *ʾImre schefer* と *ʾOr ha-sechel* [思慮の光] に載っている詳論の要約である．

45. 彼は *Auswahl kabbalistischer Mystik*, p. 18（ならびにしばしば彼の未刊の著作）で「封印の結び目を解くこと」を語っている．

46. Ibid., p. 20.

47. 《*Samdhi-nirmocana Sutra* ou Sutra détachant les nœuds》, ed. Lamotte (Paris 1935).

48. 彼は「私がその名のもとに達したとき」という表現と「私が封印の結び目を解いたとき」という表現を並列的にパラレルに使用している．

49. *Gan naʿul*, Ms. München 58, Bl. 323 b. この箇所は *Peliʾa* (1784), Bl. 52 d–53 a にも印刷されている．

50. Jellinek, *Philosophie und Kabbala*, p. 15 に印刷されている作品でアブーラーフィアは彼の組合せ術を *Chochmath ha-higajon ha-penimi ha-ʿeljon*［いと高き内的瞑想の知恵］として語っている．

51. 自著 *ʾImre schefer*, Ms. München 285, Bl. 75 b.

52. 自著 *Sefer meliz*（同手稿）で彼はこう述べている．「それぞれの子音はカバラーにおいてはそれ自体ひとつの世界を表している．」

53. *Sefer ha-ʾoth*, p. 17 参照．ならびに *Philosophie und Kabbala*, p. 20. ここで彼はこう述べている．「話者の語るひとつひとつの語が聖なる文字（22 のヘブライ語の子音）から構成されているかのように思われるまで，すべての言語を聖なる言語に融け込ませねばならない．」自著のひとつで彼は，「70 の言語」（これはヘブライ語ではあらゆる言語の総体を意味している）を意味するヘブライ語は「文字の組合せ」を意味するヘブライ語と同じ数値をもっている，と述べている．

54. *Chaje ʿolam ha-ba*［来るべき世界の生命］(1280年作)．私の知っているだけでも25以上の手稿がある．拙著 *Catalogus codicum cabbalisticorum in Bibliotheca Hierosolymitana* (1930), p. 24–30 の詳述を参照されたい．

55. *ʾOr ha-sechel* (1285年作) は現在も15以上の手稿で存在している．私が利用したのは Ms. München 92 である．これが並々ならず興味深い本であることはつとに Jellinek が正しく指摘していた．*Philosophie und Kabbala*, p. 39 参照．

56. *ʾImre schefer* (1291年作) も同様におよそ15の手稿で伝わっている，私は Ms. München 285 を使用した．*Sefer ha-zeruf*［組合せの書］はパリ国立図書館774にある．

57. たとえば，*Philosophie und Kabbala*, p. 18–24 に報告されている本文を参照されたい．

58. この連想のテクニックの詳細な描写を私は Juda Albottini（あるいはむしろ al-Buttaini）の著作 *Sullam ha-ʿalija*［昇りの梯子］から *Kirjath sefer*, vol. XXII (1945), p. 161–171 で公にした．

59. Jellinek, *Philosophie und Kabbala*, p. 44–45, *Chaje ʿolam ha-ba* 書より．私はエルサレム大学図書館の手稿 oct. 540 のより良い異解に従って翻訳した．

60. この上昇の七つの段階は Jellinek, *Philosophie und Kabbala* に印刷されたアブーラーフィアの書簡に詳しく述べられている．

61. 原注54に掲げた拙著の25ページに印刷された箇所を参照されたい．

62. Ibid. *ʾImre schefer* でアブーラーフィアはこのように述べている．「神からは火が流れ出している．だから組合せ術を練習する者は，全身の血が引いて命を失うことの

ないように，くれぐれも心して神の名の名誉に注意を払わねばならない，彼はむしろ心が高ぶってきたら，即刻自分の場所に戻らなくてはいけない．なぜなら，神の名に到達する鍵は彼の手中にあるのだから．」

63. 自著 *Sefer ʿeduth* [証拠の書], Ms. München 285, Bl. 37 b.

64. Jellinek が編著 *Sefer ha-ʾoth* の巻末 p. 85 に載せている *Chaje ha-nefesch* の一箇所.

65. *Chaje ha-nefesch*, Ms. München 408, Bl. 67 a.

66. 特にマイモニデースの *More nebochim* についての彼の注解.

67. これに属する箇所はたとえば次のようなものにある．Jellinek, *Philosophie und Kabbala*, p. 40/41. 拙著『エルサレム手稿のカタログ』p. 27–29, ならびにアブーラーフィアの著作から引用している Moses Cordvero の *Pardess rimonim* [柘榴の園], 第21章1節.

68. 前注に掲げた出典，特に Cordvero における引用を参照されたい.

69. 拙著『エルサレム手稿のカタログ』p. 27を参照されたい.

70. アブーラーフィアのモーセ第四書の注解 *Mafteach ha-sefiroth* [セフィロースの鍵], Ms. Mailand, Ambrosiana 53, Bl. 157 b.

71. *ʾImre schefer*, Ms. München 285, Bl. 90 a 参照.「上記の特性を具えている者はカバラー全体に通暁するにふさわしい者である．そういうひとはカバラーを伝授してもらう教師など必要なく，カバラーについてこの書に見出せるものだけで十分であろう．……むろん教師が見つかればそれに越したことはないが，たとえ見つからなくても，カバラーについてこの本に見出せるもので事足りるだろう．」

72. *Sefer ʿeduth*, Ms. München 285, Bl. 39 b でアブーラーフィアは彼自身の預言のひとつ，つまり彼にあたえられた神の声を引用し，自らそれを解釈している．その際彼は，神の声が次のようにいったと引用している．「彼の名を私は自分自身の名によってシャッダイと呼ぶ．彼は私であり，私は彼である．」これにたいしてアブーラーフィアは，この秘密を詳しく説明することは不可能であると述べる．このような神秘主義的同一視の文句はどの宗教の神秘主義的文献にも頻出する.

73. *Sanhedrin* 38 a. メータトローンとシャッダイという語はヘブライ語では同じ数値314をもっている.

74. *Sefer ha-ʾoth*, p. 70/71 と拙著『エルサレム手稿のカタログ』p. 25を参照されたい.

75. *Jediʿath ha-maschiach we-chochmath ha-goʾel* [救い主の知と贖い主の智], Ms. München 285, Bl. 26 b.

76. この見解をアブーラーフィアはマイモニデースの神学からとっている.

77. *Mafteach ha-sefiroth*, Ms. Ambrosiana 53, Bl. 164 b.

78. 『エルサレムのカバリストの手稿のカタログ』に私が追加したもの．p. 225–230.

79. 拙論 *Eine kabbalistische Deutung der Prophetie als Selbstbegegnung*, MGWJ, vol. 74 (1930), p. 285–290.

80. *Genesis Rabba*, ed. Theodor, p. 256.

81. 原注79に掲げた拙論の全文を参照されたい.

82. この箇所は Ibn Esra のダニエル書10, 21 への注解に基づく.

83. 忘我の状態における聖別の感情については，Jochanan Allemanno, *schaʿar ha-*

cheschek [欲望の章], Halberstadt (1867), Bl. 31 a と拙著『エルサレムのカバリストの手稿のカタログ』p. 228, における アブーラーフィアの引用文を参照されたい.

84. たとえば, Jellinek, *Auswahl kabbalistischer Mystik*, p. 15, 17 を参照されたい. この二つの概念はアブーラーフィアの著作に頻出する.

85. *Gan na'ul*, Ms. München 58, Bl. 322 b.

86. 注38の引用文を参照.

87. *Gan na'ul* の注85の箇所を参照. 「活発な知力」は彼においては「シェキーナーの輝き」と同一視される.

88. Jellinek, *Philosophie und Kabbala*, p. 11.

89. Ibid., p. 4.

90. *Mafteach ha-chochmath*, Ms. Parma Derossi 141, Bl. 19 a.

91. Ibid., Bl. 12 b–13 a.

92. アブーラーフィアは自著の *Gan na'ul*, Ms. München 58, Bl. 327 b で, 私は世界が永遠で創造されたものではないことを弁護したために攻撃されたのだ, と語っている. 自著の或る箇所で彼はこの問題の独自の解釈を提出している.

93. 次のものを参照されたい. Jellinek, *Auswahl kabbalistischer Mystik*, deutscher Teil, p. 20. 《Hebräische Bibliographie》, vol. XIV, p. 8 と p. VII (修正) の Steinschneider.

94. Jellinek, *Philosophie und Kabbala*, p. 22, 43/44.

95. 拙著『エルサレムのカバリストの手稿のカタログ』p. 30. またこの章の終りに報告されている彼の弟子の言葉を参照されたい.

96 彼の若い時の作品 *Mafteach ra'ajon*, Ms. Vaticana 291, Bl. 29 a の長文の一節にそう述べられている.

97. *Ner Elohim* [神の光], Ms. München 10, Bl. 172 b.

98. マイモニデースの作と偽られたこのような論文は Edelmann, *Chemda genusa* [隠された欲望] (1856), Bl. 42–45 に掲載されている. この点については 《Tarbiz》, vol. VI, Heft 3, p. 94 の私の注を参照されたい.

99. *Brith menucha* [休息の絆] は1648年にアムステルダムで初めて印刷された. カバリストの手稿はこのジャンルの相当数の著作を含んでいる. そのうち若干のまことに興味深いものがきわめて重要な Ms. Sassoon 290 にある.

100. この二つの作品とは, *Eben ha-schoham* [縞瑪瑙], Ms. Jerusalem oct. 416 (拙著『カタログ』p. 89–91 を参照されたい), ならびに *Sche'erith Josef* [ヨセフの貴石], Ms. der Wiener Kultusgemeinde 260 (A. Z. Schwarz' Katalog, p. 203/204) である.

101. *Kirjath sefer* [本の町], vol. VII (1930/31), p. 153 に公表された本文を参照.

102. 拙著『エルサレム手稿のカタログ』p. 34 と *Kirjath sefer*, vol. I (1924), p. 127–139を参照されたい.

103. エルサレム手稿だけが自伝の完全な本文を含んでいる. Ms. Columbia University Library X 893-Sh. 43 には現在, もっぱら偶発事故によるものと思われるが, この自伝の数ページが欠落している. 一方他の二つの手稿, Leiden, Warner 24, 2 と Gaster 954 (British Museum) には自伝に関する限り全篇が欠落している.

104. 私はこの作品のヘブライ語の本文を *Kirjath sefer* I (1924), p. 130–138 に公

表した．数箇所，特に最後の部分では，Leiden 手稿のより良い異解に従って訳出した．このテーマに関係のない冒頭と終りの数箇所はここでは省略した．

105. ヘブライ語で *Mechika*［削除］．これは実際にスーフィ教の概念 *mahw*［削除］を描出している．

106. この叙述はアブーラーフィアの大多数の作品の実際の内容を非常に精確に描いている．

107. この72の名から成る神の名は出エジプト記第14章19節から21節の３節（各節72の子音を含む）の子音から成り立っている．L. Blau, *Das altjüdische Zauberwesen* (1898), p. 129 参照．アブーラーフィアの書 *Chaje ʿolam ha-ba* の主要部分はこの72の名に関する瞑想の手引きを含んでいる．これらの名の構成要素と子音はここではかなりの数の環のなかに書き込まれ，この環のひとつひとつが特別な瞑想の対象になっている．

108. *Kidduschin*［聖別］71 a.

109. より正確に訳せばこうなるだろう．「なぜなら，われわれがこの［カバラー］の学問から獲得できるものはすべて，たとえわれわれの側から見て本質そのものであるかのように見えても，その学問の側から見れば偶発事にすぎないからである．」

110. 雅歌 II, 4．ここでミドラーシュは *we-diglo*「そして彼の旗は」と読むかわりに，語呂合せ風に *we-dillugo*「そして彼の跳躍は」と読んでいる．この「跳躍」はアブーラーフィアの用語では彼の著作が叙述する連想のプロセスの一段階に関係している．

111. 上記，自己との邂逅に関する箇所を参照のこと．

112. 神秘主義的瞑想と神性の認識のこの段階はモーセス・ベン・ナハマンによって1250年頃，彼の創世記第18章の注解に述べられている．「創造された栄光が天使のなかに現れる現象がある．それはグノーシス派の人びとのあいだで〈着衣〉と呼ばれ，敬虔者や預言修行者のなかでも純粋な魂をもっている者に肉眼で見えるようになる．しかし私はこれ以上詳しく語ることはできない．」アブーラーフィアは自著でこの段階にしばしば言及している．おそらくそれは第２章の注132で触れた，『着衣の書』に述べられている儀式となんらかの関係があるのだろう．

第五章　ゾーハル　その一　書物とその著者

1. M.J. Guttmann が表題 *Torath rabbenu Pinchas mi-Koretz*［我らがラビ，コレツのピンカスの教え］(Bilgoraj 1931), § 117, p. 26 で公刊した写本を参照．「ゾーハルの書をひもとくとき，私は世界全体を観るのです」という表現は，ハシディズムの創始者バアル＝シェームのものとされる．*Schibche-ha-bescht*［バアル＝シェーム讃］, Bl. 6 b を参照．

2. *Maʿarecheth ha-ʾelohuth* (Mantua 1588). この書物はそこでは誤ってバルセロナ出のペレーツのものとされている．*Kirjath Sefer*, vol. XXI (1945), p. 284–287 における私の注を参照されたい．いずれにせよ，この書物はサーロモー・ベン・アドレートの弟子によって書かれたものである．この労作の分析は David Neumark によってヘブライ語による『ユダヤ宗教哲学史』, vol. I (1921), p. 192–204, 303–322 で行われたが，その成果は疑わしい．ノイマルクはこの労作がゾーハルよりも古いという誤った想定から出発している．あまつさえ，彼は *Maʿarecheth* が存在していなければゾーハルは決して書かれなかったであろうとまで主張している (p. 206).

3. しばしば必要な文献学的基礎作業の欠如に悩まされるこの論議の初期の段階は，この章の文献目録に掲げられている幾つかの書物と論文に代表される．

4. *Geschichte der Juden*, vol. VII, 3. Auflage (1894), p. 424–442 参照．

5. たとえば，*Sefer Klausner*［クラウスナーの書］(1937)，p. 171–180，および《Sinai》誌，vol. VII (1940)，p. 116–119 の Armand Kaminka による二つのヘブライ語の論文を参照のこと．これらの論文は全くの似而非学問的文献の典型であり，本書で検討する必要のないものである．

6. *Maddaʿe ha-jahaduth*, vol. I (1926)，p. 16–29 に公刊されている私の就任講義を参照されたい．

7. ここで私がゾーハルの言語に関する専門辞典をすでに準備していることに言及しておきたい．私はこれをいつか出版できることを願っている．この辞典の仕事は何にもまして，私がこの章で開陳した見解の正しさをみずから確信するのに役立った．

8. ゾーハルの通常の版は3巻から成る．そのページ付けは初版（Mantua 1558–1560）に従う．（二つ折版1巻で全文を含むものが三つだけある．最初の版は Cremona 1560）．私の引用は巻数（vol.）と丁数（Bl.）で示される．さらにこの中にはいるものとして，Mantua で1558年に初めて出版された *Tikkune Sohar* を含む巻と，ならびに *Sohar Chadasch* の表題をもつ巻とがある．この表題は2，3の著者が考えているように，これが古いゾーハルを模倣した「新しいゾーハル」であることを意味するものではない．むしろここには，Mantua 版の編者たちが手にしていた手稿本にはないゾーハルとティックーニームの諸章句が含まれているのだ．この材料は主として Abraham Halewi Berochim の手でサーフェードの写本から集められたが，ここにはゾーハル全体のなかで最も重要な章句が幾つか含まれている．私の引用は Warschau 1885年版からである．ゾーハルのこれら三つの「部分」を刊行したすべての版の目録作成を，私は*Bibliographia Kabbalistica* (1927)，p. 166–182 で試みた．

9. これはヘブライ語の表現 *megillath setharim*［秘密の巻物］をそのままアラム語に逐語訳したものである．*zeniʿu*［秘密］なる語は Sohar II, Bl. 239 a においてもこの表題のばあいと同じ意味で使われている．

10. Sohar II, Bl. 176 b–179 a. 残念ながら，Paul Vuillaud の *Traduction intégrale du Siphra di-Tzeniutha* (Paris 1930) にはなんら学問的な価値はあたえられない．これに関しては，MGWJ, vol. 75 (1931)，p. 347–362, 444–448 の拙論を参照されたい．

11. Sohar III, 127 b–145 a.

12. 上掲の Vuillaud の書物に関する論評のなかで，私は詳細にこれら両章句間の連関について論じた．

13. Sohar III. 287 b–296 b.

14. Ibid., II, 127 a–146 b. この章句は *Idra Rabba* のなかで引用されている，というよりはむしろ，示唆されている．しかし後期のカバリストはもはやそれをどこに探し求めればよいのか知らなかった．しかし，1328年に書かれた初期のカバリストの著作 *Libnath ha-sappir*［サファイアの輝き］にみられる引用から，どの部分のことが実際にいわれているのかはっきりわかる．われわれが使用している版では，それはそっくり週間章節 *Teruma*［捧物］の一部を指している．

15. Ibid., I, 38 a–45 b，および II, 244 b–268 b（これは二つの部分にわかれ，a）神

聖な側にある天使の宮殿に関するもの，244 b–262 b. b）不浄な側にある宮殿に関するもの，262 b–268 b）．後者の章句は悪魔学のすべてを含む．

16. Ibid., II, 70 a–78 a. II, 75 a の続編が *Sohar Chadasch* (1885), Bl. 35 b–37 c に見出される．

17. これら両章句の一方はゾーハル主要部に編入されている．他方は擬似アリストテレス的著作 *Secretum secretorum* の模作であることを明瞭にものがたる独自の表題をもっている．中世に広く流布していたこの著作には，観相術に関する一章も含まれているが，これはヘブライ語にも訳されていた．ヘハロース神秘家の最古の観相術的，観掌術的テキストに関する拙論（*Sefer Assaf*［アッサーフの書］1953, p. 492–495所収）で，私はこの章がかのモーセス・デ・レオンにも知られていたことを証明した．

18. Sohar II, 94 b(の末尾)–114 a.

19. Ibid., III, 186 a–192 a.

20. 次のものを参照されたい．Ibid., I, 238 b ff., II, 166 a. *Sohar Chadasch* 9 a.

21. Ibid., III, 161 b–174 a.

22. Ibid., I, 74 a–75 b, 76 b–80 b, 88 a–90 a, 97 a–102 a, 108 a–111 a, 146 b–149 b.（幾つかの写本によれば，I, 15 a–22 b の章句は週間章節 *Bereschith*［序章］に関する *Sithre Tora* を含む．）

23. Ibid., I, 62, 74, 97, 100 b, 107 b, 121, 147, 151, 154, 161 b, 165, 232, 233 b, 251. II, 4 a, 12 b, 68 b, 74, 270 b. III, 49, 73 b, 270 b. *Sohar Chadasch*, 1 d, 3 a, 105 a, 122 b.

24. *Sohar Chadasch*, Bl. 56 d–75 a.

25. Ibid., Bl. 56 d–58 d.

26. Ibid., Bl. 1–9.

27. Ibid., Bl. 37 c–41 a.

28. *bereschith*, *Noach*［ノア］, *Midrasch ha-neʿelam* の *lech lecha*［汝よ行け］などの諸章節は *Sohar Chadasch* 版 Bl. 2–26 にある．これに対して，*wa-jera*［そして彼は見た］から *toledoth*［系譜］までの諸章節はゾーハル I の主要部 27 a–140 a にある．*wa-jeze*［彼は現れた］の章節は *Sohar Chadasch*, Bl. 27/28 に再録されている．ゾーハルIIの主要部，4 a–5 b, 14 a–22 a は，週間章節 *schemoth*［名前］への *Midrasch ha-neʿelam* を含んでいるが，特にはっきりそれとは示されていない．

29. *Sohar Chadasch*, Bl. 75 a–90 b, Ibid., Bl. 90–93 には悲歌への *Midrasch ha-neʿelam* と記されている章句も載っている．

30. *Raʿja mehemna* は諸写本ではたいていひとまとめにされているが，現在のゾーハル諸版では II, III に分散させられている．この部分の写本伝統は明らかに他の部分とは異なっている．RM の主要部はゾーハル諸版の II, 114 a–121 a, III, 97–104, 108 b–112 a, 121 b–126 a, 215 a–259 b, 270 b–283 a に収められている．

31. 実際にはあまり信頼の置けない *Tikkune Sohar* の初版（Mantua 1558）と，全然別の手稿に従って校訂された後の諸版とのあいだには，本文配列にかなりの相違がみとめられる．

32. *Sohar Chadasch*, Bl. 31 a–37 c と 93 c–122 b. 現在は主要部 I, 22 a–29 b に見出される長大な章句も，もとは *Tikkune Sohar* に所属している．

33. 1560年の Cremona 版の表題紙には，この版に含まれている一篇として，*maʿamar*

ta chasi［「来たりて見よ」の論］が挙げられている．この指示はそれぞれの段落が *ta chasi*（「来りて見よ」）なる形式で始まる 56–72 段を指しているように思われる．たいていの版では，この篇は第１巻の末尾に，たとえば1882年の Wilna 版では Bl. 256 a–262 a に，補遺として収められている．ゾーハルの諸部分の後年の模作には，I. 211 b–216 a にみられる *Midrasch ha-ne*ʿ*elam* の模作（たとえば，ヴァチカンの Casa dei Neofiti 23 稿におけるゾーハル写本中にあるものとか，いわゆるルツ記へのゾーハルなどがある．私の *Bibliographia Kabbalistica* (1927)，p. 183 を参照されたい．さらに *ma*ʿ*amare ze*ʿ*ira*［或る若者の言葉］の表題をもつ，これまで印刷されたことのない篇が Azulai によって言及されており，パリ写本 Bibliothèque Nationale 782 と，現在ニューヨークの JThS に所蔵されている，Samuel Vital が古いカバラーの手稿から写し取った写本のなかにある．

34. London 1931–1934. この英訳は必ずしも正確ではないが，ゾーハルの性格について明確な印象を伝えてくれる．残念ながら訳者たちは，ゾーハルの構成に関して完全に誤った想定から出発したために，余りにも多くの部分を省略してしまった．しかしいずれにせよ，この堅実で手際のよい訳には，フランス人の訳者 Jean de Pauly が犯したような無数の意識的な歪曲はみられない．

35. いわゆる「真正な」章句を後代に「挿入された」ものから切り離そうとする唯一の試みは，Ignaz Stern, *Versuch einer umständlichen Analyse des Sohar*, 週刊誌《Ben Chananja》, vol. I–V によって行われた．もちろん彼の論議をたどってゆけば，私が MGWJ, vol. 75, p. 352–362 で *Sifra de zeni*ʿ*utha* のばあいにたいして示したように，彼の命題は不合理なものになってしまう．それにもかかわらずこの論文はそこから多くのことが学ばれる極めて興味のある労作である．

36. この章の起稿以来，ゾーハルに使用されたアラム語の語形論および若干の他の文法的側面に関する詳細な分析が，私の弟子 M. Z. Cadari によって行われ，公刊されたが，そこで達成された成果は *Dikduk ha-laschon ha-*ʾ*aramith schel ha-Sohar*［ゾーハルのアラム語の文法］(Jerusalem 1956) でいっそう広い基盤に基づいて確証された．

37. こうして，たとえば，*le-chada*ʾ*a*［喜ぶ］と *le-a*ʿ*ala*［高める］の代りに *le-mechde* あるいは *le-me*ʿ*al*，また逆に *le-mischre*［ほどく］の代りに *le-*ʾ*aschra*ʾ*a* などの語形がみられる．さらに（「私は教えた」の代りに)「私は学んだ」の意味で用いられた ʾ*olifna* という *Aph*ʿ*el*［使役話体］形の全く不可能な用法が実に頻繁にみられる．

38. *ithssedar*［整えられる］，*ithzejar*［形づくられる］，*ithzerif*［結合される］などの語形，あるいは明らかに中世のヘブライ語である *ithke*ʾ*ab*［痛みを感じる］さえ使われる．

39. たとえば *le-*ʾ*ith*ʿ*ara millin*［語がからみ合わされる］，*le-ittasana*［姦淫する］，*le-*ʾ*ithdabbaka*［結び合わされる］．「ある主題を扱うという」意味の ʾ*ith*ʿ*ar* は，13世紀の諸文書にみられる，アラビア語の影響のもとに現れたヘブライ語 *hith*ʿ*orer*［楽しむ］の用法に従う．この動詞はゾーハルのほとんど全ページに見出される．

40. ヘブライ語の前置詞 *be-* は，ここでは「なかに」を意味するだけでなく，「ともに」をも意味する．前置詞 *le-gabbe*（「そばに」または「へ」）の用法も決して正統なものではない．

41. こうして質料，流出，摂理などの概念はアラム語の語形で現れるが，それらはこれらの概念に対応する中世ヘブライ語の術語に他ならない．

42. 著者は動詞 *taʿan* のこうしたアラビア語の用法を David Kimchi の辞典 *Sefer ha-schoraschim*［語根の書］（その *taʿan* の項を見よ）から採っている.

43. この語はとりわけ, *gardine nimussin*［律法の番人］, *gardine tehirin*［未詳］, *gardine gelifin*［未詳］のような慣用句において, しかもつねに怒りの天使および悪魔さえも意味するものとして現れる. 最初の表現は文字通りには本来「法廷の番人」を意味している.

44. このアラム語の動詞は, スペイン語の *endulzar*［緩和する］の遂語訳である. 後にヘブライ語において広く普及した慣用語 *hamtakath ha-din*［判決を軽減すること］はゾーハルのカバラー的な言語から採られている. Simon Duran がすでにその応答集のなかで（第3部, 57番）, この完全に非ミドラーシュ的な表現様式の由来を説明しようとしている.

45. たとえば,「彼らは彼に3マイル連れそった」という意味でしばしば使われた *ʾosfuhu thelath millin* なる表現は, 相当ひどいものである. 著者は「借りる」に対応するヘブライ語（その語根は他の派生語では「連れそう」という意味ももちうるが）を字義通りにアラム語に翻訳したが, そのアラム語の動詞がまさにこの後者の意味をもつことは絶対にありえない.

46. *Tajjaʿa* は, ここではロバを駆り立てる者 *taʿen chamra* として述べられている. 著者は明らかに, この語が原注42で言及された語根 *taʿan* と多少とも関係があると想定したのである. *tajjaʿa* の生粋のアラム語の一用法が実際にゾーハルで使われている意味で存在していたという Schalom Puschinski の命題は支持できない. 彼が資料集 *Jabneh*, vol. II, (Jerusalem 1940) p. 140–147 において収集した資料は, 明らかに彼自身の主張とは逆のことを立証している.

47. *Asskofa* は「小舟」を意味するタルムードの単語 *esskafa* から発展したものである.「世界中のあらゆる善でみちみちた宝物殿」のような句がしばしば見出される. Ruben Margulies が I, 46 b への注釈 *Nizoze Sohar*［ゾーハルの火花］において行ったこの単語の説明は文献学的基盤を欠いている.

48. *tokpa*［強力］のこの用法は Targum Onkelos における民数記 11, 12 の訳の誤解に基づいている. ゾーハルの著者は, アラム語の Targum におけるこの語のミドラーシュ的な解釈を, 文字通りの訳だと誤解し, この語を彼が作り出した意味で繰り返し自由に利用する.

49. 彼はつねに「渇き」しか意味しないアラム語 *zachutha* をヘブライ語 *zachoth*「明確さ」と混同する.

50. 原注 45 参照.

51. これに属するものとしてはたとえば, とくに空想的な来歴をもつ *buzina de-kardinutha* のような言い回しと, *bussita, tehiru, tofssa* のような語.

52. たとえば,「贋金を作る」という意味の特殊な言い回し, *ʾakchisch pumbi de-malka*［王の尊厳を偽りとする］. この言い回しができ上がるには奇妙な歴史がある.

53. そうした語とは, たとえば *kosspitha, kirta, kosdita, kospera* など.

54. たとえばそれは, *sosspitha*「残滓」という語のばあいである. これは Robert Eisler が MGWJ, vol. 69, p. 364 ff で想定したのとは異なり, ギリシャ語ではない. この点に関しては一時期私自身彼の説に従ったが, この語はむしろタルムードの語彙

kosspa「小麦」から作られた奇妙な変化形である.

55. すでに Graetz は *Geschichte der Juden* の初版, vol. VII, p. 503 においてこのことに気づいていた. しかし奇妙なことに, この章句全体は第3版ではどういうわけか抜け落ちてしまった.

56. 原注 10 で引用した拙論を参照されたい.

57. 125以上のこうした複合形式が数百カ所に現れる.

58. このことは, 三位一体論の暗示などではなく, 著者がそれに続くページで展開する霊魂の三分立の教義に関連している.

59. 著者はこの種の, 非常に荘厳な響きをもつが意味の不明な文句を, 分詞形 *schechiche*「実在しておる」で締めくくることをとりわけ好む.

60. 「[ある種の] 終りがあり, そして [別種の] 終りがある.」類似の表現は多数存在する.

61. たとえば H. G. Enelow は彼の刊行した『Israel Nakawa の *Menorath Ha-Maor* [光の燭台]』(1931), vol. III, の手引き p. 34 においてこの結論を下した.

62. 年鑑《Zion》, vol. I (1926), p. 40–55 に収められている, ゾーハルの地誌的素材に関するヘブライ語の拙論を参照されたい. この素材にはさらに多くのものを付け加えることができよう.

63. II, 94 b で言及された場所 *Migdal Zor* の実在性は, 亡き同僚サムエル・クラインが示してくれたように, *Megilla* 6 a のタルムードの一節の誤読に基づいている. この一節はスペイン・タルムードの諸写本を利用した資料のなかにも見出される.

64. 原注 62 で言及された拙論の補遺, 56 ページ. ゾーハルの著者を「擁護」しようとする Ruben Margulies の護教論的試みは価値がない. ゾーハルが Margulies によって引用されたタルムードの一節を, Margulies 自身と同じ仕方で誤解していたことは明白である.

65. *Sabbath*, 33 b, 参照. M. Kunitz, *Ben Jochai* (Budapest 1815), §67 におけるタルムードの一節の護教論的解釈換えは根拠がない.

66. Sohar III, 144 b, 200 b, 240 b.

67. Josse ben Schimon ben Lakunja とタルムード *Pessachim* 86 b 中のこの人物の資料に関しては, *Sohar Chadasch*, Bl. 22 c を参照されたい. さらに Bacher, *Aggada der Tannaiten*, vol. I, p. 448 も参照のこと.

68. Sohar III, 158 a における Rabbi Chaggai のばあいは特徴的である. この人物は神話上の実在性を, タルムード *ʿAboda sara* 68 a に登場する, Simon ben Jochai の200年後に生存していた同名の学者の言評に負うている.

69. Sohar I, 11 a. この種のことはルツ記への *Midrasch ha-neʿelam* にはもっと頻繁にみられる.

70. Gaster の担当項目, *Encyclopedia of Religion and Ethics*, ed. Hastings, vol. XII (1921), p. 858–862 の *Zohar* の箇所を参照されたい. この項の主張の多くは, 真面目な検証に耐えない.

71. Bachja の *Choboth ha-lebaboth* [心の義務], および *schaʿar ha-perischuth* [精進の章] 第3章を参照のこと.

72. *Chibbura kadmaʾa* [前編] という表現は, 週間章節 Pinchas への RM にたび

たび引用されている.

73. 1635年にはすでにツォルキエフ出の Aaron Selig ben Moses がゾーハル文献学上の労作 *Chibbur ʿamude scheba ʿ*［七つの柱の論］(Krakau 1635) の第5章でこのような箇所のリストを作成した.

74. 1940年から1953年のあいだにテル・アヴィヴの学者, Ruben Margulies がたくさんの傍注を施したゾーハルを出版した. そのなかではこれらのラビ的な典拠や参照指示の多くが明らかにされている. この書はゾーハルを読むひとすべてに大変役に立つ. もっとも, 正統派の著者はなんらかの批判的な意見表明を思わせるものはすべて慎重に避け, 多くのばあい, 現代の批判による異議を「説いてしりぞける」ためには, はなはだ疑わしい護教論的方法さえ適用している. しかし実際には, 各々の批判的な読者に対して彼が引用している典拠は, 彼自身の護教論的態度と甚だしく矛盾するゾーハルの原典利用の真の歴史を証明している.

75. *L'exégèse biblique dans le Zohar*, REJ, vol. 22 (1891), p. 33–46, 219–229.

76. J. L. Zlotnik, *Maʾamarim mi-sefer midrasch ha-meliza ha-ʿibrith*［ヘブライ語の隠喩の注解書からの言葉］(Jerusalem 1939) p. 5–16. を参照. ゾーハルの著者が古い人物であることを擁護する, 現代の他の数多くのひとたちのばあいと同様に, 上掲書でも, 著者が相当の学殖を具えていながら無批判に提示する諸事実は, 彼がそこから推論していることとはまさに逆のことを示している.

77. 異教の本質に関するゾーハルの説明を可能にしてきたのは, マイモニデースの《Sabier》理論だけであることがつねに看過されてきた, ゾーハルは *More nebochim* III, 29 の諸規定を *hilchoth ʿaboda sara*［偶像崇拝のハーラーハー］I,1–2 のそれと結びつけている. このことは Sohar I の 56 b, 99 b, II の 69 a, 112 a, III の 206 b のような箇所にはっきり現れている. マイモニデースの宗教法の法典 *Mischna Tora* の諸箇所とゾーハルとのあいだの類似の比較を, Ruben Margulies は最近 *Ha- Rambam we-ha-Sohar*［マイモニデースとゾーハル］の表題で公刊した (Jerusalem 1953). これは彼の初期のゾーハル注釈と同一精神で書かれているが, 批判的読者には同様に, ゾーハルによるマイモニデースの利用を立証する豊富な資料を提供してくれる.

78. エスラーとアスリエルに関しては, Tishby 編,『Asriel の *Perusch ha-ʾaggadoth*［アッガーダー注解］』(Jerusalem 1945) への編者の手引き, ならびに《Sinai》vol. VIII (1945), p. 159–178,《Zion》, vol. IX (1944), p. 178–185 における彼の論文を参照されたい. ゾーハルはとくに, 雅歌へのエスラーの注解と祈禱文へのアスリエルの注解を利用している.

79. ゾーハルはナハマニデースの *Torath ha-ʾadam*［アダムの律法］, さらに彼のトーラー注解およびヨブ記への注解を利用した. たとえば Sohar III, 23 a は, 著者が明らかに典拠にしているとみられるヨブ記 38, 36 へのナハマニデースの注解と比較して, 著者の典拠の読み方を見るうえで非常に参考になる.

80. アラム語の *nekuda chada* はゾーハルでは「一つの点」あるいは「個々の点」を意味するだけではなく,「中心」を意味する. たとえば I の 15 a, 30 b, 71 b, 229 a, II の 157 a, 259 a, 268 a. III の 250 a, などを参照. この後年の術語は, 前後の長い文脈から絶対に切り離すことのできない箇所に見出される.

81. この諸連関を示す最も的確な箇所は Gikatilla の *Ginnath ha-ʾegos* (Hanau

1615), Bl. 55ab にある．ゾーハルのしたことはこれらの理念と概念をセフィロースの理論と組み合わせることにほかならなかった．Gikatilla はこの理論をこうした連関で使用してはいない．Gikatilla 以前の他のカバリストたちはすでに，点としての神的知恵について語っていたが，しかし *sod nekuda ʾachath* [一つの点の秘密] という表現や原トーラーの表象との組合せは Gikatilla 独自のものである．

82. 上記注74を参照．

83. S. A. Neuhausen, *Sifrija schel maʿala* [上方世界の蔵書] (Baltimore 1937)．彼の作成したリストは，Leopold Zunz, *Gesammelte Schriften*, vol. I, p. 12–13 におけるものよりもはるかに完璧である．

84. ゾーハルは，I, 34 b の「古い書のなかに見出されるように」という文句によって，この典拠を指示している．

85. ひとつのすぐれた例はエルサレムの会堂における非ユダヤ人について語るタルムードの箇所 *Pessachim* 3 b と，Sohar II, 124 a との比較である．

86. この点で非常に特徴的なのは巨大な龍の神話, II, 35 a と, この神話が *Chagiga* 12 a において創造の隠れた原初の光に関するアッガーダーと結びつけられるやり方である．

87. たとえばゾーハルに見出されるような創世記第1章への注解を分析してみると，このさまざまな考え方がどのようにして，客観的にも文学的にも緊密な統一をなす一つの章句の内部に並存しえたかということが，はっきりわかる．私はゾーハルのこの章句全体を拙著 *Die Geheimnisse der Schöpfung* (Berlin 1936) に独訳しておいた．

88. 私は，ソーリア出のヤコブとイサアク・コーヘン兄弟とブルゴス出のモーセスのカバラー的な著作を，*Maddaʿe ha-jahaduth*, vol. II (1927) と《Tarbiz》, vol. II–V (1931–1934) に掲載された2篇のかなり長文の研究において公にした．Todros Abulafia の *Ozar ha-kabod* [栄光の宝庫] は完全な版 (Warschau 1879) で印刷されたが，彼の *Schaʿar ha-rasim* [秘密の門] (Ms. München 209) はまだ出版待ちである．

89. 手に接吻するという典型的な例を，Bacher が REJ, vol. 22 (1891), p. 137–138, vol. 23, p. 133–134 で扱っている．

90. Karl Preis, *Die Medizin im Sohar*, MGWJ, vol. 72 (1928), p. 167–184.

91. *Sifra di-zeniʿutha* と *Idra* のような，ゾーハルの原文書といわれるものと，本来の *Midrasch ha-Sohar* とのあいだに本質的な教義上の相違が存在することを証明しようとする David Neumark の試みは失敗した．彼は多くの全く証明されていない，実際には誤りでもある諸前提に基づいている．Neumark, *Toledoth ha-philosophia be-Jisrael* [イスラエル哲学史], vol. I, p. 204–245 参照．

92. これに関連する数多くの本文は原注88で掲げた研究のなかに見出される．

93. この書物は最初は1784年に Koretz で，ついで改訂版 (Lemberg 1893) で印刷されている．このカバラーの基礎的著作に関しては，ヘブライ語の拙著 *Reschith ha-kabbala* (1948), p. 176–193 のそのために費やされた章，および《Diogenes》, Nr. 15 (1956), p. 85–94 の英語による拙論を参照されたい．

94. E. Gebhardt, *Mystics and Heretics in Italy at the End of the Middle Ages* (1923). E. Benz, *Ecclesia Spiritualis* (1934) を参照のこと．

95. Sohar III. 136 a の正しい読み方．これは Menachem Recanati, *Taʿame ha-mizwoth* [命令の味] (Basel 1580), Bl. 21 b に保存されている．そこでは「神が時を経

てみずからの精神を自己自身に復帰させる5万年」周期のことが語られている.

96. この観念はテムーナー書の思想圏に属する著作のうちに時折見出される. ことに David ben Simra, *Magen David* [ダビデの楯] (Amsterdam 1714), Bl. 49 b にみられるその種の著作からの引用を参照されたい. Ms. Vaticana 223, Bl. 197 のこれに関係する本文はゾーハルよりそう古いものではないが, そこには, トーラーのあらゆる禁止はこの一つの字母が欠けていることから発しているという, 宏遠な推論が下されている.

97. Baer は, フランシスコ修道会のなかのヨアヒム・フォン・フィオレの信奉者たち, つまりいわゆる厳格派の人びとが *Ra'ja mehemna* の著者に強い影響を及ぼしたという, まことにもっともな推測を述べている. 《Zion》, vol. V (1939), p. 1–44 における彼の重要な研究を参照. しかし私ならゾーハルそのものと RM との相違を Baer よりももっと強調するのだが, 私はスペインにおける RM の歴史的役割に関する彼の判断には同意できない.

98. たとえば II, 42 b–43 a, III, 257 b のような箇所, ならびに *Tikkune Sohar* の冒頭の「エリヤの祈り」といわれているものを参照されたい. 多くの著者は, RM 層に属するそのような箇所を本来のゾーハルの神学を真に述べあらわしたものと見做すことによってまどわされてきた.

99. 原注35で言及された Stern の論文における分析, および J. Emden, *Mitpachath sefarim* [書物の覆い] (Altona 1769) を参照されたい.

100. Abraham Sakkuto の年代記 *Sefer Juchasin* [系統の書] (London 1857), p. 88. 彼はそこで Isaak von Akko の日記から引用している.

101. この点でとくに啓発的なのは *Idra Rabba* III, 127 b の冒頭である. そこでは *Sohar Chadasch*, Bl. 16 a の *Midrasch ha-ne'elam* からとった或るきまり文句が利用されている. さらに *Idra Sutta* III, 287 b の冒頭. これは *Sohar Chadasch*, Bl. 18 d の *Midrasch ha ne'elam* のなかで語られている物語に関係している. ならびに III. 191 b. これは *Sohar Chadasch*, Bl. 9 a–10 b の *Midrasch ha-ne'elam* のなかにある一篇を前提にしている.

102. たとえば *Sohar Chadasch* 25 ff. とゾーハル I, 89 a を, *Sohar Chadasch* 19 a, 21 a とゾーハル III, 76 a, 102 a を, *Sohar Chadasch* 80 a/c および 18 d とゾーハル I, 218 a/b を比較されたい.

103. しかしながら, 旧学派の篤学なラビたちによってこの書のために著された二つの注解書は実際の事情を十分明白に示している. Abraham Mordechai Wernikowski の注解 *Dammeschek 'Elieser* [ダマスカスのエリーエゼル] (Warschau 1888) と, Gerschon Henoch Leiner の注解 *'Orchoth chajim* [生命の道] (Lublin 1903) を参照. この小著の第2部を *Beth Ha-Midrasch* [ミドラーシュの学舎] III, p. 131–140 に *Seder gan 'eden* [エデンの園の秩序] と題して公刊した Jellinek が真の事情を知らなかったということは, 奇妙なことである.

104. Moses von Burgos は同時代のカバリストたちを *geone ha-midrasch ha-ne'elam* [ミドラーシュ・ハ・ネエラームのガーオーン達] と名付けている. 《Tarbiz》, vol. V, p. 51 参照.

105. たとえば RM 断片 II, 40 b の冒頭, およびその続章 Bl. 42/43 を参照. 1291年以前に Moses de Leon が引用しているのは断片 I の数篇であって, 本来の RM のも

のでは決してない.

106. Ms. Cambridge University Library 補遺1023 (1370年ころ書かれたもの), Bl 8 a–11 b. 私はかれこれするあいだにこれらの重要な数篇を *Louis Ginzberg Jubilee Volume* (New York 1946) のヘブライ語部門, p. 425–446 で公にした.

107. これまでのところ確証されていないがゾーハルからとみられる若干の引用部分が, Recanati のトーラーへの注解のなかに見出される.

108. Sohar II, 32 a.

109. Steinschneider, *Polemische und apologetische Literatur* (1877), p. 360–362 参照.

110. A. H. Silver, *A History of Messianic Speculation*, p. 90–92 参照. 彼が救済の年として算定した1608年という年次は本文の誤解に基づいている.

111. Sohar II, 9 b.

112. 彼はこの小邑のことを1290年までに書かれた自著の緒言のなかで言及している. アッコーのイサアクも彼が同時代人のあいだで「ラビ・グアダラヤラ出のモーセス」として知られていたことを報告している.

113. 彼は1293年に死んだとしばしば想定されているが, そんなわけはない. *Madda^ce ha-jahaduth*, vol. I, p. 20–22 参照. なぜなら, われわれはたしかにその後に書かれた彼のトラクト, すなわち JThS 所蔵の *Maskijoth kessef* [銀の置台の書], Ms. Adler 1577を所有しているからである. アッコーのイサアクの挙げている年次が結局のところ正しいように思われる.

114. それは *Nefesch ha-chachama* [賢明なる魂] (Basel 1608) と Greenup によって出版された *Schekel ha-kodesch* [聖シェケル] (London 1911) である. われわれは彼が著した約20冊の書物と小規模のトラクトを知っているが, そのうちの14は少なくとも部分的には今なお現存している.

115. Ms. Cambridge 補遺 505, 4. およびワルシャワ・ユダヤ教区図書館50に保存. Ms. München 47 中の長い断片——私は長年この手稿については, そのなかにこの書が含まれていると考えていた——は, たしかにモーセス・デ・レオンの真作の一部分であることは疑いないが, *Schuscham sodoth* [神秘の百合] ではない. MGWJ, vol. 71 (1927), p. 109–123 の拙論を参照されたい.

116. 私の引用は Ms. British Museum, Margaliouth 759 によっている.

117. 《Tarbiz》, vol. III (1932), p. 181–183 参照. 私はこの論説を公刊した後に初めて, この引用文全体を原注106で言及したゾーハルのケンブリッジ写本のなかに発見した. Ibn Sahula は, 後にわかったことだが, 自著のなかで *M. ne^celam* の他の諸篇も利用している.

118. *Kirjath Sefer*, vol. VI (1930), p. 109–118 の拙論を参照されたい.

119. アッコーのイサアクもモーセス・デ・レオンとヨセフ・アブーラーフィアとの関係について語っている.

120. Bachja は「ラビ・シモン・ベン・ヨハイのミドラーシュ」には二度しか言及しないが, ゾーハルは他の多くの箇所で利用している. このことは, つとに1589年に Moses Margaliouth によってその書 *Chassde ᵓAdonai* [主の憐れみ] Bl. 26 b で認められていたのに, 奇妙なことに多くの近代の学者の注目するところとはならなかった.

121. *Kirjath Sefer*, vol. IV (1928), p. 311 ff. の拙論を参照されたい.
122. 初期の著者たちのある者は, ゾーハルの諸章句を「ミシュナーの賢者たちによるセフィロースの描出」とか「ミシュナーの賢者たちの宇宙創造説」などとして引用する. モーセス・デ・レオン自身もこれと同じきまり文句を, 彼の *Nefesch ha-chachama* 第2章で, Sohar I, 19 b を「私はミシュナーの賢者たちの言葉のなかに発見した」という前口上を付けて引用する際に利用している.
123 Steinschneider, 全集第1巻 (1925), 171–180 ページ参照. 彼は Ibn Wakkar の浩瀚な著作のアラビア語原典がヴァチカン写本 Ebr. 203 に保存されていたことを知らなかった. *Kirjath Sefer*, vol. XX (1944), p. 153–162 の拙論を参照されたい. Georges Vajda がその後《Sefarad》誌 (1949–1951) に, この写本に基づいてこの著作の詳細な分析を発表した.
124. Ms. Vaticana 203, Bl. 63 b.「ゾーハルの書にみられる叙述は, 慎重に利用せねばならない. 私が述べたことと一致する箇所は顧慮に値するかも知れないが, それと相違する箇所は顧慮するに値しない. というのもこの書は多くの誤りを含んでいるからである. したがって誤りに陥らないためには, この書を慎重に取り扱い, それから距離を保つことが必要である.」
125. E. Zeller, *Vorträge und Abhandlungen*, Erste Sammlung (2. Auflage) (1875), p. 336.
126. この証言の本文は *Sefer Juchassin* [系統の書] (London 1857) p. 88–89 に記されているが, Neubauer はもっと良質の写本に基づいてこれを JQR, vol. IV (1892) p. 361 ff. に発表している. Graetz, vol. VII (1894), p. 427–430 も参照のこと.
127. Ms. Adler 1589 JThS, アッコーのイサアクの浩瀚な著作 *ʾOzar ha-chajim* [生命の宝庫] の一断片中. その後ほどなく, 私はこの著作の完全な本文を現在モスクワに保存されている Günzburg 写本 Nr. 775 のマイクロフィルム中に発見した.
128. この *epitheton ornans* [形容語] は Graetz, vol. IX (1866), p. 451 に記されている.
129. Ibid., vol. VII (1894), p. 199.
130. 次のことを述べておくのも無駄ではあるまい. ゾーハルの著者についてユダヤの合理主義的批評家によっていわれたことはほとんどすべて, ほぼ同じ表現で同じ合理主義的傾向を帯びたキリスト教の作家たちによって, 500年頃に使徒行伝17, 34で知られるアレオパギタのディオニュシウスの名で書いていたあの偉大なビザンチンの神秘家についていわれたことなのだ. 実際これら二つの著作群のあいだにみられる対応は, その著者たちの才能と性格に最後的断を下す範囲をはるかに越えている (原注156参照). これらの著作がそれぞれキリスト教神秘主義とユダヤ神秘主義の歴史のなかで占めている位置は, 驚くほど似ている.
131. Ms. Günzburg 771 参照. I. Zinberg, *Geschichte der jüdischen Literatur* (イディッシュ語), vol. III (Wilna 1931), p. 55 参照.
132. これは特に, 彼の *Sefer ha-rimmon* の諸部分や彼の *ʾOr saruaʿ* [腕の光] (Ms. Vaticana 212), および Ms. München 47 における表題のない著作の大きな断片, についていえることである. (原注115, ならびにそこで引用されたこの断片に関する拙論を参照されたい.)

133. 表題も著者名もなく Ms. Vaticana 428, Bl. 80-90 に記されている *ʾOr sarua*ʿ の部分をヨセフ・ギカティラの所産とみなすことは，容易にできよう．他方，ニューヨーク写本 JThS 851, Bl. 62-92 の重要な断片が，モーセス・デ・レオンではなく実際はギカティラによって書かれていることを確認するためには，かなり厳密な批判的研究が必要であった．この断片は *Ginnath ʾegos* の流儀で書かれた，従来知られていなかったトーラーへの注解の一部である．モーセス・デ・レオンがこれを利用していたことは筋道正しく証明できる．

134. *Maddaʿa ha-jahaduth*, p. 1-27 にあたえられている教示を参照のこと．

135. このことは，最古の写本，たとえば1325年に書かれたフローレンスの Ms. Laurentiana, Pl. II, Cod. 41 によって確認しうる．他方アッコーのイサアクはすでにこの著作を *Schaʿare ʾora* の表題で自著の *Meʾirath ʿenajim*, Ms. München 17 に引用している．

136. *Maddaʿe ha-jahaduth*, vol. I, p. 27, 注40を参照．

137. たとえば，他動詞としての *hithʿorer*［起す］の用法．*hithsadder*［解決する］，*hithzajjer*［伝令として働く］のような語形．ゾーハルに特に頻繁に使われる不定詞の動名詞的用法，「名声を博する」という意味の *ʿala be-schem*，あるいは「争いごとを調停する」という意味の *maskim machloketh* のような慣用語法．前置詞 *ezel*「のそばに」（原注40参照）を従える動詞の数多くの間違った成句，*machsir* に代わる *choser* の用法，などを挙げておく．これらは，すべてゾーハルの語法のなかに繰り返し現れる若干の特徴的な事例にすぎない．

138. A. Jellinek, *Moses de Leon und sein Verhältnis zum Sohar* (1851)，特に p. 24-36.

139. こうして Sohar I, 170 a の比喩は Moses de Leon, *Mischkan ha-ʿeduth*, Ms. Berlin Or. 833, Bl. 59 b で利用され，霊魂が彼岸の世界にしだいに住み慣れる比喩として使えるように改作される．

140. Sohar I, 20 a および *Sohar Chadasch*, Bl. 71 a を *Mischkan ha-ʿeduth*, Bl. 35 b と比較されたい．

141. Louis Ginzberg がつとに *Legends of the Jews*, vol. VI, p. 123 においてこう推定していた．Sohar III, 184 b は，マイモニデースが（ミシュナー・トラクト *Sanhedrin* への注解のなかで）難解な語 *jadduaʿ*［マイモニデースによれば鳥の名前で，その骨が魔法に使われる］について加えた説明を利用したのである，と．ところでモーセス・デ・レオンは実際に，*Sefer ha-rimmon* の，*jadduaʿ* について語っている巫術およびそれに類する魔術的治療の禁止を述べるさいに，まさにこの箇所を引用している．

142. *Pessikta de-Rab Kahana*, ed. Buber, Bl. 6 a.

143. *Sefer ha-rimmon*, Bl. 6 においてモーセス・デ・レオンは，Sohar I, 236 b のなかにモーセをシェキーナーの夫とみなす表象と結びついて現れるすべてのモチーフと連想を，ペシクターの名で引用している．

144. これは Jellinek のお気に入りの考えであったが，Graetz, vol. VII (1894), p. 200 もそれを継承した．モーセス・デ・レオンに見出される，いわゆるエノク書からの引用は，*Midrasch Talpijoth*［砦のミドラーシュ］の *ganʿeden* という見出し語の部分（1860）Bl. 115 a ff. ならびに部分的に Jellinek の *Beth Ha-Midrasch*, p. 195-197

にまとめられている.

145. 本書の以前の版で私は，モーセス・デ・レオンは上述の『ラビ・エリーエゼルの遺訓』を引用する最初のひとでもあるが，この著作は，証明しうる通り，ゾーハルの著者自身によって書かれたものであることに疑いはない，と述べた．だが，そうこうするうちに Tishby がモーセス・デ・レオンのこれに関係する本文を *Kobez al jad* の第4巻に完全なかたちで発表し，当該章句は写本でしか存在しない後代の挿入部分であることを実証した.

146. 問題の応答は，集録 *Schaᶜare teschuba* [応答の門] Nr. 80 にある．ところでモーセス・デ・レオンの *Nefesch ha-chachama* の第2部をなす，トーラーの幾つかの戒律に関するカバラー的な説明は，二つの稿で現存している．その一つは印刷に付されたもので，このなかでモーセス・デ・レオンはこれらの応答の一箇所を「われわれの教師たちが語った」ものとして引用している．しかし現存する写本中のもう一つの稿では，当該箇所において彼は直接，「私はそれをわれわれの教師 Haj Gaon の言葉のなかに見た」と言っている.

147. David Luria, *Maʾamar kadmuth sefer ha-Sohar* [ゾーハル書の古さに関する論] 第2章.

148. Sohar III, 184 b はたとえば，老カスディエルの使う諸種の魔術に関する書物を引用している．モーセス・デ・レオンはしかし，ゾーハル自体には記されていないこの神話上の人物に関するさらに詳しい伝説を，『エジプト脱出の秘義』Ms. Schocken 14, Bl. 82 a にえがいている.

149. Sohar I, 15 b にみられる三つの母音符号，*chirek* (i) *kubbuz* (u) *cholem* (o) に対する簡単な暗示は，*Sefer ha-rimmon* において非常に詳しく展開される．この種の別の事例は Jellinek, *Moses de Leon*, p. 37 にある.

150. *Sefer ha-nefesch ha-chachama*, §12.

151. *Mischkan ha-ᶜeduth*, Ms. Berlin Or. 833, Bl. 51 a/b. 同じことを仄めかす非常によく似た箇所が，その2ページ後の Bl. 52 b–53 a にもう一度みられる，そのなかで彼は，古い神秘家たちが彼らの言葉のなかに隠していた事柄をまず明らかにし，そのあとでゾーハルの諸モチーフの詳細な展開に移ることを約束している．しかしこの古い人たちの秘義なるものが，実際に書かれた資料に基づいているのか，それとも彼自身によって初めて明らかにされるものなのか，彼は何も語っていない.

152. Ibid., Bl. 58 b.

153. Jellinek, *Moses de Leon*, p. 21.

154. 次の非常に興味深い箇所は，*Sefer ha-rimmon*, Ms. British Mus. 759, Bl. 107–108, にある．「こうして私は，トーラーと賢者たちの言葉に日夜没頭し，良き志操と然るべき方法で神に仕える人びとを見てきた．ところがある日，ギリシャ人の著作を読む者がやってきて，神に背く態度をとった．そのなかには悪魔もまじっていた．こうして彼らは生命の水の湧き出る泉のもとを去ってあのギリシャの書物にかかり合い，その意見に従って，ついにはトーラーの言葉と戒律を捨て，破棄したのである．しかも彼らはタルムードの賢者たちの言葉を，自分たちの仮説と異国の影響を受けたみずからの見解に基づいて虚偽とみなした．そしてギリシャ人の彼らの賛助者にたいしてはいかなる異議も唱えなかった．神の精神はもはやこの連中のなかには見出されず，ついには彼らは全

く別人になり，以前の態度や，それまで歩み慣れていた善道を，批判的に眺めるようになった．彼らは賢者の言葉を嘲笑しはじめ，それどころか，タルムードの賢者たちについておおっぴらに悪口をいわないというだけで彼らにたいして特別好意的計いをしてやっているかのような顔さえ，人びとの面前でしていた．もちろん彼らが悪口を言わなかったのは格別の理由があってではなく，この賢者たちがすでに死んでしまっていたからにすぎないのだが．彼らは賢者たちのすべての言葉を愚かなたわごととして軽蔑していた．彼らは仲間うちでは，いつもこうした嘲りと軽蔑の限りを尽くし，ギリシャ人たちとそのお太鼓持ちたちの言葉に打ち興じ，彼らの言葉を三拝九拝していた．実際私は，彼らの何人かが幕屋祭の日にシナゴーグの座席のそばに立ち，神のしもべたちが祝祭の花束を手にしてトーラーの筐のまわりを回るのを眺めているのを見たことがあるが，そのさい彼らはこのしもべたちを嘲り笑いとばして，この者たちを無知蒙昧な頓馬だと言い放った．彼らはその論拠としてこう主張した．たしかにトーラーは，われわれが嘲笑したこの祝祭の花束を手にするよう命じているが，それは7日のあいだ神にたいする歓びをあらわすためにほかならないのだ．それなのに『おまえたちは，この祝祭の花束を作っているいろいろな種類の植物がわれわれを歓ばせるのだと考えている．しかし，われわれに歓びと楽しみをもたらすためなら，金銀の調度品や高価な衣裳の方がはるかにいいのではないだろうか？』と．そしてさらに，彼らはこうもいうのであった．『おまえたちは，われわれが神を讃えなければならないと考えている！　だがいったい，神には本当にそんな必要があるだろうか．そんなことはすべて無意味だ！』と．こうして彼らはついにはテフィッリーンすら身につけないようになった．その理由を訊かれると，彼らはこう答えた．テフィッリーンが定められているのは，われわれが神のすがたを常時目前に浮かべておくためにすぎない．しかしながら神を想起するには，日に何度も自分の口で唱えて神を記憶に呼び戻すにしくはない．この方が神を想うはるかによい確かな方法なのだ，と．彼らは［ギリシャ人の］例の書物を手にとって読み，このように言う．『これこそ真のトーラーである』と．ところが，トーラーの研究にいそしむ者たちはひたすら身を隠し，ひとことも彼らに抗弁しようとしなかった．いわんや，大昔の人たちの伝承として彼らの手もとにあった古の意味深い言葉を彼らに対抗させようとはしなかった．こういうわけで，かくも多くのトーラーがイスラエルで忘れ去られ，そのためとうとう神が別の精神を呼び起されて，少なくとも若干の人間がよくよく考えたうえで再び神の真の言葉に付き従うことを決心したのである．賢者たちの言葉を，ある新しい内的な衝動から新たに理解したのは，この人たちである．しかしながら相変らず大衆は偽りの祭壇に供物をささげ，自身の考えを捨てようとしなかった．」

155. *Mischkan ha-ʿeduth*, Ms. Berlin 32 a. この箇所はここではかなり漠然と「真の教師」のものとされている．それはおそらく著者が，このような崇高な場面との連関でアリストテレスの名に言及することを望まなかったからであろう．

156. モーセス・デ・レオンのことをあまり重視しなかった Steinschneider は，彼独特の辛辣な言い方でこういう．「われわれの良心なき書籍製造人がもとよりどんなに道徳を垂れようと……」彼の作成したヘブライ語写本のカタログ Berlin, vol. II (1897), p. 39 参照．これは，偽ディオニュシウス・アレオパギタの著作の最初の注解者である Johannes von Skytopolis (540年頃) が抱いた素朴な感嘆を思い出させる．彼はこの著者について次のようにいう．「原始キリスト教時代のこのように多くの神聖な人物や事

物の名を，こうした嘘で固めたような著作に利用し，それでいながら他の点ではこのうえなく敬虔にして啓発的な著述家であることが証明されている著述家というのは，なんと厄介な存在であろうか.」

第六章　ゾーハル　その二　ゾーハルの神智学的教義

1. 1289年にメッシーナで書かれた，トーラーへのアブーラーフィアの注解のうち，われわれは現在なお，創世記への注解部分 (Parma 141)，出エジプト記への部分 (New York, JThS 841)，民数記略への部分 (Mailand Ambrosiana 53)，および申命記への部分 (Ms. Oxford Neubauer 1805) を保有している.

2. 私見によれば，Blavatsky 夫人の主著 *Die Geheimlehre* の基盤をなしている神秘的な書 *Dzyan* 中の有名な連節が，表題からみても内容からみても，ある程度，*Sifra Di-Zeniutha* と題されるゾーハル文書のいかめしい文体で書かれた諸ページに負っていることは疑えない．この理論を――詳しい証明はないが――提起した最初の学者は，ユダヤの神智学者 A. L. Bosman であった．著書 *The Mysteries of the Qabalah* (1916), p. 31. 私にはこの見解が実際に，従来説明されていなかった *Dzyan* という書名の真の語源であるように思われる．Blavatsky 夫人はゾーハル諸章句の英訳から甚だしく盗用しているが，この英訳自体も原本からではなく，Knorr von Rosenroth, *Kabbala Denudata* (1677–1684) における著者のラテン語訳によっている．この英訳資料には *Sifra Di-Zeniutha* のきわめて不正確な訳も含まれている．これらのページにみられる荘厳で格調高い文体は Blavatsky 夫人の感受性豊かな気質に深い印象をあたえたようだ．実際に彼女自身，これら両書のあいだのそうした結びつきを *Isis Unveiled* の冒頭 (vol. I p. 1) の数行で示唆しているのである．そこにはたしかにまだ *Dzyan* の書の名は挙げられていないが，彼女が使用した，ゾーハルのアラム語のタイトルの転写を通じて，彼女が何を考えていたかははっきり示されている．彼女曰く.「広い世界のどこかに一巻の古い書物が存在している……それは今なお現存する唯一の原本である．秘教に関する最古のヘブライ語の記録 *Siphra Dzeniuta* はその書物から編集されたものである.」したがって *Dzyan* 書はゾーハル文書の表題の神秘的な実体化にほかならない．近代のユダヤ神智学と古いユダヤ神智学の基礎的文書のあいだにあるこの「書誌学的」関係は，十分注目に値する.

3. 第二章，第10節を参照.

4. *Mirkebeth ha-mischneh* [反復の乗物]. これは，トードロス・アブーラーフィア，ブルゴスのモーセスその他によってきまって使われる表現である.

5. *Merkaba penimith* [内的乗物]. 非常によく使われる表現である.

6. とくにここには，偽書 *ʿIjjun* [瞑想] と *Maʿajan ha-chochma* [知恵の泉] の回りに集まっている小著作が属する．カバラーに関するヘブライ語の拙著 *Reschith ha-kabbala* における，これらのテキスト群についての章 p. 162–175, 255–262 を参照されたい.

7. たとえば，ゾーハルの *Idra Rabba* に関する現存する最古の注解 *Sefer ha-gebul* [限界の書] に登場する David ben Juda のような14世紀の二，三のカバリストは，10の *zachzachoth* [光輝]，つまりセフィロースのさらに上位にある「神性の反映」に言及している．Cordovero, *Pardess rimmonim* の第11章も参照されたい．この章にはこの反映に関する深く鋭い思弁が含まれている.

8. 第一章，第4節参照．ゾーハルはヘブライ語の表現 *En-Sof* をアラム語に訳さずに利用している．この表現は最初，盲人イサアクとその弟子たちによって利用された．

9. *Bahir* の書における神人同型説的な箇所と Gikatilla, *Schaʿare ʾora* の緒言を参照されたい．本文中に利用された表現は Isaak ibn Latif の神秘主義的な箴言集 *Rab peʿalim*, §9 と，Emanuel Chaj Ricchi, *Joscher lebab*［心の率直さ］(Amsterdam 1737)．第1部第3章第15節に記されている．

10. Sohar III, 159 a.《Tarbiz》III, p. 138 参照．英訳 vol. V, p. 226 におけるこの箇所の解釈は間違っている．

11. Sohar III, 70 a. この言い回し自体は *Jezira*, I, 6 に由来する．

12. D. H. Joel, *Die Religionsphilosophie des Sohar* (1849)，特に p. 179 ff.

13. そのようなセフィロースの象徴のきわめて重要な枚挙と詳細な分析は，Gikatilla の *Schaʿareʾora* に含まれている．無名のラビ・モーセス（1325年頃）――この人物は長年モーセス・デ・レオンと推定されていたが，そうではない（*Kirjath Sefer* I, p. 45–52の拙論を参照されたい）――の *Sefer ha-schem* と，および完全にひとつの象徴辞典となっている Moses Cordovero の *Pardess rimmonim* 第23章も非常に価値がある．

14. EJ, vol. IV, Sp. 688–692 の私の論説，*Bibel in der Kabbala* を参照されたい．レビ記16, 3の詩句が多くの箇所で纏わされる象徴的な雰囲気などは，その典型的なものである．この詩句はカバリストのばあい次のように解釈される．「シェキーナー（これは象徴的な意味で *soth* と呼ばれているが，この語自体は文字通りには「この」という意味の指示代名詞女性形または中性形）が人間に宿るときだけ，人間は聖域に参入することができる．」

15. 聖書の四重の神秘的な意味に関するこの教義については，第五章の原注75に挙げられた Wilhelm Bacher の重要な論文，ならびに《Diogenes》, Heft 14 と Heft 15 (1956) 所収の拙稿，*The Meaning of the Torah in Jewish Mysticism* を参照されたい．

16. Bacher, loc. cit., p. 41–46, 219–229 参照．

17. Sohar II, 99 a/b および III, 152 a 参照．

18. III, 152 a.

19. 著者はタルムード学者を機知に溢れた言い回しでミシュナーのロバ（*chamor de-mathnithin*）と呼ぶ．その際彼は，ロバを表すヘブライ語の文字は「立派な学者，ラビ中のラビ」を意味するヘブライ語の短縮形であると説明する．これについては III, 275 b 参照．他の諸例は，Graetz, vol. VII, 505–506 にみられる．

20. *Peliʾa* 書は 1784年に Koretz で，1883年には Przemysl で，もっと良質の本文で印刷されている．*Kana* 書は1786年に Porizk で印刷された．Graetz, vol. VIII, Note 8, S. A. Horodezky, *Hatekufah*［時代］, vol. X (1920), p. 283–329, Verus (A. Marcus), *Der Chassidismus* (1901), p. 244–261 参照．両書の著者問題に関する Marcus の見解は近年幾人かの学者に受け入れられてきたが，完全に間違ったものである．

21. 前注で引用された文献中にみられるこれにたいする数多くの例を参照されたい．

22. Graetz, loc. cit., ならびにこれに先立つ Cordovero の *Schiʿur Koma* (Warschau 1883), Bl. 79/80 を参照のこと．

23. 《Hibbert Journal》, vol. 28 (1930), p. 762.

24. この書には十指を下らぬ版があり，また Paulus Riccius が *Portae Lucis*

(Augsburg 1516) の表題で，この書の大半の部分をラテン語に訳している.

25. Waite, *The Secret Doctrine in Israel* は，最初1913年に公刊されたが，のちに1929年に出版された *The Holy Kabbalah* に編入された．この作品にはそのほかに彼の初期の（かなり時代遅れの）著書 *The Doctorine and Literature of the Kabbalah* (1902) が収録されている.

26. *Kithrin ʿillaʾin de-malka kaddischa* [聖なる王の至高の王冠] III, 30 b, またはしばしば簡単に *Kithre malka* [王冠].

27. Sohar III, 11 b, 70 a.

28. *Appe malka* [王の顔] II, 86 a, あるいは *Anpʾin penimain* [隠された顔]も.

29. 「諸段階」と「諸光」という表現はセフィロースを表すのに頻繁に用いられる. III, 7 a はセフィロースのことを「王が身に纏う壮麗な衣裳」として語る.

30. *Das Buch Bahir*, G. Scholem による独訳, §85 を参照されたい.

31. *Adam kadmon* [最初の人間] という術語はゾーハル主要部では使用されず, *Tikkunim* のなかでのみ使用される．ゾーハルが語るのは，天上あるいは高位のアダムである．とはいえ，III, 193 b には *Adam kadmaʾa temira* [秘密の最初の人間] というアラム語の表現がみられる．しかしアラム語では *adam kadmaʿa* は，「最初の人間」の逐語訳以上のものではない. *Idra Rabba* III, 139 b ではこういわれる.「あの王の聖なる王冠はすべて，それらが合体して王のすがたとなって現れるとき，アダム，つまり万物を包摂する原形と呼ばれる.」

32. この見解は Cordovero によって *Pardess rimmonim* のなかで表明された.

33. Cordovero の大著のなかの，神性の本質あるいは器具としてのセフィロースに関する章は，この問題の論議に費やされている.

34. Sohar I, 245 a の末尾を参照.

35. Sohar III, 10–11 を参照.

36. Sohar I, 16 b.

37. Sohar I, 74 a. これと同じ象徴表現は I, 15 a にある．モーセス・デ・レオンはヘブライ語の著作の多くの箇所でこの象徴表現の意味について詳細な説明を行っている.

38. 「汝」と「彼」については Sohar II, 90 a, III, 290 a を参照.「我」については, I, 65 b, 204 a/b.

39. 第十のセフィラーは，たとえば Sohar I, 11 b で,「信仰の秘密に通じる門」と呼ばれる.

40. *Sefer Jezira* の Warschau 版 (1884) p. 5, Sp. a にある, Abraham ben David の手になるものとされているこの書への注解を参照．この注解の本当の著者については, *Kirjath Sefer* IV, p. 286–302 における拙論を参照されたい.

41. 《Eranos-Jahrbuch》, 1956, vol. 25 (1957), p. 87–119 の無からの創造に関する私の詳論を参照されたい.

42. *Schaʿare ʾora* (Offenbach 1714), Bl. 108 b. 同じ表象は *Tikkune Sohar* (Mantua 1558), Bl. 7 a の「緒言」，および敷衍されたかたちで *Peliʾa* 書 (1883), Bl. 14 c にもみられる.

43. Sohar I, 2 a. Moses de Leon, *Schekel ha-kodesch*, p. 25. 《Tarbiz》, vol. II, p. 195, 206 における Isaak Kohen の *Ezechiel* I への注解も参照のこと.

44. Jakob ben Schescheth, *Meschib debarim nechochim* [正しい言葉による応答], Ms. Oxford 1585, Bl. 28 a/b. 彼は直接「点」のことは語らず,「直線がそこから展開され伸張しはじめるいとも微細なる実体」について語る. 同一の見解を彼の友人ナハマニデースは, 粉飾したかたちであったために一般には誤解されたが, トーラーの冒頭の詩句への注解のなかで利用した.

45. Moses de Leon, *Sefer ha-rimmon*, Ms. British Museum 759, Bl. 125–230 において.

46. Sohar I, 15 a. *Die Geheimnisse der Schöpfung, ein Kapitel aus dem Sohar*, Berlin 1936 の表題による, この章全体の私の独訳を参照されたい.

47. 著者はタルムードのひとつの言葉を示唆する. それによれば, トーラーの最初の言葉そのものも神の10の創造の御言葉のひとつであったとされる (*Megilla* 21 b).

48. Sohar I, 15 a/b.

49. Sohar I, 2 a は, 知恵と同一視される神的思惟についてこう語る.「この神的思惟が知恵のなかで全ての形式を造り, この知恵のなかへ事物のいっさいの特徴を埋め込んだ.」タルムード・アッガーダーへのアスリエルの注解 (ed. Tishby, p. 84) を参照.「ホクマー, つまり知恵は, 存在可能性をもつ全てのものの潜勢態を意味する.」彼はさらに, いっさいの事物は神的知恵のなかに包含されている, ともいっている (p. 87–88).

50. Sohar I, 15 b 参照.

51. III, 65 b. ゲロナ出のアスリエルはセフィラー *Chochma* のことを「未だ形態をもたない一切の実体の総体」として語っているが, これらの実体は次のセフィラー *Bina* のなかで初めて形態をとる. イェツィーラー書の諸版にナハマニデースの著者名で印刷されているアスリエルの注解, 第1章を参照のこと.

52. *Jomin kadma'in* [最初の日々] Sohar III, 134 b. あるいはしばしば *Jomin 'illa'in* [至高の日々] ともいわれる.

53. Shelly, *Adonais* LII.

54. ゾーハル I, 1 b–2 a, 30 a, 85 b. II, 126 b ff., 138–140 b.

55. I, 15 b. この解釈はイサアクとナハマニデースの弟子たちのすべてに例外なく見出される.

56. MGWJ, vol. 71 (1927), p. 118–119 の箇所を参照.

57. この汎神論の傾向を有する著者のひとりが David ben Abraham Ha-Laban (白人, 1300年頃) であるが, 彼の著作 *Massoreth ha-brith* [契約の伝統] を私は1936年に編纂した.

58. Sohar I, 240 b.

59. I, 241 a.

60. 《Tarbiz》 III, p. 36–39 における私のこの概念の分析を参照されたい.

61. Sohar I, 241 a. 類似の言い回しは頻繁に見出される.

62. この考えは, 詩篇 19, 5 の神秘主義的な意味として Sohar II, 137 a に述べられている.

63. これらの宮殿のことは, Sohar I, 38–45 と II, 245–262 に詳しく描かれている.

64. Moses de Leon, *Sefer ha-rimmon*, Ms. British Museum 759, Bl. 47 b の長い箇所から. ここには *Pessikta rabbati*, ed. Friedmann, Bl. 98 b のある箇所の汎神論

的パラフレーズが含まれている.

65. 彼らは「事物が原初の存在へ復すること」について語るが，これは，多くのキリスト教神秘家や終末論者の考えにおいて極めて重要な役割を演じていた Apokatastasis（万物の原初状態への復帰）の概念にぴったり一致する.

66. Sohar II, 176 a, III, 141 a/b. *Maʿarecheth ha-ʾelohuth*, Bl. 6 b におけるほぼ同じきまり文句も参照されたい. 同じ新プラトン主義的なきまり文句は，マイスター・エックハルトたちのようなキリスト教の神秘家によっても利用される. これについてはさらに Gabirol の *Fons Vitae*, ed. Baeumker III, 33 および Jakob Guttmann, *Die Philosophie Gabirols*, p. 163 も参照されたい.

67. モーセス・デ・レオンの年輩の同時代者イサアク・ベン・ヤコブ・コーヘンは，セフィロース世界におけるシェキーナーのこうした上昇と下降を生きいきと描写している. 私が *Maddaʿe ha-jahaduth*, vol. II, 1927, p. 241 に編集した，流出に関する彼の論述を参照のこと.

68. Cordovero の *Pardesse rimmonim*（1548年著）は1592年に Krakau で初めて公刊され，第二の主著 *ʾElima rabbati*（1567–68年著）は，Brody で1881年に出版された.

69. サーフェード出の Elischa Gallico は雅歌への注解（Venedig 1587）の緒言 Bl. 2 a のなかに，これに関する非常に啓発的な箇所を用意している.

70. Sohar I, 11 b, II, 216 a, III, 56 a, ならびに Moses de Leon, *Sefer ha-rimmon* の冒頭のこれに関する長い詳論を参照されたい.

71. Sohar II, 97 a と 146 b. これらの箇所はあまりにもしばしば近代の著者たちによって誤って解釈された. これに対応する非常に興味深い箇所が，Moses de Leon, *Mischkan ha-ʿeduth*, Ms. Berlin, Or. 833, Bl. 36 a に見出される. それによれば，敬虔なる者がシェキーナーと聖餐式をもつことができるのは，シェキーナーが「雲霧」（出エジプト記 20, 21 による）と呼ばれる「ヴェールで覆われた状態」にあるときに限られる. 真の神秘主義的合一はシェキーナーとその神的主君そのもののあいだにのみ実在する.

72. Sohar I, 21 b–22 a.

73. この象徴表現を研究しようとする最初の試みは，Waite によって *Secret Doctrine of Israel*（1913）の The Mystery of Sex に関する章 p. 235–269 において行われた. 残念ながら彼の分析は，ゾーハルの表現 *Rasa de-mehemanutha*「信仰の秘密」が性の秘義に関連しているという完全に誤った前提に基づいている. この表現は実際にはなんらの性的または性愛的なニュアンスをもたない，神性の神秘的世界である10のセフィロースの総体を意味するものにほかならない.

74. Sohar I, 207 b は *siwwuga kaddischa*〔聖なる婚姻〕という表現を使う. III, 7 a は「王と刀自との聖なる婚姻」について語る.

75. カバラーの批判者たちは，カバラーが本質的に異教的な性格をもつことの証明としてこの点に拘泥した. 特に，豊富な文書を用いて示すがあまり深くは突っ込まない Salomo Rubin の論文 *Heidentum und Kabbala*（Wien 1893），p. 85–114，ならびにイエーメンの学者 Jachja Kafich のカバラーの書 *Milchamoth ha-schem*〔名前の戦い〕（Tel Aviv 1931）における雄弁な論争を参照のこと.

76. そうした象徴表現のあからさまな例は，たとえば Sohar I, 162 a, II, 128 a/b, III. 5 a/b, 26 a にみられる．

77. M. D. Georg Langer, *Die Erotik der Kabbala* (Prag 1923)．彼の陳述のもつ価値は甚だ疑わしい．

78. Sohar III, 296 a/b における，詩篇 132, 13 に関する神秘主義的解釈．そこではシオンはシェキーナーの腟の象徴として利用される．そうした象徴表現にたいして当然起った批判にたいして，16世紀の最も重要なカバリストのひとり Simon ibn Labi はゾーハル注解 *Kethem pas* [純金] (Livorno 1795), Bl. 11 b, 185 b で意見を述べた．

79. 以下のことにたいしては，《Eranos-Jahrbuch》, vol. 21 (1953), p. 45–107 における，シェキーナーの表象についての拙論を参照されたい．

80. バーヒール書の私の独訳，§§ 36, 43, 44, 52, 90 を参照されたい．

81. ゾーハルでは，*matronitha* [貴婦人]，*bratha* [娘] および *kalla kekula* [完全な花嫁] という表現が利用される．

82. ゾーハルそれ自体には，II, 95 a に「誰も目を向けない美しい女」の話があるが，これはトーラーのことだと理解されている．しかしアラム語の本文は，この美しい女自身に目がないかのように解釈することもできる．この意味でこの言い回しは，ルーリア学派全体ではシェキーナーの象徴として使用される．

83. 《Eranos-Jahrbuch》, vol. 21 (1953), p. 102–103 における上掲の拙論を参照されたい．

84. Sohar I, 228 b 参照．そこではシェキーナーについてこういわれる．「世の婦人たちはすべてシェキーナーの秘密に包まれている．」

85. 原注73参照．

86. このきまり文句を最初に使用したのは，ゾーハルに50年先立つ，エスラー・ベン・サーロモーである．ゾーハルは人間を「いっさいのものを自己の内に内蔵する原形」とみなす．III, 139 b.

87. Sohar III, 83 b 参照．つとにエスラーも『認識の樹の秘密』のなかでこういっている．「アダムは木の実を食べる前は，純粋に精神的で，エノクやエーリアスのように天使的存在であった．それゆえアダムももともとは，霊魂の果実である楽園の果実を口にするにふさわしい存在であった．」(Ms. Oxford, Christ Church College 198, Bl. 7 b)

88. *Scha'are 'ora* (Offenbach 1714), Bl. 9 a.

89. Sohar II, 41 b, 216 b, III, 77 b.

90. Sohar III, 71 b でゼカリア書 14, 9 についてなされた解釈，ならびに III, 260 b を参照のこと．

91. ゾーハルの前注の箇所における，「今や世の罪人たちの存在が，神が本来唯一者でないことの逆因となる」を参照．

92. Sohar I, 164 a その他．

93. たとえば II, 34 a でそういわれる．

94. ゾーハルは「神に愛着する」という動詞は頻繁に利用するが，*debekutha* [愛着] という名詞を利用することはごくまれである．

95. 申命記 11, 22 へのナハマニデースの注解．

96. *Chagiga* 9 b における「神はイスラエルの民にあたえるためにすべての良き特性

をつぶさに調べてみたが，貧困より良いものを見出さなかった」というような言説は例外である．

97. ゾーハルはしばしば *manin tebirin*［壊れた器］について語る．《Zion》, vol. V, p. 30 における Baer の論文中の私の所見を参照されたい．

98. *Sefer ha-rimmon*, Ms. British Museum, Bl. 35 b.

99. 《Zion》, vol. V, p. 1–44 の Baer の論文，および前章の注 97 を参照のこと．

100. Sohar I, 249 b.

101. L. Ginzberg, *Legends of the Jews*, vol. V, p. 325 参照．

102. このトラクトはナハマニデースの名で非常にしばしば印刷されている．この著者問題に関しては *Kirjath Sefer*, vol. XXI, p. 179–186 における拙論を参照されたい．

103. Moses Cordovero, *Pardess rimmonim*, 第 4 章，§9.

104. 「流出左派」に関するブルゴス出のモーセスのトラクト *ʿamud ha-ssmali*［左の流出］は，私が《Tarbiz》, vol. IV, p. 208–225 に公刊した．同 vol. III, p. 272–285 における私の分析も参照されたい．

105. これらの表象は，アダムの罪の問題を扱う13世紀の数多くの作品のなかに述べられている．ゾーハルの古典的な定式は，I, 12b にある．それによれば，罪の本質はアダムが「下で分離し上で結合するべきであったのに，下で結合し上で分離した」ことにあった．この破壊的分離を表す神秘主義の術語は，*kizzuz banetioth*［農園を踏み潰すこと］であり，これはゲロナ学派の著作のなかに頻繁に見出される．Esra ben Salomo は『認識の樹の秘義』Ms. Oxford Christ Church College 198, Bl. 7 b – 8 a のなかで，生命の樹と認識の樹はもともとは統一されていたが，アダムの罪によって分かれたのだと述べる．ゾーハル本文中に引用されている別の象徴表現は Salomo ben Adreth の弟子 Meʾir ibn Sahula によって利用されている．さらにナハマニデースのトーラー注解のなかの神秘主義的な箇所にたいする Sahula の二重の注解（Warschau 1875）p. 5 を参照されたい．

106. Sohar I, 35 b と 36 b 参照．ここには魔術的知識の起源が「栽培植物を踏み潰すこと」の直接的な結果として描かれる．実際 Bachja ben Ascher (1291) も魔術を「分かれているべき事物の結合」として規定する．出エジプト記 22, 17 への彼の注解を参照されたい．トーラーにおける混合播種の禁止（ナハマニデースのトーラー注解から採られた説明）に関する Sohar III, 86 a も参照のこと．

107. Sohar III, 21 b は，この思想を，罪は罪を招くというタルムードの言葉に関する神秘主義的なパラフレーズのなかで展開させる．

108. この根本思想はゾーハルとモーセス・デ・レオンのヘブライ語著作のなかでたびたび暗示される．この思想がかなり長く展開される箇所は，I, 17 a–18 a にある．悪魔の世界は，I, 74 b, 148 a, 161 b によれば，神の内部の厳格な裁きという特性が肥大化することから生ずる．

109. Baader, *Vorlesungen zu Jokob Boehmes Lehre* (1855), p. 66 は，神における神秘主義的本性に関するベーメの教義を「Angelus Silesius 流に」次の詩句に要約している．

　厳格と慈悲が相会せしところには
　光と愛の火がともる．

厳格と慈悲が相わかれしところには
怒りと闇が燃え上る.

これは，まさに Sohar I, 17 a の韻文化されたパラフレーズのように読める.

110. Hamberger 編, *Friedrich Christian Oetingers Selbstbiographie* (1845), p. 46. 『ヤーコプ・ベーメとカバラー』については最近 W. Schulze が季刊誌《Judaica》vol. XI (Zürich 1955), p. 12–29 に書いている. この問題はもっと突っ込んで論ずる価値がある.

111. Sohar III, 192 b 参照. II, 98 a は悪を宇宙の樹の「苦い枝」として描く. これと似た意味で「金の鉱滓」,「ブドウ酒の沈澱物」,「濁った水」といったような形象がしばしば使用される.

112. Sohar I, 19 b, II, 69 b, 108 b, 184 b, III, 185 a.

113. Gikatilla は，この問題について短いトラクトを著している. それは *Sod ha-nachasch u-mischpato* [蛇と蛇にたいする審判の秘密] というタイトルでたとえば Ms. Leiden Warner 32 に収められている. そこには悪の起源に関する一つのまとまった神話が見出される.「汝らはこのことを知るがよい. 蛇は創造の端緒から，己れの場所にある限り，調和にとって重要で必要不可欠なものなのだ. 蛇は支配と奉仕の軛を荷なうように創造された偉大な召使いであった. その頭部は現世の高峰の上に聳立し，その尾部は地獄の深みにまで達していた. 何故ならあらゆる世界において蛇は然るべき場所をもち，あらゆる段階の調和にたいして，つまり蛇の居場所におけるそれぞれの段階の調和にたいして，途轍もなく重要な役割を果たしていたからである. そしてこれが，イェツィーラー［創造］書から知られている天の蛇，いっさいの領域を動かし東から西へ北から南へ循環させる天の蛇の秘密なのである. かくてこの蛇が存在しなければ，この世のすべてのいかなる被造物も生命をもたず，播種も，生育も，すべての被造物の繁殖を促すいかなる刺激も存在しない. ところでこの蛇は初めは聖域の壁の外にいて，外側からその外壁に結びつけられていた. というのも蛇の下半身は壁に連なり，その顔は外に向けられていたからである. 壁の内へ立ち入ることは，蛇には似つかわしいことではなく，蛇の場所と掟は生育と生殖の業に外からはたらきかけることであった. これが，善悪に関する認識の樹の秘密である. それゆえ神は最初の人間に，善悪の双方が認識の樹のなかで，一方が内側から他方が外側から，一つに結びついている限り，この樹には触れぬように警告した. 人間はむしろじっと待ち，しかる後に，最初の木の実である樹の包皮を樹からもぎ取るべきだったのである. ところがアダムは待つことなく，早まって木の実を取り，これによって「このうえなく神聖なもののなかへ偶像を」持ち込み，その結果外部の不純な力が内部に侵入してきたのだ. ……汝らは知るがよい. 神の造り給うたものはすべて，それぞれがその場所にある限り，己れにあてがわれ予定されたこの創造の場所において善なるものであるが，これらが反抗し，その正当な場所を見捨てるときには，悪となるのだ. それゆえイザヤ書45, 7ではこう言われている. 神は調和を樹立し，かつ悪を創造する，と.」

114. Sohar II, 69 a/b, 216 a, 227 a, III, 252 a.

115. Sohar II, 103 a. 蛇の「足」に関しては Sohar I, 171 a. 蛇は創世記 3, 14 では足を欠いたままであったが，ゾーハルの見解によればイスラエル民族の罪によって，しっかりと直立する「足」が具えられる.

116. *Sitra ʾachra*［後の秘密］と *Sitra di-ssmala*［左手の秘密］はゾーハルでは非常にしばしば，デモーニッシュなものの力を表すメタファとして使われる．

117. Sohar II, 34 b.

118. Sohar I, 223 b, II, 34 b, III, 135 b, 292 b. さらに，私がヤーコプ・フライマン博士の古稀記念論文集（1937），ヘブライ語部門，p. 170 に公刊した，悪の起源についての偽ギカティラの応答集，ならびに Jellinek, *Auswahl kabbalistischer Mystik* (1853), p. 2 も参照されたい．

119. Sohar II, 163 a.

120. 讃歌全篇のヘブライ語の本文は，Michael Sachs, *Die religiöse Poesie der Juden in Spanien*, 2. Auflage (1901)，ヘブライ語部門の p. 50/51 に収められている．

121. Sachs, op. cit., p. 328–331 参照．讃歌の完全な独訳を私は Almanach des Schocken Verlags auf das Jahr 5696/1935–36, p. 86–89 に発表した．

122. J. Husik, *A History of Mediaeval Jewish Philosophy* (1918), p. XLVII 参照．

123. Sohar I, 206 a, II, 141 b, III, 70 b. この霊魂論の性格が元来哲学に由来していることは，とりわけ週間章節 *Bereschith* への *Midrasch ha-neʿelam*（*Sohar Chadasch* の諸版に印刷されている）からなおはっきりと推定される．

124. *Bina* はゾーハルではしばしば，ダニエル書から取られた形象で，「神から発し広がる光の源流だといわれる．そして霊魂 *neschama* はこの光の流れから生まれる．（ゾーハルは *nahar*「流れ」と *nehora*「光」両語の語源的結びつきを利用する．）II, 174 a はセフィラー *Chochma* のなかにもっと高い *Neschama* があることさえ仄めかしている．

125. モーセス・デ・レオンはこの問いを1290年に著書 *Nefesch ha-chachama* (Basel 1608) 第2章で，さらに1293年に今なお未刊の *Mischkan ha-ʿeduth* で提起している．本文中に引用された解答は後者のもの．

126. Sohar I, 81 b, 226 a/b. III, 70 b では，霊魂 *Neschama* は死後直ちに上方の楽園にある天の我が家に帰還するといわれる．さらに II, 97 a のある箇所には，「聖なる霊魂」にたいする裁きのことが語られている．しかしこの概念はそこでは一部の特殊な霊魂という含みのある意味で利用されているのではなく，全体としての霊魂を意味している．II, 210 a も参照．Moses de Leon は *Mischkan ha-ʿeduth*, Ms. Berlin, Bl. 46 a においてこう語る．「義しき者の霊はゲヘナへ入り，そこで浄められ，平安のうちに再びそこを後にして先へ向う．」Sohar III, 220 b もまた，全き義しき者の魂は地獄へ下り，かしこでもろびとの魂を救出する，という表象を仄めかしている．

127. この主題に関するゾーハルの理論はさらに偽書風の『ラビ・エリーエゼルの遺訓』のなかで潤色されている．この文書は *Seder ʿgan eden* という表題で，Jellinek の *Beth Ha Midrasch*, vol. III, p. 131–140 に部分的に印刷されている．モーセス・デ・レオンはこれらすべての理念を原注 125 に引用された彼の両著作のなかで非常に詳細に論じている．

128. Sohar III, 302 b.

129. Ibid., III, 68 a/b.

130. Ibid., I, 233 b, II, 161 b.

131. 私はこの表象を《Tarbiz》, vol. 24 (1955) p. 290–306 のヘブライ語の論文 *Die*

paradiesischen Gewänder der Seele（「霊魂の天衣」）において詳細に論究した．
132. Schar II, 209–212 a.
133. これについては，拙論 *Seelenwanderung und Sympathie der Seelen in der judischen Mystik*, 《Eranos-Jahrbuch》, vol. 24 (1956) における詳細な研究を参照されたい．その p. 56–67 で，バーヒール書の関係箇所が論じられている．輪廻にたいする術語 *Gilgul* はバーヒール書の公刊後に現れたものであり，カバリストはこれを哲学的な文献から採り入れたのであろう．《Tarbiz》, vol. 16 (1945), p. 135–139 におけるこの概念の歴史に関する拙論を参照されたい．
134. カタリ派については，とりわけ Jean Giraud, *Histoire de l'Inquisition au Moyen Age*, vol. I (1935), ならびに Hans Söderberg, *La Religion des Cathares* (1949), Arno Borst, *Die Katharer* (1953) を参照のこと．カタリ主義とプロヴァンス・カバラーとのあいだには関係があるかもしれないという問題に関してはカバラーの諸起源に関するヘブライ語の拙著のなかで詳しく論じたが，上述の著者たちはこの問題をまったく知らずにいる．
135. Sohar I, 186 b, III, 7 a. 《Tarbiz》, vol. 16 (1945), p. 139–150 における拙論 *le-cheker torath ha-gilgul*［輪廻の律法を求めて］を参照されたい．そこでは13世紀末のカタロニアのカバリスト Schescheth des Mercadell の或る重要な本文が報告され論じられている．
136. Ibid., II, 99 b, III, 177 a.
137. Abraham ben David の作とされているイェツィーラー書注解の実際の著者である，バルセロナ出の Josef ben Schalom の体系はこの表象に基づいている．ゾーハルと古いスペインのカバラーにおける輪廻の教義の発展については，原注 133 に引用された《Eranos》の拙論，p. 67–94 を参照されたい．Menachem Recanati の見解は，週間章節 *Mezora*ʿ［ライ病患者］と *Kedoschim*［聖なるもの］への彼のカバリスト的なトーラー注解のなかに記されている．

第七章　イサアク・ルーリアとその学派

1. マラノである Pedro de la Caballeria は，その反ユダヤ的著書 *Zelus Christi* (Venedig 1592), Bl. 34 のなかで，ゾーハルはカスティーリャでは個々のユダヤ人が手にしている（*apud peculiares Judaeos*）だけであったと報告している．この書が書かれたのはほぼ1450年頃である．
2. 原注第五章の97を参照．
3. *Sefer keneh bina*［知性の章の書］(Prag 1610), Bl. 7 a. この書は *Peli'a* 書と同じ著者によって書かれた．
4. メシアの最終日付けのこの計算は，ヨブ記 38, 7 に基づいている．L. Zunz, *Gesammelte Schriften*, vol. III, p. 228 参照．ヴァチカンの写本 171, Bl. 96 b においてわれわれは，世界の革新は1492年に始まるだろうということを耳にする．
5. これらの諸表象は Abraham Halewi, *Mischre kitrin*［節の床］(Konstantinopel 1510) と，類似の著書，特に手書きで保存されている詩篇の注解 *Kaf ha-ketoreth*［さげ香炉］のなかで展開されている．
6. *Kirjath Sefer*, vol. II (1925), p. 101–141, 269–273, および vol. VII (1930),

p. 149–165, 440–456 の彼についての拙論を参照されたい.

7. *Sefer ha-meschib* [啓示の書] については，拙著『エルサレムにおけるカバリストの手稿のカタログ』p. 85–89 に詳細を掲げた. 浩瀚な書 *Kaf ha-ketoreth* は幾つかの手稿で存在しているが，私はそのうちパリ国立図書館 (Hebr. 845) のものを利用した. この書はサーフェードの神秘家たちにも知られており，Vital は彼の魔術に関する未刊の書のなかでそれを引用している. (エルサレムの Musajoff コレクションの手稿 Bl. 69 a.) エルサレムのショッケン文庫の写本のなかには，この匿名の著者の他の著作からのさらに詳細な抜粋が見られる.

8. 詩篇29についての *Kaf ha-ketoreth.*

9. *Chereb chadda be-jadam schel Jisrael laharog ule'abbed kol zar u-mastin* [全ての敵を滅ぼすための，イスラエルの人びとの手中にある鋭い剣].

10. Ibid., Bl. 54 b. 哲学者の書は悪魔サマエルとその代理人，ノー出のアモンに属するもので，追放が延長されたのはこの書のせいである. われわれはこれらの理念を，もう少し控え目な形でではあるが，1492年の破局の原因についての Josef Jaabez の論争的な著作からよく知っている.

11. *Midrasch ha-ne'elam* in *Sohar Chadasch* [新ゾーハルの秘密のミドラーシュ], Bl. 23 d. 「汝の生活において. 教区民の長たちが，あるいは一つの教区だけでもよいが，真に贖罪をするならば，その功績によって，全ての追放者が家へかえされるであろう.」

12. すでに *'Emek ha-melech* [王の谷] (Amsterdam 1648), Bl. 148 d の著者がこのゾーハルの箇所を，サーフェードの試みを示唆するものとして解釈している.

13. この関連においては，Abraham Asulai (1625年頃) の引用も非常に興味深い. 彼のゾーハル注解書 *'Or ha-chamma* [太陽の光] の序言のなかで或る写本から次のように引用されている.「おおっぴらにカバラーとかかわり合ってはならないということが，天から定められていたのなら，それは1490年末までの限られた時期のことであった. それ以後から，時代は〈終末の世代〉と呼ばれ，禁止は解かれる. ゾーハルとかかわり合うことも許されている. それどころか1540年からは，ゾーハルとおおっぴらにかかわり合うことが，大人にも子供にもとくに称揚すべき使命となる. ……というのは，他のいかなる功績によるのでもなく，まさにこのことによって，メシアは到来するであろうからである.」

14. この名は一般にはあやまって《Askari》と書かれているが，《Asikri》というのが正確な書き方である. このことは同時代の写本から明らかである. たとえば Livorno の Toaff 写本のなかにある Chajim Vital の自伝の自筆稿から.

15. S. A. Horodezky のヘブライ語の著書 *Die kabbalistische Lehre des Rabbi Moses Cordovero* (Berlin 1924) と *Die kabbalistische Lehre des Isaak Luria* (Tel Aviv 1947) におけるこの対象の論述はきわめて不十分なものである.

16. S. Schechter, *Studies in Judaism*, 2. Auflage (1908), p. 202–306.

17. Ibid., p. 258. また，Steinschneider, *Die hebräischen Handschriften der Hof- und Staatsbibliothek in München* vol. VIII, p. 147 における著者の所見も参照されたい. 彼はルーリア派の文献を「全く理解できない」と考えている.

18. Cordovero は，その著書のいくつかの箇所，たとえば，*Schi'ur Koma* (1883), § 93 などで，瞑想における彼の経験を仄めかしている. 彼の著書 *Sefer geruschin*

[離婚の書] (Venedig 1601) はもっぱら, 師の Salomo Alkabez と彼がよく行った. 霊感における自発性を高めるための特別な神秘的方法に基づいている. *Kirjath Sefer*, vol. I (1924), p. 164, vol. XVIII (1942), p. 408 における私の所見を参照されたい.

19. *Elima rabbathi* (1881), Bl. 24d. ドイツの哲学者 F. W. シェリングが汎神論の問題にたいするスピノザの態度を定めるために, まさに同じきまり文句を利用していることは少なからず興味深い. シェリングの *Münchener Vorlesungen zur Geschichte der neueren Philosophie*, ed. A. Drews (1902), p. 44 参照. Cordovero のいわゆる汎神論の問題については, 私と Horodezky の論争, MGWJ, vol. 75 (1931), p. 452 ff., vol. 76 (1932), p. 167–170 も参照されたい.

20. *Schiʿur koma*, § 40, p. 98.

21. Cordovero の著作については, EJ, vol. V, Sp. 663–664 を参照のこと.

22. Schechter が op. cit., p. 292–294 で公にした禁欲的な修行にたいする倫理規定と教示を参照のこと.

23. これらの書簡は *Schibche ha-ʾAri* [アリを称えて] という名で有名になった. それらは最初 Salomo Delmedigo の *Taʿalumoth chochma* [知の秘密] (Basel 1629) というカバリスト選集のなかで公にされた. この著者のその他の書簡はごく最近になって S. Assaf によってはじめて公刊された. *Kobez al jad*, Neue Serie, vol. III, p. 121–133.

24. *Taʿalumoth chochma*, Bl. 37 b. *Likkute schass* [ミシュナの六部抄] (Livorno 1790), Bl. 33 c.

25. たとえば Vital の *Schaʾar maʾamare Raschbai* [ラビ・シメオン・ベン・ヨハイの言葉の章] (Jerusalem 1898), Bl. 22–30 に印刷されている. この注解の真正さは論理的に証明できる. *Kirjath Sefer*, vol. XIX (1943), p. 184–199 における, ルーリアの真正な著作に関する拙論を参照されたい.

26. *Acht Pforten* は最初エルサレムにおいて1850年から1898年のあいだに印刷された. それは Vital の息子 Samuel によって改訂された本文を含んでいる. Vital の著書の別の本文批評はエルサレムのカバリスト Meir Poppers が 1640—1650年頃確立した. そのなかの最も重要な作である *Ez chajim* [生命の樹] 書の最良版が1891年ワルシャワで出版された. この書からの以下の引用はすべてその版に従っている. Meir Poppers のこの本文批評の別の部分は, それぞれ独自の表題をもっており, 別々に公刊されている. たとえば *Priʿez chajim* [生命の樹の実], *Schaʿar ha-jichudim* [神の唯一性の章], *Sefer ha-gilgulim* [回転の書], *Likkute tora* [律法抄] など.

27. Josef ibn Tabul については, 《Zion》, vol. V, p. 133–160 のルーリアの弟子に関する拙論, 特に p. 148 ff. を参照されたい.

28. Tabul の著書はのちに *Drusch chefzi bah* [それについての 私の関心の講義] という表題がつけられた. そしてこの表題のもとに Masʿud ha-Kohen al Chaddad の著作 *Simchath Kohen* [コーヘンの歓び] (Jerusalem 1921) の巻頭に印刷された.

29. これらの特徴の多くは Jakob Zemach, *Nagid u-mezawweh* [指導者と指揮者] (初刊 Amsterdam 1712), ならびに *Likkute schass* (Livorno 1790) 巻末の *ʾOrchoth zaddikim* [義人のキャラバン] に集録され, 公刊されている.

30. Vital の *Schʿaar ha-gilgulim* [回転の章] の巻末にあるそのような神聖な墓の

リストを参照のこと.

31. Vital の *Schaʿar ha-kawwanoth* [カッヴァーナーの章] (Jerusalem 1873), Bl 50 d 参照. これは明らかに, *Tossafoth zu Chagiga* 13 a [ハギガーにたいするタルムードへの注釈] で述べられていることに基づいた同一視である.

32. *Schaʿar ha-kawwanoth* 8 d.

33. Ibid., 50 d.

34. 《Zion》, vol. V, p. 125 および 241 ff. を参照.

35. 原注27に引用された拙論を参照されたい.

36. Israel Sarug の人物とその活動によって提起される問題については,《Zion》, vol. V, p. 214–241 の拙論を参照されたい.

37. Herrera の *Puerta del Cielo* はスペイン語の原典でハーグの王立図書館のみならず, ニューヨークのコロンビア大学図書館の手稿 (X 86–H 42 Q) にもある.

38. この大要は, *Porta coelorum* という表題で, Knorr von Rosenroth 著 *Kabbala Denudata* [裸のカバラ] (1677) の vol, I, *pars secunda* の終りにある. それは1655年にアムステルダムで出版されたヘブライ語訳を圧縮したものである.

39. この論議において大きな役割を果たした J. G. Wachter の *Der Spinozismus im Jüdenthumb oder die von dem heutigen Jüdenthumb und dessen Kabbala vergötterte Welt*『ユダヤ教におけるスピノザ主義あるいは今日のユダヤ教とそのカバラーによって神格化された世界』は, 広く Herrera の著書に基づいている.

40. この見解は Horodezky の数多くの著書のなかで主張されているが, 私は全く根拠のない見解であると思う. 原注15を参照.

41. ルーリアに繰り返し現れる幾つかの術語は Josef Alkastiel が1482年に Jativa で書いたカバリスト的トラクトのなかにその源泉を持っているということを私は証明することができた.《Tarbiz》, vol. 24 (1955), p. 167–206 に私が刊行した当該本文を参照. 特に p. 173–174 も.

42. Ms. British Museum 711, Bl. 140 b.「次の箇所を私はカバリストたちの書物のなかに見出した. いかにして神は世界を生み出し, 創造したのであろうか? 少が多を含みうるように, 呼吸をため, からだを縮ませる人間と同様, 神もまたその光を自分の身辺に集められた. それで世界は闇としてありつづけた. この闇のなかで神は石と岩を切り出し,〈叡知の奇蹟〉とよばれる道を拓かれた.」ナハマニデースも注解のなかでイェツィーラー書の最初の言葉を全く同じように説明している. *Kirjath Sefer*, vol. IV (1930), p. 402 の拙論を参照されたい.

43. 次のものを参照されたい. 出エジプト記25, 10への *Exod. Rabba* [出エジプト記への大ミドラーシュ]. レビ記23, 24への *Lev. Rabba* [レビ記への大ミドラーシュ]. *Pesikta de-Rab Kahana* [ラブ・カハナのペシクタ], ed. Buber, Bl. 20 a. *Midrasch Schir ha-schirim* [雅歌へのミドラーシュ], ed. Grünhut (1899), Bl. 15 b.

44. Vital, *ʿEz chajim* 第1章 §1–2. *Mebo scheʿarim* [門の入口] (Jerusalem 1904), Bl. 1. *Drusch chefzi bah* 巻頭の Josef ben Tabul. Vital の教義に関する種々の手書きの叙述において, この連関で用いられている形象は, 唯物論的とまではいわないにしても, 自然主義的な色合いによってきわだっている.

45. 神が「自分自身を自分自身で自分自身へ制限した」という表現形式は, 最初

Israel Sarug によって用いられ，さらに *Schefa'tal*［あふれる露］(Hanau 1618) の著者によっても使用された．

46. この解釈を示唆する *zimzum* と *schebira* とのあいだの対応は，別の連関ではあるが，Vital 自身によって暗にみとめられている．*'Ez chajim* VI, §5, p. 54, ならびに彼の *Mebo sche'arim* 第1章における，それを仄めかす遠回しの暗示を参照されたい．私はこの所感を原注68に引用した Tishby の書に負うている．

47. Vital はそれゆえ最初のツィムツームたるこの最初の行為について語る．その原理は *'Ez chajim* p. 71 にはっきりと言い表されている．「新しい光が放出されるそれぞれの段階にはその前にツィムツームのようなものが存在した．」

48. Jakob Emden, *Mitpachath Sefarim*［本のカバー］(Lemberg 1870), p. 82.

49. このことは同時に，D. H. Joel が自著 *Die Religionsphilosophie des Sohar* のなかで，ゾーハルは絶対に流出説を説くものではないということを証明しようとした理由であった．

50. Josef Ergas, *Schomer 'emunim*［信心深い人びとの番人］，第2部，および Emanual Chaj Ricchi, *Josher lebab*［心の率直さ］，第1章におけるツィムツームの意義についての議論を参照のこと．

51. この方向における唯一の試みは，Rabbi Schneur Salman von Ladi についての M. Teitelbaum の著書，*Ha-rab mi-ladi u-mifgeleth Chabad*［ラディのラブとハーバード宗派］，vol. II (Warschau 1913), p. 37–94 でなされた．ツィムツームの問題について書いた他の著者は，Molitor, *Philosophie der Geschichte*, vol. II (1834), p. 132–172, および Isaak Misses, *Darstellung und kiritische Beleuchtung der jüdischen Geheimlehre*, vol. II (1863), p. 44–50. である．

52. *Kirjath Sefer*, vol. XIX, p. 197–199 で私が公にした本文を参照されたい．この本文がルーリアのものであることは疑いの余地がない．

53. この点はツィムツームの教義についてのすべての初期の記録文書のなかで特に重要な役割を果たしている．

54. これは Cordovero によって *Pardess rimmonim*［柘榴の園］のなかでとられた立場である．この著書の第8章は，神にそなわる厳格さや審判の属性がもつ意味の，深く核心を衝く論議に捧げられている．その著書の第5章 §4 も参照されたい．このなかで Cordovero は，原世界は厳格さの「過剰」によって破壊されたのでなく，「過少」によって破壊されたのであるという説を述べている．この教説の新しい変形は全く新しいパースペクティブを開いている．

55. この表象は上記注52に引用されたルーリアの断片と Ibn Tabul においてははっきり現れているが，Vital の叙述ではかなりぼやけている．

56. *'Ez chajim*, p. 57 と，特に p. 59. 神の流出における，進むことと退くこと，つまり遠心的傾向と求心的傾向，とのあいだのこの弁証法の非常に詳細な論議が，カバリストの大著，Salomo Eliassoff の *Leschem schebo we-'achlama*［オパール・瑪瑙・アメジストの書］(Jerusalem 1924) の第3巻にある．この著者は今世紀初めの最も重要なユダヤ神秘家のひとりであった．

57. Vital は，この光の残留 (*reschimu*) 説を，それ本来の場所においてではなく，もっとあとになって言及しているが，それにはなんらかの理由があったようだ．たとえ

ば ʿ*Ez chajim*, p. 55 参照. ルーリアと Ibn Tabul はこの表象の意味を非常に強調している.

58. 原注52に引用されたルーリアの本文を参照されたい.

59. Basilides については, Hippolytus, *Philosophoumena* VII, 22 を見られたい. またMead, *Fragments of a Faith Forgotten*, 3. Ausgabe (1931), p. 261 参照.

60. ʿ*Ez chajim*, の第2-8章, p. 29-78 は細部にわたるこの過程の詳しい叙述を含んでいる.

61. ʿ*Ez chajim*, p. 9.「トフの世界」という表現は, 原注41で言及された Josef Alkastiel のトラクトから出たものである.

62. 《Zion》, vol. V., p. 156, および Naftali Bachrach, ʿ*Emek ha-melech* (1648), Bl. 32 d 参照.

63. この過程は ʿ*Ez chajim* の第9章に詳しく記述されている.

64. 第1章, 原注 30 参照.

65. Sohar III, 128 a, 135 a/b, 142 a/b, 292 a/b.

66. Ibid., II, 176 b. アラム語の術語は *mathkela* である.

67. ʿ*Ez chajim* IX, §8, p. 93, XI, §5, p. 103.

68. ここで私が利用する, 容器の破壊と悪の性質に関するルーリア派の教義の非常に印象的な分析は, 私の弟子である Jesaja Tishby が, そのヘブライ語の書 *Die Lehre vom Bösen und Schalen in der lurianischen Kabbala* (Jerusalem 1942) で提供したものである.

69. 次のものを参照されたい. ʿ*Ez chajim*, 第11章, §5, p. 103. *Schaʿar maʾamare Raschbai* (1898), Bl. 22 b (ルーリアの真筆とみとめられる断章中の一篇), ならびに 33a. *Mebo scheʿarim* (1904), Bl. 35 d.

70. Vital, *Sefer ha-likkutim* [集録の書] (Jerusalem 1913), Bl. 21b.

71. この異議は, たとえば Moses Chajim Luzzatto によって著書 *Choker u-mekubal* [研究者とカバリスト] の冒頭に出されている.

72. 著書 *Jonathʾelem* [沈黙の鳩] (Amsterdam 1648) の巻頭ならびに ʿ*Emek hamelech*, Bl. 24 b に印刷されている Menachem Asaria Fano の《These über den *Tehiru*》.

73. ʿ*Ez chajim*, 第18章, §I, p. 170.

74. この過程は ʿ*Ez chajim* の第11章および第18章に詳しく記述されている. 破壊がすべての世界を巻きぞえにしたということを Vital は第39章 §3 ではっきり述べている.

75. 第12章から始まる ʿ*Ez chajim* の主部は, ティックーンの過程の叙述に捧げられている.

76. 最も良い要約は, たとえば ʿ*Ez chajim* XI, 7, p. 107 にある.

77. シェリングからの以下の引用文はツィムツームと, それが神の人格にたいしてもつ意味の記述であるように読める.「すべての意識は集中であり, 精神統一であり, 心を集中することである. 存在の, それ自身へ戻るこの否定的な力が, 存在の内にある人格の真の力, 即ち自己性の力なのである.」(シェリング全集, Abteilung I, vol. VIII, p. 74.)

78. つとに Cordovero がその ʾ*Elima rabbati* のなかで, 五つの「原像」あるいは

「原形」, *temunoth* について同じ意味で語っている.

79. Sohar III, 128 b.

80. 父および母として現れる流出の二つの崇高な形式のこうした象徴表現は, 特に Sohar III, 290 a ff. の *Idra sutta* [小集会] で展開されている. そこでは, その象徴的表現は他の三つの配置の象徴的表現と一緒に語られている.

81. 根底にあるヘブライ語の表現は箴言14, 17に由来するものである. 多くの学者たちに誤解されてきたこの表現の正しい解釈は, すでに Gikatilla の *Schaʿareʾora* [光の門] にもある.

82. *ʿEz chajim* 第16–29章.

83. これらはルーリア派の文書のなかで *ʿibbur* [妊娠], *leda* [出世], *jenika* [養育], *katnuth* と *gadluth* [幼年と成人] といわれている, *Seʿir Anpin* [小さな顔] の神秘主義的状態である.

84. Sohar III, 128 b. 他でもしばしば見られる. これは *Taʿanith* 29 a 中のタルムードの一節を神秘主義的に解釈しなおしたものに基づく表現である.

85. 世界のヒエラルヒーに関するこの教義の発展については, 《Tarbiz》, vol. II, p. 415–442, vol. III, p. 33–66 の私の研究を参照されたい. この教義の意味はとくに Cordovero によって, *Pardess rimmonim* 第16章で説明された.

86. *ʿEz chajim*, 第40章 ff.

87. *ʿEz chajim*, 第46章 §1–2, 他多数. Molitor, *Philosophie der Geschichte*, vol. I (2. Ausgabe 1857), p. 482 も参照されたい. ルーリア自身 *Sifra de-zeniʿutha* [秘密の書] の注解書のなかで (*Schaʿar maʾamare Raschbai*, Bl. 23 d 参照) 純粋に有神論的立場をとっているが, しかしのちの口述の講義ではこの立場を幾分曖昧にしたようだ.

88. Ibn Tabul も Vital も, 「帷」についての教義は「内的光」には有効であるが, 「回りを流れる光」には有効ではないと主張している. 後者はその本来的な在り方において, あらゆる世界を貫通し, 取り囲んでいるからである. それにたいし Vital は, 彼のむしろ通俗的効果を狙った道徳的トラクト *Schaʿare keduscha* [ケドゥーシャーの章] のなかでは純粋に有神論的な術語を用いている.

89. Luzzatto, *Choker u-mekubbal*, ed. Freystadt (1840), p. 15–18 参照.

90. これはたとえば Emanuel Chaj Ricchi が *Joscher lebab* のなかで主張した立場である.

91. *ʿEz chajim*, 第39章.

92. *Priʿez chajim* (Dubrowno 1804), Bl. 5 a.

93. *ʿEz chajim*, 第36章.

94. 原注91参照. アダムの罪については, *Sefer ha-likkutim* (1913) Bl. 56 d にある詳細な箇所と, *Schaʿar ha-pessukim* [聖書の節の章] (1912), Bl. 1 d–4 b の『アダムの罪についての講演』を参照のこと.

95. *Schaʿar maʾamare Raschbai* (1898), Bl. 37 c/d 参照.

96. *Sefer ha-gilgulim*, 第1–3章, *Schaʿar maʾamare Raschbai*, loc. cit. 参照.

97. ルーリア派のカバラーの影響を受けやすいサークル内でこの決まり文句が一般に流布したのは, わけても, Nathan Hannover が *Schaʿare Zion* [シオンの門] という表題のもとに集めた神秘主義的な祈禱集に負うものである. Vital の *Schaʿar ha-*

mizwoth［命令の章］(Jerusalem 1872), Bl. 3b と 4b も参照のこと.

98. 拙論 *Der Begriff der Kawwana in der alten Kabbala*, MGWJ, vol. 78 (1934), p. 492–518 を参照されたい.

99. これが *Kawwanoth* 書 (Venedig 1620) や, *Scha'ar ha-kawwanoth* (Jerusalem 1873) や, *Pri'ez chajim* (最良の版 Dubrowno 1804) で述べられている *Kawwana* の教義である. この三つの著作はいずれも Vital の著書の論評ないしはそれからの抜粋である.

100. *'Ez chajim*, 第1章 5, p. 29.

101. これは Vital によって, いわゆるルーリア派の祈禱書 *Siddur ha-'Ari*［ライオンの祈禱集］あるいは *Seder ha-tefilla 'al derech ha-sod*［秘密の方法にのっとる祝福の祈りの順序］ed. Zolkiew (1781), Bl. 5 c/d の冒頭にある非常に興味深い覚え書のなかで詳述されている.

102. この派の祈禱書はエルサレムにおいて 1911–16 年に印刷された. これがいわゆる Rabbi Schalom Schar'abi の *Siddur*［祈禱集］であり, これについては第九章の第1節で取り扱った.

103. Paulus Berger は *Cabalismus Judaeo-Christianus detectus* (1707), p. 118 で Kawwana がカバリストたちのあいだで *Sabbatismus ac silentium sacrum* と呼ばれているのを発見したと説明している. 私はこの主張の出所を見つけ出すことはできなかったが, ひょっとすると Knorr の *Kabbala Denudata* に由来するのかもしれない.

104. これと以下の所見はその根拠を Vital の *Sefer gilgulim* に見出している. この書の最も良い, 最も完全な Przemyśl 版は 1875 年に公刊された. それの特に第1–4章および第6章を参照されたい. ラテン語の翻訳は Knorr の *Kabbala Denudata*, vol. II, pars 2 (1684), p. 243–478 に見出される.

105. この理念はアダムに関する古いアッガーダーの神秘主義的解釈に基づいている. 週間章節 *Ki tissa*［お前が持ち上げる時］§12 と *Exod. rabba*, 第40章への *Midrasch Tanchuma* を参照のこと.

106. すなわち248の肢体と365の血管. 創世記1, 27に関する Targum Jonathan ben Usiel と Sohar I, 170 b を参照のこと.

107. Cordovero, *Tomer Debora*［デボラの棕櫚の木］(Jerusalem 1928), p. 5.

108. *Scha'ar ha-pessukim*, Bl. 3 a. *Sefer ha-gilgulim*, 第18章.

109. *Sefer ha-likkutim*, Bl. 3 b.

110. *Sefer ha-gilgulim*, 第15–18章, ならびに *Scha'ar ma'amare Raschbai*, Bl. 36 b ff.

111. *Sefer ha-gilgulim*, 第1章.

112. *'Ez chajim*, 第26章, § I. 別の箇所では, その身体は形成のより高い世界イェツィーラーからもってこられたといわれている.

113. *Sefer ha-gilgulim*, 第16–18章.

114. *Sefer ha-gilgulim*, 第18章, ならびに *Sefer ha-likkutim*, Bl. 8 c.

115. 輪廻に関する教義のこのルーリア的形態については, 拙論 *Seelenwanderung und Sympathie der Seelen*, 《Eranos-Jahrbuch》, vol. 24 (1956), p. 94–107 も参照されたい. ルーリア派の教義の最も重要な先駆者はこの点においては 1552–54 年に書かれ

た匿名の大著 *Galli Rasaja*［秘密の解明］である．

116. *Gaster Anniversary Volume* (1936), p. 60 の，これに関する私の覚え書を参照されたい．

117. 「魂の追放」という表現は Gilgul にたいしてつとに13世紀に *Temuna*［像］という書の匿名の著者によって用いられている (ed. Lemberg 1892 を参照), Bl. 56 b.

118. EJ, vol. 9, Sp. 708, および *Festschrift für Aron Freimann* (1935), p. 60 参照.

119. *Sefer ha-gilgulim*, 第5章.

120. Ibid., 第8章. *Schaʿar ha-jichudim* (Koretz 1783) Bl. 30–39 および *ʿEmek ha-melech* (1648), Bl. 15–21 における Vital の贖罪規定. *Reschith chochma ha-kazer*［智恵の短い始まり］の終りと Menachem Asaria Fano 著 *Meʾa kessita*［100ケシタ（重量単位）］(Munkacz 1892), Bl. 58–69, の終りにある，このサークルから出た別の贖罪規定.

121. Schemtob ben Schemtob, *Sefer ʾEmunoth*［信仰の書］(Ferrara 1556), Bl. 78 a.

122. Abraham Gallante, Sohar II, 105 b に関する *Sohare chamma*［太陽の輝き］. 盲人イサアクによって報告されているところによると，彼はアウラの知覚，*hargaschath ha-ʾawir*［空気の感覚］のおかげで，ひとが古い魂を持っているか，それとも新しい魂，まだ *gilgul* のうちになかった魂を持っているかどうかを決定することができた．拙著 *Reschith ha-kabbala*［カバラーの起源］(1948), p. 103 を参照されたい．

123. 次のものを参照されたい．Cordovero, *Schiʿur koma*, Bl. 83 d. Vital, *Schaʿar ruach ha-kodesch*［聖霊の章］(Jerusalem 1912), Bl. 3 a–5 b. Elijahu ha-Kohen, *Midrasch Talpijoth*［兵器庫注解］(Czernowitz 1860), Bl. 108 a.

124. この著作は3分の1しか印刷されていない (Mohilew 1812). 完全稿は写本 Oxford 1820 に含まれている. *Kirjath Sefer*, vol. II, p. 119–124 も参照のこと.

125. *Sefer ha-likkutim*, Bl. 89 b.

126. A.H. Silver, *A History of Messianic Speculation in Israel* (1927), p. 137–138 は引用文をルーリアの信奉者によって語られた伝説から集めている．救済の年としての1575年については，それの p. 135–137 参照. 1630年はルーリアの教義の全般的伝播の始まりの年として，すでにカバリスト Moses Präger によって強調された．彼の *Wa-jakhel Mosche*［モーセは集めた］(Dessau 1699), Bl. 58 a を参照.

127. この儀式に関しては，拙論 *Tradition und Neuschöpfung im Ritus der Kabbalisten*, 《Eranos-Jahrbuch》, vol. 19 (1951), 特に p. 152–180 を参照されたい．また新しく起った大祝日前夜の徹夜の祈りについては，ヘブライ語の Salman Schocken 記念論集 *ʿale ʿajin* (Jerusalem 1948–1952), p. 125–146 の Kurt Wilhelm の特殊研究 *Sidre tikkunim*［回復の順序］，および Armin Abeles, *Der kleine Versöhnungstag* (Wien 1911) を参照のこと.

128. 原注 120 に引用された文献を参照.

129. A. Berliner, *Randbemerkungen zum täglichen Gebetbuch*, vol. I (1909), p. 30–47, Abraham I. Schechter, *Lectures on Jewish Liturgy* (1933), p. 39–60 参照．後期ユダヤの典礼にたいしてカバラーがあたえた影響のこの問題は，徹底的な研究のしがいがあろう．

130. この著作は最初 Smyrna で 1731/32年に印刷され，最良の版（Venedig 1763）では4巻になっている．

131. この著作の著者，著作時期，および性格に関しては，最近，詳細な審理がヘブライ語の学術文献のなかで行われた．そのうち特に J. Tishby の *Chemdath ȷamim*［日々の欲望］の原典の徹底的な研究は，この書が18世紀の第1四半期に書かれたことを論証している．《Tarbiz》, vol. 24（1955）, p. 441–455, vol. 25（1956）, p. 66–92, p. 202–230 を参照．

第八章　サバタイ主義と神秘主義的異端

1. 1673年に書かれた法律案内のなかの Jakob ben Abraham de Botton の応答集 *ʿEduth be-Jaʿakob*［ヤコブにおける律法］(Saloniki 1727), Bl. 42 a.

2. 私はこの運動の詳細で批判的な叙述を，2巻本で刊行されたヘブライ語の拙著 *Sabbatai Zwi und die sabbatianische Bewegung zu seinen Lebzeiten* (Tel Aviv 1957) で行った．できればこの書もヨーロッパの読者層に親しませたいものだ．

3. ロシアの月刊誌《Voschod》(1900), Nr. 7, p. 99 における S. Trivusch.

4. Bleuler, *Lehrbuch der Psychiatrie*, 6. Auflage, p. 321 ff. J. Lange, *Handbuch der Geisteskrankheiten*, vol. VI (1928), p. 93 ff.

5. Thomas Coenen, *Ydele Verwachtinge der Joden getoont in den Persoon van Sabethai Zevi* (Amsterdam 1669), p. 9.

6. この原典は最初 A. M. Habermann によって公刊された．*Kobez ʿal jad*［少しずつ学ぶ者］neue Serie, vol. III (1940), p. 209.

7. Ibid., p. 208.

8. 「光明」のヘブライ語の術語は *haʾara* であり，反対の状態にたいしての術語は *haster panim* あるいは *nefila* である．

9. Nathan von Gaza は彼についてこう語っている．「彼はある時は最高の段階にあり，またある時は極度にみじめな卑しい状態にある．」また「神は彼を大きな誘惑のなかへ置かれた．そのため彼はいと高き天の高みから大いなる奈落の底へと墜落した．ここで蛇が彼を誘惑しようとして，彼にこういった．『さて，おまえの神はどこにいるのか』と．」私のヘブライ語の著作 vol. I, p. 103–110 におけるこの状態の詳細な論究を参照されたい．

10. Tobias Kohen, *Maʿasse Tobija*［トビアの行い］I, §6 における彼についての興味ある報告を参照されたい．「積年の学殖と研鑽にもかかわらず，彼は若い時から子供じみた行為をする癖があった．時折愚かな考えにとりつかれ，ばかげたふるまいをするものだから，しまいに人びとは陰口をたたいて，彼のことを馬鹿者とののしったといわれている．」

11. *Sammelband kleiner Schriften über Sabbatai Zwi und seine Anhänger*, ed. A. Freimann (Berlin 1912), p. 95.

12. この貴重な証言を私は JThS, New York, 所蔵の Kurdistan の写本のなかに発見した．上記ヘブライ語の拙著 vol. I, p. 109 を参照されたい．

13. 重要なサバタイ主義の手稿 Kaufmann 255 (Budapest), Bl. 30 a からわかるように，彼はよくそのような違犯をまさに躁状態の時に行った．

14. 原注10参照.

15. サバタイ・ツヴィーに関するガザのナータンの黙示録はこの運動の開始と同時にあったそのような誘惑のことに触れている.「情交の子らが彼の仲間になる.それは *Naʿama* の子たちで,彼を常に迫害し,迷わせようとする.」「*Naʿama* の子ら」(一種の *Lilith* [夜の悪霊])という表現は,Sohar I, 19 b, III 76 b によれば,遺精から生まれた悪魔のことを指している.

16. 預言者ガザのナータンもまた彼についてこのように語っている.「ヨブによって報告されているすべての苦しみはむしろ,ありとあらゆる悪魔の力によってひどい苦しみを受けた彼のことを指している.」別の箇所では,サバタイ・ツヴィーは7年間「ケリポースの牢獄のなかで」すごし,その際想像に絶する苦しみを受けた,と報告している.これは疑いもなく運動の勃発前の時を指している.

17. *Relation de la véritable imposture du faux Messie des Juifs nommé Sabbatay Sevi* (Avignon 1667), p. 37.

18. 現在ニューヨークのコロンビア大学図書館にあるサバタイ主義の覚書のなかに私が発見したこの重要な証言の本文,原注2に述べた拙著 vol. I, p. 167 を参照.

19. この自伝的な証言は,ナータンが Livorno の Moses Pinheiro にたいして行った自分の忘我経験についての報告によって確証される.拙著 vol. I, p. 167–168 参照.

20. サバタイ・ツヴィーがガザに現れたことについての最も初期の報告.原注6に述べた Habermann の出版物, p. 208.

21. 拙著, vol. I, p. 168 を参照されたい.

22. 私はこの文書の本文を,拙著 *Be-ʿikboth maschiach* [メシアにならって] (Jerusalem 1944), p. 9–52 で全部公表した.

23. ナータンはたしかにサバタイ・ツヴィーの投獄のことを述べているが,しかし彼は5427年,つまりまだ未来にあるものとしての1666/67年のことについて語っているのである.

24. Vital は彼の *Sefer ha-gilgulim*, 第19章でメシアの魂について語っている.「アダムの魂の最高位に含まれていた最高の魂はいまだいかなる地上の存在にも再来していないということを知りなさい.メシアの王がはじめてその最高の魂にくみするであろう.」

25. グノーシス派の蛇の象徴表現については,たとえば Mead, *Fragments of a Faith Forgotten*, 3. Ausgabe (London 1931), p. 182 を参照されたい.

26. 拙著, vol. I, p. 105, さらに詳しくは p. 250 を参照されたい.

27. この章で主張されている私の見解がサバタイ主義についての私のエッセイ, *Mizwa ha-baʿa ba-ʿabera* [罪における来るべき命令] の見解と相違している主たる点がこれであり,この点から私はこの対象についての研究 (*Kenesseth* [共同体], vol. II (1937), p. 346–392) を始めたのである.

28. 私は背教そのものがこのような抑うつ状態と完全な消極性の状態において起ったのかもしれない可能性を時折考えてみたが,しかしより詳細な資料研究に基づくとこの仮定は捨てざるをえない.ヘブライ語の拙著 vol. II, p. 579 を参照されたい.

29. Leopold Löw, *Gesammelte Schriften*, vol. II, p. 171, および vol. IV, p. 449.

30. S. Hurwitz, *Me-ʾajin u-lʾan* [どこから,そしてどこへ] (Berlin 1914), p. 181–

285.

31. W. Rabinowitsch, 《Zion》 vol. V, p. 127–132, ならびに拙論, *Le mouvement sabbataïste en Pologne*, RHR, vol. 143 (1953), p. 67–80 を参照されたい.

32. ヘブライ語の拙著, *Die Träume des Sabbatianers Mordechai Aschkenasi* (Jerusalem 1938), ならびに 《Zion》, vol. VI, p. 94–96 を参照されたい.

33. 私の発見した, イタリア人教師に宛てた彼の別れの手紙の本文, 《Zion》, vol. XI, p. 171–174 を参照されたい.

34. Chajim Malach については前注 31 に言及した私のフランス語の論文, p. 209–220 を参照されたい.

35. 正確な日付けは事件についての Cardoso の報告によって確定している. Bernheimer, JQR (1927), p. 102, および拙論, 《Zion》, vol. VII, p. 12 ff. を参照されたい.

36. Leopold Löw, *Gesammelte Schriften*, vol. II, p. 255, および A. Jellinek の書簡, ibid., vol. V, p. 193. 後者は非常に特徴的に次のように語っている. 「コーリーンのサバタイ主義については, 注目すべき証拠を提案してくれる一人の証人を私は持っておりますが, しかし今この点を論ずることが賢明かどうかは疑問です.」

37. エルサレムのショッケン図書館の手稿にある, アッガーダー集 *ʿEn Jaʿakob* [ヤコブの井戸] についての注解.

38. V. Začek が 《Jahrbuch für Geschichte der Juden in der Czechoslovakischen Republik》 vol. IX (1938), pp. 343–410 で公にした記録文書は, プラハにおける後期サバタイ主義とユダヤ啓蒙主義のあいだのこの結びつきに非常に興味ある光を投じている.

39. 私はニューヨークで Gottlieb Wehle の孫娘から受け取ったこの彼の遺言状を, *Miscellanies of the Jewish Historical Society of England* (London 1948), part V, p. 193–211 において公表した.

40. 前注32に掲げた拙著の p. 79–100 で公表された, *Maggid* [説教者] すなわち上部世界からつかわされる *spiritus familiaris* [家の霊] についての, モルデカイ・アシュケナージ宛の長い詳述を参照されたい.

41. バビロニアのタルムード *Chullin* 7 a.

42. 前注40で触れた詳論80ページを参照されたい.

43. ユダヤのメシア主義に関する文献のなかではメシア主義の大著 *Nezach Jisrael* [永遠のイスラエル] (Prag 1599) にたいして長いあいだ相応の注意が払われていなかった. マルティン・ブーバーの *Israel und Palästina* (Zürich 1950) のなかにある詳しい関係論文 p. 100–115, および, Rabbi Löw に関する Benzion Bokser の英文の特殊研究 *From the World of the Cabbalah* (New York 1954), p. 171–177 を参照のこと.

44. Cecil Roth, *The Religion of the Marranos*, JQR, neue Serie, vol. 22 (1931), p. 26 参照.

45. H. P. Chajes 回顧録 (Wien 1933) に発表した Cardoso の著書からの抜粋のなかで私が報告した箇所を参照されたい.

46. *Sammelband kleiner Schriften über Sabbatai Zwi und dessen Anhänger*, ed. A. Freimann (Berlin 1912) にある彼の長い書簡 p. 87–92, 特に p. 88 と 90 を参照のこと.

47. サバタイ主義のメシアの背教論に関しては，原注2に挙げたサバタイ・ツヴィーに関するヘブライ語の拙著，vol. II, p. 677–707 を参照されたい.

48. メシアの必然的背教というこの逆説的な神学に関する文献にとって殊の外重要なものに，預言者ナータンの書簡以外に，さらに彼の弟子 Abraham Perez (原注50参照) と Israel Chasan の著書がある. Chasan のサバタイ主義の詩篇注解については Salman Schocken 記念論集 ʿ*Ale* ʿ*ajin* (Jerusalem 1948–1952), p. 157–211 で論じた.

49. サバタイ・ツヴィーに関するヘブライ語の拙著，vol. I, p. 9 と 46, vol. II, p. 694–697 を参照されたい.

50. このトラクト ʾ*Iggereth magen* ʾ*Abraham* [アブラハムの盾についての手紙] の本文を私は *Kobez* ʿ*al-jad* [少しずつ学ぶ者], neue Serie, vol. II (1938), p. 121–155 で公にした. 当時私はあやまって著者は Cardoso であると想定した. しかし実際の著者は，本文の別の手稿を含んでいる写本 Günzburg 517 に述べられている. Ch. Wirszubski, 《Zion》, vol. III (1938), p. 235–245, および上述の拙著, vol. II, p. 700–707 を参照されたい.

51. *Magen* ʾ*Abraham* [アブラハムの盾], p. 135.

52. モルデカイ・アシュケナージの夢日記に関する私の上述の書 (1938) を参照されたい.

53. Israel Chasan はその手書きの詩篇注解 (前注48参照) のなかで，サバタイ主義者のなかの何人かの学者は，回教に改宗するようサバタイ・ツヴィーに要請されたとき，それを拒絶した，と非常に憤激して述べている.

54. 《Zion》, vol. III, p. 228 の本文を参照のこと.

55. Moses Chagis, *Lechischath saraf* [天使のささやき] (Hanau 1726), Bl. 2 b 参照. この教義については《Zion》, vol. VI (1941), p. 136–141 の拙論を参照されたい.

56. 次のものを参照されたい. 偽ナハマニデースの ʾ*Iggereth ha-kodesch* [聖性の書簡] 第2章. Jesaja Horowitz, *Schne luchoth ha-brith* [十戒の二つの聖なる石板] (Amsterdam 1698), Bl. 293 a. ʾ*Iggereth magen* ʾ*Abraham* [アブラハムの盾についての手紙], p. 150. Nechemia Chajon, ʿ*Os lelohim* [神の力] (Berlin 1713), Bl. 20 b.

57. Clemens von Alexandria, *Stromata* III, 13, 92 がエジプト人の福音書から引用しているこの言い回しは，元来，まさに極端に禁欲的な意味を持っていた.

58. Mischna, *Berachoth* [祝福の祈り] IX, 5.

59. Moses Chagis, *Scheber posch*ʿ*im* [背教者の不幸] (London 1714), Bl. 33 b (この本はページ数が付けられていない).

60. 次のものを参照されたい. Eugène de Faye, *Gnostiques et Gnosticisme* (1925), p. 413–428. L. Fendt, *Gnostische Mysterien* (1922). H. Liboron, *Die karpokratianische Gnosis* (1938).

61. 拙論, RHR, vol. 144 (1953), p. 42–77 におけるこのニヒリズム神話についての詳しい説明，ならびに *Kenesseth*, vol. II (1937), p. 183–187 のヘブライ語の拙論を参照されたい. また Josef Kleinmann の価値あるロシア語の論文, *Moral i Poezia Frankizma*, 《Jevreiski Almanach》 (Petrograd 1923), p. 195–227 も参照されたい.

62. この二つの著作とは，ひとつがフランク主義の精神にのっとったイザヤ書のパラフレーズで，Alexander Kraushar が, *Frank i Francisci Polscy*, vol. II (Krakau

1895), p. 183–218 にきわめて注目すべきそれの抜粋を公刊している．もうひとつはエルサレムのショッケン写本にある ʿ*En Jaʿakob*［ヤコブの井戸］という書のアッガーダーについての注解である．

63. この著作のかなりの部分は手を加えられて前注に述べた Kraushar の特殊研究に入れられている．さらに詳細な引用が，その書の補遺 vol. I, p. 378–429 と vol. II, p. 304–392 にある．以前知られていた三つの手稿は第二次世界大戦以来所在不明になっている．その代わり私はその後 Zofia Ameisenowa 教授の助力によりクラカウ大学図書館に本文の別の完全な写本を見つけ出すことに成功した．

64. トラクト *Nasir*［神に仕える者］23 b.

65. この言葉は *Menachoth* 99 b の少し改変された本文中にある．サバタイ主義者たちによって利用された異解は，たとえば *Sefer Chassidim* の Wistinetzki 版，§ 1313 にある．

66. *Lechischath saraf* (1726), Bl. 2 a/b. 参照．

67. *Sanhedrin* 98 a.

68. これがフランクの数多くの言葉のなかで引き合いに出される「沈黙の重荷」についてのサバタイ主義者の教義である．しかし Nechemia Chajon はすでに 1713 年に *Dibre Nechemia*［ネヘミアの言葉］, Bl. 81 ff. でこの教義に触れ，別の象徴を使ってそれを論争的にえがいている．

69. 実際にローマ・カトリック教へ進んだのはフランクの信奉者の小部分にすぎないという事実を無視することはできない．

70. このきまり文句は，サバタイ主義者の反律法主義に従事した何人かの著者たちによって利用されており，サバタイ・ツヴィー自身に遡及するもののように思われる．それは，*mattir ʾassurim*「囚人を解放する人」と言う代わりに *mattir ʾissurim*［禁じられたものを許す人］という語呂合せに基づいている．詩篇へのミドラーシュ，Sal. Buber 編，Bl. 268 に見られるこの表象への最初の発端，およびそこにおけるブーバーの注を参照されたい．

71. この二つの概念については拙論，*The Meaning of the Torah in Jewish Mysticism*,《Diogenes》, Nr. 15 (1956), p. 76 ff. を参照されたい．

72. 原注38に述べた Začek の論文 p. 404 参照．生涯のいろいろな段階において Moses Dobruschka とか，Thomas Edler von Schönfeldとか，最後は Junius Frey という名で知られていたこのフランクの二親等の甥に関する研究は，依然としてまだ不十分である．Frey が指導的フランク主義者のひとりであったことは疑いない．

73.《Historische Schriften des Jiddischen Wissenschaftlichen Instituts》の第1巻，IWO (Wilna 1929), Sp. 266 に公にされている Moses Porges のフランク主義者としての青年時代の回想．

74. そのうち若干の者，Israel Jaffe や Zwi Chotsch などは，サバタイ主義のなかのルーリア派を代表している．サバタイ主義者との疑いに生涯つきまとわれた後者の著者がゾーハルの幾つかの部分をイディッシュ語・ドイツ語で一般に広めようとした最初の人であったということは，おそらく偶然ではないだろう．彼のイディッシュ語のアンソロジー *Nachalath Zwi*［ツヴィーの財産］は1711年に初刊行された．しかしこのグループのいちばん興味深い代表者は疑いなく Jaakob Koppel Lifschitz である．彼のもの

では，*Scha'are gan 'eden*［エデンの園の門］という題名でたびたび印刷された，きわめて興味深いカバリストの教義の説明がある．これはとくに後年ハシディズムのサークルで非常に高く評価された．J. Tishby はその著者がサバタイ主義の異端者のひとりであったということを異論の余地なく証明した．*Kenesseth*, vol. IX (1945), p. 238–268 参照．

75. このサバタイ主義の権威者たちのなかでは，Samuel Primo の考えが論争によって間接的に知られているにすぎない．サバタイ主義神学のきわめて詳しい叙述は Cardoso の数多い，なかには大部のものもあるトラクトのなかに見られる．これらの論文の多くが今なお手稿で保存されている．

76. Barochia に関するかなり詳細な調査を私はヘブライ語で《Zion》, vol. 6 (1941), p. 119–147, 181–201 に公表した．

77. Mortimer Cohen の書 *Jacob Emden, a Man of Controversy* (Philadelphia 1937) における Eibeschütz のための弁明と，それについての私の批評 *Kirjath Sefer*, vol. XIV (1939), p. 320–338 を参照されたい．この問題全体はいま M.A. Perlmutter によって，Eibeschütz のカバリスト的著作を広く徹底的に分析するなかで新たに吟味されている．この分析は，彼がサバタイ主義であるという確信にいかなる疑いも残さないものである．彼のヘブライ語の著書 *Rabbi Jonathan Eibeschütz und sein Verhältnis zum Sabbatianismus* (Jerusalem 1946) を参照されたい．

78. Bernheimer の論文，JQR, neue Serie, vol. XVIII (1927), p. 122 におけるこの理念の Cardoso の叙述を参照のこと．また Brüll が I. H. Weiss の *Beth Ha-Midrasch* (Wien 1864), p. 63–71, 100–103, 130–142 に編集している Cardoso の *Brief über das Mysterium der Gottheit*, ならびに《Zion》vol. VII (1942), p. 12–28 に私が掲載した幾つかの未刊行のトラクトからの抜粋も参照されたい．

79. *'Os l'Elohim* (Berlin 1713)．この著書は当時，長い激烈な論争を惹き起した．次のものを参照されたい．Graetz, vol. X (1897), p. 468–495. David Kaufmann, REJ, vol. 36 (1897), p. 256–282, vol. 37, p. 274–283. G. Levi,《Revista Israelitica》vol. VIII (1911) p. 169–185, vol. IX, p. 5–29. J. Sonne, *Kobez 'al-jad*, neue Serie, vol. II (1938), p. 157–196. Chajon の教義の Graetz の叙述には大きな誤りがあり，神がメシアのなかに具現するという教義を全くいわれなく Chajon の説と考えている．この教義はたしかにサバタイ主義者の最右翼によって採用されたが，多くのサバタイ主義者たちは拒否したのである．メシアの神格化に関するサバタイ主義者の理念の実際の発展と，それが神の人間化という理論へ変わったことについては，《Zion》, vol. VI (1941), p. 181–191 における Barochia についての拙論を参照されたい．

第九章　ポーランドのハシディズム

1. 後掲の文献目録を参照．

2. Achad Haam, *Techijjath ha-ruach*［霊の復活］in *'Al paraschath derachim*［十字路に立って］, vol. II, p. 129.

3. 文献目録を参照．

4. この見解は，たとえば M. Löhr, *Beiträge zur Geschichte des Chassidismus*, Heft I (Leipzig 1925) や Lazar Gulkowitsch, *Der Chassidismus religionswissen-*

schaftlich untersucht (1927), p. 68 によって主張されており，マルティン・ブーバーの後期の著作類も，私のくみすることのできないこの見解に近づいているようにみえる.

5. Verus (すなわち Aaron Marcus), *Der Chassidismus* (1901), p. 286.

6. Ariel Bension, *Sar Schalom Scharʿabi* (Jerusalem 1930) を参照.

7. Ariel Bension, *The Zohar in Moslem and Christian Spain* (1932), p. 242.

8. これらの文書の幾つかは，前述の Bension の書 p. 89–90 に公にされている．だが，なかんずく E. Tcherikover の価値ある論文（イディッシュ語）*Die Kommune der Jerusalemer Kabbalisten in der Mitte des 18. Jahrhunderts*, in vol. II der Historischen Schriften des Jiddischen Wissenschaftlichen Instituts (IWO) (Wilna 1937), p. 115–139 を参照されたい.

9. このカバリスト・グループのメンバーはとりわけ北アフリカ，トルコ，バルカン諸国，イラク，ペルシア，イエーメンから成り立っている.

10. 初期ハシディズムの「パレスチナ運動」については，広く流布した比較的新しい文献があり，むろんそれは多くはむしろハシディズムとメシアニズムの現実的な問題をあいまいにしてしまったようにみえる．たとえば Isaak Werfel, *Ha-chassiduth we-ʾeretz Jisrael* [ハシディズムとイスラエルの地] (Jerusalem 1940) を参照．この運動の展望についてあまりロマンチックな色彩のない歴史的研究を行ったのは，Israel Halperin のヘブライ語の論考 *Die frühesten Palästinawanderungen der Chassidim* (Jerusalem 1946) である.

11. バアル＝シェームの伝説的な伝記の集成 *Schibche ha-Bescht* のなかの初期の伝説でさえ，こうしたハシディズム・グループの実在した記憶を保持しており，これについて私は《Tarbiz》, vol. 20 (1949) の私の論文 p. 228–240 で詳細に取り扱っている.

12. *Salomon Maimons Lebensgeschichte*, ed. J. Fromer (1911), p. 170.

13. ユダ・ハーシードの甥で，後にルター派教会に改宗した一人が，彼とその同行者たちは「偽メシアのために」エルサレムへの旅を計画した，と報告している．A. Fürst, *Christen und Juden* (1892), p. 260 を参照.

14. Wolf Rabinowitsch, *Der Karliner Chassidismus* (Leipzig 1935).

15. この偽文書のきわめて完全な集成は Chabad-Chassidim の季刊誌，*Ha-tamim* (Warschau 1935–1938) に公刊された．偽造者たちの動機は明らかに，*Schibche ha-Bescht* のなかに物語られているすべての細部の歴史性を立証することであった.

16. Wolf Z. Rabinowitsch の手で《Zion》, vol. V (1940), p. 126–131 に公にされた諸原典を参照されたい.

17. 彼の人となりについての細部は，RHR, vol. 143 (1953), p. 67–80 の私の論文を参照.

18. これに関する私の立証は，《Zion》, vol. VI (1941), p. 89–93 を参照.

19. 第八章の原注 74 に言及されている Tishby の仕事を参照.

20. S. Dubnov, *Geschichte des Chassidismus*, vol. I (Berlin 1931), p. 185.

21. *Zawwaʾath ha-Ribasch* [リバシュの命令] (1913), p. 27 と 30.

22. 週間章節 *Bereschith* における *ʾOr ha-ganus* [秘密の光] (Zolkiew 1800)．私はデベクースのハシディズム的な把握とカバリストのそれの相違とを，《Review of Religion》, vol. 14 (1950) に発表した私の論文 (p. 115–139) *Devekuth or Communion*

with God in Early Hasidic Doctrine で分析した.

23. Al. Kraushar, *Frank i Francisci Polscy*, vol. I (1895), p. 30.

24. 彼の師の著作 *Likkute ʾamarim* [言葉拾遺] (Koretz 1781) のための彼の「はしがき」を参照.

25. A. Gottesdiener はラビ Löw についての彼のヘブライ語の論文 *ha-ʾArische-be-chachme Prag* [プラハの賢人のなかのライオン] (Jerusalem 1938), p. 38–52 において, Löw の文書から豊富なカバリスト的資料を集めているが, しかし Löw の見解についての実際の分析は企画していない. B. Bokser, *From the World of the Cabbalah* (New York 1954), p. 126–132 も参照のこと.

26. 私はハシディズムの教義におけるカバリスト的概念の特殊な意味の変化の過程を二つの論稿で明らかにしている. 一つは, 原注 22 に引用した論文でデベクースの概念のために, 今一つは《Eranos-Jahrbuch》, vol. 24 (1956), p. 108–118 において「火花の高揚」という概念のために.

27. T. Ysander, *Studien zum Beschtschen Hassidismus in seiner religionsgeschichtlichen Sonderart* (Upsala 1933). この研究は著者がカバリストの文書によく精通していないために失敗している.

28. ラビ Aaron Halewi von Staroselje の *ʿAbodath ha-lewi*, vol. II (Lemberg 1862), Bl. 62 d. を参照.

29. メセリッツのマッギードとその弟子たちのすべての著作, だが特に Elimelech von Lisensk の書 *Noʿam ʾElimelech* [エリメレクの喜び] は, ツァッディーク主義のこの根本的逆説についての詳細な論及でみちている.

30. *Seder ha-doroth he-chadasch* [時代の新秩序], p. 35 参照.

31. Verus, *Der Chassidismus* (1901), p. 308.

32. S. A. Horodezky, *Religiöse Strömungen im Judentum* (Bern 1920), p. 95 参照.

33. Salman Schocken 祝賀記念論文集所収, ブラツラフのナハマンの教義における信仰の逆説に関する Josef Weiss のヘブライ語の論稿 *ʿAle ʿajin* (Jerusalem 1952), p. 245–291 を参照.

34. S. Schechter, *Studies in Judaism*, vol. I (London 1896), p. 19–21.

35. M. Teitelbaum, *Ha-rab mi-Ladi* [ラディのラブ], vol. I (1913), p. 87 ff. を参照.

36. すでに *Schibche ha-Bescht* (1815), Bl. 28 a のなかでラディカルな表現が書きたてられている. 「ツァッディーキームの栄光のための物語を語るものは, まるでメルカーバーを相手にする人のようである.」 ブラツラフのナハマンは, ツァッディーキームの物語を通して「救世主の光を世にもたらす」のだと断言してはばからないほどだった. 彼の *Sefer ha-middoth* s. v. *Zaddik* を参照されたい.

37. この逸話の核心は, 事実, ラビ Israel von Rischin に関する物語を集めたあるハシディズムの集成 *Kenesseth Jisrael* [イスラエル共同体] (Warschau 1906), p. 23 に見出される.

訳　注

第一章

＊1．　グレッツ Heinrich Graetz (1817-1891) 最初の包括的学問的なユダヤ人史 (11巻，1853-75年) の著者として古典的名をもつブレスラウの教授．

＊2．　ツンツ Leopold Zunz (1794-1886) 19世紀ドイツ・ユダヤ学の不屈な創始者，近代的な学としてのユダヤ文学史家，文献学者で，同時にユダヤ人解放運動の指導的自由思想家．

＊3．　ガイガー Abraham Geiger (1810-1874) 改革派ユダヤ教の創設者で，ユダヤ学者のラビ．「ユダヤ神学雑誌」「ユダヤの学と生活のための雑誌」を編集．

＊4．　ルッツァット Samuel David Luzzatto (1800-1865) イタリアのユダヤ学創始者の一人．言語学者でヘブライ語の詩人．自伝が特に有名．

＊5．　シュタインシュナイダー Moritz Steinschneider (1816-1907) 学問的ヘブライ文献学の創始者．オクスフォードをはじめ各地の大学図書館所蔵のヘブライ手稿を整備集成し，アラブ・ユダヤの伝承科学（医学・数学）研究の基礎を築いた．

＊6．　E．アンダーヒル Evelyn Underhill (1875-1941) 英の宗教家，詩人，神秘主義者．平和主義者．主著 *Mysticism* 1911，その他がある．

＊7．　R．ジョーンズ博士 Rufus Mathew Jones (1863-1948) 米の哲学者，クウェーカー教徒，宗教体験を根源として独善的な教会主義や神学を批判，ドイツの貧民救済に尽力．クウェーカー信仰に関する著書が多い．

＊8．　イング博士 William Ralph Inge (1860-1954) 英の神秘主義的宗教家．プロティノスの思想を核として，プラトン主義と神秘思想に精通，主著に *Christian Mysticism* 1899 がある．

＊9．　マイモニデース．本来の名は Mose ben Maimon (1135-1204) 中世イスラム・スペイン期最大のユダヤ哲学者．その主著 *More Newuchim*『迷える者の手引き』1187/90（アラビア語）は独訳では Führer der Verirrten（又は der Verwirrten，又は der Schwankenden, der Unschlüssigen と各種の訳あり）．

＊10.　盲人イサアク．別名 Saggi Nahor（婉曲語法で炯眼な人の意）カバラーの創始者の一人アブラハム・ベン・ダヴィド（仏ポスキエールの出）の息子で，1200年ごろのプロヴァンス地方に活動した．

＊11.　ラビ・アキバ Akiba ben Josef (50-135) タルムード・ユダヤ教の創始者の一人で，いわゆるタンナイート律法教師に属する民衆的人物．バアル・コクバ叛乱時代の殉教者で，アキバ伝説は有名．

＊12.　ウィリアム・ジェイムズ William James (1842-1910) アメリカの代表的心理学者，哲学者．機能主義およびプラグマティズムを提唱し，実験心理学を創始して，大著『心理学原理』(1890) で有名だが，晩年は神秘的経験の研究に関心をよせ，『宗教経験の諸相』(1902) は古典的名著とされている．

＊13.　ラビ・ナハマン Rabbi Nachman von Brazlaw (1771-1810) ハシディズム，特に禁欲的方向の創始者で，一弟子によって描かれた『ラビ・ナハマンの物語』で有名．

この物語はマルティン・ブーバーが手を加えて一層高名となった．出身地ブラツラフはドイツ名ブレスラウとしてシュレジアの主都．現在はポーランドに属し，ながくドイツ・ユダヤ学の中心となった拠点．

*14.　アシュケナージ Aschkenasi (pl.—sim) はドイツ系東欧ユダヤ人（イディッシュ語），セファルディ Sefardi (pl.—dim) はスペイン系西欧ユダヤ人のこと．パレスチナからの「離散《ディアスポラ》」以後のユダヤ人の二大系列をなす．

*15.　ユダ・ハーレーヴィー Juda Halewi 又は Jehuda Halevi (1080–1145) 中世イスラム・スペイン時代を代表するヘブライ詩最大の古典的詩人で宗教哲学者．その哲学的著作 *Kusari*（アラビア語）は中世ハザーレン民族（モンゴル系）の王と一ユダヤ学者との間の対話の形で，詩人哲学者として自らのユダヤ的魂の精髄を表現している．

*16.　アルファラビ Alfarabi (870–950) イスラムの哲学者，神秘家．アリストテレスの論理学の精神をイスラムに伝えた．

*17.　アヴィケンナ Avicenna (980–1037) イスラムの思想家，医師．イスラム神学の父とよばれ，その医学書も数世紀にわたって欧州に支配的影響力をもった．

*18.　サアドヤー Saadja ben Josef (892–942) エジプトで生れバビロニアで死んだユダヤ神学者で詩人．中世ユダヤ宗教哲学を基礎づけ，合理主義的イデーを代表する．

*19.　ツァッディーク主義 Zaddikismus ハシディズムはカバラーの教義の大衆化で，素朴な信仰と倫理的変化を求め，ラビ職と学者と一般大衆の宗教的価値の差別を廃し，すべての階層の信仰者（ハーシード）は正しい信仰により義者・完全者（ツァッディーク）に達することが出来るとする．

*20.　メヒティルト・フォン・マグデブルク Mechtild von Magdeburg (1212–82) ドイツの神秘主義修道女．その信仰体験の書『神の流れる光』はドイツ神秘主義最古の著作の一つとされる．

*21.　ノーリッジのジュリアーナ Juliana of Norwich (1342–1413) イギリスの神秘主義修道女．重い病床で神の啓示を体験し，『神の愛の十六の啓示』を著す．

*22.　聖女テレサ，イエスの Teresa (1515–82) とよばれる．スペインのカルメル会修道女．快活な明るい人間性と神的な恍惚の深さ，霊的な祈りのことばによる神秘主義的宗教文学の作者として知られる．

第二章

＊1．　ヨハナン・ベン・ザッカイ Jochanan ben Sakkai 紀元前1世紀のガリレアのラビ．ユダヤ戦争の先行きを見越して神殿破壊 (70) の前にヤブネに学校を開設，エルサレムからこの地へサンヘドリンが移設された．ユダヤ教の存続は伝統墨守よりも国や神殿の維持にかかっている，というのが彼の持論であった．ユダヤ教の存続に関するその功績の故に「ラバン」（われらの師）と呼ばれる．

＊2．　エリーエゼル・ベン・ヒュルカーノース　紀元1−2世紀のパレスチナのユダヤの律法教師，政治家．ヨハナン・ベン・ザッカイの弟子，ラビ・アキバの師．エルサレム破壊ののち，Lod (Lydda) に学校を設立．ミシュナーには彼の教義がほぼ300収められている．

＊3．　聖ヒエロニムス　347年頃–419年頃．ラテン語教父の中でも最も博学で多作な人として知られる．修辞家，文献学者．最大の功績は聖書のラテン語訳（ヴルガタ聖

書）とその注解にある．中世後期以降，人文主義者の理想像としてしばしば画題を提供，なかでもデューラーの「書斎における聖ヒエロニムス」（1514）が有名である．また隠修士の父の一人とも目され，思索と祈禱にふける荒野の修行僧としてクラナッハ，アルトドルファー，デューラー等に描かれている．

＊4．アブラハムの黙示録 *Apokalyse Abrahams* 紀元2世紀に由来し，もとはヘブライ語かアラム語で書かれたものと推測されるが，ギリシャ語からのスラブ語訳で保存されている，アブラハムの天の遍歴に関する黙示録．素材はユダヤ的であるが，少々キリスト教による修正が見られる．

＊5．エッセ派信徒 Essäer 結社に似た厳しい規律を持つユダヤの宗団で，紀元前150年頃に発生，ユダヤ戦争（70年）まで存続した．死海のほとりの洞穴で発見されたいわゆる死海文書の中に見られるものが神秘のヴェールに包まれていたこのエッセ派の文書とみられている．彼らの世界像は二元論的，終末論的で，神と悪魔，光と闇の子らが相闘い，悪魔が破れる最後の戦いが差し迫っている，と考えている．

＊6．オーデベルク Hugo Odeberg 原注（12）の説明以上のことは未詳であるが，この「エノク書」については，同じ（14）及び（55）項，著者ショーレムの著『神性の神秘的形姿について．カバラー基本概念の研究』（1962）の第6章 „Zelem“ においても，詳しい言及と注がなされている．

＊7．ハッガーダー Haggada 又は Aggada 過越祭《すぎこし》の第一，二夜，家庭の祝いの初めに主人が家族たちの前で朗読する民衆的な過越祭の物語．この祭の由来と風習が説明され，旧約「出エジプト記」第12章26節にもとづく習慣として中世ユダヤ教以来，この物語本は美的装飾で聖化された秘義的な対象．

＊8．イサアク Isaak イスラエルの父祖たちの二番目．アブラハムとその本妻サラの一人息子（創世紀17—19，21—1以下）．彼の妻はレベッカ，息子にエサウとヤコブがいる．このヤコブの12人の子が通常イスラエル構成の12氏族とされている．

＊9．ラビ的ユダヤ教 中世の東欧ユダヤ人間に維持された「ラビ」を指導の中心とするユダヤ教の体制．「ラビ」はトーラー，タルムードに通暁する学殖徳望ある指導者の称号で，聖職者ではないが，後年その指導力は弱まり，時代の変化に対応しきれず，指導体制は崩れていく．

＊10．ヤンブリコス Iamblichus 250年頃-330年頃．シリアで活動した新プラトン派の哲学者．プラトンの対話篇を組織的系統的に解釈する一方，プロティノスの「流出」の諸段階をさらに細かく区別し，それを東方の神秘主義的要素（神々，悪魔，天使）と結びつけた．

＊11．預言者エリヤ Elias 紀元前9世紀前半のイスラエルの預言者．イスラエルの王アハブとその妃イゼベルによるバール神崇拝に反対してエホバ神の排他性を擁護した（烈王紀上17—19，21，同下1）．バビロン幽囚後の時代にはメシアの先触れとして彼の再来が期待された（マラキ書3—23）．ヘブライ語とコプト語で保存されているエリヤ黙示録は紀元3世紀のものである．

＊12．デニス Dennys 原注（34）を参照．

＊13．ハニナー・ベン・ドッサ Chanina ben Dossa 紀元前1世紀に生存した．各種伝説に英雄，奇蹟を行う人として登場する．

＊14．タンナイート Tannaiten 「タンナ」はアラム語で教師の意．1-3世紀頃の

律法教師たちのことをいい，彼らの教説がミシュナーの内容となっている．250人以上の教師が数えられ，ほとんど例外なくパレスチナ人で，ヒレルとシャンマイの学校で始まり，ユダ・ハナッシーで終っている．

*15.　J．アベルソン J. Abelson　原注（54）の示す彼の著は，*The Immanence of God in Rabbinical Literature*, London 1912. ショーレムはこの書を高く評価して，訳注前掲（6）に掲げた「カバラー基本概念の研究」第4章 „Schechina“ においてもしばしばアベルソンに言及し，更に最近の新研究の成果を注目するよう指摘している（A. Marmorstein, *Studies in Jewish Theology*, Oxford 1950 参照）．

*16.　ルードルフ・オットー Rudolf Otto (1869–1937)　福音書神学者．ゲッティンゲン，ブレスラウ，マールブルク各大学教授．不条理なるが故に直接的合理的認識によっては把えられない「聖なるもの」を宗教の対象と考えた．主著『聖なるもの』（*Das Heilige*, 1917）で聖なるものの，倫理性とは異なる特殊な性格を説明するために，人間によって「神秘」,「魅了するもの」,「崇高なもの」として体験され信仰される「聖」（das Numiose）の概念を導入した．比較宗教学の研究もある．

*17.　フィリップ・ブロッホ Philipp Bloch (1841–1923)　シュレジアの Tworog 生れ，ラビで学者．ほとんど50年にわたりポーゼン（ポズナニ）で活動，ヴィンターとヴュンシュの『ユダヤ文学史』の協力者で自由ラビナー連盟の会長．ベルリンに没す．

*18.　G．H．ボックス G.H. Box　未詳．

*19.　エリーエゼル・カーリール Elieser Kalir　祭文儀礼の詩人．750年頃パレスチナにあり，シナゴーグの詩歌の古老大家の中でも最も著名．

*20.　ガスター Moses Gaster (1856–1939)　ルーマニアの言語学者，民俗学者．ラビ．ルーマニアとユダヤのフォークロアに関する重要な仕事がある．

*21.　シャハラスタニ Mohammed ibn ’Abd Allāh Schahrastani (1076?–1153)　イスラムの比較宗教学の最も重要な代表者．神学的著作の他，『宗教的共同体と宗派について』(1127) で，回教徒，キリスト教徒，ユダヤ教徒，ゾロアスター教徒について論じた．

*22.　エジプト人マカリウス Makarius der Ägypter　300年頃–380年又は390年頃．エジプトの僧．アントニウスの弟子で，スケティス修道院の創立者とみられている．30歳の頃，アラビアの荒地に移住し，ある大きな隠者部落の中心的指導者として暮した．彼のものとされている神秘主義的著作（50篇の『説教』）は僧侶神秘主義の発展に重要な影響を及ぼした．

第三章

*1.　カロニミーデ Kalonymiden　10世紀にイタリアのルッカに興った有名なユダヤの学者一家，カロニムス家の人々．この一門からは多くの学識豊かなラビ，典礼詩人，哲学的著作家が輩出した．皇帝オットー2世からマインツへの移住を許可され，ライン流域で活動した．タルムード研究や神秘主義的信仰をドイツへ移植したのは彼らである．

*2.　シュパイヤー出のサムエル・ベン・カロニムス・ハ＝ハーシード Samuel ben Kalonymus ha-chasid aus Speyer　12世紀．父カロニムス・ハ＝ハーシードは1096年の迫害の後マインツからシュパイヤーへ移り，サムエルはこの地で生まれた．生涯に

ついては不明・著作もほとんど残存していない．異教的神学を学び，この方面で著作を行なった模様．15-6世紀のヘブライ語とイディッシュ語の物語集に彼の魔術力についての多くの話が含まれている．それによると異邦人の魔術師と競い，ユダヤ民族をその迫害者から救うために自分の魔力を用いた．

＊3．ハーシード・ユダ Juda der Chassid ユダ・ベン・サムエルともよばれ，1217年レーゲンスブルクで死んだラビ．同地のタルムード大学の指導者．いわゆるドイツ・カバラーの神秘的動向の創始者で，主著に『ハーシードの書』がある．

＊4．ヴォルムス出のエレアーザール・ベン・ユダ Eleasar ben Juda aus Worms (1160–1230?) ヴォルムスのラビ．カロニムス一門．『ドイツの敬虔者』の著者で，彼らの神秘主義的，倫理的伝統をわかりやすい形で伝えた．主著 *Rokeach*（香料製造者）はユダヤ倫理学の一大体系である．

＊5．F．I．バール Fritz Yitzhak Baer (1888–?) ハルバーシュタット生れの歴史家．エルサレムのヘブル大学教授．主著『キリスト教スペインにおけるユダヤ人』2巻，1929年及び36年（ヘブライ語版1945，英語版1961）．

＊6．クルニーの改革 die cluniazensische Reform 仏のクリューニー Cluny 大修道院を中心としたベネディクトゥス派の改革修道会（910年創立）．初代院長は聖ベルノ Berno で，厳格な修道生活を指導し，12世紀には仏，伊，英，ローレヌ，スコットランド，ポーランド等に300以上の修道院を有し，教会の改革に多大の貢献をした．特にペトルス・ヴェネラビリス院長（1122–56任）の時代が最盛期で，ローマに次ぐキリスト教の中心地といわれ，西欧の歴史に残る名僧，さらに何人もの教皇も出している．

＊7．ギューデマン Moritz Güdemann (1835–1918) ユダヤの歴史家，ラビ，ユダヤ教会首長．テオドール・ヘルツルのユダヤ民族運動の反対者．原注（2）参照．

＊8．アブラハム・イブン・エスラー Abraham ibn Esra (1092–1167) 文法家，聖書注釈者，詩人，哲学者．新プラトン主義者．彼の典礼文学の一部はセファルディーのシナゴーグの祈禱書に見出される．

＊9．アブラハム・バル・ヒヤ Abraham bar Chija Hanassi 天文学，数学，宗教哲学者．12世紀前半スペインのソリアとバルセロナに生活，フランスの地方も巡歴，太公の警察長官などをつとめ，アラビア語を知らぬ学者たちのために数学的地理学，暦学の著書をあらわし，数学の百科事典，倫理哲学的『魂の諸考察』等を書いた．新プラトン主義に属し，ポテンシァルの根本となる基体 Substrat を創造力の優位におくことを強調した最初のユダヤ人である．彼の預言的な魂の遺伝継承の教説は若い同時代人ユダ・ハーレーヴィーの根本思想に大きな影響をあたえた．彼の地理学の書はティヴォリ出のプラトーによってラテン訳され，同書の中では，1358年にメシアの到来することが期待されている．

＊10．J．N．シムホニ Jakob Naftali Simchoni (1884–1926) 実名 Simchowitsch ロシアのスルスク生れ，新ヘブライ語文献学の多角的頭脳の一人，才質豊かな歴史家，『ユダヤ人史入門Ｉ』（ベルリン，1922，ヘブライ語），サーロモー・イブン・ガービロールやS．D．ルッツァットの伝記を著し，ベルリンで死ぬまで『エンサイクロペディア・ユダイカ』編纂に指導的に参加，*Flavius Josephus Bellum Judaicum* をヘブライ語に翻訳した．

＊11．ラシ Raschi (1040–1105) Rabbi Schelomo ben Izchaki の略称．中世ドイ

ツ，北フランスで最も著名な指導的タルムード学者．彼が1055-65年の間研究の場としたヴォルムスの旧ユダヤ人街には今日も記念の「ラシ学問所」が再建されている．主としてトロアに活動（1040-1105），同地にタルムード大学を創設，彼の聖書とバビロニアタルムードの注釈は古フランス語の源泉として言語史的にも重要．そのモーゼ五書注釈は最初の印刷されたヘブライ語の書で，ドイツ訳もされている．

*12．イスラエル・バアル＝シェーム Israel Baal Schem　ハシディズムの創始者イスラエル・ベン・エリーエゼル Israel ben Elieser の通称で，「バアル＝シェーム」は神的な名前の主という意味．彼はおよそ1740年以降ウクライナのミエッチボルツで活動し，バアル＝シェーム＝トヴ（略してベシュト Bescht）ともよばれ，その墓は今日も維持されている．

*13．マイスター・エックハルト Meister Eckhart (1260-1328?)　ドミニコ会修士，ドイツの最も重要な神秘主義者．自己の神秘主義的な敬神体験に基づいた新しい思弁的神学を創始した．キリスト受難史，教会，聖書は後退し，神と信仰する魂の直接的出会いが重視される．彼の教説はスコラ哲学，特にアルベルトゥス・マグヌスとトマス・アクィヌスに依拠しており，ユダヤ哲学（マイモニデース）とアラビア哲学（アヴィケンナ，アヴェロエス）によって変形された新プラトン主義の影響もある．

*14．ゴーレム伝説，ホムンクルス　「ゴーレム」はヘブライ語で形なき団塊の意．カバリストが神の名によって創りだした，言葉をもたない人工人間．16-7世紀プラハの大ラビ・レーヴの「ゴーレム伝説」が有名で，現代ではグスタフ・マイリンクの小説作品（映画化）がある．「ホムンクルス」も，homo（人間）の縮小形で，人造の小人の意．ゲーテ『ファウスト』第2部第2幕「中世風の実験室」で6879行以下にホムンクルスが登場する．彼はワーグナーのレトルトから生れ，ワーグナーを父，メフィストをおじさんとよぶ，小生意気な半人間である．

*15．ヤコブ・ベン・ヤコブ・ハ＝コーヘン Jakob ben Jakob ha-Kohen，別称 Jakob Josef Hakohen von Polonnoje　1782年頃死去，傑出せるハーシードで，ハシディズムの最初の著述家．初めは敵対し，後にイスラエル・バアル＝シェームの最も活動的な使徒に変ったと伝えられる．ためにシャルゴロドのユダヤ区から追放され，後ニエミロフのラビとなり，最後にポロノイエに招かれた．著書『ヤコブ・ヨセフの生涯』(1780)はバアル＝シェームの無数の真実の言葉を含み，ユダヤ教団のラビ支配に対する鋭い批判を行なっており，敵対者の憤激を買ってブロディその他の町々で焚書の嵐をおこした．本書はたちまち版を重ねて広がり，ハシディズムの敵対者，特にエゼキエル・ランダウとの彼の戦いには多くの伝説が残されている．主張「カバラーはトーラーの現実であり，ツァッディークは世界の心である．ツァッディークと民衆はつねに共属し，ハーシードは完全に民衆の中に入らねばならぬ．全的自我集中による真の祈りが人間の中に神的火花をよびさまし，神の愛の芽ばえを見出す．それはすべてのもの，悪の中にも善の中にも，隠れている．」その他カバリスト的，ハーラーハー的作品として *Ben Pooat Josef* (1781)，*Zofnat Paneach* (1782) がある．

*16．ヨーゼフ・ゲレス Josef von Görres (1776-1848)　ドイツ・ロマン派の愛国的な学者・文筆家で，ナポレオンに敵対して新聞を編集，ドイツの解放と統一を主張，しばしば官憲による弾圧を受けた．1827年，ミュンヘンの歴史学教授となり，同地にカトリック学者のグループを結成，大ドイツ主義を鼓吹して，後期ロマン派の指導的存在

となり，神話研究とキリスト教神秘主義に献身した.

*17. ヤーコプ・ヴァイル Jakob Weil aus Der Stadt (Württemberg) 14-5世紀のタルムード学者で，主著『(正式教義の) 屠殺と審問』は弘布された便覧書である.

*18. イスラエル・ブルーナ Israel Bruna ペストの恐怖時代，レーゲンスブルクの有名なラビで，1474年ファヨールという一ユダヤ人の裏切者によって惹起された「儀式殺人」の奸計と闘い，バイエルン大公の裁判でユダヤ人側の無実を主張し，みなごろしの危機を救ったという (S・ドゥブノフによる).

*19. アウグスティヌス Aurelius Augustinus (354-430) 初代キリスト教会の教父，北アフリカ生れ，彼は内的経験の省察から出発し，新プラトン派の形而上学を改造して，全中世に決定的影響を及ぼしたキリスト教の観念論的世界観をつくりだし，神の絶対善，人間の原罪と恩寵による救済説を主張した. 主著『告白』(400)，『神の国』(413-26) 等.

*20. ヨハネス・スコトゥス・エリゲーナ Johannes Scotus Erigena (810-877?) 西フランク王カール2世の宮廷学校の校長となり，Areopagita, Maximus Confessor, Gregor von Nyssa の作品を翻訳して新プラトン主義者の基礎的知識を中世に伝えた. 彼の神学的著作は三位一体と予定説を扱っている. 汎神論の疑いで教会裁判により有罪判決を受けた (1210年と1225年).

*21. ヴィルナのエリヤ Elija von Wilna (1720-1797) またエリヤ・ベン・サーローモ，「ヴィルナのガーオーン」ともよばれる. 学問的タルムード研究の父祖であり権威. ハシディズムの最も尖鋭な闘士であった. 「ガーオーン」は後期タルムード時代のユダヤ世界の精神的指導者でアカデミーの首長をつとめ，離散《ディアスポラ》状況下の全ユダヤ人の宗教律法に指標を与える存在にたいする尊称で，複数は「ガーオニーム」.

*22. ポズナンスキー Samuel Abraham Poznański (1864-1921) ポーランドのルブリン生れ，ワルシャワの大シナゴーグのラビとなる. ガーオーンの時代の究明，カレーエル派の研究に全生涯を捧げた傑出せる学者. 中世の多くの注釈書を編纂復刻し，これら注釈者の伝記を書き，また古典的著作類の入門書も著した.『ガーオーン時代研究』(ワルシャワ，1909) 等あり，特にサアドヤーに傾倒，カレーエル派と接触してこの派の研究に多くの論文がある. 最後の10年間，カレーエル派全文献の事典作成に尽力，8000番号まで仕上げて，半途で死去. 晩年はシオニズムの組織で活動した.

*23. カレーエルの派 Karäer 旧約聖書しか認めず，タルムードやラビの伝統を認めないユダヤの一派，8世紀初頭にアナン・ベン・ダヴィドによってペルシャに創立された. しかし信仰の違う人たちの間で生活することが不可能なくらい厳格な宗規を持っていたので，個々の集団はパレスチナへ移動し，そこで禁欲的な生活を送った. ラビ的ユダヤ教の決定的な擁護者ガーオーン・サアドヤーはこの一派をユダヤの共同体から閉め出そうとした.

第四章

*1. ラビ・モルデカイ・アシュケナージ Mordechai ben Isaak Kohen Aschkenasi (16世紀後半から17世紀初頃まで) シリアのラビで説教師. 彼の代表作 *Rosh Mor Deror* (ベニス，1615) は，彼の師父ラビ・サムエル・ラニアードの影響下に書かれた. ユダヤ説教の古典的伝統において書かれたトーラー講読の説教集の蒐集. メシア到来の

諸条件の考究に功あり，カバラー的用語をしばしば説教中に使ったことによって，ミドラーシュの直接一般化する基礎をつくった.

＊2. ラディのシュネウール・サールマーン Schne'ur Salman von Ladi (1746-1812) 白ロシアのラディ出身のハーシード. ハシディズムの Chabad の方向の創始者.

＊3. フィシュル・シュネールゾーン Fischl Schneersohn. シュネールゾーンは白ロシアのハシディズム・リーダーの著名な家系で，傑材を輩出している. フィシュル(1887-？)は初め精神医学，養護教育を修めてペトログラード，キエフで働き，ワルシャワのユダヤ学院の講師をへて，1922年ベルリンへ，1927年には渡米し，第一次世界大戦下の経験から自己の哲学を広める道を歩み，社会心理学，青年の精神病理学等（キエフやベルリンでの実験研究を基礎として）について，イディッシュ語，ヘブライ語，ロシア語，ドイツ語で多くの著書を執筆，現代人を内的に一新して，宇宙的神的諸力と結びつけるために必要な，新しい「人間の科学」の思想を提唱した. 彼はこの「科学」をハシディズムと結びつけようと考えており，フロイトの精神分析の学説とは対立する.

＊4. アドルフ・イェリネーク Adolf Jellinek (1821-1893) メーレンのドルスラヴィチに生れ，ライプチヒとウィーンで上級ラビ，有名な説教者. ウィーンの学舎„Beth ha-Midrasch“の創設者で，同名の著書の初版は手書きのミドラーシュ(研究)と伝説集6巻 (1853-77) で，新版は1938年刊. 彼の著 *Beiträge zur Geschichte der Kabbala*, Leipzig 1852 はカバラー研究の古典. ウィーンで死去.

＊5. アルベルトゥス・マグヌス Albertus Magnus (1200-1280?) ボルシュテットの伯爵，スコラ哲学者，ドミニコ会修士. いろいろなドイツの修道会学校で教鞭をとった. グレゴール15世のもとで聖列に加えられ (1622)，1931年に聖人，教父に昇格(11月15日が彼の日)，ピウス12世は1941年に彼を自然科学者の守護者とする旨発表した. アラビア，ユダヤの学問をキリスト教中世に伝えるほか，彼の注釈によってアリストテレスの作品をキリスト教の西欧へ紹介した. 並外れた自然科学の知識を持っていたため，しばしば魔法の疑いをかけられ，多くの伝説が彼の名に結びつけられた.

＊6. ヨーゼフ・コッホ Josef Koch 原注 (18) の著書のほかに，彼の校訂による Giles of Rome, *Errores philosophorum* があり，これには J.O. Riedl による英訳本 (Milwaukee 1944) がある. (Wolfgang Kluxen: Die Geschichte des Maimonides im lateinischen Abendland als Beispiel einer christlich-jüdischen Begegnung, in *Judentum im Mittetalter*, Berlin 1966, p. 155 による.)

＊7. ヨセフ・ギカティラ Josef ben Abraham Gikatilla (1248-1305) カスティーリャ(スペイン)生れの傑出したカバリスト. アブラハム・アブーラーフィアの弟子. ギカティラの教理の中心は，音声符号の神秘的意味と神々の名のランク付けである. 方法的には，一面宗教哲学的基礎づけであり，一面. Gématria, Notarikon, Témura のコンビネーションの方法で，主著 *Ginnath egos* (胡桃園) は，雅歌6,11を援用して，「胡桃」をかくれた叡知の神秘的シンボルとし，神々の名からその本来的，非本来的な意味を問題とする. 第二の主著は *Scha'are ora* (光の門) で，10 のセフィロースに相応する神の名を論ずる. ラテン訳あり，かのロイヒリンが，敵との論争にこれを活用した. その他，マイモニデースの著書の解説，儀式典礼の神秘的解釈，エゼキエル書の幻視の究明，ペサハ・ハッガーダーの注解等，多数の手稿も残され，後世に大きな名声を博した. イェリネーク，ランダウアー，グレッツ等によって盛んに論及されている.

*8．背教者パブロ・クリスチアーニ Pablo Christiani 異端審問の時代，マイモニデースの論敵として有名なナハマニデース（モーセス・ベン・ナハマン 1195–1270）を相手として，バルセロナのアラゴニア王臨席の下で宗教問答を行なった(1263年)人物として知られる．「背教者」とよばれるパブロは，この公開討論で，その内容からすれば全面的にナハマニデースの勝利とみられたにも拘らず，パブロの勝利を宣せられ，ユダヤ人の運命の改善は空しく終ったという．

*9．M. H. ランダウアー Meyer Heinrich Hirsch Landauer (1808–1841) 宗教哲学とカバラーの著作家．ヴュルテンベルクのブッハウ近郊カッペルに生れ，父は教会聖歌隊指揮者．若くしてブラウンスバッハのラビとなったが，病弱のため辞し，1838年ミュンヘン図書館でヘブライ語の稿類を研究し，ヘブライ文学とカバラーの歴史研究に専念し，ユダヤ神秘主義の発展を考究，早逝ながら幾つかの重要な著作を残した．『カバラーという言葉』『カバラーの歴史と文学』『ゾーハル研究』等，未完の形で刊行，シェリングの影響下にトーラーの象徴的神秘主義的解釈を行ない，ユダヤ主義宗教哲学のための基礎づけとして，カバラーのテーマと結びつけた．彼は，神の初発的行為の主要な三つの形として，神の古代名 El Shadai, El Rói, El Koneh をあげている．主著として『エホバとエロヒーム．トーラーの律法と象徴の歴史の基礎としての古ヘブライ神の教理』(シュトゥットガルト，1836)『モーセ五書の本質と形式』(同，1838) があり，A．ガイガーはこれを鋭く批判している．

*10．シャッダイ Schaddaj Septuaginta (70人訳ギリシャ語旧約聖書) と Vulgata (公認ラテン語訳聖書) に基づき，ルターによって「全能者」と訳されたヘブライ語．旧約中では解釈困難なエホバの添え名である．

*11．アブラハム・ベン・エリーエゼル・ハーレーヴィー Abraham ben Elieser Halewi(1460–1530) スペイン生れのカバリスト．『カバラーの原理』『叡知の伝統』等数種のカバリスト的著作を残す．1492年スペインのユダヤ人追放後，イタリア，ギリシャ，トルコ，エジプトを放浪，エジプトのユダヤ首長ラビ・イサアク・ハコーヘン・ショラールの学院と共にエルサレムに移住．同地で最も尊敬されたラビの一人，文筆と宗教活動で広く知られた．スペイン追放は彼の大きな衝撃で，1524年にメシア到来を預言，更に自らをメシアとして1530–31年を期待した．聖書，タルムード，カバラー文書に深く通暁，ユダヤ人にメシア到来の覚醒を訴えた．彼の文体はカバリスト中最上といわれ，黙示的預言的である．『子供の預言性』(エルサレム，1517) をはじめゾーハルの注釈，カバラーの弁明書等の著作あり．

第五章

*1．コレツ出のラビ・ピンカス Pinchas aus Koretz (Schapira, 1726/28–1791) 最初期のハシディズム指導者，聖の名が添えられている．イスラエル・バアル＝シェームの弟子というより友人とみられた．コレツとオストロホで弟子たちに囲まれ，口授の活動を続け，パレスチナへおもむく途次に死去．すべてのエクスタシーの要素を離れ，禁欲と節制につとめて，完成への道を歩むべき真理と恭順を説いた．伝承の礼拝に対して純粋な思考感情の活動を重視し，普遍性を包みこむ祈りの純粋性を教えたという．

*2．ダヴィド・ノイマルク David Neumark (1866–1924) 改革派ユダヤ教の学者，哲学者．ガリチア生れ，1897年ユダヤ教学研修学院のラビとなり，後ロコニッツでラビ

として活動，ヘブライ語の百科辞典 *Ozar ha-Yahadut* の編集に携わる．1907–24年シンシナティのヘブライ・ユニオン・カレッジの哲学教授，*The Journal of Jewish Lore and Philosophy* を創刊，主著に『中世ユダヤ哲学史』(1907–10)，他に『ユダイズムの哲学』『聖書の哲学』等多数．

＊3．ティボニーデ家 Tibboniden　万般の領域にわたる文献類をアラビア語からヘブライ語に翻訳する仕事に携わった．少なくとも4世代にわたる家系．初代ユダ・ベン・サウル・イブン・ティボン (1120–90)，2代サムエル・ベン・ユダ (1160–1230)，3代モーセス・ベン・サムエル (およそ13世紀)，4代ヤコブ・ベン・マッハ (1236–1307)．

＊4．サムエル・クライン Samuel Klein (1886–1940)　ハンガリー生れ，イスラエルの歴史・地理学者．ベルリンのラビ学院及びドイツ諸大学に学び，ボスニアその他のラビの任の後，ヘブライ大学(エルサレム)のイスラエル歴史地理学教授．彼の功績はタルムードとミドラーシュをイスラエルの地形学，歴史研究の第一資料として研究した点にある．著書に *Jüdisch-palästinisches Corpus・Inscriptionum*, *Toledot Hakirat Erez-Yisrael* 等多数．『ユダイカ』『ユダヤ百科事典』のエレツ・イスラエルに関する項目はほとんど彼の手になる．

＊5．ピンカス・ベン・ヤイール Pinchas ben Jair　2世紀の頃のタンナイート（第2章訳注14参照）の律法教師で，「ピンカスの敬虔なる驢馬」の伝説で知られる．

＊6．バヒヤ・イブン・パクダー Bachja ibn Pakuda (11世紀)　スペインのサラゴッサで活動したユダヤ教の宗教哲学者．アラビア語で書かれた主著『心の義務』は12世紀にヘブライ訳された．人間は倫理的性向を強化する宗教的教導を通じて，段階的に精神の完成に向わねばならぬ，とした．そこには新プラトン主義とスーフィズムの影響がみられる．

＊7．アモライーム Amoräer　法話者，解釈家のこと．3～5世紀にかけ活動した約3000人ほどのパレスチナ及びバビロニアの律法学者をさしている．タルムードは彼らの言辞で満たされている．

＊8．ヴィルヘルム・バッハー Wilhelm Bacher (1850–1913)　ハンガリーのユダヤ教神学者，宗教・文化史家．ブダペストのラビ学院の教授，学長．第一次大戦前ドイツ語圏のユダヤ学のすぐれた代表者．その研究領域は広く，聖書解釈，ヘブライ哲学，ハッガーダー及びミドラーシュの最初の学問的研究に至り，とりわけ当時においてユダヤ・ペルシャ文学を本格的に扱った唯一の学者であった．著書に『バビロン・アモライームのハッガーダー』(1876)，『パレスチナ・アモライームのハッガーダー』3巻，(1892–9)，『伝統の学者たち』(1914) 等．

＊9．エスラー・ベン・サーロモー Esra ben Salomo (1238 又は 1245 年没)　師盲人イサアクの影響の下に，13–4世紀のカバリストたちに大きな指導力を及ぼした，ゲロナで活動した有力なカバリストの一人．*Sefer Jezira* への注解は現存しないが，タルムードの聖者伝説の注解断片は16世紀に至って匿名で出版された．ゾーハルの中には，雅歌への彼の注解が再現されている．

＊10．ゲロナのアスリエル Asriel von Gerona (13世紀中葉)　ゲロナで活動した傑出せるカバリストの一人．年長の同時代者エスラーと長い間同一視されていたが，両者は別人であることがティシュビーやG．ショーレム等によって確証された．アスリエル

の生涯については未詳だが，師はエスラーと同じく盲人イサアクであった．カバラーの教理を公開しようとするアスリエルの立場は，師と意見を異にし，彼はエスラーの思想を一層拡張し，カバラー的神秘主義の最も深遠な思弁を展開した一人として，その著作には，新プラトン主義が世紀のカバラー伝統に浸透してくる過程が明瞭に反映している．

*11.　（トレドーの）トードロス・ベン・ヨセフ・アブーラーフィア Todoros ben Josef Abulafia aus Toledo（13世紀中葉以後）　トードロス・アブーラーフィア（後掲訳注14参照）の息子．トレドーのカバリスト・サークルに加わり，モーセス・デ・レオンの友人となり，ゾーハルの写本を手にした最初の人物．彼は自らの著作は神の力の助けによって自動記述的に成ったもの，と称していた．

*12.　フィオレのヨアヒム Joachim von Fiore（1130–1202）　イタリアの神学者，修道士．修道会の設立者．初めはシトー修道会士だったが，1190年フィオレに独自の修道会を設立する．彼の預言的歴史解釈は影響大きく，13世紀にはフランシスコ修道会の運動によって補完され，現実化された．更にヨアヒムの教理は政治的にも改釈され，近代の政治的救済をも準備し，その作用はシェリング，ヘーゲルをへて現代の政治史にまで跡を辿ることができる．

*13.　トードロス・アブーラーフィア Todros Abulafia（1220–1298）　スペインのラビ，カバリスト．ブルゴスに生れ，R．メイル・アブーラーフィアの甥に当り，学殖豊かで富裕だった彼は，スペインのユダヤ共同社会の世襲統治者 Exilarch とよばれ，カスティーリャのユダヤ人社会の精神的指導者として，当時の著名なカバリスト中の三指に数えられた．著書 *Scha'ar ha-Razim* 特に第二の著 *Ozar ha-Kabod* は，カスティーリャのグノーシス派の教理とゲロナ学派の教理とを結合するものであった．

*14.　イサアク・イブン・アブ・サフラー Isaak ibn Abu Sahulah（1244 生れ）　ヘブライ語の詩人，学者，カバリスト．カスティーリャのグァダラヤラで活動したブルゴス出のモーセスの弟子で，モーセス・デ・レオンとも面識があった．主著 *Maschal ha-Kadomoni* は，船乗りシンドバットの冒険等の軽文学を民衆に流布するために，これらと同一の構想，文体に版画を挿入し，さまざまな寓話，物語を織りこんで書かれ，その結果それら軽文学は中世の非ユダヤ人の間にまで広まった．

*15.　バヒヤ・ベン・アシェール Bachja ben Ascher（13世紀）　モーセ五書の注解者，カバリスト．サロモン・ベン・アブラハム・アドレートの弟子といわれる．彼が *Ma'arekheth ha-Elohuth* と *Ma'amar ha-Sekhel* の著者であるというJ．ライフマンの推定は批判的検証に耐えない．彼の著作は当時のカバラーの諸思想を伝える主要な資料の役を果しているが，その典拠はほとんど明かされていない．彼のゾーハルの利用の仕方についても同様である．

*16.　ダヴィド・ルーリア David Luria（1798–1855）　リトアニアのラビ，学者．ツァーリ政権を攻撃しているという偽文書にもとづく誣告によって投獄され，嫌疑が晴れた後（1837-8年），ユダヤ人共同体及びメシア的ユダヤ教の擁護のために活躍した．師ヴィルナのガーオーンの死後は，当時のトーラーの主導者の一人とみられた．著書は主としてタルムード，トーラーの注解で，ゾーハルに関するものも多く，ゾーハルの著者が実際にシモン・ベン・ヨハイであることを論証しようと試みた．

*17.　プロティノス Plotinos（204/5–269/70）　ギリシャの哲学者，新プラトン派の祖，エジプトに生れ，ローマで神秘主義的汎神論哲学を講じた．その主眼は，霊魂を肉

体と感性とから浄化して理性的にし，更に思考を絶した忘我脱魂（エクスタシス）の境で神と直交させるにあった．有名な泉の比喩による「流出」説によって，アウグスティヌスに影響し，中世のスコラ哲学と神秘思想，さらにヘーゲルの観念論と弁証法にまで深い影響を及ぼしている．

第六章

＊1．イサアク・イブン・ラティーフ **Isaak ibn Latif** (1210–1280) スペインのトレドーの哲学者，カバリスト．哲学的科学的知識に富み，アラビア語に堪能で，カバラーも真剣に研究した．19世紀には彼の数多くの著作のうち，*Ginzei ha-Melekh* 及び *Zenor ha-Mor* がイェリネーク（訳注第4章4参照）によって，*Zurat ha-Olam* がZ・シュテルン等によって出版された．哲学者としては新プラトン主義的傾向とガービロール学派に属しているが，これとカバラーとの統一によって，独自の体系を樹立しようとした．多数の著作がしばしば引用され，その影響は近代にまで及んでいる．

＊2．D. H. ヨエル David Hegmann Joel (1815–1882) ラビ，学者．ポーゼン（ポズナニ）にラビの子として生れ，ベルリン大学に学んだ後，故郷のラビに任ぜられる．晩年はブレスラウ（ブラツラフ）のユダヤ教神学院のタルムード，ラビ文献学の教授．主著『ゾーハル研究．ゾーハルの宗教哲学とその一般ユダヤ神学にたいする関係』（ライプチヒ，1849）．これはカバラーに対する学問的接近を試みた最初のユダヤ研究の一つで，彼はそこで，ゾーハルのカバラーと中世のユダヤ教神学の間に本質的な相異のないことを論証し，加えてカバラーに対するプラトニズム，新プラトン主義，グノーシス派等の決定的な影響を否定し，カバラーをユダヤ教の独創的創造物とみなした．

＊3．R. T. ハーフォード Robert Travers Herford (1860–1950) 英国ユニテリアン派の神学者．生涯ユダヤ教の第二神殿，タルムード，とりわけパリサイ人の研究に専念した．キリスト教学者一般にみられるユダヤ教に対する神学上の偏見から解放されたリベラルな精神の持主として，パリサイ主義的ユダヤ教を偏見なく研究した．主著に，*Christianity in Talmud and Midrash* (1903), *Pharisaism, its Aim and its Method* (1919), *The Pharisees* (1924) 等がある．

＊4．ジャン・ド・ポーリー Jean de Pauly 原注第5章34の説明にこの不名誉な名があげられている．

＊5．（バルセロナ出の）ヨセフ・ベン・シャーローム Josef ben Schalom aus Barcelona (Ashkenazi) 14世紀初頭のスペインのカバリスト．ユダ・ベン・サムエル・ハ＝ハーシードの後裔で，その著作は二つだけ残っている．(1) *Sefer Yecirah* の注解（マントゥア，1562）．ポルキエール出のラビ・アブラハム・ベン・ダヴィドの名で公刊され，更に1719年コンスタンチノープルで復刊，カバリスト的注釈でイサアク・ルーリアの影響が強い．(2) *Midrash Rabbah* の注解．ゾーハルを権威ある書として重視しない．アリストテレス学派とは離れていたが，マイモニデースに敬服し，その哲学とカバラーの傾向が強い．神秘主義的思弁には遠い．カンディアのヨセフ・サロモン・デメディゴは彼を評して，「世故に長じ，学識豊かな哲学者」とよんでいる．

＊6．モーセス・コルドヴェロ Moses Cordovero (1522–1570) イサアク・ルーリア以前にサーフェードで活動した傑出せるカバリスト．生地は不明，名前からスペイン出身は確実．ヨセフ・カロ，サロモン・アルカベツの弟子で，イサアク・ルーリアの師．

最初の体系的著作は *Pardes Rimmonim*, 10年後に *Elimah Rabbati* を書き，同時にゾーハルの諸部に対する最大の注解を著す．彼の仕事は主として，当時に至るまでのカバラーの諸傾向の体系化と発展につとめることであった．

＊7． E．レセジャック E. Récéjac 未詳．

＊8． クレルヴォーのベルンハルト Bernhard von Clairvaux (1090–1153) キリスト教神秘主義者．ディジョンに近いフォンテーヌ城に貴族の子として生れ，シトー派の修道院をへて，クレルヴォーの修道院長となり，シトー派の性格形成に本質的役割を果し，ベルンハルト時代をつくりあげた．当時興りつつあった初期スコラ哲学の弁証学に対立した彼の神秘主義は，中世のキリスト教神秘思想ばかりか，近世のエックハルト，ロヨラ，ルター，敬虔主義にも影響を及ぼした．主著 *De consideratione.*

＊9． ペトルス・オリヴィ Petrus Olivi (1248/49–1298) 本名 Pierre Olieu 仏のフランシスコ修道会派の神学・哲学者．ヨアヒム・フォン・フィオレの影響を受け，厳格派の指導者となる．彼の教理のなかでも特に精霊の教理はヴィエンナ公会議で数次にわたり有罪宣告を受けた．スコトゥス，オッカム等に影響をあたえた．主著 ***Quaestiones in secundum librum sententiarum.***

＊10． フランケンベルクのアブラハム Abraham von Franckenberg (1593–1652) ドイツ・プロテスタントの神秘家．ヤーコプ・ベーメの信奉者で，師の生涯に関する略伝を二度著している．シュレジアにおける神秘主義サークルの中心人物で，アンゲルス・ジレジウスに影響をあたえた．

＊11． フランツ・フォン・バアダー Franz von Baader (1765–1841) ドイツの哲学者，カトリック神学者．ミュンヘン大学教授．ベーメの神智学に依拠して，カント哲学とくに意志の自由の理論に異議を唱え，カントの批判主義に対し，神意に基づく認識意志を対置させた．あらゆる認識は神によって予め認識されていることに根拠を有し，人間の知は良心の中に見出される神の知に関知することである，とした．シェリングの自然哲学，後にはソロヴィヨフ，ベルジャーエフにも影響する．全集16巻（ライプチヒ，1850–60）がある．

＊12． F．C．エティンガー Friedrich Christoph Oetinger (1702–1782) ドイツのルター派神学・神智学者．1776年以降ムルハルトの修道院長．信仰，倫理，自然諸科学を神智学において統合しようと試みた．修学時代には，キリスト教的に解釈されたカバラー及びベーメの神秘主義，さらにスウェーデンボルグの影響を受け，シュワーベンの敬虔主義，ヘーゲル等にも影響をあたえた．主著 *Theologia ex vitae deducta* (1765).

＊13． コッペル・ヘヒト Koppel Hecht 未詳．

＊14． ヨーハン・ヤーコプ・シュペート Johann Jakob Spaeth これは或いはヨーハン・ペーター Peter・シュペート (1642/45–1701) のことであろうか．とすれば，ドイツの改宗者で，アウクスブルク（或いはウィーン）にカトリックの靴匠の息子として生れ，フィリップ・ヤーコプ・シュペーナー（プロテスタント神学者，ルター派指導者）の影響でその門下となるが，心の平安を見出しえず，後ベーメの神秘主義的著作に触れてユダヤ教に改宗，モーゼス・ゲルマーヌスと自称するようになる．1679年割礼を受け，ユダヤ女性と結婚，セファルディームの学校教師として終生を送る．ラビ的伝統に忠実に留まり，スピノザやカバラーに対しては論戦を挑み，キリスト教に対してユダ

ヤ教の正統性を擁護し，自己の改宗を正当づける著作を書いた．

＊15. カタリ派 Katharer ギリシャ語の katharos に由来し，倫理的・宗教的な潔さをも主張する派のことで，歴史上この名でよばれた派の主なものとして，1) ノヴァティアヌス主義．エピファニオスその他のギリシャ教父によりこの名称をうけた．2) マニ教．アウグスティヌスは，これを catharistae とよんだ．3) 中世11-3世紀頃，伊，仏，独などに広く活動したボゴミール派，アルビ派など．狭義にカタリ派というばあい，この派をさすのが普通．4) ピューリタンも，もとは反対者たちがカタリ派の別称として名づけたもの．

＊16. メナヘム・レカナーティー Menachem Recanati (13世紀後半から14世紀初頭) イタリアのカバリスト，ハーラーハー（文字記述の「ハッガーダー」に対し，標準的な口述の教理をいい，タルムードの律法の最も根本的な要素をなす）の権威．生涯は未詳．三つのカバラー的著作と一つのハーラーハー的著述を書き，その中でセフィロースを神の本質ではなく神が自らを包蔵する覆いであり，自らを具現するための道具である，と規定した．この独自の教理によって後世に賛否両論の影響を及ぼした．この点を除いて，彼の著作はほとんど当時の多くの諸文書に依拠したもので，ゾーハルからの引用も重要な典拠の一つとなっている．

第七章

＊1. マラノ・ユダヤ教 「マラノ」はスペイン語で「豚」の意．イスラム・スペイン時代に優遇され学芸も栄えたユダヤ教徒は，レコンキスタ時代にカトリック教会から強制改宗を迫られ，強制受洗したユダヤ人は「マラノ」とよばれ，面従復背の一種の「かくれユダヤ教徒」であったから，1492年のスペイン，同97年のポルトガルで異端審問の刑罰が荒れ狂った結果追放され，迫害を逃れるユダヤ集団はアムステルダム，ハンブルク，ロンドン，南アフリカ，中南米にコミュニティをつくるにいたる．今日でもポルトガルには，ユダヤ教独自の礼拝の名残りが維持されている．スピノザもこの「マラノ」の後裔である．

＊2. イサアク・アバルバネル Isaak Abarbanel (1437–1508) 学者，政治家．リスボンに生れ，1481年までポルトガルのアフロン5世の宮廷に仕え，84–92年，スペインのユダヤ人追放までフェルディナント・カトリック王の蔵相をつとめた．その後ナポリ，シシリア，ベニスで公務につき，ベニスで没．彼の哲学的聖書注解は一部ラテン訳された．合理主義を拒否，信仰の意義を強調，ユダヤ・メシア主義の意味で，聖地における独自の国家建設を期待した．ハイネ作『バッヘラッハのラビ』にはこのアバルバネルをモデルとした人物が登場する．

＊3. エリヤ・デ・ヴィーダース Elija de Vidas 未詳．

＊4. エリーエゼル・アジークリー Elieser Asikri 未詳．

＊5. イェサーヤ・ホーロヴィッツ Jesaja halevi Horowitz (1555–1625) 通常，彼の主著 *Schēn luchot habēnt*（第二の契約目録）を要約して „Sché Lo H“ とよび，或いは「聖」を冠してよぶ．プラハに生れ，ポーランドで勉学，傑れたタルムードの権威として，ヨーロッパの幾つかの中心的なラビの地位を歴任，ポズナニ，クラクフ，フランクフルト (a. M. 1606年頃)，プラハ (1614) をへて1621年パレスチナに行き，サーフェードでルーリアのカバリスト・サークルに加盟．当時のユダヤ神秘主義内部で最

も重要な大衆的人望家で，著名人．彼の百科全書的な著作によって，全ユダヤ人の宗教生活をハーラーハー的ユダヤ教と一体化したカバラーを基礎とする一体系にまとめあげようと試みた．深遠な対象のポピュラーな表現方法，心あたたまるトーンを基調として，典範の抜萃や断片の部分的編集につとめ，きわめて広汎に弘布された民衆本となるに至った．この傾向は，おそらくハシディズム後期の流れからも外れており，なかでもひろく行なわれ，後世のためにに用いられた代表作に，祈禱書 *Scha'on hashemajim* がある．

＊6．ツヴィー・カイダノヴェル Zwi Hirsch Kaidanower 1712年没．Kojdanowerの表記が一般．フランクフルトの高名なラビで，主著に *Kaw ha-Jaschar*（ヘブライ語とイディッシュ語の律法書）あり．

＊7．ザロモン・シェヒター Salomon Schechter (1847/1850–1915) ルーマニア生れのユダヤ人学者．レンベルク（ルヴフ），ウィーン，ベルリンで学び，1890年ケンブリッジのタルムード及びラビ文学の講師，1899年ロンドン大ヘブライ語教授．1902年以降ニューヨークの「米国ユダヤ神学校」の校長．カイロのフォスタートの「ゲニザ」（古文書埋蔵地）の学術探検者となり，10万以上の写本をケンブリッジにもたらした．「保守的ユダヤ主義」の提唱にも参加．

＊8．マルブラーンシュ Nicole Malebranche (1638–1715) フランスの哲学者，祈禱者，機会原因論の代表の一人．霊魂と肉体の二元論において，その両者間には因果関係はなく，直接の認識関係もありえないとする．神なき認識は不可能とする本体論によって，理性の信仰にたいする優位を認め，哲学・神学的真理原理の一体を強調して，影響ゆたかな本体論の先駆者となった．

＊9．ボナヴェントゥーラ Bonaventura (1221?–1274) この名はアシジの聖フランチェスコによる命名で，本名はヨハネス・フィダンツァ．哲学者で教父．トスカナに生れ，リヨンで公会議の最中に没．フランシスコ会修道士で，パリのアレクサンデル・ハレシウスの重要な弟子，またパリで神学教師．1257年フランシスコ会総会長，同会の組織機構を完成．1273年枢機卿，1482年聖人の列に加えられ，1587年教父と宣言された．

＊10．シュロメール・ドゥレスニッツ Schlomel（又は Solomon）Dresnitz 1603–9の間にサーフェードで書かれた詳細な書簡の書の著者．ルーリアの伝説的な生涯が語られており，初版は1629年．書名は *Shibhey ha-'Ari*（獅子の賛美）として幾度となく版を重ね，著者ともポピュラーな名となった．

＊11．ヨセフ・イブン・タブール Josef ibn Tabul (1545–17C. 初) イサアク・ルーリアの最もすぐれた弟子の一人，カバリスト．北アフリカ，マグレブのマアラヴ出身，その地では „Joseph ha-Ma'aravi“ とよばれた．最盛時にサーフェードに行き，1570年ルーリアの弟子サークルに加わった．ルーリアの死後，サーフェードに留まり，師の教義の普及につとめたが，ハッイーム・ヴィタールとの間に緊張が生じたため，晩年エジプトに行き，数年滞在の後，17世紀初め，再びエレツ・イスラエルに帰り，ヘブロンで死んだ．ルーリアの体系の祖述は第一級資料としてカバリスト間に知られ，20世紀エルサレムでも復刊．彼の弟子にはサムエル・ベン・シドやイスラエル・ベンヤミン等がいる．

＊12．偽アブラハム・ベン・ダヴィド Pseudo Abraham ben David 訳注第六章5のヨセフ・ベン・シャーロームの異名．本来のアブラハム・ベン・ダヴィド Abraham ben David (1125–1198) はポスキェール出身のタルムード学者でマイモニデースの批判者．主著に，マイモニデースの『律法再編《ミシュネー・トーラー》』に対する『抗弁集《ハソサゴート》』がある．

＊13.　ヤーコプ・エムデン Jakob Emden (1697–1776)　エムデンのラビ職，後アルトナで私人．ツヴィー・ヒルシュ・アシュケナージの息子．サバタイ・ツヴィーの信奉者たち（実際と推測を問わず）に対する熱狂的な敵対者で，とりわけヨナタン・アイベシュッツと激しく闘った．主著にタルムード研究の論争書 *Meggillat Sefer*（巻物）と自伝（1896年ワルシャワで初めて印刷された）がある．

＊14.　グノーシス派のバシリデス Gnostiker Basilides（又はバシレイデス）130–40頃没．シリア生れのグノーシス主義者．アクレサンドリアで教え，ペテロから伝えられた秘密の伝統を保持していると自称．キリスト教，ユダヤ教のみならず，哲学の伝統もとり入れて，広汎な神学的世界像を形成したといわれるが，主著は失われ，次代の人々の伝承によってのみ知られている．

＊15.　ティシュビー Jesaja (Isaiah) Tishby (1908–　)　カバラー，サバタイ主義．倫理的ヘブライ文書，ハシディズムの学者．ハンガリーのサニスロに生れ，伝統的なラビ主義の教育を受けたが，やがて世俗的な文学と学問に関心を転じ．ハンガリー語で詩文を書き．アンソロジーを編み，1933年パレスティナに移住してヘブル大学に学び，ヘブライ文学の教職につき，1955年以降同大学の教授となる．彼の業績は本書の原注にも紹介され，G．ショーレムの後継とも目される守備範囲の広く豊かな学殖を示している．

＊16.　ヴァレンティヌス Valentinus（160年頃没）　神学的文筆家としてローマで活動．詩人，教団創設者（トラクト，賛美歌，推測として『真理の福音書』も）．彼の思弁的な救霊の教理は，半ば神秘主義的状態において，一面オリゲネスへの途上に，他面プロティノスと新プラトン主義への途上にある．*Nag Hammadi*（エジプトの都市）のテクストが全面発見されねば，決定的なことはいえないが，ヴァレンティヌス派の人々はマルキオン派と並んで拡がりと存続性大なる唯一のグノーシス派教団を創設し，東方分派（マルコとテオドール）と西方分派（プトレマイオス１世とヘラクレオン）とに分れた．

＊17.　マニ Mani (216–277，マニ教 Manichäismus)　第６章10節前出．イラン出身，バビロニアに育ち，啓示によって独自の教理と伝道の一宗派を創設した．人間と世界は光と物質の罪ある混合によって生れ，人間はこの世界秩序を認識によって達観し，自らの光の部分を肉体物質から解放せねばならぬとする．このマニ教の救済思想は禁欲的で，僧と俗人に分たれ，世界宗教の一つとして，後期古代から全中世に多くの信徒を得，特に東洋，中国地域に14世紀まで栄えた．

＊18.　カルマ Karma「行為」を意味するサンスクリットで，漢訳仏典では「業」（ごう）と訳される．ブラーフマン末期，古代ウパニシャッド前期に，因果思想と結合して，人間の生存中の行為が死後の運命を決するという，インド特有の輪廻説が構成され，業のいかんによっては神々の友ともなり，動植物にも転生するのであって，人間のみならず神々も業の支配をうけるという．この無限の鉄鎖からの解放がインド諸宗教の課題であり，解放すなわち「解脱」である．出家や苦行はこれに到達する手段である．

＊19.　サーロモー・アルカベツ Salomo Alkabez (1500–1580)　セファルディームの一族アルカベツ家の出，サーロモー・ベン・モーセ・アルカベツのこと．サーフェードのカバリストで，主著に *Lecha Dodi*（安息日の歌）．

＊20.　ガザのナータン Nathan von (aus) Gaza (1643–1680)　フルネームは Abraham Nathan ben Hayyim Ashkenazi「ガザの預言者ナータン」として有名．1665年

以降「聖なる灯」とよばれた（ゾーハルの中のラビ・シメオン・ベン・ヨハイに贈られた名誉ある称号）．サバタイ運動の中心人物の一人．彼の父はポーランド・ドイツ地域から来てエルサレムに定住，ラビとしてカバラーを学ぶ尊敬された学者で，ユダヤ人・コミュニティのため力を尽した．ナータンの師は，有名なタルムード学者ヤーコプ・ハギツで，ナータンは知力抜群の弟子だった．1663年結婚して，ガザに定住，妻はガザの富商の娘サムエル・リサボンナ．その頃サバタイ・ツヴィーと逢い，その強烈な影響力に驚かされて，64年からカバラー研究に入り，知力と想像力の結合から魂の啓示を受け，更にイサアク・ルーリアの影響から深くルーリア的カバラー世界に参入，65年エクスタシー体験によって幻視を見つつ2時間語り続け，微細にわたり神的世界のルーリア的図式を説いた．彼はサバタイ・ツヴィーがメシア，との神の声を直接きいた，という．各地から多くの人がナータンのもとへ巡礼に来，彼もまた各地を遍歴，サバタイ運動の指導者多数と接触，強い個性的カリスマ的人格としてツヴィーの理論を民衆に訴え，幾世代をこえて聖者としてサバタイ主義者たちから敬仰され，多くの伝説を残した．G．ショーレムは『エンサイクロペディア・ユダイカ』に自らナータンについて詳細に記述している．

第八章

＊1．サーロモー・ベン・アブラハム・ラニアード Salomo Laniado　この人物はアレッポ生れのラビで，ハーラーハーの権威．ショーレムは英文の大著 *Sabbatai Sevi*, 1973 の中では，Solomon Laniad と表記して，かなり詳述している．

＊2．クールディスタン Kurdistan　イラン北西部に住むクルド人の本国で，トルコ，イラク，イラン，ソ連に政治的に分割されている地方．ここには，言語上も，人類学上，宗教的戒律の上でも他の東洋ユダヤ人と異なったユダヤ住民が住んでいたが，1890年以降，パレスチナ乃至イスラエル国に移住し，今ではほとんど残っていない．

＊3．1648年のシュミールニッツキーの暴動　Bogdan Chmielnitzki (1593–1657) はコザック人の指導者で，1648年ポーランド貴族にたいする彼の反乱に際し，激しい流血のユダヤ人迫害を強行した（ネミロフの大虐殺）．これはヒトラー以前の東欧ユダヤ人史上最大の兇行であった．

＊4．アブラハム・ミヒャエル・カルドーソ　Abraham Michael Cardoso（或いは Abraham Miguel Cardozo 1630–1706）　セファルディームの家系で，ポルトガルに生れ，カイロで死んだ神秘家，サバタイ主義者．

＊5．S．フルヴィッツ Saul Israel Hurwicz (1860–1922)　ヘブライ語の作家で，白ロシアに生れ，ベルリンで死んだ．伝承の物語を学問的に批判する仕事に功あり．主著，*Meajin ulean*（どこからどこへ）エッセイ集，1914年．

＊6．ヴィルナのヘシェール・ツォーレーフ Joshna Heshel Zoref ben Joseph（又は Heshel Ṣoref) (1633–1700)　ヴィルナに生れ，リトアニアのサバタイ主義運動の最も主要な預言者．もともと銀細工師で，禁欲的苦行者の道を歩み，穏健なユダヤ教育を受けた．ポーランド・スウェーデン戦争の惨禍と迫害の間，1656年アムステルダムに難を逃れ，後，ヴィルナに帰って，倫理的神秘主義的著述の勉強と共にタルムードを研究．1666年の動乱のさなかで，エゼキエルに比される幻視を得た．彼はサバタイ・ツヴィーの信奉者たちのきわだったスポークスマンとなり，生涯それを貫いた．彼は周辺

に集まる信徒グループに，後のツァッディーク同様の範を示し，メシア的神秘主義的預言と同時に，政治的事件にもかかわる教訓を告げた．その言行はツヴィー・ヒルシュ(Kaidanover) によって記録された (*Kav ha-Yashar*, 1705)．彼はサバタイ・ツヴィーを真のメシアとし，自身をヨセフのごとき存在と考え，その秘教的教義は5000ページに及ぶ(*Shema Yisrael*)．更にイタリアやトルコとの交流をはかり，クラクフに移って，ハーシードグループの保護者の娘と結婚，エルサレムへの旅を計画中に死んだ．彼の遺稿の一部はブロディの僧房の一員に渡り，他の一部はハシディズムの創始者バアル・シェーム・トヴの手中に伝わったといわれる．彼の遺著 *Sefer ha-Zoref* はハシディズムに大きな影響を残しているといえよう．

＊7．ツァドーク・ベン・シェマリア Zadok ben Schemaria (von Grodno) 未詳．

＊8．ベンヤミン・コーヘン Benjamin ben Eliezer Ha-Kohen Vitale von Reggio (1651–1730) 伊のカバリスト．次項マントゥアのモーセス・ザックトの代表的弟子．1682年まで故郷ピエドモント（アレクサンドリア）で，以降はレッギオのラビ．高名なカバリストで，同時に説教師で詩人．伊におけるイサアク・ルーリアのカバラー（禁欲的カバラーの精神）の主たる中心．彼の親友モデナのアブラハム・ロヴィゴと共に，イスラエルの地に亡命を企てたが失敗，共にサバタイ・ツヴィーの信奉者で，近代のハシディズム的サバタイ主義の主たる擁護者．伝統的なユダヤ主義とサバタイ・ツヴィーのメシア思想の融合であると同時に，ガザのナータンのサバタイ的カバラーから一線を画してルーリア的カバラーを維持した．彼の大きな説教集録が晩年に公刊されている（アムステルダム，1727)．

＊9．モーセス・ザックト Moses Sakkuto (又は Zacuto) 1697年没．前項ベンヤミンのマントゥアの師．サバタイ・ツヴィーを受容したベニスの代表的カバリスト．1666年ツヴィーの祈禱集が承認されたとき，その仕事に参加したモーセス・ザックトは，スピノザの学友で，サバタイ主義信奉者たちが幻滅した後も，この秘教的学問をすてず，真のメシアがいつ到来するかを，この学によって究明しようと考え，カバラーの教理を倦むことなくイタリア全土に広めるべく努力した．『ゾーハル』のテクスト解釈，それに附随する多くの論文や神秘主義的祈禱類を刊行し，更に地獄の業苦を描く文学作品 *Tofte Aruch* までも公けにした．かくして彼は新たなカバリスト一派の創始者ともなった。詩人M. C.ルッツァットもその影響下にある．ベンヤミンとザックトの往復書簡は一部が公刊されている（レグホーン，1780)．

＊10．アブラハム・ロヴィゴ Abraham ben Michael Rovigo (1650–1713) 13世紀末以来ユダヤ人の住む北伊ロヴィゴ地方のモデナに生れ，モーセス・ザックトにカバラーを学んだサバタイ主義カバリスト，前注（8）項のベンヤミンと親友，富裕な条件下で深くカバラー研究に没頭．後にサバタイ派の過激な冒険行動の支持者となる．若くしてメシア運動の熱狂的使命感に自己を投じ，伊で多くの信者を集めた．当時のリーダーたちと交流を深め，ガザのナータンとも親しく文通，啓示の真実を確信したが，現実には慎重に閉鎖的な地下的進行に配慮した．サバタイの有罪判決後，友ベンヤミンとエルサレムへ亡命を準備した1700–01の間は，モルデカイ・アシュケナージのゾーハル注解の出版に努力，フュルトやベニスから1702年遂に聖地へ旅立った．同行のサバタイ派学者たちとのこの旅の重要な意義は後に出版されて全欧に影響を与え，彼は1704–07，1710–13年等数次にわたりポーランド，ドイツ，オランダ，イタリアを巡歴し，最後の伝道の

地マントゥアで没した．彼の遺稿の重要な部分は1920年まで未発見のまま現存し，今日ではサバタイ主義の歴史研究のために重要な資料となっている(「エンサイクロペディア・ユダイカ」所収のG．ショーレム稿による)．

＊11．ハッイーム・マーラーク Chajim Malach（通称 Mehalech「旅人」とよばれた） 1720年頃没．ポーランドのユダヤ人は偽メシアの死後もサバタイ主義をすてず，窮極の救済をその名と結びつける風潮下にあったが，1672–99年ポドーリアがトルコに併合されたとき，ポーランドのサバタイ主義者たちはサロニーキの同宗派センターと密に接触して，その迷信を互いに強めあった．このポーランドとトルコのメシア待望者間の結合を維持した神秘家たちの中で，17世紀末頃，カバリストのハッイーム・マーラークは傑出した存在となった．彼はたえずポーランドとサロニーキの間を旅していたので，謙遜して自ら「旅人」とよんだ．彼の秘教的重点は，モーセが40年の荒野の旅の後，イスラエルの民を約束の地にもたらしたごとく，サバタイ・ツヴィーもその神意にかなった背教の40年後には新たに自己啓示を行なうという点で，やがて伊から帰った懺悔僧イエフダ・ハーシードと共同して，ポーランドの故郷に一宗派を創始し，正統派ラビたちから排撃されるや，1700年に聖地への巡礼を開始し，西欧を経由して多くの苦難の後，千人の同行者を集めてエルサレムの門に達したという．しかし，聖地での約束の年1706年にも預言は幻滅に終り，同行の信徒は悲運の帰郷を強いられ，またキリスト教徒からの迫害にもあったが，ハッイーム・マーラークは頑として屈せず，パレスチナを追われた後も，ガリチアとポドーリアの秘密サークルで最期まで自説を弘布し続けた．

＊12．ヤコブ・フランク Jakob Leibowicz Frank (1726–1791) 偽メシアといわれ，反タルムード的，サバタイ主義的でキリスト教化された宗派，フランキスト派の創始者．1755年ポーランドに登場，熱狂的な暴行，ラビによる破門が続き，教会によりフランク主義者とラビたちの間の公開討論が進められ，その結果タルムードの焚書をひき起した．フランクの指導下，大量の人々がカトリックに改宗し，フランクは長く投獄され，最後にブリュンとオッフェンバッハで活動した．彼の娘（運動の後継者）エヴァ・フランクも1817年オッフェンバッハで死んだ．

＊13．アアロン・コーリーン Aaron Chorin (1766–1844) メーレン地方ヴァイスキルヘンに生れ，ハンガリーのアラドに死んだ啓蒙家，改革派で，正統派から論難された先駆的闘士．

＊14．ヨナス・ヴェーレ Jonas Wehle 未詳．

＊15．プラハ出のユダ・レーヴ・ベン・ベツァレール de Juda Löw ben Bezalel aus Prag („Der Hohe Rabbi Loew“, 1525–1609) タルムード学者，モラリスト・数学者として知られるラビ．プラハのタウンホール入口に銅像あり．ヴォルムスから来た高貴な家柄．父ベツァレール・ベン・ハッイームはポズナニのラビ・イサアク・クラウバー（ソロモン・ルーリアの祖父）と法兄弟．彼の兄弟も揃って令名ある学者．1553–73年モラビアの地方ラビ，後プラハへ（84年まで）．92年，皇帝ルドルフ2世に謁見，天文学者ティコ・ブラーエとも親交，教育者としても偉大．著作は倫理学，哲学，説教集にわたり，全生涯の仕事は主としてアーガーダーの新解釈にあり，当時最大の影響力をもった．トーラーの超越的意義を重視し，カバラーにも近づき，また科学の盛んな地に住んで自然科学，宇宙論の研究あり，コペルニクスを知って，ラビ的コスモゴニーの宇宙観を抱懐した．米大陸発見の時代のルネサンス的巨人の一人．

*16.　モーセス・ハギス Moses Chagis（又は Hagiz）(1672-？1751)．ハギス家は伊から亡命したエルサレムのセファルディーム家系で，ヤコブ・ハギス（1620-74）はサバタイ・ツヴィーの敵対者として知られ，モーセスはその島で，同じくサバタイ主義に敵対したカバリスト学者．祖父モーゼス・ガランテ Moses Galante に学び，エジプト，伊におもむいて父の書 *Halakhot Ketannot* (1704) を出版．更にプラハからアムステルダムに旅し，そこでツヴィー・ヒルシュ・アシュケナージ（1660-1718）と接触し，東欧系アシュケナージのラビとなって，サバタイ主義及びその秘密信者たちとヒルシュと共に激しく戦った．1713年二人はサバタイ派の破門撤回を拒否してアムステルダムを去り，翌年ロンドンに，更にツヴィーの息ヤーコプ・エムデンのいるアルトナへ移り，サバタイ派との抗争を続けた．伊でも著名なサバタイ派有力者との不和を経験，1738年再びイスラエルに帰って，サーフェードに定住し，ベイルートで没，サイドンに埋葬された．第一級のタルムード学者で，多国語に通じ，博識で多数の著書をのこし，アルトナでは J. Chr. Wolf の *Bibliotheca Hebraica* に協力した．

*17.　カルポクラテス派 Karpokratianer　2世紀後半アレクサンドリアの異端的グノーシス派．始祖カルポクラテスによれば，神は万物の始源 archê で，非所造の父である．現世はそれよりはるか低次な不完全造物者や天使たちによって造られたもので，悪にみちている．イエスは単なるヨセフの子にすぎないが，その魂は非所造の天父の世界を完全に想起しえたため，悪の根源の造物者デミウルゴスの束縛を逃れて天父のもとに復帰できた．それゆえキリストと同じ魂をもつものは同様に造物者を蔑視して最高神のもとに救われる，と主張された．ここからこの派の人々は傲慢となり，自己をイエスと同等視した．カルポクラテスの子エピファネスは17歳で夭折し，『正義について』の遺著で，財産と婦人の共有を説き，死後，神として拝されたという．この派は輪廻を説き，魔法・呪術を用い，淫乱放縦な生活におちいり，正統派の教父から排撃された．

*18.　サムエル・プリモ Samuel Primo (1635-1708)　タルムード学者でサバタイ主義者．カイロ生れで，後，エルサレムに定住，1662年ユダヤ・コミュニティの同地代表者となり，熱心なカバリスト．サバタイ・ツヴィーの同地滞在中に彼と逢い，同65年メシア運動爆発時の強烈な信者第1グループに加わり，5-6月のガザの熱狂的メシアの嵐を体験した．後コンスタンチノープルのツヴィーに最も緊密なサークルとして同行，ツヴィーの投獄と背教の後も協力を続け，ガザのナータン不在の間，当時のこの運動の顕著なスポークスマン役を果した．彼は多年にわたりソフィアに留まってツヴィーとの交流に努め，表向きは正統派タルムード学者の仕事に戻りつつ，苦難の中に大きな評価を得た．1680年以降アドリアノープルで活動，学究を進めつつコミュニティを助け，アプリアン・シナゴーグのラビとなって，死ぬまで尊敬を受け，秘密の教育の真実のゆえにユダ Judah の親称をその名に冠された．ツヴィー以降のサバタイ主義の苦難の時代を代表するすぐれた人格で，その残した著作はアドリアノープルの大火でほとんど失われた．

*19.　ネヘミア・ハイヨン Nehemia Chajon (Nehemiah Ha-Kohen)　ルヴフ（レンベルク）生れの17世紀ポーランドのカバリスト．1666年，トルコのガリポリに獄中のサバタイ・ツヴィーを訪問，その際の討論がツヴィーの回想録にあり，メシア・ベン・ヨセフとメシア・ベン・ダヴィドの対話によって，ツヴィーが他の訪問者を嫌い，ネヘミアを歓迎したことがわかる．これがツヴィーのイスラム教への改宗の転機となった．ネ

ヘミアは帰郷して父の宗教に戻り，その行動は全ポーランドに及んだ．75年ポーランドを去り，名をヤコブと改め，自身のアイデンティティを図った．当時のポーランド・ドイツのユダヤ人の窮状がその背景に考えられる．

*20. J. K. リーフシッツ Jakob Koppel Lifschitz（又は Lifschütz） ガザのナータンの異端的なカバラーは彼の著述『創造の理論』*Sepher ha-Beri'a*, 167 その他に示され，この書は17-8世紀に写本が弘布され（印刷されず），今も約30の手稿本が保存されているが，この主題を要約概観した仕事を独立して行なったカバリストが J. K. リーフシッツ（又はリフシュッツ）である。彼は18世紀の前半にヴォルヒニアに生活した人で，その大著 *Scha'are Gan 'Eden*, Koretz 1803 の最初の部分に，この概観が印刷されている．(G. ショーレム：Von der mystischen Gestalt der Gottheit より.)

*21. バルーフ・コニオ Baruch Konio 未詳.

*22. ニムロッド Nimrod バベルの塔の伝説的な建設者．創世紀第10章10節による最初の猟人．聖書以後のユダヤのアブラハム伝説中の人物.

第九章

*1. シモン・ドゥブノフ Simon Dubnow (1860-1941) 白ロシア・ムスティスラヴルに生れ，ペテルスブルク，ベルリン（1922-33），リガで活動した歴史家．最後はナチの手で殺害された．彼の社会学的観察方法とユダヤ精神の立場は民族自立主義の意味でユダヤ史と取組む機動力となり，これを基礎として，H．グレッツ以後の最初の総体的ユダヤ史『ユダヤ民族の世界史』*Weltgeschichte des jüd. Volkes* 全10巻（普及版3巻）1925-9，を書いた.

*2. マルティン・ブーバー Martin Buber (1878-1965) 日本でも著名な宗教哲学者，思想家．ウィーンに生れ，レンベルク（ルヴフ）の祖父母の下に育ち，数十年にわたりドイツ・シオニズムの精神的指導者として，雑誌「ユダヤ人」の編集（1916-24），ユダヤ出版社の創設，フランクフルトのユダヤ学院創設，同33年まで同地の大学教授，38年以降エルサレム大学の社会学教授．彼はユダヤ教とその保持，その弘布と後世への伝達を，たえざる神との対話の中で認識をたたかいとらねばならぬ個人の使命と感じていた．彼の影響はひろくドイツ，アメリカその他の非ユダヤ人世界にまで及び，アラブとの相互理解のためにも先駆的な活動を進め，その主著には，F．ローゼンツヴァイクと共同した聖書翻訳（1926年以降）があり，また聖書神学，ハシディズム，ユダヤ人問題，世界観的哲学の諸問題等々に関して多数の著作があり，邦訳の「全集」も刊行されていて，日本の専門研究者も少なくない.

*3. S．A．ホロデツキー Samuel Abba Horodezky (1871-1957) ウクライナ・マリン生れ，ヘブライ語の作家．神秘主義，ハシディズムのユダヤ学者としてベルリン，スイスで活動，1939年以降パレスチナに移住，テル・アビブで死去．主著に『ユダヤの宗教的諸潮流』(1920)，*ha-Chasidut veha-Chasidim*（4巻，1922-3）がある.

*4. ジャコブ・ミンキン Jakob Samuel Minkin (1885-1962) アメリカのラビ，著作家．ロシア領ポーランドに生れ，渡米して1910年ユダヤ神学院卒，25歳でニューヨーク病院のユダヤ・チャプレン，ハミルトンで亡命者のための英語学校を組織，晩年はユダヤ関係の啓蒙的著作を書く．『ハシディズムのロマンス』(1935) はハシディズム運動を英語リーダーに紹介した最初のもの．他に *Herod*, 1936, *Abarbanel and the Expul-*

sion of the Jews from Spain, 1938, *The World of Maimonides*, 1957, *Shaping of the Mind*, 1963. 宗教，哲学，歴史の多くの論文を書いた.

＊5．マスキーリーム Maskilim (Maskil の複数) 18世紀中葉ドイツのモーゼス・メンデルスゾーンに始まり中東欧ユダヤ人世界に広まった精神的啓蒙運動を「ハスカラ」とよび，西欧近代の教養と世俗的学問知識を求め，従来の宗教的規範のきびしさに対する自由と合理性を強調，タルムードよりも聖書を優先して，ユダヤ学，教育と宗教の改革，ひいてはユダヤ人解放に通じる近代化の運動で，この「ハスカラ」運動の担い手を「マスキール」とよぶ. 啓蒙化された教養人，知識人を意味する.

＊6．アハド・ハアム Achad Haam (1856–1927) この名は「民族から出た一人」の意味で，本名は Ascher Ginzberg. ウクライナ・スクヴィラ生れのヘブライ語作家. 政治的なシオニズムや民族自決と並んで，それに匹敵する精神的なシオニズムの教理(パレスチナの「精神的中心《メルカス・ルハーニ》」) の創始者. 国民的・生物学的意味での歴史的ユダヤ人世界の解釈者・説明者. 出版と学問のための新しいヘブライ語文体の創出者. ヘブライ語の学問文芸雑誌 (月刊) „Haschiloach“ の編集者 (1897年以降). 主著『岐路に立ちて』4巻，1895.

＊7．コツクのラビ・メンデル Rabbi Mendel von Kozk(1826–1859) 19世紀ポーランドの各地にツァッディーキームの活動は新たに盛んになり，特にコツクの宗派は民族的に強固な基盤をつくった. その創設者ラビ・メンデルがこの地方の支配的中心であった. 当時ニコラス1世の政府はその勢威を怖れて，これらユダヤ・ハシディズムの文書を厳重に監察したが，メンデルは1848年頃新式の教育方法を案出して，子供のための簡略な聖書を編さんし，用語も簡潔明瞭にして，教養をわかりやすく普及することに努めた.

＊8．ルイス・ニューマン Louis Israel Newman (1893–1972) 改革派ラビ，作家. ロードアイランド，プロヴィデンス生れ，スティーブン・S．ワイズの教育を受け，サンフランシスコのエマヌ・エル寺院に仕出，1930年以降ニューヨークのロデフ・ショロン寺院のラビとなる. 米国のシオニズム修正主義リーダーの一人. 主著 *Jewish Influence on Christian Reform Movements*, 1924, *Jewish People, Faith and Life*, 1957. 他にハシディズムのアンソロジー編纂，翻訳 (1934) 等あり.

＊9．ブロディの「僧房」《Klaus》 in Brody ブロディの町は15世紀以来東欧のユダヤ人定住地としてロシア・ポーランド地方と西欧世界とを結ぶ重要な交流結節点となり，特に，18-9世紀にはハスカラ運動の中心で，ロシア帝政治下の迫害から西欧へ脱出するユダヤ人口の主たる流出突破口であったから，この町のユダヤ文化・宗教上の歴史的意味は大きく，「僧房」とよばれる小さな学問・祈禱所の意義も深遠である. ドイツ語系ユダヤ作家ヨーゼフ・ロートはこの町の出身であることを生涯秘していたし，1933年にはこの町の人口の33％に当る7000人のユダヤ人がナチの手で殺された.

＊10. アアロン・マルクス Aaron Marcus (1843–1916) ハンブルク生れのユダヤ学者. 長くポーランドで研究生活を送り，最後はフランクフルトで没した. 主著に『ハシディズム』(匿名 Verus の名で，1901)，『バルジライ，心霊《プシュケー》の文字としての言語』(1905) がある.

＊11. ラビ・シャーローム・シャルアビー Rabbi Schalom Schar'abi (1720–1777) エルサレムのカバリスト. カバラーと神秘主義研究の盛んなイエーメンのサナ生れ，エルサレムでベース・エルを研究，イサアク・ルーリアの思想に感動，エルサレムの最も傑

れたラビの一人として知られ，1754-58年同地のラビ等でカバリスト協会を結成（Ahavat Shalom）．青年時代から伝説的聖者奇蹟の行為で有名となり，預言者エリヤに比され，ルーリアの化身ともいわれた．オリーブの山上に彼の墓．ルーリアのカバラーを説く *Nehar Schalom*, 1806はイスラエル地域と北アフリカで弘布，伝道上の書は後世，19世紀末，20世紀初にも復刊されている．

*12. ベース・エル Beth-El 「神の家」の意．エルサレム北部にあった古イスラエルの礼拝場のこと．

*13. アリエル・ベンシオン Ariel Bension 未詳．

*14. メセリッツのラビ・ベーア（マッギード）Rabbi Bär (der Maggid) von Meseritz (or Meshiritschi) (1710-1772) ヴォルヒニアのメセリッツ出身で，バアル＝シェームの後継者．ハシディズムの精神的指導者で，「偉大なマッギード（説教者）」として有名である．

*15. ポルナのラビ・ヤコブ＝ヨセフ Rabbi Jakob Josef ben Zewi Ha-Kohen Katz von Polna (1782年没) ハシディズムの最初の理論家，ラビ，説教師．大きなユダヤ・コミュニティ，シャルゴロドのラビとなり，1741年バアル・シェーム・トヴの影響下に入り，48年同地を去って，小さなラスコフのコミュニティに52年まで留まる．さらにネミロフに移り（70年まで），ハシディズムを公然と宣伝，イスラエルの地への旅は実現せず，ポロノイエのアリエー・レイブの死後，同地に移り，ハシディズム運動のリーダーシップをとる迄に至らずじて没したが，ブロディの「僧房」のカバリスト代表ハッイーム・ベン・メナヘム・ツァンツァと姻戚の連繋あり，息子アブラハム・サムソンは父の遺稿を出版した．S．ドゥブノフはこの人を重視論及した．バアル・シェーム・トヴの彼あて書簡集あり．主著 *Toledot Ya'akov Yosef*（コレツ，1780），*Ketonet Passion*（レンベルク，1866）等あり．

*16. ザロモン・マイモン Salomon Maimon (1754-1800) リトアニアのニエスヴィッチに生れ，幼少にしてラビとなり，妻帯もしたが，伝統的ユダヤ教に反逆し，一切をすてて放浪の旅に出，ケーニヒスベルク（カリーニングラード）でカントの最初の信奉者の一人となり，独学で啓蒙思想の流れに身を投じて，ベルリンに出(1778年)，M．メンデルスゾーンに親炙し，次第に自己の哲学を形成して，フィヒテに大きな影響を与え，マイモニデースと自称した．彼のマイモニデース注解やカントの先験哲学論考に加えて，自己の特異な遍歴の人生を語った自伝（1792年）は文化史的にも個人の人格形成の上でも貴重なドキュメントで，世界各国に翻訳紹介された．

*17. ヨッセール・クレツク Kletzk Jossel 未詳．

*18. ラビ・アダム・バアル＝シェーム Rabbi Adam Baal-Schem. 17世紀プラハとアムステルダムで刊行されたイディッシュ語の小さなパンフレットに集められた説話集の中の伝説的人物．マクシミリアン2世皇帝の前で一人のカバリストが物語るかたちで，それによれば，この人物はヴォルムスに近いビンゲンの生れで，プラハに定住．この話は広く一般化し，ポーランドの秘教的カバリストたちに伝わり，ハシディズム創始者の幼名となった．ハシディズムの伝説はこれに連動するもので，このドイツ・ユダヤ系民話の人物が，イスラエル・B．S．トヴの生れた時代，クラクフで死んだサバタイ預言者ヘシェール・ツォーレーフの伝説と混合し，ツァッディークの間でコピーのコピーが伝承し，広まり，ロシアでも同様な混合の広がりが生じた．

*19. カルリーン出のラビ・サーロモー Rabbi Salomo aus Karlin リトアニアでは，ハシディームの人々は公然とラビと対立することなく，秘かに個人の家々の僧房でハシディズムの新しい教説を学び，集会も官憲の目の届かぬかたちで行われたから，次第に弘布されて，ピンスク，ミンスク，ヴィルナ等に散らばり，安全な避難所としてのシナゴーグがピンスクの郊外の町カルリーンに建設され，そこにツァッディークも集まった．Salomo はおそらくその一人で，これらハシディズムの宣伝者たちは，リトアニアで「カルリーナー」とよばれた．

*20. ラシュコフのラビ・サバタイ Rabbi Sabbatai Raschkower 未詳．

*21. トゥティエフのアアロン Aaron Tutiewer 未詳．

*22. チェルノビュル出のラビ・モルデカイ Rabbi Mordechai aus Tschernobyl ウクライナ地方のハシディズム大衆はロシアの圧制下で精神的に全く沈滞していたが，その中でチェルノビュルの宗派が最も活潑に信者を集め，同地の宗派の設立者ナフーム Nachum の息子モルデカイ（又はマルドカイ Mardochai, 1837 年没）の時代にその頂点に達し，愛称「ラビ・モーテレ」で知られていた．その死後，彼の 8 人の息子たちがチェルノビュルのほか彼の影響圏内に分散し，互いに抗争をくりかえすに至り，とくにハーシードのエクスタシーに至る慣習としての火酒の飲用が荒廃を招いてしまった．

*23. カリスクのアブラハム Abraham Kalisker（又は Ab. von Kolusk） カリスク（又は Kalisch）は本文 3 行後にあるコルスク Kolusk と同じ町名の別表記とおもわれる．この地は14世紀以降ワルシャワやポズナニと並ぶユダヤ人集落の重要な拠点で，カリスクはポーランド・ユダヤ人揺籃の地とさえよばれ，世紀のポグロムでは600家族が潰滅させられた歴史をもつ．18世紀末のポーランド分割では，ダンツィヒ（グダニスク）やトルンと共にプロイセン領に編入された．この地のハシディズム運動の第二世代で，ヴィルナのガーオーンの弟子であったラビ・アブラハムは最もラディカルな動きを示し，並称されるラビ・シュネウール・サールマーンと共に，パレスチナとポーランドの連繋を策し，1777年にはヴィテブスクのメンデルと聖地パレスチナへ移住した．ショーレムの本文の引用は原注で S．ドゥブノフ著『ハシディズムの歴史』からのものと示されているが，後者の原書注記によれば，1814年にコピーされたヴィテブスクのメンデルの著 *Peri ha*ʾ*arez* の巻末にある Schnëur Salmann von Ljosna の手紙によるものである．

*24. リシーンのラビ・イスラエル（所謂「サダゴラのラビ」 Rabbi Israel von Rischin（又は Israel Rishiner), der sogenannte《Rabbi von Sadagora》「メセリッツのマッギード」ベーア（熊）とよばれた（既述）ハシディズムの使徒の曽孫にあたり，キエフ管轄下のリシーンで無数の熱心なハーシードを集め，中心的勢力となっていたため，キエフの警察はこれを危険視して，2 人のユダヤ人密告者を殺害した策謀のかどで，彼の影響力を弾圧し，このリシーンの奇蹟を行なう師は22ヵ月を審問投獄された．その後警察の監視下を逃れてオーストリアにおもむき，1840年ブコヴィナのサダゴラの地に彼の布教の拠点を再建して，ユダヤ人解放の「第二期」のユダヤ内部のハシディズム最強の支柱となる「サダゴラ宗派」の教祖となり，通常「サダゴラのラビ」とよばれる．

*25. コスニッツのイスラエル Israel von Kosnitz（又は Kozienice） 18 世紀末ポーランド分割の戦乱の中で，三列強に国境を寸断されて，ラビの支配体制とハシディズムの戦いはきわめて複雑な力関係に左右されながら流動化した．とくにワルシャワを中心としたハシディズム勢力は周辺のルブリンとコスニッツの二都市に新拠点を構え，

„Lubliner Rebbe“ と „Kozienicer Maggids“ の両ツァッディーク集団が有名になった. ラビ・イスラエルはこの当時を代表する最も傑出した一人で，コスニッツを拠点とし，ポーランド民衆にきわめて大きな影響力をもった．彼は説教と同時に，祈禱と護符による医療の奇蹟を広く民衆に行なったので，ツァッディークの評価は一層高まり，コスニッツの町は現世の希望の本山となった．イスラエルはポーランド・ユダヤ人の苦難に際してくりかえし難民の救済こそツァッディークの任務であることを唱えた，と伝えられる.

*26. ルツク出のサーロモー Salomo aus Luzk (or Luck) メセリッツのマッギード「ベーア」(熊) の弟子の一人で，師をアシジの聖フランチェスコに比肩するとして，師及びその友から伝え聞いた安息日その他の祝日の説教類を集成して，1784年コレツで出版した．それが *Maggid debaraw le'Jakob* 又は *Likkute amarim* の書であり，サーロモーの名は師の祖述者として後世に残り，しばしば引用の対象とされている.

*27. ムッサールの書 Mussar-Bücher ラビ文学に属する信仰教化的・精神教育的な倫理道徳の道を説く書物（ムッサールは「倫理」の意）．例えばハーシード・ユダの『ハーシードたちの書』のごとき．18-9世紀リトアニアのユダヤ人世界に起った「ムッサール運動」はヘブライ文学，イディッシュ文学の大波を生み，その信奉者たちは禁欲を説き，罪深きものの地獄におちる怖しさを戒めた．その創始者はイスラエル・リプキンIsrael Lipkin (1810-1883) で，他にも後掲のツヴィー・ヒルシュをはじめ傑出した人材を輩出した.

*28. ジュダチョフ出のラビ・ツヴィー・ヒルシュ Rabbi Zwi Hirsch aus Zydaczow (1830年没) 一説にはカイダノフ出とあり，前掲ムッサール運動の代表者の一人. 本来「ツヴィー・ヒルシュ」は純粋な動物の意で，ヤコブの息子ナフタリの家系の表徴である.

*29. ラビの応答集と「ピルプール」という著作集 rabbinische Responsen und Werke des《*Pilpul*》「応答集」Teschuwot は本来「回答集」の意で，ラビ文学に属し，法律の鑑定のこと．ユダヤ人組合はその時代の偉いタルムード教師に書簡で問題を委託し，この「応答集」によって権威ある法的判決を受けた．いわゆる「ガーオーン」たちの「応答集」，さらにマイモニデース等のそれはハーラハーの発展に重要な意味をもっている．「ピルプール」は本来胡椒のことで，タルムードのラビたちの弁論の方法として鋭い洞察力のある論争を意味する.

*30. ベルディチェフのラビ・レーヴィ・イツハーク Rabbi Levi Jizchak von Berditschew (1740-1809) ベルディチェフ出身のハシディズムのツァッディーク.

*31. ヤコブ・イツハーク，ルブリンの「予言者」 Rabbi Jakob Jizchak ha-Hozen mi-Lublin, der《Seher》von Lublin (1745-1815) ハシディズムのツァッディーク. ポーランドとガリチアのハシディズム運動の創始者の一人.「予言者」の名で知られる. ホーロヴィッツやベーア，前注のレヴィー等に学んだが，原理的にはリツハンスクのエリメレクを師とする．しかし，この師に抗して，師の生存中に彼自身ハシディズムのグループを指導するようになり，初めランクートで活動，後ロツヴァドフに移り，1790年代チェクホフ（ルブリン近郊）で活動し，最後にルブリンに定着．ツァッディークであり，奇蹟の行者でもあった．ポーランド，ガリチアに会議を開き，ハシディズムの大きなセンターを形成，19世紀前半のハシディズム運動は彼の原理によって進められ，ツァッディークの実践的指導書を残した．その核に，初期ハシディズムの原理の一つ「イス

ラエルの愛」が生かされている．晩年はルブリンのセンター分裂に悩んだが，本来ハシディズムを精神運動とし，魔術的行為でないとする彼の基調を変えなかった．ナポレオンのロシア侵攻（1812年）を目前にし，この地域のユダヤ人のメシア的夢想が刺激される時代で，「ゴグとマゴグ」の闘いが始まっていた．

*32. サッソフのラビ・モーシェ（モーセス）・レイーブ Rabbi Mosche Leib von Sassow (1807年没) ウクライナ地方ルヴフ（レンベルク）に近い町で，18世紀半ばには250のユダヤ人が住み，通商の特権を有していた．ハシディズムが盛んで，ラビ・モーシェ・レイーブはこれを拠点とし，また別名ブロディのモーセス・レイーブともよばれた．1880年頃のユダヤ人口はこの町の半数以上，1900余名を数えるにいたり，商業交通の一中心であった．ブロディが東欧ユダヤ人の西欧へ流出する突破口的な重要性をもっていたことからしても，このラビ・モーシェの果した役割が想像できる．

*33. シュールカン・アールーク Schulchan ᾿Aruch 覆いをしたテーブルの意で，ユダヤの儀礼や法典を体系的にまとめた要覧．ヨセフ・カロがサーフェードで著したものが初版（ベニス，1564-5）で四つの部分，1. 日常の生活義務，2. 礼拝儀典法，3. 婚姻法，4. 市民法より成る．それまで複雑多岐にわたって多様化し，矛盾も多くなっていたハーラーハーの全体を妥当有効なものに整理し直して権威あるものとした．

*34. ロープシッツのツァッディーク Ropschitzer Zaddik (Naphtali Zevi Ropschitzer, 1760–1827) ハシディズムのツァッディーク．同運動の王朝的系譜の創始者．ルブリンの「予言者」ヤコブ・イツハークの死後，ガリチアにおけるハシディズムの中心リーダーの一人．ハシディズムの伝統に基づき，多くの説話，民話を蒐集，ナポレオン登場の時代のポーランド・ユダヤ人の動揺を支えた．M. ブーバーの物語の仕事に影響を残している．

*35. S．J．アグノン Samuel Josef Agnon (1888–1970) ヘブライ語の小説家．ガリチアのブチャッチ生れ，意識的に古風な文体で東欧ユダヤ人のハシディズムの世界の小さな町々やイスラエルの風土の新旧の生活を描く現代作家で，エルサレムに住み，1966年，ユダヤ系のドイツ・スウェーデン作家ネリー・ザックス女史と共に，ヘブライ語詩人イスラエル国民として初めて，ノーベル文学賞を受けた．長短篇を含むその全集は12巻，16カ国語に翻訳されている．